中国人民大学刑事法律科学研究中心之
教育部人文社会科学重点基地重大项目

刑事执行立法问题研究

韩玉胜　史殿国　王　平
张绍彦　狄小华　等著

XINGSHI ZHIXING LIFA
WENTI YANJIU

中国检察出版社

图书在版编目（CIP）数据

刑事执行立法问题研究／韩玉胜等著．—北京：中国检察出版社，2021.1

ISBN 978－7－5102－2510－9

Ⅰ．①刑…　Ⅱ．①韩…　Ⅲ．①刑事诉讼—执行（法律）—立法—研究—中国　Ⅳ．①D925.218.1

中国版本图书馆 CIP 数据核字（2020）第 228321 号

刑事执行立法问题研究

韩玉胜　史殿国　王　平　张绍彦　狄小华等　著

出版发行：中国检察出版社
社　　址：北京市石景山区香山南路 109 号（100144）
网　　址：中国检察出版社（www.zgjccbs.com）
编辑电话：(010)86423704
发行电话：(010)86423726　86423727　86423728
　　　　　(010)86423730　86423732
经　　销：新华书店
印　　刷：北京宝昌彩色印刷有限公司
开　　本：710 mm×960 mm　16 开
印　　张：30
字　　数：550 千字
版　　次：2021 年 1 月第一版　　2021 年 1 月第一次印刷
书　　号：ISBN 978－7－5102－2510－9
定　　价：86.00 元

编写说明

我国刑事法学界对于学科的划分基本上是以刑法学和刑事诉讼法学为主干线向外延伸的，如在刑法学的基础上延伸出犯罪学、刑事政策学、外国刑法学、国际刑法学、比较刑法学、港澳台刑法学等，在刑事诉讼法学的基础上延伸出外国刑事诉讼法学、比较刑事诉讼法学、证据学等。众多的刑事法学者或者以刑法学为主干线研究刑事实体法，或者以刑事诉讼法学为主干线研究刑事程序法，而对于兼有刑事实体法和刑事程序法内容的刑事执行法学则鲜有人进行专门研究。可以毫不夸张地说，在刑事法学界，刑事执行法学似乎成了被学者们遗忘的角落。

但是，谁都不能否认刑事执行在整个刑事诉讼活动中的重要性，缺少了执行环节的刑事诉讼活动是不完整的。犯罪既然是现实生活中的客观存在，那么对犯罪的惩罚就会伴随着犯罪的客观存在而存在，这是不以任何人的意志为转移的。对犯罪的惩罚主要表现在对犯罪人所判处刑罚的执行上，只有把对犯罪人判处刑罚的内容全部实现，也就是将刑罚的内容予以执行，才能使刑罚的惩罚达到其预防犯罪的目的。

目前我国还没有一部统一的刑事执行法典，关于各种刑罚及其制度执行的规定散见于刑事诉讼法、刑法及监狱法中。综览世界各国的立法，很多国家都极为重视刑事执行的立法工作，制定专门的刑事执行法典以保证刑事执行的规范化。本课题意图从刑事执行立法的角度探讨刑事执行的法治化、规范化、一体化问题，并且希望能够以此促进我国的刑事执行立法进程。

刑事执行立法问题研究的开展，具有重要的学术价值和实践价值。本课题研究具有重大意义：一方面，本课题研究的展开有助于刑事执行法学的研究和学科建设；另一方面，本课题研究的进行可为我国刑事执行立法的实践提供理论支撑。

一、有助于刑事执行制度的完备、刑事法网的严密

所谓刑事执行，即刑罚执行，简称行刑，是指国家刑罚执行机关，根据人民法院发生法律效力的刑事判决或裁定，依照法律规定的程序，将已经确定的刑罚付诸实施的刑事司法活动。作为国家主权的重要内容和体现的刑罚权，按照其运行的特有逻辑分为制刑权、求刑权、量刑权与行刑权。其中，制刑权是刑罚权的决定性因素，没有制刑权，求刑权、量刑权与行刑权均无从实现。作为刑罚运用的终点与新起点，行刑尽管必须受制于制刑尤其是量刑，但是，行刑并不是纯粹派事物，而是对两者具有积极的反作用，即在制刑与量刑时，必须考虑所创制或裁量刑罚能否得到实际有效的执行，在这一层意义上来说，行刑对制刑与量刑同样具有制约作用。就刑罚的目的实现而言，行刑意义并不亚于制刑与量刑，如果对犯罪人确定的判决不能付诸实施，刑罚的特别预防与一般预防功能将无从实现。因此，寻求制刑、量刑、行刑的协调性与一致性，具有积极的意义。

从中国刑事执行的现行立法来看，刑事执行的对象既包括《刑法》第33条规定的管制、拘役、有期徒刑、无期徒刑、死刑(包括死刑立即执行和死刑缓期二年执行）等五种主刑刑罚方法的执行，又包括《刑法》第34条规定的罚金、剥夺政治权利、没收财产和第35条规定的只对犯罪的外国人适用的驱逐出境。《监狱法》第2条第2款规定："依照刑法和刑事诉讼法的规定，被判处死刑缓期二年执行、无期徒刑、有期徒刑的罪犯，在监狱内执行刑罚"。虽然《监狱法》的这一规定只对五种主刑刑罚方法中的"两个半"主刑的执行作了规定，对其他"两个半"主刑和四个附加刑的执行未作规定，但它涵盖了刑事执行的主要内容、主体部分，因此，《监狱法》第2条第1款明确规定"监狱是国家的刑罚执行机关"，这是完全符合实际情况的。从上述分析不难看出，我国的刑事执行由监禁刑罚执行和非监禁刑罚执行两部分构成，分

别由监狱、公安机关、人民法院执行，缺乏统一的刑事执行法典和统一的刑罚执行机关，从国家立法完善、国家执法统一的法制健全的高度来看，这不能不说是一个很大的缺憾。我们认为，当前刑事执行立法方面存在以下缺陷：一是立法不够统一、较为零散；二是有关刑罚执行监督条款比较原则、笼统、缺乏可操作性；三是指导实践、具有一定操作性的规定往往又缺乏权威性。因此，建言应尽快制定一部结构完整、内容详尽的刑罚执行法。1994 年，新中国成立以来第一部监狱法典颁布实施，监狱法与刑法、刑事诉讼法等一起构筑了我国的刑事体系，初步实现了刑事实体法、刑事程序法的衔接。但是，由于当时立法技术有限，立法机制不够完善，使得监狱法与其他刑事法律存在较大的不协调之处，加上监狱法本身存在的缺陷，使得监狱法运行机制在司法实践中不够顺畅，因此，如何完善与健全作为刑事执行法主体的《监狱法》，是摆在刑法学界与实务界面前的重要课题。此外，我国非监禁刑的规定较为分散，且不完整，这直接影响到非监禁刑如管制刑的适用效果，进而影响到刑罚体系的完整性与效能性。因此，加强非监禁刑制度的研究，对于完备我国刑罚机制、严密刑事法律制度具有积极的意义。

理论是实践的先导。开展刑事执行立法问题的研究对我国刑事执行法律体系的建构与完备大有裨益。

二、有助于刑事执行法学的研究以及学科建设

关于刑罚执行的法的名称，是劳动改造法，还是监狱法，抑或其他名称，在法学理论界和司法实践中一直存在不同认识。这不仅是单纯法律名称、提法或技术问题，而是涉及科研领域、法治建设乃至政治体制改革等重大问题。随着 1994 年 12 月 29 日《监狱法》的颁布施行，长达 10 年之久的关于法的名称的争论似乎得到了解决，法的名称已经确定为监狱法。但《监狱法》的调整对象囿于监禁刑的执行，这使得刑事执行法律制度偏重于监狱制度的研究，使得非监禁刑执行制度的研究显得冷落，这不利于刑事执行法研究的全面发展。因此，加强本课题的研究，可以突破监狱法学狭窄的研

究空间，有助于非监禁执行制度的研究，从而为刑事执行法学的兴盛提供前提性的注脚。

特定的学科有着特定的研究领域。由于我国先前刑事执行法学的研究偏重于监狱学的研究，从而使得刑事执行法学的研究与学科的建设显得先天不足，相对于其他刑事法学研究与学科建设，刑事执行法学的研究与学科建设显得比较单薄，这与刑事执行在刑法运行机制中的地位不相吻合，也使得刑事执行法的学科地位颇受质疑。有的学者认为，刑事执行法是刑法的分支；有学者则认为，刑事执行法是刑事诉讼法的组成部分；还有学者认为，刑事执行法属于行政法的范畴。这些争议的存在源于对刑事执行法重要性认识的不足。刑事执行法是集惩罚和改造罪犯实体法、刑罚执行程序法、刑罚执行机关和监狱、人民警察组织法以及狱政管理、组织生产、建立生活、医疗保健制度等司法行政法和对罪犯社会教育等社会行政法于一体的、具有综合功能的刑事基本法，是一部独立的部门法，而不是刑法、刑事诉讼法、行政法或者其他法的附属法。刑法是规定犯罪和刑罚的法律，它是重在说明什么是犯罪，犯了什么罪，处以什么样刑罚的实体内容，故称为刑事实体法。刑事诉讼法是规定司法机关的职权分工以及办理刑事案件的程序的法律，它重在说明如何从法律程序上保证刑事案件的正确审理和刑事判决的正确执行，故称为刑事程序法。刑事执行法是规定对罪犯执行刑罚的法律，它重在说明如何正确执行刑罚、惩罚和改造罪犯、预防和减少犯罪、将罪犯改造成为守法公民，故称为刑事执行法。实体性的刑法、程序性的刑事诉讼法、执行性的刑事执行法相互衔接、相互依存、相互配套，三位一体，共同组成完整的刑事法律体系，三者相辅相成，缺一不可。只有三者同时具备，协调一致，才能在保护人民、打击犯罪、惩罚犯罪、改造罪犯、实现刑罚目的、同犯罪作斗争中发挥各自不同的作用和功能。

因此，加强刑事执行立法问题的研究，提高刑事执行法的位阶，有助于拓展刑事执行研究的阈域，从而提升刑事执行法学学科地位。

三、有助于未成年犯刑事执行制度的研究，符合世界少年司法制度的发展趋向

毋庸讳言，犯罪低龄化趋势越来越明显，成为困扰世界各国的复杂社会问题。为此，各种国际组织与各国政府积极寻求应对未成年犯的措施与方案，其中包括未成年犯刑事执行制度。相对于如火如荼的国际少年司法制度建设的新趋势，我国的少年司法制度立法与研究显得滞后。就刑事法律制度而言，由于我国刑事立法采取成人化的模式，对未成年犯刑事司法制度未作具体的界分，只是在相关法律中作笼统的规定，从而在司法实践中无法体现少年司法理念。如最高人民法院于2006年1月11日颁布的《关于审理未成年人刑事案件具体应用法律若干问题的解释》第18条规定，对未成年罪犯的减刑、假释，在掌握标准上可以比照成年罪犯依法适度放宽。未成年犯减刑、假释制度的“差别”仅仅体现在“在掌握标准上可以比照成年罪犯依法适度放宽”的模糊规定上。此种模糊性的规定也存在于未成年犯刑罚执行制度之中。监狱法中只有两个条文涉及未成年犯刑罚执行，即对未成年犯贯彻教育、改造、挽救的司法原则，以及未成年管教所的职权同于监狱。而未成年犯具体处遇制度如何不同于成年罪犯，以及如何体现教育、改造、挽救原则的具体措施均未涉及。同样的问题存在于社区矫正试点工作中，根据2003年7月10日最高人民法院、最高人民检察院、公安部、司法部联合下发的《关于开展社区矫正试点工作的通知》规定，“在符合上述条件的情况下，对于罪行轻微、主观恶性不大的未成年犯……应当作为重点对象，适用上述非监禁措施，实施社区矫正。”因此，通过本课题的研究，加强未成年犯刑罚执行制度的积极探究，为我国未成年犯刑事法律制度乃至司法制度的建构提供坚实的基础。

四、为社区矫正工作提供理论支撑

2003年7月，最高人民法院、最高人民检察院、公安部、司法部联合下发《关于开展社区矫正试点工作的通知》，确定北京、天津、上海、江苏、浙江和山东为社区矫正试点省、市，社区矫正制

度在我国开始建构。该《通知》明确了社区矫正的含义、意义、适用范围与任务、工作安排等具体问题，这为我国社区矫正工作顺利开展提供了法律依据。之后司法部又批准河北等12个省市区为社会矫正第二批试点工作。我国社区矫正试点工作取得了良好的法律效果和社会效果。2019年12月28日，全国人民代表大会常务委员会通过并颁布了《社区矫正法》，使我国的社区矫正工作终于有法可循。为顺应行刑社会化趋势，进一步推进社区矫正工作的顺利开展，规范与指导当前社区矫正工作，积极开展社区矫正工作立法问题研究是必要的，也是迫切的。

五、有助于开展刑事执行法的比较研究，便于刑事执行立法区际研究，以及与国际刑事执行立法趋势接轨

区际刑事比较法学研究是刑事法学研究的重要领域。随着香港、澳门的顺利回归以及海峡两岸交流的频繁，两岸三地的学术交流活动呈现出欣欣向荣的良好势头。这些都从客观上促进了区际刑事比较研究活动的展开。相对于其他刑事法学如刑法、刑事诉讼法等，刑事执行法学区际比较研究略显滞后。因此，我们认为开展本课题的研究，有助于我们及时了解港、澳、台地区刑事执行立法趋向以及刑事执行研究的新动向，从而为我国刑事执行立法提供现实经验与参考，为刑事执行区际比较研究的开展提供新的契机，同时为我国刑事执行法学研究的展开提供新素材。

1969年波兰公布《刑事执行法典》、1976年联邦德国通过《刑罚执行法》、1996年俄罗斯通过统一的专门性的刑事执行法律《俄罗斯联邦刑事执行法典》、2002年5月丹麦颁布《丹麦刑事执行法》等。正如前所言，刑事执行，又称行刑，是国家刑罚运行机制的重要环节，具有独特的功能与作用。通过颁布并实施专门性的刑事执行法律，凸显了刑事执行法律制度的重要性，同时也为司法实践操作提供了详尽完备的法律规范。综观国际刑事立法的趋向，不难发现，对相关法律制度的执行规定相当详尽与周密。相对其他国家刑事执行法的规定，我国刑事执行法律制度规定略显笼统，如《监狱法》规定，罪犯享有会见与通信权，但对于罪犯享有什么样的会见

与通信权，却没有进一步的规定，有待“监狱法实施细则”作出进一步的规定，但“监狱法实施细则”时至今日尚未出台，这使得罪犯的会见与通信权由监狱部门自行决定，导致罪犯的会见与通信权缺乏统一的规定与实施措施，从而影响罪犯权利的实现。相对而言，1996年《俄罗斯联邦刑事执行法典》根据罪犯服刑的场所以及监管程度规定了不同层次的会见与通信权利，使得罪犯的会见与通信权得到切实保障。通过本课题的研究，展开对外国刑事执行法的研究，可以借鉴其他国家刑事执行法学的研究成果与立法经验，为我国刑事执行法学的研究提供外在素材，同时，也为我国将来制定统一的刑事执行立法提供参照经验。“他山之石，可以攻玉”，积极开展刑事执行比较研究，对于我国刑事执行立法与学科研究将大有帮助。

六、有助于刑事执行立法实践的展开

马克思主义哲学告诉我们：没有理论指导的实践是盲目的实践；没有实践检验的理论是空洞的。我国刑事执行立法肇始于革命根据地时期。新中国成立前各根据地、解放区就有有关监所、狱政方面的法规。1954年9月政务院发布的《劳动改造条例》就是新中国成立初期最早颁布的几个法律之一。此后，国务院有关机关又陆续制定了一系列有关改造罪犯的条例、细则、决议、规定等，特别是1994年12月29日经全国人民代表大会常务委员会第十一次会议审议并颁布实施的《监狱法》，比较全面、明确地规定刑罚执行机关的性质、任务、监狱人民警察的法律地位、惩罚和改造罪犯的宗旨和原则、罪犯的权利和义务、执行刑罚、狱政管理、劳动生产、教育改造、对未成年犯的教育改造以及监狱的经费保障等。我国宪法、刑法、刑事诉讼法以及全国人大常委会颁布的有关法律、行政法规等，也有有关执行刑罚、惩罚和改造罪犯的条款。伴随着刑事执行立法活动的开展，我国刑事执行立法问题研究成为刑事执行法学的重点、热点问题，许多论著、论文、研究报告对刑事执行立法活动进行多视角的探讨，为刑事执行立法实践提供了理论支持。在刑事执行立法研究方面，尽管出版了为数不多的刑事执行法学专著，但总体来说，较为零散，时至今日，尚无刑事执行立法问题研究专著的付梓，可谓一大缺憾。在刑事执行立法问题方面，学者们就刑事执行立法相关问题进行了有见地的论述，具体涉及以下方面：

（一）刑事执行立法宏观问题研究

就刑事执行立法宏观问题研究来说，学者们对刑事执行立法的必要性与可行性、刑事执行权的配置、刑事执行法律监督、行刑时效、刑事执行立法方法论等进行了探究。

有学者在《完善刑事立法 提高刑罚效益——关于刑事执行立法的几个基本问题》中指出，我国当下刑事执行立法存在刑事执行权分散，导致同一刑罚由不同机关的担负，有违各机关分工负责、互相配合、相互制约的科学原则；监狱法在刑事执行法中的主导地位，使得其他刑事法律缺乏应有的法律位阶等。因此，该学者认为建立统一刑事执行法有其必要性：刑事执行立法是国家科学、有效使用刑罚权，有效使用刑罚治理犯罪的需要；刑事执行立法是进一步完善刑事立法的要求；刑事执行立法是司法实践的需要。此外，构建统一刑事执行立法有其可行性：一是我国法治建设特别是刑事法治建设的日益完善，为刑事执行立法提供了良好的立法基础和条件；二是监狱法的立法经验和颁布实施后的实践，为刑事执行立法提供了必要的立法和司法实践两个方面的经验；三是法学理论特别是刑事执行理论的研究，为刑事执行立法提供了必要的理论准备；四是国外的情况和经验，也为建立适合中国国情的刑事执行法提供了有利的条件。同时，该学者对我国未来刑事执行立法内容与框架作了具体阐述。

有论者在《刑事执行立法浅议》一文中，在分析刑事执行立法必要性与可行性的基础上，对刑事执行立法时应注意之处作了说明，包括刑事执行法的法律地位、行刑主体、具体内容以及法律保障等。

有学者在《刑事执行权及其制约》一文中指出：人权视野下的罪犯权利保护呼唤刑事执行权的规范运行。以刑事执行权的性质定位为出发点在权力、权利的矛盾综合体中，为达到刑事执行权与罪犯诉权的平衡，应引入法律监督权以实现权力与权力、权力与权利的相对对等状态，并应在制度建设方面对个体诉权的保障以及法律监督权的完善进行制度构想。

有论者在《试论公安机关的刑事执行权》一文中，专门就公安机关的刑事执行权进行探讨，认为公安机关执行刑罚有利有弊，并认为可以通过刑种改革以及执行权转移等方式把公安机关从繁杂的刑事执行工作中解脱出来。

我国《宪法》规定，人民检察院为国家的法律监督机关，其中监所检察监督是人民检察院行使检察权的重要内容与方式之一，有论者就监狱行刑监督工作进行了积极探讨，有论者在《刑事执行监督功能探讨》一文中，就刑事执行监督功能进行了分析，即刑事执行监督功能包括应有功能与法定功能。其中，刑事执行监督的应有功能是指人民检察院对刑事执行活动实行监督，保障刑事执行活动依法进行所应当具有的发现违法、纠正违法、建立预防机制的功能。刑事执行监督的法定功能是指法律所确立的检察机关在刑事执行监督过程中发现违法、纠正违法、建立预防机制的功能。该论者建言：应当以立法为先导，以规范派驻检察室建设为基础，以提高派驻检察人员的素质、建立责任制为保障，完善刑事执行监督的功能。

有论者在《入世背景下对我国刑罚执行监督工作的思考》一文中指出：受传统的轻视行刑权立法思想和落后执法观念的影响，我国现行刑事执法法律体系很不完善，刑罚执行监督法律制度不健全，刑罚执行监督观念落后，这影响了人民检察院在刑罚执行监督中对被监管人合法权益的保护。为此，该论者指出，在刑罚执行及人民检察院的刑罚执行检察监督工作中需要端正立法思想、更新执法观念。

监狱行刑监督是刑事执行检察监督工作的“重中之重”，有论者在《监狱检察工作立法初探》中就此进行专门探讨，认为我国当前监狱检察工作存在没有一部统一的监狱检察法律法规、责任不清、概念混淆等问题。

刑法上的时效是指刑事法律规定的国家对犯罪人行使刑事追诉权和刑罚执行权在一定期限内有效的制度。一个完整的刑法体系应当既规定追诉时效又规定行刑时效。为此，有论者在《建立我国行刑时效制度之思考》一文中从分析行刑时效合理性以及刑罚的目的入手，结合世界各国关于行刑时效制度的立法经验，主张增设行刑时效。

刑事执行立法论对于规范与指引刑事执行立法活动具有重要的意义，针对现时学界对刑事执行立法方法论研究的忽视，有学者呼吁加强对刑事执行方法论的探讨，有论者在《刑事执行方法论的选择》一文指出：有关刑事执行立法方法论问题迄今仍未受到国内同行足够的关注，而这表明我国刑事执行立法理论尚未走向自主有为的境界。因此，唤醒立法方法论思维已显得尤为重要。行刑立法方法论要探讨两个基本问题：一是基于"为什么行刑"而产生的"行刑的目的论"，二是基于"如何行刑"产生的"行刑规范论"的问题。

（二）监狱行刑制度的研究

相对而言，监狱行刑制度的研究比较成熟，相关著述较多。但是，我国监狱行刑制度仍然存在较多问题，亟待解决，如监狱劳动改造实现方式的探究、死缓变更死刑立即执行制度的探究、暂予监外执行制度研究、罪犯权利保障制度研究、出狱人员安置与保护研究等。学者们就上述问题也进行了积极探索。例如，在监狱行刑过程中，由死刑缓期执行变更为死刑立即执行，对此监狱法规定较为模糊，有学者在《论死刑缓期执行变更为死刑立即执行若干问题》一文中就有关程序与若干问题作出探讨。又如，由于监狱法与刑事诉讼法对暂予监外执行规定的不统一，为许多论者所指摘，有论者在《浅谈暂缓执行》一文指出，暂缓执行存在"不利于迅速、及时地打击、震慑违法行为"与"削弱法律威力"的问题。

（三）非监禁刑执行制度的研究

非监禁刑执行问题常为人们所忽视，因此，非监禁刑执行制度问题研究不太成熟，但也有论者在论述中有所涉及。如有论者在《关于财产刑执行的几个问题》中指出：由于财产刑执行缺乏明确的法律规定，判罚标准不尽合理，以及公安司法机关配合不力，导致在司法实践中财产刑的判处和执行随意性很大。为此，该论者有针对性地提出设置财产刑诉辩程序以及完善财产刑执行的立法机制等对策，以期改变财产刑执结率低的现状。有论者在《关于财产刑执行的调查报告》一文中，在具体分析所在法院财产刑执行情况后，具体分析了个中原因。也有论者针对罚金刑执行中存在的问题进行分析，并提出相应对策，有论者在《论我国罚金刑执行制度的完善》一文中建议：建立罚金刑易科制度、罚金刑缓刑制度和罚金刑行刑时效制度。

（四）未成年犯刑罚执行制度问题研究

对未成年犯刑罚执行制度，一直是学者们争议的焦点，有不少论著与论文具体阐述了未成年犯刑罚执行制度。有论者在《未成年犯执行刑罚工作的现实问题及完善》一文中指出：我国的未成年犯执行刑罚工作在坚持特色的基础上，需要建立未成年犯执行刑罚的法规体系，对未成年犯采用进入工读学校回归社会方式，建立未成年刑释人员（出狱人）保护组织等方面探索未成年犯执行刑罚工作科学发展的途径。此外，学者们就未成年犯社区矫正工作进行了有益探索。

（五）社区矫正立法制度研究

社区矫正立法制度的研究也是学者们热衷探讨的问题，论者们发表了许多有见地的观点。早有论者在《社区矫正的中国实践：现状、问题与对策》一文中指出：为了打破制约社区矫正发展的法律"瓶颈"，必须加快社区矫正立法进程。在社区矫正立法中，应坚持两个原则：第一，法制统一、规范运行的原则。应避免借探索创新之名，各行其是，破坏法制统一。第二，循序渐进、稳妥慎重原则。既要加快立法步伐，但不可急躁冒进，应在广泛总结经验、深入论证和研究的基础上，积极稳妥分阶段地推进。

就社区矫正工作机构问题，有论者在《社区矫正机构设置》一文中指出：科学设置的社区矫正机构应形成科学、协调、高效的工作机制。同时，积极培育和发展我国的非政府组织、加强社区矫正志愿者队伍建设，并以立法形式明确社会力量在社区矫正中的协助义务，从而提高社会力量在社区矫正工作中的参与度。也有论者在

《论我国社区矫正的立法及机构和队伍建设》一文中指出：社区矫正管理机构的科学设定和建设一支专业化的社区矫正队伍是我国社区矫正成功的关键。

有学者在《社区矫正的立法建议》一文中，在介绍国内外社区矫正立法的基础上，提出社区矫正立法具体步骤：先由国务院出台有关社区矫正的行政规章或通过修改和完善刑法、刑事诉讼法解决社区矫正试点工作中遇到的突出性法律问题。待试点成熟后，应即时启动社区矫正的立法程序，加快立法步伐。

（六）刑事执行立法问题的比较研究

改革开放以来，随着对外开放不断深入，刑事执行理论界与实务界走出了国门，进行了相关交流，国外刑事执行先进的理念与制度不断介绍到国内，客观上促进了刑事执行立法问题的研究。有学者在《丹麦刑事法研究及对我国的启示》一文中系统介绍了丹麦刑事执行法立法沿革，揭示了丹麦刑事执行法典具有的特色，即充分尊重且保障公民人权、注重与国际刑法规范协调、反映恐怖主义犯罪最新动态、矫正为本的刑事政策。在此基础上，该论者总结了丹麦刑事法包括刑事执行法对中国的启示：维护法律至上、强化产权保护、讲求预防效果、科学的立法技术等。

通过对我国刑事执行立法问题研究的梳理，不难发现，我国刑事执行立法问题的研究存在以下特点：

首先，相对其他刑事法学研究而言，刑事执行问题研究略显单薄，处于被“冷落”的角落。改革开放以来，我们迎来了刑事法学研究的新春天，尤其刑法学、刑事诉讼法学、刑事政策学、犯罪学等学科的研究如雨后春笋般发展起来，每年出版的专著、论文、调查报告等不断涌现。但是，刑事执行法学的研究与学科建设却处于被“遗忘”的角落，刑事执行法学的研究没有得到应有的重视，相对应的刑事执行立法进程显得缓慢、滞后。

其次，尽管出版了不少刑事执行制度方面的专著，但大多偏重于监狱行刑制度的探讨。尽管刑事执行法学研究起步较早，但相对其他刑事法学著述而言，显得比较薄弱，且学者们主要围绕监狱行刑制度展开论述，先后出版了一系列著作，如许章润的《监狱学》

（中国人民公安大学出版社 1991 年版），金鉴主编的《监狱学总论》（法律出版社 1997 年版），韩玉胜的《监狱学问题研究》（法律出版社 1999 年版），葛炳瑶、孟宪军主编的《中国监狱法制建设研究》（人民法院出版社 2005 年版），等等，这些著述均与以自由刑为中心的刑罚结构有关，但都侧重于监狱行刑研究。这种局面一定程度导致对刑事执行其他重要问题，如非监禁刑执行问题研究的偏废，不利于刑事执行法学研究的全面发展。近年来出版的具有一定学术价值的专著，大大丰富了刑事执行法学理论。如力康泰、韩玉胜的《刑事执行法学原理》（中国人民大学出版社 1998 年版），王顺安主编的《刑事执行法学》（群众出版社 2001 年版），韩玉胜主编的《刑事执行制度研究》（中国人民大学出版社 2007 年版），韩玉胜等著的《刑事执行法学研究》（中国人民大学出版社 2007 年版），等等，论者们对刑事执行制度进行了有益、多角度的探讨。

再次，虽然近年来刑事执行法学有一定起色，但仍显得不系统、较为零散。正如所述，我国刑事执行法学的研究偏重于监狱法学的研究，对刑事执行的其他问题如刑事执行权配置、非监禁刑执行制度等缺乏应有的重视；刑事执行立法问题的研究偏重于实务性的研究，对刑事执行立法方法论的研究缺乏应有的重视。

最后，刑事执行立法比较研究促进了我国刑事执行立法理论的发展。随着对外交往的不断深入，刑事执行学术交流日益兴盛，国内学者把国外先进监狱行刑理念与制度引入国内，并加以比较吸收，一定程度上促进我国刑事执行法学的发展，也对我国刑事执行立法起到借鉴作用。如杨世云、窦希琨编著的《比较监狱学》（中国人民公安大学出版社 1991 年版），武延平主编的《中外监狱法比较研究》（中国政法大学出版社 1999 年版），夏宗素、朱济民主编的《中外监狱制度比较研究文集》（法律出版社 2001 年版），等等。国外一些比较先进的刑事执行方面的论著也被引入国内，如［美］理查德·霍金斯、弗里·P. 阿尔珀特的《美国监狱制度》（孙晓雳、林遐译，中国人民公安大学出版社 1987 年版）。与此同时，学者们就刑事执行立法纵向比较研究，如王利荣的《中国监狱史》（法律出版社 2002 年版），这些对于丰富与发展我国刑事执行立法问题的研究具有积极意义。

从长远的角度出发，建构统一完备的刑事执行法是我国刑事立法的必然趋势。因此，展开刑事执行立法问题的研究，从立法方法、技巧与内容上为刑事执行立法实践提供理论支持。“理论是灰色的，实践之树常青”，通过不断的刑事立法实践推进，也为刑事执行法学的研究与发展以及学科建设提供实践的基础与检验的标准，从而推动刑事执行理论的创新与发展，继而推动刑事执行立法进程不断深入、循环往复，从而实现刑事执行法律学术研究与学科建设以及立法实践共同发展、共同进步，以为中国刑事法律制度的完备、提高中国法治化程度作出应有的贡献。

总之，开展本课题研究具有重大的理论意义与实践价值，将对我国刑事执行法学的研究与刑事执行立法的展开产生较为深远的影响。

以上是我们开展这一课题研究的初衷和愿望，但也因能力和水平有限在研究过程中时常感到力不从心。请专家同行和各位读者不吝赐教，希望我们以后还有机会继续深入进行这一课题的研究。

全书由本项目主持人韩玉胜统改定稿。

本书各章的撰稿人：

第一章：韩玉胜　中国人民大学法学院教授，博士研究生导师
　　　　刘崇亮　法学博士、上海政法学院法学院副教授
第二章：韩玉胜　中国人民大学法学院教授，博士研究生导师
　　　　尚爱国　法学博士，最高人民检察院刑事执行检察厅检察官
第三章：史殿国　中央司法警官学院教授
　　　　王定辉　中央司法警官学院教授
第四章：王　平　法学博士，中国政法大学教授，博士研究生导师
　　　　林乐鸣　法学博士，大连海事大学法学院讲师
第五章：张绍彦　中国社会科学院法学研究所研究员
　　　　徐明江　北京市司法局副局长
　　　　颜九红　北京政法职业学院教授

第六章：韩玉胜　中国人民大学法学院教授，博士研究生导师
　　　　沈玉忠　法学博士，北京工业大学文法学院副教授
第七章：狄小华　法学博士，南京大学法学院教授，博士研究生导师
附　录　韩玉胜　中国人民大学法学院教授，博士研究生导师
　　　　田　坤　法学博士，中国社会科学院马克思主义研究院副研究员

《刑事执行立法问题研究》是教育部人文社会科学重点研究基地的重大课题项目，本项目批准文号为07JJD820172。在项目进行过程中，由于实地调研沟通不畅、资料收集特别是境外资料的联系、翻译遇到困难等各方面的原因，致使本项目未能在规定的时间内完成。经过努力，本项目终于得以完成初稿。为了慎重，特意请几位相关专业的专家、学者审读，按照审读专家提出的意见和建议，对全书进行了修改和补充，于2015年报送教育部社会科学司申请结项，经鉴定，2016年批准结项。批准结项后的这几年里，立法机关先后颁布了三个刑法修正案，刑事诉讼法、监狱法也都进行了修改，制定颁布了社区矫正法。据此，我们对书稿进行了全面修改和补充。尽管我们很努力，但是由于能力和水平所限，肯定仍有不尽如人意之处，欢迎各位同行提出宝贵意见。

韩玉胜
于中国人民大学明德法学楼
2020年4月

前　言

刑法就是体系庞大的社会规范的一种。一般认为刑法规范对社会个体的道德要求在整个人类道德体系中处于最基础的层次。它与民法、行政法、经济法等其他法律以及习俗、礼仪、道德等其他的众多规范一道维系着我们正常的生活秩序。那么，刑法所标示的规范与其他类型的规范有什么区别？刑法与民法、行政法、经济法等其他部门法律的最大区别不在于调整对象，因为刑法与其他部门法律在很多情形下调整对象是重合的，如行为人捡到他人遗忘物拒不归还的，一方面触犯了刑法（侵占罪），另一方面又属于民法上的不当得利。刑法与其他部门法律的最大区别在于调整方式：只有刑法是通过刑罚的手段调整社会关系，即刑法通过规定刑罚（剥夺他人的财产、自由、生命等）的方式达到解决社会冲突、维系社会关系、保护人民法益、保障人权的目的。刑法规范与习俗、礼仪、道德、伦理等规范体系的区别在于，刑法规范具有国家强制力的保障。违反习俗、礼仪、道德、伦理可能被其他社会成员轻视，至多受到家长的责打、教规的惩处，但所有这些惩罚都不会得到国家权力的支持。而刑法则是以一种强硬的姿态站在各类规范的最顶层。一个人如果无视社会规范的存在，当其社会危害性达到一定程度，刑法就会动用刑罚对其进行处罚，强制对之进行教育改造，将社会化的进程以另外一种方式体现在他的身上。这是国家、社会为了维系其自身发展不得已做出的选择。其实，国家对于社会化的干预是比较滞后的，它往往给予自然人很长的期限以完成其自身社会化的进程，并且允许（容忍）他们在这个过程中犯错（例如，各国都普遍有刑事责任年龄的规定，对在未达到刑事责任年龄时实施的符合刑法分则规定的构成要件的行为不承担刑事责任）。只有行为人在规定的期限内没有初步完成社会化，侵犯社会关系的危害性达到一定程度，刑法才会对他进行惩罚。这个时候，国家的刑罚权才真正地在具体的个人身上有所体现。

刑罚权是国家统治权（主权）的重要权能之一，包括制刑权、求刑权、量刑权和执刑权。应当说，刑罚权是一个国家维系正常秩序的底线砝码，在国家治理中起着重要作用。如果行为人突破社会一般规范，实施犯罪行为，刑罚就会以剥夺犯罪人的财产、自由甚至生命的方式对他进行惩罚，为其提供再社会化的条件。刑罚“双刃剑”的属性早已为世界各国学者和实践者所认知。刑事法律规定的刑罚发动权与现实中实质的刑罚权的内容并非完全一致。刑罚权在某些时候可能超出刑法的规定，出现“法外施刑”的现象。其实“一个国家对付犯罪并不需要刑事法律，没有刑法也不妨碍国家对犯罪的有效打击与镇压。而且，没有立法的犯罪打击可能更及时、有效、灵活与便利。”① 既然如此，为什么国家还要制定刑法对自身进行限制呢？这是因为刑罚权发动的恣意性曾经给社会统治造成了高昂的成本，对人权的任意践踏始终扣击着人类的脆弱心灵。因此，当代刑罚权的发动必须以人权保护和社会保障作为出发点和落脚点。回顾刑罚的历史，刑罚从扑朔迷离的神意报应，到以社会主流道德观念判断的道义报应，再到以严格遵循法律为裁判标准的法律报应，可以从脉络中清晰看到刑罚权在逐步地走向科学、规范、谦抑、缓和，每一个环节都受到人类理性的牵制。现代刑罚权的全部目的都是为了实现自由、秩序、正义等终极价值，② 但是刑罚与生俱来的与人权背离的“原罪”始终像一个隐藏在美丽价值背后的不定因素，时时刻刻都有可能超越这些价值而走向另外一个极端。因此，对于刑罚权必须予以限制。世界各国都规定了各种刑事法律，这些刑事法律一方面赋予国家机关打击犯罪、保护人民的权力，同时也为刑罚权的适用限定范围。刑法从实体法的角度限制了刑罚权，刑事诉讼法从程序上限制了刑罚权，同样地，刑事执行法从刑罚执行的角

① 李海东：《刑法原理入门》，法律出版社 1998 年版，第 3～4 页。

② 参见谢望原：《刑法价值论》，中国检察出版社 1999 年版，第 1 页。

度限制了刑罚权。由于刑罚天生带有扩张性，本身天然地具有与人权的背离性，因此，国家应该尽一切可能限制刑罚权的肆意扩张。刑事执行法就是这方面努力的一个表现。刑事执行法不是从刑罚种类、内容的设定上限制刑罚权的实施，而是从刑事执行的程序和执行实体内容上对刑罚权的实施进行限定。从实际效果来讲，可能后者较前者更直接、更有效。

刑事执行对于刑罚权的具体落实具有重要意义，是刑法和刑事诉讼法不可代替的。学者们不惜智思构建合理的刑法制度，追求逻辑自洽、天衣无缝的犯罪论体系，构筑体系合理、层次明晰的刑罚体系，设计符合公平正义价值追求、高效便捷的诉讼程序，所有这些努力都是为了让罪犯得到应有处罚，使他们得以改造。但是，这些努力也可能因为刑事执行的缪差而功亏一篑。例如，立法者在制定刑法时，对某一行为认为只有对其判决 7 年至 10 年有期徒刑，才能达到报应的效果，才符合罪责刑相适应的原则。法院也根据刑罚的规定，综合判断行为人行为的社会危害性、人身危险性，从而对行为人判处 9 年有期徒刑。但是，到了刑罚执行阶段，执行机关却滥用减刑、假释、监外执行、保外就医等，使得行为人没有得到其应有的报应。一方面，因没有得到应有的报应，行为人便产生侥幸心理，进而使得刑罚特殊预防的目的落空。另一方面，对罪犯在刑罚执行阶段的放纵，往往使得普通民众守法的积极性大打折扣，其因守法而获得的优越感受到减损。再如，有的罪犯入监后积极参加劳动、自我改造，并且有立功表现等，但是由于某些原因而未得到减刑、假释的机会，这同样有损其改造的积极性，不利于刑罚特殊预防功能的实现。因此，刑事执行是实现刑罚之预防犯罪目的的重要环节，特别是对犯罪人的特殊预防。刑事执行对于维护司法权威，惩罚、教育改造犯罪人，帮助犯罪人复归社会，对广大群众进行法治教育等都具有重要的意义。

1979 年，我国先后制定了刑法和刑事诉讼法，相应地带来了刑法学和刑事诉讼法学的发展和繁荣。但是，与刑法、刑事诉讼法处于同一位阶的刑事执行立法却未见起色。刑事执行法的主干分布于刑法、刑事诉讼法以及监狱法中，大多数具体内容则散见于大量的司法解释以及部门规章（特别是公安部、司法部的部门规章）。与刑法、刑事诉讼法的体系性相比，刑事执行法略显分散、杂乱。同时，刑事执行权的配置呈现出多元化的特点，刑事执行权被分散到公安机关、人民法院和有关司法行政部门。这种多元化的权力配置格局带来了一系列的弊端，直接影响了刑事执行的效能。如何整合刑事执行资源，实现刑事执行效能最大化，成为摆在学者和实践者面前的重大课题。正如后文分析到的，我国目前已经具备了制定统一的刑事执行法律的理论条件和实践条件。本书的目的旨在通过学者们的研究为这一立法图景的实现助一臂之力。

目　录

第一章
刑事执行立法宏观问题研究

第一节　刑事执行基本理论概述

一、刑事执行的概念

刑事执行是指刑事执行主体将人民法院已经发生法律效力的判决、裁定付诸实施的程序性及实体性活动。最广义的刑事执行包括刑事诉讼法意义上的刑事执行以及相关执行机关对罪犯进行的监管、改造等活动，还包括在国家机关主导之下的，由社会力量参与的相关矫正活动等。广义上的刑事执行包括两方面：一方面是将生效刑事判决、裁定所确定的内容付诸实施的活动；另一方面是解决生效裁判在执行过程中发生的特定问题的活动，例如减刑、假释、监外执行等。生效的裁判既包括有罪裁判，也包括无罪裁判。其中有罪裁判既包括判处被告人刑罚的有罪裁判，也包括判决被告人有罪但免予刑罚处罚的裁判。如果行为人被判处无罪或者被判处有罪但免予刑罚处罚的，也存在将该判决和裁定予以执行的问题。对被判处无罪或者被判处有罪但免予刑罚处罚的执行亦属于刑事执行范畴。狭义上的刑事执行仅指刑罚执行。由于刑罚执行是刑事执行的主体部分，我们研究刑事执行法的主要对象就是刑罚执行，因此，为了论述方便，在本书中如果没有特殊说明，一般在相同意义上使用刑事执行和刑罚执行这两个概念。最狭义的刑事执行则仅指监狱的刑罚执行。

界定刑事执行的内涵，涉及范畴其与下列概念的区分：刑罚权的实施、刑事诉讼法上的“执行”、刑罚的运用，这几个概念往往被混用。笔者认为，刑事执行与上述各概念存在差别。首先，刑事执行不同于刑罚权的实施。刑罚权的权能包括制刑权、求刑权、量刑权和行刑权，因此，刑事执行只可能是行刑权实施的一个表现，其范围要小于刑罚权的实施。其次，刑事执行亦与刑事诉讼法上的“执行”有所不同。“刑事执行是刑事诉讼的一个阶段，是刑事诉讼的最后一个环节”的说法并不正确。“实际上，刑事诉讼的一个阶段并没有涵括刑事执行在内：作为现行刑事诉讼的一个阶段，‘执行’与刑事执行有着原则的区别。刑事诉讼法之执行系生效刑事裁判‘交付执行’的程序方面的衔接性规范，而刑事执行则为生效刑事裁判和刑罚的实际执行之实体性和程序性规范。”[①] 最后，刑事执行与刑罚的运用也不同。我国刑法规定了刑罚的具体运用：量刑、累犯、自首和立功、数罪并罚、缓刑、减刑、假释、时效等内容，由此可见两者的差别所在。

二、刑事执行的特点

（一）刑事执行的内容、方式、主体具有广泛性

通过考察发现，世界各国刑事执行内容、方式均具有广泛性的特点。这是针对犯罪行为的社会危害性和犯罪人的人身危险性的不同而做出的必然选择。通过有梯度的刑罚手段和灵活的刑罚执行方式达到惩罚犯罪、预防犯罪、保护法益的目的。各国刑法普遍规定了各种刑罚来对应不同种类的犯罪[②]，这就决定了刑事执行内容的多样性。同时，为了追求最佳的刑事执行效果，必然会采取灵活多样的方式。我国也不例外，我国的刑罚有主刑和附加刑之分，主刑包括管制、拘役、有期徒刑、无期徒刑和死刑等，附加刑包括罚金、剥夺政治权利、没收财产等。对于犯罪的外国人，还可以独立适用或者附加适用驱逐出境。与执行的内容、方式多样性相对应的是刑事执行主体的广泛性。在我国，根据刑法、刑事诉讼法、人民法院组织法、人民检察院组织法、人民警察法、监狱法等法律的规定，不同的执行主体负责不同刑种及执行方式的执行任务：人民法院负责死刑（不含死缓）、罚金刑、没收财产刑、无罪判决以及免予刑罚处罚的执行；公安机关负责剥夺政治权利及驱逐出境等的执行；社区矫正机构负责管制、宣告缓刑、假释和暂予监外执行等的执行；监狱（包括未成年犯管教所）负责有期徒刑、无期徒刑、死刑缓期二年执行等的执行。

（二）刑事执行具有法定性

刑事执行关系到被执行人的财产、自由甚至生命，因此，刑事执行必须符

---

① 张绍彦：《刑事执行新探》，载《现代法学》1998年第3期。

② 例如，韩国刑法规定的刑罚种类有：死刑、劳役、徒刑、丧失资格、停止资格、罚金、拘留、科料、没收（参见《韩国刑法典》第41条）；印度刑法规定的刑罚种类有：死刑、无期徒刑、带有苦役的监禁、单纯的监禁、没收财产、罚金等（参见《印度刑法典》第53条）；新加坡刑法规定的刑罚种类有：死刑、徒刑、没收财产、罚金、鞭刑等（参见《新加坡共和国刑法典》第53条）。

合合法性的要求，即刑事执行的主体必须是国家法律授权的主体；刑事执行的依据必须是经过国家刑事诉讼程序生效的判决、裁定，对于尚未生效的判决、裁定，不得交付执行（但是判处被告人无罪或者免予刑罚处罚的除外）；被执行人必须是根据刑法和刑事诉讼法被判决有罪的人，正在侦查或者审理过程中的未决犯，包括犯罪嫌疑人、被告人等，即使已经被逮捕、拘留而处于羁押状态，只要没有被定罪判刑，就不能成为刑事执行的对象，对于那些没有触犯刑事法律的人更不能采取刑事执行措施；刑事执行的程序和内容必须符合国家法律的规定；等等。

（三）刑事执行具有强制性

刑事执行法律关系的主体在刑事执行上没有选择的空间。刑事执行主体必须根据判决和裁定以及相关刑事执行法律对被执行人执行刑罚，被执行人也必须接受。执行主体与被执行人之间不具有讨价还价的任何余地。刑事执行具有国家法律的强力保障，任何国家机关、团体、个人都不得违背。与民事执行相比具有较明显的强制性。民事执行中，胜诉一方有自由处分法院判决、裁定赋予自己的权利的空间。胜诉的一方可以要求败诉方全部或者部分履行裁判施于败诉方的义务。在败诉方不履行义务时，胜诉方也可以选择是否向法院申请强制执行。这是由民事法律任意法性质决定的。

（四）刑事执行具有及时性

对于刑事执行，我国相关法律、法规、部门规章都规定了比较具体的时间限制。判决、裁定发生法律效力后，任何人不得以任何理由拖延刑事执行。刑事执行的及时性是保障国家司法权威、保障司法机关的工作效率、保障被执行人权利的重要条件。

（五）刑事执行侧重于特殊预防

正如后文所论述的，国家刑罚权的行使具有双重目的：一般预防与特殊预防。一般预防是指国家通过刑罚权的行使，对犯罪分子处以刑罚以达到使未犯罪的人不敢犯罪、不想犯罪的目的。一般预防又包括积极的一般预防和消极的一般预防。积极的一般预防是指通过实施国家刑罚权，强化公民的守法意识，增强公民的守法积极性，使公民不愿参与犯罪活动。消极的一般预防是指通过对犯罪分子的惩罚来恐吓社会上潜在的欲实施犯罪活动的人员，使他们消极地不敢违法。特殊预防是指通过刑罚的执行，使犯罪分子切身体会到刑罚的苦楚，使其形成犯罪的反对心理，或者通过剥夺犯罪分子的部分权利（财产、自由、生命）使其不能犯罪。刑罚的一般预防目的和特殊预防目的贯穿刑罚权行使的始终。但是，不同的阶段，侧重点有所不同。在制刑阶段侧重一般预防，求刑、量刑阶段则一般预防、特别预防相当，而到了行刑阶段则更加侧重于特殊预防。

三、刑事执行的功能

（一）实现判决、裁定内容，维护司法权威

实现判决、裁定内容是刑事执行最基本的功能，也是维护司法权威的根本保障。人民法院根据刑事实体法和程序法对检察机关提起公诉或者公民提起自诉的案件进行审理，作出行为人有罪或者无罪的裁决，这时司法权便凝结到判决之中。如果法院作出的裁判得不到执行，那么裁决就是一纸空文，司法权威也就无从保障。

（二）惩罚犯罪人，维护社会公平正义

虽然惩罚犯罪人不是刑事执行的目的，但是惩罚犯罪人却是刑事执行的一项重要功能。刑罚本身是对犯罪的否定评价，是一种痛苦。犯罪是对社会关系的破坏，是行为人反社会的人格的表征。对于破坏社会一般正常秩序的犯罪人，必须要让他们感受到社会对他们的否定性评价。当犯罪人从犯罪中得到自己想要得到的结果之后，社会的公平正义秩序就被破坏了，这时要通过惩罚犯罪人来修复被破坏了的公平正义秩序，抚慰被害人受到创伤的心灵。刑事执行机关根据法院的判决通过向犯罪人收取罚金、没收财产、限制自由甚至剥夺生命的方式来惩罚犯罪人。

（三）教育改造犯罪人

正如刑事执行的目的不仅仅是为了惩罚犯罪人一样，刑事执行的功能也不仅仅是惩罚犯罪人。刑事执行的另外一个功能就是教育改造。教育改造的方式有惩罚式方式和非惩罚式方式。前者是指通过对犯罪人权利的剥夺，通过使犯罪人感受痛苦而对之进行教育改造，后者则是指通过非惩罚的其他方式，例如进行学业、技能、法律教育或者通过其他社会化处遇方式使犯罪人得到教育进而改造其心智和行为。

（四）促使罪犯回归社会

对于绝大多数的犯罪人来讲，他们在刑罚执行完毕之后，最终还是要回归社会的。这就决定了，刑事执行应当具有促使其回归社会的功能。对于犯罪人来讲，刑事执行具有双重意义：对过去罪行给予否定和为未来生活做准备。对于国家和社会来讲，刑事执行也具有双重意义：惩罚犯罪和预防犯罪。这双重意义都要借助刑事执行的方式来达成。刑事执行既要“向后看”也要“向前看”，在惩罚犯罪分子的同时，还应当预见到刑事执行完毕之后他们的去处。

刑事执行不是简单地处理罪犯，而是要使罪犯得到改造，能够重新回到社会，成为自食其力、遵纪守法的公民。

（五）法治教育

刑事执行同时还具有法治教育的功能。民众会对法律的功效具有一定的心理预期，这种预期往往与其法规范意识紧密相连。如果法律的实施符合甚至超出了他们的预期，那么自然就会增加公民的法规范意识。如果法律的实施没有达到公民对其效果的预期，那么公民的法规范意识自然会减弱，甚至引起他们犯罪的念想。在刑事法律运作的整个过程中，对普通民众的法规范意识影响最强烈的、最直观的就是刑事执行。民众看到犯罪行为会通过刑事执行切实得到惩罚，就会增强他们的规范意识，起到法制教育的功效。

四、刑事执行的法律地位

（一）在刑事法中的地位

关于刑事执行在刑事法律中的地位，学界从不同角度加以阐释。主要有以下几种观点：（1）三分说。该观点认为刑事立法、刑事司法和刑事执行是刑罚系统的三大支柱。① （2）四权能说。该观点认为刑罚权包括制刑权、求刑权、量刑权和行刑权。② 刑事执行是行使刑罚权中行刑权权能的过程。（3）四环节说。该观点认为刑罚权的实现包括侦查、起诉、审判和执行四个环节。刑事执行是这四个环节的最后一个环节。③ （4）综合说。该观点认为应当将上述观点进行综合，即“三分”：刑事立法之制刑权，刑事司法之用刑权，刑事执行之行刑权；“四段”：刑罚实际运用过程中的侦查、起诉、审判和执行四个阶段；“五方”：立法机关、侦查机关、起诉机关、审判机关和刑事执行机关。④ 上述观点中，“三分说”“四权能说”是通过对刑罚权运作过程的分析来定位刑事执行在刑事法律中的地位。“四环节说”则是通过对刑事诉讼过程的分析来定位刑事执行在刑事法律中的地位。而“综合说”则是综合了上述

---

① 参见甘雨沛：《比较刑法学大全》，北京大学出版社1997年版，第841页。

② 参见马克昌主编：《刑法学全书》，上海科学技术文献出版社1993年版，第170页。相似的观点另外可以参见邱兴隆、许章润：《刑罚学》，群众出版社1998年版，第62~64页；邱兴隆：《刑罚理性导论——刑罚的正当性原论》，中国政法大学出版社1998年版，第1~2页等。

③ 参见郑学群、孙晓雳：《劳动法学基本理论问题》，社会科学文献出版社1992年版，第164~167页。

④ 参见张绍彦：《刑罚实现与行刑变革》，法律出版社1999年版，第129页。

几种学说的观点。应当说，“综合说”比较全面地论述了刑事执行在刑事法律中的地位和作用。其实，前述“三分说”“四权能说”“四环节说”也都具有相当的合理性，只不过因论述角度不同而表述有所差异。通过多个维度的定位才能将刑事执行在刑事法律中的地位立体地显现出来。

应当说，将刑罚权分为制刑权、求刑权、量刑权和行刑权是合适的。刑罚权是国家公权力的一种形态，作为社会关系调整方式的一种权能，它以强制性、严厉性著称，被称为维护社会关系的最后一道屏障。刑罚权按照从抽象到具体的顺序分别表现为制刑、求刑、量刑和行刑。这四个环节相互关联，不可分割。刑事执行就是行刑权实施的表现。如果我们将范围缩小，单纯地考察刑罚权具体落实的环节就会发现刑事执行是与侦查、起诉、审判相并列的一个环节。侦查、起诉、审判和执行都是在罪责规范生效之后、社会上出现犯罪之时而具体发动的刑罚权实施方式。执行是刑事审判的当然后果。

（二）在执行法中的地位

在我国，执行法主要包括民事执行法、行政执行法和刑事执行法，它们共同构成了我国的执行法律制度。由于它们共属执行法律的范畴，因此具有一些相同点，但由于分属不同性质的法律体系，又有着显著的区别。下文主要论述刑事执行与民事执行、行政执行的不同。

首先，执行的主体不同。根据我国现行法律，具有刑事执行权的机关有公安机关、人民法院、监狱等司法行政机关。而民事执行机关是法院，只有法院具有民事执行权，其他任何机关不能实施民事执行的行为。行政执行的执行机关为法院和相应的行政机关。

其次，执行的依据有别。刑事执行的依据只能是人民法院经过刑事诉讼程序而作出的生效刑事裁判。民事执行的范围相对要广泛得多。民事执行的依据有人民法院经过民事诉讼程序作出的判决、裁定、调解书、支付令，以及仲裁机关经过仲裁程序作出的裁决书，还有公证机关制作的有关债权文书等。行政执行的依据包括行政机关自己制定的行政决定、命令等，也包括人民法院经过行政诉讼程序而作出的判决和裁定。

再次，执行内容存在差异。刑事执行的主体内容就是剥夺罪犯的某些权能，如财产权、自由权甚至生命权。而民事执行的对象是物或者行为，不能对债务人的人身进行执行。行政执行的执行对象包括物、行为和人身。

最后，执行的方式存在差别。刑事执行由刑事执行主体根据生效判决和裁定对被执行人实施，为执行机关的主动行为。民事执行的发生机制则不同。例如，在债权债务纠纷中，当具有执行可能性的有效文书产生之后，债权人有权处分自己的债权。一方面，如果债务人自动履行债务，就不存在民事执行的问题；另一方面，即使债务人不履行自己的债务，如果债权人没有向法院提起强制执行的申请，人民法院也不能主动发动强制执行程序。在行政执行中，如果人民法院作为执行机关，必须经行政机关或者行政相对人的申请才能采取执行措施；如果行政机关作为执行机关，则视被执行人是否自动履行而采取不同的执行方式。

五、刑事执行法的法律地位

刑事执行法在我国法律体系中的地位是研究刑事执行法首先要解决的问题之一。关于刑事执行法的法律地位有以下几种观点：第一种观点认为，刑事执行法是刑法的附属法。其基本理由是：监狱作为刑罚的执行机关，是以对犯罪判处刑罚为前提的，如果刑法不对什么是犯罪以及对犯罪人适用什么样的刑罚作出明确规定，对罪犯执行刑罚就无从谈起。因此，刑事执行法以刑法为依托，其与刑法的关系是一种从属关系。第二种观点认为，刑事执行法是刑事诉讼法的组成部分。其理由是：对罪犯实施惩罚和改造是执行刑罚的过程，是继侦查、起诉、审判之后的一个独立的诉讼阶段。而且《刑事诉讼法》第四编已经对此作了专门规定，没有必要就执行问题再单独立法。第三种观点认为，刑事执行法是行政法的组成部分。主要理由是：对犯罪的惩罚和改造是司法行政机关的一项业务。第四种观点认为，刑事执行法是一个独立的部门法，与刑法、刑事诉讼法处于同一层次，是同样重要的刑事法律。①

笔者认为，刑事执行法具有独立的地位，是一个独立的部门法。刑事执行法是集惩罚和改造犯罪实体法、刑罚执行程序法、刑罚执行机关和监狱、人民警察组织法以及狱政管理、组织生产、建立生活医疗保健制度等司法行政法和对犯罪的社会教育等社会行政法于一体的，具有综合功能的刑事基本法，是一部独立的部门法，不是其他法律的附属法。刑事执行法有自己独立的调整对象，有自己独特的调整方法，并且经过这么多年的发展已经具有了自己独立的法律体系。因此，赋予刑事执行独立的部门法地位的时机已经成熟。

---

① 参见韩玉胜主编：《刑事执行法学研究》，中国人民大学出版社2007年版，第9页。

第二节 刑事执行法律关系

一、刑事执行法律关系的概念

法律关系是法律在调整人们行为的过程中形成的权利、义务关系。[1] 刑事执行法律关系是指由刑事执行法律所确认和调整的，在刑事执行过程中，刑事执行主体和被执行人之间的权利义务关系。由此可见，刑事执行法律关系有以下几个主要特征：(1) 刑事执行法律关系是以刑事执行法律规范为前提而形成的社会关系。刑事执行法律关系是刑事执行法律对相应主体的行为及其相互关系加以调整而出现的一种“状态”，这就与刑事执行关系产生了区别。所以，如果不存在相应的刑事执行法律也就不可能存在相应的刑事执行法律关系。例如，在相应的刑事执行法律出现之前，社会上就已经出现了社区矫正的工作模式，但只有当刑事执行法律将之纳入规范的范围之后，其产生的主体之间的权利、义务关系才是刑事执行法律关系。(2) 刑事执行法律关系是以法律上的权利、义务为纽带而形成的社会关系。刑事执行法律关系与不具有法律意义的社会关系的重要区别就是刑事执行法律关系主体之间按照法律规范分别享有一定的权利、负有一定的义务。(3) 与其他法律关系一样，刑事执行法律关系是以国家强制力为保障手段的一种社会关系。国家将其认为应当由其调整的社会关系以刑事执行法律的方式固定下来，这就表明了国家对于这种社会关系的一种基本立场。当这种关系被破坏的时候，国家便使用强制力予以纠正。

二、刑事执行法律关系的要素

(一) 刑事执行法律关系的主体

刑事执行法律关系的主体即刑事执行法主体，又可以称为刑事执行法律关系的当事人，是刑事执行权利的享有者和刑事执行义务的承担者。刑事执行法律关系以刑事执行主体为一方当事人，以被执行人为另一方当事人。刑事执行法主体包括所有参与到刑事执行法律关系中来的监狱等法律授权的刑事执行主体和被执行人（单位和个人）。刑事执行法律关系的主体具有以下特点：

---

① 参见张文显主编：《法理学》，法律出版社 1997 年版，第 158 页。

(1) 特定性。刑事执行权是国家专有权力，这就决定了刑事执行法律关系的主体具有特定性。在我国能成为刑事执行法律关系主体的只有两类主体：国家法律赋予刑事执行权的刑事执行机关和依法通过刑事诉讼程序判决有罪的犯罪分子。其他的任何机关、团体、个人都不能成为刑事执行法律关系的主体。虽然有时其他主体会参与到刑事执行过程中，进行一些刑事执行的辅助性工作，但这些主体都不是刑事执行法律关系的主体。(2) 不平等性。在刑事执行法律关系中，刑事执行主体居于主导地位，被执行人处于相对“弱势群体”的地位。在刑事执行中，刑事执行主体与被执行人之间的权利和义务极具不对等性。相对于民事法律关系等平权型法律关系而言，刑事执行法律关系是一种隶属型的法律关系，又可以称为纵向法律关系。在刑事执行法律关系中，刑事执行主体可以要求被执行人为或者不为一定行为。

1. 刑事执行主体

刑事执行主体是指在刑事执行法律关系中享有刑事执行权，能够以自己的名义实施刑事执行行为，并能独立承担实施刑事执行行为所产生的相应的法律后果的一方主体。目前我国享有刑事执行权的主体有：具有执行死刑缓期二年执行、无期徒刑和有期徒刑等刑罚权的监狱；具有执行未满 18 周岁被判处有期徒刑和无期徒刑等刑罚权的未成年犯管教所；具有执行移交时余刑在三个月以下、单处或者并处剥夺政治权利、单处或者并处驱逐出境等刑罚权的公安机关；具有执行单处或者并处罚金、单处或者并处没收财产刑以及死刑等刑罚权的人民法院等。对于刑事执行的主体，有以下几个问题需要辨明：

(1) 刑事执行主体与刑事诉讼主体的关系如何？刑事执行主体是刑事执行法律关系主体的一部分。也即是说，刑事执行主体必定是刑事执行法主体，但是刑事执行法主体则未必就是刑事执行主体。我国目前在立法上和理论上都没有很好地厘清刑事执行主体的范围。理论的通说认为，刑事执行主体是刑事诉讼主体的一部分。这种观点的基本出发点就是将刑事执行程序作为刑事诉讼的一个阶段。但是，学界在界定刑事诉讼主体的时候往往将之表述为：“代表国家行使侦查权、检察权、审判权的机关和诉讼当事人。”根据我国刑事诉讼法的规定，公安机关、人民检察院、人民法院是进行刑事诉讼的国家机关。据此，学界普遍认为刑事诉讼的主体为侦查机关、检察机关、人民法院和自诉人、被告人、附带民事诉讼的原告。很明显，作为刑事执行主体的核心——监狱——没有被包含到刑事诉讼主体中去。解决这个矛盾有两个途径：一是增加刑事诉讼的主体范围，将监狱等司法行政机关包含进去；二是认为刑事执行主体不应当被刑事诉讼主体包含，刑事执行主体应当具有自己独立的地位。笔者赞同后一种方式。一方面是因为刑事执行主体与传统意义上的刑事诉讼主体之间性质有所不同；另一方面也是因为我国现有的法律已经有意无意地将刑事执行主体排除出刑事诉讼主体范围，这可以看成立法者的一种态度。例如，我国刑事诉讼法在表述刑事诉讼的基本原则的时候，认为刑事诉讼主体之间应当“分工负责、互相配合、互相制约”，而其列举的刑事诉讼主体只有“公安机关、检察机关和人民法院”。

（2）刑事执行的主体应当是享有刑事执行权的机关，还是这些机关中的工作人员？笔者认为刑事执行的主体应当是刑事执行机关，而不是刑事执行机关中的工作人员。也就是说，与被执行人相对应的不是刑事执行机关的工作人员，而是刑事执行机关。刑事执行法律关系是一种国家内部的公法关系，法律关系的一方必须由国家刑罚执行机关担当。国家在分配刑罚权的时候，是将各种刑罚权的权能分配给了不同的国家机关而不是国家机关中的工作人员。在具体的刑事执行法律关系中，权利和义务主体的双方应当是刑事执行机关和罪犯。当刑事执行机关的工作人员履行刑事执行的职责时侵犯了被执行人的合法权益，被执行人应当以刑事执行机关作为被起诉、申诉、复议的对象，而不是刑事执行机关的工作人员。因此，有刑罚执行权的，不可能是刑事执行机关的工作人员，刑事执行机关的工作人员不能以个人的名义作出刑事执行法律关系主体的权利和义务行为。

（3）“涉刑事执行的机关”能否成为刑事执行的主体？在刑事执行过程中会出现一些刑事执行的“边缘机关”，即负责与刑罚执行和变更执行相关联的其他国家机关，如负责移交罪犯和执行法律文件的人民法院；负责具体移送罪犯到监狱，对狱内犯罪及侦查予以业务指导与帮助的公安机关；负责对刑罚执行活动予以法律监督的检察机关；负责对监狱罪犯进行武装看押和调犯迁移警戒与押送工作的人民武装警察部队；在监狱行刑活动中为监狱提供保障和支持的国家行政机关，等等。有的学者认为，这些机关也是刑事执行主体。[①] 笔者不同意这种观点。笔者认为上述主体有的是刑事执行主体的辅助机关，不具有独立的刑事执行主体的性质，例如负责对监狱罪犯进行武装看押和调犯迁移警戒与押送工作的人民武装警察部队，它们应该看成监狱的一部分；有的根本就没有承担刑事执行的权利义务关系，只是起到监督者的作用，例如检察机关。检察机关监督法律的实施，包括民事审判、行政审判等，但是没有哪一位学者认为检察机关是民事诉讼法律关系、行政诉讼法律关系的主体。同理，检察机关也不是刑事执行法律关系的主体，更不是刑事执行的主体。

---

① 参见王顺安：《刑事执行法学》，群众出版社2001年版，第178～179页。

2. 被执行人

被执行人是指参与刑事执行法律关系、与刑事执行主体的权利义务具有对应权利义务的自然人或单位。被执行人是具有特定法律地位的主体，其形成和存在的原因在于其参与了刑事执行法律关系。在刑事执行法律关系中，被执行人和刑事执行主体的权利义务关系存在对应关系。在刑事执行中被执行人包括：被判处死刑（含死刑缓期二年执行）、无期徒刑、有期徒刑、管制、拘役，以及单处或者并处剥夺政治权利、驱逐出境、罚金、没收财产等刑罚的罪犯，当然也包括被判处有期徒刑缓期执行的罪犯，以及因严重疾病需要保外就医和怀孕或者正在哺乳自己婴儿的妇女，被监狱依法暂不收监执行、由人民法院决定暂予监外执行的罪犯等，还包括被判处罚金的单位。

（二）刑事执行法律关系客体

刑事执行法律关系的客体是指刑事执行法律关系主体的权利和义务所指向的对象。财物、行为、智力成果、人身人格都可以成为一定法律关系的客体。刑事执行法律关系客体是刑事执行法律关系主体存在的基础，是刑事执行法律关系的重要组成部分。关于刑事执行法律关系的客体的内容，学者认识存在差异。有的学者认为刑事执行法律关系的客体是主体双方的行为，有积极的行为和消极的行为，即作为和不作为两种表现形式。“在刑事执行过程中，体现在物与精神财富客体之中的主体双方间的社会关系分别由其他法律规范调整，而不属刑事执行法律规范的调整范围。因此，这些行为的某些权利、义务指向对象的物与精神财富也就不能成为刑事执行法律关系的客体。比如，刑事执行机关在组织犯人劳动过程中，与有关单位之间产生的产品购销和原材料供应关系由民法或以经济法调整；犯人的（包括犯人之间的）婚姻关系则由婚姻法调整等。刑事执行机关与犯人之间在刑事执行过程中，不存在以物或精神财富为客体和对象的权利、义务关系。”① 笔者不赞成这种观点。笔者认为，虽然并不是在刑事执行过程中权利和义务指向的对象都是刑事执行法律关系的客体，但是刑事执行法律关系的客体不仅仅限于行为，还应当包括物和人身。

首先，刑事执行法律关系的客体包括行为。这已经是刑事执行法学界的通说观点。刑事执行法律关系的主体享有的权利和承担的义务指向的对象大部分都是行为。行为包括作为和不作为。例如，刑事执行机关有要求在监服刑人员服从管理的权力，在监服刑人员有要求监狱提供必要的医疗健康服务的权利等，这些权力（利）指向的对象都是对方的行为。

---

① 张绍彦：《刑事执行新探》，载《现代法学》1998 年第 3 期。

其次，刑事执行法律关系的客体包括物。我国《监狱法》第 8 条规定："国家保障监狱改造罪犯所需经费。监狱的人民警察经费、罪犯改造经费、罪犯生活费、狱政设施经费及其他专项经费，列入国家预算。国家提供罪犯劳动必需的生产设施和生产经费。"第 9 条规定："监狱依法使用的土地、矿产资源和其他自然资源以及监狱的财产，受法律保护，任何组织或者个人不得侵占、破坏。"第 18 条第 1 款规定："罪犯收监，应当严格检查其人身和所携带的物品。非生活必需品，由监狱代为保管或者征得罪犯同意退回其家属，违禁品予以没收。"第 47 条规定："罪犯在服刑期间可以与他人通信，但是来往信件应当经过监狱检查。监狱发现有碍罪犯改造内容的信件，可以扣留……"第 49 条规定："罪犯收受物品和钱款，应当经监狱批准、检查。"第 51 条规定："罪犯的被服由监狱统一配发。"第 72 规定："监狱对参加劳动的罪犯，应当按照有关规定给予报酬并执行国家有关劳动保护的规定。"这些规定都说明刑事执行法律关系主体权力和义务指向的对象完全可能是物。另外，在财产刑的执行中，执行主体权利指向的对象是犯罪人的财物。

最后，刑事执行法律关系的客体包括人身。刑事执行法律关系的客体包括人身最集中的体现就是死刑的执行。刑事执行机关执行死刑的权利指向的对象就是犯罪人的人身。

（三）刑事执行法律关系的内容

刑事执行法律关系的内容是指刑事执行法律关系的主体在刑事执行的过程中所享有的权利和承担的义务。刑事执行法律关系的内容具有如下几个特征：

（1）刑事执行法律关系内容设定单方性。刑事执行主体享有国家赋予的、以国家强制力为保障的刑事执行权。刑事执行主体的意思表示具有先定力，不需要征得被执行人的同意。当被执行人不履行国家刑事执行法律所规定的相关义务的时候，刑事执行主体可以运用国家赋予的权利采取强制措施强迫被执行人履行相关的义务。

（2）刑事执行法律关系内容的法定性。刑事执行法律关系的权利和义务是由刑事执行法律规范所预先设定的，刑事执行法律关系的主体没有自由约定的可能。刑事执行主体只能按照既定的刑事执行法律规范实施刑事执行活动，包括刑事执行的内容和方式。例如，刑事执行机关执行死刑必须采取枪决或者注射的方式，如果采取其他方式执行死刑，则要取得最高人民法院的批准。

（3）刑事执行主体权利处分的有限性。刑事执行主体的权利就是将经过刑事诉讼审判的已经生效的判决和裁定付诸实际的权利。刑事执行主体的权利相对于被执行人来讲是一种权利，但是对于国家和刑事执行主体而言则是一种职责和义务。刑事执行法的这个特点决定了刑事执行不具有可调解性。刑事执行主体在刑事执行过程中不能任意处分自己的权利，这与民事法律关系中民事主体可以任意处分自己的权利形成了鲜明对比。

三、刑事执行法律关系的产生、变更和消灭

刑事执行法律关系的产生、变更和消灭以相应的刑事执行法律规范的存在为前提条件，以一定的法律事实的出现为直接原因。可以引起刑事执行法律关系产生、变更和消灭的法律事实可以分为法律事件和法律行为两类。刑事执行法律关系的产生，是指刑事执行法律规范中规定的权利和义务转变为现实的，由刑事执行法律关系主体切实享有的权利和承担的义务。例如，犯人被收监之后，就产生了犯人与监狱之间的权利、义务关系。刑事执行法律关系的变更，是指在刑事执行法律关系产生后、消灭之前，刑事执行法律关系要素的变更。例如，犯人被假释之后，刑事执行的主体由监狱转变为社区矫正机构，刑事执行方式由羁押劳动改造转变为社区矫正，相应地，刑事执行的内容也发生了变化。刑事执行法律关系的消灭，是指刑事执行法律关系当事人之间权利和义务的消灭。例如，犯人刑满释放之后，犯人与刑事执行机关的权利、义务关系就归于消灭；再如，犯人在监狱中死亡的，犯人与刑事执行机关之间的权利、义务关系也归于消灭。

（一）法律事件

法律事件，是指能够导致一定法律后果而不以人们的意志为转移的事件。例如，海啸、地震、台风、战争等。这些事件都可能导致法律上的权利、义务关系的产生、变更和消灭。法律事件在刑事执行法律关系中同样可能导致刑事执行法律关系的产生、变更和消灭。例如，犯人的死亡导致刑事执行法律关系的消灭。

（二）法律行为

法律行为，是指法律所规定的，能够导致法律关系产生、变更和消灭的法律后果的，根据人们的意志所为的行为。法律行为必须是有意识的作为或者不作为，表现为外部的表现举动。单纯心理上的活动不会产生法律上的后果。在刑事执行中，法律行为导致刑事执行法律关系的产生、变更和消灭。例如，法院经过刑事诉讼程序裁判被告人有罪，并且裁定其接受一定的刑罚，刑事执行机关接收执行就导致刑事执行法律关系的产生；在执行过程中，人民法院根据执行机关的减刑、假释建议而对罪犯作出减刑、假释的裁定，就导致刑事执行法律关系的变更；如果在刑事执行过程中，刑事执行机关发现原判决有误，引起了审判监督程序最后判决被执行人无罪的，则导致刑事执行法律关系的消灭。

第三节　刑事执行的目的

“目的是全部法律的创造者。每条法律规则的产生都源于一种目的，即一种实际的动机。”① 可以说，人类的一切理性活动都是有目的的活动。这种目的性是人类活动有章可循的最根本的保障。同时，为一种重复实施的活动设定一个正确的、合理性的目的对于此项活动持续、稳定、健康地运行具有重要的意义。因此，人们在对某一项社会制度存在的合理性进行评价的时候，其目的的合理性成为重要的参数。而这项制度实施过程中对其具体措施进行评价的重要标准就是其是否符合这个预设的目的。目的成就了制度，而制度的执行反映着目的。对于一项关涉众多犯人利益、关涉国家刑罚权运作的效能的刑事执行制度来讲，刑事执行的目的制约其行刑理念、行刑制度的具体展开。刑事执行目的就像一根红线，贯穿于刑事执行机关对犯人执行刑罚的始终。可以说，刑事执行中的所有活动都是围绕这个目的来进行的。因此，刑事执行的目的不仅是一个理论问题，更是一个实践问题。另外，法律不可能将刑事执行的边边角角全部规定完全，对于法律的漏洞，必须以刑事执行的目的为指向，进行及时变通，才不会留下执行的空白。刑事执行的目的从形式上和实质上为刑事执行的内容和界限的划定指明了道路。

探讨我国刑事执行的目的，需要对几个概念进行辨析：刑罚的目的、刑事执行的目的、监狱刑罚执行的目的以及监狱法的目的。原则上，前三个概念在具体的程度上应当属于递进的关系，上一级的目的涵括下一级的目的，即刑罚的目的包含着刑事执行的目的，而刑事执行的目的又包括监狱刑罚执行的目的。“在某种意义上，我们甚至可以把刑罚、刑罚执行与刑事执行制度看作是几乎同时诞生的三胞胎。”② 因此，在探讨刑事执行目的的时候，应当层层剖析，对其中每一层次的目的所要达到的标准进行准确把握。一般来讲，刑罚的目的、刑事执行的目的以及监狱刑罚执行的目的应当具有一致性，即刑事执行的目的应当是刑罚目的的体现，监狱刑罚执行的目的应当是刑事执行目的的体

---

① Jhering, In The English Philosophers from Bacon to Mill, ed. E. A. Burtt (New York, 1939), p. liv. 转引自［美］E. 博登海默：《法理学——法律哲学与法律方法》，邓正来译，中国政法大学出版社 2004 年版，第 115 ~ 116 页。

② 韩玉胜主编：《刑事执行制度研究》，中国人民大学出版社 2007 年版，第 1 页。

现。因此，将刑罚的目的讨论清楚之后，刑事执行的目的、监狱刑罚执行的目的就自然很清楚地呈现出来。由于监狱刑罚执行更具具体性，因此，本节除了讨论刑罚目的、刑事执行的目的之外，还将特殊讨论监狱刑罚执行的直接目的。

一、预防犯罪——刑罚、刑事执行的目的

刑罚的目的，是指国家制刑、求刑、量刑和行刑的目的，即国家的刑事立法采用刑罚作为对付犯罪现象的强制措施，以及对其具体适用和执行所预期实现的效果。刑罚的目的制约着刑罚的根据，制约着刑罚承受主体的范围，制约着刑罚的体系和种类，关系到刑罚具体适用原则的制定，关系到刑罚的执行，还制约着刑罚执行制度的取舍。① 关于刑罚的目的有以下几种观点：一是“惩罚说”。该观点认为刑罚的目的在于限制和剥夺犯罪人的自由和权利，使犯罪人感到压力和痛苦，通过这种方式制止犯罪的发生。② 二是“改造说”。该观点认为刑罚的目的是通过惩罚手段，达到改造罪犯，使其重新做人的目的。三是“预防说”。该观点认为刑罚的目的是预防犯罪，包括特殊预防与一般预防。③ 四是“双重目的说”。该观点认为刑罚的目的是惩罚犯罪人和教育改造犯罪人。五是“三目的说”。该观点认为刑罚的目的是惩罚和改造犯罪人，预防他们重新犯罪，教育和警戒社会上的不稳定分子。六是“预防和消灭犯罪说”。该观点认为刑罚的目的是预防犯罪，达到最终消灭犯罪的目的。七是“根本目的与直接目的说”。该观点认为刑罚的根本目的是预防犯罪、保卫社会，直接目的是惩罚犯罪以伸张正义，威慑犯罪分子与社会上的不稳定分子，改造犯罪分子。④ 目的的合理性是一项制度存在的正当化依据。下文将具体介评关于刑罚目的的几派有影响力的思想。

（一）报应刑论

报应刑论的基本观点是，刑罚存在的唯一根据就是对犯罪人的报应，报应

① 参见张明楷：《刑法学》（第三版），法律出版社2007年版，第395～397页。

② 与此观点类似的，是“单一报应说”。该观点认为刑罚的目的不在预防，而在于对犯罪人的回报、反映。参见刘天虹、李凌骅：《对我国刑罚目的的再思考》，载《河南公安高等专科学校学报》2007年第6期。

③ 参见韩玉胜：《刑法中的刑罚目的在监狱法中的实现》，载《回眸十年读华章——纪念监狱法施行十周年文集》，第427页；张明楷：《刑法学》（第三版），法律出版社2007年版，第397页。

④ 参见高铭暄主编：《新中国刑法学研究综述》，河南人民出版社1986年版，第408页。

本身既是手段又是目的。犯罪人作为社会的一分子，通过侵犯他人法益的方式宣告了其与社会对抗的态度，对这种人进行刑罚的惩罚，让他们因犯罪而得到痛苦的报应，是刑罚存在的基础。“人本来就具有复仇的本能，国家的刑罚就是代行复仇的，或者说是对实施这种恶行的一种社会的反作用，简而言之就是对恶行的恶报。”① 报应刑论认为刑罚的存在并不是为了实现其他的功利性的目的。报应刑论往往否认刑罚具有预防犯罪的目的，即使客观上具有预防效果，这也不是刑罚存在的合理性依据。这种观点可以追溯到德国的康德、黑格尔的法哲学思想。康德最经常被引用的一段话就是：“……假定有一个公民社会，经过它所有成员的同意，决定解散这个社会，并假定这些人是住在一个海岛上，决定彼此分开散居到世界各地，可是，如果监狱里还有最后一个谋杀犯，也应当处死他以后，才执行他们解散的决定。应当这样做的原因是让每一个人都可以认识到自己的言行有应得的报应，也认识到不应当把有血债的人留给人民。如果不这样做，他们将被认为参与了这次谋杀，是对正义的公开违犯。”② 根据康德的论述可以得出这样的结论：在康德看来，平等应当是刑罚追求的最高价值，“以牙还牙”具有合理性。这种观点的根本在于，不能把人作为实现目的的手段，对犯罪的人施以刑罚不是为了通过这种方式改造犯人、维护社会的安定、防止其他的人实施同类的犯罪。“法院的惩罚绝对不能仅仅作为促进另一种善的手段，不论是对犯罪者本人或者对公民社会。惩罚在任何情况下，必须只是由于一个人已经犯了一种罪行才加刑于他。因为一个人绝对不应当仅仅作为一种手段去达到他人的目的，也不能与物权的对象混淆。”③ 黑格尔也认为犯罪是对法的否定，刑罚可以认为是否定之否定。

从积极的角度来看，报应刑论主张公平主义，侧重提倡罪责刑相适应的报应主义，即根据行为人刑事责任的大小分配必要的刑罚。从这点出发判决刑罚，有利于保障犯罪人的人权，防止刑罚权的滥用。报应刑论的思想可以避免国家出于其他目的而擅断罪刑。在欧洲中世纪、中国的古代，国家为了预防犯罪，往往对极其轻微的犯罪处以极重的刑罚。根据报应刑的理论，这种做法就是不足取的。报应刑论的产生和发展也与否定这种司法状况有着密切的关系。报应刑论认为超出报应范围的刑罚是不正义的。另外，报应刑主义亦与为当代刑法学者所普遍认同的责任主义具有精神实质上的一致性。由

① ［日］西田典之：《日本刑法总论》，刘明祥、王昭武译，中国人民大学出版社2007年版，第11页。

② ［德］康德：《法的形而上学原理》，沈叔平译，商务印书馆1991年版，第166页。

③ ［德］康德：《法的形而上学原理》，沈叔平译，商务印书馆1991年版，第163页。

于报应刑论的基础之一是非决定论，即正常的公民在实施行为的时候都是自由意志选择的结果。因此，如果行为人在行为时没有故意或者过失，不具有刑事责任能力，不具有选择可能性，就不具有可罚的必要性。也正是因为这些优点，报应刑论的相关观点往往为刑法客观主义学派学者以及结果无价值论学派学者所采纳。

但是，报应刑论亦具有理论瑕疵，表现在以下几个方面：（1）报应刑论往往主张必须对犯罪人施以与其犯罪相当的刑罚，报应的惩罚既不能高于也不能低于所犯罪行给社会带来的损害，否则就是不正义的。但是，如何实现报应刑所追求的“相当的报应”呢？如果行为人谋杀他人，可以对行为人判处死刑。但是，如果行为人盗窃、诈骗、抢劫他人的财物，那么与之相对应的报应是不是就要偷、抢、骗行为人的财物呢？（2）持报应刑论的人往往是坚定的死刑保留论者，并且坚定地认为，所有谋杀他人的人都应当被判处死刑。这种结论现在普遍被认为是不合理的。从通过该理论得出这种不合理的结论的角度来看，其自身肯定存在不合理之处。（3）报应刑论将赦免的权利仅仅限于“叛逆罪”的情形，对于公民彼此之间侵犯的罪行，不能适用减刑，因为那是“对臣民做了一件非常不公正的事情”。当代减刑、假释以及赦免制度的司法实践已经一次又一次地证明了这种观点的不合理性。报应刑论是一种机械论思维方式的产物，它将犯罪现象以及犯罪的对策作为一种独立于社会的现象，用一种简单、机械的方式对之进行处理，至于处理之后的后果是什么，就不是刑罚所考虑的问题。当犯罪人受到足够的惩罚之后，会给社会带来什么新的不利因素，报应刑论根本就不予考虑。在这种思想指导下的刑罚制度必然会进入恶性循环的怪圈。监狱等刑罚执行机构便成为一部分罪犯的地狱，一部分罪犯的犯罪方法“教习所”。

（二）目的刑论

目的刑论认为，刑罚存在的根据在于其预防犯罪的功效，刑罚的目的不在报应，而在预防犯罪。如果刑罚不具有预防犯罪的功能，那么其存在就不具有合理性。正如贝卡利亚所言：“刑罚的目的仅仅在于：阻止罪犯再重新侵害公民，并规诫其他人不要重蹈覆辙。因而，刑罚和实施刑罚的方式应当经过仔细推敲，一旦建立了对应关系，它会给人以一种更有效、更持久、更少摧残犯人躯体的印象。”① 目的刑论可以进一步划分为一般预防论和特殊预防论。前者强调对其他的一般人的效果，后者强调对犯罪人自身的效果。

---

① ［意］贝卡利亚：《论犯罪与刑罚》，黄风译，中国方正出版社2003年版，第28页。

1. 特殊预防论

特殊预防，是指通过对违反刑法的人施以刑罚，使犯罪人丧失犯罪能力或者产生对犯罪后果的恐惧心理，继而不再犯罪或者通过治疗、教育、改善等矫正措施使之不再犯罪。这种特殊预防的效果主要是通过刑罚的执行来实现。例如，通过没收财产、罚金刑的执行剥夺经济类犯罪人的犯罪能力；通过将罪犯关押于监禁机构的方式使犯罪人不能自由地实施犯罪；通过监狱内的教育培训使犯罪人接受再社会化的教育；甚至，通过剥夺犯罪的生命，从肉体上消灭犯罪人，进而防止其再犯罪。

特殊预防论具有一定的理论进步性。它的目的在于保障罪犯在接受了刑罚处罚之后不再继续犯罪。相比较报应刑论“向后看”的思维方式，特殊预防论主张“向前看”，着眼于未来，更有利于社会向良好的方向发展。它使刑罚脱离了满足被害人报应欲望的低级阶段，赋予了刑罚新的内容。

纯粹的特殊预防论的弊端殊为明显：首先，特殊预防的理论无法解释为什么对无再犯可能性的人施以刑罚。无再犯可能性的人也就是无特殊预防必要性的人，如果对之进行刑罚，甚至可能减损特殊预防的效果，如入监之后习得犯罪方法等。如果机械地贯彻特殊预防的理论，就会得出很多与普通民众法感情相对抗的结论，进而也会使普通公民丧失对刑法的信赖感。例如，对于受贿、渎职类犯罪，由于行为人犯罪之后被剥夺公职，其不可能再进行此类犯罪，根据特殊预防的原理就不应对之进行刑罚处罚。激情杀人的情形也是同样道理。其次，强调特殊预防会使刑罚进入不稳定的状态。特殊预防特别重视刑罚的个别化。由于每个人自身特点不同，根据特殊预防原理配置的刑罚自然也就“千人千面”。这就会使刑罚具有不确定性，往往会使司法机关产生设置不定期刑的要求。如果强调特殊预防，那么必然地，行为人在一次犯罪行为为国家司法机关掌握之后，就会以此为起点，勾起国家司法机关强烈的纠正欲望。司法机关会根据掌握的行为人的再犯可能性大小的情况，恣意地增加或者减小刑罚的强度。而现在还没有任何国家的司法机关宣称它们已经制定出了一种标准，能够准确地测量行为人是否已经被改造成了可以放归社会的个人。正是因为有这么多的不确定因素，使得特殊预防理论所演绎出来的一系列刑罚制度都会陷入一种恣意性的状态。而这种恣意性是违反民主主义和自由主义的。人民选举代表组成代议机关代表自己行使立法权，在制定法律之后，却根据一小部分人（刑罚的直接执行者）的意志对法律进行恣意的伸缩。这从本质上来讲是对民主主义的践踏。另外，作为自由的重要内容，个人应当明晰地了解自己在进行某种行为的时候，其法律后果为何，并且以此为依据安排自己的行动。但是，如果法律没有明确规定某种行为的法律后果，或者法律明确规定之后司法者没有按照这种规定实施，那么就会使公民陷入一种迷茫的状态，必然会导致行为的萎缩。这可谓是对自由主义的违反。同样的，这种不稳定的状态，必然地会产生司法腐败。最后，强调特殊预防可能会将刑罚引向严厉化。

2. 一般预防论

一般预防论中存在两个分支理论：消极的一般预防论和积极的一般预防论。消极的一般预防，是指国家通过制刑、求刑、量刑和执刑，向社会宣告犯罪的苦痛后果，使潜在的犯罪人对这种后果产生畏惧心理而远离犯罪，进而达到预防犯罪的目的。这种观点可以追溯到费尔巴哈的“心理强制说”。积极的一般预防，是指设置和执行刑罚的目的在于向社会宣告规范的有效性、确证规范的存在，通过这种方式唤醒、强化国民的规范意识，进而使公民自觉维护法秩序，不愿意去犯罪。

一般预防理论具有相当的合理性。一般预防论解决了根据特殊预防论无法处罚不具有再犯可能性的行为人的问题。因为，不论行为人是否具有再犯可能性，出于一般预防的需要都要对之进行一定的刑罚处罚。一般预防的实现有两种途径：法律的制定和颁行；依照法律对犯罪人定罪量刑。如果不对不具有再犯可能性的人进行刑罚处罚，必然增加社会投机心理，必然会出现利用这个漏洞进行犯罪的现象。

一般预防理论同样也受到诟病。首先，与特殊预防一样，一般预防的思想如果过度泛滥，必然会将刑罚引向严苛。因为，可以肯定的是，重的刑罚的威慑力量要大于轻的刑罚。这个结论已经被经验所证实。有些犯罪分子在进行犯罪之前，也会考量犯罪所要承担的刑罚的轻重，这一点也说明了这个问题。封建社会的刑罚种类和执行方式已经无数次证明一般预防的思想如果不加限制会引起多么可怕的后果。其次，一般预防往往受到其有损刑法人权保障机能的批评。因为一般预防的基本思路就是通过对犯罪人的处罚来威吓潜在的犯罪人，通过对犯罪人的处罚来增强普通公民的法意识。这种思路就是将人作为工具。再次，一般预防容易将刑罚的执行引向机械主义的境地。如果强调一般预防的话，犯罪人完全成了工具，其自身不具有任何作为独立主体的地位。在刑罚的执行过程中，即使犯罪人已经改过自新，其人身危险性已经明显降低到社会一般标准，其再犯可能性也微乎其微，根据一般预防的理论找不出变更刑罚执行的依据。犯罪人就像标本一样供人们观赏，犯罪人也就完全丧失改造的动力。最后，威吓的效果仍然不能得到科学的证明，尤其是对职业犯、冲动犯等来说更是如此。一般预防有一个预设的犯罪发生机制：行为人选择犯罪是因为不了解刑法、不了解犯罪的后果，或者是因为了解了刑法之后认为犯罪的所得要大于因犯罪而承担的不利后果。但是，实践中很多犯罪的发生并不是遵循这种发生机制。

（三）综合理论

通过以上分析，我们可以看出，报应刑论和目的刑论在具体的价值取向上存在重大差别，之所以出现这些差别，主要原因在于：首先，报应刑论喜欢“往后看”，而目的刑论中意“向前看”。报应刑论认为刑法和刑罚的存在就是“因为有了犯罪”，其目的就是对过去的犯罪的清算。至于清算之后会不会有其他的后果，在所不问。而目的刑论认为刑法和刑罚的存在是“为了没有犯罪”，其目的不在于对过去犯罪的清算。其次，最初报应主义的出现主要是针对封建主义的罪刑擅断提出的。报应主义往往以个人为本位，强调个人的价值，反对将个人作为达致某种价值的手段。例如，根据黑格尔的说法，接受刑罚的处罚其实是犯罪人自己得到了尊重。而目的刑论则以社会为本位，强调防卫社会。因此，个人必须为社会的整体利益作出牺牲，接受刑罚的处罚就是这种牺牲的一种方式。最后，报应刑论一般以意志自由为前提。以此为前提得出的结论就是，行为人应当为凭由自由意志支配而实施的犯罪行为承担责任。行为人有选择不为犯罪的空间，但是其仍执意妄为，对其进行报应性惩罚就是合理的。但是目的刑论往往主张决定论，即认为行为人的犯罪不是其自由意志的选择，是社会环境和生理条件决定的必然结果，社会具有责任。因此，单纯地对行为人进行报应就是错上加错。目的刑论认为犯罪行为只是行为人反社会的征表，为了防卫社会的目的，行为人必须有义务接受一定的措施。由此可见，报应刑论与目的刑论在方法论和具体理论推演思路上有很大差别。那么能不能将二者融合在一起，即认为刑罚存在的根据是“因为有了犯罪，并为了没有犯罪”？许多学者对该问题进行了有益的探索，并得出了肯定的回答。综合理论即是这种理论努力的结果。

综合理论认为，刑罚应当兼具报应和预防的目的。“要一并承认刑罚具有绝对主义的契机和相对主义的契机，在相对主义的契机中既有一般预防也有特别预防的机能。”① 该观点在日本是通说，处于支配地位。② 同样，在中国也有很多学者持这种观点。③ 这种观点认为，刑罚的本质是作为报应的痛苦，但是

① ［日］大塚仁：《刑法概说（总论）》，冯军译，中国人民大学出版社2003年版，第57页。

② 相关论述参见［日］西田典之：《日本刑法总论》，刘明祥、王昭武译，中国人民大学出版社2007年版，第14～15页。

③ 参见张明楷：《外国刑法纲要》，清华大学出版社2007年版，第365页。

同时，刑罚又具有预防犯罪的目的。综合理论往往以报应刑论为基础，济之以一般预防与特殊预防的目的。一方面，需要通过报应刑的理论来解读为什么刑罚必须根据行为人的行为、罪过定罪处罚，而不能逾越报应的范畴之外追求预防犯罪的目的。另一方面，认为应当在由报应刑决定的处罚范围之内考虑一般预防与特别预防的需要。但是在德国刑法学界，对此种综合理论的批评之音则不绝于耳。其中代表者即为刑法学家罗克辛。罗克辛认为，报应不应当成为一种与预防共同存在的刑罚目的加以考虑。

笔者认为所有这些观点的核心争议在于：惩罚犯罪（报应）是不是刑罚的目的。笔者认为，惩罚犯罪、威慑犯罪不是刑罚的目的，而是刑罚本身所具有的性质。我们说刑罚的目的是什么，实质上就是说通过刑罚惩罚犯罪要达到的目的是什么。惩罚犯罪与刑罚的适用在此含义上是一致的。将惩罚犯罪作为惩罚犯罪的目的在方法论上是错误的，也不利于我们从不同的角度认识同一个问题。有的学者之所以将惩罚犯罪也作为刑罚的目的是混淆了刑罚存在的正当化根据与刑罚的目的之间的关系。刑罚的正当化根据是为刑罚的存在寻找理由，因此，惩罚犯罪，对犯罪人给予痛苦的否定评价，进而实现对犯罪人的报应可以作为刑罚存在的合理理由。但是，将其作为刑罚的目的则是不合适的。因此，那些将惩罚犯罪作为刑罚目的的观点，如惩罚说、预防说、双重目的说、三目的说、预防和消灭犯罪说等不具有合理性。另外，对于改造说的观点，笔者也持否定态度。如果将刑罚的目的仅仅限于改造犯罪人，将刑罚的目的限于特殊预防，那么在刑罚的执行过程中就可能会出现对犯罪人人权侵害的倾向。因为，对于个人来讲，对其刑罚越重，其受到刑罚打击的刺激越强烈，通过这种威慑将再犯可能性压制在一定范围内的可能性越大。这种思路必然地导致忽视刑罚对潜在犯罪人，如危险分子、不稳定分子、犯罪被害人等的预防，就会出现恶性循环。长此以往，国家的刑罚执行机构就完全处于一种被动、封闭状态，目光仅仅停留在对已判犯的刑罚执行。将刑罚的目的限于特殊预防，也不符合实际。一方面，国家通过制刑、求刑、量刑和执刑，客观上起到了对具有犯罪潜质的人的教育和威慑，使相当一部分潜在犯罪人放弃犯罪的念头。另一方面，国家也在积极追求这种一般预防的效果。国家花费大量的人力、物力、财力加大法治宣传，进行普法教育，通过各种途径向社会宣示犯罪的后果以及犯罪分子最终都被绳之于法等活动，其目的就是想通过这些方式让民众了解刑罚，以期达到一般预防的目的。改造论的观点无视这些客观存在，不具有合理性。有的学者之所以强调特殊预防，而不愿意将一般预防作为刑罚的目的，是基于人权的考虑，认为我们对犯罪人处罚的目的就是防止犯罪人再一次犯罪，对犯罪人的处罚不能超出这个目的，否则犯罪人就成为社会防范的工具。这种观点如果在以威慑论为理论基础的消极的一般预防那里还有批驳的力量的话，那么，当积极的一般预防理论兴起之后，这种观点就成了明日黄花。积极的一般预防是通过刑罚的制定和执行向社会传达一种守法的信号，呼吁和强化民众对法律的忠诚和信任，通过这种方式预防犯罪。“通过对犯罪人的适当处罚，以事实证明刑法规范的妥当性，从而使国民的法意识安定化，增强国民的规范意识，实现一般预防。”① 这样，学者对一般预防的担心的理由就不存在了。因此，强调特殊预防，忽视一般预防，既不符合理论推理，也不符合社会现实。刑罚理论的发展轨迹也告诉我们，刑罚的目的很重要的一个方面在于一般预防。

笔者主张刑罚的目的在于预防犯罪，预防犯罪是一般预防与特殊预防的结合，两者紧密联系，相辅相成，不可分割。特殊预防是通过对犯罪人的处罚，使犯罪人切身体会到自己的犯罪行为获得的否定性评价，在接受刑罚的痛苦之中明白犯罪的收益小于所要接受到的惩罚，使犯罪人经受一次刑罚的刺激之后再也不敢、再也不想犯罪。通过刑罚的制裁，将社会的一个既存危险源消灭掉，这是特殊预防的题中之义。而一般预防则是通过刑罚的制定向社会上的一般人宣告，做出某些行为是要付出代价的，从法律的文本上教育民众，培养起一种普遍的对法忠诚的感情。进一步地，通过对犯罪的人进行规范与事实的综合评价，强加给犯罪人以其应该承受的刑罚，进而执行犯罪人所获刑罚。通过这样的程序向社会宣告，所有的犯罪人都会按照罪刑法定的原则受到刑罚的处罚，从而来进一步强化民众的法感情，使社会上的危险分子不敢犯罪，使一般的人不愿意犯罪，进而达到一般预防的目的。一般预防又分为积极的一般预防和消极的一般预防。消极的一般预防是指通过刑罚权的行使使社会上潜在的犯罪人不敢犯罪；积极地一般预防是通过刑罚权的行使，将公民对法的忠诚和信赖的感情唤醒并强化，从而使民众不愿意犯罪，进而达到预防犯罪的目的。一般预防是比特殊预防更高一层次的目的，而积极的一般预防又是比消极的一般预防高出一个层次的目的。

二、我国监狱的刑罚执行目的

我国监狱的刑罚执行目的必然地与刑事执行的目的保持一致，因此从宏观上说中国监狱的刑罚执行目的是预防犯罪是没有问题的。一方面监狱通过对犯

---

① Vgl. Clause Roxin，Die Wiedergutmachung im System der Strafzwecke，in：Hernz shcoch（hrsg.），Wiedergutmachung und Stragrecht，1987，S. 48f. 转引自张明楷：《刑法学》（第三版），法律出版社 2007 年版，第 399 页。

罪人的关押，对其人身自由进行限制，限制其休闲娱乐，使其在狱中学习、劳动，对其进行改造，从而达到特殊预防的目的；另一方面国家通过对犯罪人执行刑罚，向社会宣告犯了罪的人在监狱内的生活与普通的社会生活的巨大差异，让潜在犯罪人不敢犯罪，从而达到消极的一般预防的目的。另外，通过刑罚的执行，使普通民众得到法感情上的满足，让民众看到罪恶得到了应有的惩罚，进而使其不愿犯罪并且增强自己参与与犯罪作斗争的活动的积极性，从而达到积极一般预防的目的。但是，监狱的刑罚执行毕竟是刑罚权行使的一个环节。刑事执行的宏观目的虽然都能在监狱的刑罚执行中找到它的影子，但是与刑罚权的其他环节进行对比之后我们会发现在刑罚权实施的各个阶段，刑罚的目的侧重点是不同的。另外，在宏观的监狱的刑罚执行目的的指引下，对于一些具体的目的我们还有必要进行讨论。例如，监狱行刑特殊预防的效果是通过将犯罪人改造成“新人”来实现的，还是将犯罪人改造成“守法公民”来实现的，还是通过犯罪人的再社会化来实现的？

（一）监狱刑罚执行目的的特殊性

刑罚的目的在刑罚权实施的每一个阶段都有其特殊性，正是这些特殊性共同凝聚成了刑罚的宏观目的。对于预防犯罪中的一般预防和特殊预防，虽然刑罚权实现的每一个环节都能有所体现，但是刑罚权行使的不同阶段对于一般预防和特殊预防的偏重是不同的。一般而言，在刑罚的制定阶段侧重于一般预防，在定罪量刑阶段一般预防与特殊预防地位平等，而在刑罚的执行阶段则更侧重于特殊预防。在刑罚的制定阶段，还没有具体的犯罪人，因此特殊预防的色彩就被淡化，在此阶段刑罚权实施的主要目的是针对社会上潜在的犯罪人。到了量刑的阶段，法院就应当同时注重一般预防与特殊预防了，一方面不能为了一般预防而牺牲特殊预防，将犯罪人作为一般预防的工具，进一步损害罪刑法定的原则；另一方面也不能过于强调特殊预防，而忽视一般预防的效果。例如，某老汉大义灭亲，将自己作恶多端的儿子杀死。此老汉的再犯可能性几乎为零，但是我们不能仅仅考虑特殊预防而判决他无罪，同时要考虑到一般预防的效果。

在监狱的刑罚执行阶段，笔者认为在预防犯罪的两个层次里面，特殊预防占主要地位，一般预防占次要地位。刑罚一般预防的目的在刑罚权的前期权能行使过程中已经得到充分的体现，一般预防的目的也基本上达到。到了刑罚的执行阶段，特别是监狱的刑罚执行阶段，特殊预防的地位就提高了。对于犯人来说，关押入监狱之后，绝大多数的时间都是自己作为个体在监狱的环境中接受改造，对犯人本身的惩罚的社会宣示功能大大减弱。在监狱的刑罚执行过程中，减刑、假释等制度的设计也是针对特殊预防而设立的。在监狱的刑罚执行过程中要克服将一般预防与特殊预防等量齐观，甚至过于强调一般预防的倾向。如果在监狱的刑罚执行过程中过于强调一般预防，必然会导致减刑、假释等对犯罪人利好的制度的适用大大萎缩。这不利于鼓励犯人在监狱内积极改造，不利于犯罪人在犯罪之后寻找第二次改过自新的机会，就会使犯人产生消极接受刑罚的情绪，进而影响到特殊预防的效果。当然强调特殊预防，并不是一点都不关注一般预防，也不是说监狱的刑罚执行没有一般预防的效果。监狱的刑罚执行是以法定刑为基准，因此，从这个角度来讲监狱的刑罚执行仍然具有一般预防的效果。

（二）监狱行刑的直接目的是将犯人改造为“守法公民”

监狱的刑罚执行目的在于预防犯罪，那么在对犯人的特殊预防中，目标是将犯人改造成为“新人”还是“守法公民”？对于这个问题理论界一直存在争论。还有一个问题就是，犯人的再社会化是不是监狱的刑罚执行目的呢？

2005 年“两会”期间，曾经有代表建议将《监狱法》第 3 条的规定改为“监狱对罪犯实行刑罚和改造相结合，劳动和教育相结合不可偏废的原则，通过劳动将罪犯改造成为守法公民和有益于社会的新人。”① 而我国《监狱法》第 3 条的规定是：“监狱对罪犯实行惩罚和改造相结合、教育和劳动相结合的原则，将罪犯改造成为守法公民。”提案代表的观点代表了社会上一部分监狱司法人员和学者的看法。对于将监狱刑罚执行的直接目的定位为“有益于社会的新人”，笔者持怀疑的态度。之所以产生这样不同的认识，其实是对罪犯改造质量标准认识产生的差异。笔者认为将犯人改造为“新人”作为监狱的刑罚执行目的不可取，监狱的刑罚执行的直接目的就是《监狱法》第 3 条规定的将罪犯改造为“守法公民”。

首先，“新人”本身就是一个意义十分模糊的概念。对于“新人”的标准也不好把握。从词义的内涵来讲，最广义的“新人”就是跟以前的自己不一样的人。这种不一样可以是好的方面的不一样，也可以是不好方面的不一样。监狱刑罚执行的目的当然的含义应该是将犯人改造成比入监之前更好的人。但是一个犯人要改造成什么样子才能算是“新人”呢？道德高尚、彬彬有礼还是遵纪守法、严于律己？将这种极度模糊的标准作为监狱刑罚执行的直接目标不利于监狱制定严谨的改造方略。

其次，如果认为“新人”的标准就是道德高尚、彬彬有礼，那么就过高地估计了监狱的改造能力。监狱作为刑罚的执行机关，对犯人进行强制的道德

---

① 参见 http：//news. xinhuanet. com/misc/2006 – 03/03/content_4252537. htm，2009 年 10 月 8 日访问。

和法律教育，但是这种教育能否达到使犯人道德高尚、彬彬有礼是值得怀疑的。监狱中的犯人处于一种亚文化的社会群体之中，他们身边接触的大部分人都是犯罪人。长期浸润在这样的环境之中，长期没有道德楷模的指引，欲靠自己的信念和监狱的改造就能达到那么高的改造标准是很难想象的。另外，将改造标准定得虚高，会影响监狱改造措施的制定，并且不利于被改造人人权的保障。如果将改造的标准定得过高，就会对犯人的要求过多，使犯人假释、减刑的标准升高，不利于犯人积极进行改造。另一方面，犯罪的人在监狱中接受惩罚是因为他犯了罪，刑期结束之后他的罪也就得到了报应，因此，不应当在报应之上再在犯人的身上附加更多的“枷锁”——即使对于普通人来说那些道德标准不是枷锁。对于社会上的一般人来讲，国家不能将“道德高尚、彬彬有礼”这些标准强加于他们身上，对于犯罪的人来说，也是一样。因为国家没有权力在报应之外过多地干涉犯罪人的道德世界。只要犯罪人经过改造之后变成“守法公民”了，那么改造的目的就达到了。当然，通过改造，客观上使犯罪人成了“道德高尚、彬彬有礼”的“新人”固然好，但是如果把这个作为改造的一个标准，甚至成为衡量改造质量的硬条件，那就是不切实际空喊口号了。一些犯罪人犯罪并不是因为道德上的缺陷，如部分过失犯、激情犯、确信犯。对于这部分人的改造目标就是将其改造成“守法公民”就可以了。如果把改造目标认定为道德上的“新人”，那么对于这部分犯罪人就没有了改造的目标。如果“新人”的标准就是“遵纪守法、严于律己”，那么“守法公民”的标准就完全可以将其概括了。因此，笔者认为我国监狱的刑罚执行目标在于将犯罪人教育、改造为“守法公民”，而不是所谓的“新人”。

最后，有的学者认为监狱的刑罚执行的目的在于使受刑人再社会化，重新回归社会。[①] 但是如果确立监狱的刑罚执行的目的在于此，那么就会必然面对这样的悖论：监狱的封闭性使受刑人无法与社会接轨，监狱内部的再社会化只是一种亚文化之下的社会化。关于这点悖论，持“再社会化论”的学者也认识到了。于是为了迎合这种目的论提出了改变监狱管理模式，弱化监狱封闭性，使监狱由封闭性设施向开放或半开放的设施方向发展的主张。[②] 笔者认为，这种观点的出发点是好的，指明的方向和路径也是很诱人的。但是，几千年的监狱发展史告诉我们的道理是，这种想法在很长一段时间内是不可能实现

① 北京大学储槐植教授即持这种观点，参见 http：//www.criminallawbnu.cn/criminal/Info/ShowLS.asp？ProgramID = 580&pkID = 120，2008 年 4 月 5 日访问。

② 参见 http：//www.criminallawbnu.cn/criminal/Info/ShowLS.asp？ProgramID = 580&pkID = 120，2008 年 4 月 5 日访问。

的。这种目的是一种应然的目的，而不是实然的目的。我们现在也在努力探讨犯人的再社会化问题，但是现在对于达到这种目的的路径讨论的最多的就是社区矫正的问题，而社区矫正的最大特点就是犯人不在监狱内执行刑罚。因此，使受刑人再社会化作为监狱刑罚执行的目的不符合实际，因为最佳的使犯人再社会化的途径不是在监狱中执行刑罚，而是使其接受一些其他的非监禁的刑罚。

第四节　刑事执行权的配置

刑事执行权，是指刑事执行主体享有的将人民法院的刑事裁判付诸实施的权力。本节主要讨论刑事执行权在刑事执行主体之间的配置问题。权力的优化配置是保证权力作用最大化的基本保障。刑事执行权的配置直接关系到刑事执行的效果和效率。

一、刑事执行权的性质

刑事执行权的性质，是指刑事执行权的内在属性和它在国家权力体系中所处的位置。对于刑事执行权性质的争议主要是对于刑事执行权是一种行政权还是一种司法权的争议。有的学者认为，刑事执行权应当属于一种行政权。其主要理由就是刑事执行权具有主动性、单方制裁性等特征，而且行刑主体在行使刑事执行权时，享有充分的自主决定权，这些都有别于刑事司法权。[①] 有人认为刑事执行权属于刑事行政权的范畴：“刑事执行权不属于司法权，它从刑事司法权中直接脱胎而来，通过自身要素的不断整合，表现出较为明显的行政权特征，但又不是一般的行政权，准确地说，它应当是一种刑事行政权，属于刑事权范畴，是国家刑事权的一种。”[②] 而有的学者认为刑事执行权应当是一种司法权，“行刑权与量刑权——刑罚的裁量和适用一样，同属国家的司法权，而与制刑权——国家的立法权的行使相对应。”[③] 执行行为是实现司法的程序，

---

① 参见郭春涛：《〈刑事诉讼法〉修改中的刑事执行问题》，载《中国司法》2007年第11期。另请参见万毅：《刑事执行制度之检讨与改造》，载《甘肃政法学院学报》2005年第6期；孙小虹：《体制突破，执行工作新思路》，载《云南法学》1999年第1期；谭世贵主编：《中国司法改革研究》，法律出版社2000年版，第294页；等等。

② 邵名正、于同志：《论刑事执行权的性质与合理配置》，载《刑事法学》2002年第12期。

③ 金鉴：《监狱学总论》，法律出版社1997年版，第228页。

作为诉讼的一部分，强制执行具有维持法律及确保其时效性的作用，其程序构造亦是法院就对立双方当事人的参与而设置。[①] 基于这种认识，刑事执行权应是一种司法权。还有的学者认为刑事执行权是司法权和行政权的统一。[②] 也有学者认为刑事执行权的性质根据其刑罚种类的不同而有所差异。[③]

对于刑事执行权的性质的纷争主要是由于对司法、行政以及司法权、行政权的内涵和外延的不同认识造成的。其实，对于能否从根本上区分司法权和行政权，理论上都是有争议的。例如，有的学者认为“要准确地界定‘司法权’是什么从来都不十分容易”，甚至在职能方面，司法与行政“在本质上是没有区别的”[④]。而有的学者认为：“从理论上来讲，行政权和司法权之间的界限是清楚的，行政权是主动执行法律的权力，而司法权是裁决司法争议的权力；行政权所要解决的是将法律的规定运用于现在和未来的未推行的事项，而司法权所要解决的是如何运用法律解决已经发生争议的事项；行政权的运用功能一般是积极地、主动地执法，即适用于法律关系上未发生争执状态下的执法，而司法权运用的功能一般是消极状态正确适用法律，即是在法律关系上已经发生争执状态正确适用法律。”[⑤] 笔者认为，三权分立意义上的司法权与行政权的分野应当是清楚的，否则三权分立的理论基础就不可能存在。之所以司法权与行政权在遇到边缘问题的时候如此难以区分，是因为学术及实践用语的混乱。学者和实践者往往利用这种混乱的话语系统进行对话，最终搅在一起，掩盖了本质。我们在讨论刑事执行权的性质的时候，如果要在司法权和行政权之间进行选择，就必须将司法权和行政权的界限划分清楚。笔者认为，从分权的角度来看，司法权的核心应当是审判权（判断权），也就是说司法权应该具有的特征为：涉及三方主体，即争议双方和居中裁判者；权力运行的基本模式是将法律与事实进行比对勾连得出判决和裁定。如果某项权力不符合上述特征，就不应当将之定性为司法权。我们在日常用语以及学术对话中经常提到“司法”的概念，经常把一些“准司法”“涉司法”“超司法”的概念与“司法权”的概念相混淆，这是导致司法权的概念和外延都很模糊的原因。笔者认为，在刑事执行

---

① 参见江伟、赵秀举：《论执行行为的性质与执行机构》，载《人大法律评论》2000年第1辑，中国人民大学出版社2000年版。

② 参见夏宗素：《狱政管理问题研究》，载《中国监狱学刊》1994年第4期。

③ 参见储槐植、汪永乐：《论刑事执行主体的合理配置》，载《犯罪与改造研究》2000年第10期。

④ ［英］W.L.詹宁斯：《法与宪法》，生活·读书·新知三联书店1997年版，第165～166页。

⑤ 俞静尧：《刑事执行权机制研究》，群众出版社2005年版，第56～57页。

中，应当根据刑事执行权权能的不同认定相应的刑事执行权的性质。

首先，不能一概而论地认为刑事执行权同时兼具司法权和行政权的性质。正如前文所述，行政权与司法权是两类性质不同的权力形态，司法权强调权力的中立性和独立性，充分尊重当事者的意愿，更加注重公正的价值；行政权则强调主动性、单方制裁性，更加注重效率的价值。因此，作为刑事执行权的整体，不能认为是司法权和行政权的综合，刑事执行权实施的某个阶段、形态也不能认为是司法权和行政权的综合。

其次，认为刑事执行权的性质根据刑罚种类的不同而有所差异的观点也不正确。根据刑罚执行主体的不同来判断刑事执行权的性质，从方法论上来讲是一种本末倒置的思维方式。它人为地割裂了刑罚性质的统一性。我们应当从权力本身寻求其性质定位，而不应当从什么机关实施这种权力出发。刑罚执行主体是不断变化的，如果因此而不断地变化相应权力的性质，这是不可想象的。例如，从新中国成立伊始到1950年11月，监狱工作归属于人民法院和司法部领导与管理；自1950年11月起，监狱、看守所和劳教队移交给公安机关领导和管理；到1983年，为了加强对监狱工作的领导，监狱工作又移交给司法行政部门领导和管理。至此，中国监狱工作正式由司法行政部门领导。1994年12月29日颁布的《监狱法》肯定了司法行政部门对监狱工作的领导体制。如果因为主管机关发生了变化就认为监狱的刑事执行权的性质也发生了变化，不具有合理性。

最后，刑事执行权具有行政权的性质，但人民法院所作的减刑、假释裁定等则具有司法权的性质。也就是说，刑事执行权基本权能属于行政权的范畴；如果认为人民法院的减刑和假释程序也属于刑事执行的范畴的话，这部分权能则属于司法权，即只有刑事执行中涉及法院裁判的部分内容才具有司法权的性质。得出这种结论的原因在于：行政权是行政主体根据国家法律赋予的权力实施行政管理活动的权力。除法院的裁决部分之外的刑事执行权的实施都是特定的国家机关依照国家的刑事执行法律的规定，将人民法院的有效刑事判决和裁定付诸实施，其本身具有惩罚犯罪、预防犯罪的价值追求，因此，其本身就具有价值倾向性，不具有司法权的中立性的特征。因此，我国目前的刑事执行，除法院对于减刑、假释的裁定之外，都是一种行政权的行使，即使是人民法院执行死刑、财产刑或者公安机关实施的刑罚执行活动也都是行使行政权，而不是司法权。

二、我国目前刑事执行权的配置现状

我国目前刑事执行权的配置呈现出相对比较混乱的局面，刑事执行的任务因刑种和刑期的不同而由不同的执行机关承担。根据宪法、刑法、监狱法、刑事诉讼法、人民法院组织法等法律和相关司法解释的规定，我国目前刑事执行权的配置基本格局是：首先，监狱负责死刑缓期二年执行、无期徒刑和有期徒刑的执行。《监狱法》第 2 条第 2 款规定："依照刑法和刑事诉讼法的规定，被判处死刑缓期二年执行、无期徒刑、有期徒刑的罪犯，在监狱内执行刑罚。"其次，法院负责罚金刑、没收财产刑和死刑立即执行的执行。刑法和刑事诉讼法规定了人民法院负责的刑事执行类别：（1）单处或者并处罚金刑。《刑法》第 53 条规定，罚金在判决指定的期限内一次或者分期缴纳。期满不缴纳的，强制缴纳。对于不能全部缴纳罚金的，人民法院在任何时候发现被执行人有可以执行的财产，应当随时追缴。由于遭遇不能抗拒的灾祸等原因缴纳确实有困难的，经人民法院裁定，可以延期缴纳，酌情减少或者免除。《刑事诉讼法》第 271 条规定：被判处罚金的罪犯，期满不缴纳的，人民法院应当强制缴纳；如果由于遭遇不能抗拒的灾祸等原因缴纳确实有困难的，人民法院裁定，可以延期缴纳、酌情减少或者免除。（2）单处或者并处没收财产刑。《刑事诉讼法》第 272 条规定：没收财产的判决，无论附加适用或者独立适用，都由人民法院执行；在必要的时候，可以会同公安机关执行。（3）死刑。《刑事诉讼法》第 262 条规定：下级人民法院接到最高人民法院执行死刑的命令后，应当在七日以内交付执行。最后，社区矫正机构负责对判外管制刑、宣告缓刑、假释或者暂予监外执行的执行。《刑事诉讼法》第 269 条规定：对被判处管制、宣告缓刑、假释或者暂予监外执行的罪犯，依法实行社区矫正，由社区矫正机构负责执行。《社区矫正法》第 9 条规定：县级以上地方人民政府根据需要设置社区矫正机构，负责社区矫正工作的具体实施。司法所根据社区矫正机构的委托，承担社区矫正相关工作。

三、我国目前刑事执行权配置体制的缺陷

我国目前的刑事执行权配置体制存在的弊端，主要体现在以下几个方面。

（一）刑事执行主体多元化的设置格局导致主体功能分散，不利于核心职责的确立和履行，也不利于刑事执行工作的开展

刑事执行主体多元化的设置格局不仅弱化了专门的刑事执行机构的职能，而且大大影响了其他刑事执行机构的职能。人民法院作为国家专门的审判机关，它的主要职责就是履行司法权的实施。现在，法院要花费大量的人力、物力和财力于刑事执行之上，势必会导致其将部分资源从审判活动中转移到刑事执行中，这必然会影响到审判工作的开展。同样地，公安机关也存在相同的问

题。我国《人民警察法》第6条规定，公安机关的人民警察按照职责分工，依法履行下列职责：预防、制止和侦查违法犯罪活动；维护社会治安秩序，制止危害社会治安秩序的行为；维护交通安全和交通秩序，处理交通事故；组织、实施消防工作，实行消防监督；管理枪支弹药、管制刀具和易燃易爆、剧毒、放射性等危险物品；对法律、法规规定的特种行业进行管理；警卫国家规定的特定人员，守卫重要的场所和设施；管理集会、游行、示威活动；管理户政、国籍、入境出境事务和外国人在中国境内居留、旅行的有关事务；维护国(边)境地区的治安秩序；对被判处拘役、剥夺政治权利的罪犯执行刑罚；监督管理计算机信息系统的安全保护工作；指导和监督国家机关、社会团体、企业事业组织和重点建设工程的治安保卫工作，指导治安保卫委员会等群众性组织的治安防范工作；法律、法规规定的其他职责。由此可见，我国公安机关的职责非常广泛：要处理刑事案件、行政案件甚至民事案件；在刑事诉讼中要侦查、拘留、执行逮捕、预审还要执行部分刑罚……面对如此繁杂的工作任务，在人力、物力、财力有限的情况下，公安机关只能有所侧重。公安机关将主要的精力放在维护社会治安、查处违法犯罪活动上，这是必然的，而对非监禁刑的刑罚的执行只能放到次要的位置。因此，在我国实施社区矫正之前，非监禁刑的执行存在很多问题。也正是基于这个原因，国家相关部门才开始探索社区矫正。有人可能会提出来，可以增加公安机关的编制，增加资金的投入。但是，这样就会带来另外一些问题。首先就是公安机关机构的臃肿。可以预见，如果要想达到非监禁刑执行的最佳效果，公安机关势必要投入更多的人力、物力，必然会导致公安机关人员的急剧增加。其次，公安机关职责范围的过度膨胀也会淡化公安机关的主要职责。

（二）刑事执行主体设置多元化，导致管理上的无序状态

我国目前的刑事执行权配置模式导致刑事执行工作无法做到统一管理。在司法实践中，对于刑事执行的问题，为了达到基本统一管理的目的，往往由相关刑事执行部门联合发文进行协调，但是，这种联合发文的情形越来越不符合现代法治的要求。[①] 而且，这种联合发文的模式往往要经过很长时间的部门协调和磨合才可以达成一致，不利于提高刑事执行的工作效率。由于无法统一管理，各个刑事执行机关便各自制定自己的刑事执行具体措施。这种情况很容易导致刑事执行的不均衡。另外，各自为政，也不利于罪犯改造经验的总结。罪犯改造是一门实践性非常强的学问，需要非常准确的实践数据。同类别的刑罚

① 参见杨兴培：《刑事执行制度一体化的构想》，载《华东政法学院学报》2003年第4期。

有可能被不同的刑事执行机关实施，这就可能造成犯罪改造数据统计上的不一致。如此得出来的数据不利于对之进行深入分析研究，进而很难提出切实有效的刑事执行对策。

（三）刑事执行主体设置多元化，导致监督职责难以到位

我国目前刑事执行主体多元化的设置模式势必分散刑事执行机关的人力、物力和财力，同时也分散了刑事执行监督机关的人力、物力和财力。在我国，检察机关是最主要的刑事执行监督机关，由于刑事执行主体设置多元化的现状，检察机关要在不同的场所、针对不同的过程分别进行监督，这就造成刑事执行监督资源的浪费。在检察机关不能全面顾及刑事执行监督各方面工作的情况下，出现了刑事执行监督不力、刑事执行监督不均衡的现象就不足为奇了。

（四）刑事执行主体设置多元化，不利于刑事执行工作的分工与衔接

刑事执行是一个动态的发展过程，很多罪犯在刑事执行的过程中会发生刑事执行方式的变更。刑事执行主体设置的多元化，必然会增加刑事执行工作衔接的难度。例如，在收监与暂予监外执行衔接上便存在冲突之处，收监执行是由监狱执行，而暂予监外执行由居住地社区矫正机构执行。暂予监外执行的情形消失后，刑期未满的，负责执行的社区矫正机构应当及时通知监狱收监。但在司法实践中，由于有些监狱与社区矫正机构缺乏必要的沟通和协调，从而导致应收监执行的罪犯不能及时收监，出现监狱与社区矫正机构对监外执行的罪犯“两不管”的局面。① 同样的问题还广泛地存在于假释的执行过程中。再如，罚金刑的执行也存在衔接不畅的情况。犯罪分子被判处有期徒刑并处罚金或没收财产后，如果法院没有一次性将财产刑执行完毕，等犯罪分子被关押入看守所或者监狱之后，财产刑就很难继续执行。这是因为法院与监狱缺乏必要的沟通，导致不能对犯罪分子的财产状况进行及时跟踪，无法了解犯罪分子财产的变动情况，进而使很多财产刑的执行不了了之。

（五）刑事执行机构设置的多元化，可能造成刑事执行不公正

根据我国监狱法的规定，罪犯在被交付执行刑罚前，剩余刑期在3个月以下的，由公安机关看守所代为执行，而剩余刑期在3个月以上的，由监狱执行。众所周知，看守所是公安机关的职能部门，而监狱是司法行政机关的职能

① 参见韩玉胜、沈玉忠：《行刑一体化与刑罚执行权的新配置》，载《河北学刊》2008年第1期。

部门。有期徒刑的性质是确定的，但却因为所剩刑期是否还有 3 个月为标准交由不同类别的执行机关进行执行，不合刑事法理。[1] 由于执行机关性质不同，执行机关的相关管理制度等必然会存在差异，这种差异一定程度上导致对被判刑人不平等的对待。

第五节　刑事执行的基本原则

一、刑事执行的基本原则的含义

法律规范依其对社会关系调整的确定性以及具体程度可以分为规则、原则和基本原则三类。[2] 规则是指那些对社会关系的调整最为具体、操作性最强的法律规范；原则是弹性较大、规定得较抽象的法律规范；基本原则是更抽象、更具有弹性、可操作性更弱的法律规范。可以这样概括这三个概念之间的关系："基本原则"直接规范"原则"，"原则"直接规范"规则"，"规则"直接规范社会关系。刑事执行的基本原则，是指贯穿刑事执行立法和司法的始终，指导刑事执行立法和司法的，刑事执行法所固有的、全局的和根本的准则。

（一）刑事执行的基本原则是刑事执行的基础性规范

刑事执行基本原则是产生其他刑事执行原则以及刑事执行具体规范的根本所在。其他原则和规范都应当以刑事执行基本原则为指导。由这种"基础性规范"的性质所决定，刑事执行基本原则是一种高度抽象的原则，它体现出刑事执行法律的基本价值观念。

（二）刑事执行的基本原则贯穿刑事执行立法和执法始终

刑事执行基本原则是指导刑事执行立法和司法的全局性的、根本的准则，而不是针对刑事执行某个片段的原则。因此，那些只在刑事执行某个过程中起

---

① 例如，甲因为 A 罪被判处有期徒刑 1 年 6 个月，但是判决生效之前已经被先行羁押了 7 个月。根据相关法律规定，甲应该在看守所执行所剩刑期。乙也因为 A 罪被判处有期徒刑 1 年 6 个月，但是，判决生效之前没有被先行羁押。根据相关法律规定，乙应该在监狱执行刑罚。如果看守所与监狱的执行条件、执行程序不一致，那么很容易造成甲和乙刑罚执行的不均衡。

② 姜明安主编：《行政法与行政诉讼法》，北京大学出版社、高等教育出版社 1999 年版，第 38 页。

作用的原则，不是刑事执行的基本原则。刑事执行的基本原则是在刑事执行领域中具有普遍效力的原则，不仅刑事执行司法（包括对刑事执行法律的解释和具体适用）需要以这些原则为指导，而且刑事执行的立法也要遵循这些原则。也即，刑事执行的基本原则是先于刑事执行立法而存在的，刑事执行立法一方面是对这些原则的具体贯彻，另一方面也可以将之进一步规定予以强调。

（三）刑事执行基本原则是一种普遍性的规范，对刑事执行关系进行宏观调整

刑事执行的执法者在进行具体的刑事执行实践过程中，尤其是对于在司法实践中遇到的刑事执行法律没有明文规定的情况下，刑事执行主体应当根据刑事执行基本原则指导自己的实践，指导自己解释现有的刑事执行法律、法规。另外，即便是刑事执行法律对于某种情形有特别的规定，但是执法者具有自由裁量权时，刑事执行主体也应该以刑事执行基本原则所确立的精神来指导自己的自由裁量权，而不能恣意为之。

二、刑事执行的基本原则的内容

刑事执行的基本原则是刑事执行法在调整刑事执行活动的过程中，经过长期的积淀逐渐形成的。并不是所有的刑事执行基本原则的内容都已经为法律所规定，其实，刑事执行原则很大程度上是一种学者的概括和总结，在我国目前没有统一的刑事执行法的国情下更是如此。笔者认为，刑事执行应当遵循以下基本原则：

（一）惩罚与教育改造相结合原则

惩罚与教育相结合的刑事执行原则是由刑事执行的目的所决定的。刑罚一方面是对犯罪人的罪行进行惩罚的一种方式，另一方面也是预防犯罪的一种方式。前者对应的就是惩罚，后者对应的就是教育改造（特殊预防）。

1. 刑事执行应当具有惩罚性。不管刑事执行追求的是一般预防的目的还是特殊预防的目的，都要求其具有惩罚性。刑罚的本质就应当是一种痛苦，是国家对犯罪的一种激烈的反应方式。如果刑罚丧失了痛苦性，那么刑罚就不是刑罚了。刑罚的这种痛苦性也就决定了刑事执行的惩罚性质。保障刑事执行具有惩罚性就要求刑事执行机关在相关处遇方式的设置上不能脱离国情，不能一味追求所谓“国际标准”。在刑事执行过程中，尤其需要注意的就是不能将刑事执行的过程与国家当下的政治、经济、文化背景相脱离。如果将监狱建成人人向往的“乐园”，那就从根本上改变了刑罚的性质，刑事执行的目的永远也达不到，而且会成为鼓励犯罪的直接动因。因此，刑事执行机关在制定行刑政

策的时候，应当保留刑罚的痛苦性。

2. 刑事执行应当贯彻教育改造的方针。惩罚是刑罚的性质而不是最终目的，教育改造才是达致刑事执行目的的最有效的手段。教育改造原则的一个前提是认为人是可以改造的。世界各国几千年的刑事执行历史一再地证明了“犯罪人是可以改造的”这一命题。教育改造的另外一个前提是国家施行刑罚不仅仅是为了惩罚，其目的还包括使犯罪人复归社会。在野蛮时代，刑罚的种类主要是死刑和肉刑，彼时统治者不求通过这些刑罚方式对罪犯有所教育改造。但是，刑罚文明化之后，教育改造自然就成为刑事执行的一项内容了。在我国，教育改造的原则也有法律依据。《刑法》第46条规定：“被判处有期徒刑、无期徒刑的犯罪分子，在监狱或者其他执行场所执行；凡有劳动能力的，都应当参加劳动，接受教育和改造。”

3. 应将惩罚和教育改造结合起来。惩罚与教育改造从来就不是对立的概念，惩罚是教育改造的一个途径。对于犯罪分子来说，非惩罚的教育改造方式固然重要，但是惩罚仍然是教育改造的一个重要环节。只有通过惩罚使犯罪人体会到自己行为的不利后果，才能使其切身地得到教育（教训）。同时，也不能一味地追求惩罚的效果而忽视其他的非惩罚的教育改造方式。应当注意的是，应将惩罚在教育改造中所起的作用控制在一定比例范围之内，不能让他完全承担教育改造的功能。

（二）刑事执行法治原则

刑事执行法治原则，是指刑事执行的一切活动都应当依据法律的规定，受到法律的约束。刑事执行关系到被执行人的自由、财产甚至生命等作为一个人有尊严地存在所依仗的最基本的生存要素，因此其各项制度设计都必须做到谨慎。而保障这种谨慎的最合理途径就是依法办事，因而法治主义也就成为保障刑事执行正常运行的重要指导原则。法治主义要求在刑事执行中做到“有法可依，有法必依，执法必严，违法必究”。也就是说，首先要完善刑事执行法律体系，做到“有法可依”；在法律制定之后，必须将法律的要求落到实处，做到“有法必依，执法必严，违法必究”。刑事执行法治原则可以分解为以下内容：

1. 法律至上的原则。法律至上的原则包含以下内容：（1）法律创制原则。法律对于刑事执行权具有绝对的拘束力，刑事执行权不能超越法律。刑事执行权是对被执行人自由、财产甚至生命予以剥夺的一种权力，因此，必须通过法律加以限制。这就要求在刑事执行中应该做到以下几点：首先，刑事执行的主体必须是国家法律赋予刑事执行权的国家机关。任何其他机关、团体和个人都不能成为刑事执行的主体；其次，刑事执行的依据必须是国家依照刑事法律作出的生效的判决和裁定，而其他的命令、指示等都不能成为刑事执行的依据；最后，刑事执行的过程，如对犯罪的教育、改造，必须依照法律规定的内容和程序。（2）法律优先原则。法律优先原则是指刑事执行法律的位阶高于行政法规、规章和命令。法律优先原则是法律位阶理论的基本结论，也是刑事执行法治主义的应有之义。刑事执行机关以及其他相关有权机关在制定行政法规、规章、命令或者颁布司法解释时，不得与法律冲突。（3）法律保留原则。法律保留原则是指宪法关于人民基本权利的限制属于立法事项，必须通过制定法律的方式加以确认。对于这些限制，刑事执行机关不能逾越法律而代为制定。

2. 刑事执行主体必须依法实施刑事执行行为。刑事执行主体必须依法实施刑事执行活动，其中的“法”包括法律、法规和规章。正如前文已经论述的，刑事执行规范具有效力的阶梯性，法律的效力应当高于法规和规章。笔者认为刑事执行主体依法实施刑事执行活动，一方面要求刑事执行主体在法律、法规、规章所规定的范围内活动，另一方面要求刑事执行机关的活动应控制使用自由裁量权。前者比较容易实现，后者则是法治原则更深一步的要求。一个国家的法律不论多么完备、严密，都不可能对所有的刑事执行行为的范围、幅度和方式都作出规定，法律为刑事执行留下了自由裁量的余地。例如，监狱对于罪犯立功、重大立功的认定，监狱对减刑情节的认定等，虽然法律规定了一定的标准，但是这些标准比较抽象，刑事执行机关仍然具有一定的自由裁量权。

对于刑事执行中裁量权的控制可以通过事前控制和事后控制两种途径实现。事前控制主要是通过授权控制和程序控制的方式实现。授权控制是指在国家赋予刑事执行机关某项自由裁量权的同时，同时对该自由裁量权的目的范围、空间范围、时间范围进行限制，不能授予漫无边际的自由裁量权。程序控制是指通过法定的程序控制自由裁量权的行使。事后控制主要是通过复议和司法审查监督来实现。

3. 对于违法、侵权行为承担法律责任。刑事执行机关作为国家权力机器的一部分，应当严格遵守法律，按照法律的规定开展刑事执行活动。如果刑事执行机关的行为超越法律的规定，对被执行人的合法权利造成损害，就应当承担相应的法律责任，其责任形式包括民事责任、行政责任和刑事责任。对于国家机关在执行公务过程中的违法、侵权行为是否追究责任，是区分一个国家是否为法治国的一个重要标准。在专制国家，法律是用来治理人民的，因此对于在实施国家权力过程中的违法行为往往不追究其责任。而在法治国家则不同。我国实施依法治国的方略，因此，对于刑事执行过程中的违法、侵权行为必然要追究其责任，不论其主观动机是多么的“好”。

（三）正当程序原则

刑事执行的正当程序原则，是指刑事执行机关在刑事执行过程中应当遵守刑事执行的法律程序。刑事执行的正当程序包括向被执行人说明相关刑事执行行为的根据和理由，听取被执行人的意见、申诉，为被执行人提供相应的救济手段等。刑事执行是一个对被执行人的权利进行处分的过程，其必须按照正当法律程序进行。与实体正义相对应的是程序正义，如果损害程序正义而追求所谓的实体正义，其本身就已经是不正义的了。笔者认为，在刑事执行过程中贯彻正当程序原则应注意以下几个问题。

1. 刑事执行回避原则。“任何人不应该成为自己案件的法官”已经成为被广泛认可的法律准则。在刑事执行过程中，对于那些与被执行人有利害关系或者被认为有成见或者偏见的刑事执行机关工作人员，都应当回避。

2. 应当赋予被执行人以权利救济的机会。刑事执行必然是对被执行人不利的，基于程序正义的要求，在对被执行人施以不利措施时，还应当赋予其申辩的权利。在刑事执行过程中，刑事执行主体在对被执行人进行进一步的权利剥夺或者限制之前，应当将该决定告知被执行人，并且告知其作出这一决定的理由以及如果被执行人不服可以寻求的救济途径。如果被执行人不服决定，应当毫无障碍地得到申辩的机会。

（四）保障人权原则

在刑事执行中贯彻保障人权的原则已经成为世界各国刑事执行学界和实务界的共识。许多国际条约都对此进行了确认，例如，《公民权利和政治权利国际公约》第 7 条规定：“任何人均不得加以酷刑或者施以残忍的、不人道的或侮辱性的待遇或刑罚。特别是对任何人均不得未经其自由同意而施以医药或科学实验。”第 16 条还规定：“人人在任何地方有权被承认在法律前的人格。”1955 年第一届联合国预防犯罪和罪犯待遇大会通过的《囚犯待遇最低限度标准规则》，1975 年第五届联合国预防犯罪与罪犯待遇大会通过的《保护人人不受酷刑和其他残忍、不人道或有辱人格待遇或处罚宣言》，1984 年联合国大会通过的《禁止酷刑和其他残忍、不人道或有辱人格的待遇或处罚公约》等联合国文件都对保障罪犯人权原则进行了规定。

人道主义原则与保障人权是同一个问题的不同表述方式。由于刑罚天然的惩罚性使非人道的处遇具有极其便利的条件，因此，是世界各国和各类国际组织都想尽一切方式避免刑事执行的不人道处遇。罪犯在犯了罪之后，国家对之进行否定性评价，为了惩罚犯罪人而对之施加一定的刑罚，但是不能因为犯罪分子被贴上了“罪犯”的标签就将其“人”的性质给掩盖。在非民主法治社会，罪犯的确不被认为是与普通社会成员一类的人，他们往往被认为是社会的“敌人”。刑罚的本质就是对犯罪人的某些权利进行剥夺，对于剥夺哪些权利，不同刑种往往都有明确的界限。因此，当犯罪人被判处刑罚之后，刑事执行机关就必须按照刑种所确定的方式执行刑罚，对于犯罪人没有被剥夺的权利，刑事执行机关必须予以尊重和维护。例如，死刑的内容就是剥夺犯罪人的生命，但是法律没有赋予刑事执行机关剥夺犯罪人的其他权利，则执行死刑时刑事执行机关就不能侵犯死刑犯的人格尊严权、财产权等。再如，监禁刑的内容就是剥夺犯罪人的人身自由，对于除人身自由之外的其他权利，刑事执行机关就无权剥夺。

罪犯的权利包括两部分，一部分是罪犯特别享有的权利，另一部分是罪犯作为公民没有被剥夺的权利。前一部分权利可以认为是罪犯被剥夺的权利异化后的结果。这两类权利都应当得到充分的尊重和维护。

刑事执行中贯彻人权保障的原则应当注意：首先，在刑事执行过程中要充分尊重被执行人的人格尊严。作为一种社会性动物，享有人格尊严是每个人的基本权利。虽然被执行人犯了罪，但是刑罚的内容不包括其人格尊严。任何刑事执行主体在执行过程中践踏罪犯人格尊严的行为都是对法律的一种僭越，也是对“人”的不尊重。其次，要切实保障被执行人的各项权利。一般而言，罪犯应当享有的权利包括受教育权、劳动权、通信会见权、辩护权、申诉权、控告权、检举权、合法财产不受侵犯权、奖励和释放等方面的权利以及生命健康权，对于没有被剥夺政治权利的人，在不与刑罚种类的性质相悖的前提下，应当为他们提供实施相应权利的条件。

我国现有的刑事执行立法中已经充分地贯彻了人道主义原则的要求。例如，我国刑法和刑事诉讼法都规定了对有严重疾病需要保外就医的，怀孕的或者哺乳自己婴儿的妇女，可以监外执行；根据罪犯的悔改表现，可以减刑、假释等。①

（五）刑事执行公正原则

刑事执行公正原则，是指刑事执行主体在实施刑事执行活动的过程中要秉公执法、办事公道，平等对待不同身份、民族、性别、国别、宗教信仰的被执行人。刑事执行权是国家赋予刑事执行主体的一项公共权力，其目的也都应是为了公共利益。人人生而平等，即使是犯罪人也应该平等地享有法律所赋予的

① 更多内容请参考《中国人权白皮书》中关于“监狱工作和罪犯的权利”的论述。

权利。“公共的正义可以作为它的原则和标准的惩罚方式与尺度是什么？这只能是平等原则。”[①] 法律面前人人平等的原则一再地被宪法和部门法律重申、确定。我国《宪法》规定：“中华人民共和国公民在法律面前一律平等。”《刑法》也规定：“对任何人犯罪，在适用法律上一律平等。”“适用法律”既包括认定犯罪，也包括裁量刑罚和执行刑罚。《公民权利和政治权利国际公约》第26条也规定：“所有的人在法律前平等，并有权受法律的平等保护，无所歧视。在这方面，法律应禁止任何歧视并保证所有的人得到平等的和有效的保护，以免受基于种族、肤色、性别、语言、宗教、政治或其他见解、国籍或社会出身、财产，出生或其他身份等任何理由的歧视。”刑事执行主体应当平等地对待被执行人，不得根据被执行人个人的身份、特征而厚此薄彼，也不能根据自己的喜好对之施以不平等待遇。

在刑事执行过程中贯彻公正原则，应当注意以下几个方面：首先，刑事执行主体应当依法办事，不偏私。前面论述刑事执行法治原则到时候，对此已有论述。法律在制定的时候，都将其适用对象放在一个平等的位置上。因此，在具体实施法律时也应将适用对象放在平等的地位上，不能有所偏私。刑事执行主体在执行刑罚的过程中，对于条件相同的被执行人不能实施相差悬殊的处遇方式。其次，应平等地对待被执行人，不能存在歧视。“法律面前人人平等”不能仅仅停留在口号的层次，更应该将其贯彻到实践中去。与前述“不偏私”相对的，就是“不歧视”。刑事执行中，不论刑事执行的种类、场所、时间、方式等，都必须依法平等地对待被执行人。不能因为被执行人特殊的要素而对之进行歧视。歧视往往导致刑事执行人员对被执行人施以不平等的待遇。歧视不利于刑事执行效果的实现，因此，应当严格杜绝。

（六）刑事执行个别化的原则

刑事执行个别化的原则，是指在刑事执行过程中刑事执行主体应当根据刑事执行对象的成长经历、生活环境、社会危害程度以及性格、气质、能力等特征所决定的改造需要，对不同罪犯施以不同时间、不同内容和不同方式的改造，因人施教，以期最大限度地实现刑罚所追求的价值。[②] 最初的“刑罚个别化的思想是基于纠正严格规则主义指导下的罪刑法定原则的需要产生出来的，其价值在于在保证刑罚一般正义的前提下，促进刑罚个别正义的实现。”[③] 随

① ［德］康德：《法的形而上学原理》，沈叔平译，商务印书馆1991年版，第164页。

② 参见樊凤林：《刑罚通论》，中国政法大学出版社1994年版，第501页。

③ 翟中东：《刑罚个别化的蕴涵：从发展角度所作的考察》，载《中国法学》2001年第2期。

着理论和实践的不断发展，刑罚个别化的原则逐渐脱离了单纯强调特别预防的维度，逐渐与报应主义原则达成相对平衡，即刑罚个别化在当下世界各国的司法语境之下，不将行为人的人身危险性作为定罪量刑和刑罚执行的唯一依据。作出这种让步，主要原因在于传统的刑罚个别化虽然有利于特殊预防目的的实现，但是却有损害人权、破坏刑法的安定性等弊端。因此，我们现在所说的刑罚个别化不是独立地出现在刑事司法领域中、独立地指导刑罚权的实施，而是与报应主义、一般预防主义一起共同起作用。同样地，刑罚执行中的刑罚个别化也是在此意义上的刑罚个别化。在刑罚执行中，一方面应当避免单纯根据罪犯的人身危险性决定刑罚执行的缩短或者延长的做法；另一方面还要避免绝对的报应主义，即要求犯罪人完全执行法院的刑罚判决。我国目前的刑事执行体制已经避免了根据罪犯的人身危险性延长刑罚执行期限，我们在刑事执行过程中主要需要把握的就是根据罪犯人格特征、人身危险性配置相应的改造方案。

（七）刑事执行社会化原则

所谓刑事执行社会化，是指为了缓解监禁环境对罪犯再社会化带来的负面影响，而尽可能拓展监外行刑，适度弱化监狱的封闭性，同时鼓励行刑过程中的社会参与，从而有助于罪犯重返自由社会。① 刑事执行社会化与刑事执行文明化、科学化一道成为刑事执行的潮流和发展方向。从瑞士人克罗海斯提出行刑社会化，并在瑞士试点开放式监狱开始，世界民主法治国家以及相关国际组织就在不断探索行刑社会化的理论和实践模式。许多国家都做出了有益的尝试。各种国际条约、规则都明确提出了刑事执行社会化的要求。例如，1955年《联合国囚犯待遇最低限度标准规则》第58条规定：“判处监禁或剥夺自由的类似措施的目的毕竟在保护社会、避免受犯罪侵害。唯有利于监禁期间在可能范围内确保罪犯重返社会时不仅愿意而且能够遵守法律、自食其力，才成达到这个目的。”第80条还规定：“从囚犯判刑开始便应考虑他出狱后的前途，并应鼓励和协助他维系或者建立同监所外个人或者机构间的关系，以促进他家庭的最大利益和他自己恢复正常社会生活的最大利益。”

刑事执行社会化首先是人道主义、保障人权的需要。人是一种社会性动物，因此，人只有从参与社会活动中才能体会到自己的社会属性。绝大多数人都有与社会进行沟通、交流的欲望，保障被执行人在刑事执行中不与社会脱节是尊重人权的一个表现。刑事执行社会化是追求刑事执行预防犯罪目的的需要。在强大的社会形态面前，人总是“弱势群体”。人在自由的时候，可以选

① 冯卫国：《论我国监狱行刑的社会化》，载《中国刑事法杂志》2003年第3期。

择自己社会化的模式，在监狱中，人的选择就非常小。于是，在监狱中便进行着另外一种形态的社会化。这种社会化与自由社会中的社会化模式完全不一致。当一个人在这种环境中待久了之后，重新进入自由社会时就会感到手足无措，很难融入普通社会生活之中。当罪犯从与社会完全隔绝的监狱重新踏入普通社会的时候，他们原有的生存技能已经被长期关押消磨殆尽。即使还保存一些生存技能，也不能适应快速发展的社会。罪犯从监狱中出来后如果不能及时有效地消除这种差距，很容易导致再犯的发生。

刑事执行社会化的主要途径有：保障罪犯会见亲属的权利；保障罪犯与外界通信的权利；增加监狱的开放性，推行开放性处遇。目前国外实践中的开放式处遇包括外出制、归假制以及周末监禁刑等；开展社区矫正，促进非监禁刑的适用；提高假释的适用比率；保证罪犯矫正的社会参与。刑事执行的社会化，在各种刑事执行方式中都应尽量保证罪犯矫正的社会参与。社区矫正自不待言，监禁刑的执行也应如此。刑事执行机关应当"走出去"，吸引社会力量参与到罪犯矫正工作中来。刑事执行机关应加大宣传力度，积极组织社会力量参观监狱等监禁刑执行场所，让社会更加直观地了解监狱、了解罪犯，改变普通大众对待监狱和罪犯的传统的态度。可以吸收的社会力量包括与罪犯有密切联系的人（亲属、朋友、恋人、师生、同事等）、社会公益团体、高校学生以及表现优秀的刑满释放人员等，让他们加入罪犯矫正的工作中来。通过这种方式，保证罪犯在监狱中能够直接、迅速地接受正当的社会化教育。在我国，行刑社会化已经不仅是一种理念，已经开始逐步探索、实践刑事执行社会化的思路，并取得了初步成绩。

第六节　刑事执行监督机制的建构

一、刑事执行监督的概念、特点

广义上的刑事执行监督，是指监督主体对已经发生法律效力的刑事判决或者裁定的执行情况以及执行机关的活动是否合法进行的监督活动。狭义上的刑事执行监督仅指人民检察院的刑罚执行监督，即人民检察院对人民法院判处犯罪分子应执行的刑罚的执行情况进行的法律监督。刑事执行监督对于保障生效判决、裁定的正确执行，保障刑事裁判的严肃性，维护司法权威具有重要的意义，表现为：刑事执行监督有利于国家法治建设的完备；刑事执行监督有利于减少重新犯罪的发生；刑事执行监督有利于整体执法水平的提高；刑事执行监督有助于防止腐败滋生，保持行刑机关及其工作人员的廉洁性；刑事执行监督有助于保障罪犯合法权益。[①] 行刑权作为国家强制性权力之一，其正确实施关系到此项制度设计目的能否实现，关系到权力体系是否均衡，关系到政治秩序是否和谐。而“一切有权力的人都容易滥用权力，这是一条万古不变的经验。”[②] 作为任何权力调解器的监督在国家实施行刑权的过程中自然少不了它的身影。固然法律、法规对行刑权做了诸多限制，但是如果没有监督，这些限制只会流于形式。正是因为有了刑事执行监督才使得刑事执行不偏离正常的轨道。因此，世界各国都普遍设置专门的刑事执行监督机关。[③] 刑事执行监督具有以下特点：

(一) 刑事执行监督主体广泛

刑事执行作为国家权力实施的一个表现，处于一个庞大的监督网中。根据我国宪法和相关法律规定，具有法律监督权的主体相当广泛，在刑事执行中情况亦同。在我国，刑事执行的监督主体主要有以下几类：(1) 国家权力机关的监督。这主要是指各级人民代表大会及其常务委员会对刑罚执行的监督。(2) 司法机关的监督。司法机关的监督包括专门法律监督机关——各级检察机关的刑事执行监督和人民法院对刑事执行的监督。(3) 刑事执行机关内部的监督。这主要是指刑事执行机关内部横向和纵向的自我监督。(4) 社会监督。指各政党、社会组织、新闻媒体、人民群众对刑事执行活动进行的监督。

(二) 刑事执行监督权权限丰富

刑事执行监督权涉及刑事执行过程的方方面面。可以说，刑事执行的任何一个角落都应当处于监督者的目光之下，在刑事执行中不应存在监督死角，不论执行的刑种、执行机关、执行阶段都应当处于监督之下。相应地，刑事执行监督的权限就非常丰富，刑事执行权的内容便具有广泛性。

(三) 刑事执行监督权具有法定性

刑事执行监督与其他制度一样，其适用的数量和频率并不完全与法律效果成正比。也就是说，并不是刑事执行监督权适用的越多，刑事执行的效果就会

---

① 参见韩玉胜等：《刑事执行法学研究》，中国人民大学出版社 2007 年版，第 114 ~ 116 页。

② [法] 孟德斯鸠：《论法的精神》(上册)，张雁深译，商务印书馆 1997 年版，第 154 页。

③ 参见刘晓梅：《意大利刑罚执行制度中的社区矫正及其对我国刑罚制度改革的启示》，载《犯罪研究》2005 年第 4 期。

越好。刑事执行监督应当在什么样的范围内发挥作用？这是一个比较难以界定的标准，但底线非常明确：刑事执行监督必须符合“合法性”的要求。“合法性”要求刑事执行监督主体在进行监督的过程中，监督内容和监督程序都必须遵守法律的规定。

（四）刑事执行监督权具有及时性

刑事执行关系到被判刑人的财产、人身自由甚至生命，因此，刑事执行应当采取一种谦抑的态度，而刑事执行监督就必须具有及时性。刑事执行监督应当与刑事执行保持同步，在发现刑事执行主体的违法行为之后应当及时予以纠正、问责，实现对刑事执行主体的“一般预防”和“特别预防”，防止不利后果的扩大、蔓延。

二、刑事执行监督的主体

与刑事执行的庞大体系相对应，刑事执行监督也是一个非常庞大的制度群落。根据刑事执行主体及权限的不同，我们可以将刑事执行监督分为内部监督和外部监督两类。

（一）内部监督

所谓刑事执行的内部监督，是指刑事执行机关对自身刑事执行权的行使是否符合法律的规定进行监督的一种监督形式。相较于外部监督，内部监督更及时、更有效。

（二）外部监督

所谓刑事执行的外部监督，是指行刑机关以外的其他监督主体对刑事执行合法性的监督。根据我国法律的规定，具有刑事执行监督权的主体包括：国家权力机关、检察机关、社会团体和人民群众等。

1. 国家权力机关的监督。国家权力机关对刑事执行的监督主要体现在两个方面，即立法监督和执法监督。

（1）立法监督。是指国家权力机关对享有立法权限的国家机关的立法活动及其结果的合法性所进行的监督。国家权力机关通过对关涉刑事执行立法的监督，从法源上控制刑事执行的发展方向，控制刑事执行的行进路径和活动范围。我国《宪法》《立法法》《全国人民代表大会组织法》《地方各级人民代表大会和地方各级人民政府组织法》等法律明确规定了各级人民代表大会的立法监督权。国家权力机关的立法监督形式包括：批准法律、接受备案、撤销法律、裁决立法争议等。例如，《立法法》规定：“较大的市的人民代表大会及其常务委员会根据本市的具体情况和实际需要，在不同宪法、法律、行政法规和本省、自治区的地方性法规相抵触的前提下，可以制定地方性法规，报省、自治区的人民代表大会常务委员会批准后施行。省、自治区的人民代表大会常务委员会对报请批准的地方性法规，应当对其合法性进行审查，同宪法、法律、行政法规和本省、自治区的地方性法规不抵触的，应当在四个月内予以批准。省、自治区的人民代表大会常务委员会在对报请批准的较大的市的地方性法规进行审查时，发现其同本省、自治区的人民政府的规章相抵触的，应当作出处理决定。”又如，根据立法法等法律的规定，省、自治区、直辖市人民代表大会制定和颁布的地方性法规须报全国人民代表大会常务委员会备案；省、自治区的人民政府所在地的市和经国务院批准的较大的市的人民代表大会制定的地方性法规，报省、自治区的人民代表大会常务委员会批准后施行，并由省、自治区的人民代表大会常务委员会报全国人民代表大会常务委员会和国务院备案。

（2）执法监督。地方各级人民代表大会，“在本行政区域内，保证宪法、法律、行政法规和上级人民代表大会及其常务委员会决议的遵守和执行，保证国家计划和国家预算的执行”。另外，通过“听取和审查本级人民代表大会常务委员会的工作报告”“听取和审查本级人民政府和人民法院、人民检察院的工作报告”等方式对刑事执行机关的工作进行监督。

2. 检察机关的监督。根据《宪法》《刑事诉讼法》《人民检察院组织法》《监狱法》等法律以及《看守所条例》《人民检察院刑事诉讼规则》《人民检察院监狱检察办法》《人民检察院看守所检察工作细则》等规范性文件的规定，人民检察院作为法律监督机关是刑事执行监督工作最重要的部分。对于检察机关的刑事执行监督下文将做详细分析。

3. 社会团体和人民群众的监督。刑事执行应当走群众路线，这一方面是由刑事执行必须要走社会化的道路决定的，另一方面也是对刑事执行监督的要求。人民群众和社会团体的监督虽然不具有强制力，但是“众人拾柴火焰高”，人民群众的监督能够及时地为相应的刑事执行专门监督机关提供监督线索，及时帮助刑事执行机关发现问题。

4. 政党的监督。在我国政党的监督包括中国共产党的监督和民主党派的监督，前者为主，后者为辅。中国共产党是中国的执政党，中国共产党领导一切，中国共产党也监督一切。刑事执行是中国共产党领导下的刑事执行，必然要受到来自中国共产党的监督。中国共产党的监督主要是一种政治监督，最直接的方式就是对中国共产党党员的监督。中国共产党在各级刑事执行机关都设有党的组织，如果刑事执行机关的工作人员在刑事执行中违反党的纪律，就要受到党纪处分。

三、人民检察院刑事执行监督的现状

我国《宪法》《刑事诉讼法》《监狱法》《人民检察院组织法》等法律都明确规定了检察机关的刑事执行监督权。根据最高人民检察院颁布的《人民检察院刑事诉讼规则》《人民检察院监狱检察办法》《人民检察院看守所检察办法》《人民检察院监外执行检察办法》以及《人民检察院劳教检察办法》的规定，我国目前检察机关对刑事执行的监督职能权限主要体现在以下方面。

（一）检察院对死刑执行的监督

被判处死刑的罪犯在被执行死刑时，人民检察院应当派员临场监督。执行死刑临场监督，由检察人员担任，并配备书记员担任记录。人民检察院收到同级人民法院执行死刑临场监督通知后，应当查明同级人民法院是否收到最高人民法院或者高级人民法院核准死刑的判决或者裁定和执行死刑的命令。临场监督执行死刑的检察人员应当依法监督执行死刑的场所、方法和执行死刑的活动是否合法。在执行死刑前，发现有下列情形之一的，应当建议人民法院停止执行：（1）被执行人并非应当执行死刑的罪犯的；（2）罪犯犯罪时不满18周岁的；（3）判决可能有错误的；（4）在执行前罪犯检举揭发重大犯罪事实或者有其他重大立功表现，可能需要改判的；（5）罪犯正在怀孕的。在执行死刑过程中，人民检察院临场监督人员根据需要可以进行拍照、摄像；执行死刑后，人民检察院临场监督人员应当检查罪犯是否确已死亡，并填写死刑临场监督笔录，签名后入卷归档。

判处被告人死刑缓期二年执行的判决、裁定在执行过程中，人民检察院进行监督的内容主要包括：（1）死刑缓期执行期满，符合法律规定应当减为无期徒刑、有期徒刑条件的，监狱是否及时提出减刑建议提请人民法院裁定，人民法院是否依法裁定；（2）罪犯在缓期执行期间故意犯罪，监狱是否依法侦查和移送起诉；罪犯确系故意犯罪的，人民法院是否依法核准或者裁定执行死刑。被判处死刑缓期二年执行的罪犯在死刑缓期执行期间故意犯罪，执行机关移送人民检察院受理的，由服刑所在地的分、州、市人民检察院审查决定是否提起公诉。人民检察院发现人民法院对被判处死刑缓期二年执行的罪犯减刑不当的，应当向人民法院提出纠正意见；如果罪犯在死刑缓期执行期间又故意犯罪，经人民检察院起诉后，人民法院仍然予以减刑的，人民检察院应当向人民法院提出抗诉。

（二）检察院对看守所执行刑罚的监督

人民检察院对看守所收押、监管、释放犯罪嫌疑人、被告人的活动，依法实行监督，发现违法行为，应当通知看守所纠正。人民检察院发现看守所在罪犯送交执行活动中有下列违法情形之一的，应当依法通知纠正：（1）对判处死刑缓期二年执行、无期徒刑或者有期徒刑余刑在一年以上的罪犯，自接到人民法院执行通知书、判决书或者裁定书之日起30日以内未送交执行机关执行的；（2）对判处拘役的罪犯未依法送交看守所执行刑罚的；（3）对判处管制、剥夺政治权利或者适用缓刑的罪犯，在判决或者裁定生效后未依法移送罪犯居住地公安机关执行的。

（三）检察院对监狱、未成年犯管教所执行刑罚的监督

人民检察院发现监狱、未成年犯管教所在收押罪犯活动中有下列违法情形之一的，应当依法通知纠正：（1）没有已经发生法律效力的刑事判决书或者裁定书、执行通知书等有关法律文书而收押的；（2）收押罪犯与收押凭证不符的；（3）应当收押而拒绝收押的；（4）收押依法不应当关押的罪犯的；（5）其他违反收押规定的。人民检察院发现执行机关在狱政管理教育改造等活动中有违法行为的，应当依法提出纠正。

（四）检察院对暂予监外执行的监督

人民检察院对监狱、看守所暂予监外执行的执法活动实行监督，发现有下列违法情况的，应当提出纠正意见：（1）将不具备法定条件的罪犯报请暂予监外执行的；（2）对罪犯报请暂予监外执行没有完备的合法手续的；（3）对决定暂予监外执行的罪犯未依法予以监外执行的，或者罪犯被批准暂予监外执行后未依法交付监外执行的；（4）罪犯在暂予监外执行期间有违法行为，应当收监执行未收监的；（5）暂予监外执行的条件消失后，未及时收监执行的；（6）暂予监外执行的罪犯刑期届满，未及时办理释放手续的。

人民检察院接到批准或者决定对罪犯暂予监外执行的通知后，应当进行审查。审查的内容包括：（1）是否属于被判处有期徒刑或者拘役的罪犯；（2）是否属于有严重疾病需要保外就医的罪犯；（3）是否属于正在怀孕或者正在哺乳自己婴儿的妇女；（4）是否属于自伤自残的罪犯；（5）是否属于生活不能自理，适用暂予监外执行不致危害社会的罪犯；（6）办理暂予监外执行是否符合法定程序。检察人员可以向罪犯所在单位和有关人员调查，可以向有关机关调阅有关材料。经审查认为暂予监外执行不当，应当向批准或者决定暂予监外执行的机关提出纠正意见的，由检察长决定。人民检察院认为暂予监外执行不当的，应当自接到通知之日起一个月内提出书面纠正意见呈报批准或者决定暂予监外执行机关的同级人民检察院送交批准或者决定暂予监外执行的机关。人民检察院向批准或者决定暂予监外执行的机关送交不同意暂予监外执行的书面意见后，

应当监督其立即对批准或者决定暂予监外执行的结果进行重新核查，并监督重新核查的结果是否符合法律规定。对核查不符合法律规定的，应当依法提出纠正意见。对于暂予监外执行的罪犯，人民检察院发现暂予监外执行的情形消失，应当通知执行机关收监执行。

（五）检察院对减刑、假释的监督

人民检察院对执行机关报请人民法院裁定减刑、假释的活动实行监督，发现有下列违法情况，应当提出纠正意见：（1）将不具备法定条件的罪犯报请人民法院裁定减刑、假释的；（2）对依法应当减刑、假释的罪犯不报请人民法院裁定减刑、假释的，或者罪犯被裁定假释后，应当交付监外执行而不交付监外执行的；（3）报请人民法院裁定对罪犯减刑、假释没有完备的合法手续的。人民检察院接到人民法院减刑、假释的裁定书副本后，应当进行审查。审查的内容包括：（1）被减刑、假释的罪犯是否符合法定条件；（2）执行机关呈报减刑、假释的程序是否合法；（3）人民法院裁定减刑、假释的程序是否合法。

检察人员可以向罪犯所在单位和有关人员调查，可以向有关机关调阅有关材料。经审查认为人民法院减刑、假释的裁定不当，应当提出纠正意见的，由检察长决定。人民检察院认为人民法院减刑、假释的裁定不当，应当在收到裁定书副本后20日内，向作出减刑、假释裁定的人民法院提出书面纠正意见。对人民法院减刑、假释裁定的纠正意见，由作出减刑、假释裁定的人民法院的同级人民检察院书面提出。下级人民检察院发现人民法院减刑、假释裁定不当的，应当立即向作出减刑、假释裁定的人民法院的同级人民检察院报告。人民检察院对人民法院减刑、假释的裁定提出纠正意见后，应当监督人民法院是否在收到纠正意见后一个月内重新组成合议庭进行审理，并监督重新作出的最终裁定是否符合法律规定。对最终裁定不符合法律规定的，应当向同级人民法院提出纠正意见。

（六）检察院对其他刑事执行活动的监督

其他刑事执行活动还包括：（1）人民检察院发现监狱、未成年犯管教所、看守所对服刑期满或依法应当予以释放的人员没有按期释放，或者对服刑未满又无合法释放根据的罪犯予以释放等违法行为的，应当依法通知纠正。（2）人民检察院发现对被判处管制、剥夺政治权利的罪犯，公安机关监督管理措施没有落实或者监督管理措施不当，执行期满没有通知本人并公开宣布解除管制或者恢复政治权利等违法行为的，应当依法通知纠正。（3）人民检察院发现人民法院对被判处罚金、没收财产的罪犯没有依法予以执行，或者执行不当，或者罚没的财物未及时上缴国库的，应当及时通知纠正。(4) 对于被判处拘役、有期徒刑适用缓刑的罪犯、被假释的罪犯和暂予监外执行的罪犯，人民检察院应当监督有关单位对罪犯的监督管理和考察措施是否落实。(5) 对人民法院的交付执行活动、执行机关的执行活动以及其他机关有关执行刑事判决、裁定的活动中的违法行为的监督，可以参照刑事诉讼规则有关人民检察院对公安机关侦查活动中违法行为监督的规定办理。

四、人民检察院刑事执行监督存在的问题及其原因分析

(一) 刑事执行监督相关立法滞后，制度建设不完善

以检察机关对减刑、假释、暂予监外执行监督的相关规定为例。检察机关对于刑事执行机关作出的减刑、假释、暂予监外执行的决定如果不同意的，只能提出纠正意见，而不能提出抗诉。这一规定，严重影响了监督的强度和效果。另外，对刑事执行监督的相关规定大多是检察机关的内部规定或者司法解释，相关法律性文件较少，这使得刑事执行法律监督的地位有所降低。因此，有必要完善有关刑事执行监督的法律。

(二) 刑事执行监督比例不协调

虽然我国相关法律规定了人民检察院比较广泛的法律监督权力，但是这些权力在具体贯彻落实的时候出现了比例不协调的现象。这种比例不协调主要体现在对非监禁刑执行的监督上。目前，检察机关对生命刑、拘禁刑的监督已经常规化、制度化，但是对于非监禁刑的监督还十分薄弱，尤其是对罚金刑、没收财产刑的监督。最高人民检察院专门设置监所检察厅负责监禁刑的监督，但是没有专门的机构进行非监禁刑的监督。我国从 2003 年开始了社区矫正的试点工作。虽然最高人民法院、最高人民检察院、公安部、司法部《关于开展社区矫正试点工作的通知》明确规定：“人民检察院要加强法律监督，完善刑罚执行监督程序，保证社区矫正工作依法、公正地进行。”但是，检察院对社区矫正的监督非常微弱。

(三) 刑事执行监督效果不明显

在实际的刑事执行监督中，监督过程形式化的现象比较严重。下面以监所检察为例。监所检察往往采取派驻检察的形式，即检察机关派出人员机构进驻监所开展刑事执行监督工作。检察人员与监管人员长期在一起工作，并且派出检察机构的相关办公条件还要借助于监所。这种紧密的关系往往造成刑事执行监督流于形式。在检察机关对刑事执行提出检察意见时，纠正违法的较少。监督效果不明显的另一个表现就是，刑事执行监督往往是事后监督，与刑事执行

监督的及时性特点相悖。例如，根据《人民检察院刑事诉讼规则》规定："人民检察院接到人民法院减刑、假释的裁定书副本后，应当进行审查。""人民检察院认为人民法院减刑、假释的裁定不当，应当在收到裁定书副本后二十日内，向作出减刑、假释裁定的人民法院提出书面纠正意见。"司法部颁布的《监狱提请减刑假释工作程序规定》第15条规定："监狱在向人民法院提请减刑、假释的同时，应当将提请减刑、假释的建议，书面通报派出人民检察院或者派驻检察室。"虽然这种规定提前了检察机关获悉减刑、假释的时间，但是，这仍然属于一种事后监督。

造成上述问题的原因是多方面的。一方面，司法实践中，检察机关比较重视自侦案件的侦查、起诉以及非自侦案件的公诉业务，对于刑事执行监督业务相对重视不够；另一方面，在刑事执行监督业务中，重视监禁刑执行的监督，对于非监禁刑的监督重视不够。另外一个重要的原因就是，我国目前的刑事执行体系非常分散。我国现在不同的刑事执行活动分别由人民法院、公安机关和司法行政机关实施，这势必分散检察机关的人力、物力、财力。检察机关要根据不同的执行主体、不同的执行对象分别派出监督力量。由于执行主体的不同，导致监督力量很难做到高效统一。

五、人民检察院刑事执行监督的改进路径

（一）改善检察人员在刑罚执行监督中的工作作风，提高刑事执行监督人员素质

作为国家法律实施的监督机关，检察机关就应当勇于扮"黑脸"。在刑罚执行监督过程中，要正确处理与监所等刑罚执行机关的关系。只有这样才能保证刑罚执行监督机关工作职能的落实，才能保障服刑人员的权利，才能保障国家刑事执行法律的正确履行。促进工作作风的转变，一方面需要加强检察人员的培训、教育，强化"人权""正义""法律至上""监督独立"等刑事执行监督基本理念；另一方面要对检察人员的监督工作配置相应的奖惩措施。应当通过软性、硬性教育，使刑罚执行监督人员树立公正、效率、保障人权的工作理念。对于不认真履行监督职责的检察人员，应当规定相应的行政处罚，对于违反刑法的，应该追究其刑事责任。另外，应当为刑事执行监督配备一支学历高、业务能力强、作风正派、正义感强的队伍。

（二）完善刑事执行监督立法

完善刑事执行监督立法有两个方面的工作：一方面要细化检察机关的内部操作规范和程序，使检察人员在进行刑事执行检察时做到有章可循；另一方面

要对现有的规范进行升级，如将一些弹性条款改为刚性规范，提高一些规范的效力等级，将最高人民检察院的司法解释和内部规定上升为法律。我国现有的一些刑罚执行监督法规弹性较大，或者说法律后果规范不完善，刚性不足。例如，我国目前的刑事执行监督法规往往规定检察机关通过法定程序，对违反程序或者实体的司法行为提出纠正意见后，相应的执行机关应当做出怎样的反应，但对于如果不作出这样的反应会有什么样的后果则语焉不详。正是因为这种弹性立法，使得检察机关的刑罚执行监督措施显得力度不够。

（三）刑事执行监督机构的改革

与前文提到的刑事执行一体化的构想相对应，刑事执行监督机构也应当进行一体化的改革。目前，最高人民检察院的专门刑罚执行监督机关为监所检察厅，主要负责全国检察机关对执行机关执行刑罚的活动，减刑、假释、保外就医等变更执行和对监狱、看守所、劳动教养机关的活动是否合法以及对超期羁押监督工作的指导；负责对刑罚执行和监管改造过程中发生的虐待被监管人案、私放在押人员案、失职致使在押人员脱逃案、徇私舞弊减刑、假释、暂予监外执行案的侦查工作和其他自侦案件立案前调查工作的指导；承办下级人民检察院监所检察部门工作中疑难问题的请示；研究制定监所检察业务工作细则、规定等工作。[①] 可见，监所检察厅的工作重点放在了监禁刑的执行上。笔者建议增加监所检察厅的职能范围，将非监禁刑的监督也纳入其业务范围内，相应地将部门名称改为“刑事执行检察厅”。相应地，下级监所检察部门也应当做相应的变更。例外，笔者建议对于死刑执行的监督权完全交由刑事执行监督部门监督。司法实践中对于死刑执行监督往往采取“谁起诉，谁监督”的原则，死刑监督权比较分散。笔者建议将死刑监督权统一交由刑罚执行监督部门行使。这样，一方面做到了起诉权和刑罚执行监督权的分离，做到刑事执行监督的一体化，提高各部门的工作效率；另一方面也贯彻了分工负责、相互配合、相互制约的原则，有利于死刑监督真正起到实效，发现问题，减少错杀的概率。

（四）改革刑事执行监督工作模式

为了提高刑事执行监督的有效性，提高刑事执行监督水平，笔者建议对驻监检察应当实行统一派驻，即由省级检察院向监狱统一派驻，提高派驻检察机构的规格，增强执行监督的权威性。同时调整派驻检察人员的任期，实行轮岗。应当加强对刑事执行监督者的监督，做好工作考评工作。

---

① 参见最高人民检察院网站关于最高人民检察院内设机构及其职能的介绍。

（五）强化检察机关职权

一是要加强检察机关的调查权。加强检察机关的调查权，包括赋予检察机关对刑罚执行活动随时介入监督的权力，建立定期通报制度、约见在押人员制度。二是要赋予检察机关对于人民法院作出的刑罚执行变更案件以抗诉权，增强检察机关纠正违法通知书强制执行的效力。

第二章 刑事执行立法总论

在中国奴隶社会早期，由于统治阶级深受复仇和重刑思想的影响，刑罚执行最为基本的方式为死刑和身体刑，自由刑处于次要的位置，刑事执行往往依靠统治者虚构的神明裁判和王权的擅断。随着中国历史上第一个阶级国家夏朝产生，随着古代监狱狱制发达史的演进，掀开了中国刑事执行立法文明与混沌的篇章。中国阶级社会历来注重把刑罚作为统治国家与规制犯罪的最为根本的工具，到20世纪90年代才出现了中国历史上第一部系统和现代的有关刑罚执行的法典——《中华人民共和国监狱法》。在四千年多年悠久的中国刑罚执行发展过程中，中华文化与特殊的传统孕育了中国监狱的辉煌历史，形成了极为丰富、脉络清晰、独一无二的中国狱政思想和狱政立法。及至20世纪50年代以来，世界范围内的刑事执行的专门化和行刑执行司法组织体系统一化的浪潮方兴未艾。我国刑事执行立法却仍局限于监狱立法法典化的思路，财产刑、自由刑、资格刑等刑种的执行体系较为薄弱。为了发挥刑事执行的最大效能，取得最大的法律效果，在刑事执行一体化和行刑法治化的视野下使刑罚执行权得到合理配置、行刑机关与其他司法机关的分工配合和制约、刑事执行法与其他刑事法律合理衔接等问题的深入探讨就显得尤其重要。

第一节 中国刑事执行及其立法的历史与发展

在近现代以前的长达几千年的中国刑罚执行发展史中，找不到一部成文意义上的刑事执行法典，但以监狱为执行主体的刑罚执行的相关狱制方面的法律还是散见于各个朝代的成文法典或律令之中，并形成了各个历史时期的具有鲜明特色的狱制法律制度。探讨中国刑事执行及其立法的历史与发展，摸清中国刑事执行立法的发展脉络，对当代构建合理的刑事执行法律制度具有特殊的意义。

一、中国奴隶社会刑事执行立法

（一）监狱制度的起源和产生

1. 皋陶造狱

夏、商、周是我国奴隶社会的三个有文字记述文明的朝代，在中国历史上随着这三个政权国家阶级社会的形成和建立，作为国家和政权象征的监狱等暴力机关也必然成为国家产生过程中必不可少的一部分。夏朝的监狱是中国监狱发展史上最早的监狱形态，监狱形态的产生是伴随着刑罚由身体刑和生命刑占主导地位之外的自由刑慢慢发展而得以确立的。据《史记·夏本纪·正义》引《帝王纪》载："皋陶，蛮夷猾夏，寇贼奸，汝作士，五刑有服。"意思是说外族不断进犯中原地区，部落内部各种盗窃等现象屡有发生，社会秩序不稳定的情况下，舜任命皋陶为最高司法长官，要他用刑罚去惩治犯罪，使犯罪人各服其罪。但在最早的文字记载中显示的是，奴隶社会最早期身体和生命刑当然占绝对主导地位的情况下，监禁意义上的刑罚执行并没有像后世意义的监狱形态产生，流放是作为两个主要刑罚执行方式的替代措施。如《史记·五帝本纪》所记载："五刑有服，五服三就，五流有度，五度三居，维明能信。"大意是使各种刑罚的罪人各服其罪，既服五刑有三种情况，最恶的罪是流放于原野，次罪流于市等，应当明确他们的罪行，使他们能信服并悔罪。皋陶作为最高的司法官和刑罚执行权的掌控者，以法平天下之罪恶，使犯法之民都获得罪罚相当的法律制裁。监狱正是在这种特殊的刑罚执行形态下产生的，以至后世广为流传的"皋陶造狱，法律存"即为那个时期的反映。从历史唯物主义的观点来看，皋陶的刑罚制定和造狱的历史传说并无完全的可信力，在漫长的原始社会向奴隶社会早期过度的过程中，中国监狱的产生不可能是某个历史人物或传说中的历史人物而制造，这些散见于后世的文字记载的事项只是有助于我们认识监狱物质形态和制度形态。总之，监狱的产生是国家和社会的一个特殊历史形成物，刑事执行立法或监狱制度的确立正是伴随着刑罚执行的历史发展而发展的。

2. 夏朝圜土之制

据可靠的文字记载，夏朝把监狱叫作圜土，于是圜土便成了中国最早的国家监狱。据《今本竹书纪年》记载："夏帝芬三十六年作圜土。"《周礼》记载："圜土狱城也。"《尔雅·释名》解释说："圜土，筑其表墙，其形圆也。"对于远古先人为何把监狱做成圆形，郑锷解释道："天之体曰圆，而大德曰生，狱成圆，主于仁而已。民为不善，有致死之道，惟圣人之心，常欲生之。”作为最早监狱的圜土，无疑是人类摆脱了杀人食人之习俗，向人类文明迈出了大大的一步，因为在远古蒙昧时代，曾经因为监狱的正式诞生而使监禁等自由刑开始走向刑罚执行的历史舞台。圜土关押的是不够处以五刑的轻微刑事犯罪，对其不处身体肉刑，有的还明确其刑，只是束缚自由，强迫劳动，使之改过从善，这是中国古代监狱文明史上重要的一笔。据《周礼·秋官·司圜》记载：“凡害人者弗使冠饰，而加明刑也，任之以事而收教之。能改者，上罪三年而舍，中罪二年而舍，下罪一年而舍。其不能改而出圜土者杀。虽出三年不齿。凡圜土之刑人也，不亏体，其罚人也，不亏财。”当然夏朝的监狱除了圜土外，还有别的，有的称之为夏台或钧台，还有的称之为念室，如沈家本在《狱考》中称：“夏曰念室。”意即将有罪之人关闭于室内，令其思悔改过。夏朝的治狱官称作大理，《礼记月令》记载：“理，治狱官也。有虞氏曰士，夏曰大理。”大理既主罚罪、治狱，又主对外军事征讨，并非专职的狱官。关于此代的具体详略的监狱执行制度，从相关的文字记载中可以得出圜土的器物形态并以此考据中国历史上最早的监狱形成，其执行制度的详细记载甚至成文意义上的法律则无从考察。虽然没有详细的文字记载，但从上述只言片语的微观描述中可以看出，中国历史上最早的监狱形成和产生过程中，所谓“圣人之心，常欲生之。”虽无教化之名，但系罪犯于圜土之中，终年劳动，此即为人类历史上最早的教化，甚至沈家本在考察夏代最早的监狱后得出“囚犯于室，令之悔罪思过”的结论。

3. 商朝神权治狱和圜土之制

约于公元前 17 世纪正式建立的商朝，监狱及监狱制度得到进一步发展。商朝的统治者为了巩固自己的地位，把王权与神权结合起来，说自己的统治权是上天授予的，其在刑事决断中多采用占卜来完成。如商朝的统治者认为监狱在什么地点、什么时间建立，囚犯要不要戴刑具，囚犯从监狱逃跑后抓回来要不要实施惩罚都要占卜。如商殷墟文字中就有关于监狱制度的记载，“兹人刑不”就是占卜问对于此囚犯要不要行刑，“其乍圜”即为占卜问此时间内或在此地方可不可以建造监狱等。商朝的狱名同夏朝一样称作圜土，据《墨子·尚贤》（下篇）记载：“昔者傅说，居北海之州，圜土之上。”从中可以得出商朝的监狱称为圜土是可信的，另外也有相关的文献把商朝的监狱称为羑里，据《风俗通》记载：“三王始有狱，夏曰夏台，殷曰羑里。”商朝的狱官称为司寇。商朝的囚犯劳役制度已具雏形，惩罚性的拘禁为其基本特征。从现有的历史记载不难看出，不仅商朝的监狱的数量和囚犯的数量都在不断增长，而且非常重视组织囚犯参加劳作，这与夏朝的一味拘禁实施刑罚的方法相比，显然是中国刑罚执行制度史上具有重要历史意义的进步，很大程度上促进了单纯的拘禁向劳役制度的发展。如《墨子》中记载：“囚衣褐带索，庸筑傅岩之城。”意思为：囚犯们穿着褐色的囚犯服装，戴着刑具，忙碌地用岩石来筑城墙。

4. 西周圜土与嘉石之制

据《周礼·秋官·司圜》记载：“凡害人者弗使冠饰，而加明刑也，任之以事而收教之。能改者，上罪三年而舍，中罪二年而舍，下罪一年而舍。其不能改而出圜土者杀。虽出三年不齿。凡圜土之刑人也，不亏体，其罚人也，不亏财。”《周礼·秋官·大司寇》则记载：“以圜土聚教罢民。凡害人者置之圜土，而施职事也，以明刑耻之。其能改者，返于中车，不齿三年，其不能改而出圜土者杀。”从上述文字的记载可以看出，西周时期圜土制度相对较为完整。首先其关押的对象主要是一些有伤害或骚扰四邻等轻罪的人，并且为阻止其在社会上继续作恶，而集中在圜土之中劳役教化他们。为了推行教化，西周统治者对一些言语批评教育不起作用的，则使用轻微的肉体刑，如果还不能收到良好的效果，则集中在圜土之中，迫使罪犯劳动。[①] 其次，狱政管理制度较为系统完备。一是所有的囚犯都要参加劳作。《周礼·秋官·大司寇》记载：“锄之圜土而施职事。”“施职事”其实就是劳役的别名，通过强制性的劳动而使其不再骚扰邻里。二是厘定刑期，这可能是人类历史上最初的法定刑。前述的所谓上罪三年、中罪二年和下罪一年为囚犯被关押在圜土之中基本明定刑期，而且有点像现代社会条件下的相对不定刑，即如果不能在厘定的刑期内改好还不能出圜土。三是管理方式较为和缓，不轻易动用刑罚和肉罚，这是西周“明德慎刑”的具体体现。

嘉石制度是西周创制的对犯有轻微一些罪行的人的一种特殊刑罚执行方式。《周礼·秋官·大司寇》记载：“凡民之有罪而未丽于法，而害于州里者，桎梏而坐诸嘉石，役诸司空。重罪，旬又三日坐，期役。其次九日坐，九月役。其次七日坐，七月役……使里任之，则宥而舍之。”嘉石制度是西周狱制的一个新的创制，其特点为把罪犯置于嘉石之上，迫使其参加劳动，并且运用一定的方式教化，在有人保释的情况下，坐、役届满后可以释放。嘉石虽然不是监狱，但是西周监狱的一种重要补充形式。[②] 笔者在这里想强调的是，学者大都认为现代监外执行的刑罚执行方式来源于西方社会的假释制度，但笔者认为嘉石制度也许是人类历史上最早的监外执行。

---

① 张凤仙、刘世恩、高艳：《中国监狱史》，群众出版社2004年版，第26~27页。

② 张凤仙、刘世恩、高艳：《中国监狱史》，群众出版社2004年版，第29页。

（二）奴隶社会刑事执行立法特征

从皋陶造狱到西周的嘉石之制，说明中国历史上的监狱起源较西方要早很久，但必须要说明的是，虽然在奴隶社会已经形成了较为完善的监狱制度和监狱监禁体系，但刑事执行立法并没有与之同步发展。即在中国的奴隶社会演变期间，并没有严格意义上的刑事执行立法，更不可能建立起一个较为完备的法律体系。但必须指出的是，虽然还没有现代意义上刑事执行立法，但夏、商时代的监狱制度很大可能散见于一些国家的法律规章和政策文件或当权者的诏令之中，是广泛意义上的立法，至少相当于行政部门的规范性文件。

最初的刑事执行立法是西周才出现的，早期的监狱法律体系也是进入周代开始形成的，其重要标志即为周公"制礼作乐"与吕侯的"作修刑辟"。在确立"礼乐刑政"综合为用的礼法体系的过程中，以《周礼》这一重要的法律文献的产生为代表，开始出现了监狱法律规范及成文的狱政管理制度。[①] 据《左传》记载："夏有乱政，而作《禹刑》；商有乱政，而作《汤刑》；周有乱政，而作《九刑》。" 更有记载："夏刑有三千，大辟有三百，膑辟有三百，宫辟五百，劓墨各千。"[②] 即便如此，中国奴隶社会的刑事执行主要是通过制礼作刑的立法形式完成的。刑事执行立法在那个时代基本由礼刑之类的结合相互影响而组成，其监狱法律制度和管理制度也由礼刑之类的法律形式予以调整规范。礼刑二者是各司其职、相辅相成的功能和结构。"周公制礼"的意义深深影响着即将长达数千年的封建时期的刑事执行和刑事执行立法。那时的统治阶级认为"礼"作为联系思想与行为的中介，不仅规范着人们的思想，而且规范着人们的行为。"礼"有着"定亲疏，决嫌疑，别异同，明是非"和"经国家，定社稷，序人民，利后嗣"的巨大作用。而"法"只能将人的行为和不道德联系在一起，不能像"礼"那样。荀子认为："礼者，法之大也，类之纲纪。"[③] 综上所述，中国古代早期的刑事执行立法主要表现出周礼之类的习惯法形式，周礼则成为后世刑事执行立法的历史渊源。

二、中国封建社会刑事执行立法

中国经历了漫长的两千多年的封建时期，形成了极具特色的中华法系，是中华文明在人类文明史上做出的重要贡献。但由于诸法合体的中华法系传统，

---

① 马志冰：《试论中国传统监狱法律体系的形成与发展》，载《中国监狱学刊》2008年第4期。

② 参见郑注《周礼·秋官·司刑》。

③ 参见荀子《劝学篇第二十七》。

在历朝历代都没有一部独立的刑事执行法典。关于监狱和刑事执行的法律规定主要散见于各朝大法之中的有关篇目里，或另立一些则例、诏令等作为补充。[①] 封建社会刑事执行立法特点大致如下：

（一）德主刑辅、礼法并用的儒家思想为刑事执行立法总的指导思想

西周被奉为国家指导学说的德主刑辅，后来在春秋战国时期到秦灭汉立，汉代则把儒家学说的经典奉为圭臬。此即后世在几千年的刑罚执行和刑事执行立法中都将之作为一脉相传的正统思想，其间虽经起伏，但都没有出现过大的偏离。孔子一直强调礼刑并用，以礼为主，孟子则从人性善的角度推崇仁政的观点，反对暴政滥刑，要德治，要轻刑罚；荀子则从人性本恶的角度出发，相信刑罚可以化性起良。[②] 儒家思想为正统后，在历朝历代的刑事执行相关的法律或诏令都或多或少体现了这一立法指导思想。《九章律》首开中国古代的秋冬决狱，实行春暖缓刑。集封建社会立法成就之大成的《唐律》，则首先明确了其应遵循的立法和执行的指导思想，即"莫不凭黎元而树司宰，因政教而施刑法。其有情恣庸愚，识沈衍戾，大则乱其区守，小则葵其品式，不立制度，则未之前闻。故'以刑去刑，以杀去杀……轻刑明威，大礼崇敬"。[③] 这些内容即为后世传诵的"德礼为政教之本，刑罚为政教之用"的渊源。

（二）悯囚重罚并用，严峻苛罚为主

自春秋到清末的两千多年的封建王朝统治时期，因为阶级社会王权的统治需要，悯囚制度在刑事执行立法中占有一定的地位，这也是大多数朝代实行仁政的具体体现，以达其所谓本姓王权永续。即使是称为严律的《秦律》其对罪犯的衣食管理也有相当详细的规定，以保证罪犯的基本生存需要，如关于囚粮的规定：在官府服劳役的隶臣每月二石，隶妾一石半；不服劳役者不发放。从事劳作的小城旦每月一石半，不能劳动者每月一石。每年二到九月的农忙季节，参加农耕生产的隶臣，每月加发半石，椿加发四分之一石。劳动强度大的劳作，酌情增加口粮。如从事筑城或者城旦，早饭加半斗，晚饭加三分之一斗。有病徒刑也发给口粮，由吏酌情发给。[④] 汉朝则提倡颂系和录囚制度。颂系就是宽容对待罪犯，不戴刑具。如据《汉书·刑法志》记载，景帝元年曾下诏说："年八十以上，八岁以下，师，侏儒当鞠系者，颂系之。"录囚即为

① 俞静尧：《刑事执行权机制研究》，群众出版社 2005 年版，第 216 页。

② 王传敏：《漫谈古代监狱文明制度》，载《犯罪与改造研究》2008 年第 8 期。

③ 参见《唐律疏议·卷第一·名例》。

④ 张凤仙、刘世恩、高艳：《中国监狱史》，群众出版社 2004 年版，第 51 页。

由封建皇帝或地方官吏定期或不定期地巡视监狱实行对狱情的审查和监督，从汉开始，各朝代都把录囚制度作为重要的狱政管理制度确定下来。汉代在《九章律》中规定的“秋冬决狱，春暖缓刑”是对后世产生重要影响的刑罚执行方式。汉代对女性罪犯还有“从坐不道”的宽待政策，所谓“妇人从坐得，自非不道，诏所名捕，皆不得系”。[①] 即只要不是妇女自身犯法，或者不是因不道罪而受株连，对于妇女犯罪者就予以拘系。汉代对于犯死罪的怀孕女犯产后行刑，成为世界范围内对于死刑女罪犯的刑事执行方式变更的先例。集封建社会立法之大成的《唐律》对于悯囚也有详细的规定。其悯囚制度主要包括囚犯的衣粮、囚犯的医药、颂系和妇女当刑而孕产后百日决等制度。特别是《狱官令》对上述制度多有具体的规定，如关于囚犯衣粮：“囚去家悬远绝饷者，官给衣粮，家人至日，依数征纳。”关于医药：“囚有疾病，主司陈牒，请给医药救疗。”[②] 唐朝的录囚制度也叫“虑囚”，“每正月遣使巡复狱情，所至阅狱囚枢、校、粮饷不如法者。”[③] 宋朝沿袭前朝的悯囚制度，并在此基础上有新的充实。如同样在中华法系占有重要地位的《宋刑统》中明确规定：“诸囚有疾病者，主司陈牒长官，亲验知实，给医药救疗，病重者，脱去枷锁，仍听家内一人入禁看待。”即使在乱世用重典的明朝，《大明律·断狱·狱囚衣粮》也规定：“凡狱囚应请给衣粮医药，而不请给，患病应脱去枷锁而不脱去，应保管出外，而不保管，应听家人入视，而不听，司狱官狱卒笞五十，因而致死者，若囚该死罪，杖六十……提牢官知而不举者，与同罪。”[④] 作为最后一个封建王朝的法典《大清律例》对于悯囚制度有着较为详细的规定。当然因为在法典体系内清承明制，关于对囚犯囚粮、衣食和医药等处遇基本上一如明制，但有些规定更为人道。如关于医药，《大清律例》规定无论内监、外监和女监各选用医生二名给罪犯治病，罪犯患病者，徒罪以下，由狱官报明以后承审官即赴监狱检视，如属实情，病犯可保外就医，病好后回监审结。狱官不验看病者，承审官不验看病囚者，均以淹禁论罪。《大清律例》甚至规定：“所治痊者若干，不治痊者若干。如治痊者多，照例六年已满，咨授吏目。不能医治，死数多者，即行责革更换。”[⑤] 此外清朝法律对禁止虐囚作了非常详细的规定，对于凌虐狱囚或凌虐狱囚致死者进行较为严厉的法律制

---

① 参见《后汉书·章帝纪》。

② 参见《新唐书·百官志》。

③ 参见《旧唐书·刑法志》。

④ 《大明律·断狱·狱囚衣粮》。

⑤ 参见《大清律例根源》。

裁。从法律史观考察，这无疑是刑罚执行文明进步的标志。

在历朝历代的刑事执行立法当中，“重重”毫无疑问是一根串起封建严刑峻罚的主线，即使实行最为仁政的朝代，统治者也相当重视运用“重典治国”，这是历史的必然，否则也不会有启蒙时代人权保障的呼声。其实中国的刑事执行立法的历史就是一部历史教科书，酷刑从没有离开过刑罚执行与刑事执行立法的视野，虽然以传统儒家治国治狱的指导思想在一定程度上得到了贯彻，也只是统治者麻痹被统治者的一剂安慰剂。对于一些直接危害三纲五常的伦理犯罪及危害王权秩序的犯罪，统治者则把所谓的“礼”直接上升到法的高度，以反叛重罪给予相当的处罚，目的即为维护王权。作为维护统治阶级秩序的主要工具之一的刑罚，其从没有忽视在法典或律令中规定，即使不在法律规定之中，诏与令也可以由高高在上的王权以任何莫须有的罪名处罚。

在我国奴隶制时代，五刑是指墨、劓、剕、宫和大辟。这种以生命刑和身体刑为主体的刑罚体系在中国历史上历经了夏、商、周及后世两千多年的封建社会。秦朝在延续了奴隶制五刑外，又形成了一整套内容繁杂的刑罚体系，并在刑事执行的相关立法中得以体现。秦朝的死刑执行方式即有十种之多，为历代刑罚的残酷性之先河：(1) 弃市，即“论死于市，谓之弃市”。① (2) 磔，即“辜也，辜之言枯也，为磔之。言磔者，开也，张也，刳其胸腰而张之，令其于枯不收”。此种死刑执行方式即为后世听闻色变的凌迟，故此把秦朝称为恶法时代的先河一点也不为过。(3) 枭首，即“悬首于木上竿头，以示大罪，秦刑也”。(4) 车裂，即为五马分尸。(5) 具五刑，即对受刑者先实施劓、斩等肉刑后，用棍棒将其笞杀，再割首示众。(6) 腰斩，即“胸伏于椹质之上，以斧斩断其腰致死”。(7) 夷族，即因一犯罪而株连其亲友。此即也逐渐形成了后世广泛采用的连坐制度。(8) 坑，即为活埋，史上广为流传的“焚书坑儒”就是“坑”的死刑执行方式的例证。(9) 绞，即用绳索勒其致其窒息而死。(10) 定杀，即为活着沉于水中淹死。除上述死刑外，秦朝的死刑当中还有抽肋、镬烹等极为残忍的执行方式。② 秦的肉刑对奴隶制时期的劓、刖、宫等都保留下来并广泛使用，而且与徒刑合并使用，可谓极其残酷。秦为了关押监狱的安全，对监禁的罪犯管理非常严格和残酷，罪犯服刑劳动时，都要穿上囹衣、戴上狱具。囚徒如不受监管或不好好劳作，都要受到严厉的处罚，如“城旦舂为工殿者，笞人百。大车殿，赀司空夫一盾，徒笞五十。”上述关于刑罚执行的方式在《秦简》中都有明确记载。汉朝在刑罚执行

---

① 参见《资治通鉴》。

② 张凤仙、刘世恩、高艳：《中国监狱史》，群众出版社2004年版，第40页。

的方式上较秦朝稍微要轻微些，这与其“德主刑辅”的施政指导思想有很大关系，但是即便如此，汉朝的肉刑、笞刑和各种残酷的死刑仍可见汉《九章律》之中。史学家一直把宫刑代替死刑的措施认为是汉朝狱制改革的一大成就，笔者认为这其实是更为残酷的，因为后世不光死刑不可能废除，而且宫刑一直延续了上千年，成为中外刑罚史上的一个奇特而残酷的刑罚执行方式。另外，汉的狱制黑暗还表现在狱吏的残虐，还屡兴冤狱和耻辱狱，使罪犯处遇十分可悲。唐朝的桎梏制度也是中国古代刑罚执行史上黑暗的篇章，作为中国封建社会最为完备的法典，唐律中对系囚制度重要内容之一的桎梏制度有着详细的规定。桎梏本是指一种狱具，据历史文献记载，皆有长短广狭之制，量罪轻重，节级用之。“禁囚，死罪枷、杻，妇人及流以下去之，杖罪散禁。”① 唐对于违反狱具使用的行为，都给予相当严厉的处罚，据《唐律疏议·断狱》记载：“诸囚应禁而不禁，应枷锁而枷锁及脱去者，杖罪笞三十，徒罪以上递加一等；回易所著者，各减一等。”到了武则天统治时期，狱制更加残酷，实行“以威治狱”，多对囚犯使用法外狱具。“其所做大枷，凡有十号：一曰破百脉，二曰喘不得，三曰突地吼，四曰著即承，五曰失魂胆，六曰实同反，七曰反是实，八曰死猪愁，九曰求即死，十曰求破家。”② 宋朝的一部重要法典《宋刑统》中的捕亡、断狱篇是具体的刑事执行尤其是监狱行刑管理的法律规范。其中较为普遍的行刑方式刺配制度对后世影响深远。狱囚在解送过程中，一路流离，饱经磨难，“缘路非理死者，十常六七”。

元朝的监狱管理制度从条文上看并不十分严苛，但在刑罚执行的实践中，狱制的黑暗相比前代犹过。“今之官吏，不体圣朝恤刑之意，不思仁恕，专尚苛刻。每日于鞠狱问事之际，不察有无脏验，或挟突宿怒，不问重轻，辄加拷掠，严行法外凌虐，囚人不胜苦楚，致令枉死无辜，幸不致命者也为残废。”③ 元朝甚至规定“强盗皆死，盗马者劓，盗驴、骡者黥”，许多很长时期弃置不用的野蛮肉刑得到恢复，如最为残酷的死刑执行方式凌迟就在元朝广泛采用。及至明朝，“刑乱国用重典”的思想指导着整个刑罚执行和有关法律的制定。《大明律》比较集中地规定了明朝的捕亡、断狱等刑事执行法律规范。明朝沿用唐朝五刑和徒流制度，并增加了充军刑，扩大了徒刑的范围。充军刑期分为终身和永远两种。终身充军“俱止终本身”，永远充军则残酷：“处发叛逆家

① 参见《狱官令》。

② 参见《旧唐书·刑法志》。

③ 参见《元典章》。

属子孙，止于本犯所遗亲枝内，勾补尽绝，即与开豁。”[①] 明《大诰》为诏令和谕旨，其以案例汇编的形式编写了一万多种极其残酷的案例，这些案例用刑极其残忍，包括阉割、刖足、挑筋、去膝盖、割鼻、剁手指等。[②] 从法例上来说，清承明制，《大清例》的名例、捕亡和断狱，具体规定了清朝的刑事执行尤其是监狱行刑的法律规范，由于《大清律》是《大明律》的翻版，其刑事执行尤其是监狱管理、狱具规格，基本与《大明律》一样。[③]

（三）囚犯阶级等级森严，公开维护封建特权

封建社会是典型的阶级社会，阶级对立和分化明显，“王子犯罪与庶民同罪”只是统治者的虚伪口号。统治者为了维护其特权，公开在相关典章制度中成文化其优势地位，即使在囚禁中其宗族或具有法律规定的官宦囚犯可以享受特殊的处遇。与此有关的刑事执行法律规范在历朝历代的典章中可见。《秦律十八种·司空》规定：“公士以下居赎刑罪者，死罪者，居于城旦舂，毋赤其衣，勿枸椟欙杕。鬼薪白粲，群下吏毋耐者，人奴妾居赎赀债于城旦，皆赤其衣，枸椟欙杕，将司之；其或有亡，有罪。”在秦律中，具有贵族身份的囚犯和普通服刑中的囚犯完全不一样。有爵位的人叫“居作”“居官府”，无爵位的囚犯叫作“系作”。前者参加劳役时可以不穿囚衣、不戴狱具、不受监管，而后者则要穿囚衣戴狱具，并在狱吏监督下进行劳役。地方官吏犯罪居赎赀债者，可以由年龄相当者代替，其他则不可。自汉始，监狱分类制度得到了确立。西汉的监狱分为囚禁皇族与将相大臣、官署吏卒的中央监狱和囚禁普通囚犯的监狱。长史以上的官吏入狱后不戴刑具或不入一般监狱。惠帝元年曾下诏：“爵五大夫、吏六百石以上有宦皇帝而知名者，有罪当盗械者，皆颂系之。”“但处曹使舍，不入狴牢也。”[④] 南北朝时期，相关的刑事执行法规范更是明确规定了官僚士族所享有的特权。在监狱管理中，凡属于“八议”范围的人犯受到特殊的优待。如魏明帝时，袁侃所犯罪重罪，本应处死，但袁为功臣之子，享受“八议”特权，即可免死。后周的法律规定：“皇族及有爵者，死罪以下锁之，徒以下散之。狱成将杀者……惟皇族与有爵者隐狱。”唐朝的《唐律疏议》和《狱官令》规定的禁囚制度、狱具制度、居作制度特别是相关的处遇制度，都明确了“囚徒贵贱，即令分押”。作为少数民族的政权，元朝的刑事执行法规范体现了民族的不平等性。《元史·刑法志》记载：以蒙古人

① 参见《明会要·徒流迁徙地方条例》。

② 张凤仙、刘世恩、高艳：《中国监狱史》，群众出版社2004年版，第119页。

③ 俞静尧：《刑事执行权机制研究》，群众出版社2005年版，第219页。

④ 参见《汉书·宣帝纪》。

为主的一等人犯罪，要由专门的司法机构审理和拘押。所谓“诸四怯薛及诸王、驸马、蒙古、色目之人，犯奸盗诈，从大宗正府治之”。“诸正蒙古人，除犯死罪，监禁依常法，有司毋得拷掠，仍日给饮食。犯真奸盗者，解束带佩囊，散收。余犯轻重者，以理对证，有司勿执之，以逃逸者监收。”① 至清朝，其监狱立法内容兼有维护阶级统治和民族利益的双重性质。清朝以法律和狱制保证旗人宗室和官僚贵族享有优厚待遇和特权。如旗人罪犯免除发遣苦役，可以枷号鞭责代之。旗人、官吏及宗室罪犯不得采用锁禁夹责。《钦定大清会典》规定：“亲王、郡王应问者，行文讯问。”即对亲王等宗族不能随便传讯，需要传讯，先要上奏皇帝批准。旗人犯盗窃罪，一般不予刺字，如系重罪须刺字，也只刺臂而不刺面等。

（四）立法体例多元化，法律形式和渊源多样

中国古代奴隶社会的刑事执行法规范主要表现为周礼之类的习惯法形式，最早的传统监狱法律体系的形成可以追溯到周代，周礼之类的习惯法是后世刑事执行法的历史渊源。② 奴隶制监狱法的形成主要以周公“制礼作乐”为标志，在确定“礼乐刑政”综合为用的礼法体系的过程中，以《周礼》这一重要法律文献的产生为代表，开始出现了有关刑罚执行及狱政管理制度方面的立法内容，初步奠定了中国古代以“礼”这一早期习惯法渊源为主要表达方式的刑事执行法律体系。至秦代以降，随着文明程度和立法技术的进步和发达，以成文法的形式来调整监狱的刑罚执行随之成为可能。秦已开始以律令法制为主体的成文法体系，逐步取代以礼制为核心的习惯法体系，监狱法律体系也以新型的王权专政分集权制度下的律令法制为代表持有成文体系为基本的刑事执行法。律和令为中国古代最为重要的两种法律体例，有关监狱行刑的相关法律体例当然也不例外，秦时律和令是分开的，但到了汉时律和令已无明显界限。但现在史学界通常认为令为律的补充和重要来源之一，相当于现在国家政策的法律化，只不过那时的国家政策往往是政权的最高主宰者用“诏令”的形式发布而存在。

南北朝是中国封建社会立法的一个相当重要的时期，也是我国刑事执行法律体系逐步完善的阶段，从律、令的区别来看，二者概念的性质逐渐发生明示的变化，“律以正刑定罪，令以存事制”，律成了专门制裁犯罪的刑事法律，

---

① 参见《元史·刑法志》。

② 马志冰：《试论中国传统监狱法律体系的形成与发展》，载《中国监狱学刊》2008年第4期。

而令则成为国家政令法规性质。[①] 特别是唐以后，形成了以《狱官令》为主要法律渊源的监狱刑罚执行法律体系，即只有违反了《狱官令》这类监狱法令而构成犯罪行为，才由律加以调整规范的刑事法律体系。魏晋以后的律、令二者的分化，使律成为专门的刑事法律规范，以《狱官令》《捕亡律》为补充的令，成为主要的监狱法律渊源，而由《囚律》及《捕律》演变而来的《断狱律》与《捕亡律》，则属于制裁监狱违法行为、保障狱政管理活动顺利实施的刑事执行立法。明清时期的刑事执行立法呈现多元化趋势，出现了令、格、式、例和法典等多种法律渊源。《宋刑统》增加了大量的敕、令、格、式，即开始在刑法典内附录非刑事立法性质的法律规范。因此，明朝立法有律、令、大诰、榜文、条例和会典等多种形式。刑事执行立法主要体现在《大明令·刑令》中，其中有较为系统的监狱法律规范。清朝立法主要有律、例、会典三种形式，其中以《大清律例》为代表的律及所附条例基本属于刑事立法，其中有关监狱刑事执行相关规定主要规定在《刑部现行条例》中。[②] 特别值得一提的是，清自康熙起就一直修编提牢条例和提牢章程，这其实就是中国首次的监狱专门立法，虽然没有正式实施，但这是监狱刑事执行立法史上具有重要意义的事件。

三、清末至国民党统治时期的刑事执行立法

1840 年以后风雨飘摇的中国，历经清末、北洋政府统治时期和国民党统治时期，处于半殖民地半封建社会的特定历史阶段，应当说从法律进化史角度看，中国刑事执行立法技术较以往取得了长足的进步，专门性的监狱立法已经出现，监狱管理体制也由传统的向近代或现代狱制过渡，为新中国的刑罚执行制度的构建奠定了物质基础和技术性支持。

（一）清末监狱修法和狱制改良

《辛丑条约》签订后，中国完全陷于半殖民地半封建社会，民族危亡空前严重，当时的晚清政府为了挽救岌岌可危的没落政权，在最后的十多年时间里进行了一系列的政治经济改革，即所谓新政。在这场表面看起来声势浩大的新政活动中，当时中国的改革在各个领域都取得了较大进步，特别是在法律移植背景下的中国近代法律现代化，把中国由几千年的诸法合体、重刑轻民的传统封建法律体系甚至从根本上奠定了走向西方法律现代化的道路。“清末修法律

① 何勤华主编：《律学考》，商务印书馆 2004 年版，第 2 页。

② 马志冰：《试论中国传统监狱法律体系的形成与发展》，载《中国监狱学刊》2008 年第 4 期。

为中国法律近代化转型，确立了航标，奠定了基础。"[①] 清末修法中，沈家本认为各法之中，尤其以刑法最为重要，故清廷采取建议，聘请日本刑法学家为顾问，最先厘定《大清新刑律》。这部法律全面采用大陆法系的体例和原则，甚至第一次规定了罪刑法定原则，采用总则和分则两大编。同时，这部刑律一定程度上体现了当时世界范围内刑罚人道主义和刑罚轻缓化的总体走向，且最为称道的是把旧律中存在了几千年的传统刑法中的凌迟、枭首、戮尸、缘坐、刺字等酷刑全部予以删除，只采用绞刑和斩刑两种死刑执行方式。中国封建传统刑罚体系中的笞、杖、徒、流和死五种刑罚则只保留死刑，从根本上改造了旧的刑罚体系。[②] 其刑罚种类改为死刑、自由刑和罚金刑，其中自由刑是一种定役刑制度，即凡是徒刑和拘役刑全科以强制的劳役，一定程度上提供了刑事执行走向近代化的空间。以自由刑为主的刑罚执行使监禁的囚犯人数大大增加，监狱的职能更为突出，罚金刑作为财产刑的一种，所有这些都使得刑事执行走向近代化的意义更为重要。

由于刑罚体系的重大变革，监狱的刑罚执行制度和监狱管理制度的近代化建构就具有了历史的必然性。清末法律改革者沈家本和伍廷芳上奏《实行改良监狱注意四事折》详细"刑罚与监狱相为表里"，主张建设新的罪犯关押场所和建立与西方相似的监狱管理模式，大力倡导近代西方广泛应用的教育刑。一是认为"设狱之宗旨，非以人辱人，将以感化人也"。对少年犯以教育为主、刑罚为辅。16 岁以下的青少年是"教育之主体，非刑罚之主体"。主张对少年犯进行惩治教育，以"化其恶习，使为良之民也"。二是制定相应的监狱管理规则，认为应当依照法律管理监狱，主张"宜先由法部博采各国最新规则，编监狱章程""颁行各省"。[③] 1908 年日本学者小河滋次郎接受清廷聘请起草大清监狱法律，1910 年完成《大清监狱律草案》并上奏，但因 1911 年的辛亥革命而没能颁布实行。

《大清监狱律草案》共 14 章，分总则、分则两部分。总则对监狱种类、管理体制及基本原则做了规定。一是关于监狱的种类。监狱有三类：拘禁处徒刑者的徒刑监狱，押拘役者的拘役监，拘禁刑事被告人留置所。徒刑监、拘留所是实质的监狱，留置所是拘留判决未定者的地方。并建立特设监狱，妇女设专门的留置所，"特设监狱"或划区拘禁，拘禁 18 岁以下刑期满二月以上的

---

① 张晋藩：《中国法律的传统与近代转型》，法律出版社 1997 年版，第 475 页。

② 王春霞、王颖：《试论清末监狱近代化的法制前提》，载《广西社会科学》2002 年第 5 期。

③ 赵连稳：《论监狱改良》，载《青海师范大学学报》2004 年第 6 期。

少年犯。《大清监狱律草案》第2条规定："幼年犯罪之人，血气未定，往往一入监狱，传染种种恶习，不惟不能改良，且愈进于不良。"为使不良少年"改恶从善"，特设拘禁场所，进行以教育为主的管理模式。并规定了在中国历史上的第一次男女分监。二是关于管理体制。体制上监狱归法部行政领导，法部至少每两年巡视监狱一次，设立监狱检察监督制度，任命的推事检察官要巡视监狱，实行监督和检查，对虐囚和不依法治监者实行撤职查办及刑事制裁。三是关于教诲教育制度和原则。实行感化主义原则，对有悔过或接受监狱方面管束表现较好的，其可以得到一定的物质奖励和刑事奖励，并且其生活待遇应好于一般犯人。监狱应当设立反映"人道主义"的卫生医疗制度，改变宗室犯罪的特权地位。分则部分对收监、拘禁、管束、作业、教诲及教育、给养、卫生及医疗、出生及死亡、接见及书信、赏罚、保管、特赦、减刑及假释、暂释、释放做了相当详细的规定：一是独居拘禁制度。《大清监狱律草案》第36条规定："在监者，一切概以独居拘禁为原则。"尤其对"刑事被告人""刑期不满3月者""30岁以下之受刑者""初犯之受刑者"等，实行"独居拘禁，亦即分房监禁"。独居拘禁的时间不得超过3年。第43条又规定了"杂居拘禁"作为补充，依据犯罪性质、犯人性格、犯罪次数、犯人年龄等情况分类管理。二是"作业"制度。根据在监人将来生计的实际需要，《大清监狱律草案》第86条规定"作业收入均归国库"，认为监狱作业不仅可教育罪犯，培养他们的劳动习惯，而且还可增加政府收入，解决监狱经费问题。作业场所限制在监内，监禁的囚犯和未满18岁者可监外作业，作业时间为每天8至12小时，收入概入国库。三是教诲教育制度。《大清监狱律草案》第六章规定了教诲教育制度：除休息日外，在监人至少每十日接受一次教诲，内容为宗教礼仪和德育；在监者（年龄18岁以上或刑期不满3个月的罪犯除外）一般要接受教育，每星期应保证24小时的教育时间，内容以学校知识为主。四是医疗卫生制度。《大清监狱律草案》第八章规定，监狱要保持清洁，犯人应经常洗澡、剃发，衣物经常消毒等。监狱要有浴室、运动场、医务所、病监等设施。五是减少宗室犯人特权。光绪末年，沈家本等遵旨议定满汉统一刑罚，宗室犯人特权有所减少。①

胎死于腹中的《大清监狱律草案》虽没有正式实施，并且从根本上是日本等西方监狱刑事执行立法的照搬，但对中国刑事执行立法和中国监狱制度的近代化具有重大的历史性意义。一是从体例上打破了几千年的中国封建刑事立法的"诸法合体"和"刑民不分"的法律体系，改变了刑事执行法律一直依附

---

① 赵连稳：《论监狱改良》，载《青海师范大学学报》2004年第6期。

刑法的历史状况，是中国历史上首次尝试对监狱的刑事执行专门立法的一次意义非凡的探索，为中国监狱的近代化提供了立法技术的支持。二是为中国监狱的近代化提供了思想和观念的基础。《大清监狱律草案》虽然是在半殖民地半封建的历史条件下出炉的，并具有那个时期的特殊印记，但一些改革或监狱改良主义的思想已经深入人心，西方的一些先进狱政管理制度和思想开始被介绍到中国，成为中国监狱近代化的观念基础。三是《大清监狱律草案》虽没有实施，但为后面的北洋政府和国民党统治时期制定监狱刑事执行法律和制度所借鉴。

（二）北洋政府和国民党统治时期的刑事执行立法

1912—1928年为北洋政府统治时期，这个特定的历史，中国无论在政治、经济和法律方面都表现为混乱和割据的状态，法律几乎是把清末的修法完全照搬过来，表现之一是把《大清监狱律草案》作为蓝本，稍加删改。但某些方面因为在革命派的冲击下，又不得不在立法包括刑事执行立法上表现出某些资产阶级的倾向，以确立资产阶级行刑制度为监狱刑事执行立法之不得已目的。另外，因为特定的历史条件，“在表面上有资产阶级的倾向，但骨子里却有把恢复封建礼教作为监狱立法的指导思想成为历史的必然。”① 照搬《大清监狱律草案》的所谓《中华民国监狱规则》于1913年12月颁布实施。《中华民国监狱规则》设总则、分则两部分，共有15章103条。总则是关于监狱刑事执行的一般规则和原则，和《大清监狱律草案》大概一致。分则的内容具体包括收监、监禁、戒护、劳役、教诲及教育、给养、卫生及医治、接见及书信、保管、赏罚、赦免及假释项等。北洋军阀统治时期还陆续集中出台了一些关于狱政管理制度和组织体系的相关法律规范，具体为：一是关于监狱组织机构方面的法规，如《监狱看守服务规则》《监狱教诲教师士药剂处务规则》；二是狱官考试训练方面的法规，如《监狱看守考试规则》《监狱看守教练规则》；三是关于狱政管理方面的法规，如《监狱处务规则》；四是参照西方制定有关罪犯假释、作业等规范，如《监狱保释暂行条例》《假释管理条例》《监狱作业规则》；五是关于教育教诲的规则，如《感化学校暂行章程》。

北洋军阀统治在中国历史上具有明显的过渡性质，其政权更替频繁、军阀割据，导致关于监狱方面的刑事执行立法朝令夕改、你废我立，即便是有延续性，但因政治的混乱常导致法规成为一纸空文。一方面在具有资产阶级性质法律的同时，却更多具有维护封建纲常礼教的性质，恢复或启用部分封建的肉体

① 张凤仙、刘世恩、高艳：《中国监狱史》，群众出版社2004年版，第172页。

惩罚，逆历史潮流。如《改正疏通监狱惩罚办法》第7条明确规定：“凡判决刑期或残余刑期在六个月以下者准用掌责处分”，并详细规定了所用教具的规格。①

至国民党统治时期，即1927—1949年，从立法技术和立法思想上来说更趋成熟，广泛沿用当时较为先进的欧美日等发达国家的刑事执行法律制度和原则，从某种程度上促进了当时的刑事执行立法与西方国家的接轨。

1946年前国民政府时期是以《中华民国监狱规则》为基本法规，国民政府司法行政部和其他中央政府机关颁布的有关单行法规、法令指示等作为补充，辅之以地方性法规。1928年颁布的《中华民国监狱规则》基本是1913年颁布的《中华民国监狱规则》的照搬，而1913年的规则又大量抄袭了《大清监狱律草案》，这从一个侧面反映了清末修律和监狱改良对于监狱刑事执行立法的巨大影响。1946年颁布实施的《中华民国监狱行刑法》是中国历史上首部以狭义法律来命名的基本法律，突破了以往用规则、章程或办法来调整和规制监狱运行的传统，使刑事执行立法摆脱了依附其他法律部门的限制，有了自己独立的法的部门，以致现在我国台湾地区仍然在实行该法。“1935年1月19日重新制定《监狱行刑法》，共98条，于1936年6月10日实施，其后曾于1943、1946年等共计10次分别修正部分条文。”② “监狱行刑法”共16章98条，第一章为通则，规定了监狱行刑目的、行刑对象、监狱的监督检查和考核、受刑人的申诉等；第二章到第十五章分别为收监、监禁、戒护、作业、教化、给养、卫生及医治、接见及书信、保管、赏罚及赔偿、假释、释放及保护、死亡、死刑之执行等；第十六章为附则。另外在制订基本法律的同时，国民党政府还颁布实施了“监狱组织条例”“行刑累进处遇条例”“看守组织条例”等法规，共同构成了较为完善的监狱刑事执行法律体系。与此同时，国民党政府为了镇压共产党还颁布了一系列法西斯主义的监管法规，如《反省院条例》《首都反省院条例》《特别感化院组织条例》《军人监狱组织大纲》《军人监狱组织规则》等。

由上可以得出以下结论：首先，国民党刑事执行的立法渊源基本上来自北洋政府统治时期的监狱法律法规，而北洋政府很大程度上又抄袭于清末的监狱改良时期的修法，所以从根本上讲，国民党统治时期的刑事执行立法深深地烙上了那个特殊历史时期的印记。其次，立法技术超过了中国历史上的任何以往时期。尽管国民党统治时期大量抄袭北洋军阀统治时期的刑事执行法律法规，

① 张凤仙、刘世恩、高艳：《中国监狱史》，群众出版社2004年版，第175页。

② 林茂荣等：《监狱行刑法》，台湾五南图书出版公司2005年版，第4页。

但由于其较为重视立法体系的完善，出台了一系列的监狱配套法规，并第一次有了自己的狭义上的“监狱行刑法”法典。“监狱行刑法”的大量法条内容还是具有一定的历史先进性的，借鉴了当时欧美日等发达国家的刑罚执行和狱政管理经验。具有历史意义的是，该法与《国际刑法委员会修正罪犯待遇最低标准规则》的要求具有同步性，法典中关于罪犯管理的“人道性”和“罪犯处遇”一些基本内容和《国际刑法委员会修正罪犯待遇最低标准规则》具有协调性。最后，具有资产阶级的虚伪性和司法实践中的反革命性。国民党政府的监狱立法有大量标榜民主文明和人道的成分，如关于罪犯的感化教育的内容等。但实际上国民党政府的特殊监狱根本不受法律的约束，监狱刑事执行立法与刑罚执行实际的差异导致一些在现在看来也较为先进的法条成了一种口号和堂皇的摆设。监狱成了国民党政府残害共产党和压迫民众的工具，国民党政府是大资产阶级、大地主、帝国主义的代言人，其为了维护法西斯主义的统治，在监狱里由宪兵、特务和警察组成的恐怖管理力量，对囚犯实行白色恐怖，用残酷的监狱处置对付民众和共产党，使得其狱制的黑暗和恐怖性与刑事执行规律法规一定的民主文明性形成了鲜明的反差。

四、中国共产党领导下的刑事执行法制建设

（一）民主政权时期的刑事执行立法

新中国的刑事执行法治建设开启了中国刑事执行立法的新篇章，而这一切都是和中国共产党的执政能力和政权建设息息相关的。共产党早在新中国成立前的民主政权时期就十分重视对罪犯的教育改造，从工农民主政权到抗日民主政权再到解放区民主政权对监狱的刑罚执行，虽然政策指导往往在刑事执行中起到实践执行的作用，但还是依据各个特定的历史时期出台了大量关于监狱改造罪犯的法律性文件。

工农民主政权时期的刑事执行立法情况大致如下：这一期根据宪法性质文件《中华苏维埃共和国宪法大纲》，于 1932 年 8 月制定并颁布实施《中华苏维埃劳动感化院暂行章程》。这是苏维埃政权建立后制定和颁布的第一部有关刑事执行的监狱法规，它的主要内容包括劳动感化院的性质、任务、组织机构和管理制度，初步草创了特定历史时期的监狱制度，使监狱执行工作大致有法可依，具有重要的历史意义。另外，在 1932 年 6 月《中华苏维埃共和国政治保卫局组织纲要》中规定了执行权属于司法机关，明确了监狱行刑的组织体制。1932 年还制定实施了《关于处理犯人的问题》《关于犯人的材料及坚决废止肉刑的问题》，1933 年发布了《关于没收犯人财产和物件的命令》，1936 年中华苏维埃共和国执行委员会颁布了《革命法庭条例（草案）》，规定了各级

看守所、监狱的设置、地位和职责等。

抗日民主政权时期的刑事执行立法大致如下：这一时期随着政权的进一步稳固，刑事执行立法形式多样。1939 年颁布实施的《陕甘宁高等法院组织条例》规定，高等法院设感化院。1942 年颁布的《陕甘宁边区司法纪要》明确规定，边区的监狱固然是惩罚犯人的场所，同时也是犯人的教育机关。1942 年制定了《关于厉行保释，减少羁押人犯与改善犯人待遇的训令》，1943 年晋察冀边区制定了《关于处理监押犯之决定》，等等。① 因解放区政权只有几年的过渡期，所以刑事执行立法主要是各个解放区自己制定适合本区的法规政策，不具有统一性。

从上述可以看出，在共产党特定历史时期政权建设过程中，相当重视刑事执行规章制度的完善。当然因为那个特殊时期特定的历史背景，整个政权基本上处于战时体制，要像在和平时期那样建立一整套的监狱刑事执行法律体系完全没有现实的可能性。所以在长期的政权建设期间，并没有制定完整的刑事执行法律体系，更不可能形成一个真正意义上的法典，实践中的一些临时性的章程、法规性文件或政策性文件、决定或命令就成了刑事执行的执法依据。即便如此，上述刑事执行法律法规的制定仍为新中国的刑事执行立法奠定了良好的基础，民主政权对监狱的管理和对罪犯的改造为新中国的监狱制度建设积累了丰富的经验。如民主政权时期的政治教育、文化教育和劳动教育等三课教育、教育方法的具体运用、具体的劳动改造制度等直接成为新中国监狱刑事执行立法的实践基础。

（二）解放后刑事执行立法

解放后新中国的监狱事业百废待举，刑事执行立法工作进入新的历史时期。新中国的刑事执行工作的理论基础是马克思列宁主义和毛泽东思想。作为改造世界、改造思想、改造全人类的无产阶级改造理论直接成为监狱工作的指导思想，对罪犯的改造思想正是作为一个组成部分而存在。中国监狱理论正是特定历史时期改造罪犯特别是战犯改造的宝贵经验与毛泽东思想的理论结晶，形成了独具特色的中国改造罪犯理论。正是在这种理论指导下，独具中国特色的新中国劳改工作随即大规模的展开，并形成或制定了一系列指导新中国刑事执行工作的法律性文件。新中国具宪法性质的文件《中国人民政治协商会议共同纲领》第 7 条规定："强迫他们在劳动中改造自己，成为新人。"1951 年 5 月召开的全国公安会议把组织全国犯人劳动改造问题作为会议的一项重要内

① 张凤仙、刘世恩、高艳：《中国监狱史》，群众出版社 2004 年版，第 212～215 页。

容进行讨论，并通过了《关于组织全国犯人劳动改造问题的决议》，从此劳动改造制度正式确立。此后又通过了《第一次全国劳改工作决议》和《第二次全国劳改工作决议》。这两个决议又明确规定了罪犯管理制度中的分类管理制度、教育改造制度、考核奖惩制度、生产管理制度等，这些都为后面的《劳动改造条例》奠定了坚实的基础。

在新中国刑事执行立法中占有重要历史地位的是《中华人民共和国劳动改造条例》，此部法律在 1994 年的《中华人民共和国监狱法》颁布实施前实施了 40 年，是新中国成立后颁布实施的法律法规中使用时间最长的法律法规之一。《劳动改造条例》是政务院于 1954 年制定并通过的，因此在法律位阶上，《劳动改造条例》是我国第一部行政法规。“它的颁布实施使新中国成立后真正意义上做到了监狱行刑工作有法可依，为新中国的监狱工作事业纳入法治轨道起了极为重要的作用。”[①]《劳动改造条例》共九章 77 条，包括总则、分则和附则，总则包括劳动改造工作的一般性规定，共 7 条，分则详细规定了监狱改造罪犯的具体制度，共七章 68 条。《劳动改造条例》的内容具体包括：(1) 总则规定了制定条例的依据、制定的目的，其中目的是“为了惩罚一切反革命犯和其他刑事犯，并且在劳动改造中改造自己，成为新人”。(2) 改造机关的性质为人民民主专政的工具。(3) 劳动改造机关的分类，包括监狱、劳动改造管教队、少年犯管教所、看守所。(4) 劳动改造的方针是惩罚管制与思想改造相结合、劳动生产与政治教育相结合。(5) 教育改造制度，包括教育的方式、教育的种类等。(6) 罪犯管理制度，包括收押、警戒、生活、接见、通讯、保外就医、释放和罪犯奖惩制度等。《劳动改造条例》是从中国共产党领导下的民主政权时期到新中国成立后二十多年改造罪犯和刑事执行立法经验的总结，以往的对罪犯改造工作主要依靠法规性文件和政策性文件甚至是领导人对监狱工作的指示、命令，《劳动改造条例》制定后使得我国劳动改造工作纳入法治轨道，对推动我国监狱工作和规范对罪犯的劳动改造具有重要的历史意义。《劳动改造条例》的体例基本上按照行政法规的立法体例来制定，是我国刑事执行立法史上的一个有力探索。其中关于劳动改造工作的性质、任务、原则方针及对监狱的设置、各项具体的狱政管理制度和奖惩制度使得当时的劳动改造工作基本上做到了有法可依的状态，标志着立法技术朝着专门化、专业化和规范化方向发展；《劳动改造条例》的实施，使改造战犯、改造反革命犯、改造旧时罪犯成为新人等伟大历史使命成为可能，为日后《监狱法》的正确制定奠定了良好的法律和经验基础。此后颁布实施的《监狱、

---

① 张凤仙、刘世恩、高艳：《中国监狱史》，群众出版社 2004 年版，第 270 页。

劳改队管教工作细则》也是以《劳动改造条例》为解释蓝本的，进一步规范了当时的监狱刑事执行工作。

进入全面改革开放的历史时期，随着社会主义依法治国理念的不断深入，建设社会主义法治国家也就成为历史的必然。1979 年制定颁布实施的刑法和刑事诉讼法等法典使得中国法治进程大大加快，但长期以来规范行刑工作的仅有《劳动改造条例》，现实的需要和立法条件的具备及立法技术的成熟使得制定一部指导监狱行刑工作现代化法典成为历史的呼唤。在此背景下，1986 年 3 月全国人大常委会授权司法部成立了监狱立法起草工作小组，经过长期的调研、讨论，前后修改数十稿，最后于 1994 年 12 月 29 日经全国人大常委会审议通过，历时近九年，新中国第一部监狱法典《监狱法》终于颁布实施。作为主要规范刑事执行工作的《监狱法》，其与《刑法》《刑事诉讼法》等法律共同构成了我国打击罪犯、起诉和改造罪犯的刑事法律体系，在中国刑事执行的法治进程中具有重要的历史意义。"此部法律根据宪法的基本原则，站在国家同刑事犯罪作斗争的战略高度，从惩罚犯罪、改造罪犯和国家长治久安的全局出发，总结监狱工作的实践经验并参与、借鉴国外的有益做法，使监狱工作进一步纳入规范化、法治化的轨道，更好地发挥监狱职能，预防和减少犯罪，把罪犯改造成为遵守法律、自食其力的公民。"但是必须指出的是，作为规范刑事执行工作的主要法典，《监狱法》《刑法》和《刑事诉讼法》等刑事法律体系并不完全衔接和十分协调，特别是在执行一体化日益成为世界潮流的现实背景下，制定全面规范的、统一的刑事执行法典具有现实的可能性和必要性。

梳理自有文字记载史到当代长达几千年的刑事执行立法史，揭示出了要使刑事执行工作具有历史的先进性，不光要有发达的立法技术，政治的昌明和民主的提倡是狱制完备的另一个先决条件。回顾古代刑事执行立法及近现代刑事执行特别是监狱立法的近现代化，所谓史可以明鉴，我们应站在客观主义的立场上，总结成功经验，借鉴历史上至今仍可借鉴的立法精神和内容，检讨相关教训，对今后的刑事执行立法具有重大的意义。

第二节　刑事执行立法指导思想、目的和基本原则

一、刑事执行立法指导思想

立法是对权利资源、权力资源以及其他有关社会效益，进行法定制度性配置的专门活动，是对个人和组织在国家生活和社会生活中的义务和责任的法定

制度性确定，实质是将国家生活和社会生活中占据主导地位的社会力量的意志上升为国家意志。[①] 立法作为特定国家的特定政治上层活动，必定要有自己的总的指导准则，那么刑事执行立法活动作为立法活动的一部分也应当有一定的指导思想，以保证刑事执行立法正确反映刑事执行活动的客观规律。“当代中国立法总的指导思想仍然是马克思主义，主要是马克思主义的世界观和方法论”。[②] 以马克思主义来指导中国刑事执行立法就是要运用这个关于自然界、人类社会和思维发展的最一般规律的科学于中国的刑事执行立法中，使刑事执行立法沿着科学的轨道发展。刑事执行立法首先必须运用辩证唯物主义来指导，因为刑事执行作为国家权力的一个体现和载体，是物质关系的反映，刑事执行立法必须考虑到所有客观的存在，包括内外条件的成熟，而不能脱离刑事执行活动实际。比如作为刑事执行最为重要的一部法典《监狱法》在 1994 年制定是属于较为先进的，有些制度性规定还广泛借鉴西方较为先进的制度，但已经二十六年过去了，监狱的刑事执行环境和条件已经发生了巨大变化。法律应当保持其稳定性和连续性，但立法和现实情况已发生巨大的反差，而立法却置之不理，使得执法和立法发生对立。“对责任的审查、宣布和强制执行，是以当今或过去的事实为基础并根据被认为早已存在的法律进行的，然而立法的一个重要特征却是它指向未来，并通过制定一个新的规则去改变现行状况，而这个规则将在日后被适用于那些其权力管辖的所有或部分对象。”[③] 正因为其指向未来的功能，所以立法指导思想必定要关注立法意识、立法观念、立法理论对于刑事执行工作的指导，因为“意识是对物质的反映，是以实践为基础的能力的辩证过程，它依赖于实践，又转过来为实践服务”。刑事执行立法工作不能闭门造车，只能运用合理先进的理念来指导立法活动，这正是历史和唯物主义的。

二、刑事执行立法的目的

立法目的是指制定某部法律或法规所应追求的目标和功效。刑事执行立法的目的就是国家制定与实施刑事执行法所希望达到的目标和功效。“在法和政府提出的任务中，维护和平和秩序、镇压暴力和犯法首当其冲。歌德说过，我宁愿犯下某种不公正，也不原意忍受混杂无序。这句话与法学史的见证是完全

---

① 周旺生：《立法学教程》，北京大学出版社 2006 年版，第 51 页。

② 周旺生：《立法学教程》，北京大学出版社 2006 年版，第 71 页。

③ ［美］博登海默：《法理学——法律哲学与法律方法》，邓正来译，中国政法大学出版社 2004 年版，第 432 页。

一致的。刑罚作为法制的制裁，其发展与这项任务是密切联系的。”① 作为法的一部分，刑事执行法是与和平秩序联系在一起的，没有任何法律能够超过这个法目的的最低限度。即使恶法作为法的一个种类也要考虑到和平与秩序，否则规则的制定就没有任何现实意义。“法的第二个目的是安全。法所提供的安全是建立在法的不可破坏之上的。法所规定的东西，应当摆脱随心所欲；立法者也好，法所要求约束的对象也好，都不得违反它。它应当是持久的，人们能够信赖它。因此，人们能够预计有一个固定的、不会改变的范围。人们能够在这个范围内安排自己的事情，能够在这种制度的保护下建设自己的生活。”② 和平与安全于是在科殷眼里成了法所代表的所有宗旨和目的，这是法目的处于社会状态下法的运行机制必须要达到的目标。于是法的目的决定了立法的宗旨，立法的宗旨则体现了立法的目的，两者是一体两面的。而各个法的部门因为具有特殊运行的自己的法律关系，也即在自己法的调整对象中，各个法的部门应当有自己法的目的和宗旨。如刑法的立法目的，③ “刑法通过有效的一般预防以确保对公众的保护，保护社会，通过罪责原则，如果必要，通过社会帮助来实现对行为人的公正，通过威慑、科处和执行公正的刑罚来实现预防将来的违法行为之目的”。

那么同样作为刑事法律重要组成部分的刑事执行立法的目的和宗旨是什么呢？法的目的是法典的灵魂和宗旨，是制定法最为核心的本质东西，我们在第一节考察各个历史时期的刑事执行立法史时，不难发现每个国家每个历史时期的刑事执行法因为受制于特定历史条件和指导思想，其立法宗旨和目的都有较大差异。如《大清监狱律草案》总则部分规定了监狱的种类和管理的一般原则，但对于立法的目的只字未提。我国台湾地区的“监狱行刑法”第 1 条就开宗明义地指出：“徒刑、拘役刑之执行，以使受刑人悔改向上，适于社会生活为目的。”该条明确规定了该法的目的就是使罪犯悔改向上，属于特殊预防。《俄罗斯联邦刑事执行法典》第 1 条第 10 款规定：“俄罗斯联邦刑事执行立法的宗旨是改造被判刑人和预防被判刑人和其他人实施新的犯罪。”该条明确规定了俄罗斯联邦刑事执行法的立法宗旨：一是改造罪犯，二是预防犯罪，包括特殊预防和一般预防。《丹麦刑事执行法》第二章第 3 条规定：“刑事处罚之执行，必须既关注处罚之执行，又关注帮助或者影响被定罪人过上合法持

---

① ［德］科殷：《法哲学》，林荣远译，华夏出版社 2002 年版，第 118 页。

② ［德］科殷：《法哲学》，林荣远译，华夏出版社 2002 年版，第 120 页。

③ ［德］汉斯·耶塞克、托马斯·魏根特：《德国刑法教科书》，徐久生译，中国法制出版社 2003 年版，第 4 页。

久之正常生活之需要。”从该条规定可以看出，制定该法的目的为使罪犯过上正常人之生活，即特殊预防。

我国1994年《监狱法》第1条规定：“为了正确执行刑罚，惩罚和改造罪犯，预防和减少犯罪，根据宪法，制定本法。”有的学者认为：“该条虽然未在立法语言上明确是立法宗旨，但从其地位与内容上看，就是监狱法的立法宗旨，而因为监狱行刑对象占了刑事执行对象的95%以上，所以同样也可以视为我国刑事执行法的立法宗旨。正确执行刑罚是第一层次的监狱立法宗旨，惩罚和改造罪犯是第二层次的监狱法立法宗旨，预防和减少犯罪则是监狱法第三层次也是最深层含义的立法宗旨。以上三个层次的立法宗旨是一个完整的有机整体，正确执行刑罚是基础，惩罚和改造是核心，预防和减少犯罪是归宿。《监狱法》除开宗明义地确立了上述三个宗旨以外，还在整部法典中贯穿了这一思想。”① 有的学者也认为，我国监狱行刑的目的分为三个层次，一是对罪犯实施惩罚和改造，这是监狱行刑的首要目的；二是预防和减少犯罪，这是监狱行刑的主要目的；三是保障社会主义建设事业的顺利进行，这是监狱行刑的根本目的。②

刑事执行立法的目的，即行刑的目的，我国监狱法确实明确了“惩罚和改造罪犯”。运用比较研究的手段就可以发现，如前述别的地区或国家的刑事执行立法都是在前几条明确规定为什么要制定行刑，即其所要达到的目的是什么。而我国主要规范刑事执行的唯一法典却开宗明义地把“惩罚和改造”写进了法典，惩罚和改造真的是刑事执行的目的吗？它能够承载立法者和民众甚至罪犯的期待吗？惩罚的本来含义是什么，它与改造的关系又是什么？这几个问题都必须进一步分析，而为刑事执行立法的目的辩正。

我国作为规范监狱行刑最为根本法律依据的监狱法以文本的形式规定了“惩罚罪犯”。对于“惩罚”这两个字眼，频繁出现在刑罚学各种理论诸学中。有的把其作为刑罚的本质，如古典学派代表人物康德认为惩罚绝不能仅仅作为促进另一种善的手段，不论是对罪犯或者公民社会都是如此，惩罚在任何情况下必须都只是一个人已经犯了一定的罪行才加刑于他。③ 由此可见，康德从绝对平等的原则出发，认为刑罚的本质就是通过惩罚来达到对犯罪的公正报应。有的把惩罚当作刑罚的目的，认为刑罚的目的就是限制和剥夺犯罪分子的自由

---

① 王顺安：《刑事执行法学通论》，群众出版社2005年版，第149~151页。

② 张全仁、张鸥：《监狱行刑的功能和目的》，载《中国法学》2000年第4期。

③ 西方法律思想史编写组：《西方法律思想史资料选编》，北京大学出版社1983年版，第424页。

和权利，此种惩罚使他们感到压力和痛苦，以制止犯罪的发生。[①] 有的把惩罚当作刑罚的功能之一，认为刑罚是对犯罪人适用的强制方法，首先对犯罪人发生作用，任何刑罚都具有惩罚的功能。[②] 如日本学者宫本指出，作为刑罚，以对受刑人剥夺其财产，或剥夺其身体自由，有时还剥夺其生命为内容，所以刑罚为一种害恶，必然发生痛苦这一现实，必须率直地承认。[③] 从上述几种关于刑罚的学说中可以看出，在古典学派和新古典学派中或把惩罚作为本质或作为目的或作为功能。

我国有些学者把刑罚理论中的惩罚延伸至刑罚执行的理论中。如我国有的学者就认为社会主义条件下的监狱刑罚执行，惩罚是我们长期奉行的阶级斗争哲学的结果，具有强烈的专政含义，这些思想观念深深影响着监狱警察的思想观念和言行举止，在现实中就是表现为对罪犯的惩罚、惩罚，再惩罚，剥夺、剥夺，再剥夺，惩罚就意味着罪犯只有接受惩罚的权利，就是履行义务的权利。[④] 传统意义上的刑罚执行就是用单纯的政治权力至上和压抑人性，用统治者的权力武断地规训和惩罚罪犯，以实现政治要求和政治价值，惩罚所体现的是将刑罚对“实为犯罪行为”的法律责任向将来的一种“可能性的为”引申，使刑罚得到了一种任意的扩张，以及于对曾犯过罪的社会公民的将来私人生活选择进行粗暴干预。[⑤] 从语言学的角度解释毫无疑义地“惩罚”一词带有强烈的感情色彩和报应主义，从人类的演进过程中惩罚一直都离不开精神的贬损和肉体的折磨，特别是在愚昧时代和封建未启蒙时代达到了极端。但在刑罚进化论者眼中，现代主义的法律文本竟然依旧明文规定了惩罚，而且是“为了惩罚”，此惩罚为彼惩罚吗？在政治哲学中的惩罚是于对抗反对抗中得出来的结果，政治哲学中的解析语义本来就存在着一定或极大的扩张化。而理论是在没有前提假设指导下的观察产物，不可能经由其他方法达成。[⑥] 如果现代中国的所有法律问题都从政治哲学的角度去诠释，势必无法得出恰当的应然的结论，也许实然也变得极为困难。不管刑罚进化论者眼中的惩罚是何等的不应然，惩罚都是实然的存在，而且从它诞生起就一直延续下去本来的机能，但其表象却

---

① 高铭暄主编：《新中国刑法学研究综述》，河南人民出版社1986年版，第408页。

② 马克昌主编：《刑罚通论》，武汉大学出版社2002年版，第45～46页。

③ 马克昌主编：《近代西方刑法学说史略》，中国检察出版社2004年版，第287页。

④ 参见张晶：《当代监狱制度的价值》，载《河南司法警官职业学院学报》2004年第12期。

⑤ 张峰：《论现代刑罚的品质》，载《河南大学学报》2006年第4期。

⑥ [英] 吉尔德·德兰逖：《社会科学——超越建构论和实在论》，张茂元译，吉林人民出版社2005年版，第7页。

发生了根本的变化，这才是尤其重要的。惩罚是刑罚的本质属性，无论如何都没有改变，法治条件下把它界定为监狱存在的法律属性和本质机能，才能还它本来的面目。惩罚本来具有多重含义，它当然具有政治功能，即社会合法控制犯罪和罪犯的一种必要手段。

然而正如福柯指出的，惩罚艺术必须建立在一种表象技术学上，这项工作只有在成为某种自然机制的一部分时才能成功。[①] 于是在现代社会日益追求法律文本主义的背景下，立法者们把惩罚写进了法律的文本中。而“惩罚和改造罪犯，预防和减少犯罪”法律语言的表述必须要考察惩罚与改造两种机能或属性的关系，才能清楚惩罚的本体属性。惩罚从监狱的诞生那天起或者说早在监狱诞生前就是控制犯罪或罪犯的一种手段，归功于近代启蒙思想家们的启蒙，为了实现正义必须要对罪犯加以惩罚，在惩罚时为了防止对罪犯的憎恶过头，就必须保持对刑罚的收敛，保持罪犯间的大致均衡。于是黑格尔意义上的规范确证范围内的惩罚人道化就明确了监狱惩罚的法律属性：为了表示被犯罪所破坏和否定了的法律秩序与规章制度是现实地存在的，不能允许放任那种不法行为状态，就此而言，对犯罪人的惩罚才是必要的，惩罚就意味着恢复被破坏了的法律秩序的意义上，为维护法律秩序而对个人处以必要限度以内的刑罚是正确的。[②] 众所周知，改造也是监狱存在的重要机能之一，而且是刑罚执行人道化的最为重要的表象。改造一开始并不是与刑罚并存的，改造的机能明显在未启蒙时代不是其主要机能，及至启蒙时代改造才广为进入现实中人们的视野。关于惩罚与改造的关系，美国学者 Harry E. Allen 曾提出了“钟摆效应”的概念，以说明惩罚与改造的刑罚哲学的历史循环性，他认为刑罚哲学是一个连续体，它的一端是惩罚，包括报应、犯罪控制和强硬政策；另一端是预防、包括改造治疗等。每个时期的主导哲学就在这两个端点上产生：刑罚哲学朝着惩罚一端倾斜，矫正政策就会具有较多的惩罚性；刑罚哲学朝着预防一端倾斜，矫正政策就会有较多的改造性和人道性。[③] “钟摆效应”理论或可以一定程度上说明监狱行刑的刑罚哲学或理念在各个时期的关系命题，但惩罚并不是在同一个层面属性上的。虽然法律文本把惩罚与改造并列于条文中告诉人们惩罚与改造都是监狱刑罚执行的机能，除此无它。但正如前所述，惩罚生来就是

---

① ［法］米歇尔·福柯：《规训与惩罚》，刘北成、杨远婴译，生活·读书·新知三联书店 2007 年版，第 117 页。

② 周光权：《刑罚进化论——从刑事政策角度的批判》，载《法制与社会发展》2004 年第 3 期。

③ 吴宗宪：《当代西方监狱学》，法律出版社 2005 年版，第 119 页。

监狱的本质属性，改造是监狱在人类文明艰难史演变中嫁接而来的，是本质机能产生出来的主要功能，没有本质机能就不可能也没有必要衍化出主要功能，衍化的功能是对本质机能的必要修正和主动补充，但这一修正或者补充而来的改造机能不可能从根本上替代本质机能，本质机能是事物质的规定性，即惩罚机能是监狱存在的质的规定性。这也意味着几千年来作为监狱存在的本来的内在根据虽然其属性没有发生根本的变化，只是随着人类的工业文明和政治文明被赋予了新的内涵，而这一内涵被一些启蒙思想家出于人道主义的立场把改造的功能嫁接给了惩罚，正如格老秀斯指出的："惩罚的第一目的，就像保罗、普鲁塔克和柏拉图所说的改造，惩罚的目的就是使一个罪犯变成一个好人。"①

所以如上所述，惩罚和改造只是作为监狱行刑的机能或者说功能，功能和目的的区别从文义上来区分，功能是监狱行刑活动可能产生的积极社会作用，它是刑罚的功能在刑事执行中的具体体现，是刑罚本质的外化。而通说认为刑罚的本质一是报应，二是改造；目的是主体从事某种活动所预期的结果，所以刑事执行立法的目的实际上也是行刑主体对行刑活动的一种主观要求。从根本上讲，刑事执行的目的实现有赖于刑事执行功能的整体发挥。既然惩罚和改造是作为刑事执行的功能而存在的，那么惩罚和改造能不能又作为刑事执行的目的而存在呢？比如说电视遥控器的功能就是遥控，而通过使用它以达到不用使用电视机本身开关的方便目的，从此小例即可说明两者根本不能画等号。那么前述有的学者把行刑的功能作为第一或第二次的目的，其实正是混淆了功能和目的的本来含义。

刑事执行法的立法目的只能是预防犯罪，包括一般预防和特殊预防。那么硬要从法条注释学的角度来解读，我国《监狱法》的第 1 条"为了正确执行刑罚，惩罚和改造罪犯，预防和减少犯罪"确实是分层次的立法。正确执行刑罚、惩罚和改造罪犯、预防和减少犯罪呈递进性：执行刑罚是刑事执行的主要内容和根本任务，而为了完成这一根本任务，惩罚和改造罪犯是行刑必须具备的基本功能，预防和减少犯罪是根本目的，根本目的的实现取决于功能的整体发挥。"对于预防犯罪中的一般预防和特殊预防，虽然刑罚权实现的每个环节都能有所体现，但是刑罚权行使的不同阶段对于一般预防和特殊预防的偏重是不同的。一般而言，在刑罚的制定阶段侧重于一般预防，在定罪量刑阶段一般预防与特殊预防地位平等，而在刑罚的执行阶段则更侧重于特殊预防。在监狱的刑罚执行阶段，特殊预防占主要地位，一般预防占次要地位。刑罚一般预

① 转引自西方法律思想史编写组：《西方法律思想史资料选编》，北京大学出版社 1983 年版，第 158 页。

防的目的在刑罚权的前期权能行使过程中已经得到充分的体现，一般预防的目的也基本上达到。到了刑罚的执行阶段，特别是监狱的刑罚执行阶段，特殊预防的地位就提高了。对于犯人来说，关押入狱之后，绝大多数的时间都是自己作为个体在监狱的环境中接受改造，对犯人本人的惩罚的社会宣示功能大大减弱。在监狱的刑罚执行过程中，减刑、假释等制度的设计也是针对特殊预防而设立的。”①

综上所述，监狱法制定的目的只能是预防犯罪，包括一般预防和特殊预防，那么基于此根本目的，刑事执行法的基本内容都必须围绕这一目的而展开。不符合此目的的制度设计和法条设计必须予以废除和修正，对于符合此目的的制度在法理却处于空位的，则必须通过正式的立法活动给予正式确立，以更好地实现该目的。

三、刑事执行立法的基本原则

刑事执行立法是刑事法制的一项重要内容，刑事法制是一个内涵丰富、具有多种规定性的概念，首要前提必须具备完备的包括刑事执行法在内的法律规范体系。刑事法律现代化和法制化需要一个结构严谨、层次分明、前后一致、相互连贯、和谐协调的现代化刑事法律规范体系。但是实践证明，共同构建起包括刑法、刑事诉讼法和监狱法在内的现有刑事法律规范体系并不能完全符合上述要求。立法是对客观事物内在规律的反映和表述，刑事执行立法就是对刑事执行的性质、目的、任务、基本过程、基本制度的一个正确反映。在我国，自清末开始就一直在探索法制现代化之路，即选择建构理性主义的法律模式，故陈寅恪指出：“西洋各国中，以法人与吾国人，性习最相近。其政治风俗之陈迹，也多与我同者，美人则与吾国人相去最远，境势使然也。”② 法律的建构是以理性为指导原则的，理性的立法当然也不能拒绝经验的益处。刑事执行立法是一门实践中操作性非常强的法律，监禁刑和非监禁刑具体制度的运用都以法律的规定为准绳，在未来的刑事执行立法的理论架构中，应当坚持寻求法治进程中在强调理性建构的同时，又注重经验性的基础作用。正如庞德指的：“哲学派法学家强调的是理性，而历史派法学家所强调的是经验。这两种思想都有道理。只有能够经受理性考验的法才能坚持下来。只有基于经验或被经验考验过的理性宣言才成为法的永久部分。经验由理性组成，而理性又受经验的考虑。舍此之外，在法律体系中没有任何东西能够站得住脚。法是通过理性所

① 韩玉胜、田坤：《论我国监狱的刑罚执行目的》，载《中国司法》2018 年第 7 期。

② 吴学昭：《吴宓与陈寅恪》，清华大学出版社 1992 年版，第 7 页。

组织和发展起来的经验，由政治上有组织社会的造法或颁法机关正式公布并受到社会强有力的支持。”①

在建构理性主义和经验主义双重的立法思维规则下，刑事执行立法必须遵循一定的立法准则。古往今来的立法，无论立法者有意为之还是无意为之，事实都是在坚持一定原则的基础上运作的。我国《立法法》在总则中明确规定的立法基本原则有四项：一是宪法原则，二是法治原则，三是民主原则，四是科学原则。这四项基本原则已经成为我国法律法规起草制定必须坚持的法定原则。然而世界上许多国家的立法基本原则通常主要是以观念形态对立法发挥作用的。笔者认为刑事执行立法当然必须在立法法规定的四项基本原则的指导下运作，但是因为每个部门法都有自己的运作方式，所以每个部门法在四项立法基本原则总的指导下应有自己的立法原则，特别是每个部门法自身立法状况和立法模式不完全一样。刑事执行法作为规定国家刑罚执行权的法规范，在保障罪犯人权、减少犯罪，从而保护社会方面具有重要的作用，正如考察各个阶级社会的刑事执行立法不难得出结论，刑事执行法总是被刻意地强调阶级性和工具性，工具性作为刑事执行法的固守属性。“工具主义”的观念使得统治者总是把刑事执行法作为推行其社会政策的工具，所以如何转变工具主义观念以保护罪犯的正当权利就成为刑事执行立法的一个重要原则。另外，刑事执行法与刑法、刑事诉讼法等一起构成有机、整体性的刑事法，如何保持三者之间的协调性也是刑事执行立法必须要考虑的。再者，由于现行调整刑事执行法律关系的法律规范比较散乱和易混淆，执行权和执行主体的运行机制不顺畅成为制约行刑效果的一个重大障碍，所以，系统性的刑事执行立法的原则是必须明确的。

（一）人道主义原则

刑事执行之惩罚曾经以一种血淋淋的残酷形象存在过，尽管毫无疑义现代社会惩罚已经轻缓化了，但只要刑罚存在一天，它给罪犯带来的绝大部分只能是痛苦，问题仅仅在于如何把这种痛苦控制在人的尊严所能接受的限度之内，这就是刑罚执行的人道性，随着人类文明的发展，人道性越来越成为现代刑罚追求的价值目标。康德从“人是目的”这一原则出发，对罪犯的人格给予了充分的尊重，他指出，无论是对你自己或对别的人，在任何情况下把人当作目的，绝对不能只当作工具。在康德看来，人是客观的目的，他的存在即是目的自身，没有什么其他只用作工具的东西可以代替他。根据“人是目的”的原

① ［美］罗斯科·庞德：《通过法律的社会控制——法律的任务》，曹玉堂、杨知译，商务印书馆1984年版，第110页。

则，康德指出，惩罚在任何情况下，必须只是由于一个人已经犯罪了才加刑于他，而惩罚是刑法根据理性的判断而规定的，国家惩罚罪犯为了达到预防犯罪的目的就必须尊重人格、尊重人的尊严，这是自然法的要求。从尊重人格的观念出发，其主张对罪犯实行人道主义原则，绝对不允许对犯罪人进行虐待。[①]刑事执行法的人道性一直是中国现代监狱追求的价值目标，但也是制约传统类型监狱向现代监狱飞跃质变的一个巨大障碍，当然当下中国监狱惩罚人道性贯彻的障碍并不在于体罚或其他不可以公开的一些物质性的因素，而应当进入某种制度层面上的解读。毫无疑问，当代现实条件下中国监狱不会或者至少很少在物质层面上会发生不人道性的情形，吃饱、穿暖等物质基础的提供对于罪犯的惩罚条件下的基本生活完全没有问题；而且随着监狱运行机制的进一步强化和执法者维法意识的进一步提高，近年来对罪犯的致伤致残案件较以往有大幅下降。笔者认为，行刑工作法治化、科学化和社会化现实语境下的某些行刑制度的缺位，会导致惩罚人道主义某种程度的泛政治化的口号和虚假的表象，这才是现代社会条件下的惩罚人道性对惩罚的较高层次的限制。例如，《监狱法》第72条规定："监狱对参加劳动的罪犯，应当按照有关规定给予报酬。"《监狱法》规定的罪犯可以获得劳动报酬的权利体现了历史的进步，具有现实的积极意义。但是长期以来，我国监狱对犯人的劳动主要是经非货币的实物形式作为回报，包括向犯人提供一些日用品、假定工资，而这些微薄的劳动报酬只是象征意义，并不表明罪犯真正获得了获取劳动报酬权利。个别监狱甚至延长国家有关劳动时间和劳动强度的规定，使得作为三大改造手段之一的劳动改造成为了一种义务。而西方国家大多实行向罪犯劳动支付报酬的制度，例如，《意大利监狱法》第22条就明确规定："犯人劳动时间不得超过国家关于设施外劳动时间的规定，并根据实际提供劳动的数量和质量以及因犯劳动的工种，对各类劳动人员确定报酬，该报酬平均不超过同业工人工资的2/3。"[②] 西方一些国家的罪犯劳动报酬制度得到了较好执行，如在法国，1997年参加劳动的罪犯月平均收入达到1790法郎（约合人民币2291元），在丹麦参加监狱劳动的犯人每小时的报酬为6～7个丹麦克朗（约合人民币70元），在比利时每小时为28～60比利时法郎（约合人民币147元）。[③]而我国监狱法只是简单规定，参加劳动的罪犯应当按照规定给予报酬。从现状来看，相关规定指的是什么，参照什么标准？虽然监狱法已实施多年，在这方面却没有真正的相关规范性文

① 李泽厚：《批判哲学的批判——康德述评》，北京大学出版社1998年版，第281页。

② 戴艳玲：《中国监狱制度的改革与发展》，中国人民大学出版社2004年版，第104页。

③ 吴宗宪：《当代西方监狱学》，法律出版社2005年版，第768～769页。

件可以操作。笔者认为，对此完全可以采取明确的立法形式，明文规定最低的报酬标准。刑事执行立法坚持人道主义原则，就意味着在以后的刑事执行立法过程中，对于权利的保障应当更加明确、具体。

（二）协调性原则

密尔认为："法律的每个条款，必须准确而富有远见地洞察到它对所有其他条款的效果的情况下制定，凡制定的法律必须能和以前存在的法律构成首尾一贯的整体。"[①] 甚至早在战国时期的韩非子就指出："申不害不擅其法，不一其宪令则奸多……故新相反，前后相勃，则申不害虽十使昭侯用术，而奸臣犹有所谲其辞矣。"[②] 作为法制的前提，法的完备性不仅是指要有法的存在，更是要有在现实中可以充分便于实施的法律，而法的内在逻辑性不仅仅是一种形式上的要求，而且是法的内在生命。立法协调包括内部协调和外部协调，前者是指立法本身要有协调性，后者指立法要与它所调整的社会关系相协调。[③] 特别是立法的内部协调至关重要，既包括同一部门法的协调，又包括法的内部结构要协调。刑事执行立法的协调性原则是指要求刑法规范体系在内容上和谐统一，逻辑上严密一致，相互之间不能存在矛盾和冲突，这是实现刑事立法公正目标的基本要求。

1. 刑事执行立法与宪法的协调

我国《监狱法》第 1 条明文规定以宪法为制定根据，这就要求刑事执行法应当与宪法所确立的国家政治制度、经济制度、人民基本权利与义务制度及法治原则相协调一致。我国《宪法》规定："宪法是国家的根本法，具有最高的法律效力。全国各族人民、一切国家机关和武装力量、各政党和各社会团体、各企业事业组织，都必须以宪法为根本的活动准则，并且负有维护宪法尊严、保证宪法实施的职责。"所有的法律法规都是直接或间接地以宪法作为立法依据或基础，或者说不得与宪法或宪法的基本原则相抵触。如果背离了宪法的原则或精神，该法所调整的法律关系和法律秩序就会处于紊乱。

《宪法》第二章从各个方面规定了公民享有的权利和自由，包括政治、经济、文化和社会生活等方面，有的甚至直接成为其他部门法立法的直接依据。综观《监狱法》中，涉及罪犯权利的仅第 7 条，还是采取概括性的立法，即"罪犯的人格不受侮辱，其人身安全、合法财产和辩护、申诉、控告、检举以及其他未被依法剥夺或者限制的权利不受侵犯。"但从立法的宏观协调性来

① ［英］密尔：《代议制》，汪暄译，商务印书馆 1984 年版，第 76 页。

② 参见《韩非子·定法》。

③ 周旺生：《立法学教程》，北京大学出版社 2006 年版，第 432 页。

看，不难发现监狱法整体上更侧重其“义务本位”。部门法整体上应当符合宪法的精神，应当从宪法的权利保障的立场出发详细规定罪犯在监狱刑事执行机制中没有被剥夺的权利。《丹麦刑事执行法》在第八章详细规定了关于罪犯交往、言行、参加礼拜、自己之钱款和物品、公开出版、工作与教育、业余时间、社会服务、健康服务等权利，第九章详细规定了探视、信函收发、电话通话、报纸书籍、与媒体接触等权利。如第57条规定的电话通话，总共包括四款，第1款为“囚犯在实际可行之程度上有权进行电话通话”；第2款为“若慎重考虑为了维护良好秩序、治安安全和对被害人之保护必要，则可以剥夺囚犯电话通话之权利”；第3款为“囚犯在封闭的行刑机构进行电话通话，该机构工作人员可以在没有法院令情况下监听通话，除非由于上列第2款述及之理由而认为没有必要监听。电话受到监听的，应当告知通话双方”；第4款为“司法部长可以制定发布有关囚犯有权进行电话通话的操作规则”。①从上述规定可以看出，该条规定了罪犯通话的权利及对其权利的限制情况，使得行刑机关和罪犯的刑事执行法律关系得以明晰。而我国监狱法对罪犯的电话通信权利在法律上处于空白，实际上我国行刑机关在20世纪已经普遍推行了电话通话制度，但基本上是每个行刑机关按照自己单位的情况简单制定一些制度，造成各地方的实施情况很不统一。

另外，有的条款虽然与宪法原则没有直接抵触，但也存在一定的不协调情况。比如《监狱法》第52条规定：“对少数民族罪犯的特殊生活习惯，应当给予照顾。”根据宪法的原则和精神，从该条立法原意可以看出，对于少数民族的风俗习惯，行刑机关必须按照有关规定使具有该身份的少数民族享有。该条却规定对少数民族罪犯的特殊生活习惯给予照顾，而不是对其特殊的民族的生活习惯作出规定，也就是说，行刑机关允许的并不是少数民族罪犯的个人特殊生活习惯，而应当是少数民族的民族习惯。实践中，对于虽然具有少数民族身份，但其入狱前并没有本民族的习惯，但入狱后该罪犯想行使该权利的，行刑机关也应当允许。由上述可以看出，根据宪法原则和精神，本条肯定没有违宪，但因为文字的表述，却没有表达出条文的原意。

2. 刑事执行法典的内部协调

法的内部协调是法自身形成良性运行机制的必要前提，这是任何一部法律都必须做到的。如果允许一部法律条文逻辑关系混乱、法律关系不清楚、权利和义务的规定不相对应和明晰，会影响到法的效果的实现，最终会破坏事关一

① 《丹麦刑法典与丹麦刑事执行法》，谢望原译，北京大学出版社2005年版。

般正义和个体正义的这一重要刑法价值的实现，因而不容轻视。[①] “从法文化学意义上说，作为文化的一部分，法律既是一种符号，一种规则，更是一种文化信息载体，其承载着一定的价值与观念，它表达着特定的文化选择与价值定位，而如果这种符号或规则表现出来的是含混不清，那么就不可能表达这特定的文化选择和价值定位。在主要规范刑事执行的监狱法中，其内部的结构性存在不可克服的缺陷。比如《监狱法》第 2 条明确监狱是国家的刑罚执行机关，即说明了监狱的法律性质。在古典学派的观点中，刑罚执行的主要内容一般认为主要表现为对自由和权利的剥夺，即使在近代伟大的刑法思想启蒙家贝卡利亚的眼中，也并没有将监狱视为本质上矫正和改造的场所，甚至有的刑事古典学派的学者公然宣称：“刑罚的执行给公众以恐怖，使之目击犯罪所应得的惩罚而生戒心。” 所以在那个时代基于公平和正义的报应主义的刑罚观里刑罚执行就是剥夺和惩罚，对罪犯进行监管和控制，由此监狱模式从宾夕法尼亚制到奥本制的发展过程中刑罚执行的运行机制中并没有后来近代学派中的教育改造的内容。及至近代学派，才提出刑罚执行的目的是保卫社会和改造罪犯，其中在监狱行刑中最为核心的内容包括科学管理、教育感化、劳动改造。新中国成立初期制定的《劳动改造条例》以及《监狱、劳改队管教工作细则》都把狱政管理、教育改造、劳动改造作为分则的三大部分，形成了具有中国特色的刑罚执行制度。但 1994 年颁布实施的《监狱法》则把刑罚执行单独作为一章，刑罚执行、狱政管理和教育改造三者成为监狱分则的主体。但如上所述，监狱本身就是刑罚执行机关，而现代的刑罚执行则包括狱政管理、教育改造和劳动改造等内容，也就意味着刑罚执行是狱政管理、教育改造和罪犯教育的上位范畴，而狱政管理、教育改造和劳动改造才是刑罚执行的三大主体内容。再考察第三章“刑罚的执行”内容，共五节，主要内容为收监、对罪犯提出的申诉、控告、检举的处理、监外执行、减刑、假释、释放和安置。给人的感觉是除了狱政管理和教育改造之外的关于刑罚执行的其他内容都硬塞进了第三章。其中第四节规定了减刑和假释，但又把奖惩放进了第四章“奖惩”，而奖惩是对罪犯减刑、假释的直接依据，没有理由和必要硬性地使之分开，并且从其属性来说奖惩并不属于狱政管理的内容。另外，第五章规定了对罪犯的教育改造，但本章的第 69 条至第 73 条却又规定了罪犯的劳动改造。依据我国的监狱学理论，劳动改造、狱政和教育改造是作为改造罪犯的三大手段，正是这三大手段才保证了我国监狱改造制度具有先进性和特色性。劳动改造与教育改造应当属于同一范畴，而不是包含与被包含的关系。再者，第六章把未成年犯的教育改

① 蔡道通：《罪刑法定原则确立的观念基础》，载《法学》1997 年第 4 期。

造单独列为一章，从立法的原意来看，立法者是要把对未成年犯的教育改造置于更为重要的地位，但第六章仅有4条就成为一章，体系上不平衡，很不协调；其次从第六章和第五章的关系来看，第六章应当是第五章的特别补充和强调，两者应当有对应关系，但是第六章却没有规定相应未成年犯的劳动改造，只在第75条简单规定“未成年犯的劳动，应当符合未成年人的特点”。

以上论及的监狱法内部结构的不平衡在刑罚执行的司法实践中会带来不利的影响。例如，基于监狱法对监狱刑罚执行的运行体制中的功能性规定不明晰和不协调，全国各省的监狱系统其职能部门的划分各不相同，甚至同一省中的各个监狱也不是完全一样，这就使得各个职能部门的职责也存在较大差异，造成了刑事执行中的统一管理存在部门分工不明确、权责不统一，从而影响刑罚执行的效果。

3. 整体刑事执行法律法规体系的协调

法律法规体系是指一国现行的全部法律规范，按照不同的法律部门，分类组合而成体系化、系统化的相互联系的有机整体。作为一个体系，首先它是全部现行法律构成的整体，其次它是一个由法律部门内部所有法律规范分类组合而成的呈体系化的有机整体，最后法律体系的理想化要求是门类齐全、结构严密、内在协调。① 刑事执行法律作为一个法的部门，实际中是由法律、法规和规章三个层面组成的一个法律部门的法律体系。有学者认为规范刑事执行的监狱法律体系包括：一是刑法和刑事诉讼法中有关刑罚和执行的规定；二是规范监狱工作的“基本法”——《监狱法》；三是最高人民法院和最高人民检察院分别或联合对有关法律所涉及的刑罚执行、罪犯权利和义务等规定进行的司法解释，如最高人民法院审判委员会颁布实施的《关于办理减刑、假释案件具体应用法律的规定》；四是司法部颁发的部门规章，如司法部1990年颁发的《关于计分考核奖惩罪犯的规定》；五是各省司法厅与高级法院或检察院共同发布的有关罪犯减刑、假释的会议纪要等规范性文件；六是省级监狱管理局制定的行政规范性文件；七是监狱制定的各种行政规范性文件。② 有的则认为监狱法律体系主要包括《监狱法》及近来正在制定的《监狱管理条例》。笔者认为，厘清刑事执行法律体系的概念是刑事执行法律体系协调的必要前提。首先，关于规定刑事执行的基本法律规范，从我国目前的刑事法律体系有关规范刑事执行的法律来看，主要集中在《监狱法》中，但是在其他刑事法律中也

① 张文显：《法理学》，法律出版社1997年版，第96页。

② 楼一维：《监狱法律体系构建的基本问题研究》，载《犯罪与改造研究》2006年第10期。

有规范刑事执行方面的规定。如《刑法》规定："被判处有期徒刑、无期徒刑的犯罪分子，在监狱或者其他执行场所执行；凡有劳动能力的，都应当参加劳动，接受教育和改造。""被剥夺政治权利的犯罪分子，在执行期间，应当遵守法律、行政法规和国务院公安部门有关监督管理的规定，服从监督；不得行使本法第五十四条规定的各项权利。"《刑事诉讼法》规定："罪犯在服刑期间又犯罪的，或者发现了判决的时候所没有发现的罪行，由执行机关移送人民检察院处理。被判处管制、拘役、有期徒刑或者无期徒刑的罪犯，在执行期间确有悔改或者立功表现，应当依法予以减刑、假释的时候，由执行机关提出建议书，报请人民法院审核裁定，并将建议书副本抄送人民检察院。人民检察院可以向人民法院提出书面意见。"上述条款都是对刑事执行的具体工作作出的制度性安排，而且有些条款直接成为刑事执行活动中必须遵守的准则，而不是原则上的规定。所以《监狱法》《刑法》和《刑事诉讼法》相互构成了基本的刑事执行法律体系。其次，对于前述"最高人民法院和最高人民检察院分别或联合对有关法律所涉及的刑罚执行、罪犯权利和义务等规定进行的司法解释也属于刑事执行法律体系"观点。对于司法解释的性质，在现代中国立法体制和解释体制下，"立法和法律实施两分的传统格局已经打破，出现了两者交汇、兼有立法和实施性质的活动，从而大致形成了一种三分格局——姑且称之为立法活动、实施活动和交叉活动。"① 在传统意义上，立法和法律实施构成法律实践的两个不同性质领域，前者产生法律规范，后者在社会生活中具体运用或实现法律规范，但是由于社会生活的复杂需要，立法出现了多层次、多主体的局面，不仅不同层次的立法者进行立法，而且法律实施者也承担相应的立法职能。所谓的"司法解释"就无法区分"在审判和检察工作中具体运用法律遇到的问题需要进一步解释"和立法机关制定法的区别了。再次，关于司法部制定的相关部委规章，按照我国法律的表现形式，部委规章是其中一种，是对本部门的行政管理事项制订的管理办法，其中属于刑事执行法律体系的有《罪犯教育改造规定》《监狱服刑人员行为规范》《外国籍罪犯会见管理规定》《监狱提请减刑假释工作程序规定》《罪犯离监探亲和特许离监规定》等。但需要明确的是，作为全国司法行政工作的主管部门，对于作为行政指导对象的监狱机关制定的规章并不一定属于刑事执行法律法规的体系范畴，只有规范刑事执行工作有关的规章制度才属于体系内，如《监狱劳动教养机关警察着装管理规定》就不属刑事执行法律的性质。复次，关于司法厅（局）制定的一些会议纪要等规范性文件，笔者认为这只是地方行政机构规范本部门的通知、

---

① 张志铭：《法律解释操作分析》，中国政法大学出版社1998年版，第19页。

规定或命令性质的指导性意见，并不属于刑事执行法律体系的范畴，当然不具有法律效果。最后，如果把监狱制定的各种规范性文件也纳入刑事执行法律法规体系，那么就混淆法律法规的本质了。各个执行主体当然有权根据自身实际情况制定一些规范性文件，但笔者认为这不具有普通性的法规范意义，而只是本单位的一些管理制度。如果把所有的社会单元制定的管理制度都视作法律法规体系的一种，那么法律法规的范围将无限扩大。

由上述分析可知，上述具有法律效果或正在实施的刑事执行法律体系内部存在不协调。首先，关于监狱法与刑法、刑事诉讼法的冲突，三者都对监外执行、减刑、假释作出规定，但存在不统一的情况。其次，关于监狱法和部门规章之间也存在不协调的问题。再次，关于部门规章之间的不协调，即使是司法行政机关内部通过的规章也存在不一致的情况。最后，虽然监狱管理局和监狱下发的各种通知、决定等不具有法律效力，但往往却对刑事执行工作产生重要影响甚至是直接的行政约束力，从而造成一定的不协调，各单位执行依据相互独立，缺乏统一。

所以，在实践中刑事执行立法工作要做到统一协调，必须注意以下三方面：第一，在有关刑事执行的各层级立法时，要注重各规范主体特别是低位制定主体应当严格遵守上位法的规定，不得对上位法的某些规定作突破式立法。具体来说，在以后对监狱法进行修订时，必须注意其与刑法、刑事诉讼法不相协调之处从而作出调整，因为刑法、刑事诉讼法是全国人民代表大会制定通过的，而监狱法是全国人民代表大会常委会制定通过的，从位阶上来说，监狱法较前两者要低，并且制定的时间比两者修订的时间都要晚，基于此，监狱法应当作相应的调整。而部门规章和监狱法有冲突的，则部门规章应适时作出相应调整或废除，部门规章之间的协调性也应予重视，否则规范对象无法作出合理的执行判断。第二，各法律法规制定主体应当按照“新法优于旧法”的原则，低位制定主体对自身制定规范在新的上位阶法制定后也应及时修订，同一立法主体对自己制定的有关刑事执行规范则应当及时校正，以防止新创制的规范和旧有的规范相冲突。具体的刑事执行单位如监狱在制定本单位的管理制度时，务必严格按照法律法规制定，如没有法律法规明文规定的，也要按照法律的观念或精神制定，以保证法制在实践中运行通畅。第三，应当消除地方刑事执行法规的不统一性，保障法制的统一。“我国是单一制国家，在我国领域内服刑的同一类罪犯，理应适用同一法律规范。但实际上由于监狱法原则性规定，导致罪犯减刑、假释等事实上的执行依据，都由各省甚至省内各地区自行制定，这必然造成法律适用上的差异，造成罪犯获得减刑权的不同。这种立法和执法上的地域矛盾，无疑有悖于单一制国家法律的统一性原理，不利于法律的严肃性和法治的威严，应当予以消除。”[①]

（三）矫正优先原则

“矫正”是指法定有权者对判有罪者进行监禁，或监控机构及其所实施的各种处遇措施。“犯罪是一种故意违背法定义务的行为，刑罚则旨在消除不良行为而使违法者承受一定的痛苦……犯罪是一种道德疾病，而刑罚是对症良药。其药效属于社会治疗学的问题，是药剂的对症和剂量适中的问题，刑罚针对的不是罪犯而是其犯罪行为……罪犯灵魂中的道德观念，即为了他的新生——在尊重法律意义上的新生。因此，监狱监督的最高目的是对犯罪人的改造，而不是恶意折磨……”[②] 20世纪初，随着自然科学和社会科学的发展，近代学派替代古典学派在监狱学理论中成为主流。其核心观点认为犯罪人的反社会性是基于个人素质的社会环境而形成的，人在决定犯罪与否时没有绝对的、完全的意志自由，更大程度上是由社会环境所决定的。人的可矫正性很大，在一定条件下可以矫正好。因此近代学派极大地在监狱的刑事执行中提倡加强教育矫正的力量，使其改恶从善，重新做人，并保护社会。应当说，近代学派提出的在监狱监禁罪犯过程中倡导教育矫正罪犯的观念是监狱行刑史上的最具革命性的理论，它开启了刑事执行史上新的里程碑，自此世界监狱史迎来一个新的时代。

“特别是到了20世纪初后，西方各国在教育刑论的影响下，相继制定了比较完备系统的监狱法，将一些行之有效的有利于教育矫正罪犯的监狱制度以法律的形式确定下来，如假释制度、累进处遇制度、犯罪人调查与分类制度。”[③] 在刑事执行的司法实践中，新中国成立后就一直把“惩罚与改造相结合，以改造人为宗旨”和“改造第一，生产第二”作为监狱刑事执行的工作方针。从《劳动改造条例》到《监狱法》都明文规定了惩罚与改造相结合，以改造为宗旨的行刑追求，尽管两个法律表述因为时代的变化措词有些不同，但基本内容和性质是一样的。1954年颁布的《劳动改造条例》第2条明确规定：“中华人民共和国劳动改造机关，是人民民主专政的工具之一，是对一些反革命和其他刑事犯实施惩罚和改造的机关。”《监狱法》的表述更符合教育刑时代的旨趣，其第1条明确规定：“正确执行刑罚，惩罚与改造罪犯，预防和减少罪犯。”惩

① 楼一维：《监狱法律体系构建的基本问题研究》，载《犯罪与改造研究》2006年第10期。

② ［美］克莱门斯·巴特勒斯：《矫正导论》，孙晓雳译，中国人民公安大学出版社1991年版，第67页。

③ 王平：《中国监狱改革及其现代化》，中国方正出版社1999年版，第95页。

罚和改造是监狱行刑中最为根本的内容，必须正确处理二者之间的关系，正如上节所述，执行刑罚是刑事执行的主要内容和根本任务，为了完成这一根本任务，惩罚和改造罪犯是行刑必须具备的基本功能，预防和减少犯罪是根本目的，根本目的的实现取决于功能的整体发挥。所以单纯地强调惩罚和改造任何一面而忽视另一方面都是错误的，惩罚功能是改造功能的前提，惩罚也是为了改造。因此监狱只有把惩罚与改造这二者作为一个有机整体统一起来，才能完成既惩罚又改造罪犯的任务，从而达到预防和减少犯罪的根本目的。

但从监狱刑事执行达到预防和减少犯罪的根本目的来看，在刑事执行的指导原则中，矫正优先的原则是必要的，即在刑事执行法的法律体系中，其制定或修改必须秉承矫正优先的原则。首先，刑事执行法中的监管和狱政管理制度中的分管分押制度、强制关押制度、监规监纪制度都应从有利于罪犯矫正目的的实现出发，减少不利于罪犯矫正的因素，优化罪犯的改造硬件和外部环境条件，整体刑事执行法律法规体系都应全面贯彻矫正优先的原则。如监狱法中关于监狱的分类尚处于空白，而监狱的合理分类是行刑个别化的必要前提。西方发达国家为了更好地做到矫正个别化和有利于罪犯重返社会，在对犯罪人调查的基础上，针对各类犯罪人不同情况关押在不同的监狱。监狱分为封闭式和半封闭式，其中封闭式分为最高警戒监狱、中度警戒监狱和低度警戒监狱，分类依据为罪犯的犯罪性质和刑期长短，目的是防止罪犯间交叉感染；半封闭监狱又可分为自治型和半自治型。在我国，实践中有的省份起点较高，借监狱体制改革的时机对监狱分类做得较好，但大部分还只是重刑犯监狱和轻刑犯监狱两种简单分类，不能完全适应罪犯的行刑个别化工作。所以，在以后的刑事执行立法工作中应当在法律中明确监狱的分类，其指导原则就是改造优先。其次，应将一些在实践中已充分运用较为成熟的矫正做法写进刑事执行法律中。比如作为罪犯矫正制度中占有重要地位的心理矫正，《监狱教育改造工作规定》第七章明文规定了心理矫治，但监狱法作为规范监狱刑事执行的基本法律对心理矫治却只字未提。应将“心理矫治”写入监狱法，从而表明心理矫治工作在罪犯教育改造中占有重要地位，并与其他教育改造手段一体化运用，从而体现“矫正优先”原则。最后，从全面贯彻矫正优先的原则出发，在以后制定刑事执行统一法典时，可以考虑修订《监狱法》第1条和第3条。第1条和第3条都明确把惩罚和改造作为监狱的基本功能，从而以此为立法基点，通观整体监狱法并没有把罪犯的权利保障提高到应有的位置。所以有学者认为：“丹麦刑事执行法为了强化特别预防效果，明确规定了被行刑人在不同的行刑机构以及同类行刑机构（开放监狱、封闭监狱、拘留所）的转换规则，以求收到最佳特别预防效果。相比之下，我国的刑事执行法以监狱法为主要模式，更是存在严重不足——整部监狱法以封闭行刑为本位，没有体现当代国际社会重视特殊预防的刑事执行政策。而丹麦刑事法关于非刑罚化和刑事执行灵活多样化以及追求刑事处罚特殊预防效果的立法价值取向，无疑值得我国刑事立法学习。”①确实，丹麦刑事执行法法典中找不到“惩罚”之类的字眼，而我国监狱法却在前三条中，以条文的形式把惩罚规定为刑事执行目的、刑事执行功能、刑事执行的原则之一，从而使人感觉整体法典充满报应色彩。再查阅其他国家和地区的刑事执行法典，确实很少有把“惩罚”明确地写进法典的情况。虽然我们也认为惩罚罪犯是监狱具有的本质机能和法律属性，但是作为一部保护社会和保障人权的刑事法典，这类字眼还是要慎用。以避免司法实践中，个别人民警察歪曲理解，认为给予罪犯的一些正当的法律权利保障是纵容罪犯，这极不利于罪犯的改造。

第三节　刑事执行立法模式研究

党的十五大提出“依法治国，建设社会主义法治国家”的治国方略，九届人大第二次会议将其载入宪法。在我们看来，法治的本身不是抽象和空洞的，法治应当落实到具体法的部门之中。法治的前提是要有完备统一的法律，如果没有完备统一的法律作为法治的基础，就如同没有基石的大厦，很难实现法治的良性运行。

法的部门划分主要依据为法的调整对象，即法所调整的社会关系，相同的社会关系由同一法律部门所调整。作为调整国家刑事执行法律关系的法律，应当包括国家刑罚执行机关根据人民法院发生法律效力的刑事判决或裁定，依照法律规定的程序，将已经确定的刑罚付诸实施的活动过程中发生的权利义务关系。从我国目前刑事执行的立法现状来看，刑事执行的主要内容既包括管制、拘役、有期徒刑、无期徒刑、死刑（包括死刑立即执行和死刑缓期二年执行）等五种主刑，又包括罚金、剥夺政治权利、没收财产和对外国犯罪人适用的驱逐出境。而主要规范刑事执行的监狱法只对被判处死刑缓期二年执行、无期徒刑、有期徒刑的罪犯实行执行，其他几个刑种的执行没有规定。另外，执行的主体也不统一，监禁刑的执行主体包括监狱、社区矫正机构和公安机关，其中

① 参见谢望原：《〈丹麦刑法典与刑事执行法〉之序言——丹麦刑法法典与刑事执行法的历史演变与四大特色及其对中国启示》，北京大学出版社2005年版，第24页。

公安机关执行拘役和余刑为三个月以下的有期徒刑、单处剥夺政治权利，管制、有期徒刑和拘役的缓刑考察、有期徒刑和无期徒刑的假释考察又由社区矫正机构执行，死刑立即执行、罚金刑和没收财产由人民法院负责执行。这种立法的不完备以及执行主体的分散多元在刑事执行实践中极大地影响了行刑的法制化和科学化，从而影响了刑事执行的法律效果。在学界和司法实务界日益趋同修订监狱法或重新创制监狱法的背景下，探讨如何实现刑事执行最为科学的立法模式对于改善当前较为尴尬的刑事执行立法状况就显得尤为重要。

在刑事法治视域，我国目前的行刑立法仍属于初级立法，这种定位是由我国刑事执行立法的上述分散式特点所决定的。我们应当在考察刑事执行立法各种模式的优势与缺陷，以及结合我国特有的国情和刑事执行司法现状基础上，选择适合我们的立法模式。

一、出台细则模式

不少学者认为现行监狱法过于抽象和原则，仅仅 78 条根本不能适应现实情形下的监狱行刑。持该观点的学者认为，对于大规模修改现行监狱法不科学也不实际，现行监狱法虽然过于原则和抽象，但总体上还是适合我国目前监狱的刑事执行的。其次司法行政部门早在监狱法草案的讨论之初就已经有出台《监狱法实施细则》的构想，说明当时就把《监狱法实施细则》纳入监狱法的法律体系之中，况且司法行政部门现阶段已经在讨论该细则草案。再者从实施细则的效益成本来分析，尤其值得考量，因为部门性的行政规章具有立法时的简便和灵活性的特点，即使细则将来实施后有需要修改的，实行起来也较为方便。在西方有些国家也是基于效益成本考虑而制定相关监狱法典的实施细则。而且在我国，其他很多部门法都有类似法典的实施草案，如《保密法实施细则》《国家安全法实施细则》《食品安全法实施细则》等。但也有学者认为现在即使能够出台《监狱法实施细则》，也不能够完全化解目前刑事执行立法的缺陷。

首先，《监狱法实施细则》的出台无法解决刑事执行法律体系的旧有矛盾。20 世纪修订的刑法和刑事诉讼法早于监狱法的制定，从定罪量刑、立案起诉到刑事执行，三大刑事法对于一些具体问题存在着交叉立法、重复立法和冲突立法，这些内在的旧有矛盾是无法通过一个细则所能够解决的。如《监狱法》第 27 条规定："对暂予监外执行的罪犯依法实行社区矫正，由社区矫正机构负责执行。原关押监狱应当及时将罪犯在监内改造情况通报负责执行的社区矫正机构。"而《刑事诉讼法》第 269 条规定："被判处管制、宣告缓刑、假释或者暂予监外执行的罪犯，由社区矫正机构负责执行。"二者规定不同的矛盾前文已述。假如以后出台的《监狱法实施细则》对此进行修改，也就是说，如果遵照细则是对基本法实施内容的解释原则的话，那么对于暂予监外执行的细化内容只能依照监狱法的规定来制订。但如果依照后法优于前法的立法体例，《监狱法实施细则》则必须参考现行刑事诉讼法关于“公安机关对于暂予监外执行的罪犯，由居住地公安机关执行，执行机关应当对其严格管理监督，基层组织或罪犯的原所在单位协助进行监督”的规定来修订。

如上所述，从刑事执行立法协调性的原则出发，《监狱法实施细则》虽然修订起来从成本效益的角度考量能够节省立法成本，但如果仅从法律经济效益的原则就肯定此种立法模式笔者认为不是恰当的选择。因为刑事执行体系在现行的法律框架内已经不是仅一部监狱法架构能够承载，何况又仅从一个条例或实施细则来修正。其实此种立法模式早在新中国成立之初就已经形成了。1954年中央人民政府颁布实施《劳动改造条例》，但在实施过程中因为过于原则和抽象，于1962年又制定实施了《劳动改造管教队工作实施细则》，随后因为刑法和刑事诉讼法的颁布实施，为了适应新时期监狱工作的需要，又制定了《监狱、劳改队管教工作实施细则》。从后来实施的情况来看，虽然解决了刑事执行实践中的一些难题，但是仍无法从根本上解决刑事执行法制不统一的局面。“实际上即使出台了《监狱法实施细则》，也会由于细则主要是弥补监狱法存在的缺陷，因而它可能会尽可能地被细化、具体化，使其条文数量大大超过监狱法。但监狱法却在很大程度上被架空了，法的威信丧失殆尽，制定监狱法的意义也将不存在了，而其实施也将会与立法者的初衷相去甚远。”①

其次，出台《监狱法实施细则》无法解决监狱法自身内部的结构性缺陷和内容粗糙的不足。现行监狱法制定于20世纪90年代中期，因为那个时代本身立法思想存在计划经济时代的浓厚色彩。刑事立法也只是摸着石头过河，没有现存的模式，照搬别的国家的立法框架又不现实，所以包括监狱法在内的其他一些刑事立法本着“宜粗不宜细”的指导思想，为早期的行政命令和刑事政策留下一定的自由度和空间。最终监狱法条文相对简单、粗疏，可操作性弱。加上90年代中期到现在，包括监狱行刑制度在内的刑事执行制度发生了较大变化，行刑实践中一些有效的做法只是在实践层面上操作，并无太多的法律依据，而监狱法此时却无能为力。监狱法的内部结构性缺陷在上节已经有所论及，是无法通过细则的制定来解决的。况且监狱法中也没有制定细则的法律依据，由此说明只能通过修订或其他立法模式来解决监狱法存在的问题。

① 曾小滨、刘宏：《监狱刑罚执行立法分析》，载《中国监狱学刊》2008年第1期。

二、法典修订模式

有些学者认为既然监狱法自身存在着重大缺陷，那就应当通过法律的修改来完善，姑且称之为修订模式。法的修改是立法主体对现行法实施变动，使其呈现面貌的专门立法活动，法的修改任务在于对现行法的内容加以修缮改动，通过这种活动使法臻于立法主体预期达到的状况。法之所以要进行修改主要原因在于：一是法以调整社会关系和适合社会关系的需要为使命，当现行法调整的社会关系发生重要变化时，对调整这种社会关系的法加以修改和补充，使其适应变化了的需要，就是必要的；二是由于立法当时考虑不周，现行法律具有不科学之处，这种不科学势必难以执行、适用和遵守，因而有必要加以修改；三是一个重要的新法出现或重要的法被修改了，也要引起或可能引起对另外一些法的修改或补充。① 从上述立法意义的法的修改的原因论证结合刑事执行法的现状，得出刑事执行法进行必要的大的调整和修改是必要的。但这种立法模式基本上还是监狱法基本模式，认为："制定统一的刑事执行法法典是远水解不了近渴，制定《刑事执行法》只是目前一个研讨的课题，并没有将其付诸实施的意向，况且法律的制定需要考虑多种因素，而且一部法律的出台需要经过很长一段时间，因此我们不能寄希望于《刑事执行法》。唯有充实与完善《监狱法》本身才是一条可行之道，通过《监狱法》的修改，使《监狱法》能符合监狱工作的发展要求，促进我国监狱工作的规范化、法治化和科学化。"② 应当说上述观点是有一定道理的，随着监狱法颁布实施以来，我国监狱刑罚执行工作发生了巨大变化，监狱体制改革全面展开，并已取得初步成效；监狱布局调整与监狱设置的改变也已全面启动，也有的监狱设置不能完全适应新的历史时期监狱工作的需要；监狱工作"三化建设"日益引向深入，特别是法制化建设是置于"三化建设"的首位。罪犯权利保障观念日益深入人心，和谐社会和以人为本的理念在罪犯改造中得以全面体现，实践中大量以前不敢涉及的更为人道化的罪犯处遇也广为运用，并取得了良好的社会效果和改造效果。但是实质上正如前所述，上述很多具体做法并没有法律依据，造成实践中出现了一些反对的声音，执行过程中也遇到了一定的阻碍。

笔者认为关于修改模式确实能解决一时之需，并在一定程度上解决前述所说的监狱法的外部不协调和内部的缺陷问题。但从长远的立法前景考虑，短线

---

① 周旺生：《立法学教程》，北京大学出版社 2006 年版，第 536 页。

② 曾小滨、刘宏：《监狱刑罚执行立法分析》，载《中国监狱学刊》2008 年第 1 期。

的立法思路总是困扰着过去的中国刑事立法，如果不具备理性立法和适当超前立法的立法思路，会使得刑事执行立法成为刑事执行工作不可避免的阻碍。制定统一完备的刑事执行法典不只是一个研讨的课题，在其他非监禁刑的执行方面我国也积累了一定的经验和经历了一定的教训，这使得制定一部完整而统一的刑事执行法典成为可能。相关论述将在后面详细展开。

三、二元模式

此种模式是依据执行场所的不同把刑事执行法分为设施内处遇法和设施外处遇法，即调整监狱行刑的监狱法和调整社区范围内矫正方式的社区矫正法。

四、分散模式

此种刑事执行立法模式其实就是在监狱法修订模式基础之上，扩大刑事执行立法范畴，完善包括监狱行刑法律在内的刑事执行法律体系。其核心观点是认为制定统一的刑事执行法典没有现实必要性和可能性，只要在相应的法律框架内完善相应的刑事法律规范就可以做到刑事执行有法可依的状态。有论者认为完善我国行刑立法需要解决的关键问题不在于尽快制定统一的刑事执行法典。在刑事一体化口号下主张制定刑事执行法典从某种程度上而言是对刑事一体化的误解，目前的刑事执行活动效率不高并非行刑规范的设置问题，而是行刑体制不顺所致，应追求的不是一种立法外在形式，更应注重立法的社会反应。不应采取统一刑事执行立法模式的理由如下：一是目前大多数国家并没有采取统一刑事执行法典的立法模式；二是刑事一体化并不必然要求制定刑事执行法典，应追求一体化的实质内容而不是一味地顾及一体化的外在形式，如果分散式立法也能使刑事法运行畅通，就不应否认其一体化的效果；三是目前行刑中存在的问题并不能完全归罪于行刑立法；四是我国目前尚不具备制定刑事执行法典的条件，我国现有的实践基础还不足以支持这种立法的实际推进，并且自清末以来以监狱行刑法为主干法是惯性的；五是统一的刑事执行法典从长远看，还可能产生负效应，因为统一式的行刑规范意味着封闭，而分散式的行刑规范模式则代表着开放。①

到底分散式立法模式抑或统一式立法模式适合我国当前的刑事执行司法实践，是仁者见仁智者见智的问题，但上述论者关于否定制定统一式刑事执行法典的理由，笔者认为并非完全正确，值得商榷。一是对于世界上大多数国家并没有制定统一式的刑事执行法典，所以我们国家也没有理由制定统一的法典，

① 余诤：《刑事执行立法的一元模式和多元模式》，载《中国监狱学刊》2004年第3期。

笔者不敢苟同。确实世界上统一的刑事执行法典较少，只有一些国家如俄罗斯、丹麦统一了刑事执行法典，我们必须考察这些统一法典国家的立法背景和我们自己的法治背景。因为历史的原因，我国的刑事执行运行机制长期以来与俄罗斯有着某种血缘的相似性，俄罗斯能够做到统一法典，我们应该也没有像上述论者认为的运行机制的阻碍性。二是关于分散式的立法运行机制即实质的刑事一体化也能解决行刑中的实践问题，笔者认为在刑事执行司法实践中，正因为分散式的刑事执行机制而其他非监禁刑的执行基本上处于空位而使行刑效果大打折扣。统一的刑事执行立法模式形式上符合刑事一体化，实质上也符合刑事一体化。形式上符合刑事一体化不言自喻，就实质上而言，形式统一的完备的刑事执行法典并不只在执行的权利义务上给予法条上的整合，还必须在内在运行机制上注意协调和统一，这样看来形式上的统一和实质上的统一并不矛盾。三是关于我国行刑中的问题不能归罪于刑事执行立法，这更不能成为否定统一模式的理由，刑事执行问题本来就是从立法到执行的一个从静态到动态的过程，再完备的法律也不可能完全解决执行实践中的全部问题，但至少达成的共识是完备的法律是法治的必要前提。四是关于我国不具备制定统一刑事执行法典的现实基础，特别是近代以来我国都是监狱行刑单独立法的传统立法习惯。法律制定毫无疑问应当根据当时调整社会关系的状况来决定，而且应当考虑到当时的社会环境、政治条件和经济水平，如果法律过度超前，那么法律就会虚置。从整体上来说，我国的法律社会环境日益趋向法治，多年的刑事执行司法实践积累的经验是制定统一法典的良好物质基础；虽然相关部门对于刑事执行的规定较为分散，见于部门的规范性文件中，但从另一侧面也给立法工作提供了资料，适时地统一上升为法典是完全可能的。至于说监狱行刑法为主干的多元立法模式一直是我国的历史传统习惯，正因为是历史性的旧有传统思维，更不能成为否定统一模式的理由。最后关于统一意味着封闭、分散意味着开放则完全没有理由成立。“法律中的许多变化都是缓慢而又渐进发生的，这些变化往往局限于法律制度的一些特殊方面，或局限于一个特定框架中的具体问题，法律秩序中受到影响的部分会在某种程度上发生变化，而其原有结构的大部分则保持不变。大多数法律改革都具有非整体观念或不完全性质，即稳定与变化在法律生活中走向于互相连结和互相渗透。”① 统一性的刑事执行法典并非那种革命式的完全突变，我国总体上来说行刑做到了有法可依，其框架还主要是以监狱法为主体，即使把非监禁刑的执行纳入进来，也不会造成封闭，

① ［美］E. 博登海默：《法理学——法律哲学与法律方法》，邓正来译，中国政法大学出版社2004年版，第339页。

相对稳定是法律的本体性特点。也不能等同思维地把分散式等同于开放式，而且立法的开放性也要以稳定性为前提。

从上面对出台细则模式、修订模式、两元模式和多元模式的分析来看，有的趋向保守而失去立法的适度超前性，不能正确地反映刑事执行规则的现实需求，从而得出这一模式的不合理性。有的趋向于点浅面窄，不能完全调整刑事执行这一法律关系，很可能使原来依靠惯性操作的行刑领域的某些制度从根本上得不到有效解决，使得重点领域难以得到解决，而空位地带还是处于空位运行机制的领域支配，使难得的立法机会和资源白白浪费。有的立法思维仍停留在传统模式的框定下，缺乏整合的意识。问题意识总是想代替体系意识，从而使刑事执行权得不到有效配置，影响刑事执行的社会效果和整体评价。所以我们从刑事一体化视野下的刑事执行权有效配置出发，以刑事执行一体为理论基点，以提高行刑整体效益为现实目的，极力提倡统一的刑事执行立法模式从而从根本上指导改革方向，从形式到实质符合行刑法制化、行刑科学化和行刑社会化的理性主义建构模式。

第四节　制定统一刑事执行法典的必要性和可行性分析

刑事是指治理犯罪的相关事项，外延宽泛，涵盖犯罪、实体刑法和程序刑法、刑罚制度与执行等。“一体化”是指相关事项深度融通。刑事一体化作用方法操作框架，指相关事项的深度融通，操作层面便宜是动作机制，思维框架主要为折中范式——平抑偏执达致适中的方法和过程。[①] 作为普通社会现象之一的犯罪是一种人类社会特有的动态现象，无论以社会为本位的社会还是以权利为本位的社会，规制犯罪无疑也需要一种动态的运行机制。国家从制刑、量刑和行刑都以抗制犯罪为出发点，制刑、量刑和行刑是一个整体的可以协调的内向生成机制，所以刑法、刑事诉讼法和刑事执行法也应当是整体性的刑事法制。此处之所以称之为刑事法制而不称刑事法，是因为三个基本法律是联动一体的，不是可以人为隔开的。刑事执行法作为联动一体中的一环，以刑事执行法律关系为调整对象，兼具实体法和程序法于一身，上节分析的四种刑事执行立法模式都人为地割断了这种一体化的联动思维。在法制科学化的要求下，形式一体化是实质一体化的前提，即如果没有法律对刑事执行主体、刑事执行

① 储槐植：《刑事一体化论要》，北京大学出版社2007年版，第21页。

权、刑事执行机能和刑事执行机制以规则的形式明确，而依靠习惯的思维和经验对一些无法可依的刑事执行领域实质支配，那么行刑法治化和行刑科学化就永远只能是空洞的口号。

一、统一立法模式的必要性

法律的规定是普通的，而且需要立法者不断将事先知道的再写进法律，民众事先不知道的在写进法律运行一段时间后，应成为新的普遍的必须遵守的规则。基于此，必须考察刑事执行立法现状和特征，以期论证统一性刑事执行立法的现实需要。

（一）刑事执行法律规范体系不完善

前文通过对不同时期监狱刑罚执行立法的回顾，证明了我国监狱刑罚执行工作逐步步入规范化、法治化的轨道，但从整体上来说，我国目前还没有形成完善的刑事执行法律规范体系。与另外一部重要的刑事法——刑法相比较，刑事执行法的法律体系存在相对不完善。现行刑法法律体系从总体来说，已形成一个较为完整的系统，从相对贯彻罪刑法定主义的刑法法典到形成良性修订机制后及时出台的修正案，从单行刑法到立法解释和司法解释，使得对罪犯的定罪量刑基本上做到了法治状态。与之相比，刑事执行法体系尽显不足，大体表现如下：

1. 监狱法法典位阶低

作为刑事执行法律体系规范中最基本的基础法律的监狱法，从法理层面上应与刑法、刑事诉讼法处于同一法律位阶。20 世纪初期德国著名刑法学家迈耶针对刑罚的本质是报应还是目的刑时，提出了“刑罚分配主义”，即从批判相对主义的立场出发，认为刑罚分为三个阶段，即刑的规定、刑的量定和刑的执行。后来学者们对迈耶提出的分配关于刑罚的本质并不太接受，相反其关于刑罚权的三种分类内容从本质上揭示了刑罚权的运行机制。刑的规定，即制刑权，是指国家立法机关在刑事立法中创制刑罚；刑的量定，即量刑，是指代表国家的法院在认定有罪的基础上，对犯罪人是否判处刑罚和判处什么刑罚的权力；刑的执行，即行刑，是指特定机构根据法院的判决将对犯罪人判处的刑罚付诸执行。在现代法治国家，三种刑罚权的有机组成使得国家抗制犯罪成为一体运行，三者分工配合、整合协调、互相牵制，进而在现实法律层面或制度层面相对应的就是刑事立法、刑事审判和刑事执行，法依据也大体分为刑法、刑事诉讼法和刑事执行法。这是现代国家认识刑罚和把握刑罚巨大成就而得出的客观规律。人类刑罚史其实就是一部人类文明进化史，在传统封建的中世纪，人类对刑罚的运用是直接采用肉体和生命惩罚方式，这种方式直接决定了刑法的发达。即便在资产阶级启蒙时期，在以报应刑占主导的国家，刑事执行也只是依附于刑法和刑事诉讼法。随着教育刑论和世界范围内的监狱改良运动，刑事执行开始突破理论上和实践中的传统界限，逐步摆脱其依附性和从属性的地位，刑事执行法或监狱法也从单纯的报应式立法和依附其他法的部门从属境地，和刑法、刑事诉讼法一起成为独立的刑事法的部门。而我国现行的监狱法，从法律位阶来看其处于低于刑法和刑事诉讼法的效力，即当监狱法与刑法、刑事诉讼法有冲突时，只能修改监狱法，以维护上位法律优于下位法律的法律效力原则。有论者认为从监狱法的位阶来谈刑事执行法统一立法的必要性缺乏充足的说服力。笔者认为，从表面看一部法律是由全国人民代表大会制定还是由全国人民代表大会常务委员会制定对实践法律的实施没太大影响，但如果从统一刑事执行立法的角度来看，即把监禁刑和非监禁刑都纳入未来的刑事执行法法典之中，那么该法典的位阶就只能由全国人民代表大会来讨论通过了。由此推理，未来刑事执行法律规范中，若刑法和刑事诉讼法中有与刑事执行法法典不一致或落后的地方，则必须通过修订对刑法和刑事诉讼法来调整了，这至少从法部门之间制衡监督起到了一定的作用。

2. 刑事执行的行政规章与监狱法存在冲突

随着监狱法颁布实施，又陆续出台了一些关于监狱刑事执行的部门行政规章，这些具有法效力的规范性文件从某种程度上保证了监狱刑罚执行工作的有序运转。主要有：一是 2003 年 4 月颁布实施的《监狱提请减刑假释工作程序规定》。共分四章，规定了监狱提请减刑假释各个环节的工作要求、对被判处无期徒刑的罪犯提请减刑假释的程序和人民检察院的监督等。二是 2003 年 6 月颁布实施的《监狱教育改造工作规定》。该规定把教育改造工作细化为入监教育、个别教育、思想文化技术教育、监区文化教育等具体内容，对突出监狱教育改造罪犯的职能具有重要意义。三是 2004 年 3 月颁布实施的《监狱服刑人员行为规范》。该规定直接将罪犯称为服刑人员，并且明确了监狱服刑人员在服刑期间应当遵守的基本行为规范，给监狱管理人员对罪犯的奖惩直接提供了依据。这三个部门行政规章都是在监狱法颁布实施以后出台的，其中的一些规定是在具体的监狱刑罚执行实践中得出的有益经验，所以很多内容基本上没有法律依据。比如《监狱教育改造工作规定》第七章第 43 条至第 49 条详细规定了心理矫治的内容，这是我国从 90 年代中期借鉴西方国家的教育矫治模式而产生的，在刑事执行实践中取得了良好效果，但从严格的法律依据来说，监狱法对其他教育手段和内容都作了规定，却对心理矫治没有规定。再如《监狱服刑人员行为规范》中将罪犯称为服刑人员，符合当今刑事执行的人道主义，但“服刑人员”是带有强烈的政治意义的词汇，监狱管理人员可以在平时的书面语中采用服刑人员，但作为一部具有法律效力的行政部门规章，应采用法律规范用语，并且应与监狱法保持一致。

3. 监狱法与刑法、刑事诉讼法存在冲突

我国的刑事执行法律规范主要集中在监狱法中，另有一些有关监狱刑事执行的规定散见于刑法和刑事诉讼法。比如对罪犯的立功和重大立功，重复存在于刑法和监狱法中，导致刑事执行立法资源的浪费及边际效用的递减。① 实际上，这种重复设置产生的一个问题就是，当某部法律修改后就使得另外规定相同内容的规范产生冲突。尽管修订后的刑事诉讼法吸纳了监狱法的有关规定，但是由于部门法规范的相对独立性及法规范的相对运行边界，致使这种立法不协调甚至冲突不可避免。关于监狱法和刑法的冲突，如对假释对象的规定两者不尽一致。《监狱法》第32条规定，被判处无期和有期徒刑的罪犯符合法律规定的假释条件者都有获得假释的可能，但修订后的《刑法》第81条规定对累犯和犯某些特定罪的暴力性犯罪且被判处10年以上有期徒刑的罪犯不得假释。两者在假释的对象上存在冲突。可以看出，三个部门法之间因各种原因存在一定的冲突，如果从刑事执行统一性立法的角度看，未来的刑事执行法典便可以初步衔接，既可以在效力位阶上使刑事执行法与其他两法平置，又可以使得不协调的地方得以调整。

（二）非监禁刑的刑事执行法规范严重失衡

从根本上说，法治响应的是社会生活，是社会的产物，且作为整体来说是功利的，而不是超验的。同样，行刑活动要适应社会需要，实际就是刑罚实现过程，它是通过刑罚机制总体协调取得刑事法预期效益的过程。就一个刑罚机制的总体平稳运行而言，是需要每个刑罚的整体得以实现才能保证总体行刑的公平与正义，而不管是监禁刑抑或是非监禁刑。管制、缓刑等非监禁刑在实践中效果不佳，成为制约刑事执行整体效果评价的又一阻碍。“由于受传统刑罚思想影响，以及对当今世界非监禁刑罚化、非刑罚化以及刑罚替代措施的发展趋势研究和关注不够，多年来在刑事执行领域出现重监禁执行、轻非监禁刑罚和非刑罚处罚执行的倾向。反映在立法上，除监禁刑罚执行有较为完善的法律外，其他刑罚和非刑罚处罚执行的立法明显滞后。”② 在九种刑罚的执行上，作为狭义上的刑事执行法典只对死缓、无期徒刑和有期徒刑的执行作了行刑步骤和程序上的规定，对其他刑罚只对其实体方面作了详细规定。比如对于管制

---

① 俞静尧：《刑事执行权机制研究》，群众出版社2005年版，第226页。

② 俞静尧：《刑事执行权机制研究》，群众出版社2005年版，第227页。

刑，现行《刑法》第38条规定了行刑机关，第39条规定了被判处管制的罪犯在执行期间应当遵守的义务性规定，从法律设置的性质来说，这完全是实体性的规定，关于执行期间的教育和改造的规范或考察的程序性规定并无相关的法条。一方面是管制刑在行刑效果上饱受诟病，另一方面法律在适用该规定的执行效力却没有设置，以致有论者甚至认为应当取消该刑种。刑事执行法规范在非监禁刑立法上的空位，导致某些领域的执行活动失控。另外，关于财产刑的规定比较分散，刑法、刑事诉讼法做了笼统规定，例如《刑法》第53条规定是对罚金刑的执行规定，第59条是对没收财产刑的规定；刑事诉讼法中关于财产刑执行仅有2个条文，第271条规定的是罚金刑的减免，第272条规定的是没收财产的执行机关。即使在最高人民法院《关于执行〈中华人民共和国刑事诉讼法〉若干问题的解释》中也仅有3个条文。虽然最高人民法院《关于适用财产刑若干问题的规定》作了较刑法和刑事诉讼法更为详细的规定，但操作性仍然不强。由于现行法律中关于财产刑的执行相当简略，不仅导致司法实践中不同地区不同法院的不同做法，而且一定程度上造成了财产刑执行难的问题。

鉴于刑事执行权运行机制的不顺畅和刑事执行主体的分散现状，以及非监禁刑执行效果不理想的现象，从行刑科学化和规范化的角度出发，存在很多弊端。因此“本着依法治国、深化司法改革的精神，应当有一个统一的、全新的、既具有中国特色又科学合理的行刑体制，应当也必须有严密、完整和科学的法律规范来调整，应当也必须有一部统一的刑事执行法典统率刑罚执行活动。”①

二、统一立法模式的可行性

“法律制度是社会理想与社会现实这二者之间的协调者。根据一般社会经验，我们可以说它处于规范与现实之间难以明确界定的居间者。从它主张可欲的行为——这些主张会因人们无视它的标准和规则而无法实现——的角度来看，它仍然只是一种规范性要求。从它在某个国家的政治与社会生活中得到遵守与执行的角度来看，它就成了规范人们实际行为——无论是私人行为还是官方行为的——行之有效的力量。”② 每项法律制度的制定与实施都是规范社会

① 力康泰、韩玉胜、袁登民：《论刑事执行法学的创立与发展》，载《中国监狱学刊》1998年第6期。

② ［美］E. 博登海默：《法理学——法律哲学与法律方法》，邓正来译，中国政法大学出版社2004年版，第255页。

生活的现实需要，而现实的必要性决定于每个国家的立法特殊社会环境和被调整社会生活法律关系的具体状况。而实现立法与国情的和谐发展或者相互吻合，需要认清国情的正反两面性以及其与立法的关联。任何一国的国情，都既有可以充作资源共享积极一面，也有起着阻力作用的消极或落后一面，所以一种具体的社会环境和状况对立法的影响，往往也有积极和消极两方面的作用。前面在分析刑事执行立法模式的时候，较为详细地分析了监狱法修订模式、二元模式、多元模式等刑事执行立法模式，上述这些模式各有利弊，但总的来说都不适合我国现行的刑事执行实际状况，而统一刑事执行法律的刑事执行法典可以更好地适合我国目前的刑事执行司法实践。从上述的分析可以看出，现行的刑事执行立法存在较大的现实性问题，如何从我国具体的刑事执行实践出发，制定一部统一的刑事执行法典不但已经成为理论上的一种探讨，而且在立法技术、立法实践和立法经验上都为制定统一的刑事执行法典提供了一个较好平台。

（一）刑事执行一体化理论的成熟研究为制定统一的刑事执行法典提供了必要的理论准备

自从监狱法出台以来以及刑法和刑事诉讼法修订以后，我国的刑事执行初步做到了有法可依。但刑事执行法理论研究者们并没有停留于原来的理论视角，学者们把研究的视野拓宽到更为广泛的领域，打破了狭义刑事执行立法的框架。特别是刑事一体化研究在中国刑事法领域成为一个新的学术研究空间时，刑事执行一体化的研究创新也走向了另一个高度。早在20世纪末，学者们就进行了一次专门针对统一刑事执行立法的高层学术研究会，此次研讨会对统一刑事执行立法的必要性、科学性和可行性进行了较为深入的探讨。学者们一致认为：一是统一刑事执行立法是国家科学、有效地行使国家刑罚权、运用刑罚惩罚犯罪的需要。行刑权是刑罚权的一项基本权能，国家通过行刑权的运用使刑罚得以实施，故而，行刑权被称为现实的刑罚权。行刑、行刑权和行刑机关地位的突出也成为一种世界性的趋势和当代刑法改革的方向之一。因此，进行专门、统一的刑事执行立法，是国家刑罚权分配和运行科学化、完善化的要求。只有这样，才能确保刑罚权的有效运作，才能实现刑罚惩罚和改造犯罪的效果。二是刑事执行立法是我国刑事立法体系进一步科学化与完善化的要求。统一刑事执行立法，形成以刑事实体法、刑事程序法和刑事执行法三项基本部门法，三者的统一实现了对国家制刑权统一的法律调整，意味着我国刑事立法的科学与完善。三是刑事执行立法是刑事司法实践的需要。侦查、起诉、审判实现了依法确定刑罚的目标，为刑罚的现实实施提供了前提和准确性、合法性保障；执行担负着刑罚实际实施的重要任务，具有根本性的实践意义，目前的立法状况不能适应实践及其发展的要求。因此，对同一性质的社会关系和实践活动的刑事执行，应当实行专门、统一的刑事执行法律调整，形成相对统一、完整的刑事执行主体和刑事执行法。[①] 随着这十多年来刑事执行法理论的发展，无论理论界和实务界对制定统一的刑事执行法典有了进一步的理性认识，在近几年出版的专著、教材和大量的论文中，大都认为制定统一的刑事执行法典具有现实的必要性。可以说，专家学者们对刑事执行法典的制定已经成为一种主流，虽然也有一些学者认为目前的统一性立法只是一种理论的假设，不适合中国的现实情况，以及立法技术上还不能胜任这一任务。近十年来刑事执行法学普遍被认为作为法学的一个分支学科，其有自己的特定研究对象和研究边界，刑事执行法也有自己的独立调整对象，刑事执行法学作为一门法学在一些高校的法学院作为选修课设置，并形成了一支较为稳定的科研人员。刑事执行法理论不但在监狱法取得重大进展，对社区矫正等非监禁刑的研究随着国家逐步推行社区矫正，对这方面的理论也取得了可喜的成绩，特别是学者们对于社区矫正处于无法可依的现状进行了批评，并且对社区矫正进行了制度性的设计，这些理论的最新成果为社区矫正的立法构思进行了有益的探索，当然也为制订统一的刑事执行法典奠定了良好的基础。

“刑事一体化自从 20 世纪 80 年代末被储槐值提出以后，作为对理论界影响巨大刑法研究方法论的刑事一体化，在刑法之外研究刑法、在刑法之上研究刑法和在刑法研究之中研究刑法的多方位立体思维的方法。在刑法之外研究刑法这个话题下，储槐植教授指出：刑法不会自我推动向前迈进，它总是受犯罪态势和行刑效果两头的制约和影响。正因为犯罪决定刑法，刑法决定刑罚执行，行刑效果返过来又影响犯罪升降。”[②] 在储槐值教授提出刑事一体化后，理论界广泛对此理论给予关注，并对一些具体问题也都结合刑事一体化的视野或角度来分析，取得了一些理论成果，其中之一就是刑事执行一体化理论。从理论的源头上来看，刑事一体化是刑事执行一体化的理论基础，刑事一体化理论的分析视角是向前延伸和向后延伸的，它的内涵和外延具有很强的开放性，它的研究方法是多维度的。而刑事执行一体化正是以这个理论基点为深化的，从结构和机制来看，刑事执行不是板结的，更不是封闭式的，它从机制上看是一体的，监禁刑和非监禁刑不是完全没有关联的，它完全是互动和关联的。从立法论的角度看，刑事执行一体化的体现就是制定统一的刑事执行法典，这是

---

① 韩玉胜、张绍彦：《刑事执行立法理论研讨会综述》，载《中国法学》1998 年第 5 期。

② 储槐植：《刑事一体化论要》，北京大学出版社 2007 年版，序言部分第 13 页。

关系和系统、内容和形式的要求。

（二）刑事法制建设特别是刑事执行法制建设的新发展为制定统一的刑事执行法典提供了良好的立法条件

自1979年刑法颁布以来，我国的刑事法制建设取得了巨大的进步，初步形成了具有中国特色的刑事法律体系，极大程度上保护了社会和促进了人权保障事业的发展。1994年12月29日，全国人民代表大会常务委员会通过了监狱法，这不仅标志着我国的罪犯改造工作主要由监狱行政法规调整转变为主要由监狱法律进行调整，同时也使罪犯改造法治建设进入了一个新的发展阶段。随后又出台了一些行政规章，主要有《监狱提请减刑假释工作程序规定》《监狱教育改造工作规定》《监狱服刑人员行为规范》《司法行政机关行政赔偿、刑事赔偿办法》等。另外，刑法和刑事诉讼法对于监禁刑和非监禁刑的执行也作了规定，最高人民法院、最高人民检察院、公安部和司法部也陆续颁布了一些关于罪犯减刑、假释、财产刑执行、资格刑执行等司法解释和社区矫正的有关规范性法律文件。

首先，从应然的角度，上述关于规范刑事执行活动的法律法规和规范性法律文件的确没有做到法律的体系化和统一性，不利于刑事执行一体化的顺利实现；但是从实然的角度分析，从另一个侧面看，正是这些林林总总的散落的法律文件为以后制定统一的刑事执行法典奠定了良好的基础。从立法技术上看，毕其功于一役的法典立法模式因为现实条件和部门利益的因素制约很难在以前的状态下完成，立法条件的成熟正是诸多要素的具备。中国社会改革开放发展到现在，从总体来说部门利益和改革的局面已大致确立，人们的观念和理念也大致形成，已经具备了制定一部统一刑事执行法典的技术性条件。

其次，当代中国社会的刑事法制建设新发展取得的巨大成就也要求制定统一的刑事执行法典。事物的量变积累到了一定程度必须引起新的质变。监狱行刑的法治化和科学化在某种程度上已经达到了一定的发展程度，监禁刑的执行占到刑罚执行总量的95%以上，这为刑事执行一体化和制定统一的刑事执行法典提供了先决条件。其他非监禁刑执行工作的法治化建设因为实践经验的积累也为刑事执行立法工作提供了必要条件。立法属于一项人类理性的社会活动，属社会历史范畴的，也意味着具有社会历史阶段发展的特性，当一定阶段的活动已经为下一个阶段的发展具备了力量，那么就应当考虑理性立法。但事实上，刑事执行立法对社会的变革与进程敏感度较刑法和刑事诉讼法立法相差甚远，从1994年到现在宪法式的抽象规定更像是监狱运行机制的原则规定。行刑法制的进一步发展需要也为其更高层次的立法提供了新的历史机遇，统一的刑事执行法典正是法制发展的必然要求，同时也为其创造了条件。

（三）其他国家及地区率先制定的统一刑事执行法典为我国的刑事执行立法提供了立法范例

从世界范围内来看，虽然大部分国家还没有制定统一的刑事执行法典，但是统一行刑法律关系已经成为一种行刑趋势。“整个20世纪80年代，欧洲决策者们更加实用主义化与奉行经济节俭原则。1986年，欧洲理事会发表了“以监禁刑的替代措施”为题的报告，该报告指出：从当前财政经济状况来看，寻求监禁刑的替代措施是十分必要的。与监禁刑有关的经济花费增长速度实在太快，致使经济情势在诸多方面成为制定刑事政策发展计划的决定性因素。很多欧洲国家都在为刑事司法过度花费了税收和监狱收容能力极度短缺而头疼。为了克服刑事司法制度中存在的问题，欧洲各国采取了相应措施。正是在此背景下，现行丹麦刑法和刑事执行法在推行非监禁刑和行刑社会化方面作出了积极反应。[①] 正是在此监禁刑的替代措施和非监禁刑广泛运用的背景下，非监禁刑的执行对象在数量上迅速上升，使得非监禁刑的行刑地位大大提高，丹麦的刑事执行法典正是基于此而制定的。从该法典的规范对象来看，包括监禁刑、缓刑、罚金刑、社会服务刑、安全临护等，意味着所有的刑事执行法律关系都被纳入该法典的调整范围之中。另外，俄罗斯于1996年颁布了统一的刑事执行法典，将法院裁判的刑事处罚的执行全部纳入法典之中，实现了刑事执行立法的规范化和系统化。俄罗斯已建立了与刑法法典规定的13种刑罚方式相匹配的16种行刑机构，各机构间既相互独立又可使被执行的刑罚相互转换，为刑事执行法典的有效实施提供了条件。“特别是法院不再负责死刑、罚金刑和没收财产的执行，而是专司审判职责，无疑会促使法院能更好地行使审判权。限制自由刑、拘役刑的执行和缓刑的监督由专门的刑事机构负责，不再由侦查机关兼职，既减轻侦查机关的负重，也有利于侦查权的高效行使，这一改革思路值得我们借鉴。”[②]

法律作为文化与文明的重要组成部分，具有文化的共同属性。“在所有文化发达的国家里，现代立法的工作可能都是这样的：在进行一项比较重要的立法工作之前，就外国对有关问题的规定及其在实践中经受考验的情况进行详细法律比较研究。”[③] 刑事执行法作为一个部门法，当然也具有法律的继承性和

---

① 谢望原：《〈丹麦刑法典与刑事执行法〉之序言——丹麦刑法法典与刑事执行法的历史演变与四大特色及其对中国启示》，北京大学出版社2005年版，第19页。

② 徐景星、刘志军：《刑事执行一体化的思考》，载《中国监狱学刊》2005年第6期。

③ ［德］科殷：《法哲学》，林荣远译，华夏出版社2002年版，第113页。

共同性，继承性是指对本国历史上的刑事执行立法史梳理而找出具有理性的适用新法的特征，而共同性是移植的必要条件。上述两个国家制定统一的刑事执行法典说明，刑事执行法律体系的完善采用统一立法模式是现代行罚一体化的新趋势。

第五节 刑事执行法典框架的初步设想

一、法典名称的确定

每一部法律都有适合其自身调整对象的名称，它规范着本部门的所有法律关系的运行边界，对于确定法典内容、体系和立法目的具有重要意义。法的名称作为法的内部结构中第一层次，它的科学化、完善化对立法、司法和守法以及法学研究的科学化和完善化都有重要意义。法的名称科学，立法者在立法时容易明确将要立的法有什么样的效力等级、性质和内容，有利于进行法的分类、清理和其他法的系统化工作。另外，法的名称科学，司法者和守法者通过名称便能了解法的性质、内容和效力等级，从而了解法和自己的司法业务或日常工作、日常生活有什么关系，使自己在司法和守法过程中避免盲目性、增强自觉性。①

关于调整刑事执行法律关系的法典的名称，会因立法思路和立法模式的设想不同而有所不同。就出台细则模式、修订模式、二元模式和分散立法模式而言，这几种立法模式都是以监狱法为主要的蓝本，对于其之称谓早在20世纪监狱法制定的时候争论就较为激烈。大体可分为两个阵营，一个是劳动改造法，另一个是监狱法。最后确定为监狱法，确实反映了那个时期的立法思路和行刑指导思想，并且大体和西方国家在法典的命名上保持了一致。但是本书的立法思路是行刑一体化的指导思路，目的是制定统一的刑事执行法典，所以我们以为法典名称以《中华人民共和国刑事执行法》更适合立法宗旨、立法任务和规范对象。具体有以下几个优点：

（一）刑事执行法之称谓能与刑法、刑事诉讼法在称谓上衔接一致

作为一种社会现象的犯罪，是一种动态的非理性反社会活动，那么作为规制犯罪的法律也应当是动态和相应的。刑法作为刑事实体法中最为主要的法

① 周旺生：《立法学教程》，北京大学出版社2006年版，第494页。

律，主要解决的是什么是犯罪和处以罪犯什么刑罚；刑事诉讼法作为最主要的程序法和证据法，主要解决的是如何认定犯罪和追诉罪犯；而规制犯罪、预防犯罪、矫正罪犯的任务自然就落实在执行层面上。“实体性的刑法、程序性的刑事诉讼法与执行性的刑事执行法三位一体，互相衔接，彼此配套，共同构成科学的、完整的刑事法律体系，有利于刑事立法和司法的统一。”①

（二）刑事执行法之称谓与其作为刑事基本法之一的法律地位相称

从现有规范刑事执行的部门法来看，现行的监狱法地位较低，学者们大都认为，监狱法虽然具有独立的法律地位，与刑法和刑事诉讼法组成了刑事法的部门，但显然监狱法的立法规格低于刑法和刑事诉讼法。刑法和刑事诉讼法都是由全国人民代表大会制定的，而现行监狱法则是由全国人民代表大会常务委员会制定的。另外，从监狱法的内容看，仅有的 78 条抽象而粗疏，而且其中有的条款是刑法内容的重复。如《监狱法》第 29 条和第 30 条规定的关于减刑的条件和减刑的程序，其基本内容完全和《刑法》第 78 条和第 79 条关于减刑适用条件和限度、减刑的程序重复，使人感觉监狱法关于减刑的规范直接源于刑法的规定，难怪有学者认为监狱法从某种程度上看是刑法和刑事诉讼法的附属法的部门。从我们的立法思路建构，刑事执行法在法的位阶上和另外两个基本法是同一层次的，在法的层次上处于同一位阶，法的名称应和其调整对象相称，那么监狱法显然不适合未来的刑事执行立法思路，而刑事执行法的名称可以和其相对。

（三）刑事执行法之称谓符合刑事执行一体化立法模式

前面刑事执行立法模式研究中我们已经对各种立法模式优劣进行了符合中国现实性的分析，最后得出的结论是，统一性立法模式更符合当前的立法状况、立法目的、立法任务。也即刑事执行法调整的范围更广泛，不仅可以将自由刑的执行涵盖进来，而且包括生命刑、财产刑、资格刑还有其他刑事执行措施，更利于对各种刑事执行法律关系作统一调整。

（四）刑事执行法之称谓即使在调整监狱行刑法律关系规范方面也较监狱法之称谓更符合现代监狱行刑的趋势和潮流

仅有 78 条的监狱法刚制定出来就遭到众多学者的口诛笔伐，认为“监狱法就是管监狱的法”。在马克思主义法学里，监狱是与军队、警察、法庭等一起构成了国家的专政工具，“法律是一种旨在保卫、维护和发展有利于并符合于统治阶级的社会关系和社会秩序的规范体系。”在这种思维下，1994 年制定

① 韩玉胜等：《刑事执行法学研究》，中国人民大学出版社 2007 年版，第 7 页。

的《监狱法》在第 1 条就明确了其立法的原则——惩罚和改造，确实正如前面分析的，惩罚是监狱的法律属性和本质机能，但把惩罚作为一项基本的立法原则来规制，作为法典的立法原则或目的写进法典范例，这在世界范围内是很少的。惩罚只是监狱理论层面上的属性，如果把它写进法典中，整个法典的内容势必与这相呼应。所以现行监狱法在关于罪犯的权利和义务方面，权利较义务处于失衡的状态。而刑事执行法的称谓在某种程度上可以被认为是教育刑主义和矫正优先主义在罪犯行刑方面的诉求，如果把《监狱法》称做报应刑主义相对应的某种诉求，那么换用刑事执行法取代监狱法则完全是一种趋势。比如日本于2006 年颁布实施的《刑事收容设施及被收容者处遇法》，意味着施行了近 100 年的日本《监狱法》全面退出了历史舞台，立法者用处遇法代替监狱法，报应主义完全以法典名称的改变得以全面贯彻。虽然刑事执行法对于处遇法来说更具有刑事法的色彩，但是起码中立性的含义也摒弃了报应主义的原则和内容。

（五）刑事执行法称谓较其他称谓更能体现非监禁刑的执行内容

实际上，我们的立法理念就是刑事执行一体化，作为刑事执行一体化重要内容之一的非监禁刑执行，是统一刑事执行立法的重点；为了把监禁刑和非监禁刑合理地结合在一起，非监禁刑又包括财产刑和资格刑等，理论上财产刑和资格刑在判决后实现判决书内容的社会活动理论通说都称之为财产刑的执行和资格刑的执行。所以，刑事执行法的称谓不但能更好地包括监禁刑的内容，也能更好地体现非监禁刑的执行原则和法典内容。

二、法典总则内容构想

现代意义上的成文法，就其内容的结构和安排来说，通常包括总则、分则两大部分。法的总则，是对法具有统领地位，在法的结构中与分则对应的条文总称。总则既是整个法的纲领和事关法的全局的内容的综合，又是法的整体中的一个有机组成部分，当然也以条文形式表现出来，但条文有的是规范性的，有的则是立法原则、目的、任务和指导思想的表述。我国现行监狱法第一章即为总则，但总则中的内容过于简略，无法统领分则的内容；另外，因为非监禁刑的执行也被包含在内，意味着对与其相关的内容也必须予以增加。对于刑事执行法的总则，笔者认为至少应该包括下列相关内容：

（一）刑事执行的立法依据和目的

刑事执行法作为基本的刑事法律，其直接的法律依据只能是宪法，即刑事执行法和刑法、刑事诉讼法一起，直接的法源只能是国家的根本大法——宪法。关于刑事执行目的，前面我们已经论及了从教育刑主义和矫正优先的角度出发，历来被认为的刑罚执行目的“惩罚和改造”应当修正为改造或矫正，以使罪犯适应重返社会之目的。至于如何表述，可以参考其他国家相关立法，如《丹麦刑事执行法典》第3条规定：“刑事处罚之执行，必须既关注处罚之执行，又关注帮助或者影响被定罪人过上合法持久之正常生活之需要。”我国台湾地区现行“监狱行刑法”第1条也明确规定：“徒刑、拘役之执行，以使受刑人改悔向上，适于社会生活为目的。”在20世纪初的矫正优先主义在全世界范围内得以确立的大背景下，把“惩罚”写进法典明显不符合时代的大趋势，所以删去“惩罚”后，建议刑事执行法的第1条可以规定为：“为了正确执行刑罚，矫正罪犯，以使罪犯重返社会后适应社会生活为目的，根据宪法，制定本法。”

（二）刑事执行权主体和对象

在论证刑事执行统一立法的必要性时，已经分析了公安机关和人民法院的刑事执行权配置的不合理之外。所以笔者认为，积极稳妥、建立专门的统一刑事执行司法体制是必要的和可行的，可以使“分工负责、互相配合、互相制约”的刑事诉讼原则得到全面落实，而且有利于国家行刑司法活动的统一性、严肃性和权威性。[①] 在行刑一体化思想指导下，刑事执行权的主体大致可以设置为：一是取消公安机关和人民法院的刑事执行权的配置，全部统一为国家相应的专司刑事执行的部门，可划归司法行政部统一领导。二是实际上刑事执行就分为两大块，一部分为监禁刑，其执行主体仍为监狱、未成年犯管教所和拘役所；另一部分为非监禁刑，包括罚金刑、没收财产刑、单处剥夺政治权利、对外国人驱逐出境、管制刑，其中还包括假释、缓刑和保外就医等监外执行项目以及死刑的执行等。三是监狱仍然是监禁刑的执行机关，而对于非监禁刑，可以考虑设立相对应的司法行政部门主管的刑事执行局执行除监禁刑以外的其他刑事执行，省一级由司法厅（局）领导的监狱管理局和刑事执行局分管本地区的刑事执行工作。对于社区矫正针对的五种对象，可考虑由刑事执行局设立相应的社区矫正管理部门。四是对于死刑立即执行，考虑到执行的即时性，因死刑犯从羁押到行刑前一直由看守所看管，从行刑经济方便主义出发，可考虑就近在看守所内一律采用注射方式执行。

（三）刑事执行的基本原则

刑事执行法的基本原则贯穿整部刑事执行法典中，在刑事执行立法、守法

---

① 韩玉胜、沈玉忠：《行刑一体化与刑罚执行权的新配置》，载《河北学刊》2008年第1期。

和执行过程中都必须严格遵守的基本准则。它是刑事执行法的基石，对刑事执行法的基本内容起到规制和约束的作用。笔者认为刑事执行法的基本原则应当包括：(1) 矫正优先的原则。在立法的目的和立法的任务删除了“惩罚”之后，矫正成了刑事执行的唯一目的，那么在对所有罪犯实行刑事执行的过程中，矫正其成为合法公民，以让其重返社会后早日适应社会生活为目的。矫正优先原则还意味着在刑事执行立法中，必须考虑到以促进罪犯自立和成为守法公民为目标的宗旨，在条款设置时应予考虑。(2) 人道主义原则。以前的监狱狱政总是把监狱和非人道紧紧地联系在一起，那么在现代行刑条件下，行刑人道化已经成为现代行刑必须坚守的最低限度。这一原则的确立考虑意味着各种罪犯的处遇措施包括惩戒措施也应当考虑到人道主义、公平性和正义性。(3) 行刑个别化的原则。行刑个别化的原则是现代行刑科学化的必然要求，是提高罪犯矫正质量的现实需要。行刑个别化要求在法典中规定对罪犯的分类管理、教育管理、劳动管理、罪犯奖惩和纪律约束时都应考虑到个别对待、个别化处遇。

（四）刑事执行机关及其执行人员

包括监狱、未成年犯管教所的设置及内部机构的设置和人员配置等，管理非监禁刑的刑事执行局的设置和内部机构及人员配置等。

（五）刑事执行的监督制度

现行《监狱法》第6条明确规定了人民检察院对监狱执行刑罚的活动是否合法进行监督。从法理上看，人民检察院作为国家专门的法律监督机关，对刑事执行工作进行监督是合法和合理的。但是从现实情况看，专门的法律监督应当进一步拓宽到非专门的法律监督，包括人民代表大会和政协的监督、社会监督和群众监督，尤其对于监狱而言，应当针对监狱的封闭管理而造成社会上对监狱行刑工作不了解的情况，在刑事执行法中规定狱务公开制度，以增进社会各界对监狱行刑工作的监督。

（六）罪犯的法律地位和权利义务

罪犯是受到刑罚处罚的人，其法律地位主要通过罪犯权利和义务体现出来，所以总则中应明确规定罪犯享有没有被法律剥夺的权利和履行特定的义务。权利主要有：人格尊严受到必要尊重、合法财产不受侵犯、获得合理劳动报酬、人身安全不受威胁、享有申诉、控告和检举的权利和其他没有被依法剥夺的权利。义务主要有：依法履行刑事和民事判决的义务、服从刑事执行机关管理和监督的义务、遵守监规监纪的义务、积极参加劳动和接受教育的义务及其他强制性义务等。

三、法典分则内容构想

法的分则，是指法的整体中与总则相对应的，使总则内容得以具体化的条文的总称。从分则与总则的关联角度看，分则的内容主要是立法的目的、根据、基本法定制度及其他有关总则内容的具体化。① 对于刑事执行法典体系，各个国家的体例安排有较大不同。比如日本监狱法的特点是，法律以执行程序为经线，以组织法、刑罚执行的实体法为纬线编织刑罚执行内容。日本监狱法分则中的各章犹如平铺直叙，始于收监终于出监，其分则各章排列大致如下：收监、拘禁、警戒、劳动、教诲与教育、供给、卫生及医疗、接见与通信、扣存、赏罚、释放、死亡等。这种编排顺序的优点在于与法的结构和刑罚执行过程一致，这种顺序逻辑更容易让执行者和守法者都一目了然。俄罗斯的法典模式的特点是法规范非常细化，鉴于监狱工作庞杂，其分则中的法律规范既包括行刑实体法、行刑程序法和行刑组织法等，立法者努力将监狱法规范归类。如《俄罗斯联邦劳动改造法典》第二编关于执行剥夺自由刑的程序和条件，其内容和顺序安排具体如下：行刑机构的设置和分类、收监的程序、监督管理制度、被剥夺自由的人的劳动、政治教育工作、普及教育和职业技术教育、奖励和处罚措施、物质生活保障和医疗服务、物质责任、劳动改造等。德国法的特点是在日本法模式的基础上突出行罚个别化精神。德国《刑罚执行法》第二章，其内容和顺序安排具体如下：执行方案、犯人的安置与饮食、会见、通信及休假、劳动、宗教活动、健康保护、工余时间、社会帮助、对女犯执行刑罚的特别规定、安全和秩序、直接强制措施、惩戒处罚、法律应急措施、刑罚执行和待审拘留、社会矫正机构。德国法的精妙之处在于法律安排逻辑的严谨性，充分体现了行刑个别化精神。② 相比之下，我国现行监狱法分则内容既有程序法、实体法，也有组织法，其编章的主要依据为监狱对罪犯行刑的主要内容归类及定型，即刑罚执行、狱政管理和教育改造。应当说，我国监狱法分则体例大体上是科学的，既有按照行刑的顺序总体安排，也有行刑内容归类定型，使执行者和行刑对象都易懂，同时又在一定程度上体现了刑事执行的个别化。当然，前面的章节已经论述过“刑罚执行”的称谓应当加以修改。另外，对于非监禁刑和监禁刑的区别，所以必然应做另外的编排。对于分则的具体内容，笔者认为应该包括以下内容：

---

① 周旺生：《立法学教程》，北京大学出版社 2006 年版，第 526 页。

② 翟中东：《对“刑罚的执行”法律定位的学理思考——兼论我国监狱法典的完善》，载《现代法学》2000 年第 1 期。

(一) 关于监禁刑的相关规定

应包括以下内容：(1) 关于监狱、拘役所的设置和分类，监狱和拘役所行刑主体的权力、义务和职责；(2) 关于收监的对象、条件和程序，监禁机关收监时的权力和职责，暂予监外执行的对象和条件，监督管理和教育等；(3) 对罪犯提出的申诉、控告、检举的处理条件和程序；(4) 减刑、假释的机关、对象、条件和程序；(5) 释放的对象、条件、程序和安置等；(6) 关于狱政管理的内容应包括：警戒、分管分押、戒具和武器的使用、通信和会见、生活和卫生管理、罪犯的行为规范、监狱关于狱政的相关监规监纪、对罪犯服刑期间犯罪的处理等；(7) 关于罪犯教育改造；(8) 关于未成年犯、老年犯、少数民族罪犯等特殊罪犯的管理和教育；(9) 对刑满释放人员的社会保护等。

(二) 关于非监禁刑的相关规定

应包括以下内容：(1) 管制刑的执行，具体应包括管制刑的执行机关、管制期间的处遇措施、管制期间的教育管理、管制解除的条件和程序等；(2) 罚金刑的执行，具体包括执行的主体、执行的对象、执行的措施和具体程序、执行的后果等；(3) 剥夺政治权利的执行，具体包括执行机关、执行对象、执行措施和程序、执行的后果等；(4) 没收财产刑的执行，具体包括执行的机关、执行的对象、执行措施和程序、执行的后果等；(5) 驱逐出境的执行，具体包括执行的机关、执行的对象、执行的措施和程序、执行的后果等；(6) 缓刑犯的监督和考察，具体包括缓刑犯监督和考察的主体、监督和考察的措施和内容、监督和考察的程序、缓刑犯的管理和教育方法等。

第三章 监禁刑的执行

第一节 拘役刑的执行

一、拘役的含义和特点

拘役，是剥夺犯罪人短期人身自由，就近实行强制劳动改造的刑罚方法。拘役是我国五大主刑之一，也是除管制以外最为轻缓的刑种。其主要特点是被判刑人罪行比较轻，服刑期间比较短，服刑期间的待遇优于有期徒刑、无期徒刑和死缓犯。由于判处此刑的人数极少，再加上现行规定由公安机关就近执行，形不成单类关押的规模。为此，公安部现已取消独立设置的拘役所，拘役犯由看守所管理。

自由刑或短期自由刑的雏形在我国最早出现于西周，圜土制度便是例证，[①] 但拘役作为一种短期自由刑刑种，在我国则是20世纪初的事情。[②] 再后来，拘役刑在我国的发展历经坎坷，虽然刑法中规定使用拘役的法条极为普遍，但拘役刑的适用一直偏低，甚至在很多地方被放弃，[③] 存废之争不绝于

---

① 参见马克昌主编：《刑法学全书》，上海科学技术文献出版社1993年版，第470页。

② 在晚清政府变法的过程中，修律大臣沈家本力主引进拘役刑，用来替代封建社会体制中五刑的轻刑——笞、杖，其惩罚的对象主要是犯罪行为比较轻微的人。参见韩玉胜主编：《刑事执行制度研究》，中国人民大学出版社2007年版，第47页。

③ 从20世纪50年代末期开始，随着“左”倾思潮的抬头和法律虚无主义思想的滋长，在司法实践中，对刑罚的适用产生了“宁左勿右”的重刑偏向，不少法院对刑事案件的处理往往是不判则已，一判至少三年。拘役失去了它在刑罚体系中应有的地位，这是一个历史的教训。

耳。尤其是在社区矫正大力推行“北京模式”① 的背景下，在刑罚以及刑罚执行等的变革中人们对于拘役刑的诟病始终未消。

在我国刑罚体系中，拘役是介于管制与有期徒刑之间的一种主刑，它是一种短期自由刑，适用于罪行较轻但需要短期关押改造的罪犯。拘役的刑期最短不少于1个月，最长不超过6个月。所以，拘役是我国对罪犯予以关押、实行强制劳动改造的三种自由刑中最轻的一种。拘役的以上特征，决定了它与其他短期剥夺或限制人身自由的刑事拘留、（治安）行政拘留、民事拘留在法律属性、适用对象、适用主体、法律依据等方面均有所区别，具体如下：（1）性质不同。拘役是刑罚方法；刑事拘留是刑事诉讼中公安机关在紧急情况下依法临时剥夺现行犯或重大犯罪嫌疑分子人身自由的一种刑事强制措施，以防止其逃避侦查、审判或继续进行犯罪活动；民事拘留是民事诉讼中的一种强制措施，具有司法性质，又称司法拘留；行政拘留是对违反治安管理的行为人适用的一种行政处罚方法。（2）适用对象不同。拘役适用于罪行较轻的犯罪分子；刑事拘留适用于具有《刑事诉讼法》第61条规定的7种情形之一的现行犯或重大嫌疑分子；民事拘留适用于《民事诉讼法》第102条规定的6种妨害民事诉讼行为之一的诉讼参与人或者其他人；行政拘留的对象是不构成犯罪但违反治安管理规定的行为人。（3）适用的机关不同。拘役由人民法院判决；民事拘留须经人民法院院长批准，期限为15日以下，被拘留人由人民法院交公安机关看管；而刑事拘留、行政拘留则由公安机关直接适用。（4）法律依据不同。拘役的依据是刑法；刑事拘留的依据是刑事诉讼法；民事拘留的依据是民事诉讼法；而行政拘留的依据则是治安管理处罚条例。

二、拘役的适用对象

从我国刑法分则有关拘役的规定可以看出，其适用对象具有以下几个特点：（1）拘役一般只适用于犯罪性质比较轻微的犯罪。适用比例最高的是渎

① 所谓“北京模式”，是指在现行法律框架下，执行主体与执行对象不变，但具体的执行工作与矫正内容，由司法行政系统的基层司法所及社区矫正人员承担落实，各相关部门配合，调动与整合社区力量，对罪犯进行矫正的非监禁刑和非监禁措施的执行，这样一种社会化开放教育的矫正工作模式。“北京模式”确认社区矫正工作的性质是刑罚执行活动，其主导力量是司法所，建立了由司法所工作人员和监狱戒毒人民警察构成的矫正队伍。该模式强调在现行法律框架内，由司法行政机关牵头，相关部门参与，街道（乡镇）司法所具体承担日常管理工作，组织和调动社会各方面的力量，对矫正对象实施教育矫正。社区矫正对象为被判处管制、缓刑、暂予监外执行和被裁定假释、剥夺政治权利在社会上的服刑人员。

职罪，其次分别是妨害社会管理秩序罪、破坏社会主义市场经济秩序罪等。刑法分则中犯罪性质最严重的，如危害国家安全罪、危害公共安全罪等，也可以适用拘役，但所占比例最低。（2）拘役多适用于社会危害性不大的犯罪。我国刑法分则中除过失致人死亡罪没有规定可以适用拘役外，绝大多数过失犯罪都可以适用拘役，约占全部过失犯罪的95%。在同一类犯罪中，能够适用拘役的也是一些社会危害性不大的犯罪。（3）在我国刑法分则中，设置拘役刑的条文绝大多数是把拘役作为最低法定刑规定的。在这些条文中，拘役既可适用于犯罪情节轻微，不需要判处有期徒刑的犯罪，也可以适用于本应判处短期徒刑，但具有从轻情节的犯罪。另外，在刑法分则中规定有管制刑的条文，大多规定有拘役。在这些条文中，拘役介于管制和有期徒刑之间。所以，拘役除有上述两种用法外，还可以适用于本应判处管制，但具有从重情节的犯罪。此外，在以短期徒刑为最低法定刑的犯罪中，如果具体犯罪具有减轻处罚情节，也可以判处拘役。

根据《刑法》第42条和第69条的有关规定，拘役的期限为1个月以上6个月以下。数罪并罚时，最高不得超过1年。可见，拘役的上限刑期与有期徒刑的下限刑期（6个月）相衔接。这一规定较好地体现了拘役的特点，使刑罚体系更为连贯和严密。拘役的刑期从判决之日起计算。判决以前先行羁押的，羁押1日折抵刑期1日。

对罪犯教育改造一般需要较长的时间，而拘役犯由于服刑时间过短，因此，适用于其他自由刑罪犯教育改造的方法、方式及内容需要做很大的调整。如果简单地把重心放在教育改造方面，未必能够达成预期目的。因此，对于像拘役刑这样的轻刑犯，要转变改造策略，采取强化行为训练为主的教育改造模式。也就是与判决阶段的轻轻重重反其道而行之，采用轻重重轻的方式，使其切身体会到犯罪以后被剥夺自由的痛苦。强化的行为训练，对于罪犯的思想改造也会起到积极的推动作用。[①] 一般来讲，拘役犯的犯罪事实不重，情节也比较清楚，误判的可能性比较低。在充分保障罪犯申诉权的同时，执行机关必须加大对这部分罪犯认罪悔罪的力度，如采用静坐思过、书写悔改材料等，给他们以比较充分的时间，并通过法律知识的宣讲、个别谈话等，促动罪犯思想的改变。劳动是光荣的，对罪犯组织劳动也是如此。为了使拘役犯切身感受到这一点，首先要使他们感受到没有劳动机会、甚至是单纯监禁的痛苦。劳动可以安排在服刑的后期，只适用于表现好的罪犯。如此，对罪犯来讲，劳动是一种

① 行为管理学有一个理论，就是人怎么想就会怎么做，反过来，人怎么做也会怎么想。行为与思想互动，对拘役犯是合适的。

奖赏，也是一种鼓励。拘役犯的劳动可以采用狱内和狱外劳动相结合的方式，安排拘役犯从事一些社会公益性劳动。为保护罪犯的人格，狱外劳动的拘役犯应当着工作服，不能着囚服，以免引起公众围观，并伤及罪犯人格尊严。鉴于监狱法规定所有参加劳动的罪犯都要按照规定给予报酬，因此，对拘役犯原来规定的可以酌量发给报酬，可改为其劳动待遇略高于有期徒刑犯。

三、拘役刑的改革与完善

（一）调整执行主体

关于短期自由刑（主要是拘役刑）的弊端，很多理论工作者以及实际工作者认为有以下几点：第一，对于服刑人员的教育和改造是需要一定时间的（亦即需要一定的周期），由于短期自由刑的刑期非常有限，这样便形成服刑人员改造期与服刑期之间的矛盾，服刑人员服刑期不能满足改造的时间需要，以致无法达到预期的改造效果。第二，由于受狱内存在的监狱亚文化影响，罪犯入狱后可能不但没有悔过自新，反而受监狱亚文化侵蚀，强化了犯罪意志，习得新的犯罪技巧，巩固了犯罪心理结构。①第三，由于短期刑犯人大多为初犯、过失犯或犯罪情节轻微的犯罪人，这些人主观恶性小，他们中的大部分人尚有耻辱之心，容易改过自新。但是一旦对其判处短期刑，给其贴上“罪犯”标签，只会使他们感到羞愧、绝望，在社会上难以做人，降低了自尊心，自暴自弃，因而无法重返社会。有的则进而产生反社会情绪，甚至重新走上犯罪道路。② 第四，短期自由刑虽短，但执行的“后遗症”多（按比重算）。如罪犯可能因受刑而失业、失学、婚姻家庭破裂，子女的教育培养、家庭的经济生活等也将受到不良影响。罪犯服刑期满，无论是否得到改造，都会在升学、就业、婚恋等方面受到歧视和阻碍，从而对前途失去信心，增加了其复归社会的难度。另外，短期自由刑的受刑者过多地占用了监禁设施，给行刑工作造成了

---

① 文化对社会个体的影响一般有如下规律：当社会个体开始接触某种文化时，这种文化对社会个体的刺激最大，影响最大；当社会个体接触这种文化一段时间后，社会个体开始对这种文化进行全面评价，极有可能从肯定态度转为否定态度。监狱亚文化对罪犯的影响一样。当罪犯入狱一段时间后，监狱亚文化对罪犯刺激最大；当受刑人入狱一段时间（一般需两三年）后，罪犯对监狱亚文化的兴趣减弱，并对监狱亚文化的态度开始变化。而多数短期自由刑犯是监狱亚文化对罪犯刺激强度最大、影响最大期间内服刑的，因此，监狱亚文化对罪犯有很大的不良影响，特别是对初、偶犯。

② 正如德国刑法学家李斯特（Franz von Liszt，1851—1919）所说：“短期自由刑既无改善，亦无威吓之效果，只有打击犯罪经历之人的自尊心而已。”

过大的负担，如此等等可谓得不偿失。

应当说，上述顾虑和担心是实实在在的，但是任何事情都是一分为二的。我国刑法总结了审判实践中的经验教训，将拘役明确规定为主刑之一，是有利于惩罚犯罪和改造罪犯的。实践证明，对于某些罪行较轻的罪犯，如果不予以短期剥夺自由，则不足以惩戒犯罪、防患未然和平息被害人的气愤，甚至可能使矛盾激化而引起意外的事故，如果判处有期徒刑则又嫌偏重，其犯罪的性质、情节及危害程度显然和有期徒刑的性质不相适应。所以，从我国刑罚特殊预防和一般预防的目的考虑，在管制和有期徒刑之间规定了拘役，其最高刑期和有期徒刑的最低刑期相衔接，最低刑期和治安管理处罚条例中行政拘留的最高期限相衔接，是完全必要的。这样，可以适应犯罪情况的复杂性，贯彻既严肃认真又区别对待的原则，恰如其分地适用刑罚，使我国的刑罚体系能够保持相对科学、完整的结构。特别是对于罪行较轻但仍需要关押改造的罪犯，适用拘役这种刑罚是比较适宜的，也能收到较好效果。

正确地适用拘役，充分发挥它在同犯罪作斗争中的积极作用，必须进一步肃清“左”的影响，克服轻罪重判和轻罪不适用轻刑的倾向。列宁指出：“惩罚的警戒作用决不是看惩罚得严厉与否，而是看有没有人漏网。重要的不是严惩罪行，而是使所有一切罪案都真相大白。”轻罪重判和对轻罪忽视适用轻刑的结果，不是处刑偏重就是放纵了罪犯，这都不符合执法必严的原则，也达不到刑罚的目的。正确适用拘役，必须从思想上充分认识拘役的性质及其在我国刑罚体系中的重要地位。刑法分则的每一章都规定有拘役，可以判处拘役的罪行的规定有 68 条，其适用范围之广仅次于有期徒刑。可见，拘役在我国刑罚体系中的重要性。拘役既与有期徒刑有区别，又与管制有区别，它是作为选择性的法定刑分别附在法定最高刑为 7 年以下、5 年以下、3 年以下、2 年以下和 1 年以下有期徒刑的刑格里的。审判人员必须根据犯罪的性质、情节和危害程度，选择裁量，正确运用，凡是可以不判处有期徒刑而又适宜判处拘役的，都可酌情判处拘役。当然，按罪行该判有期徒刑的，也不能姑息轻纵，案件情节不需要判刑的，自应依法免刑。

从刑种上说，拘役重于管制。对判处管制的犯罪分子不关押，在公安机关的管束和群众的监督下进行劳动改造；拘役则要实行短期关押。拘役又轻于有期徒刑。二者虽都要剥夺自由并强制劳动改造，但二者的性质是不同的：拘役是一种较轻的刑罚，而有期徒刑则不能认为是轻刑，刑法关于累犯的规定，就限制在判处有期徒刑以上的犯罪的范围内，不包括判处拘役的犯罪；二者的刑期和执行场所也不同，有期徒刑的起刑点是 6 个月，最高刑期是 15 年，数罪并罚时不能超过 25 年，由监狱负责执行，而拘役的刑期是 15 日以上 6 个月以下，数罪并罚时不能超过1年，由公安机关就近执行。

按照现行刑法规定，拘役刑由公安机关就近执行。但是，实际中的执行情况比较复杂，一般是有拘役所的地方，在拘役所执行，没有拘役所的则放在就近的监狱执行，远离监狱的则可放在看守所执行。无论在哪里执行，都应和判处徒刑以上的罪犯分管分押，区别对待。表面上看，这种执行情况似乎没有多少问题，但由于被判处拘役刑人数过少以及拘役所少，拘役犯的执行往往被忽视，很难达到预期的效果。从法理角度看，监狱是国家的刑罚执行机关，应当由其负责监禁刑的执行。拘役这种监禁刑由公安机关执行，有悖于司法执法机关分工负责、相互配合、相互制约的原则。因此，应当明确拘役刑由监狱执行，[①] 从而理顺公、检、法、司之间职能上的相互关系，利于严肃执法。

（二）完善执行程序

对于被判处拘役实刑的执行程序，应参照有期徒刑的执行程序进行，但被宣告缓刑的犯罪分子在缓刑考验期内又犯新罪，应当撤销缓刑，对新罪作出判决，把前罪和后罪所判处的刑罚，依照《刑法》第69条的规定，决定执行的刑罚。如果在拘役缓刑考验期内又犯新罪，被判处有期徒刑，由于拘役和有期徒刑系不同刑种，如何数罪并罚，法律没有明文规定，刑法理论和司法实践亦存在不同认识，概括起来主要有三种主张，即分别执行说、折算说和吸收说。

分别执行说，即主张分别执行不同的全部刑罚，即将新罪所判处的有期徒刑执行完毕以后再执行前罪所没有执行完的拘役。分别执行说的主要理由和根据是最高人民法院的司法解释。最高人民法院在1981年7月27日《关于管制犯在管制期间又犯新罪被判处拘役或有期徒刑应如何执行的问题的批复》中指出："由于管制和拘役、有期徒刑不属于同一刑种，执行的方法也不同，如何按照数罪并罚的原则决定执行的刑罚，在刑法中尚无具体规定，因此，仍可按照本院1957年2月16日法研字第3540号复函的意见办理，即：'在对新罪所判处的有期徒刑或者拘役执行完毕后，再执行前罪所没有执行完的管制'。"最高人民法院研究室于1988年3月24日《关于被判处拘役缓刑的罪犯在考验期内又犯新罪应如何执行的电话答复》中指出，"在对新罪所判处的有期徒刑执行完毕后，再执行前罪所判处的拘役。"分别执行不同的全部刑罚，体现了对数罪的分别评价，符合刑法的罪刑相适应原则。但数罪并罚的法律精神是将数罪定罪量刑后，决定合并执行的刑罚，如将数罪定罪量刑后，分别执行所判

---

① 有不少学者主张我国应当尝试建立开放式或半开放式监狱，以缓解监狱押犯紧张、降低监狱经费开支以及更好地引导服刑人员顺利回归社会。如果这种想法能够变为现实的话，那么拘役犯在这种场所服刑是最为合适不过的了。

的刑罚，其实质就不属于数罪并罚，亦违反了我国刑法关于“对同一犯罪人不能同时决定执行两种主刑”的一般刑罚原理。而且，对同一犯罪人执行较重刑罚后再执行较轻刑罚，就适用刑罚的目的来说，既无必要，也达不到预期的社会效果，不利于对罪犯的教育改造。同时，在具体执行上存在诸多不便，如因教育改造较好对罪犯予以减刑时是减去有期徒刑还是减去拘役或两者一起减去，无法统一认识；被判处较长刑期的有期徒刑罪犯如予以假释，在假释考验期满再将其收监执行拘役显属多余；羁押场所的转换和先行羁押日期的折抵亦多有不便。所以，此说目前受到了较多的非议。

折算说，即主张将拘役折算为有期徒刑，然后根据限制加重原则，酌情决定执行的刑罚。折算的方法是拘役一日折算有期徒刑一日。折算说认为《刑法》第41条、第44条、第47条关于先行羁押的日期可以折抵刑期的规定，实际上就是关于拘役和有期徒刑两者之间折抵换算的规定，先折抵再限制加重的方法具有一定的法律依据，且拘役和有期徒刑之间的差异只是量的不同，即犯罪人人身自由权利丧失程度的不同和刑期长短、轻重程度的不同，但其性质是基本相同的，都属于以剥夺罪犯的人身自由为内容的刑罚方法，因而可以相互折抵换算。从表面上看，这种折算方法比较简便易行，并无太多不妥。但是，我国刑法规定的五种主刑是性质、严厉程度及执行方式各不相同的刑罚，就有期徒刑、拘役的性质而言，其适用对象、剥夺自由的程度及监管的方法各不相同，执行期间享受的待遇和引发的后果差别很大，采用折算方法其实质是将拘役升格为有期徒刑，混淆了不同刑种的界限，加重了被告人的刑罚，违背刑法罪刑相适应的基本原则。① 刑法关于羁押期间可以折抵刑期的规定，是从有利于被告人的角度考虑对判决前被先行限制或剥夺自由的特殊情况所作的规定，并非具有普遍适用效力，如将不同种有期自由刑相互折算，可能出现将较轻的刑罚折算成较重刑罚之情形。因此，拘役的刑期一日折抵有期徒刑一日，有加重罪犯刑罚之嫌。

吸收说，即采用重刑吸收轻刑的原则，只执行有期徒刑，不执行拘役。刑法规定只对数罪中有被判处无期徒刑或死刑实际上无法实行并罚的情况下才适用吸收原则，对不同种有期自由刑有条件并罚时亦采用吸收原则缺乏一定的法律依据。虽然法律尚无明确规定，但采用吸收原则作出有

---

① 最高人民法院于1958年4月7日的《关于管制期间可否折抵徒刑刑期问题的复函》中明确指出：“徒刑的刑罚较管制的刑罚为重，徒刑和管制的执行方法也不同，徒刑是在劳动改造机关监管执行，而管制并不这样执行。因此，管制的刑期不宜折抵徒刑的刑期。”

利于被告人的判决，在惩罚犯罪的同时，符合保障人权的社会主义司法理念。刑法规定拘役的最高期限为6个月，数罪并罚时最高不超过1年，因此以较重的有期自由刑吸收较轻的有期自由刑，并不至于放纵罪犯，同时操作上比较便捷。最高人民法院的答复实际上支持了吸收说，而且，从前面的各种情况的分析来看，采用重刑吸收轻刑的原则相对而言是最为合理的解释和做法。

另外，在看守所羁押的罪犯，经人民法院依法判处拘役宣告缓刑后，公安机关在释放罪犯时是否需要发给释放证明书的问题，我国刑事诉讼法没有明确规定。但是，根据《刑法》第三章第二节、第三节及第四章第五节，《刑事诉讼法》第156条、第158条、第159条，以及最高人民法院、公安部有关通知规定的精神，笔者认为，经人民法院依法判处拘役并宣告缓刑的罪犯，公安机关是根据人民法院的执行通知书和判决书，将罪犯交由所在单位或基层组织予以考察，如果罪犯没有再犯新罪，缓刑考验期满，原判的刑罚就不再执行，并不存在释放的问题，因而不需要发给释放证明书。

第二节　有期徒刑、无期徒刑和死缓的执行

有期徒刑、无期徒刑属于自由刑，而我国独创的死缓制度在实际执行中也属于自由刑的执行方式。传统的自由刑是以监禁为实现手段的，而单纯的监禁并不能达到预期的效果，而且还会给社会带来很多弊端。社区矫正现在已经全面展开，为弥补监禁行刑的不足提供了新的选择。监狱与社区矫正之间应当形成相连互补、可控可逆的工作机制。具体来说，在判决时，对于社会危险性较低、罪行较轻的罪犯，可利用缓刑制度放在社区加以矫正；而在监狱服刑的罪犯达到一定的服刑最低限度和已失去社会危害性的，可以通过假释放到社区由社区矫正机关执行。上述两类人在社区矫正期间如果被确认具有社会危险性，则收入监狱继续执行。

一、分类分级流程化的狱政模式

（一）分类分级管理的含义与基本思路

分类分级管理，在我国监狱工作中又称为“分押分管”，是将罪犯按照一定的标准划分为不同的类型，进行分开关押、分别关押并采取不同方式管理的狱政管理制度。

分押，一是按照罪犯的年龄、性别、刑种刑期加以分开关押，二是按照罪犯的犯罪类型进行分别关押。分管，一是分类管束，是指对不同类型的罪犯群体采取不同的管理约束措施，发挥管理的约束、矫治功能；二是分级处遇，是指以服刑期限、改造表现为主要标准，对罪犯实行不同级别的处遇管理，发挥管理的引导和激励功能。“分押分管”与“分教”一起，构成了我国现阶段监管改造罪犯的基本模式。“分押分管分教”的基本思路是：横向分类，纵向分级，分别管理，分别教育。

国外罪犯分类制度产生于16世纪末，一般认为是1595年、1597年荷兰建立的男犯监狱和女犯监狱开创了罪犯分类制度的先河，这种模式对世界各国监狱的发展影响很大。此外，英国16世纪中期也建立了矫正院、感化院，这可以认为是罪犯分类制度的萌芽。从罪犯分类制度的分期上看，这是初创阶段。这一阶段一直持续到18世纪末，最典型的分类制度产生于美国。① 此间，英国、德国、日本等国家都大力推进包括罪犯分类制度为主要内容的监狱制度改良。尤其应当注意的是，自1846年起，国际监狱会议在罪犯分类制度的发展中起到了积极推动作用。罪犯分类制度的创新从20世纪初开始，大约持续了50年。我国目前的罪犯分类模式是在1989年全国监管改造工作会议以后确定的。司法部监狱局在1991年印发的《对罪犯实施分押、分管、分教的试行意见》中，对“三分”工作的总体构想、分押标准、处遇形式、分类施教以及实施步骤都作了原则规定，由此形成现在的罪犯分类模式（简称为1991年分类模式）。这一分类模式是在对罪犯按性别、年龄、刑种、刑期实施分类的基础上，进一步以犯罪性质作为分类的主要标准，将罪犯分为财产型、性欲型、暴力型和其他类型等四大类。应当说，1991年分类模式的形成与实验（试点），把中国监狱的“三分”工作推向了一个新的阶段。然而，随着“三分”工作的深化和发展，此分类模式的局限和缺陷也日益明显。② 社会学家宋林飞在介绍当代西方社会学时就概念分类问题写道：“建立概念分类框架时，

① 1773年，美国建成沃尔特街监狱，监狱根据囚犯的性质分别关押。经过近3个世纪的发展，国外罪犯分类制度进入形成时期，尤其是具有监狱改革里程碑意义的宾夕法尼亚制和奥本制在美国诞生，这对世界罪犯分类产生了广泛影响。

② 罪犯分类模式的核心是如何确定分类标准，91年分类模式是以我国刑法所确定的罪名为基础进行分类的，出现了归类过程中分类标准的不统一。例如财产型罪犯，其犯罪行为的共同特点在于以财产为犯罪目的，而暴力型罪犯，其犯罪行为的共同特点在于以暴力为犯罪手段。很明显，前者是以犯罪目的为标准进行的归类，后者则是以犯罪手段为标准进行归类的。分类标准不统一，造成了分类不够科学，极易产生分类不彻底或交叉的现象。而实际上，如何确定科学的分类标准和原则，的确是一件非常难办的事情。

必须遵循两条原则：第一，是穷尽性原则，即对象总体中所有分子都能归类。第二，是排他性原则，即对象总体中任何一个分子都不能同时归属于两个或更多的类别。”① 在1991年分类模式中，穷尽性原则基本上未能遵循，那些既非以财产、性欲为犯罪目的，又非以暴力为犯罪手段的罪犯全部归入“其他”一类，其实并未进入分类进程；同时，因为分类标准的多元化最终导致排他性原则也难以遵循。

（二）分类分级制的历史与现状

我国对罪犯分类制度的发展经历了四个阶段：（1）一揽子管理。新中国成立前，中国共产党领导的解放区监所，限于战争时期的客观条件，不可能对押犯实行严格的分类制度，当时的管理属于“一揽子管理”，罪犯混编混押现象严重。（2）分关分押。新中国成立后，当时的劳动改造机关即着手分类制的探索，由于当时进行的主要是分别收押，所以称作“分关分押”。首先，完成对未决犯与已决犯的分开关押，未决犯由看守所统一监管。其次，着手进行未成年犯与成年犯的分开关押，专设少年犯管教所。再次，实现女犯与男犯的分开关押，对女犯设立女子监狱或者女子分监狱。最后，实行重刑犯与轻刑犯的分开关押，重刑犯押于监狱，轻刑犯押于劳动改造管教队。分关分押阶段，基本完成了对罪犯按照年龄、性别和刑种刑期等基本情况的分类关押，奠定了新中国监狱分类制的基础。（3）分管分押。进入20世纪80年代以后，我国监狱开始进行“分管分押”。首先，继续坚持并完善罪犯的基本分类关押制度，进一步提出女犯单独设立女监或者女分监，明确监狱和劳改队的收押范围。其次，提出了分押的一些新标准和新规定，包括反革命犯与普通刑事犯分别关押；累犯、惯犯和初偶犯、过失犯分类编队；少数民族犯较多的单位对少数民族犯单独编队；外国籍罪犯单独编队；同案犯和有直系亲属的罪犯不得在同一个单位。最后，提出了宽管和严管的概念。当时规定宽管的对象有外国籍罪犯、少数民族犯、统战对象等，严管的对象是违纪罪犯。分管分押阶段致力于分别关押制度的进一步完善，提出了分级管理的基本思路，是分类管理制度发展的重要阶段。（4）分押分管分教。20世纪80年代末90年代初，一些监狱开始分教和累进处遇制的试点，积累了一定的经验，理论界更是积极参与，提出了多种分类关押方案。经过反复论证，基本达成共识，使分管分押工作进一步完善，创立了分押分管分教制度，作为监管改造工作的整体性改革措施加以全面推行。“三分”是分关分押、分管分押的进一步发展，它是建立在历史

---

① 宋林飞：《当代西方社会学》，辽宁教育出版社1990年版，第127页。

已有成果的基础上，具有整体性、可分性、便于操作性等特点。

目前我国监狱推行的分类关押分为两个层次：（1）依照罪犯的年龄、性别、刑种刑期进行分押。首先是年龄标准，分为未成年犯与成年犯，收监时不满18周岁的罪犯属于未成年犯，专设未成年犯管教所收押；其次是性别标准，分为男犯与女犯，对女犯专门设立女监或者女分监关押管理；最后是刑罚种类和刑期，分为重刑犯、轻刑犯，分别由不同的监狱关押。目前，司法部监狱管理局正在考虑按照戒备程度将监狱分为高度戒备监狱、普通戒备监狱和低度戒备监狱。（2）按照罪犯的犯罪类型进行分类。这是近年来分押工作的重点，根据有关规定，根据我国押犯的实际情况，各地可以把押犯分为以下四大类，即财产型罪犯、性犯罪的罪犯、暴力型罪犯和其他类型的罪犯。

（三）分类关押存在的问题和完善措施

1. 划分类别的标准问题

罪犯的分类问题，是监狱管理的一个基本现实问题，也是制约监狱管理、行刑效益和改造质量的瓶颈。首先是罪犯的分类标准问题。刑罚制裁的是犯罪行为，送到监狱执行的却是犯了罪的人。而我们目前所进行的罪犯的分类，在许多方面还是行为标准，如按照罪犯的犯罪类型进行分类，实际上就是行为标准或是罪名的标准，是对罪名的整合和分类。虽然它与刑法上的罪名分类有所不同，但实质也还是罪名标准，并没有切实推出“人”的标准，即如何根据改造对象——罪犯这个人而确定分类标准。其次是实际运作问题。在实际管理中，分类关押基本上得以实现，但分类管束这一相对重要的环节还没有受到高度重视，各种基本类型的罪犯，到底有哪些不同于其他类型罪犯的特点（包括个体特点，也包括群体特点，群体特点不等于个体特点的简单相加），现在还不是很清楚。由此带来的就是针对性强的有效的分类管束措施明显不足。

2. 深度感染问题

所谓罪犯之间的感染，是指罪犯在监狱服刑期间，互相之间的恶习传习，并强化继续犯罪意识的现象。罪犯之间的交叉感染，既有横向的感染，也有纵向的感染。横向的交叉感染，在罪犯混编的状态下极易发生。一个罪犯，原来只有一种犯罪的“本领”，通过向其他犯罪类型的罪犯“学习”，由一面手成为多面手，此种现象的蔓延，势必使监狱变成“犯罪学校”。纵向的交叉感染，是指同一种犯罪类型的罪犯，经过相互切磋犯罪技能，由生手变成老手，使监狱变成犯罪的“专科学校”。纵向感染在罪犯分类关押后，可能变得更为突出。①

对于罪犯之间的交叉感染，应当认识到，在混押状态下，既有横向感染，也有纵向感染，在分类关押后，横向的交叉感染得到了一定程度的抑制，而纵向感染可能变得更突出。对于监狱管理者而言，一种感染总比两种感染并存要好办一些，交叉感染问题说到底是管理问题，只有加强管理才能有效减少和控制这种现象。

3. 管理难度问题

从某些方面讲，分押之后加大了管理难度。分押使罪犯的群体发生了根本性的变化，由于监区、分监区关押的是同一种犯罪类型的罪犯，这些罪犯的犯罪意识、服刑意识、改造意识有着一定程度上的一致性。这些一致性可能导致罪犯相同的需求，进而产生高度一致的行为，形成对抗管理的一种合力。这种合力在混押状态下，限于组织的原因，并不明显，也不能对管理产生很大的影响。而在分开关押后情况就不同了，可谓“三个臭皮匠，合成一个诸葛亮”。因此，对罪犯之间的合力的能量不可低估，管理要有针对性，并需要加大力度。

关于管理难度，还表现在以下方面：暴力犯集中，危险因素加大；性犯罪的罪犯集中，淡化羞耻感、负罪感；同案犯、团伙犯按犯罪类型集中分押，有的不容易隔离，等等。

4. 经验散失问题

几十年来，监狱习惯于混押状态下的罪犯管理，在管理中也积累了一大批针对混押特点的管理经验，有些具体经验在对罪犯分押后，由于不符合押犯的特点，使作用不如以前那样突出，有些经验还有可能散失，如“掺沙子”的管理方法等。

罪犯分类制度的成败，还取决于一个关键环节——分类管束，即监狱在对罪犯分类关押的基础上，根据不同类型罪犯群体的特点而采取的有针对性的管理措施。否则，只是将罪犯分开，而相应的管束措施跟不上，或者对不同类型的罪犯仍采取同一种管理措施，那么分押的意义则很难体现。因此，分类管束也是罪犯群体变化的需要。分押后，罪犯的群体发生了根本性变化，每一个罪犯群体，无论是财产型罪犯，还是性犯罪、暴力型罪犯都产生了不同于混押状态的服刑改造特点，管理对象的特点变了，管理措施再不变，就难以保持正常的监管秩序，难以有针对性地做好罪犯的改造工作。

---

① 国内外很多主张废除监狱的学者都认为，监狱监禁关押造成的罪犯之间的相互传习（交叉感染和深度感染）和监禁化倾向，不利于罪犯顺利地回归社会，甚至构成了回归社会的阻力。

二、分级处遇

分级处遇指监狱在法律允许的范围内，根据一定的标准，将罪犯划分为不同的级别，并分别施以不同待遇的管理方式。分级处遇是我国监狱在借鉴外国监狱累进处遇制①的基础上，结合我国监狱的实际情况而推行的一种新型的管理制度。其基本内容是在法律允许的范围内，根据罪犯的入监服刑时间和罪犯的服刑改造表现等标准，将罪犯划分为不同的级别，并分别施以从宽、普通和从严待遇。分级处遇的目的在于体现区别对待的政策，发挥管理的引导作用和激励作用。

（一）分级处遇的特点

1. 调控性

罪犯在监狱内服刑期间的待遇，是狱政管理的基本问题，涉及罪犯切身利益，是罪犯最为关心的问题之一。罪犯的待遇包括三个部分：一是所有罪犯都应当享有的待遇，称为基本待遇；二是所有罪犯都不能享有的待遇，由刑罚特性所决定，与普通公民待遇状况相比，罪犯的一些待遇被依法剥夺和限制，称为受限待遇；三是在基本待遇和受限待遇之间，实际上存在一个可以调控的空间，在这个空间内，每一个罪犯可以得到不同的待遇，称为可控待遇。分级处遇便是将这个空间利用起来，对罪犯实际得到的待遇进行调控，将罪犯的可控待遇与入监服刑时间和服刑改造表现直接挂钩。

2. 阶段性

分级处遇的实施，使罪犯的服刑过程成为逐步接近社会生活的过程，在处遇的动态调控中，培养罪犯对社会生活的适应能力。监狱是一个对罪犯实施监禁的场所，罪犯的狱内生活与社会生活之间，存在较大差距，这就给罪犯回归社会带来适应困难。如何消除这种困难，成为监狱管理所必须关注的问题。分级处遇的第一个标准，就是罪犯的入监服刑时间，将罪犯服刑的过程分为几个不同阶段，从入监到释放的整个服刑过程，逐步降低监管力度，逐步改善罪犯的狱内各种处遇。这样一来，罪犯的服刑过程就成了逐步接近社会生活的过程，从而培养罪犯出狱后的社会适应能力。从一定意义上讲，分级处遇是罪犯再社会化的有效手段。

---

① 严格地讲，我国监狱系统的分级处遇制度只是借鉴了国外累进处遇制的一些外壳，深度的内容如把假释作为一个法定的处遇阶段并未涉及，这主要反映了法治理念和行刑价值取向的差别。

3. 动态性

分级处遇依据罪犯的服刑改造表现实施动态调控。分级处遇的第二个标准是罪犯的服刑改造表现，罪犯服刑改造表现的好坏直接决定着其在狱内的各种待遇。分级处遇具有待遇升降级的机制，表现好的，可以提升待遇标准，表现差的，则要降低待遇标准。在实际利益的引导下，根据人们趋利避害的心理活动，罪犯一般可以作出正确的行为选择。当然，在服刑改造过程中还存在许多不确定因素，比如家庭成员的变化以及婚姻的变故等都会或多或少地影响到罪犯的服刑表现，同时监狱人民警察的管理方式、方法以及执法的基本素养也会影响罪犯的心理和行为。

（二）分级处遇的实施要点

1. 关于级别的划分

分级处遇的等级，一般为三等四级、三等五级、三等六级。三等，是指从严管理[①]、一般管理和从宽管理。实行分级处遇必须同时实行升降级制度。

2. 关于分级的标准

分级处遇主要依据罪犯的入监服刑时间和服刑改造表现，结合考虑犯罪性质和恶习程度。如某监狱将罪犯划分为三等五级，规定进入一级的罪犯，必须是得分多少、服刑 3/5 以上等。

3. 关于分级处遇的内容

分级处遇，大体上可以从看押警戒、活动范围、通信、会见、接受物品、生活待遇、文体活动、奖金、给予离监探亲等方面给予不同的待遇。

4. 其他问题

分级处遇还必须注意以下几个问题：第一，分级处遇的实施要合法。分级处遇必须在法律允许的范围内进行，法律明文禁止的坚决不做；法律有授权允许的，用足用活；法律没有规定的，依政策大胆尝试。分级处遇不能侵犯罪犯的合法权益，不能将罪犯的基本待遇作为分级处遇的内容；也不能在法律授权的范围之外，随意提升罪犯的待遇标准。第二，分级处遇的实施要合理。实行从严管理的，不要忘了犯人的“人”字，实行从宽管理的，不要忘了犯人的“犯”字，分级处遇要公平。第三，分级处遇的实施要有效。不同的级别之间要拉开档次，并找准刺激点，设立切实有效的目标，充分发挥引导和激励功能。

---

① 从严管理是监狱对罪犯管理过程中最为严厉的一级，也是罪犯享受待遇和权利最低的一级，它包括监狱级从严、监区级从严等。

三、有期徒刑、无期徒刑和死缓执行的流程化

从立案、侦查、起诉、审判到执行，国家的刑事法律司法和执法过程呈现着流程化的特质。在整个流程中，监狱处于最末端。就像自然界的大流域一样，监狱是最下游的一个水库。刑罚的最终效益，通过这个“水库”向“大海”（社会）输送的“水”（刑释人员）的改造来体现。作为执行的终端，来自上游的“污染”（如司法不公、执法不公、腐败），监狱是直接的承受者，严重影响着对罪犯执行刑罚、监管和改造。改造能否成功，不仅取决于监狱自身的努力，也取决于前几个环节的工作，主要指能否公正司法和执法。因此，监狱对于前面各个环节的工作应当有充分的发言权、建议权、纠错权（建立倒查机制，从末端开始向前查）。例如，监狱对罪犯申诉、控告、检举的处理，从这个意义上说，是保证司法、执法公正，保证刑罚正确执行的重要措施。

有期徒刑、无期徒刑和死缓执行的流程化，还表现在监狱行刑环节的内部，这方面监狱系统存在的问题较严重，除因一些特殊原因，很多罪犯往往在一所监狱“从一而终”。要改变这种状况，就必须实现行刑的流程化，具体建议是：

（一）设置新收罪犯分流中心

在一个省的范围内集中设置一个罪犯分流中心，集中收押新犯，当然是一种比较理想的办法。但是，由于各省的情况不同，有些地域比较大的省份，实行起来有难度，而且在警力、交通工具、资源、罪犯转送过程中的安全保障等方面存在现实问题。有鉴于此，新收罪犯的分流中心可以采用虚实结合的方式。对于不易集中设立的省份，可以设立一个虚拟监狱，这一机构只是统一负责接收各地交付执行的罪犯的档案材料，根据分押分管的要求，对罪犯进行分类，然后指定监狱接收，看守所根据这一机构的要求，将罪犯直接送交指定监狱。

（二）设置过失犯监狱

当前监狱的分类中，笔者认为最大的问题是没有将过失犯与故意犯分开关押。设置过失犯监狱，则可以很好地解决这一问题。从罪犯之间相互感染的角度看，过失犯从故意犯那里感染恶习的危害性最大，而且对过失犯，在警戒程度、监管的力度、罪犯待遇、改造重点等许多方面应当区别于故意犯。所以，设置过失犯监狱，将其作为低度戒备监狱，采取有针对性的管理教育措施，有利于对过失犯的特殊管理与改造。考虑到过失犯人数较少，不容易形成押犯规

模，也可以在省内交通便利的监狱设置关押过失犯的分监狱，同时，也可以将轻刑犯中的初犯、渎职犯关押于过失犯监狱，对于社会危险性较小的、从未成年犯管教所转来的罪犯，也可以关押于过失犯监狱。

(三) 设置过渡型监狱

对于临近释放的罪犯，统一由专门设立的过渡型监狱管理。过渡型监狱可以实行半开放的管理模式，同时关于罪犯进入过渡型监狱的时间，应当考虑罪犯的刑期，对于短刑犯，可以掌握在3个月，对于长刑犯，则可以掌握在1年到2年，时间上的安排，以使罪犯能够适应社会生活为主要因素。由过渡型监狱统一负责与罪犯出狱后的安置部门联系有关事宜，工作的专业性和职业性更加突出。目前过渡型监狱的功能一般是由监狱下设的监区负责，出监监区在管理上不容易与其他监区相区别。有了过渡型监狱，这种管理上的不协调可以较好地得到解决，同时也便于与社会有关单位的联系。

四、管束、感化、激励的管理机制

对罪犯的有效管束，是维护监管秩序、使其得到改造的基础条件。管束的实质是对罪犯实行以法为据的规范化管理，如在罪犯生活、劳动、学习现场，对罪犯的管束体现在以下几个方面：一是监狱的常设监管区域的外围实行武装警戒。一般情况下，罪犯的三大现场被控制在警戒线以内，武装警戒是稳定三大现场秩序的重要力量，是国家强制力的明确体现。二是罪犯在三大现场的活动内容依法带有强制性。监狱在依法保障罪犯合法权益的同时，也要依法强制罪犯履行服刑期间的法定义务。在三大现场，罪犯应当接受剥夺人身自由的刑罚惩罚，接受监管改造、劳动改造和教育改造。三是监狱在三大现场执行强制性的监规纪律。对罪犯违反监规纪律的行为要依法处理，对其中严重扰乱现场秩序的各种破坏活动，则需依法采取相应的强制性措施，予以现场处置。

对罪犯的管理，教育是主导，感化是手段，挽救是目的。感化，是指管理人员以真挚的情感、宽厚的态度、体贴的做法促使罪犯转变思想，积极改造。罪犯在情感上或多或少表现出感性有余、理性不足的特点，因此要注意以情动人，而不能一味地以理服人。管理人员对罪犯既要“恨其罪”，又要“爱其人”，以“严”导其行，以“爱”动其心，在执法的每个环节，在与罪犯的接触中，要时时处处使其感受到管教人员的宽厚、真挚的情感和体贴与关怀。只有情法交融，爱心挽救，才能收到理想的效果。

对罪犯的激励管理，被视为管理的精髓，是最具感召力的管理手段，也是最能体现狱政管理改造功能的领域。狱政管理中激励的本质就是调动罪犯积极服刑改造内在驱动力的过程，是围绕着“改造人”而展开的管理活动。罪犯的整体、群体和个体三个层次，在激励管理中的表现是最为明显的。如计分考核这一在整体罪犯中普遍适用的考核激励手段，关注的是调动所有罪犯的改造积极性；每一类罪犯特别是罪犯的各种正式组织，也列入激励的范畴，如在监狱与监狱之间、监区与监区之间、分监区与分监区之间评比先进单位的活动，不仅管理人员受益，单位的罪犯也受益；不仅激励管理人员，也激励罪犯。对于罪犯个体，激励的关注程度更高，所有的考核奖惩最终体现在每一个罪犯身上，对每一个罪犯产生激励作用。

五、劳动、教育、管理、心理矫治相结合的改造机制

改造罪犯是一项系统工程，在监狱工作的长期实践中形成了狱政管理、教育改造、劳动改造以及心理矫治为主要内容的改造罪犯基本手段。[①] 为此，我们应当按照系统科学的理论，把改造工作作为一个整体，统筹兼顾，以实现对罪犯改造的最佳效果。

（一）劳动改造

劳动不仅创造了人类本身，而且是人类最基本的实践活动。马克思曾指出，“劳动是一切社会病毒的伟大消毒剂。”劳动可以磨练罪犯的意志，培养其社会化人格，可以使罪犯在劳动过程中充分体验到人生价值的存在，它使罪犯消除那些好逸恶劳、不劳而获、贪图享乐的剥削阶级思想。同时，罪犯可以通过劳动活动接受社会信息的刺激，不断更新观念，调整自己的劳动方式，保持与社会的联系与其同步发展，从而最终提高罪犯的改造质量。

劳动改造是罪犯获得真知和正确认识的有效途径。对罪犯的改造过程，实质上又是矫正罪犯大脑中对客观世界认识的过程，而正确的认识来源于实践。劳动可以使罪犯在劳动中学到一些做人的道理，掌握一定的谋生手段和提高回归社会后的就业能力，劳动改造是培养罪犯劳动技能的有效途径。部分罪犯走上犯罪道路的原因之一是由于他们没有一技之长，不能自力更生、自食其力，从而不择手段地去谋求钱财，以期满足自己的私欲。马克思主义认为：劳动实践是劳动技能养成之源，同时推动劳动技能向前发展。劳动技能的形成无一例外，都是从实践中获得的。劳动是人类社会存在和发展的基本条件和途径，同时又是社会化程度较高的活动。监狱组织的罪犯劳动，无论从劳动环境、劳动项目、劳动过程还是劳动的各种技术和规范，都是贴近社会上的生产劳动，或

---

① 心理矫治能否成为监狱改造罪犯的一个基本手段，无论是理论界还是实务部门都存在一定的分歧。但是，对于心理矫治的重要性的认同却是不言而喻的。

者说本身就是社会劳动的一个特殊的组成部分。罪犯劳动的存在，使得罪犯在监狱内的服刑生活更加贴近社会生活，使得罪犯在服刑期间虽然与社会相隔离，但并未与社会相隔绝，服刑过程和服刑生活实际上融入了社会生活之中。

劳动改造是完全符合人道主义的改造手段，组织劳动能使罪犯以良好的身心状态和充实的生活内容面对服刑，为培养罪犯适应社会的能力并寻求个人发展提供了基本途径。组织罪犯从事有益于社会的劳动，并将劳动与教育结合起来，是使罪犯顺利度过刑期的最佳方式。它可以避免在单纯的监禁中，长年无所事事，导致他们心情压抑、意志消沉、精神颓废，甚至萌生逃跑、自杀和重新犯罪等念头，同时还可以使罪犯增强体质，保持健康。在劳动改造的组织和实施中，监狱始终坚持人道主义原则，实行科学管理和文明管理。在劳动项目的安排、劳动现场的管理、劳动工时、劳动报酬、劳动保护和安全生产等方面，都严格执行法律、法规和规章的规定。劳动改造在实施中，特别注意切实保障罪犯生命安全和身心健康，维护罪犯的合法权益。

（二）教育改造

教育改造作为改造罪犯的基本手段之一，在我国监狱工作中发挥着十分重要的作用。但是，由于监管场所的安全稳定至上和注重经济效益等多方面因素影响，教育改造工作难免受到其他工作的影响。如在很多监狱，罪犯的“三课”教育流于形式，没有真正起到教育、改造罪犯的作用。现在随着监企的逐步分离，也仍然存在“说起来重要，做起来次要，忙起来不要”的现象。

教育工作的方式、方法应随着社会的发展和时代的进步相应变化，但在实际工作中，也有个别领导和部分民警跟不上时代的步伐，思想上墨守陈规，工作上创新意识不强，仍习惯沿用多年的传统教育模式来开展工作，尤其对“涉黑、涉毒、涉枪”和“法轮功”类罪犯增多或变化的趋势认识不足，抱守多年传统的教育经验，致使教育方式、方法、手段和应对措施缺乏针对性，教育效果不佳。① 重入监教育、轻出监教育，缺乏针对性教育。对罪犯进行入监教育和出监教育是监狱教育改造罪犯的两道程序，二者的侧重点各有不同。实际工作中，一般对新收押犯的入监教育重视程度较高，认为把好“入口”是稳定监管秩序的有力措施，所以教育时间、教育内容能够予以保证，罪犯通过

---

① 比如对“法轮功”类罪犯的教育与管理只是停留在防止其不闹事、不死、不伤即可，至于怎样使其在思想上、行为上真正服从监狱的教育管理并安心改造，有效的方法不多。押犯之中出现的新情况、新变化，要求我们要尽快从传统经验型的教育模式中解脱出来，在继承和发展的基础上创新教育工作理念，以应对押犯构成的新情况，全面提高教育改造质量。

一两个月的入监教育，经考核达标后方可分流到监区。而出监教育由于主观上认为罪犯即将回归社会，教育强度相对减弱，针对性不强，尤其是在出监教育中缺少罪犯由“监狱人”向“社会人”过渡的再社会化回归教育、再就业指导和遵纪守法教育。重视监管、轻视教育，存在“一手硬、一手软”的现象。有的监狱个别领导和部分民警思路不清，不能正确处理监管稳定与教育改造的关系，认为只要看住人就行，至于教育改造好坏则无关紧要。有的甚至认为只要是监管不出现事故，教育工作搞不搞都行，为了安全稳定抓监管，忽视了教育工作的长效治本功能。因此，分析研究监管安全多，制定针对性教育措施少，使暂时的安全稳定蒙蔽了干警的视线，长此以往，会给狱内秩序稳定埋下了潜在的隐患。

现代行刑制度已不再是单纯地对罪犯实施惩罚，而是在惩罚的基础上，矫正罪犯的犯罪思想和行为。坚持“惩罚与改造相结合，以改造人为宗旨”的监狱工作方针，将罪犯“改造成为守法公民”作为监狱工作的出发点和落脚点，是中国监狱工作的基本特色。因此，在监狱实际工作中要从教育人入手，注重发挥教育改造的治本功能。[①] 但随着犯罪性质恶性化趋势的日益突出，押犯的改造行为也日趋复杂化，罪犯心理需求趋向畸形，改造动机趋向功利，价值观念扭曲，反社会意识增长，抗改思想和反改造行为变得比较隐蔽。面对这些新情况、新特点，监狱工作若还停留在“收得下、管得住、跑不了”的水平上，已不适应新形势下教育改造工作的要求，必须在“改造好”上做文章、下功夫，才能适应罪犯变化的新情况，加快教育改造工作由封闭、经验、粗放的传统教育模式向以现代、科学、文明为目标的“开放型”教育模式转变。

为适应监狱工作发展的需要，推动教育工作的深化和发展，提高改造质量，我们要打破传统教育模式束缚，探索出一条能够把教育内容、方法等有机结合，具有方法新颖、手段灵活、考核标准科学的教育改造评价体系，[②] 全面推进教育工作的深化和发展。随着信息社会计算机网络化的迅猛发展，监狱的

---

① 当然，教育改造能否真正从根本上使罪犯转化，或者说罪犯刑满释放后是否会重新犯罪，绝对不是教育改造所能决定和左右的，还有很多不确定的社会因素。我们这里所说的治本，是在改造层面上而言，不应把它理解为最终的治本结果。刑法大师封·李斯特讲过一句名言，即“犯罪是一种社会病”。因此，要想根治犯罪，必须从社会的综合治理入手才有可能。

② 依据监狱法“将罪犯改造成为守法公民”的总体改造质量标准和目标，作为建立罪犯改造质量评价体系的指导思想。在总体标准的指导下，根据分押标准，建立类别标准，对不同年龄、不同性质类型的罪犯设定不同的评价标准和体系。

教育改造工作如何适应这一发展趋势，发挥科技手段在教育改造中的作用，是摆在我们面前的一个新课题。为适应信息社会的发展，监狱教育改造工作应本着向科技兴教要质量的指导思想，立足现在，放眼未来，积极创造条件，加大投入，建立以教育改造工作为中心的网络信息工程，提高教育改造工作的现代化水平，以智慧监狱建设平台为契机，实现监狱系统向科技兴教要管理、要效益、要质量的目的。

（三）狱政管理

狱政管理是我国监狱依法对罪犯实施惩罚和改造的司法行政管理活动。在监狱工作中处于十分重要的地位，不仅是监狱准确执行刑罚、确保狱内安全的重要手段，也是矫正和改造罪犯的基本手段。可以说，狱政管理既是基本的管理手段，又是特殊的教育手段，在罪犯服刑期间发挥着不可替代的作用。《监狱法》颁布二十余年以来，随着国家法治建设的不断深入，各项法律法规日趋完善，我国监狱几十年积累的经验和模式正面临着新的挑战和磨练。尤其是近年来，在依法科学、规范、文明的狱政管理原则的要求下，罪犯维权意识增强，监狱工作透明度不断提高，陈旧的狱政管理模式已经无法适应新的改造形势，出现了民警“不敢管、不会管、不愿管”的现象，严重影响了监管改造工作的顺利开展，管理教育工作步履维艰。

由于种种原因，现阶段我国监狱的管理手段远远落后于社会经济发展水平，和监狱工作现代化的要求有较大差距，主要表现在狱政设施建设方面历史欠账太多，狱政管理信息处理准确性差，效率低，监管安全防范方面传统的“内管、外警、群众联防”的“三道防线”面临严峻挑战等。我国监狱在计划经济体制下建立的管理机制，不能适应市场经济体制下社会发展的需要。从2006年起，司法部启动了第一批监狱体制改革试点工作，目前已基本完成了监企分开。笔者认为，狱政管理机制改革应侧重于以下三个方面：第一，建立健全科学高效的刑罚执行机制。此项改革的重点是将狱政管理部门的工作进行细化分解，各监狱成立刑罚执行科具体负责罪犯的收监、申诉、控告、检举的处理，以及监外执行、减刑、假释、释放和安置帮教等刑罚执行工作，各省监狱局成立相应的管理部门，强化业务指导，充分发挥监狱的刑罚执行功能。第二，改革监狱内部层级结构。撤销监区，实行“监狱一分监区”二级管理，精简机构和人力，腾出警力充实一线，减少狱政管理的中间环节，便于监狱职能部门直接对一线的指导与沟通，有利于提高监狱狱政管理工作的效率。第三，建立新的监狱民警管理机制。对监狱民警进行分类管理，按照现代监狱制度的要求对监狱基层民警进行分类，改变过去监狱民警“万金油”的非专业化状态，可分为管教系列、看守系列、保障系列等不同体系，走专业化分工之路。[①] 当前，监狱的狱政管理工作表面上看是严谨和规范的，但从其功能来看，还没有完全发挥出来。作为改造罪犯的基本手段，狱政管理具有特殊的惩戒威慑功能、严格的规范约束功能、稳定的行为养成以及管理的激励督导功能等。因此，要确保狱政管理功能的发挥，就要求职能部门加强管理，对每一个管理环节实施监督和检查，督促民警克服“不敢管、不会管、不愿管”的畏难情绪，积极参与管理，使我国监狱狱政管理工作真正迈上一个新的台阶。

（四）心理矫治

心理矫治是指应用心理学的原理、知识、技术和方法，通过心理测量、心理咨询、心理治疗和心理干预等措施，调节服刑人员情绪，矫正其不正当的认知方式，消除其不良心理，培养其良好行为习惯，完善其人格，促进其心理健康的所有活动的总称。中国监狱系统自20世纪80年代末引进心理矫治，对服刑人员进行心理矫治。[②] 到目前为止，我国监狱系统对罪犯实行心理矫治已经非常普遍，甚至有不少人把它称为监狱改造罪犯的第四个基本手段。在新的历史时期，我国监狱开展对罪犯的心理矫治，有其历史的必然性。因为在押犯的情况发生了根本的变化，由以危害国家安全犯为主体逐渐转移到普通刑事犯占大多数，不少罪犯走向犯罪，不仅是由于意识形态方面的原因，也存在某些情绪障碍、变态心理、人格障碍等方面的原因。从心理学角度来看，服刑者（罪犯）是心理问题的高发人群，要有效地改造他们，单靠思想教育和理论灌输是不够的，还应对症下药，开展心理矫治。而且，监狱是一种用强制力剥夺罪犯人身自由的特殊的社会环境，这一环境具有威慑与约束作用，同时也容易

---

① 实际上，早在20世纪80年代就有人提出类似的观点，之后近似的建议一直不断，但实施却都处于非常尴尬的境地，主要原因是领导的观念、传统的习俗以及监狱经济的捉襟见肘制约着此项改革的进展。

② 心理矫治的第一个程序首先是要进行心理评估，那时监狱使用的心理量表都是从国外翻译过来的修订版，存在两方面问题：其一，量表都由外国人编制，文化传统、生活习俗、生活方式和价值观念与国人不同，对国人并不完全适用；其二，这些量表都是为非罪人群编制的，测查服刑人员势必存在偏差，不能满足监管和服刑人员矫治工作。1994年，“中国罪犯心理评估”课题组成立，负责研制量表。《中国罪犯心理评估》系列量表之一，服刑人员个性分测验试用版2000年4月研制成功。2000年9月起，服刑人员个性分测验量表及软件在30个省、区、市200多所监狱中试用。经过监狱使用后，针对反馈意见进行了修改，2006年上半年服刑人员个性分测验正式版研制完成，同年8月18日通过专家鉴定。参见张亦嵘、柴黎：《心理矫治：中国监狱教育改造一剂良药》，载《法制日报》2008年1月1日。

使罪犯产生紧张、焦虑、情绪不稳和行为异常，加重原有的心理障碍或产生新的心理疾患，有必要在罪犯中进行心理咨询和矫治。人的社会意识分为意识形态和社会心理两个基本层次，以往强调改造罪犯思想，主要是针对意识形态方面的问题进行的，现在提出开展心理矫治，主要是针对社会心理方面的问题进行的。只有两个层次一起抓，才能体现改造工作的全面性和客观性，真正有利于提高改造质量。

心理矫治作为一种改造手段或方法，通过改变罪犯的认知、情绪和行为，完善他们的人格，使他们更好地适应社会，不致再重新犯罪。然而，这种改变不是以行刑强制为必要前提的（尽管监狱的大环境是强制状态下的刑罚执行），而是以尊重罪犯、建立矫治双方相互信赖关系为必要条件的，从这一点上来说，实际是突破了原有的传统的对待罪犯的态度。因此，在心理矫治中，不论是通过心理测验间接推测罪犯的心理，还是通过咨询、治疗促使罪犯自我面对问题，如果没有罪犯的真诚配合，任何科学的手段、方法、措施都将无所作为。根据马克思主义的基本原理，内因是变化的根据，外因是变化的条件，罪犯认知、情绪和行为的改变，尽管离不开矫治者的专业工作和细心的引导，但是矫治者的作用只是“授之以渔”，而不是“授之以鱼”。所以，在矫治关系中，矫治者只是起着“助动者”的角色，而罪犯自己才是改变自己的真正的主宰。让罪犯自己主宰自己的改造命运，不仅揭示了罪犯心理矫治的内在机制，而且充分体现了心理矫治制度的人性化特点。

第三节 服刑人员社会保障机制建构

一、构建服刑人员社会保障机制的意义

监狱服刑人员尽管在服刑期间与社会实现了暂时的“隔离”，但其所需的社会营养决定了他们仍然与社会存在千丝万缕的联系，因为他们最终还是要回归到社会中去。因此，构建服刑人员社会保障机制就显得尤为重要。

（一）有利于提高监狱行刑效益

从本质上讲，犯罪是一种社会病，亦可以说，犯罪是社会各种消极因素相互作用的结果，刑罚和监狱只不过是治理犯罪的方法之一，而且未必是最好的方法。对此，贝卡利亚形象地把刑罚比喻为“双刃剑”，而且主张在治理犯罪上是不得不用的方法。菲利强调，刑罚只是社会用以自卫的次要手段，医治犯罪疾患的手段应当适应导致犯罪产生的实际因素。只有消除犯罪的社会诱因，

才是从根本上控制和减少犯罪的最为有效、最为彻底的方法。正如普林斯顿所言："对于社会弊病，我们要寻求社会的治疗方法。"① 邓小平也指出："解决刑事犯罪问题，是长期的斗争，需要从各方面做工作。""我们对刑事犯罪活动的打击是必要的，今后还要继续打下去，但是只靠打击并不能解决根本的问题，经济翻两番，把经济搞上去才是真正治本的途径。"②

既然犯罪是社会问题，是社会发展过程中的一种综合病症，因此，治理犯罪单靠监狱一家是难以完成的，必须动员社会方方面面的力量全员参与，齐抓共管。遗憾的是，尽管我国在20世纪80年代就提出了立足于预防犯罪、教育改造犯罪人的社会治安综合治理的新刑事政策，但由于这项基本刑事政策定位不准，导致价值取向定向不明，③ 以至于一度形成了以"严打"为核心的治标不治本的应急措施，其恶果之一是破坏了社会治安综合治理的整体性和协调性，难以达到理想的控制犯罪的效果。

由于监狱相对隔离于社会，加之社会市场经济的发展和对利益的追求越来越强烈，社会的整体道德水平有所下降，人们对公益事业的关注越来越淡，监狱工作变成了被人遗忘的角落。人们似乎认为罪犯被判刑之后就是监狱的事情了，而很少有人考虑社会各个部门和成员应承担的责任，监狱唱独脚戏的局面日积月累，致使罪犯的社会营养严重缺乏，刑罚执行效益整体下降。而构建服刑人员社会保障机制恰恰有利于调动罪犯服刑所需要的社会力量和各种有利因素，从而提高监狱行刑效益，顺利完成国家交付的刑罚执行任务。

（二）有利于调动罪犯改造积极性

罪犯入监以后，会产生许多不同的需要，不但包括自然需要，更重要的是会有许多社会需要。传统的人道主义比较注重罪犯自然需要的满足，而改造罪犯则从更深的人文关怀角度更加注重罪犯深层的社会需要。一方面，罪犯在监狱内服刑改造出于本能而形成各种自然需要或生存的需要，合理合法的应当予以满足，这是改造罪犯工作顺利进行的前提和基础。另一方面，期望尽快获得自由，顺利重返社会，几乎是所有监狱服刑罪犯最强烈的需要和愿望。"改造罪犯"正是要把这个最强烈的需要，转化为罪犯主体追求的目的，成为改造自己的动机和动力。

我国监狱"改造罪犯"的基本取向是人的基本生存问题，亦即人生的价值问题，其实质是索取和贡献的关系问题，而现代社会许多罪犯的犯罪根源恰

① 转引自陈兴良：《刑法的人性基础》，中国方正出版社1999年版，第385页。

② 《邓小平文选》（第3卷），人民出版社1993年版，第34、89页。

③ 严励：《我国刑事政策的价值追问》，载《山东公安专科学校学报》2004年第2期。

在于此。认罪的基础是寻找犯罪根源，并从法律和认知上明白其中的关系和道理，改造的取向必须是解决犯罪的根源问题，这样才能从根本上达到改造罪犯和预防重新犯罪的目的。应当引导罪犯改善自身社会关系和提升个人素质，以便为今后重返社会打下良好基础。通过以人的价值为契机，对罪犯进行人生观、价值观方面的改造和重塑，是“改造罪犯”所体现的深刻的人文关怀和人文精神。毛泽东同志曾明确指出，“罪犯是可以改造的”，但是须“政策方法对头才行”。这说明改造罪犯需要许多条件，其中对罪犯的人权保障和社会关怀，是一个极其重要的条件。对罪犯的人权保障和社会关怀，首先是生存权的保障，当罪犯基本生活条件没有保障时，是无法谈及改造的。因此，构建罪犯社会保障机制，正是从人的最基本需要的角度解除了罪犯的一些后顾之忧，从这一点上看，“改造罪犯”与保障罪犯的发展权在内容和方向上保持了高度的一致性。在一定意义上讲，改造就是为了罪犯今后的良性发展，而构建服刑人员社会保障机制，则可以大大激发罪犯的改造积极性。

（三）有利于促进社会长治久安

社会治安综合治理的基本任务是：在各级党委和政府的统一领导下，各部门协调一致，齐抓共管，依靠广大人民群众，运用政治的、经济的、行政的、法律的、文化的、教育的多种手段，整治社会治安，打击犯罪和预防犯罪，保障社会稳定。工作范围主要包括“打击、防范、教育、管理、建设、改造”六个方面，其中的改造是教育人、挽救人、防止重新犯罪的特殊预防工作。社会主义和谐社会的特征是民主法治、公平正义、诚信友爱、充满活力、安定有序、人与自然和谐相处。其中的安定有序，是指社会组织机制健全，社会管理完善，社会秩序良好，人民群众安居乐业，社会保持安定团结。罪犯经过监狱改造刑满释放回归社会后，成为守法公民，说明刑罚的特殊预防目的得以实现，监狱为社会治安综合治理做出了重要贡献。如果罪犯刑满释放回归社会后又重新犯罪，就会给社会增加不和谐因素，影响社会的稳定。构建服刑人员社会保障机制，可以使监狱和社会有关部门建立起紧密的联系，在罪犯出监前对其进行重新犯罪可能性评估，如果即将回归社会的罪犯有一定社会危险性，监狱就可以及时提醒地方有关部门加强对其教育、管理和监督，从而起到预防其重新犯罪的作用，而社会有关部门也可以通过服刑人员社会保障机制对刑满释放人员进行观察和反馈，以利于监狱不断改进自己的工作。

罪犯改造质量的好坏体现出监狱管理水平的高低。影响罪犯改造质量的因素很多，监管改造、队伍建设、监狱生产以及后勤保障等都对罪犯改造质量产生一定的影响，如果各种因素交互作用、相互协调，就会对罪犯改造质量产生积极的影响，改造质量就会提高。如果某个环节出现了问题，改造质量就会受到制约和影响。刑满释放人员回归社会后，其中有一部分人，由于种种原因，他们会重蹈覆辙，重新走上再犯罪的道路。这部分再犯罪人员的犯罪手段往往更残忍，性质更恶劣，对社会造成的危害也更大。刑释人员重新犯罪的原因有很多，既有复杂的社会因素，也有监狱的改造因素。监狱职能的有限性迫切需要社会力量加以弥补和完善。在复杂的社会大背景下，犯罪不但没有随着惩罚而减少，而且大有增加的趋势，这从一个侧面说明监狱的惩罚对预防和减少犯罪、对改造罪犯的作用是有限的。因此，预防和减少犯罪，仅靠监狱是不可能实现的，必须动员全社会力量积极参与，需要全社会来共同关注，以弥补监狱职能的欠缺，构建服刑人员社会保障机制，则是最大限度地利用社会力量，使全社会形成一个共同的社会治安有机体系，从根本上促进社会的和谐发展和长治久安。

（四）有利于促进罪犯顺利重返社会

目前，我国监狱系统一线警力不足、专业结构单一的问题比较突出，尤其是精通心理学、社会学、精神病学等专业的人才奇缺。因此，充分利用社会资源，促进教育改造力量社会化势在必行。实践证明，社会志愿者以“平民化”的形象参与帮教，比监狱民警更具有亲和力，有助于打消罪犯的对立情绪，更好地同罪犯进行交流与沟通。同时，各类专业人士的介入，还可以弥补监狱民警专业背景单一的缺陷，提高教育改造的科学化和社会化程度。从改造罪犯作为一项复杂的社会系统工程角度而言，仅靠监狱自身力量是难以完成的，必须依靠社会力量，争取社会各界对监狱和罪犯改造工作的关心和支持。《监狱法》第68条规定：“国家机关、社会团体、部队、企事业单位和社会各界人士以及罪犯的亲属，应当协助监狱做好对罪犯的教育改造工作。”罪犯服刑期间和释放出狱后进行的各种社会帮教活动，能够帮助罪犯对自己的犯罪原因和社会危害进行比较全面、深刻的认识，使其对顺利恢复社会人格，完成再社会化过程，重新被社会所接受产生信心，从而有利于其顺利回归社会。“三个延伸”的实质就是整合政法机关职能，充分调动社会资源，共同为提高罪犯改造质量服务，但其最直接的目的还是帮助服刑人员顺利回归社会。有学者认为，以监禁刑为主的传统刑罚使犯罪人脱离社会，在其刑满释放后难以回归社会。① 这种做法与现代刑事政策观所强调的对人权的保护、对人主体性的尊重

① 韩红、杨春雷：《构建我国的恢复性司法模式——以被害人、犯罪人保护为视角》，载《黑龙江省政法管理干部学院学报》2006年第2期。

以促进犯罪人的自发改造，并帮助其重返社会的目标是相违背的。① 而构建服刑人员社会保障机制则是对这种刑罚执行形式缺陷的一种补救。

刑释人员回归社会后，之所以在就业、就学以及生活等诸多方面存在困难，除了他们自身原因如知识技能匮乏、思想观念落伍和心理生理障碍等之外，还有一个重要原因，就是社会对他们缺乏认同，很多用人单位对刑释人员怀有天然的抵触心理甚至蔑视和仇恨他们。因此，如果我们的社会能持一分宽容之心，增强对刑释人员的认同，给他们一个融入社会再生的机会，对他们伸出援助之手，让他们感受到社会的温暖，让他们充满生活的勇气和信心，这将不仅仅是对刑释人员生存的一种有力帮助，更能减少他们再次犯罪的可能性。为此，政府部门、新闻媒体和社会用人单位要形成合力，通过引导、宣传和教育，让社会各界转变观念，形成全社会对刑释人员宽容和帮助的良好氛围，并通过一些科学的制度设计，为刑释人员真正回归和融入社会扫清障碍。在构建服刑人员社会保障机制中，最重要的一种形式，就是监狱与罪犯亲属、原工作单位或原户口所在地的政府签订相互配合、共同教育改造罪犯的帮教安置协议。

二、构建服刑人员社会保障机制的原则

（一）从实际出发的原则

实事求是，一切从实际出发，最根本的一点，就是要求人们客观地看待周围存在的一切事物。从实际出发，研究客观事物的内部联系，找出事物发展变化的规律，这是毛泽东对实事求是的经典论述。毛泽东指出，人们的认识，“要完全地反映整个的事物，反映事物的本质，反映事物的内部规律性，就必须经过思考作用，将丰富的感觉材料加以去粗取精、去伪存真、由此及彼、由表及里的改造制作工夫，造成概念和理论的系统，就必须从感性认识跃进到理性认识。”② 科学发展观从我国社会主义初级阶段的基本路线出发，实事求是地深刻分析和把握我国当代社会的基本矛盾和主要矛盾，提出了以人为本，构建社会主义和谐社会的发展观，这是对马克思主义科学社会主义理论的重大创新。科学发展观的根本要求是实事求是的科学实践，能动的实践活动源于科学的理论指导，而这个实践的根本要求是实事求是，一

① 杨崇华：《略论和谐社会视野下的恢复性司法对传统刑事政策的超越》，载《研究生法学》2006 年第 5 期。

② 毛泽东：《实践论》，载《毛泽东著作选读》（上册），人民出版社 1986 年版，第 130 页。

切从实际出发。

衡量一种社会的法治模式、法治理念、法治文化或者策略方式是否正确，判断一个国家法治文明程度的高与低，不是主观臆断，它有一定的客观标准。这个客观标准就是实践检验标准，人民满意标准。具体到创建服刑人员社会保障机制，就是要看人民是否满意，绝大多数服刑人员和亲属是否满意，最终能否实现社会的和谐稳定与长治久安。研究司法体制改革要正确处理好从中国实际出发和面向世界的关系，既要借鉴各国文明成果，包括司法制度的文明成果，更要立足中国国情。因为任何国家的司法制度首先取决于该国的政治制度，同时还要受该国社会历史背景、法律文化、经济文化发展水平等因素的制约。我们要充分认识我国社会主义司法制度的优势，深刻认识社会主义法治的本质，积极借鉴人类法治文明的优秀成果，但绝不能简单照搬西方的法律制度和监狱行刑制度。

中国地大物博，人口众多，不同省份和地区的情况差别很大。因此，在构建服刑人员社会保障机制方面必须从中国社会的实际出发，尤其要从中国监狱和服刑罪犯的实际出发，切不可盲目照搬照抄其他国家的制度或者经验。只有如此，才能真正建立起具有中国特色的切实可行的服刑人员社会保障机制。实际上，尽管我们没有完整系统地建构服刑人员社会保障机制的理论作为支撑，但全国各地却创建了很多具有中国特色的构建服刑人员社会保障的制度和方法，而且许多方法都行之有效，这充分说明了符合国情的服刑人员社会保障的制度和方法具有很强的生命力。

（二）因地制宜的原则

因地制宜，实际上就是立足各省、各地区不同的社会实际，根据各地经济发展水平和经济能力以及社会公众的认知能力，适时、适当地建立服刑人员社会保障机制。全国甚至在一个省内都不要只搞一种模式，应当鼓励不同省份、不同地区创造性地摸索和逐步积累经验，条件成熟的可以逐渐上升到制度或立法的高度。坚持因地制宜的创建原则，有利于监狱工作社会化的开展，尤其是帮教工作社会化。因为改造工作的成效直接影响到一个地方的社会治安，因地制宜注重的是服刑罪犯能与罪犯原工作单位、学校、社会团体等社会组织保持经常联系，定期开展有益的帮教活动促进其改造，可以为其刑释后就业、就学等提供帮助。而且，还可以使罪犯保持其生活习惯、民俗风情的一致性，能最大限度地减轻监狱化程度。

应当说，建构服刑人员社会保障机制是一个相对比较微观的工作，或者说它的地域性特征非常突出。如果在全国或者某一个省制定完全统一的标准，很可能会使这项制度或者工作束之高阁，达不到预期的目的和效果。因此，要鼓励各地从本地社会实际情况出发，制定或者创建一些带有地方特色的服刑人员社会保障的制度和方法。只有这样，才能使这项制度或者方法真正扎根于社会实际之中，使监狱改造罪犯的工作与社会的接口吻合，最终达到使罪犯重新回归社会成为社会守法公民的根本目的。

（三）注重实效的原则

建构服刑人员社会保障机制是一个非常重要的工作，它直接关系到监狱刑罚执行效益、罪犯主观改造的积极性、社会的和谐与稳定以及服刑人员能否顺利重返社会的目标是否实现。因此，建构服刑人员社会保障机制必须踏踏实实，注重实效，不能摆花架子，做表面文章。要注重解读建构服刑人员社会保障机制的科学性和现实性，对科学发展观前提下的建构服刑人员社会保障机制有一个全面和系统的认识。要注重建构服刑人员社会保障机制实践活动的人性化，要注重对罪犯的人文关怀，结合人性的特点创建一些活动或方法。要体现对人的尊重，既有利于调动参与者的积极性，也要有利于社会相关部门实践活动的深化。

注重实效原则的更深层含义是要注重制度的不断创新。从长远看，制度是社会发展的关键变量，而建构服刑人员社会保障机制实践活动的落脚点是制度创新。只有如此，才能跟上社会飞速发展的步伐，才能与监狱工作的改革与发展协调一致。各地应结合实际，通过学习实践活动，在制度创新方面应有较大突破，进而为活动效应的长期化提供重要保证，防止流于形式。建构服刑人员社会保障机制提倡简单化、人本化、科学化，反对人为地增加一些不必要的程序和环节。

建构服刑人员社会保障机制要注重活动主体的广泛性和参与的积极性。要注重调动各方面的积极性，尤其要注重调动一般干部的积极性，而不能只体现在少数领导干部身上。这样才能使活动的效果更大，才能使科学发展观的理念和社会和谐稳定的思想更深入人心。

三、构建服刑人员社会保障机制的方法

（一）监狱管理与社会协助相结合的方法

建构服刑人员社会保障机制，实际上是监狱行刑社会化工作的内在需求和延伸。监狱行刑社会化是为了配合罪犯再社会化目标而形成的行刑理念和模式，是实现罪犯再社会化、提高罪犯刑满释放后适应社会能力的必由之路。学术界对于刑罚执行和监狱行刑社会化的研究比较深入，很多高水平的学术专著和学者对此都有一定的独到见解。马克昌教授主编的《刑罚通论》一书认为，

“刑罚执行的社会化原则，是指监狱在刑罚执行的过程中，要调动监狱外的一切社会因素，合理救助改造罪犯分子并保证和巩固刑罚执行的效果，确保行刑目的的实现。”① 陈明华教授主编的《刑法学》一书也认为，“刑罚的执行应当充分地依靠和利用社会力量对罪犯进行帮助教育，培养罪犯适应社会生活的能力和社会责任感，促使罪犯早日重返社会。”② 陈兴良教授则认为，所谓监狱行刑社会化，“是指不再把监狱看作是单纯的国家机关，仅仅具有国家附属物的性质，而是视为一种社会事业，是解决犯罪这一社会问题的场所。监狱应由过去的全封闭改为半开放甚至开放式的现代化监狱，为犯罪人刑满以后顺利地回归社会创造条件”。③ 张苏军先生主编的《中国监狱发展战略研究》一书认为，监狱社会化是指监狱在刑罚执行过程中，通过放宽罪犯自由、拓宽罪犯与社会的联系、促使罪犯掌握社会技能和相关社会知识，塑造罪犯符合社会正常生活的信念和人格，最终促成罪犯回归社会。④ 尽管有的观点将监狱行刑社会化主要理解为依靠和利用社会力量对罪犯的帮教，似有片面和偏颇之嫌，但社会参与是监狱社会化的主导力量，监狱行刑社会化不只简单意味着社会的参与，更不能将教育改造的职责简单推向社会的观点却是共识。因此，监狱管理与社会协助相结合的方法便成为构建服刑人员社会保障机制最为重要的方法。

构建服刑人员社会保障机制的方法选择不能脱离其目的，而监狱行刑社会化的根本是监狱行刑，社会化只是行刑的一种方式或方法。因此，在构建服刑人员社会保障机制的过程中，监狱应当始终处于积极主动的一方，而且监狱最了解服刑罪犯的改造情况和需要，这是任何一个单位或部门所不能代替的。但是，构建服刑人员社会保障机制的很多资源或发展源又必须从社会的一些单位、部门或者个人予以挖掘。所以，便自然形成了以监狱为主、社会协助的创建思路。当然，以监狱为主、社会协助的创建思路是相对的，在构建服刑人员社会保障机制服务于监狱刑罚执行上，监狱始终是主要和主动的，但在一些具体的构建服刑人员社会保障机制的制度、措施等方面，监狱又有赖于社会很多单位、部门以及个人的支持。所以，监狱管理与社会协助相结合的方法，实际上反映了主要矛盾和次要矛盾之间一种相对应的协调关系。

---

① 马克昌主编：《刑罚通论》，武汉大学出版社 1999 年版，第 514 页。

② 陈明华主编：《刑法学》，中国政法大学出版社 1999 年版。

③ 陈兴良：《刑法适用总论》，法律出版社 1999 年版，第 185 页。

④ 张苏军主编：《中国监狱发展战略研究》，法律出版社 2000 年版，第 94 页。

（二）政府协调与社会帮助相结合的方法

如上所言，在刑罚执行过程中，监狱始终处于主导和主动的地位。但是，从我国社会的现实来看，监狱在与社会有关部门的交往中，很多时候处于非常尴尬的境地。尤其是在一些具体问题的协调上，由于监狱缺少相应的管理权限，往往止步于良好的愿望。因此，构建服刑人员社会保障机制这一重要制度的有效创建与实施，必须借助于监狱和社会有关部门共同的上级机关来协调。否则，真正有效的服刑人员社会保障机制很难建立，或者即使建立了也很难实施。

政府协调与社会帮助相结合的方法，宏观上需要政府出台一些有利于构建服刑人员社会保障机制的制度、措施等的规范性文件，微观上需要各级政府适时调控监狱和社会有关部门的工作关系，帮助解决构建服刑人员社会保障机制过程中遇到的各种问题和困难。从建立真正的社会主义法治国家而言，最难之处是如何做到使国家机关依法行政，这已经成为我国法学界的一个共识。由此可见国家行政机关在社会生活尤其是管理过程当中的重要性。由于我国目前正处于社会主义经济发展的初级阶段，社会法治、经济、文化相对还比较落后，因此，在很多方面的工作政府协调不仅是重要的，而且是必须的，这也决定了政府协调与社会帮助相结合方法的重要性。

（三）罪犯自律与亲属帮教相结合的方法

构建服刑人员社会保障机制，最直接的受益人是服刑罪犯及其亲属，最根本的目的是保证服刑人员顺利回归和社会的安全稳定。因此，在构建服刑人员社会保障机制的工作中，罪犯及其亲属有着义不容辞的责任。从罪犯角度而言，构建服刑人员社会保障机制是从行刑、精神、制度、物质等层面保证其顺利回归社会；从罪犯亲属角度而言，他们对于服刑罪犯的顺利回归有着不同于社会其他成员的特殊意义。① 因此，罪犯自律与亲属帮教相结合的方法便成为构建服刑人员社会保障机制一个不容忽视的方法。

任何服刑人员社会保障机制的制度、措施等的实现，都离不开罪犯主观能动性的发挥，这也是内外因辩证关系的真实体现。不管多好的制度、措施，都离不开相对责任人的积极配合。因此，罪犯的积极改造和严格的自我约束，是

① 从社会的实际情况来看，罪犯亲属的帮教和罪犯出狱后亲属能否接纳、帮助和关心他们，对于罪犯的服刑改造和重新社会化都有着极其重要的影响和意义，这是其他任何单位和个人的帮教所不能替代的。

任何服刑人员社会保障机制的制度、措施等实现的一个基本前提条件。罪犯亲属作为和罪犯最为亲近的特殊社会群体，他们对罪犯的帮助、理解和关怀甚至包括训斥都会对罪犯产生重要的影响，同时他们也是罪犯回归社会后接触最为密切而直接的特定人群。因此，罪犯自律与亲属帮教在服刑人员社会保障机制建构中的作用就显得尤为重要。毫不夸张地说，这也是构建服刑人员社会保障机制中最为重要、最为人性的一环。

四、服刑人员社会保障机制建构的内容

（一）行刑层面

刑罚是一把“双刃剑”，这句名言尽人皆知，而刑罚执行（监禁执行）作为一个“双刃剑”，却很难被社会统治者所废弃不用，因为目前实在没有更好的替代措施。实际上，让一个人（罪犯）脱离正常的社会生活并将其置于反常的社会（监狱）之中，同时却希望他们将来适应正常的社会生活，是很难做到的，这也是传统的监狱存在的一个悖论。一些西方学者据此指出，在完全监禁的条件下，犯人甚至被剥夺最低限度的责任感。他们像儿童一样被规定什么时候休息、吃饭和劳动。所有这一切都无须他们自己决定，他们自己也不能决定。在正常的社会生活中，坚持自己的权利是受到鼓励的品格。可是在狱中，罪犯坚持自己的权利则往往被认为是不服管教并且会因此受到处罚。不同于正常社会的监狱生活将在每个罪犯身上打上深深的烙印。这种烙印在一些罪犯出狱很久后还难以消失，甚至伴随其终身，使出狱人成为不在监狱的“监狱人”。[①] 从服刑人员社会保障机制建构的内容角度而言，在自由刑行刑过程中逐步采用开放式处遇制度或者开放式教育措施是一个必然的选择。所谓开放式处遇制度，是与传统的封闭式处遇制度相对而言的，是指在不影响刑罚的情况下，通过取消监狱围墙、铁栅栏、手铐等措施，减少对罪犯自由的限制，增加对罪犯的信任，以尽可能缩短在押犯同正常社会生活的距离。开放式处遇制度的优点主要表现在有利于犯人顺利回归社会、能够增进监狱警察与罪犯之间的相互信任，符合刑罚经济原则。甚至有西方学者认为，开放式处遇制度标志着当代监狱制度发展到一个重要阶段。

虽然在我国实行开放式处遇制度还有很多困难和阻力，比如传统行刑观念的阻力、社会经济的发展水平以及社会公众对犯罪的理解和认知，但从一定意义上讲，新中国各个时期的刑事司法实践对行刑社会化的理解却

---

① 王平：《监狱历史发展的一般规律及其启示》，载《法律科学》1997 年第 5 期。

在逐步深入。[①] 但就总体而言，我国当前行刑工作的社会化程度还比较低，同一些国家相比还有一定差距。例如，我国刑法规定的缓刑、假释、管制等非监禁措施，在司法实践中普遍存在适用率偏低的问题，同时由于执行机制不健全，导致其执行效果不甚理想。另外，我国整体上仍沿袭着传统的封闭性行刑模式，没有形成完整的监狱分类体系，更没有严格意义上的开放式监狱的出现。许多监狱在确保安全稳定的压力之下，对某些开放式处遇措施，如离监探亲、组织罪犯狱外劳动等，几乎都采取极为谨慎乃至保守的态度。

当前，我国社会主义社会市场经济正朝着日益开放的趋势发展，开放的社会要求我们更加理性地对待犯罪，人本理念的崛起要求我们应更加人性地对待罪犯。顺应国际刑罚发展趋向，从有利于实现罪犯再社会化的宗旨出发，打破监狱行刑的封闭性，推进监狱行刑社会化建设，应当成为我国刑事司法改革一个不可逆转的方向。行刑方式社会化，上海宝山监狱创设的“周末监禁”，对于服刑罪犯避免监禁化和顺利回归社会都有着非常积极的意义，在全国监狱范围中也是“先驱”,[②] 值得推广。

（二）精神层面

在传统监狱监禁的状态下，罪犯能否顺利回归社会，除了行刑制度、社会

---

① 例如，从政策层面看，20世纪80年代提出的罪犯改造的“三个延伸”，即蕴含着行刑社会化精神；从立法层面看，行刑社会化思想在我国三大刑事法律中均有一定体现，如监狱法明确规定了利用社会力量教育改造罪犯的原则，并对离监探亲制度、出狱人保护制度等作了原则性规定；从实践运作看，我国行刑机关也探索出一套有中国特色的行刑社会化的措施，如分级处遇制度、签订帮教协议、实施“开放式教育”等。

② 据《解放日报》报道：上海宝山监狱首创“周末监禁”：一周前五天，犯人离开监狱，到指定工厂上班，下班后自行回家住宿，行动与普通人一样；服刑期内的监禁，只需在周末回到监狱进行。据监狱方面介绍，以往不少出狱犯人由于缺乏竞争性技能，待业现象比较严重，增加了他们再次犯罪的可能性。解决这一问题的关键在于给即将刑满释放人员早些接触社会，提供社会实践的机会并学习一技之长。监狱根据最新推出的“周末监禁”制度，与当地的某实业公司签订了《共建社会实践基地协议》：由监狱选择余下刑期在六个月以内的犯人，每周一至周五在该公司“上班”，公司派员带教，给予适当的操作技能等方面的指导和帮助，并支付人均每月五百七十元的劳动报酬；犯人们晚上各自回家住宿，而周末再回到监狱服刑。监狱警官会不定期地向工厂和当地街道了解情况。监狱有关负责人称，“周末监禁”是一次大胆的尝试，至少有三大好处：它让即将出狱的犯人感受监狱的人文关怀，可以零距离接触社会，为其回归社会创造条件；它可以成为社会教育的一部分，对社会公众起到警示和预防犯罪作用；符合行刑社会化的发展趋势，节约了行刑成本，值得推广。载新华网2004年5月18日。

经济状况、安置帮教等社会因素之外，服刑人员精神营养是否充分显得越来越重要。罪犯能否真正改造成为社会的守法公民，其根本之处还是要看他们思想上是否有了彻底的改变。因此，服刑人员社会保障机制建构的内容之中的人文关怀占据着十分重要的地位，而社会帮教则是满足服刑人员精神营养的重要渠道。

社会帮教，是指监狱人民警察利用监狱以外的社会力量对罪犯进行教育改造的辅助教育活动。它是通过社会教育资源的整合，来实现教育改造的个别化、社会化和科学化，是监狱普遍采用的一种行之有效的基本教育手段。社会帮教的主要作用在于能够使罪犯感悟到国家和社会、家庭的温暖，增强罪犯改造信心，鼓励罪犯在希望中改造。当然，社会帮教还能使罪犯感受到犯罪行为对受害者的伤害，促进罪犯认罪悔罪，能够使罪犯及时感受到时代信息，开阔罪犯的眼界，调节罪犯狱内单一生活节奏，丰富罪犯的精神生活，促进罪犯的再社会化进程。同时，它还有利于争取社会对监狱工作的支持，促进监狱工作的整体进步，树立社会主义新型监狱良好形象。由于这项活动对增强罪犯生活信心、鼓励罪犯接受改造、提高罪犯改造质量都起到了不可替代的重要作用，所以社会力量对监狱服刑罪犯的帮教已成为中国改造罪犯工作的特色之一。

我国社会帮教的种类主要是“两个延伸”，即向外延伸和向后延伸。向外延伸的时间点是在罪犯服刑期间，而向后延伸则是在罪犯刑满以后。这两个延伸的共同之处就是最大限度地借助社会力量，比如邀请社会知名人士来监狱做规劝、感化工作，组织表现出色的刑满释放人员来监狱现身说法，动员罪犯亲属来监狱做规劝工作以及罪犯刑满后的接茬帮教等。但在具体的帮教活动中，各地做法不一。有的只重视亲属帮教，而忽视社会团体、其他个人力量帮教；有的虽进行帮教活动，但没有固定的帮教人员、时间、地点，没有签订帮教协议书；有的仅限于以书信来往的方式进行帮教，缺少面对面的交流、沟通；还有的在帮教活动中主要采用做报告、讲话等形式进行集体教育，而缺乏“一对一”式的个别教育，以及帮教活动单向进行，使帮教活动停滞在表面层次上等。运用社会力量参与对罪犯的教育改造，既是监狱交融社会的平台，又是社会了解监狱的窗口；既是提高罪犯教育改造质量的一种形式，又是教育改造罪犯的有效手段。今后监狱应当着眼于社会帮教长效机制的建立，使帮教形式、帮教内容更加贴近教育改造罪犯的实际，真正实现监狱与社会的“资源共享”。

（三）物质层面

罪犯刑释后是否重新犯罪，和他们的生活是否有保障以及能否就业关系重大。据调查，很多刑满释放人员因为出狱后生活没有着落和无业可就而重蹈覆辙的占相当比重。从我国尚处于社会主义初级阶段的实际情况出发，由国家财政保障刑满释放人员的生活和就业是不现实的。还是需要立足监狱、放眼社会，探索一条社会保障之路。从我国现阶段的国情和可行性分析，笔者认为可以从以下几个方面做些尝试：

1. 参与社会保险

从社会发展的角度看，社会公民的养老、医疗以及其他物质需求参与社会保险的方式已成趋势。罪犯虽然暂时与社会“隔离”，但他们的社会生活基本属性并没有改变，绝大多数罪犯最终还是要重返社会。因此，社会保险的养老方式同样适合于这个特殊的社会群体。山东省鲁西监狱利用罪犯生产奖金办理社会保险，罪犯每月把奖金的一部分交纳给保险公司，在刑满释放时可得到一笔资金，最起码短期内的生活来源有了保障，为罪犯出狱适应社会形成了物质上的有力支撑，这种方法值得推广。

2. 建立刑释人员生活保障基金会

这是由监狱管理的一种社会组织，资金来源包括罪犯假定工资或奖金的提留、监狱生产盈利的投入以及社会组织赞助和捐赠的有关款项。在罪犯刑满释放时，根据不同的改造表现和家庭生活情况给予适当的生活保障金补助。它不仅对刑释人员出监后短期内生活有一定保障，同时对监内服刑罪犯也有稳定和激励作用。

3. 引导劳动报酬储蓄

根据《监狱法》第72条规定，监狱对参加劳动的罪犯，应当按照有关规定给予报酬。虽然不同省份的不同监狱给予罪犯的报酬不同，但服刑罪犯或多或少都会有一些劳动报酬方面的收入。监狱可以对罪犯的劳动报酬进行引导消费，其中包括设立服刑人员生活储蓄，这是一项利国、利监、利己的好事。只要引导得当，就会积少成多，成为罪犯刑满以后的一种物质储备，帮助罪犯渡过难关，肯定会产生良好的社会效益。

4. 创办刑释人员过渡更生保障基金会

此基金会和刑释人员生活保障基金会的最大区别是牵头单位不同，创办刑释人员过渡更生保障基金会应当由地市级政府下属的民政部门牵头，协同当地公安、检察、法院、监狱以及社会有关单位和个人，以政府适当拨付一定的经费为基础，以社会捐助作为基金的主要来源。刑释人员过渡更生保障基金会不仅在物质上对刑释人员给予一定的接济，以帮助他们顺利渡过暂时的难关，而且还要在接茬帮教上起到一个重要的组织协调作用。

（四）回归层面

1. 落户

接茬落户制度，即刑满释放人员从监狱回到原户籍所在地，凭释放证明办理户口重新登记。值得一提的是，原安置帮教措施中规定农村落实责任田、城市有工作的尽量恢复工作的说法不妥，因为我国现已对农村土地承包关系明确规定30年不变，土地承包关系不会因为人走而变更。至于原有工作人违法犯罪能否保留工作问题，法律都有明确规定，只能依法进行。监狱法在释放后接茬落户方面已有明确规定，可进一步细化。从总体上看，刑释人员不易管理，在主观和客观上存在一些特点：一是客观性。随着市场经济、个体私营经济的蓬勃发展，给刑释安置工作带来了较大压力，打工谋生的越来越多，占到刑释人员总数的50%左右。二是复杂性。刑释人员“回归”后大多数的安置去向是比较明晰的，但也存在一部分出狱即流散于社会的刑释人员。他们中有的不回归落户，有的则人户分离，甚至有些人用假身份证、假姓名、假地址混迹于社会，也有少数外地务工的违法犯罪人员刑释后继续流落在外。他们重新犯罪的具体情况难以掌握，导致基层无法备案上报，造成刑释人员脱管、漏管，属地管理的原则难以落实。

2. 救济

劳动保障和社会救济制度主要针对年老、疾病或生活暂时无着落而又没有生活来源的刑释人员，按最低生活保障标准，由劳动和社会保障部门、民政部门予以救济，这一制度的关键就是把刑释人员与普通公民一样看待，标准掌握在是否“困难”上。另外，应当将劳动法中有关劳动保护等的规定，延伸适用到正在监狱服刑的罪犯，规定监狱从他们劳动改造之日起，即为其办理相关劳动保险，费用可从他们应得报酬中扣除。而且，这种保险可随刑释人员的释放而随其本人转移。这样做既可鼓励他们在监狱中积极劳动改造，又可为其释放后的生活提供一定的物质保障，是一项一举多得的改革措施。虽然有些监狱已经在此方面做了很多有益尝试，而且也取得了一些好的经验，但大多都是一些监狱个体所为，难以体现此项制度的辐射效应，需要有关部门协调后在全国范围内推广。

3. 安置

我国法律明确规定，刑释人员一般应享有与正常人同样的权利，在就业或自己创业方面应当享有和别人一样的自由、平等的权利。如《监狱法》第38条规定：刑释人员依法享有与其他公民平等的权利。本来监狱法无须多此一举作出这一规定，主要是考虑对刑释人员需要进行特殊保护，防止有关职能部门和用人单位对刑释人员创业和就业设置障碍。[①] 刑满释放人员出狱后，必须尽快融入社会，才能获得新生。如果刑满释放人员的就业问题长期得不到解决，那么其就很有可能因为无业可就或生活没有着落而重新犯罪。相反，如果社会能有一个接纳刑满释放人员的良好机制，就可以巩固既有的改造成果，使他们不致重蹈覆辙。在这一点上，我国目前存在很多缺陷：一方面，普通人的就业竞争逐步加大，严重压缩了刑满释放人员的就业机会，使得很多刑满释放人员陷入几乎绝望的境地；另一方面，社会对刑满释放人员还普遍存在歧视态度，使得其重新融入社会难上加难。虽然社会很多单位和个人在提供刑满释放人员就业安置方面做了很多努力，但大多难以为继。[②] 所以，我们应当适当调整社会经济政策，鼓励各种经济组织积极接收、安置刑满释放人员，并给予类似各种政策上的优惠、补贴或者扶持。

4. 培训

为切实提高刑满释放人员就业和创业的能力，各地劳动保障部门应当充分发挥劳动力职业技能培训组织管理职能，坚持以市场为导向，以培训促就业，真正让刑满释放人员受益的工作方法，精心组织指导其职业技能培训工作，具体如下：(1) 强化管理，构建专业培训体系。为充分利用社会教育培训资源，本着面向社会、公平竞争、合理布局的原则，结合本地实际，经过资格申报、全面分析、认真考察，确定具有较强培训能力的培训教育机构作为定点培训基地，对培训计划、培训质量、培训人员、就业情况实行统一管理，对培训教学进行全程监督检查，努力提高培训工作的规范化与专业化水平。(2) 创新模式，打造技能培训品牌。劳动保障部门与培训机构认真谋划，多方联系，力求多渠道、多形式培训，强力打造技能培训品牌，可以开展“定向型”培训或“订单式”培训，根据企业用工需求和市场需求组织培训，以提高培训的质量和就业率。(3) 落实政策，确保刑满释放人员直接受益。各地政府部门应当划拨一定的专项经费，用于提高刑满释放人员就业和创业的能力经费。为使专项培训资金直接受益于刑满释放人员，劳动保障部门应与各培训基地签订责任书，明确培训人数、培训专业、质量保证、责任追究等内容。同时，对于实行免费培训的社会机构在政策方面予以重点倾斜。

---

① 但法律规定的一些特殊职业以及有特殊要求的情况除外，如我国公司法规定的公司有关领导部门的任职资格限制等。

② 龙婧、李佳宇：《刑释人员爱心基地面临倒闭》，载《新京报》2006年4月8日，第A11版。

5. 婚姻

目前，婚姻家庭的破裂已然构成一大社会问题，而且，婚姻家庭的破裂具体到刑满释放人员的身上更加突出。因此，针对刑满释放人员的婚姻问题，社会帮教工作者应关注其婚姻破裂带来的一系列社会问题，具体来说应该做到以下几点：首先，对于婚姻已经破裂包括已经离婚或者正在办理离婚手续的，必须教育刑满释放人员要正视现实，打破离婚是家庭的灾难或厄运的观念，帮助刑满释放人员树立对自己、对家庭秩序恢复能力的信心，同时帮助他们建立新的准则、角色、仪式，使他们清晰地明白新的家庭模式的前景，减低离婚后不知所措的迷茫情绪。其次，对于正在离婚的，应当帮助离婚当事人减慢进程，给孩子们一些时间进行调整，承认并考虑孩子的需要，促使当事人双方建立规则清晰的有限合作协议，保障孩子的情绪与健康成长。最后，教育刑满释放人员不要沉迷于痛苦之中，要让自己完全地接受生活，并将过去融入现在的生活中。社会工作者在协调婚姻家庭关系、增强婚姻家庭关系的调节功能方面，可以采取个案工作和团体工作的方法。就团体工作而言，可以针对一定数量的刑满释放人员开展各种家庭、家政的教育与培训，向其家庭传授现代生活观念，增强刑满释放人员家庭自我调节功能。在个案工作方面，主要是利用结构家庭治疗法以及联合家庭治疗法的技术，实行家庭的心理辅导。这种咨询服务的形式有热线电话、个案面询、团体及家庭治疗等。

对于有些刑满释放人员的婚姻出现危险信号的，要注意及时给予帮助。首先，社会工作者要进入家庭。通过与家庭成员日常生活的交谈与相处来把握家庭结构。此时社会工作者不但要“入乡随俗”，还要积极地与家庭成员交往，甚至要适当模仿家庭成员的行为方式，主要是更容易被家庭成员所接纳。其次，就是对家庭的形态和结构、家庭系统的弹性、家庭系统的反馈、家庭生活环境、家庭生命周期以及家庭成员的症状与家庭交往方式之间的关系进行评估。最后，社会工作者具体介入家庭进行治疗。这主要是通过改变家庭的看法、改变家庭的结构、改变家庭成员的世界观等手段来进行。

第四节　暂予监外执行制度研究

暂予监外执行是一种特殊的刑罚执行变更制度。按照我国现行刑事诉讼法的规定，暂予监外执行是指被判处有期徒刑或拘役的罪犯，如果患有严重疾病需要保外就医，或者怀孕或正在哺乳自己婴儿的妇女，或者生活不能自理，适用暂予监外执行不致危害社会的，依照法定的程序审批后可以不在监狱等刑罚执行场所关押服刑，而放在社会上由社区矫正机关执行监督管理的刑罚执行方式。对被判处无期徒刑的罪犯，有前款第二项规定情形的，可以暂予监外执行。

暂予监外执行制度从行刑人道主义的立场出发，迎合了当今刑罚执行的社会化、经济化和个别化的潮流，无论对于刑罚执行主体还是被执行对象，都有着非常大的吸引力，并且往往能够收到意想不到的行刑效果。因此，研究并完善该制度，深入挖掘其所蕴含的行刑功效，无论对于行刑实践还是刑事执行的理论研究，都具有重大意义。

一、我国暂予监外执行制度的法律适用

当前暂予监外执行适用实务的依据主要是《刑事诉讼法》和2014年最高人民法院、最高人民检察院、公安部、司法部和国家卫生计生委联合制定的《暂予监外执行规定》的相关规定。

（一）适用暂予监外执行的情形

根据《刑事诉讼法》第265条的规定，适用暂予监外执行有三种情形。对被判处有期徒刑或者拘役的罪犯，有下列情形之一的，可以暂予监外执行：（1）有严重疾病需要保外就医的；（2）怀孕或者正在哺乳自己婴儿的妇女；（3）生活不能自理，适用暂予监外执行不致危害社会的。对被判处无期徒刑的罪犯，有前款第（2）项规定情形的，可以暂予监外执行。

（二）暂予监外执行的决定或批准机关

对罪犯适用暂予监外执行，分别由下列机关决定或者批准：（1）在交付执行前，由人民法院决定；（2）在监狱服刑的，由监狱审查同意后提请省级以上监狱管理机关批准；（3）在看守所服刑的，由看守所审查同意后提请设区的市一级以上公安机关批准。对有关职务犯罪罪犯适用暂予监外执行，还应当依照有关规定逐案报请备案审查。其中，在监狱服刑期间对罪犯适用暂予监外执行在实务中最为常见。

（三）暂予监外执行的程序

1. 由人民法院决定的暂予监外执行的程序

对符合暂予监外执行条件的，被告人及其辩护人有权向人民法院提出暂予监外执行的申请，看守所可以将有关情况通报人民法院。对被告人、罪犯的病情诊断、妊娠检查或者生活不能自理的鉴别，由人民法院依照规定程序组织进行。人民法院应当在执行刑罚的有关法律文书依法送达前，作出是否暂予监外

执行的决定。人民法院决定暂予监外执行的，应当制作暂予监外执行决定书，写明罪犯基本情况、判决确定的罪名和刑罚、决定暂予监外执行的原因、依据等，在判决生效后7日以内将暂予监外执行决定书送达看守所或者执行取保候审、监视居住的公安机关和罪犯居住地社区矫正机构，并抄送同级人民检察院。人民法院决定不予暂予监外执行的，应当在执行刑罚的有关法律文书依法送达前，通知看守所或者执行取保候审、监视居住的公安机关，并告知同级人民检察院。监狱、看守所应当依法接收罪犯，执行刑罚。人民法院在作出暂予监外执行决定前，应当征求人民检察院的意见。同时，人民法院决定暂予监外执行，罪犯被羁押的，应当通知罪犯居住地社区矫正机构，社区矫正机构应当派员持暂予监外执行决定书及时与看守所办理交接手续，接收罪犯档案；罪犯被取保候审、监视居住的，由社区矫正机构与执行取保候审、监视居住的公安机关办理交接手续。

2. 在监狱、看守所服刑的罪犯需要暂予监外执行的程序

监狱、看守所应当组织对罪犯进行病情诊断、妊娠检查或者生活不能自理的鉴别。罪犯本人或者其亲属、监护人也可以向监狱、看守所提出书面申请。监狱、看守所对拟提请暂予监外执行的罪犯，应当核实其居住地。需要调查其对所居住社区影响的，可以委托居住地县级司法行政机关进行调查。监狱、看守所应当向人民检察院通报有关情况。人民检察院可以派员监督有关诊断、检查和鉴别活动。对罪犯的病情诊断或者妊娠检查，应当委托省级人民政府指定的医院进行。医院出具的病情诊断或者检查证明文件，应当由两名具有副高以上专业技术职称的医师共同作出，经主管业务院长审核签名，加盖公章，并附化验单、影像学资料和病历等有关医疗文书复印件。对罪犯生活不能自理情况的鉴别，由监狱、看守所组织有医疗专业人员参加的鉴别小组进行。鉴别意见由组织鉴别的监狱、看守所出具，参与鉴别的人员应当签名，监狱、看守所的负责人应当签名并加盖公章。对罪犯进行病情诊断、妊娠检查或者生活不能自理的鉴别，与罪犯有亲属关系或者其他利害关系的医师、人员应当回避。罪犯需要保外就医的，应当由罪犯本人或者其亲属、监护人提出保证人，保证人由监狱、看守所审查确定。罪犯没有亲属、监护人的，可以由其居住地的村（居）民委员会、原所在单位或者社区矫正机构推荐保证人。对需要保外就医或者属于生活不能自理，但不配合治疗的罪犯，不得暂予监外执行。对职务犯罪、破坏金融管理秩序和金融诈骗犯罪、组织（领导、参加、包庇、纵容）黑社会性质组织犯罪的罪犯适用保外就医应当从严审批，对患有高血压、糖尿病、心脏病等严重疾病，但经诊断短期内没有生命危险的，不得暂予监外执行。对在暂予监外执行期间因违法违规被收监执行或者因重新犯罪被判刑的罪

犯，需要再次适用暂予监外执行的，应当从严审批。对累犯、危害国家安全罪犯的暂予监外执行，必须严格控制。

（四）暂予监外执行的执行机关

对暂予监外执行的罪犯，依法实行社区矫正，由其居住地的社区矫正机构负责执行。

（五）暂予监外执行的终止

《刑事诉讼法》第268条规定，对暂予监外执行的罪犯，有下列情形之一的，应当及时收监：(1) 发现不符合暂予监外执行条件的；(2) 严重违反有关暂予监外执行监督管理规定的；(3) 暂予监外执行的情形消失后，罪犯刑期未满的。在实务中，如果发现有下列几种情形，也应将罪犯收监执行。如用自伤自残、徇私舞弊等手段骗取保外就医的；在保外就医期间不积极配合治疗的罪犯；在暂予监外执行期间有危害社会的行为或者违反社区矫正机关的相关规定等。

二、当前我国暂予监外执行制度存在的主要问题

当前暂予监外执行实务中存在的问题可以总结为四个方面：一是决定之困：事实认定重于法律适用，疾病鉴定缺乏有效监督制约；二是执行格局之困：涉及部门多，权责不明晰，衔接不畅；三是执行方式之困：监管薄弱，监督乏力；四是制度价值之困：人道与公正的价值倾向难题。

（一）审批、监督程序严格程度的提升并未杜绝时有发生的相关联的徇私舞弊案件

暂予监外执行制度尤其是保外就医，和减刑、假释一样，是实务中发生徇私舞弊的"重灾区"。为此，检察院、法院和司法行政机关都多次出台规定和制度对该制度予以规范，这也是刑事诉讼法修订的重点和热点之一。应该说，暂予监外执行在条件设定、审批、监督和执行等环节的严格程度都有明显的加强。然而，这种努力似乎并没有收到理想的效果。

（二）特殊类型罪犯的暂予监外执行矛盾突出

具体表现为刑罚执行中对老、病、残、孕等特殊类型罪犯的人道主义需求与公众对于暂予监外执行制度的公正性质疑之间的矛盾突出。由于被决定暂予监外执行的事由多为保外就医，且罪犯所患之病多为慢性病，难以在短期内治愈以收监执行，故继续暂予监外执行的现象较为突出。我国是人口大国，人口基数大，且老龄化问题突出。相应地，我国押犯的总人口数和押犯中的老、

病、残犯的总人口数也较多。监狱的环境和条件无法完全提供恰当的治疗和保障，对这些罪犯实行人道主义的处遇非常必要，有时甚至非常紧迫。但是，由于暂予监外执行制度将罪犯变更为在社区监督管束下进行治疗，公众认为对他们的惩罚度不够。再加之徇私舞弊事件时有发生，公众对于暂予监外执行制度的公正性也不断提出质疑。这对于暂予监外执行制度的正常适用产生了一定的消极影响。

（三）暂予监外执行的法律后果单一

在实务中，适用暂予监外执行的情形有法院决定、监狱管理机关决定和公安局决定三种，适用对象既有因患严重疾病的，也有因怀孕或哺乳自己婴儿的，还有因年老体弱生活不能自理的。在适用暂予监外执行的对象中，其现实表现、家庭保障情况以及保证人、监护人等的能力和责任等也有很大差异。《刑事诉讼法》中规定了两种不计入刑期的情形：（1）不符合暂予监外执行条件的罪犯通过贿赂等非法手段被暂予监外执行的，在监外执行的期间不计入执行刑期；（2）罪犯在暂予监外执行期间脱逃的，脱逃的期间不计入执行刑期。但是，对于在暂予监外执行期间表现各异的罪犯，法律所规定的后果较为单一，对于严重违反有关暂予监外执行监督管理规定的罪犯，以及故意拖延病情，甚至伪病、自伤、自残，以延长监外执行时间的罪犯，只是收监继续执行，并无其他法律后果。

从社会效果看，法律关于暂予监外执行期间计入刑期的这种规定，在一定程度上造成一些罪犯家属不管罪犯有病无病或病重病轻，总是寻求以造假、欺骗、拉关系等非法手段求得暂予监外执行，从而逃避刑罚惩罚，极易滋生徇私舞弊等司法腐败问题。同时，一些不符合条件的罪犯在暂予监外执行期间为非作歹，增加了不安定因素，也降低了司法公信力。以上问题的产生，监外执行期间不计入刑期是一个非常重要的原因。

（四）社区矫正尚需完善

社区矫正在我国刑事法律执行领域是一个新生事物。经过十多年的试点和实践，《社区矫正法》于 2019 年底颁布，并于 2020 年 7 月 1 日起生效实施。社区矫正作为泊来的行刑法律制度，产生于西方城市化程度较高、社区功能较为健全的发达国家。我国的城市化发展不均衡，社区的建设和功能的发挥也存在很大差异，社区矫正制度在我国的本土化历程尚未完全完成，这对于暂予监外执行制度的执行和落实提出了很大的考验。1990 年发布的《罪犯保外就医执行办法》曾明确指出保外就医存在的问题，如“以保代放”“保外就医人员脱管失控”等，现在仍然不同程度地存在。不可否认，暂予监外执行的适用，对于社区矫正具有非常强的依赖性，社区矫正的执行情况决定着公众对于暂予监外执行的认知和态度。

社区矫正个别环节存在法制不统一的问题。比如，法院直接判处的暂予监外执行是不需要保证人的，只有在入矫报到后才设立监护人，而由监狱提起的暂予监外执行是在移交前设立保证人，移交后由司法所设立监护人。两种来源，但制度确不一致。担保是暂予监外执行工作的重要环节，目的是要求保证人对暂予监外执行的罪犯担负起管理、教育、约束和敦促其遵纪守法的责任。然而，在现实中有的保证人没有履行责任要求，出现了“只保不管，只保不教”的情况。

各环节衔接不畅，影响暂予监外执行的过程监管。《社区矫正实施办法》规定了各部门间应当相互配合、分工协作，但现实中，在日常监管中，各部门在交付、通报、收监等环节往往衔接不畅，比如个别社区服刑人员被行政拘留或刑事拘留，往往是靠司法所日常走访核查才能发现，这也给日常监管工作造成了困难。

三、完善我国暂予监外执行制度的构想

造成以上问题的原因，既有制度层面的，也有思想观念方面的。因此，既要改革观念，又要健全完善制度，具体应从以下几个方面入手：

（一）转变观念，充分发挥监外执行制度所蕴含的积极因素

如前所述，暂予监外执行制度从保障罪犯的生命权、健康权等基本人权的角度出发，减轻了刑罚执行机关的负担，使之能够将有限的资源和人力投入到其他罪犯的管理、教育和改造工作中，在惩罚犯罪和保卫社会之间找到了较好的平衡点。社区矫正为暂予监外执行制度的广泛适用提供了所需的外部条件。因此，无论是审批机关，还是社会公众，都应当对其持有宽容的态度。因为，对罪犯的态度正反映出这一时代法律对于公民最低权利即人权保障的态度。

（二）进一步完善适用暂予监外执行的监督、监管机制

首先，继续深化狱务公开。狱务公开是完善监督机制的前提，公开法律适用的条件、标准、程序、期限以及违背相关规定的法律责任，使专门监督机关可以参照各项条件进行执法监督，而且便于包括刑事被害人及其家属在内的公众监督。其次，在加强自律的同时，建立完善高效的外部监督体系。笔者认为，在现有的基础上应当重点做好一点：鼓励罪犯对于本服刑单位暂予监外执行罪犯的监督，保障他们通过信件等方式对违规、作假等徇私舞弊

行为进行检举和揭发。如果属实，可将其作为立功的情形之一。再次，保外就医是暂予监外执行的重要组成部分，而关键问题在于病情复查。“严重疾病”本身可以通过司法解释等规范性法律文件予以确定，但罪犯是否患有这类疾病则属于医学上的专业判断，刑事诉讼法也规定了由省级人民政府指定的医院诊断并开具证明文件，但由于专业性过强，法官只能做形式上的审查，即只能审查该诊断是否由省级人民政府指定的医院作出，而无法对被告人是否患有“严重疾病”做出实质判断，使得法官对保外就医条件的认定只能依赖医院诊断，缺乏必要的监督制约，可能为不法分子所利用从而逃避刑罚执行。所以医学鉴定机关人员必须保持中立，真实、明确地提出鉴定结论。最后，在社区矫正中，健全对监外执行罪犯的管理制度，强化监管措施。以严格的管理和有效的监督，避免造成“放虎归山”、重新危害社会等严重后果的发生。

（三）设立刑罚执行停止制度

对罪犯适用暂予监外执行，容易引起公众尤其是刑事案件中的被害人及其家属的不满情绪。产生这一现象的原因是，我国现行的暂予监外执行制度中，暂予监外执行的时间计入刑期，因此，被害人及其家属乃至公众会认为是轻纵罪犯，甚至认为其中可能存在徇私舞弊的情况。德国、日本、意大利等国的刑事程序法对因严重疾病、怀孕、哺乳等而准予出监的均规定监外期间不计入刑期，只是刑罚暂停或推迟执行。综观之，此乃域外立法通例，颇具借鉴意义。可以借鉴吸收外国的刑罚停止执行制度——即对罪犯在适用暂予监外执行时，其刑期停止计算，待罪犯重新收监执行时，刑期再接着监外执行前的刑期计算。具体说来包括以下两种情形：一是按照我国现行的条件来适用，暂予执行期间计入刑期；二是对于不符合当前法律规定的无期徒刑犯和有期徒刑犯，如果监狱不具备所需医疗条件，不暂予监外执行有生命危险或者违背人道主义时，允许对其适用暂予监外执行，但是暂予监外执行的期间不计入刑期。当然，其适用的前提是不具有社会危险性。

（四）补充撤销监外执行的情形

实务中，撤销暂予监外执行的情形主要有五种：骗取保外就医的；疾病痊愈或者病情基本好转的；以自伤自残等手段拖延保外就医时间的；违反监督管理规定经教育不改的；违法犯罪的。建议补充三种撤销情形：一是保外就医罪犯因经济困难无力就医的；二是暂予监外执行罪犯的扶养义务人不能尽扶养义务的；三是取保人不能履行担保职责的。

第五节　减刑、假释制度的完善

对于减刑、假释权的探究，从逻辑上来讲，笔者认为主要应当研究三个方面的问题，即减刑、假释权的归属以及如何完善或称发展趋势。

一、减刑、假释权的归属

关于减刑、假释权的归属问题，也是减刑、假释权权力配置的核心问题，近年来出现了两种截然不同的观点。有的学者认为，减刑、假释权属于审判权的一个有机组成部分，故减刑、假释权依然应由人民法院行使；[①] 而另一些学者则认为，减刑、假释权是行刑权的一个有机组成部分，应由国家行刑机关负责行使。[②] 客观而言，两种观点都有一定道理，前者代表了传统观念上的一种认识，后者则表明了一些期盼改革的呼声。相比较而言，笔者更倾向于后一种观点。理由如下：减刑与假释发生在行刑过程中，应当属于行刑权；减刑、假释不符合刑事诉讼的特征，它既没有原告，也没有被告，不符合刑事诉讼的基本要素构成；减刑、假释只是对执行刑期的变更或服刑场所的调整，并没有改变原来的判决。从程序上看，减刑、假释更是一种建议、审批的过程。因此，减刑、假释权的归属应为行刑权的一个有机组成部分，而非现在实施的审判权的内容。

对于死刑缓刑制度来说，减刑是其题中之义。没有减刑也就没有这项制度。但严格说来，这种减刑应当称作改刑，即将死缓改为无期徒刑或有期徒刑。对于无期徒刑来说，也是一种改刑制度。实际上，这也是对减刑、假释权归属认识问题存在分歧的焦点之一。对于有期徒刑罪犯来说，减刑分为重大立功、立功、悔改三种情形，而大量适用的是悔改减刑。但悔改减刑的条件规定得很笼统，难以准确认定。再者，无论是监狱还是法院、检察院，因办理减刑而产生的工作量过大，而减刑一旦实施就无法撤回，对罪犯没有有效的控制手段（不可逆）。目前来看，社区矫正制度全面铺开后，将因悔改

---

① 参见马克昌：《刑罚通论》，武汉大学出版社 1995 年版，第 640 页；周振想：《刑罚适用论》，法律出版社 1990 年版，第 372 页。

② 参见张文学：《刑罚执行变更理论与实务》，人民法院出版社 2000 年版，第 172～173 页；陈敏：《减刑制度比较研究》，中国方正出版社 2001 年版，第 134～135 页。

减刑的罪犯改为假释，出狱后由社区矫正机构管理，这样对于罪犯的改造、社会治安的稳定都有好处。而这样的变动，实际执行起来并不困难，还是以日常考核和年终评审为依据，根据改造表现确定处遇等级。在执行一半之后，达到狱内最高处遇的，对其社会危害性进行评估。对于符合假释条件的，予以假释，转入社区矫正管理，这样做不仅可以使社会危险性比较低的服刑罪犯提前进入社会，同时还可以大大减轻办理减刑的工作量，进而提高监狱刑罚执行的效率。

至于重大立功和立功减刑，则应当保留。这样既符合立功受奖的刑事政策，又对罪犯对国家和社会做出贡献突出事迹予以充分肯定。

从权利的角度看，获得减刑、假释是罪犯依法享有的权利。因此，应进一步完善和设计有利于罪犯权利保护的依法公开裁定减刑、假释的司法审核程序。

（一）保障罪犯的知情权

在有关部门处理减刑、假释过程中，罪犯本人应有权知道其在减刑、假释全过程每一环节中的具体权利。包括提前3日获知合议庭成员名单、听证开庭日、申请回避权、陈述权、质证权、获得公正减刑假释权等。对罪犯在具体程序环节中发生疑问时，法院应明确由监管机关告知罪犯行使该具体权利的途径和时限等。

实施国家公权力行为，特别是影响相对人权益的行为，应向社会公众，特别是向利害关系人说明理由，这是现代程序正义的基本要求。说明理由的途径、方式可以是各种各样的，如立法和制定政策的说明理由可以通过向人民代表大会报告或通过政府刊物、新闻媒体发布进行；推行社会和经济规制的说明理由可以通过听证会或政府网站的途径进行，实施具体行政执法行为或裁决社会争议、纠纷的行为的说明理由可以通过行政决定书、裁决书向相对人作出，也可以直接向相对人进行口头说明。可见，保障罪犯减刑、假释的知情权，是现代社会文明进步的一种标志，也是程序正义在监狱执法过程中的一种具体表现。

（二）推行裁前公示

法院应将报请减刑、假释罪犯的姓名、计分考核情况、报请减刑幅度等信息在监管机关张榜公布，同时设立举报电话，收集服刑人员和知情人员的意见。同时，法院应当与检察机关密切配合，深入每一名拟裁定减刑、假释罪犯的监组，收集、听取其他罪犯的意见，听取该犯主管干警的意见，并应当在日常工作中监督和保障提出异议的罪犯不受打击报复。根据古老的自然正义（Natural Justice）原则，任何人对他人作出不利行为，均应听取他人的意见，任何人对涉及自己利益的争议，均不能由自己进行裁决。故此，任何人对公权力主体作出的认为侵害自己权益的行为，均应享有向其陈述、申辩的权利，对其行为不服，均应享有申诉与寻求救济的权利，法律应为之提供相应的救济程序制度，使之有可能向与公权力主体有相对独立的第三者请求救济，如行政复议制度、行政诉讼制度等。罪犯的减刑、假释如同“选拔”考试一样，除了罪犯之间的硬件比较如得分、立功、受奖之外，还有很多相对的软件部分如干警的印象、他犯的评价以及材料的表述等，这些不太确定的因素可能会导致罪犯之间的比较和竞争。因此，裁前公示便向一些持有怀疑心态的罪犯提供了一种补救的方式与辩争的平台。

（三）推行公开听证开庭审核

公示期满后，法院应当组成合议庭到罪犯服刑地公开听证审核，监管机关和检察机关派员共同参与，并组织一定规模的其他罪犯旁听。听证会应在审判长主持下，首先由监管机关宣读减刑意见书，并提交罪犯有悔改或立功表现的证据；然后由申请减刑、假释的罪犯自己进行陈述和补充，同时由同监改造的其他服刑人员就改造情况出庭作证；最后检察机关对监管机关的建议发表意见，从程序和内容等方面行使法律监督权。合议庭在听取各方意见后，应当认真进行评议，并尽量当庭作出是否减刑、假释的裁定。①

最高人民法院要求在职务犯罪减刑、假释中一律实行听证，可谓打开了减刑、假释正当程序的重构之门。就现实而言，职务犯罪与一般犯罪相比，由于罪犯本身的特殊性和入狱前的复杂人际关系，其减刑、假释中更容易出现腐败和不公现象，以此为突破口引入听证机制，将减刑、假释袒露在阳光化的正当程序平台上，有助于消解职务犯罪罪犯影响刑罚执行的“能量”，减少“暗箱操作”的空间，达致更清廉的公正司法。②

二、减刑、假释的发展趋势

由于减刑、假释权力性质的特殊性，即它同时具有司法性和行政性，有的学者认为“属于审判权与行政审核权的有机结合”，其权力划分给谁都具有一定的合理性。正如陈兴良教授所说的那样，“权力的分配也不是绝对的，区分

---

① 据有关资料显示，我国已有一些地方法院在减刑、假释等方面进行了类似的尝试，效果不错。实际上，这种方式已经非常接近于发达国家的罪犯假释委员会，只是在部门之间的职权划分上还有一些区别，参加的部门和人员也不尽相同。但是，笔者认为这是提高减刑、假释工作质量的必然的改革方式之一。

② 参见《法制日报》2009 年 7 月 15 日。

是相对的，关键是如何达到最佳的刑罚效果，由谁来行使是无所谓的”。法院在减刑假释现实工作中存在的弊端主要是观念上不够重视、程序上无保证、效率上比较低等，尤其是很多法院仅仅局限于“书面审”，中间很多环节出现了不协调的问题。反对派观点认为，减刑假释权分配给人民法院是权力配置错误，主张减刑假释权应归属于行刑部门，同时认为，在法院撤离减刑假释工作之后，成立一个减刑假释工作委员会，专门负责减刑假释的审核工作。[①] 笔者认为，不能简单地肯定或者否定法院在罪犯减刑、假释工作中的重要性，因为简单地肯定或者否定都无济于事，而从我国目前减刑、假释的不良运作状况来看，调整或改革应当是一种必然。

（一）设置减刑、假释工作委员会

笔者所说的设置减刑、假释工作委员会，与其他的学者主张略有不同。笔者认为，任何一项改革，如果脱离了我国现行社会的政治、经济、文化条件等，都将变为理论的空想或一事无成。因此，减刑、假释工作的改革也必须遵循这一原则。从我国社会目前的实际来看，如果否决法院而把减刑、假释裁定权交由行刑部门行使，结果可能是从一个极端走向另一个极端。所以，折中加方式的改革便成为了一种最好的选择。具体而言，笔者所主张的减刑、假释工作委员会应由两个部门负责牵头，即法院和行刑部门，而其他参加的部门和人员则应尽量考虑此项工作的需要，如公安、检察院、民政、妇联等部门的相关负责同志以及社会知名人士、街道或社区的代表，甚至还可以包括一定数量的社会志愿者。[②]

这样调整的好处主要在于：一是法院负责减刑、假释工作的主体地位没有

---

① 学者们主张成立的减刑、假释委员会的组成方式各不相同，有的主张在市一级政府设立，也有主张只在省一级政府设立的；有人主张由监管部门、检察院、法院和社会人士组成，也有人主张由监管部门、监狱管理局领导、监狱长、资深狱政管理人员、监管人员和有关专家、社会代表组成，等等。

② 美国由假释委员会（司法部下设假释委员会，没有法院的参与）决定是否对罪犯假释，各州均设有假释委员会，其成员由州长任命。假释委员会通常是一个大型假释机构的组成部分，该机构在罪犯获释出狱后对其进行监管。犯人在何时有资格获得假释属州法律权限。因此，各州的情况可谓千差万别。在法官只裁定最重刑罚的判决制度下，犯人可以在服完譬如1/3刑期后获得假释的资格。假释委员会成员一般在狱中与有可能获得假释的犯人举行简短会晤。委员会通常对犯人在监狱内的改正情况感兴趣，但也不可避免地会考虑犯罪事实和犯人的前科。日本刑法中规定了假释，由监狱长向“地方更生委员会”（行政机关）提出假释申请，该委员会须对行为人的人格、在监狱的表现、入狱前的生活方式、家属关系、其他关系等进行调查并进行审理，审理以会面为原则。

改变，不至于出现大的动荡或不安，但对法院做了一定的分权和制约；二是增加了行刑部门作为牵头部门之一，不仅解决了由谁（法院还是行刑部门）来管的争议问题，而且从根本上解决了法院“书面审”的尴尬局面，给了行刑部门一定的话语权；[①] 其他有关部门和相关人员的参与增强了减刑、假释裁定工作的透明度，同时也使社会有关部门和人员更加了解刑罚执行的重要性和困难所在，利于法院、行刑部门公正、公开、公平执法，利于服刑人员顺利回归。

（二）制定减刑、假释量化标准

减刑、假释工作存在弊端的深层次原因，就是很难制定出普遍适应的规则和标准。虽然最高人民法院 1997 年 10 月 28 日制定了《关于办理减刑、假释案件具体应用法律若干问题的规定》，为减刑、假释工作提供了一定的法律依据，但是该规定过于简单和原则，以至于在实践中很难把握和贯彻。如其第 1 条规定：“被判处管制、拘役、有期徒刑、无期徒刑的犯罪分子，在执行期间，如果认真遵守监规，接受教育改造，确有悔改表现的，或者有立功表现的，可以减刑；有重大立功表现的，应当减刑。”实践中，对于什么是“立功表现”比较好把握，但如何把握“确有悔改表现”难度就大了。实践中由于罪犯立功表现的并不多，绝大多数在押犯减刑的依据都是“确有悔改表现”，因此，如何理解“确有悔改表现”就显得至关重要。虽然《关于办理减刑、假释案件具体应用法律若干问题的规定》中确立了审查“确有悔改表现”的四个标准，[②] 但由于“认罪服法”和“接受教育改造”主要是一个人的主观心理活动，在实践中很难量化为客观的内容。而“认真遵守监规；积极参加政治、文化、技术学习；积极参加劳动，完成生产任务”在实践中虽然容易量化，但监管部门难免为了部门利益而大都将“积极参加劳动，完成生产任务”作为减刑的主要依据，从实际效果来看，也对减刑、假释制度产生不利影响。

从最高人民法院《关于办理减刑、假释案件具体应用法律若干问题的规定》中确立减刑的四个标准来看，“认罪服法”排在最前面，应是最重要的，

---

① 从我国目前法院的人力、物力以及审判工作的重心分布来看，随着服刑人员的急剧增加，减刑、假释的“书面审”只能是愈演愈烈。实际上，即使法院负责减刑、假释的法官们愿意深入行刑部门的基层或一线，但超大的工作量可能会使他们望而却步，而行刑部门的实际介入却很好地解决了这一难题。

② “确有悔改表现”是指同时具备以下四个条件：（1）认罪服法；（2）认真遵守监规，接受教育改造；（3）积极参加政治、文化、技术学习；（4）积极参加劳动，完成生产任务。

其次是“认真遵守监规，接受教育改造”，而“积极参加劳动，完成生产任务”在四个标准中排在最后面，其作用地位应是最小的。实践中，一些老弱病残的服刑人员由于自身的客观条件差，劳动分数少，获得减刑、假释的机会微乎其微，不得不引起我们的深思。所以，制定切实可行、易于操作的减刑、假释标准就变得迫在眉睫。①

（三）强化程序控制和社会监督

罗尔斯（John Rawls）指出：“正义是社会制度的首要价值，正像真理是思想体系的首要价值一样。一种理论，无论它多么精致和简洁，只要它不真实，就必须加以拒绝或修正；同样，一项法律和社会制度，不管它如何有效率和有条理，只要它们不正义，就必须加以改造或废除。”

减刑、假释除了必须有国家公权力介入外，还应当有各种社会公权力主体的介入，如行业协会、社会团体、基层自治组织等。因为，任何公权力，无论是国家公权力，还是社会公权力，在其运作过程中，如没有相应的监督和制约，都可能被滥用，都可能发生腐败或偏离制度设计的初衷。因此，在减刑、假释创新机制中，设立相应的权力制约程序是非常必要的。权力制约程序既包括国家公权力的相互制约，也包括社会公权力的相互制约；既包括国家公权力对社会公权力的制约，也包括社会公权力对国家公权力的制约；既包括不同公权力行为的相互制约，也包括同一公权力行为不同过程、步骤（如裁定处理的调查、审理、决定、执行等）之间的相互制约。减刑、假释创新只有通过建立和完善这些程序制度以及通过这些程序制度的运作，才能使其目标符合人类正义的要求，真正维护服刑罪犯的自由和权利。

从现代社会法治标准来衡量，我国减刑、假释程序存在结构性缺陷，它是一种典型的行政化而非诉讼化程序。根据司法部《监狱提请减刑假释工作程序规定》，被判处有期徒刑的罪犯的减刑、假释，由监狱提出建议，提请罪犯服刑地的中级人民法院裁定。这一规定赋予了监狱管理机关在减刑、假释程序上的启动权。但长期以来，人民法院在审理减刑、假释案件时主要采用封闭式的书面审理方式，既缺乏有力的检察监督和社会监督，也忽略了罪犯及相关利益主体的参与权，容易造成减刑、假释不公和司法腐败等问题。

作为一项重要的刑罚执行制度，减刑、假释可谓对罪犯的“第二次审判”，不仅关系到罪犯本身的权益和司法的公正性，更关系到罪犯改造和社会秩序修复的效果。然而，立法上的良好愿望如果缺乏正当的程序载体和严格的

---

① 这里我们只是提出问题，对于如何解决，则需要有关立法部门或执法部门协调处理。

监管约束，就很容易衍生成一种消解刑罚公正性的“合法性猫腻”。目前在实际执行中，减刑、假释、保外就医等一些良好的制度安排，由于操作的封闭性和法律监管的失效已经出现了一些问题，甚至产生“缓刑 = 不服刑”“假释 = 提前释放”“保外就医 = 玩猫腻放人”“暂予监外执行 = 自由”这样的奇怪等式。①

减刑、假释程序的重构，还有一个关键点就是落实检察机关的监督权。虽然我国刑事诉讼法和《监狱提请减刑假释工作程序规定》都具体规定了检察机关在减刑、假释中的监督权力和方式，但在实践中由于程序的刚性不足，使得检察监督明显滞后，对于具有决定意义的狱政管理机关的考核、申报过程，对于法院裁定和监狱执行等环节，仍缺乏可操作的监督规定。因此，重新构建减刑、假释程序，必须将检察机关的监督权力切实导入实际运作之中，以严密的监管看护刑罚执行的正义。

假释制度是世界很多国家普遍推行的罪犯奖励制度。我国的假释制度也已实行多年，具有自己的一些特色，但也存在很多问题：第一，受减刑制度的冲击，假释的适用量过小；第二，假释条件规定也有不合理之处，导致执法风险过大，司法和执法人员几乎没有积极性；第三，假释监督机制不完善，部分假释人员在管理上失控。针对以上问题，笔者建议取消悔改减刑，从而使大部分罪犯历经监禁、假释、完全自由三个阶段。因此，需要成立由各方面专家组成的罪犯危险性评估小组，并改变假释条件，由假释后“不再危害社会”改为确认为“没有继续监禁必要”，从而降低司法和执法风险。被假释的罪犯可以由城乡社区矫正机构代为监管，使假释人员有人管、有人教、有人帮。

第六节　出狱人员安置、帮助与保护问题研究

一、对出狱人员安置、帮助与保护的意义

建立和完善具有中国特色的刑释人员安置、帮助与保护制度，是构建社会主义和谐社会的客观要求和重要内容。我们党和政府制定的一系列安置帮教政策和措施，对于巩固改造成果，促进刑释人员尽快融入社会，都产生了积极而深远的影响。

---

① 参见《法制日报》2009 年 7 月 15 日。

当前，我国正处于社会主义市场经济发展的“重要的战略机遇期”和“社会矛盾凸现期”，在这一社会转型的关键时期，机遇和挑战并存，稳定和矛盾交错，群体性冲突和犯罪有可能在一段时间内持续增加。从我国监狱现状看，随着社会治安整治的深入和对犯罪打击力度的加大，狱内押犯呈上升趋势，且押犯的构成也发生了巨大变化。① 因此，如何突破传统计划经济体制下形成的安置帮教架构，创新适应市场经济体制要求的科学的安置帮教工作机制和制度设计，是摆在我们党和政府面前的当务之急。

（一）做好安置帮教工作是构建和谐社会的必然要求

促进社会和谐，经济发展是基础，稳定是前提，社会治安状况是“晴雨表”。没有稳定就没有和谐，没有稳定就没有发展。在构建社会主义和谐社会的过程中，改善人民群众的生活物质条件是根本，同时创建一个平安稳定的社会环境更是和谐社会的应有之义。应当说，人民群众是实现社会治安状况根本好转的主要依靠力量，而人民群众能否在实现这一目标中真正发挥作用，则取决于政府维护人民群众根本利益的程度和社会公正程度。如果这两个问题解决得好，人民群众就能积极支持党和政府的路线、方针、政策，遵法守法，成为维护社会稳定的根本力量；如果解决得不好，就有可能把人民群众推到反面，成为社会的不安定因素甚至是破坏力量。安置帮教工作是社会治安综合治理工作的一项重要任务，是一项挽救人和扶危济困的工作，是一项化消极因素为积极因素的工作，同时也是全面贯彻落实新时代中国特色社会主义科学发展，解决好经济、社会发展不平衡问题，促进社会健康、和谐发展的重要措施。

实际上，一个刑释人员如果得到了妥善安置，抛开宏观的政治意义不说，单从微观角度而言，等于挽救了一个人、一个家庭，稳定了一个街道、一个社区，这就等于修复了社会的一个有机细胞，整个社会的良性发展与和谐稳定自然而然就会变为一种趋势。所以，我们必须转变观念，从社会和谐与经济发展的政治高度充分认识安置帮教工作的重要性。

（二）做好安置帮教工作是有效预防犯罪、维护社会稳定的必然要求

由于我国目前正处于社会转型的关键时期，治安形势相对比较严峻，群体性的问题日益突出，犯罪呈现出复杂、多变、突发的一些特征。据有关权威部

① 据统计，我国每年约有30多万刑释人员回归社会，三年就是近百万刑释“大军”。政府和社会如果没有成熟高效的帮教安置措施，面对如此庞大的刑释人员，即使重新犯罪率维持在较低水平，但其绝对数也会令人震惊。况且，重新犯罪与初次犯罪相比，具有更大的社会危害性。近些年发生的一些影响全国的重大恶性案件，相当一部分有刑释人员参与其中，这也充分说明了这个问题的严重性。

门调查的资料显示，近年来社会治安犯罪总量上升，其中暴力犯罪、涉黑、涉毒、涉枪犯罪成倍增长，抢劫、杀人、爆炸等重大恶性犯罪一直是上升趋势，犯罪的危害性明显增大；黑恶势力犯罪成为影响社会治安的心腹大患；多发性侵财犯罪严重影响着人民群众的安全感。刑事犯罪呈现的趋势是：总量增多，危害加剧；黑社会性质组织蔓延，犯罪有组织性日趋明显；跨区域流窜犯罪更加突出；犯罪分子职业化、专业化，反侦查意识增强，打击难度更大；犯罪分子成分复杂，青少年犯罪突出，重犯、累犯多，刑释人员作大案突出。为了稳定社会治安秩序，遏制犯罪增长势头，我国先后多次开展“严打”专项治理活动，但收效甚微。“重治标，轻治本；重打击，轻防范”“重狱所内教育改造，轻刑释解教后的安置帮教”传统理念是造成目前这种社会局面的重要原因。在社会发展进程中，只有将预防犯罪纳入社会综合治理的整体框架内，才能充分实现惩罚与预防效益的双丰收，最终达到维护社会稳定的宏伟目标。

在很多情况下，犯罪不是个人自由意志决定的产物。“在犯罪人处遇不仅没有充分地发挥其职能，贴标签的弊害等反而使犯罪人处遇成为再犯发生的原因的现状之下，虽然说，应当考虑改进刑事司法制度，但重要的是事先预防犯罪的发生。犯罪对策的根本仍然是犯罪预防。”① 所以，与打击犯罪相比，现在更要重视的是犯罪预防。对于犯罪的预防，既要把它看作政府的服务职责，也要看作社会组织的服务功能。在此政策指导下，应当加强对控制犯罪的宣传力度，改变预防犯罪的方法与措施，结合政府与民间的力量，成立各种预防犯罪组织或者社会团体，使政府和民众站在一起来共商抗制犯罪。这种预防策略的推行，促使民众直接参与犯罪预防过程，增强其安全感和责任感。

对于犯罪预防，现在强调得比较多的是国家有关机构推行的预防措施。但是，在国外，由民间组织的治疗性预防十分流行。治疗性预防是根据犯罪预测和经验，判断哪些人是危险的人，进行有针对性、有实效的预防，其主要针对少年实施。治疗性预防主要由学校实施，建立和收集相关人员的资料，加强和家长的联系，提高老师的判断能力，改进教育，并与警察进行必要的合作。对抽烟、喝酒、旷课、吸毒的少年则进行单独的辅导。此外，需要考虑社会行动与犯罪预防之间的关系，积极改善社会生活条件，消除引发犯罪的各种原因；健全社会安全的公共保障组织，发展行业协会、农会等组织，实行行业组织的自治，尽早发现违法犯罪苗头，预防犯罪。笔者认为，针对青少年犯罪高发的现状，有必要研究或者建立类

---

① [日] 大谷实：《刑事政策学》，黎宏译，法律出版社2000年版，第299页。

似的民间组织和制度。

大量的实证研究表明，在诸多的综合因素中，影响刑满释放人员重新违法犯罪的核心变量，很大程度上还在于社会的接纳能力、接纳程度和刑释人员的再社会化能力、再社会化程度这两个主客观要素。因此，大力推进安置帮教工作，彻底改变过去传统的重打轻防、重罚轻帮的社会治安基本理念，为刑释人员顺利回归社会创造良好的社会人文环境和相对宽松的就学就业环境，是有效预防犯罪、实现社会治安形势根本好转的必然要求。

（三）做好安置帮教工作是保护刑释人员合法权益的必然要求

近现代社会提倡的“以人为本”理念契合了我国目前社会主义市场经济发展的基本脉络，是我国传统文化中“以民为本”思想的继承和发展，是中华文明历史智慧的一种发扬光大。“以人为本”在新的历史时期就是要诚心诚意地尊重人，全心全意地依靠人，全面着力地提高人，归根结底就是一切为了“人”的正当的利益、愿望和发展。这一基本观念指导着中国社会主义市场经济向着良性健康的方向发展，引导着中国政治观念、法治理念、人文思想的觉醒与反思，同时也应当成为指导安置帮教工作“四化”建设的核心思想。刑释人员这一特殊群体，过去作为社会法律规范的破坏者，其行为结果必然要受到国家法律的制裁和惩罚，这是对社会公共利益的保护，也是对社会正义的捍卫。但他们作为特殊的个体，在失去自由若干年之后，无论是生存能力还是自我发展能力，都不同程度地受到了主客观多方面因素的制约，有些人还会产生不同程度的心理障碍和人格障碍。因此，对社会中处于相对弱势的这个群体多一点人文关怀和法律关怀是一种社会文明的彰显，也是一个民本政府和开明社会的责任。国家对刑释人员的保护帮助除了宏观上的重视之外，还要有针对性地制定一些原则、方法和措施，从最低的社会生活保障制度入手，切实关心他们重返社会后所面临的一系列困难和问题，进而强化他们改过自新的内在动机，最终成为维护社会稳定、建设社会主义和谐社会的积极力量。

随着社会主义市场经济体制的确立和完善，原计划经济体制下制定的刑释人员安置帮教制度已在许多方面与市场经济相悖。主要表现在安置帮教政策措施与市场规律和国家法律、法规相背离，制度、措施执行的保障力不足，安置帮教对象的个性化就业谋生需求与政府提供的共性化需求方面矛盾明显等。随着社会开放程度的不断增大，在很多方面由政府控制转向了市场调节，由于社会价值观念多元化等原因，导致社会帮教影响力、渗透力减弱，协调工作模式难以形成专业化、规范化的管理体系和科学、高效的管理运作机制。虽然我国一些省市或地区针对市场经济条件下安置帮教工作面临的新情况和新问题进行了一些创造性实践，积累了一些好经验、好方法，但尚未形成统一的工作模式，未能产生辐射效应。而综观世界上一些发达国家，在实施对出狱人的保护方面大都形成了较为完备的法律制度和科学规范的工作机制。它们的此项工作首先具有深厚的理论基础，归结起来主要是“社会连带理论”和“人权理论”；① 其次是法治建设较为完善。② 1950 年在荷兰海牙召开的第十二届国际刑法及监狱会议通过了“出狱人社会保护决议”，联合国成立了释囚协会。在国际社会共同努力下，现代各国都很重视出狱人的社会保护工作，通过国家立法等形式对出狱人保护的救助、措施、方法、经费、权利与义务等作了明确具体的规定。上述这些有益的探讨与经验，为我国构建有中国特色的安置帮教工作制度提供了可资的借鉴。

二、对出狱人员的安置

（一）安置帮教的概念

安置帮教工作，是在党委、政府的统一领导下，依靠各有关部门和社会力量，对刑满释放人员所进行的一种非强制性的引导、扶助、教育等管理活动。安置帮教工作的主要对象是刑释五年之内，没有生活出路和有重新违法犯罪倾向的人。通过安置帮教，力争使大多数刑释人员增强改过自新的信念和就业能力，在就业、上学和社会救济等方面不受歧视，实现生活有着落、就业有门路、预防和减少重新违法犯罪的目标。

---

① 现代犯罪学提出的“社会连带理论”认为，人既然共同生活在社会中，必然具有社会连带关系，这是一切社会规范的基础，也是法律规范的基础。从犯罪原因看，犯罪实际上是一种社会现象，每个犯罪事件的发生是由犯罪人主观的某种观念与社会中的许多因素相互作用而造成的。由于人在社会中生活，社会环境、先天素质、心理意识、外界刺激等各种因素都与犯罪的形成有关，因此，对于犯罪现象，就不能把责任完全归咎于个人，社会应承担一定责任，应当从社会上一切诱发因素入手，通过教育、改善、治疗等方法和措施，恢复正常的社会生活，保障社会连带关系的稳定。扶助出狱人适应社会生活、防止再犯，才能符合社会的最高利益，这是促进、维护社会进步的必要工作，帮教安置就是其中的尝试和探索。“人权理论”是帮教安置制度的法理基础之一。积极开展帮教安置工作，保护刑释人员的合法权利是人权的保护实证化的体现。对刑释人员这一弱势群体的法律保障是人权普遍性和平等性的必然要求。

② 从 1862 年英国颁布《出狱人保护法》后，西方各国对出狱人社会保护基本上都通过立法进行规范，有的有专门法律，如英国、美国等；有的在刑事法典中设立专门篇章，如意大利、法国、德国等；有的还制定相关配套的系列法律，如日本。

（二）安置帮教工作的历史沿革

回顾我国安置帮教工作走过的历程，大致可以归纳为三个阶段：一是1979—1989年期间，这一阶段的安置帮教工作体现了计划经济的特征，并且重点强调“安置”，社会效果不错。从这一阶段的社会状况来看，由于社会公众就业压力不是很大，因此，针对刑满释放人员的社会安置和特殊形式的留场就业安置都起到了较好的效果。二是1989—1994年期间，随着改革的深入和市场经济体制的逐步建立，安置帮教工作也随之有了新的发展。1991年，中共中央、国务院在《关于加强社会治安综合治理的决定》中将刑释解教人员安置帮教工作列入综合治理的工作范围，使这项工作逐渐引起各级党委和政府的重视。1994年，中央综治委、司法部、公安部等六部委局又联合下发了《关于进一步加强对刑满释放、解除劳教人员安置和帮教工作的意见》，从此，各有关职能部门在综治委的具体领导下，分工协作，齐抓共管，使安置帮教工作逐渐得到落实。特别是1994年制定的《监狱法》在第三章第五节中专门规定了“释放和安置”，从而使安置帮教工作上升到法律的高度。三是1994年至今，这一阶段虽然很多省、区、市制定了一些安置帮教的制度、措施，甚至地方立法，但是就全国来说，安置帮教理论方面没有什么创新，基本上还是按1994年的规定来开展工作。这一阶段，由于受市场经济就业压力的冲击比较大，针对刑满释放人员的社会安置遇到了前所未有的困难，很多地方的所谓创新基本也都是引导刑满释放人员自谋生路，缺乏基本的制度保障和最低的经济支持。

从我国安置帮教工作的发展历程来看，其总的趋势是不断向前发展的。但相对于我国社会政治、经济和文化发展水平来说，则明显滞后，尤其是很多制度和措施还停留在改革初期阶段，带有浓重的计划经济色彩。在市场经济条件下，特别是对加入WTO后的政府来说，这种“协调”已很难发挥作用。当前严峻的社会治安形势，特别是刑释人员重新犯罪率不能得到有效降低的事实，迫使我们不得不作出认真的反思并探询新的安置方法和途径。

（三）安置帮教的发展与创新

安置帮教工作要适应变化了的社会主义市场经济新形势，必须走创新发展之路，做到“理论创新，制度创新，科技创新”。理论创新是做好新时期安置帮教工作的前提和认识上的基础，而理论创新首先必须解放思想。各级党委、政府，特别是与安置帮教有关联的部门领导，一定要解放思想，实事求是，提高对安置帮教工作的认识，自觉地把思想认识从陈旧的观点、做法和体制中解放出来，打破主观主义、部门主义和形而上学的桎梏，站在时代的高度，根据我国当前社会经济发展的实际，认真研究和分析安置帮教工作存在的突出问题，探索出一条有时代特点、符合中国国情的安置帮教之路。鉴于安置帮教工作的长期性、复杂性，建议对安置帮教工作进行单项的国家立法，以做到依法安置帮教，从而提高安置帮教工作的效率。

制度创新是做好当前安置帮教工作的关键。应当在坚持学历、资格证书等取得制度、接茬落户制度、就业和创业不受歧视制度、劳动保障和社会救济制度等基本制度的前提下，尝试建立一些新的制度如刑释前的过渡帮教制度，特别是针对刑期较长的服刑人员，国外在这方面已有先例。① 这项制度需要地方公安和监狱的互相配合才能完成。另外，监护制度可以在一些地方先搞试点，② 待经验成熟后再适当推广。刑释人员毕竟是特殊人群，为防止重犯，这也是一直强调刑释后帮教的重要原因之一。这项工作应由公安机关具体负责，即将一定时期内（如 5 年）的刑满释放人员纳入公安机关的重点监控名单，通过信息网络系统对其进行全方位的监控，目的是保护社会的安全和其他社会公民的权益不受侵犯。③

科技创新就是利用当代高科技的文明成果，促进安置帮教工作手段和方法的创新。随着电子信息等科技手段的飞速发展，过去很多靠传统手工方法的工作大都被高科技手段所取代，工作效率大幅提高。因此，安置帮教的发展与创新离不开这些先进的手段和方法。例如，可以建立监所与公安机关的互动信息网络系统，为每个罪犯制作电子档案，管理区间从其服刑的第一天起直到刑满释放。该制度的好处在于能够及时准确地了解每个服刑罪犯的各种情况，节约大量的人力、物力、财力，在需要时，可迅捷读取刑释人员的有关资料，以提高安置帮教工作的效率。

三、对出狱人员的帮助与保护

我国社会帮教的种类主要是“两个延伸”，即向外延伸和向后延伸。所谓向后延伸，是监狱在罪犯出狱时，要如实向地方政府介绍其改造表现，并协助地方政府做好出狱人的安置帮教工作，地方政府相关部门应积极做好刑释人员

---

① 所谓过渡帮教，是指罪犯在刑满释放前的一段时期，具体期限长短可根据罪犯的犯罪性质和改造表现来定，有条件地允许罪犯走出监狱，与社会接触，以给他们一个了解社会、适应社会的过渡期。此制度对于服刑罪犯刑释后的安置大有好处。

② 虽然从法律上说刑释人员已是自由公民，但他们毕竟是一个特殊人群，从实践中看，重新犯罪率一直比较高，这也是一直强调刑释后帮教的重要原因之一。

③ 此项制度的难点是如何把握被监控人员的隐私权等合法权利不受侵犯，因此，需要先做试点，探讨一些切实可行的方法和措施，然后视情况再调整推广。

接收、教育、就业指导等帮教工作，监狱和社会有关部门要相互配合、相互支持。

（一）监狱和社会要统一思想、提高认识

监狱和社会要统一思想、提高认识，明确行刑社会化是我国监狱行刑制度发展的趋势，教育改造罪犯不再只是监狱单方面的责任，而是全社会所有部门和公民的共同责任。因此，做好刑满释放人员帮教工作同样也是全社会的共同责任。监狱作为社会帮教的主导力量，要积极、主动地做好宣传、联络工作，制定出“整体规划、健全制度、形式多样、重在务实”的帮教思路，对符合帮教条件、有帮教能力的个人、团体，与之签订帮教协议，建立长期的、有效的帮教机制；而社会作为帮教主体，应当本着乐善好施、济困救危和社会稳定的思想，积极地参与到帮教活动中来。

（二）注重帮教实效，防止流于形式

从监禁状态下获得重生的刑满释放人员，在某种意义上说是社会弱势群体，他们所面临的问题和困难很多，因此，需要社会的特别帮助与保护。帮助与保护的重点主要体现在就学、就业、婚姻以及心理健康等方面，这需要社会形成一个全方位、多层次、齐抓共管的社会帮教体系，最大限度地扩大帮教层面。

建立社会帮教长效考核机制，确保帮教工作的实效和到位。一是要激活帮教工作内在机制，提升帮教的活力。应从制定和完善社会帮教工作规定、构建社会工作长效机制的法律机制、强化社会帮教工作目标责任制出发，构建社会帮教工作长效机制的考核机制①，健全社会帮教工作信息化网络，构建社会帮教工作长效机制的信息机制。二是保持帮教活动的正常化，提升帮教氛围。对认真从事帮教活动的，可以颁发荣誉证书，对做出突出贡献的帮教人员予以一定的表彰，同时，对于敷衍了事、走形式、摆过场的部门和个人，应当严肃地予以批评和教育。

（三）开展职业技术培训，提高就业竞争能力

积极开展职业技术培训，做好刑释人员安置帮教工作。罪犯在刑满释放后最大的问题就是就业问题，能否解决就业问题，关系到刑释人员的生存，也是刑释人员是否会重新走向犯罪的关键所在。刑满释放后如何就业，一直是监内服刑人员普遍关注的热点。监狱与社会劳动部门要充分合作，可以开办监内就

① 地方政府、社区、居委会及有关团体可以将社会帮教工作纳入地方“保一方平安，兴一方发展”的责任目标考核体系，以此来提高社会有关部门参与社会帮教的积极性和主动性。

业服务热线，举办现场就业指导、咨询、招聘会，并在条件成熟的监狱成立临时监狱人才市场，实现刑满就业直线服务等，切实为刑释人员解决生活上的出路。

第七节 死刑的执行

一、死刑犯的法律地位

死刑犯是指被依法剥夺生命权的自然人。此处的死刑犯是一个特殊的集合概念，既包括被判处死刑立即执行的罪犯，也包括被判处死刑缓期二年执行的罪犯；既包括确定等待执行的死刑犯，也包括已经被执行死刑的罪犯。

所谓法律地位，是指由法律所确定的法律关系主体享有权利和承担义务的状况。法律地位是社会成员在社会生活中所处的政治、经济、文化地位在法律上的反映。[①] 相应地，死刑犯的法律地位是指，我国法律中所规定的死刑犯在各种法律关系中所享有的权利和义务的总和。

（一）死刑犯的基本特性

1. 死刑犯是自然人

死刑犯首先是人。法律概念中的人通常包括两种，即自然人和拟制人，而被判处死刑的人只能是自然人。这一特性提醒人们，死刑犯虽然即将被剥夺生命，但是作为人类的一分子，他仍然享有作为人所应当享有的最基本的权利，即人权。

2. 死刑犯是犯罪的公民

死刑犯因实施了严重危害社会的行为而依法被剥夺生命权，但是，死刑犯在被执行死刑前其作为公民的资格并未丧失。《宪法》第 33 条规定：“凡具有中华人民共和国国籍的人都是中华人民共和国公民。中华人民共和国公民在法律面前一律平等。任何公民享有宪法和法律规定的权利，同时必须履行宪法和法律规定的义务。”1997 年修改的《刑法》中，将“虐待被监管人罪”由过去的“渎职罪”中的罪名修改为“侵犯公民人身权利、民主权利罪”中的一个罪名，其立法原意应当是，罪犯的权利就是公民的权利，侵犯罪犯的权利就是侵犯公民的权利。2004 年 3 月，全国人民代表大会明确将“国家尊重和保障

① 欧阳梦春：《受刑人权利保护研究》，中国人民公安大学出版社 2007 年版，第 35 页。

人权”写入宪法，体现了中国政府对公民各项基本权利的尊重和保护。“国家尊重和保障人权”是针对每一个中国公民而言的，当然也包括享有公民权的被羁押人。[①] 死刑犯在被执行死刑之前，也属于享有公民权的被羁押人。因此，一个人不论其是否犯罪，只要具有本国国籍，就是本国公民，有作为本国人的资格和法律人格，依照本国法律享有权利、承担义务。死刑犯同其他普通公民一样，仍然是中华人民共和国公民，具有公民的法律地位，享有宪法所规定的包括民事权利在内的各项权利。当然，被依法剥夺或者限制的权利除外。

3. 死刑犯被剥夺的是生命权和政治权利

我国的刑罚有自由刑、财产刑、资格刑和生命刑几种，前几种刑罚剥夺的是罪犯的人身自由权、一定的财产权和政治权利等，而生命刑剥夺的是人最宝贵的权利——生命。同时，我国法律在对实施了最严重罪行的人进行严厉惩罚的同时，还对其表达了国家对其最严厉的谴责——剥夺政治权利终身。剥夺内容的不同使得死刑犯相较于其他类型的罪犯具有相当的特殊性。

（二）死刑犯的法律地位

如前所述，界定死刑犯的法律地位，必须将其置于一定的法律关系之中才可以论及。死刑犯所处的最为明显的法律关系是刑事执行法律关系，更具体一点就是死刑执行法律关系。刑事执行法律关系，是因犯罪行为而引起的，在国家和犯罪人之间形成的，以国家的刑事责任追究权与犯罪人的刑事责任承担义务为内容的一种单向性权利义务关系。死刑执行法律关系，是指在死刑执行过程中在死刑犯与执行机关之间形成的，以对死刑犯执行死刑为内容的一种单向性权利义务关系。

死刑犯除了因处于特定的刑事执行法律关系之中而享有一定的刑事方面的权利和义务外，还因其生命尚存而处在一定的民事法律关系之中，作为特定民事法律关系的主体而享有一定的民事权利。[②]

1. 死刑犯的行为可以引起死刑执行法律关系的变更

死刑犯是死刑执行法律关系中的特殊主体[③]。同其他法律关系一样，死刑执行中的法律关系也是由主体、内容、客体构成。死刑执行过程中法律关系的

---

① 白泉民主编：《中外刑罚执行监督与人权保护》，中国检察出版社2007年版，第1页。

② 死刑犯被剥夺的是生命，因此与其民事权利相对应的民事义务大多无法真正履行，这种权利和义务的不对等，应当理解为是法律对于死刑犯的人道主义关照。

③ 死刑犯虽然被剥夺生存的权利，但其在被执行死刑前，作为特定法律关系的主体资格依然存在。在死刑执行中，死刑犯是被执行的对象，但不能因此错误地将其理解为是被执行的客体。死刑犯是法律关系客体即生命权的载体，属所处法律关系中的被执行主体。

主体，是依法直接参与死刑执行活动并享有相应权利和义务的死刑执行机关和死刑犯，包括决定主体、监督主体、复核主体和被执行主体几种。根据我国现行法律规定，死刑的决定主体是负有审判职责的人民法院，死刑的监督主体是负有司法监督职责的人民检察院，死刑的复核主体是人民法院，死刑的执行主体权亦为人民法院所有①。而被执行主体是指死刑的执行对象，即被判处死刑的罪犯。

剥夺死刑犯的生命是死刑执行的基本内容，因此，生命也构成死刑执行法律关系中的又一客体。死刑执行法律关系中所有主体的行为无不是围绕着死刑犯生命的存在和剥夺这一主题。但是，死刑犯在被判处死刑一直到被执行死刑之前的一段时间内，可能因其行为而导致死刑执行法律关系变更。法律上的行为性质有作为和不作为之分，但是对死刑犯而言，主要是作为性的行为才有可能导致死刑法律关系的变更。比如，死刑犯的检举、揭发行为，如果被认定为有重大立功表现，则有可能影响到死刑的执行，从而导致死刑执行法律关系的变更。再如，死缓犯在两年考验期内又实施了故意犯罪的行为，这一行为也将导致死刑执行法律关系的变更，将死刑缓期考验变更为死刑立即执行。

2. 死刑犯的行为和人身的特殊状态也会影响死刑执行法律关系的变更、中断甚至消灭

这种情形主要包括死刑犯在执行之前又犯新罪、脱逃或者被发现正在怀孕等。死刑犯又犯新罪或者脱逃都将导致一个新的刑事法律关系的产生，从而使得原有的刑事执行法律关系中断；另外，如果死刑犯在执行之前怀孕，也必然导致死刑执行法律关系中断；死刑犯在执行之前死亡，死刑执行法律关系则会因被执行对象的消灭而自动消灭。

3. 死刑犯的权利体系

死刑犯的权利体系是指根据宪法、民法通则、刑事诉讼法等有关法律法规的规定，死刑犯所应当享有的所有权利的总和。这是确定死刑犯法律地位的最直观、最明显的标准。死刑犯的权利体系由两部分构成：一是死刑犯作为一名中国公民应当享有的未被剥夺的权利。包括人格尊严不受侮辱、人身安全不受侵犯权、合法财产权、宗教信仰自由权等。根据《民法通则》第 9 条规定："公民从出生时起至死亡时止，具有民事权利能力，依法享有民事权利，承担

① 在以往的行刑实务中，由于人民法院缺乏执行枪决的武装力量，因此大多数情况下是由武装警察代为执行。而在当前注射死逐渐被推广适用的情况下，死刑执行场所和执行过程对于武装力量的依赖大大降低，人民法院有条件配备和训练专门的司法警察，由司法警察执行注射死刑，这样能够实现死刑执行权的真正回归。

民事义务。”只要是有生命的自然人，就具有民事权利能力。[①] 因此，死刑犯在其被执行死刑之前，因其生命存在而具有作为民事法律关系主体的资格，享有法律所赋予公民的民事权利。对死刑犯而言，由于其特殊的民事主体地位及由这种地位所决定的特殊的人身状态，导致其民事权利的客观形态和主观形态相脱节。二是法律对死刑犯特殊规定的、死刑犯作为犯罪公民所享有的权利。这些权利包括不被违法剥夺生命的权利；辩护、申诉、控告、检举权；不受体罚虐待的权利；会见亲属权；基本的生活保障权；获得基本的卫生保障、有病得到诊治的权利[②]等。如果刑罚执行机关或者其他公民、单位侵犯了死刑犯的上述权利，死刑犯可以提起民事诉讼。

二、死刑立即执行的法律适用

（一）我国关于死刑立即执行程序的规定

我国《刑事诉讼法》第 210 条至第 212 条对死刑立即执行的程序作了较为详细的规定，具体如下：

1. 签发死刑执行命令。最高人民法院判处和核准的死刑立即执行的判决，应当由最高人民法院院长签发执行死刑的命令。

2. 下级人民法院接到最高人民法院执行死刑的命令后，应当在 7 日以内交付执行。

3. 人民法院在交付执行死刑前，应当通知同级人民检察院派员临场监督。指挥执行的审判人员，对罪犯应当验明正身，讯问有无遗言、信札，然后交付执行人员执行死刑。执行死刑后，在场书记员应当写成笔录。交付执行的人民法院应当将执行死刑情况报告最高人民法院。执行死刑后，交付执行的人民法院应当通知罪犯家属。

4. 特殊情况下停止执行。在死刑执行过程中，如果发现在执行前判决可能有错误的；在执行前罪犯揭发重大犯罪事实或者有其他重大立功表现，可能需要改判的；罪犯正在怀孕几种情形，应当停止执行，立即报告最高人民法

---

① 参见王揆鹏、王定辉：《罪犯民事权利若干问题研究》，载《犯罪与改造研究》2006 年第 10 期。

② 如果死刑犯在执行前患有疾病，出于人道主义和保障死刑犯基本人权的考虑，有关机关应当对其进行积极的救治。这些行为看似是对一个死刑犯的怜悯之举，其实蕴含的恰恰是法律如何保障全体公民人权的基本态度。浙江省某看守所花重金抢救一名被一审判处死刑的被告人在社会上所引发的争论，即对死刑犯还有没有保障其生命权的必要？笔者认为，该看守所的行为其实质是在保障一个死刑犯的健康权等。

院，由最高人民法院作出裁定。在第一、二种停止执行的原因消失后，必须报请最高人民法院院长再签发执行死刑的命令才能执行；因第三种原因停止执行的，应当报请最高人民法院依法改判。

（二）我国死刑立即执行程序存在的问题

1. 关于死刑的执行主体

我国死刑立即执行的主体是人民法院，其他参与死刑执行的机关主要有人民检察院、公安机关，法官、武警和法医是通常的临场人员。关于死刑执行的主体存在以下几个问题：一是人民法院应不应当承担死刑执行的工作？根据我国现行法律的规定，死刑的执行由人民法院来负责。但是，这种模式常常受到质疑：人民法院既是死刑的裁判者，又是死刑的执行者，这违背了法院作为裁判者应当保持中立的基本原则。另外，人民法院不具有枪决所需要的武装力量，常需要由武警来实际执行。与其如此，还不如将死刑的执行权交由其他机关执行。① 二是注射死应当由谁来执行？在用注射的方式执行死刑的情况下，似乎由人民法院配备专门的执行人员较为现实。因为，聘请医生来执行注射死的做法，毕竟经不起医生职业道德的考问：医生是治病救人的，绝不能将医学知识用于杀人，即使是对死刑犯的执行也是如此。

2. 关于死刑犯与家属会见的问题

关于死刑犯是否可以在执行前与家属会见的问题，现行刑事诉讼法未作出规定，这主要是出于安全方面的考虑。刑事诉讼法关于此方面的规定仅限于“执行死刑后，交付执行的人民法院应当通知罪犯家属”。这事实上并没有将死刑犯与其家属的会见作为法律必经程序，而仅在执行结束后才予告知。这种规定不仅不利于死刑犯合法权利的保护，也因忽视人之常情而倍显冷漠。1998 年最高人民法院《关于执行〈中华人民共和国刑事诉讼法〉若干问题的解释》第 343 条对此规定：“执行死刑前，罪犯提出会见其近亲属或者其近亲属提出会见罪犯申请的，人民法院可以准许。”该规定算是对死刑犯可以与家属会见问题的一个依据，但由于司法解释对这种申请规定的是“人民法院可以准许”，即允许人民法院对这种许可进行自由裁量，而非强制性规范，实践中人民法院为安全起见，对这种申请很多情形下不予准许。2007 年 3 月，最高人民法院、最高人民检察院、公安部、司法部《关于进

① 针对枪决，有人建议人民法院应当配备和训练专门执行死刑的法警，减轻对武警的依赖。笔者认为由武警战士来执行具有更多的合理性。因为，武警战士的流动性可以使执行者避免长期受到死刑执行血腥场面的刺激，而如果由人民法院配备的法警来执行死刑，其特殊的身份有可能给其带来人身安全方面的隐患。

一步严格依法办案确保办理死刑案件质量的意见》中专门对此作了规定，其第45条规定：“人民法院向罪犯送达核准死刑的裁判文书时，应当告知罪犯有权申请会见其近亲属。罪犯提出会见申请并提供具体地址和联系方式的，人民法院应当准许；原审人民法院应当通知罪犯的近亲属。罪犯近亲属提出会见申请的，人民法院应当准许，并及时安排会见。”该条规定将死刑犯是否与家属会见由人民法院的“酌定”变为“法定”，会见家属成为死刑犯的一种权利。①

当死刑犯会见家属成为一种权利时，相对执行机关而言，及时告知并保障死刑犯会见家属的实现就成为一种义务。无救济的权利是一种空谈，如果人民法院没有事先告知，或者告知不及时，作为负有告知义务的人民法院应当承担的责任却无明确规定，这使得该规定的执行存在一定的缺陷。

3. 关于死刑执行方式存在的问题

古代死刑执行主要是为了惩罚和威吓，因而其执行方式极其残忍。随着社会进化与文明发达，人道主义深入人心，世界各国对死刑执行方式进行了改革，彻底废除了野蛮残酷的死刑执行方式，代之以简便易行、效果迅速而痛苦最少且最人道的方法，并使死刑执行方法趋于统一。② 在刑事诉讼法修改以前，我国的死刑执行方式只有枪决一种，执行机关和被执行对象对此都无任何选择的余地。现行刑事诉讼法规定，注射和枪决等都是我国死刑执行的法定方式，枪决不再是当然优先选择的执行方式。

首先，死刑犯是否有权选择死刑的执行方式？对此，在司法实践中，有不少人主张，死刑犯可以提出选择注射执行的申请，但是最终是以枪决还是注射的方式执行，应由执行机关来决定。还有人认为，对于暴力犯罪的死刑犯使用枪决的方式，其他类型死刑犯采用注射死。

其次，以注射的方式执行死刑缺乏具体的操作流程规定。枪决的方式在我国已实行了几十年，而注射死因实践时间较短而可能遇到一些难以处置的情形。美国得克萨斯州1988年在对一名死刑犯执行注射死时，因死刑犯过于肥胖无法准确找到其静脉血管而在40分钟内不断地用注射器扎进死刑犯的肌体。③ 而这种情形在死刑注射执行实践中并非个案。我国虽然尚未遇到这种情

① 参见吴洪林：《死刑犯的权利探微》，载 http：//china.findlaw.cn/bianhu/sixing/sixingfan/515_3.html。

② 陈兴良：《本体刑法学》，商务印书馆2001年版，第820页。

③ ［英］罗吉尔·胡德：《死刑的全球考察》，刘仁文、周振杰译，中国人民公安大学出版社2005年版，第184～185页。

形，但是应当考虑到这种可能性，而预先做好变通执行的准备。如何变通？这是问题的关键。因此，在制定注射死操作流程的时候，应当对此作出明确规定。

最后，如何处理好死刑执行不得示众与“正义应当以看得见的方式实现”之间的矛盾。尽管一再强调死刑的执行不得示众，但是，实际上的“示众”其实一直没有停止过。除了执行机关主观上依然追求死刑的威吓效应外，没有安全、规范的行刑场所也是一个重要的因素。另外，执行死刑不示众会不会引起“正义没有以看得见的方式实现”从而引发社会对死刑正当性的质疑，这也是死刑立即执行应当注意的问题。

（三）死刑立即执行程序的完善

1. 针对死刑立即执行主体存在的问题，建议在刑事法律一体化的框架中尽快制定刑事执行法，将死刑立即执行的主体予以明确和规范。

2. 针对死刑犯在会见家属方面存在的问题，建议增加执行机关如果没有告知、或者告知死刑犯家属不及时应当承担的法律责任，只有这样，才能提高执行机关履行告知义务的主动性，从而保障死刑犯及其家属合法权利的真正实现。

3. 针对死刑犯是否有权选择死刑执行方式的问题，笔者认为，在实际具有执行枪决和注射死两种方式条件的地区，应当赋予死刑犯该权利。在生与死面前，死刑犯因其本身的严重犯罪已经没有选择的权利，但是其应当有选择死亡方式的权利。因此，在两种死刑执行方式都已存在的地区，应当由被处决者本人来决定。如果一个被判处死刑的人提出了注射执行死刑的申请，只要不存在法律禁止或执行技术本身不允许的情形，就应当依据申请执行。①

4. 规范以注射的方式执行死刑的基本流程，尤其是应当规定如果注射不成功或者注射困难时的补救措施。否则，执行机关有可能陷入无法在规定的时间内将死刑犯予以执行的尴尬境地。

5. 针对死刑的不公开执行与“正义应当以看得见的方式实现”之间的矛盾这一问题，笔者认为，除了首先要做到将死刑犯由羁押场所押送到执行场所的过程不应当公开外，还应当规定合理的死刑执行现场参与监督机制。

适用枪决时，在看守所或者监狱设立单独的死刑执行场所是两种可供选择的方案。在看守所执行枪决，有着押送便利、利于执行安全的优点，但是看守所毕竟属于未决犯的羁押场所，这种选择容易给公众和在押嫌疑犯形成一种

---

① 吴洪林：《死刑犯的权利探微》，载 http：//china. findlaw. cn/bianhu/sixing/sixing-fan/515_3. html。

"杀鸡儆猴"的印象。因此，在看守所内单设刑场的设想殊不可取。理论界提出在监狱设置刑场的人较多，主要是考虑到监狱作为国家法定的刑罚执行场所，有较好的安全保障条件以及拥有一定的武装力量，便于死刑的执行，安全保障也较到位。但是，死刑犯在执行之前，大多羁押于看守所内，将死刑犯由看守所押解到监狱，不仅使由羁押场所到执行场所的距离加大，而且在监狱的执行，同样会对押犯造成"杀鸡儆猴"的印象，带来人道主义的危机，也会给监狱带来不稳定的因素。

适用注射的方式执行死刑时，对于执行场所在安全方面的担忧减轻，在专门的设施里执行注射死可以在较大程度上实现死刑执行的不示众，但是，死刑犯被执行的过程却难以被直观地予以全程监督，这是必须面对的一个问题。

比较合理的做法是无论是枪决还是注射，均应一方面坚持判决公开①，另一方面规范参与死刑执行的人员，至少应当包含负责执法监督的人民检察院的工作人员、负责确认罪犯死亡的法医、死刑执行地的一些人大代表，另外也可以邀请一些社会知名人士和允许被害人的代理律师参与临场监督。唯有如此，才能够在公开执行和淡化死刑执行的残酷之间找到恰当的平衡。②

三、死刑缓期二年执行的法律适用

死刑缓期二年执行不是独立的刑种，它是我国刑罚中死刑的一种特殊执行制度，指对罪该判处死刑的犯罪分子，如果不是必须立即执行，在判处死刑的同时宣告缓期二年执行，实行监管改造，以观后效的一种制度。死缓制度产生于 1951 年的镇压反革命时期，最初死缓仅适用于反革命分子，后来也适用于其他刑事犯罪。1979 年刑法和刑事诉讼法以法律的形式确立了死缓制度。1996 年、1997 年刑事诉讼法、刑法修订时，保留了死缓制度，并做了修改完善。根据刑事诉讼法和监狱法的规定，被判处死刑缓期二年执行的罪犯，交由监狱执行刑罚。《刑法修正案（八）》和《刑法修正案（九）》都对死缓制度做了专门的修订。

（一）关于死刑缓期二年执行的法律规定

我国法律中确立的减刑制度包括两种，一是关于无期徒刑和有期徒刑罪犯

---

① 判决公开主要是指公开召开死刑宣判大会和公开张贴处决罪犯的布告。参见陈兴良主编：《刑种通论》（第二版），中国人民大学出版社 2007 年版，第 101 页。

② 王志勤在侯国云主编的《刑罚执行问题研究》一书中认为，禁止示众并不反对公开执行，公开执行不等于公开示众。所谓公开执行，就是不向公众保密，不封锁消息，而不是向公众展示。

的减刑，二是关于死刑缓期二年执行的罪犯的减刑，两种减刑的适用条件是不同的。[①]《刑法》第 50 条规定了被判处死刑缓期执行的罪犯的减刑条件。《刑法修正案（八）》施行之前，《刑法》第 50 条规定："判处死刑缓期执行的，在死刑缓期执行期间，如果没有故意犯罪，二年期满以后，减为无期徒刑；如果确有重大立功表现，二年期满以后，减为十五年以上二十年以下有期徒刑；如果故意犯罪，查证属实的，由最高人民法院核准，执行死刑。"该条规定简洁明了，似乎有较强的可操作性。但是，由于故意犯罪具有不同的情节和类型，并且故意犯罪的发生时间和发现时间往往存在时间上的先后，使得该条在司法实践中不可避免地遇到诸多难题。

为此，《刑法修正案（八）》将《刑法》第 50 条修改为："判处死刑缓期执行的，在死刑缓期执行期间，如果没有故意犯罪，二年期满以后，减为无期徒刑；如果确有重大立功表现，二年期满以后，减为二十五年有期徒刑；如果故意犯罪，查证属实的，由最高人民法院核准，执行死刑。对被判处死刑缓期执行的累犯以及因故意杀人、强奸、抢劫、绑架、放火、爆炸、投放危险物质或者有组织的暴力性犯罪被判处死刑缓期执行的犯罪分子，人民法院根据犯罪情节等情况可以同时决定对其限制减刑。"《刑法修正案（九）》对死缓制度再次进行了修订，将《刑法》第 50 条第 1 款修改为："判处死刑缓期执行的，在死刑缓期执行期间，如果没有故意犯罪，二年期满以后，减为无期徒刑；如果确有重大立功表现，二年期满以后，减为二十五年有期徒刑；如果故意犯罪，情节恶劣的，报请最高人民法院核准后执行死刑；对于故意犯罪未执行死刑的，死刑缓期执行的期间重新计算，并报最高人民法院备案。"

（二）死刑缓期二年执行的法律适用中存在的问题

1. 故意犯罪处理的时间问题

对于故意犯罪发生在死刑缓刑考验期内，也发现于考验期内，但在案件审结之前考验期满的情形，有两种方案可供选择：一种方案是严格按照《刑法》第 50 条的规定，认为只要故意犯罪的行为是发生在缓刑考验期内，就应当对其执行死刑，笔者称之为"实体正义说"。另一种方案认为，任何行为被认定为犯罪，都必须经过严格的司法程序，否则，就会违背程序正义，笔者称之为"程序正义说"。在这种情形中，所谓缓刑考验期内的故意犯罪应当只是具有故意犯罪的嫌疑，在未经审判机关作出生效判决并进行最终认定的情况下，应

---

① 《刑法》第 78 条规定了无期徒刑和有期徒刑的减刑条件；《刑法》第 50 条规定了被判处死刑缓期执行的罪犯的减刑条件。

当根据无罪推定的原则，先不认为有罪，将其减为其他较轻刑种，在其行为被确认有罪后，根据数罪并罚的原则进行处理。两种选择都有一定的合理因素，取其中之一，便会舍弃另一种方案的合理因素。之所以产生这种结果，是因为在我国的死缓制度中，缓刑考验期不得任意地延长或者缩短，因此使执法部门面临着两难选择。

2. 故意犯罪发生在死刑缓刑考验期内，发现时二年考验期已满，罪犯已经被减刑的问题

这个问题存在不同的情形：一种是故意犯罪被发现时已经过了追诉时效，另一种是故意犯罪被发现时尚未超过追诉时效。第一种情形的处理较为容易，由于故意犯罪已经过了追诉时效，因此，故意犯罪虽然存在但是不予追究其刑事责任，当然也就不存在因故意犯罪而将其执行死刑的问题；对于第二种情况，由于故意犯罪尚未超过追诉时效，罪犯需要对该故意犯罪负刑事责任，但是否因此而根据《刑法》第50条的规定而将其执行死刑？刑法的两次修订对此均未涉及。

（三）完善我国死刑缓期二年执行制度的构想

针对死缓制度中存在的问题，笔者建议设立可以变更的死刑缓刑考验期，即当罪犯在缓刑考验期二年内有故意犯罪嫌疑，而在考验期满之前案件无法审结时，执行机关可以提请审判机关延长死刑缓期执行的考验期。

首先，这种做法并不违背考验期设置的目的。被判处死刑缓期二年执行的罪犯，其犯罪行为已经达到应当判处死刑立即执行的程度，但是，根据“给出路”和“少杀、慎杀”的死刑政策，法律为其设置为期二年的考验期，如果罪犯在考验期内没有故意犯罪，说明其有挽救的可能；如果罪犯在考验期内实施了故意犯罪，说明该罪犯难以教化，无论从报应还是从功利方面讲，都应当对其执行死刑。当罪犯在考验期内有故意犯罪嫌疑时延长考验期，能够有效避免法律在面对上述问题时的束手无策。

其次，这种做法能兼顾“实体正义说”和“程序正义说”两种观点的合理部分。考验期的延长在具有法律依据后，有关机关就可以依照法律程序对罪犯的故意犯罪进行确认。当故意犯罪被确认成立时，对其执行死刑；当故意犯罪的嫌疑被排除后，应当及时给其办理相关的减刑手续。

第四章 非监禁刑的执行

第一节　管制刑的执行

一、管制刑的概念、特征及立法现状

（一）管制刑的概念与特征

管制刑是我国刑法中特有的刑罚种类，为主刑的一种，在性质上属于限制自由刑，即由人民法院根据我国刑法的规定作出判决，对被判处管制刑的犯罪人不予关押，而是对其自由进行一定的限制，接受社区矫正，人民群众参与监督，在社会中对其进行改造的一种刑罚方法。

管制刑在性质上属于限制自由刑，其主要特征如下：

1. 对犯罪人不予关押，不剥夺其人身自由。这是管制刑作为限制自由刑区别于拘役、有期徒刑、无期徒刑等剥夺自由刑的最重要特征。在管制刑执行期间，犯罪人仍在原居住地正常生活、工作，不离开自己的家庭，也不中断正常的社会交往。

2. 对犯罪人的自由进行一定的限制。对被判处管制刑的犯罪人不予关押、不剥夺其人身自由并不意味着放任不管，而是要对其自由进行一定的限制，进行必要的管束和限制，这是管制刑作为自由刑的必然要求。

3. 把犯罪人放在社会中进行改造。对被判处管制刑的犯罪人不是关进监狱中进行相对封闭的教育改造，而是放在社会中，使其不脱离原来的生活环境进行改造，从而体现出一种行刑的社会化。

（二）管制刑的立法现状

我国《刑法》第33条把管制刑作为主刑的种类之一，并且于总则第三

章“刑罚”中单设一节来规定管制刑的相关问题，主要体现在《刑法》第38条至第41条。第38条规定了管制的期限与执行机关，即“管制的期限，为三个月以上二年以下。被判处管制的犯罪分子，依法实行社区矫正。判处管制，可以根据犯罪情况，同时禁止犯罪分子在执行期间从事特定活动，进入特定区域、场所，接触特定的人。违反第二款规定的禁止令的，由公安机关依照《中华人民共和国治安管理处罚法》的规定处罚。”第39条规定了被判处管制罪犯的义务与权利，即“被判处管制的犯罪分子，在执行期间，应当遵守下列规定：（一）遵守法律、行政法规，服从监督；（二）未经执行机关批准，不得行使言论、出版、集会、结社、游行、示威自由的权利；（三）按照执行机关规定报告自己的活动情况；（四）遵守执行机关关于会客的规定；（五）离开所居住的市、县或者迁居，应当报经执行机关批准。对于被判处管制的犯罪分子，在劳动中应当同工同酬”。第40条规定了管制期满解除，即“被判处管制的犯罪分子，管制期满，执行机关应即向本人和其所在单位或者居住地的群众宣布解除管制”。第41条规定了管制刑期的计算和折抵，即“管制的刑期，从判决执行之日起计算；判决执行以前先行羁押的，羁押一日折抵刑期二日”。

同时，我国《社区矫正法》第2条规定“对被判处管制、宣告缓刑、假释和暂予监外执行的罪犯，依法实行社区矫正”。第8条规定了社区矫正机构，即“国务院司法行政部门主管全国的社区矫正工作。县级以上地方人民政府司法行政部门主管本行政区域内的社区矫正工作。人民法院、人民检察院、公安机关和其他有关部门依照各自职责，依法做好社区矫正工作。人民检察院依法对社区矫正工作实行法律监督。地方人民政府根据需要设立社区矫正委员会，负责统筹协调和指导本行政区域内的社区矫正工作”。

由于管制刑是主刑中最轻的一种刑罚，因而适用于较轻的犯罪，即犯罪的社会危害性不大、犯罪人的人身危险性较小的犯罪。我国刑法典在“分则”中一共规定了133个可以适用管制刑的罪名，具体各章中的分布情况详见下表：

章数	章名	适用管制刑的罪名个数	具体罪名
第一章	危害国家安全罪	8	分裂国家罪，煽动分裂国家罪，武装叛乱、暴乱罪，颠覆国家政权罪，煽动颠覆国家政权罪，资助危害国家安全犯罪活动罪，叛逃罪，为境外窃取、刺探、收买、非法提供国家安全犯罪活动罪
第二章	危害公共安全罪	10	组织、领导、参加恐怖组织罪，帮助恐怖活动罪，准备实施恐怖活动罪，宣扬恐怖主义、极端主义，煽动实施恐怖活动罪，利用极端主义破坏法律实施罪，强制穿戴宣扬恐怖主义、极端主义服饰标志罪，非法持有宣扬恐怖主义、极端主义物品罪，非法持有、私藏枪支、弹药罪，非法出租、出借枪支罪，非法携带枪支、弹药、管制刀具、危险物品危及公共安全罪
第三章	破坏社会主义市场经济秩序罪	12	走私淫秽物品罪，虚开发票罪，伪造、出售伪造的增值税专用发票罪，非法出售增值税专用发票罪，非法制造、出售非法制造的用于骗取出口退税、抵扣税款发票罪，非法制造、出售非法制造的发票罪，持有伪造的发票罪，非法出售用于骗取出口退税、抵扣税款发票罪，非法出售发票罪，非法制造、销售非法制造的注册商标标识罪，伪造、倒卖伪造的有价票证罪，倒卖车票、船票罪
第四章	侵犯公民人身权利、民主权利罪	11	故意伤害罪，非法拘禁罪，收买被拐卖的妇女、儿童罪，诬告陷害罪，侮辱罪，诽谤罪，煽动民族仇恨、民族歧视罪，聚众阻碍解救被收买的妇女、儿童罪，出版歧视、侮辱少数民族作品罪，虐待罪，遗弃罪
第五章	侵犯财产罪	6	盗窃罪，诈骗罪，抢夺罪，聚众哄抢罪，敲诈勒索罪，破坏生产经营罪

续表

章数	章名	适用管制刑的罪名个数	具体罪名
第六章	妨害社会管理秩序罪	74	妨害公务罪，煽动暴力抗拒法律实施罪，招摇撞骗罪，伪造、变造、买卖国家机关公文、证件、印章罪，盗窃、抢夺、毁灭国家机关公文、证件、印章罪，伪造公司、企业、事业单位、人民团体印章罪，伪造、变造、买卖居民身份证罪，使用虚假身份证件、盗用身份证件罪，非法生产、买卖警用装备罪，非法获取国家秘密罪，非法持有国家绝密、机密文件、资料、物品罪，非法生产、销售间谍专用器材罪，非法使用窃听、窃照专用器材罪，代替考试罪，拒不履行信息网络安全管理义务罪，非法利用信息网络罪，扰乱无线电通讯管理秩序罪，聚众扰乱社会秩序罪，聚众冲击国家机关罪，扰乱国家机关工作秩序罪，聚众扰乱公共场所秩序、交通秩序罪，投放虚假危险物质罪，编造、故意传播虚假恐怖信息罪，聚众斗殴罪，寻衅滋事罪，组织、领导、参加黑社会性质组织罪，传授犯罪方法罪，非法集会、游行、示威罪，非法携带武器、管制刀具、爆炸物参加集会、游行、示威罪，破坏集会、游行、示威罪，侮辱国旗、国徽罪，组织、利用会道门、邪教组织、利用迷信破坏法律实施罪，聚众淫乱罪，盗窃、侮辱尸体罪，赌博罪，开设赌场罪，虚假诉讼罪，泄露不应公开的案件信息罪，扰乱法庭秩序罪，窝藏、包庇罪，拒绝提供间谍犯罪、恐怖主义犯罪、极端主义犯罪证据罪，掩饰、隐瞒犯罪所得、犯罪所得收益罪，运送他人偷越国（边）境罪，偷越国（边）境罪，盗掘古文化遗址、古墓葬罪，盗掘古人类化石、古脊椎动物化石罪，非法行医罪，非法进行节育手术罪，非法捕捞水产品罪，非法狩猎罪，非法采矿罪，非法采伐、毁坏国家重点保护植物罪，非法收购、运输、加工、出售国家重点保护植物、国家重点保护植物制品罪，盗伐林木罪，滥伐林木罪，非法收购、运输盗伐、滥伐的林木罪，走私、贩卖、运输、制造毒品罪，非法持有毒品罪，

续表

章数	章名	适用管制刑的罪名个数	具体罪名
			包庇毒品犯罪分子罪，窝藏、转移、隐瞒毒品、毒赃罪，非法生产、买卖、运输制毒物品、走私制毒物品罪，非法种植毒品原植物罪，非法买卖、运输、携带、持有毒品原植物种子、幼苗罪，引诱、教唆、欺骗他人吸毒罪，容留他人吸毒罪，非法提供麻醉药品、精神药品罪，引诱、容留、介绍卖淫罪，传播性病罪，制作、复制、出版、贩卖、传播淫秽物品牟利罪，为他人提供书号出版淫秽书刊罪，传播淫秽物品罪，组织播放淫秽音像制品罪，组织淫秽表演罪
第七章	危害国防利益罪	12	阻碍军人执行职务罪，破坏武器装备、军事设施、军事通信罪，聚众冲击军事禁区罪，聚众扰乱军事管理区秩序罪，冒充军人招摇撞骗罪，煽动军人逃离部队罪，雇用逃离部队军人罪，伪造、变造、买卖武装部队公文、证件、印章罪，盗窃、抢夺武装部队公文、证件、印章罪，非法生产、买卖武装部队制式服装罪，伪造、盗窃、买卖、非法提供、非法使用武装部队专用标志罪，战时造谣扰乱军心罪
第八章	贪污贿赂罪	0	无
第九章	渎职罪	0	无
第十章	军人违反职责罪	0	无

二、管制刑在实际执行中存在的问题

尽管我国刑法典的总则和分则中都有关于管制刑的规定，但这些规定从总体上看过于笼统，使得管制刑在实际执行中存在以下问题：

（一）对于被判管制刑的犯罪人要求过低，使得管制刑所体现出来的惩罚性太弱

“刑罚的本质是对犯罪的惩罚性，亦即刑罚是对犯罪的惩罚。从刑罚本身来说，这是任何刑种所具有的属性；从与其他强制方法的关系说，这是刑罚区别于其他强制方法的特征。”① 我国刑法典将管制刑作为主刑的一种加以规定，但其惩罚性太弱，不足以让犯罪人感受到痛苦从而达到改造的效果。比如被判处管制刑的犯罪人在管制期间应该遵守的义务体现在《刑法》第39条，包括五个方面：（1）遵守法律、行政法规，服从监督；（2）未经执行机关批准，不得行使言论、出版、集会、结社、游行、示威自由的权利；（3）按照执行机关规定报告自己的活动情况；（4）遵守执行机关关于会客的规定；（5）离开所居住的市、县或者迁居，应当报经执行机关批准。仔细分析这五个方面，可以发现，遵守法律是每一个公民都应该做到的基本要求，并非对犯罪人的惩罚；一般公民的言论、出版、集会、结社、游行、示威自由的权利也不是可以随便行使不受限制的，要经过有关部门的批准，并且不得损害国家、公共利益，而被判处管制刑的犯罪人在执行机关批准的情况下也是可以行使这些权利的，也体现不出惩罚性；定期汇报活动情况以及在会客上的限制，能对犯罪人起到一定的约束作用，但在实际中执行机关难以掌握犯罪人生活的具体情况，往往流于形式，缺少监督，并且犯罪人日常的活动和正常的会客，一般都会得到允许，也体现不出多少的惩罚性；离开居住地及迁居的限制算是对犯罪人较强的约束，但这种约束往往体现在手续上的限制，当犯罪人假托正当理由去外地行非法活动时，常常由于执行机关难辨真假而得到批准，仍是缺少惩罚性。

（二）管制刑执行主体专业化技能欠缺

我国《社区矫正法》第3条将“专门机关与社会力量相结合”确立为社区矫正基本原则，根据《社区矫正法》的相关规定可知，矫正小组是我国对矫正对象进行监督管理、教育帮扶的载体，矫正小组以司法工作人员为主体，以社会工作者和志愿者作为补充。但是，由于我国社区矫正起步较晚，发展时间不长，因而当前从事社区矫正工作的许多基层司法工作人员都或多或少地存在理论知识储备不足的情况，导致在遇到问题的时候，只能靠现有的经验进行判断，而无法以专业知识（如心理学、社会学、法学）为依托，综合运用各类矫正技能或方法解决实际问题，更不用说针对每个被矫正对象个体特征来提供个性化、专业化的教育矫正服务。

① 马克昌主编：《刑罚通论》（第2版），武汉大学出版社2006年版，第39页。

（三）群众监督由于种种条件的限制难以真正发挥作用

我国是人民民主专政的社会主义国家，一贯重视发挥群众在国家、社会事务中的作用；同时管制刑不予关押、把罪犯放在社会中进行改造的特征决定了在其执行中更需要群众的参与。在我国管制刑的具体执行中，由居民委员会、村民委员会协助监督，社区矫正机构做好社区矫正工作，为发挥群众在参与刑罚执行、改造罪犯上的积极性和创造力开辟了道路。然而从现实和长远的角度看，现行群众参与方式不够理想，表现在以下几个方面①：

1. 专门化程度不够。随着社会的发展，当今的犯罪问题也日益复杂，犯罪原因、犯罪现象呈现多样化，因而对罪犯的教育改造工作的难度也日益加大，除劳动改造外，必要的思想、文化、法律教育以及心理咨询、生活帮困等都十分必要。据了解，除了一些较大的发达城市外，大部分城镇居委会的人员组成存在年龄偏大、文化偏低的现象；而农村村委会成员受过高等教育的也很有限。因此目前的居委会和村委会是很难把对罪犯的教育改造工作做彻底的。

2. 稳定性、连续性程度不够。一方面，我国《村民委员会组织法》和《城镇居民委员会组织法》规定，村委会和居委会的成员每届任期为5年，虽可连选连任，也有相当多的成员只任一届，同时由于村委会和居委会在性质上是基层群众自治性组织，群众可以随时罢免其认为不称职的成员；另一方面，在市场经济的条件下，人口的流动性大，村委会、居委会的成员也可以随时辞去这一职务。这样就很有可能使得被判处管制的犯罪人在管制期间无法得到全程监督。

3. 力量不足使得监督存在一定风险。虽然被判处管制的犯罪分子的人身危险性较小，但还是存在一定的危险性。实际中一般由村委会和居委会中的治保主任一人来负责对被判处管制的犯罪人的监督，这就不无风险。特别是城镇居民委员会中女性比例较大，除了对女性犯罪和未成年犯罪监督考察较为有利外，对男性罪犯的监督风险相对较大。

4. 社会化程度不够，方式过于简单。市场经济条件下，伴随着人员的流动，社区也越来越开放，以前的“熟悉人社会”逐渐向“陌生人社会”转变，甚至连邻居之间都互不认识，这就使得群众监督的土壤逐渐弱化，而现行法律的规定和实际中的做法都容易使人误认为管制刑中的群众监督只依赖基层组织就可以了，不需要广大群众的参与，从而使得现有的群众监督社会化程度不足，代表性不够。

---

① 阎少华：《管制刑研究》，吉林人民出版社2005年版，第179～180页。

5. 执行过程中缺乏有力的保障措施和细致的评估标准。仔细研究我国现行刑法关于管制的规定可以看出，其中只是笼统地规定了被判处管制的犯罪人应当遵守的五项规定，缺少对于犯罪人违反这些规定时应如何处理的规定。《社区矫正法》第29条虽然规定了对"无正当理由，未经批准离开所居住的市、县"和"拒不按照规定报告自己的活动情况，被给予警告的"社区矫正对象可以使用电子定位装置的情形，但是该措施主要是为了加强监督管理，并不具有处罚性。另外，《社区矫正法》将处罚制度规定在第28条、第59条和第60条，其主要内容包括：对被判处管制的矫正对象可以适用训诫、警告和治安管理处罚（包括罚款和拘留）；由社区矫正机构负责作出训诫、警告，公安机关负责治安管理处罚。但是该制度也存在明显不足之处，一是处罚种类有限；二是治安处罚作为社区矫正的处罚种类并不合理，治安处罚不能替代或者等同于社区矫正中专门的行政处罚；三是行政处罚权设置不合理，行政处罚决定权分属于司法行政机关和公安机关，司法行政机关没有完整的处罚权，其威慑力较低；四是该处罚制度也比较笼统，对何种程度的违反规定的管制犯需要予以行政处罚缺少细致的评估标准。由于《刑法》与《社区矫正法》中缺少对管制刑救济措施具体的规定，使得管制刑在执行中缺少有力的保障措施，当犯罪人违反相关规定时，往往无法予以相应的制裁以保证管制刑的执行。

以上这些问题的存在，使得管制刑的实际效果大打折扣，以致从普通百姓到法院人员都认为管制就是"不管不制"，基本上形同虚设，几乎对犯罪人没有什么改造效果。因而百姓对管制刑不理解，误认为是对犯罪人的放纵；公安民警对管制刑不满意，把管制刑的执行视为是影响自己正常工作的负担；法院人员对管制刑不信任，在审判中极少使用①。这样就形成一种恶性循环：管制刑的实际效果越差，大家越不信任，在现实中的适用就越少；而管制刑在现实中适用的越少，其改善的可能性就越小，其实际效果就更差，大家就更加不信任。可见管制刑的改革势在必行。

三、管制刑的完善

由于管制刑存在上述问题，实际中的执行效果不佳，大家对其很不信任，

---

① 据统计，1999年全国各级法院判处刑罚的罪犯总数为608259人，其中被判处管制的有7515人，占总数的1.23%；2000年为646431人，其中被判处管制的为7822人，占1.21%；2001年为751146人，其中被判处管制的为9481人，占1.26%。参见李东军：《对我国开展社区矫正工作的思考》，载《广西社会科学》2006年第9期。

因而有学者旗帜鲜明地主张废除管制刑[1]。但仔细分析可以看出，其实管制刑的实际效果不佳并非管制刑本身的问题，而是因为我国刑法中的相关规定不够完善。同时管制刑作为我国刑法唯一的限制自由刑，具有以下优势：

一是让犯罪人保持正常的社会生活，有利于其回归社会。自由刑的执行，对犯罪人自由的限制剥夺只是手段，最终目的是要通过教育改造使其改过自新，重新回归社会。“自由刑的受刑人，只要其最终仍要返回社会，则对其进行改造，使其成为不再犯罪的市民而重返社会的过程，不仅在刑事政策上极为重要，也是尊重个人尊严的人道主义的要求。这种重返社会才是执行自由刑的中心目的，是自由刑所固有的刑事政策上的意义。”[2] 然而，长期的监狱生活使得犯罪人与社会隔离，造成其与社会形式发展变化的脱离，当刑满释放时，面对陌生的社会环境，犯罪人很难适应正常的社会生活，为其重新回归社会制造了很大困难。而管制刑对犯罪人并不关押，而是让其在社会中进行改造，不脱离原来的社会生活，因而为犯罪人回归社会提供了极大便利。

二是避免监禁刑的诸多弊端，符合世界刑罚非监禁化的趋势。我国著名的刑法学家储槐植教授将人类社会从过去到未来的刑罚结构归纳为五种类型，即死刑在诸刑罚方法中占主导地位、死刑和监禁共同在诸刑罚方法中为主导、监禁在诸刑罚方法中为主导、监禁和罚金共同在诸刑罚方法中为主导、监禁替代措施占主导地位。[3] 现代自由刑是资本主义制度在战胜封建主义制度的过程中，批判封建制度下以生命刑和身体刑为中心的刑罚惨无人道、侵害人权而登上历史舞台的，是刑罚发展史上具有重大进步意义的里程碑。监禁刑自出现以来，对惩罚威慑犯罪、教育改造犯罪人发挥了重大的积极作用，直至今天仍是各国刑罚中的最主要刑种。然而随着社会的发展，监禁刑特别是短期自由刑的弊端日益明显，诸如犯罪人交叉感染使其变得更坏、过于封闭使得犯罪人难以重新回归社会、行刑成本过高等负面性的存在使得监禁刑在现实社会中的改造效果难以令人满意。美国学者马丁森通过对 1945 年至 1967 年再犯罪率统计的研究，对监禁刑的改造效果得出了令人失望的结论：“除极少数罕见的例外，迄今为止有关致力于重返社会的报告，对于再犯没有给予任何值得评价的影

---

① 例如曹江轮、刘德法的论文《建议废除我国刑法中的管制刑》、雷富春的论文《论废除管制刑》、张建军的论文《论管制刑的废除》中都持此观点。

② ［日］大谷实：《刑事政策学》，黎宏译，法律出版社 2000 年版，第 117 页。

③ 储槐植：《论刑法学若干重大问题》，载《北京大学学报（哲学社会科学版）》1993 年第 3 期。

响。"[①] 面对这些弊端，倡导刑罚的非监禁化，抑制和否定监禁刑，成为世界性刑法改革运动的一大主题。[②] 而管制刑作为限制自由刑，对犯罪人不予关押，在社会上进行改造，正可以避免监禁刑的种种弊端，并且符合刑罚的非监禁化趋势。

三是保证犯罪人家庭的稳定，促进社会稳定。家庭是社会的细胞，社会由一个个家庭组成，只有每一个家庭保持稳定，整个社会才能稳定发展。犯罪学理论也认为，家庭机能的丧失容易使家庭成员走向犯罪。日本著名刑法学者大谷实教授认为家庭机能障碍有以下四种情形：第一，缺损家庭，指由于离婚、死亡、遗弃等原因而使亲生父母缺失的家庭，或者父母长期在外，使孩子们得不到充分的教育和保护；第二，贫困家庭，指由于各种原因造成家庭经济状况恶化，生活困难，从而导致犯罪；第三，纠纷家庭，即由于心理原因导致家庭中人际关系对立不和，这会导致家庭成员的不良行为；第四，犯罪家庭，父母犯罪或道德水准低下，使孩子受到熏染，长大后很可能犯罪。[③] 死刑和监禁刑都会使得犯罪人永远或者一定时期内与家庭成员分离，从而造成缺损家庭；由于犯罪人服刑使得其失去原来的工作，家庭失去一部分收入来源，加上赔偿被害人的损失和可能判处的罚金刑，容易造成贫困家庭；犯罪人因犯罪而被追究刑事责任本来就会引起家庭成员间的不和，若犯罪人被关押入狱则更容易引发家庭纠纷，从而造成纠纷家庭。这些情况都不利于犯罪人家庭的稳定。而管制刑对犯罪人不予关押、在社会上进行改造的特点使得犯罪人并不离开家庭成员，其正常的家庭生活不会受到多少影响，这就保证了犯罪人家庭的稳定，同时有利于社会的稳定。

由于管制刑具有以上这些其他刑种无可比拟的优势，因而当前我们要做的不是废除管制刑，而应是针对现行管制刑规定的不足加以完善，以使其发挥应有的作用，具体说来要在以下几个方面进行完善：

（一）增强管制刑的惩罚性和强制性

尽管管制刑是一种较轻的刑种，但"轻刑化是历史发展的必然趋势的结论，并不意味着在任何时代、任何条件下刑罚都越轻越好，不意味着可以超越时代实行轻刑化。因为刑罚是应当严厉还是应当轻缓取决于时代的平均价值观

---

① 游伟、谢锡美：《"两极化"走向：西方刑罚发展的基本态势——兼论我国重刑化的刑罚结构》，载《华东刑事司法评论》（第二卷），法律出版社 2002 年版，第 6～40 页。

② 廖劲敏：《刑罚的非监禁化及其在中国的实现》，载《南京社会科学》2008 年第 7 期。

③ ［日］大谷实：《刑事政策学》，黎宏译，法律出版社 2000 年版，第 69～70 页。

念，取决于国情，取决于本国人民群众的物质、精神生活水平。”① 既然我国现行刑法把管制刑作为主刑的一种加以规定，既然管制刑因为惩罚性不足而在实际中形同虚设，那么要完善管制刑就应当赋予管制刑作为刑罚所应具有的惩罚性和强制性。这又可以从两方面加以完善：

1. 引入强制劳动

劳动对于犯罪人来说具有塑造品格、端正行为等改造功能，我国一直把劳动改造作为改造罪犯的最主要方法。由于管制刑对罪犯不予关押，放在社会中加以改造，本身痛苦感很轻，既没有被监禁的痛苦，也没有失去家庭和工作的寂寞，因而需要引入强制劳动。我国现行刑法对管制刑中关于劳动的规定只有“对于被判处管制的犯罪分子，在劳动中应当同工同酬”一句话，它只是规定了被判处管制的犯罪分子劳动中的权利，并没有体现出劳动的强制性，应当予以改进。在这方面，可以借鉴西方国家的做法，引入无偿强制劳动，规定被判处管制的犯罪分子必须承担一定量的无偿劳动，这种无偿强制劳动主要指社会公益事业，如植树造林、公路建设、抗旱防洪、防沙治沙、公共教育文化娱乐设施建设等。这样既可以体现对犯罪的惩罚，通过行刑矫正罪犯，又可使受害者以及社会得到实实在在的补偿②，可谓一举两得。

2. 严肃执行纪律

管制刑尽管是限制自由刑，对犯罪人不予关押，但对其自由的限制还是必要的，否则就失去了管制刑作为自由刑的本质属性，这也是增强管制刑强制性的应有之义。对于劳动和纪律的关系有学者概括为：“劳动以改造犯罪分子思想为主，兼有防止再犯之功能。纪律以约束犯罪分子自由、防止再犯为主，兼有改造思想之功能，二者相辅相成，不可偏废，共奏改造罪犯之效。”③ 由于我国刑法对管制刑只是笼统规定了犯罪分子应遵守的五项规定，缺少对违反这些规定后果的规定，因而必须要严肃执行纪律来保证管制刑的强制性。西方国家的限制自由刑对犯罪人人身自由的限制是十分严格的，比如俄罗斯采用的是易地执行，欧美国家采用的是周末监禁或夜间监禁，我国可以借鉴这些做法对被判处管制刑的犯罪分子的人身自由作出一定限制，要求管制犯进行消极的禁令遵守，对现有的“禁止令”进行完善，对“禁止犯罪分子在执行期间从事特定活动，进入特定区域、场所，接触特定的人”进一步细化，有学者提出

---

① 张明楷：《刑法的基本立场》，中国法制出版社2002年版，第372页。

② 陆敏：《论我国非监禁刑罚制度的完善》，载《华北电力大学学报（社会科学版）》2009年第6期。

③ 阎少华：《管制刑研究》，吉林人民出版社2005年版，第166页。

构想认为限制自由的内容应包括人身自由和行使某些权利，如禁止经营一些特殊行业，如旅馆、洗浴、娱乐、印刷、媒体传播、出租等；禁止赌博犯拥有和使用赌具，进入涉嫌赌博的场所，接触经常赌博者等。另外，还应规定一些倡导性的内容，如保持善行、不赌博、不搞封建迷信活动、不与有劣迹的人接触、禁止携带和保持危险物品、供养家庭、尊老爱幼等。同时，应把以上强制性规定和倡导性规定编印成册，监管者与被管制者人手一册，组织犯罪分子认真学习并定期进行口试、笔试。对于积极遵守以上规定者可积分减刑，对于既未严重违反规定又不认真遵照执行，懈怠改造者不予减刑，并载入本人档案，作为以后再犯时回避管制的依据。① 这种制度构想可谓合理。

3. 提升执行人员专业化水平

司法矫正人员是社区矫正工作的核心力量，在社区矫正执行中身兼执法者、公务员、管理者等多重角色。为了推进这一群体的整体水平，可从以下两个方面进行完善。第一，可对现有司法矫正人员开展基础业务培训和特殊业务培训，建立起常规化的培训机制，提升矫正人员专业化水平。基础业务主要是培训社区矫正所必需的业务知识，如基础法律知识、基础心理学课程及社区矫正基本理论与实务课程等；特殊业务培训，主要是针对不同时间、不同地区矫正情况的特殊性，有针对性地开展业务培训。第二，可以通过政府购买的方式，引入专业力量（如心理咨询师、医师等）开展社区矫正工作，切实组织具有法律、教育、心理、社会工作等专业知识或者实践经验的社会工作者开展社区矫正相关工作，解决专业难题。

4. 拓展管制刑执行中群众监督的途径

由于管制刑是把犯罪人放在社会中进行改造的一种刑罚，因而在执行中群众参与、群众监督的程度就至关重要，它直接关系到管制刑的执行效果。虽然《社区矫正法》中规定“基层群众自治组织协助社区矫正机构进行社区矫正”，但目前我国管制刑的执行中，由于种种条件的限制，群众参与、群众监督难以真正发挥作用，因而必须完善群众监督的机制，使其在管制刑的执行中发挥应有的作用，从而保证改造效果。

在这一点上，正如有学者所指出的，可以在每个居民委员会、村民委员会的地域内从退休退伍军人、退休教师、退休医生、老公安或民间艺人中有选择地聘任几名社会声望较好、影响力较大的司法员或治安员协助居委会、村委会的治保人员并配合执行机关对犯罪分子监督改造，这一做法较为理想，理由有五：

---

① 韩玉胜主编：《刑事执行制度研究》，中国人民大学出版社2007年版，第40~41页。

（1）这些人员较为稳定，可保持监管考察的连续性，不因基层治保人员的离职而中断。

（2）他们的文化、技能素质较高，对罪犯的文化教育、技能训练有所帮助。

（3）可以增强改造力量，增加影响力，减轻改造风险。

（4）这些人员具有广泛代表性，可以较多地与罪犯接触、与群众联系，充分发扬民主，防止治保人员“一言堂”。

（5）对被聘任人员由基层组织给予适当报酬，既增加他们的责任感，也促使基层组织加强社会治安，防止犯罪的发生。

在吸收这些人员的参与后，再辅之以倡导广大群众的积极参与，比如为执行机关提供罪犯脱逃、托管的信息，另外执行机关进行罪犯服刑期间的日常表现、乡邻关系等问卷调查，行刑开始及结束时向群众宣布有关罪犯改造事宜等都属于群众参与的途径。①

5. 健全保障制度

鉴于我国刑法只规定了犯罪人在管制期间应当遵守的事项，缺乏对违反这些事项后果的规定，《社区矫正法》中的处罚制度规定也过于笼统，因而要完善管制刑，必须在现有基础上健全其保障制度，对此可以从以下两个方面进行改进②：

（1）建立管制刑易科制度。按照国外的立法经验，限制自由刑往往是与剥夺自由刑易科而保证其实施效果的，我国要完善管制刑的执行保障措施，也应建立管制与拘役或者有期徒刑的易科制度。具体而言，对于在管制期间逃避服刑情节严重的，或者严重违反管制内容的，人民法院可以将剩余刑期易科为拘役或者有期徒刑。

（2）对于消极不参加劳动或者不遵守规定情节特别严重的，依照《刑法》第 313 条“拒不执行判决、裁定罪”处以 3 年以下有期徒刑或者拘役；对于重新犯其他罪的，依所犯之罪处罚。

6. 细化考察机制

由于我国刑法对管制期间犯罪人应遵守的事项只是笼统规定了五项，对于实际中犯罪人完成情况如何，则缺少明确的评估标准，从而使得管制刑的内容缺少可操作性。可见，要完善管制刑应细化其考察机制，规定相应的评估标准，并且这种评估标准应予以量化，从而使其直观、明确，笔者认为最佳选择

---

① 阎少华：《管制刑研究》，吉林人民出版社 2005 年版，第 180～181 页。

② 韩玉胜主编：《刑事执行制度研究》，中国人民大学出版社 2007 年版，第 43 页。

就是用分数来运作，对此可以从以下三个方面着手①：

（1）劳动定量，即规定犯罪分子每天或者每周参加一定数量的无偿强制劳动（以小时为单位），完成劳动总量积100分。考虑到我国公民的业余时间，也参照国外做法，以平均每天1～2小时为宜。同时为鼓励犯罪人积极改造，各尽所能发挥特长，在自由时间里进行的发明创造、技术革新、学术研究等应换算为劳动量计入总分。

（2）报告定时，即要求犯罪人每周或者每月定时到执行机关报到，并向执行机关或监管责任人汇报改造情况，全部按要求定时报到并汇报情况的积100分。考虑到目前我国的交通状况、人口密度及行政机构设置情况，以要求犯罪人每周汇报一次为宜。

（3）遵章守纪定分，即犯罪人在管制刑执行期间遵守法律相关规定以及执行机关的相关要求总计100分，违反者依次减分，积极遵守者不减分也不加分，有突出表现的可以加分。

以上三项总分为300分，即犯罪人原则上要积满300分才能结束管制期，对于提前积满300分者应当考虑予以减刑。通过量化的标准可以使管制刑的执行内容更加明确、直观，从而增强其可操作性。

7. 加强管制刑执行的法律监督

法律监督是指有监督权的国家机关对法律的实施是否合法及完善进行检查、督促、纠正的行为，是法律运行的必要环节。检察机关是我国的法律监督机关，因而法律监督主要指检察机关对法律运行情况的监督活动，刑罚的执行是其中重要的方面。我国《社区矫正法》第8条也明确指出“人民检察院依法对社区矫正工作实行法律监督”。然而长期以来，由于管制刑在实际中适用的比较少，加之其不予关押的轻刑化特征，使得检察机关对管制刑执行的监督薄弱。而且检察机关法律监督局限于对管制适用的合法性监督上，而将对管制刑执行的功能发挥与价值追求剥离在监督之外，淡化了对实现刑罚执行目的与功能的监督与促进作用。要完善管制刑的执行，必须充分发挥检察机关的法律监督职能，使其加强对管制刑执行的重视程度，在管制刑执行的各阶段做好相应的监督工作，除《社区矫正法》中作出的规定外，还可以从以下三个方面着手②：

（1）在执行开始阶段，检查各项法律文书是否齐备，各相关部门是否协调一致，罪犯是否已经处在监管状态等。

---

① 阎少华：《管制刑研究》，吉林人民出版社2005年版，第170～172页。

② 阎少华：《管制刑研究》，吉林人民出版社2005年版，第191页。

(2) 在执行中的任意阶段，应当会见犯罪人，听取群众意见对犯罪分子的档案进行审核，监管改造工作是否流于形式，对监管人员工作不到位提出口头整改意见、下达整改意见书，对监管人员严重不负责任造成不良后果的以及监管人员违法奖惩、违法减刑、打击报复等行为追究法律责任，对重新犯罪的服刑人员提起公诉等。

(3) 在执行结束时，对全部执行结果进行总结评估。

通过以上各个阶段监督工作的落实，才能使得管制刑的完善改进工作在现实中得以顺利运行，保证管制刑的执行效果。

第二节 资格刑的执行

一、剥夺政治权利的执行

(一) 我国剥夺政治权利刑的立法现状

剥夺政治权利是我国刑法规定的一种资格刑，具体是指由人民法院依法判处的剥夺犯罪分子参加国家管理和一定社会政治生活权利的一种刑罚方法。剥夺政治权利属于附加刑，既可以单独适用也可以和主刑一起适用。总体而言，由于剥夺政治权利所剥夺的是犯罪人关于政治生活的一些权利，因而相比于生命刑、自由刑而言，剥夺政治权利属于轻刑。

我国《刑法》第 34 条把剥夺政治权利作为附加刑的一种，并于总则第三章“刑罚”中单设一节来规定剥夺政治权利的相关问题，具体体现于《刑法》第 54 条至第 58 条，总结其要点如下：

1. 剥夺政治权利的内容

根据《刑法》第 54 条规定，剥夺政治权利是剥夺下列权利：(1) 选举权与被选举权；(2) 言论、出版、集会、结社、游行、示威自由的权利；(3) 担任国家机关职务的权利；(4) 担任国有公司、企业、事业单位和人民团体领导职务的权利。

2. 剥夺政治权利的适用

根据《刑法》第 56 条的规定，剥夺政治权利的适用有以下两种情况：

(1) 附加适用剥夺政治权利。即在判处主刑的同时附加适用剥夺政治权利，这又有三种情况：第一，对于危害国家安全的犯罪分子，不论处以何种主刑，都应当附加剥夺政治权利；第二，对于被判处死刑、无期徒刑的犯罪分子，应当附加剥夺政治权利终身；第三，对于故意杀人、强奸、放火、爆炸、投毒、抢劫等严重破坏社会秩序的犯罪分子，可以附加剥夺政治权利。

（2）独立适用剥夺政治权利。主要适用于罪行较轻、不需要判处管制以上刑罚的犯罪人。按照刑法分则的规定，一共有37个可以独立适用剥夺政治权利的罪名，其在各章中的分布详见下表：

章数	章名	可以独立适用剥夺政治权利的罪名个数	具体罪名
第一章	危害国家安全罪	8	分裂国家罪，煽动分裂国家罪，武装叛乱、暴乱罪，颠覆国家政权罪，煽动颠覆国家政权罪，资助危害国家安全犯罪活动罪，叛逃罪，为境外窃取、刺探、收买、非法提供国家秘密、情报罪
第二章	危害公共安全罪	4	组织、领导、参加恐怖组织罪，帮助恐怖活动罪，准备实施恐怖活动罪，宣扬恐怖主义、极端主义、煽动实施恐怖活动罪
第三章	破坏社会主义市场经济秩序罪	0	无
第四章	侵犯公民人身权利、民主权利罪	5	非法拘禁罪，侮辱罪，诽谤罪，煽动民族仇恨、民族歧视罪，破坏选举罪
第五章	侵犯财产罪	0	无
第六章	妨害社会管理秩序罪	15	煽动暴力抗拒法律实施罪，招摇撞骗罪，伪造、变造、买卖国家机关公文、证件、印章罪，盗窃、抢夺、毁灭国家机关公文、证件、印章罪，伪造公司、企业、事业单位、人民团体印章罪，伪造、变造居民身份证罪，非法获取国家秘密罪，聚众扰乱社会秩序罪，聚众冲击国家机关罪，组织、领导、参加黑社会性质组织罪，非法集会、游行、示威罪，非法携带武器、管制刀具、爆炸物参加集会、游行、示威罪，破坏集会、游行、示威罪，侮辱国旗、国徽罪，组织、利用会道门、邪教组织、利用迷信破坏法律实施罪

续表

章数	章名	可以独立适用剥夺政治权利的罪名个数	具体罪名
第七章	危害国防利益罪	5	聚众冲击军事禁区罪，聚众扰乱军事管理区秩序罪，冒充军人招摇撞骗罪，伪造、变造、买卖武装部队公文、证件、印章罪，盗窃、抢夺武装部队公文、证件、印章罪
第八章	贪污贿赂罪	0	无
第九章	渎职罪	0	无
第十章	军人违反职责罪	0	无

3. 剥夺政治权利的期限

根据《刑法》第 55 条、第 57 条、第 58 条的规定，剥夺政治权利的期限有以下四种情况：

（1）独立适用剥夺政治权利的，或者判处拘役、有期徒刑附加剥夺政治权利的，期限为 1 年以上 5 年以下；

（2）判处管制附加剥夺政治权利的，剥夺政治权利的期限与管制的期限相等；

（3）判处死刑、无期徒刑的，剥夺政治权利终身；

（4）死刑缓期执行减为有期徒刑，或者无期徒刑减为有期徒刑的，附加剥夺政治权利的期限相应改为 3 年以上 10 年以下。

4. 剥夺政治权利的刑期计算

根据《刑法》第 55 条、第 57 条、第 58 条的规定，剥夺政治权利的刑期计算有以下四种情况：

（1）独立适用剥夺政治权利的，刑期从判决执行之日起计算；

（2）判处管制附加剥夺政治权利的，剥夺政治权利的刑期与管制的期限相等，同时起算；

（3）判处有期徒刑、拘役附加剥夺政治权利的，剥夺政治权利的刑期从主刑执行完毕之日或者从假释之日起计算，同时剥夺政治权利的效力当然适用于主刑执行期间，即在主刑执行期间，犯罪分子不享有政治权利；

（4）判处死刑（包括死缓）、无期徒刑，附加剥夺政治权利终身的，剥夺政治权利不存在刑期计算问题，从主刑执行之日起执行，不发生刑期计算问题。当死缓减为有期徒刑或者无期徒刑减为有期徒刑时，剥夺政治权利的期限相应改为3年以上10年以下，刑期从减刑后的有期徒刑执行完毕之日或者假释之日起计算，在有期徒刑期间，犯罪分子也不享有政治权利。

5. 剥夺政治权利的执行

根据《刑法》第58条的规定，被剥夺政治权利的犯罪分子，在执行期间，应当遵守法律、行政法规和国务院公安部门有关监督管理的规定，服从监督；不得行使《刑法》第54条中所规定的各项权利。另外当执行期满时，由执行机关通知本人，并向有关群众公开宣布恢复政治权利。

（二）剥夺政治权利在实际执行中存在的问题

尽管刑法对剥夺政治权利这一刑罚方法做了明确的规定，但在我国实际的执行中仍存在不少问题，主要体现在以下几个方面：

1. “剥夺政治权利”的称谓政治色彩过于浓厚，不合时宜

我国将剥夺政治权利作为资格刑的一种规定在刑法中是有历史渊源的。以前主要是将剥夺政治权利作为一种对敌斗争的武器，政治色彩非常浓厚。例如，1954年《宪法》第19条第2款规定：“国家依照法律在一定时期内剥夺封建地主和官僚资本家的政治权利”。1978年《宪法》第18条第2款规定：“国家依照法律剥夺没有改造好的地主、富农、反动资本家的政治权利”。这是作为一种专政措施而普遍适用于敌对分子的。1979年《刑法》和1997年《刑法》将其作为一种刑罚方法加以规定，尽管性质发生了变化，但继续保留了这一称谓，并且内容并未发生多大变化，这已经在很大程度上不能适应惩治犯罪的客观需要。[①] 在阶级斗争早已不是社会主要矛盾的今天，继续使用“剥夺政治权利”这一称谓，显然不合时宜。

2. 剥夺政治权利的内容过于政治化，需要扩充

我国剥夺政治权利所剥夺的权利仅限于《刑法》第54条规定的四个方面，分析可以看出：其中“选举权和被选举权”毫无疑问是政治权利；“言论、出版、集会、结社、游行、示威自由的权利”是宪法规定的公民的基本权利，也是政治性的；“担任国家机关职务的权利”和“担任国有公司、企业、事业单位和人民团体领导职务的权利”突出了国家的地位，也带有明显的政治色彩。因而可以说，所剥夺的权利基本上只是局限于政治方面。而在现代社会，随着社会主义市场经济的发展，利用一定非政治性的资格进行经济犯

① 陈兴良：《刑法适用总论》，法律出版社1999年版，第269页。

罪和职务犯罪的现象越来越多，面对这些犯罪，现有的剥夺政治权利刑就显得鞭长莫及，因而需要对剥夺政治权利的内容加以扩充，以适应社会的发展。另外应该看到，“言论、出版、集会、结社、游行、示威自由的权利”作为宪法规定的公民的基本权利、各国公认的基本人权，不应予以剥夺。正如有学者所指出的：“人是一种政治性动物，宪法规定的许多公民的基本权利，是一个人之所以成为公民的根本所在，原则上不应当被剥夺，除非宪法有相反的明确规定，剥夺犯罪人的全部或大部分宪法规定的重要政治权利意味着剥夺其重要的人性特征，是不恰当的、不合理的。”[①] 因而剥夺政治权利中的这方面内容应予取消。

3. 剥夺政治权利的适用方法过于死板，缺乏灵活性

这主要体现在两方面：一方面，剥夺政治权利的内容虽有多项，但这些权利只是作为一个整体存在，不可分割，一经判决，即全部剥夺，从而使得整个剥夺政治权利呈现出一种要么什么也不剥夺、要么全部剥夺的死板状态，缺乏必要的灵活性和针对性，因为有些被剥夺的内容和资格可能跟犯罪性质毫无关系，也即罪犯所实施的犯罪行为与罪犯所具有的这些资格无关，这就可能造成剥夺这些权利成为不必要，与预防重新犯罪也可能没有直接的关系[②]；另一方面，在剥夺政治权利的减刑问题上，当附加适用剥夺政治权利时刑法及有关司法解释有一些相应的规定但不够完备[③]，但在独立适用剥夺政治权利时刑法与司法解释都没有规定，这就使得独立适用剥夺政治权利的减刑问题出现法律上的漏洞与空白。

4. 以公安机关作为剥夺政治权利的执行机关不合时宜，群众参与难以发挥作用，从而使得实际执行中效果不佳

我国刑事诉讼法规定剥夺政治权利由公安机关执行，具体的执行内容散落

---

① 曲新久：《刑法的精神与范畴》，中国政法大学出版社 2000 年版，第 350 页。

② 吴宗宪、陈志海、叶旦声、马晓东：《非监禁刑研究》，中国人民公安大学出版社 2003 年版，第 507～508 页。

③ 例如，当原来判处死刑缓期执行减为有期徒刑或者无期徒刑减为有期徒刑时，《刑法》第 57 条明确规定，附加剥夺政治权利的期限应当改为 3 年以上 10 年以下；当原来判处有期徒刑的减刑时，根据 2016 年 11 月 14 日最高人民法院《关于办理减刑、假释案件具体应用法律若干问题的规定》第 17 条的规定，附加剥夺政治权利的刑期可以酌减，但酌减后剥夺政治权利的期限最短不得少于 1 年；当原来判处管制减刑时，根据《刑法》第 55 条第 2 款的规定，剥夺政治权利的期限与管制的期限相等，同时执行，因而剥夺政治权利必然随着管制刑的减刑而减刑，期限保持一致。但对于原来被判处拘役减刑时附加剥夺政治权利是否减刑及如何减刑则没有明确规定。

在《刑事诉讼法》《人民检察院刑事诉讼规则》最高人民法院《关于适用〈中华人民共和国刑事诉讼法〉的解释》和《公安机关办理刑事案件程序规定》中。在司法实践中由县级公安机关负责剥夺政治权利的执行工作，具体由罪犯居住地的公安派出所、驻乡人民警察或交罪犯所在单位、基层组织作为具体负责监督考察的执行单位，同时执行单位组织有关群众参加监督考察小组，定期对剥夺政治权利的犯罪人进行考察、评定。如同管制刑的执行一样，把公安机关作为执行机关存在着与公安机关的性质及职责任务不符、与公安机关的经历配备相矛盾等问题①。同时由于监督、教育改造是由群众监督考察小组具体负责的，这一执行方法，在改革开放以前是有效的，但在改革开放以后，在社会人员大流动的今天，就存在许多不适宜的问题。首先，群众监督考察小组难以真正建立起来，有的地方即使成立了这样的小组，也难以正常开展工作；其次，被判处剥夺政治权利的罪犯为了生计或其他原因经常外出，不知下落，目前这种监督考察方式根本无法对他们进行有效的监督，实践中经常出现不知被剥夺政治权利罪犯的去向，有时甚至执行期满要宣布恢复政治权利时连人都找不到。②

由于上述种种缺陷的存在，使得剥夺政治权利的实际执行效果欠佳，很多法院除了在判处其他刑罚时附加剥夺政治权利外，几乎从来不单独适用剥夺政治权利。例如据江苏人民法院统计，1997 年该省共对 29919 人判处刑罚，但没有独立适用剥夺政治权利的；1998 年共判处犯罪分子 33114 人，独立适用剥夺政治权利的仅为 1 人；1999 年判处犯罪分子 38503 人，也没有独立适用剥夺政治权利的。③

（三）剥夺政治权利的完善

由于目前剥夺政治权利存在诸多缺陷，因而学界对其认识不一致，出现了剥夺政治权利的存废之争，形成两种对立的观点：一种观点认为剥夺政治权利具有其他刑罚方法无法替代的功能和价值，因而应该在刑罚体系中占有一席之地；另一种观点则认为剥夺政治权利刑的缺陷太多，应该从刑法中取消。④ 笔者认为，剥夺政治权利的缺陷固然不少，实际执行效果欠佳，但这些缺陷并非

---

① 详见管制刑部分的论述。

② 吴宗宪、陈志海、叶旦声、马晓东：《非监禁刑研究》，中国人民公安大学出版社 2003 年版，第 510 页。

③ 吴宗宪、陈志海、叶旦声、马晓东：《非监禁刑研究》，中国人民公安大学出版社 2003 年版，第 508 页。

④ 详见韩玉胜主编：《刑事执行制度研究》，中国人民大学出版社 2007 年版，第 207～208 页。

剥夺政治权利本身固有的问题，而是由于法律规定不够完善造成的，因而完全可以避免；同时剥夺政治权利具有其他刑罚不可替代的作用，决定了在刑罚体系中应有其一席之地①：

第一，剥夺政治权利符合世界刑罚发展的非监禁化趋势。对于犯罪情节较轻、社会危害性不十分严重、罪犯主观恶性不深的犯罪分子，不适用监禁刑而单独适用剥夺政治权利，既可以减少监狱的关押人数，降低刑罚成本，又可以避免短期监禁刑的弊端，不影响犯罪人的再社会化，从而有利于罪犯的自我改造。

第二，剥夺政治权利对于某些类型的犯罪具有独特的预防效果。有些犯罪活动往往是利用一定的资格或权利而使犯罪得逞的，如果依法判处剥夺这些人的资格和权利，就可以剥夺其再利用这些资格或权利实施犯罪行为的能力，从而可以有效地防止其利用一定资格或权利再次进行犯罪活动，以达到特殊预防的目的。同时，通过对犯罪人资格或权利的剥夺，还可以对其他具有同样资格或权利的人起到一定的惩戒作用，使其珍惜自己的资格或权利，不去从事与本人资格或权利不相称的违法犯罪活动，以免丧失这种资格或权利，从而达到一般预防的作用。

第三，剥夺政治权利对罪犯具有特殊的教育改造功能。对犯罪分子适用剥夺政治权利，是国家对犯罪分子在政治上的否定评价。尽管被单独适用剥夺政治权利的罪犯没有像被判处监禁刑的罪犯那样失去自由的痛苦，但他们具有失去某种资格或权利的痛苦，通过亲身感受和对比，使他们意识到某种资格或权利的珍贵，从而激发其悔改自新的热情，争取早日恢复政治权利，成为自食其力的守法公民。

由于剥夺政治权利具有上述特有功能和价值，因此要加以完善，使其作用得以充分发挥，具体说来要从以下几个方面进行完善：

1. 改变名称以淡化其政治色彩，扩充其内容

由于“剥夺政治权利”的名称政治色彩过于浓厚，作为一种刑罚方法不应该采用政治术语，不合时宜，而且我国现行的剥夺政治权利的具体内容实际上已经超出了政治性质的范畴，已是名不副实了，例如担任企业、事业单位和人民团体领导职务的权利就不完全是政治权利，因而应加以改进。参照其他国

① 吴宗宪、陈志海、叶旦声、马晓东：《非监禁刑研究》，中国人民公安大学出版社2003年版，第501～502页。

家的立法例①，建议改为“剥夺一定的权利”，从而使其更加名副其实，并且为内容的扩充奠定基础。

从内容上看，建议保留原来刑法中关于剥夺“选举权和被选举权”的规定，取消原来刑法中关于剥夺“言论、出版、集会、结社、游行、示威自由的权利”的规定，把原来剥夺“担任国家机关职务的权利”和“担任国有公司、企业、事业单位和人民团体领导职务的权利”合并为“剥夺担任公职的权利”，从而更加准确精练地表达其内涵，同时增加下列内容②：

（1）增加剥夺从事特定职业资格的内容。随着社会经济和科技的发展，许多犯罪与犯罪人的职业有关，有的犯罪分子就是利用其特定的职业技能或从事特定职业的便利从事各种犯罪活动的，典型的如非法操纵证券交易价格罪、内幕交易罪、生产销售伪劣产品罪、计算机犯罪、医疗事故罪、交通肇事罪等，对于这些犯罪人判处剥夺从事特定职业的资格和权利，不仅是对他们进行有效的惩罚，而且可以有效防止其利用特定职业重新犯罪。剥夺从事特定职业资格，一般应采用吊销执业证书或资格证书的方式进行，比如吊销驾驶证、吊销医生执业证、吊销律师证等。特别应强调的是，随着社会的发展，交通运输日益繁盛，有关交通的犯罪也频繁发生，因而应该在“剥夺从事特定职业资格”中增加禁止驾驶资格，以适应我国社会的发展和打击交通犯罪的需要，具体可以参照《德国刑法典》第44条“犯罪发生于驾驶动力车辆之际，或与之有关，或由于违反驾驶人之义务，因而判处自由刑或罚金者，法院得命禁止于街道驾驶一切或特定种类之动力车辆，其期间为1月以上3月以下”的规定。可见，禁止驾驶资格不仅仅适用于交通肇事罪，还适用于与驾驶机动车辆有关的其他犯罪。

（2）增加剥夺军衔和荣誉称号的内容。军衔是指军队中对不同职务的军人授予的等级称号，是军人身份和地位的象征，我国现行刑法中把“军人违反职责罪”作为分则的一章加以规定，但并没有把剥夺军衔作为附加刑规定在刑法条文中；而《军官军衔条例》第28条却规定：“军官犯罪，

---

① 剥夺一定的权利，各国基本上都有相应的立法例，但在具体称呼上有所不同，例如《波兰刑法典》称为剥夺公共权利，《意大利刑法典》和《法国刑法典》称为剥夺公权，《罗马尼亚刑法典》称为禁止行使一定权利，《西班牙刑法典》则将剥夺权利分为特别剥夺权利、完全剥夺权利和停止权利等。详见韩玉胜主编：《刑事执行制度研究》，中国人民大学出版社2007年版，第215页。

② 吴宗宪、陈志海、叶旦声、马晓东：《非监禁刑研究》，中国人民公安大学出版社2003年版，第615~619页。

被依法判处剥夺政治权利或者三年以上有期徒刑的，由法院判决剥夺其军衔。”这就造成了司法实践中根据《军官军衔条例》可以适用剥夺军衔，而刑法条文中却没有相应规定的不正常现象。同时剥夺军衔对犯罪军人来说能够起到很好地预防再犯和教育改造的功能，因而应该增设剥夺军衔的内容。另外，对于包括军人在内的社会大众来说，国家授予的重要荣誉称号，比如“全国劳动模范”“五一劳动奖章”“三八红旗手”“全国十大优秀青年”等也是其身份和社会地位的象征，能够给其带来光荣感和相应利益，所以从惩罚预防犯罪、教育改造罪犯的角度出发，应该增设剥夺荣誉称号的规定。有关剥夺军衔和剥夺荣誉称号方面，国外有成熟的立法例，例如《俄罗斯联邦刑法典》第 48 条规定：“在对严重犯罪或特别严重的犯罪判刑时，考虑犯罪人的身份，法院可以剥夺其专门称号、军衔或荣誉称号、职衔和国家激励。”我国可以借鉴这一规定，增设剥夺军衔和剥夺荣誉称号的相应规定。

（3）增加针对法人所适用的停业整顿和强制解散。在我国，一方面，法人犯罪日趋严重，涉及面越来越广，社会危害程度越来越大；另一方面，对法人所能适用的刑罚方法只有罚金刑一种。当法人隐匿财产、转移财产或资不抵债时，罚金刑显得无能为力。在当今法人犯罪日益增多的形势下，仅仅依靠罚金刑是不能有效惩治和预防法人犯罪的，因而有必要增设针对法人的刑罚方法。根据我国当前的经济发展水平和法人犯罪的实际情况，建议在“剥夺一定的权利”中增设停业整顿和强制解散两个方面内容。其中停业整顿是指对犯罪法人在一定期限内中止其从事工商活动权利的刑罚，适用于犯罪情节较轻、经过一定时间的整改能重新回到合法经营轨道的法人；强制解散是指法院宣告强制解散犯罪法人，使其组织归于消灭的刑罚方法，是最为严厉的惩治犯罪法人的刑罚，相当于自然人的死刑，适用于犯罪情节严重、社会危害性极大、在社会上已造成极为恶劣影响或者屡次违法犯罪、经多次处罚仍不改正的法人。

2. 完善剥夺政治权利的适用方法，使其具备灵活性

如上所述，我国目前剥夺政治权利的适用方法缺乏灵活性，因而应从以下两个方面加以改进：

（1）增设“剥夺一定的权利”的分立制。分立制就是法院在判决剥夺犯罪人权利时，不是对刑法总则中所列的可以剥夺的权利全部剥夺，而是根据犯罪的性质和犯罪人的具体情况，明确判处剥夺哪一项或哪几项权利。设立分立制除了要在刑法总则中把所有可以剥夺的权利列出以外，还要在刑法分则的具体罪名条文中，具体列出可以附加剥夺政治权利的内容，以便法官在审判时作

出有针对性的选择，以避免权利剥夺的不足或浪费。[①] 通过分立制的设立，改变目前要么什么也不剥夺，要么全部剥夺的死板状态，增强该刑罚的灵活性与针对性。

(2) 增设"剥夺一定的权利"的减刑制度。如上所述，我国目前剥夺政治权利的减刑问题存在法律上的漏洞与空白：对于独立适用时的减刑问题没有规定，对于附加适用时的减刑问题有一些规定但不够完善。然而从刑罚的目的、资格刑的特点、刑罚的适用依据等角度看，剥夺政治权利的减刑制度都是必要的，因而要弥补这一漏洞，对"剥夺一定的权利"刑建立完善的减刑制度：在适用范围上，不仅附加适用的可以减刑，单独适用的也可以减刑；在减刑条件和程序上，与自由刑的减刑保持一致，适用《刑法》第 78 条和第 79 条的规定；在减刑后实际执行刑期的限度上，与自由刑的减刑保持一致，减刑后实际执行的刑期不少于原判刑期的 1/2；在减刑的起始时间上，于执行 1/2 刑期以上时方可减刑；在减刑的幅度上，鉴于资格刑的特点，宜规定比自由刑减刑适当宽松，不做硬性限制。[②]

3. 变更执行机关，拓展群众监督途径，加强法律监督

与管制刑一样，"剥夺一定的权利"的执行也是采用专门机关与群众监督相结合的方式来进行的，因而与管制刑的完善一样，也要变更现行的执行机关，拓展群众监督的途径，同时要加强法律监督，详见管制刑完善中的相关论述，此处不再赘述。

二、复权制度研究

(一) 复权制度简介

客观地讲，资格刑具有巨大的积极意义，不仅体现了刑法对于犯罪人及犯罪行为的否定性评价，而且具有剥夺或者限制犯罪人再犯能力的独特功能，并且可能通过限制、剥夺犯罪人的权利、资格在一定意义上维护国家机关等特定行业的信誉。但是，资格刑的负面影响与不良后果也是客观存在的：一方面，有可能形成"刑罚过剩"，即除独立适用资格刑以外，资格刑在附加于自由刑适用时，都是在自由刑执行完毕或者假释以后才予以执行的，对于那些经过自由刑的执行已经悔过自新、改造好了的犯罪人来讲，此时再适用资格刑就形成了刑罚过剩，反而不利于犯罪人的教育改造；另一方面，不利于犯罪人的再社

① 吴宗宪、陈志海、叶旦声、马晓东：《非监禁刑研究》，中国人民公安大学出版社 2003 年版，第 620 页。

② 吴平：《资格刑研究》，中国政法大学出版社 2000 年版，第 335～337 页。

会化，即资格刑的存在使得犯罪人在自由刑执行完毕之后仍然被剥夺一些重要的权利和资格，容易减损犯罪人的信心和责任心，突出犯罪人和普通大众的差异感，从而在很大程度上阻碍了犯罪人的再社会化。[①] 由于资格刑这些固有的弊端是客观存在的，因而应该有相应的制度来减少弊端从而使得资格刑的功能得到更好的发挥，这就是复权制度。

所谓复权制度是一种刑罚消灭制度，指的是对于因为实施犯罪而被判处资格刑的犯罪人，在其具备法律规定的条件时，由法院提前恢复其被剥夺、限制的权利或者资格的制度。它具有以下几个基本特征：

第一，本质上属于刑罚消灭制度的一种，是在资格刑正常消灭之外所设立的一种提前消灭制度。

第二，仅适用于资格刑，是与资格刑相配套、相对应而存在的，作用是导致资格刑的提前消灭，对于其他刑罚的适用不产生影响。

第三，只能发生在资格刑正在执行的过程中，在资格刑执行完毕后不存在复权的问题。

从以上分析可以看出，复权制度存在的合理性主要有以下三个方面[②]：

1. 消除刑罚过剩、保护犯罪人的合法权益

刑罚的目的包括特殊预防与一般预防，其中特殊预防是主要方面。对于被判处资格刑的犯罪人来说，如果其中刑罚执行一定期限后没有再犯新罪，同时又具备其他经认可的相应表现时，说明犯罪人已经积极悔改，不至再危害社会，不会再次实施犯罪，可以判定刑罚的特殊预防目的已经实现。在这种情况下，如果再适用资格刑，则属于刑罚过剩。为消除过剩的刑罚、保护犯罪人的合法权益，确立复权制度是必要的。

2. 作为刺激受刑人真诚悔过、积极改造自我的激励机制

适用资格刑的犯罪人，其真诚悔过和积极改造自我的努力应当被司法机关所认可，从而给予正面评价并予以奖励。在这种意义上讲，复权制度属于一种刑罚适用过程中的刺激受刑人悔过自新的激励机制。如果没有复权制度，被判处资格刑的犯罪人表现好坏在待遇上没有差别，就会使犯罪人缺少真诚悔改的动力，从而不利于犯罪人的改造。

3. 完善刑罚运用制度、严密刑法典逻辑的必要手段

刑事立法上所确立的诸多刑种，均存在与之相配套的刑罚制度以最大限度地减少其弊端，从而保证其正面效应得到最大发挥。比如，对于死缓而言，根

① 吴平：《资格刑研究》，中国政法大学出版社2000年版，第61～63页。

② 于志刚：《刑罚消灭制度研究》，法律出版社2002年版，第569～570页。

据犯罪人的不同表现，存在不同的减刑幅度；对于自由刑而言，存在缓刑、假释等刑罚运用制度。而对于资格刑而言，也需要相应的制度来配合以保证其作用的发挥，这就是复权制度。

（二）在我国刑法中增设复权制度的初步构想

复权制度作为一项重要的刑罚消灭制度，在许多国家的刑法典中均有规定，但我国刑事立法上并没有规定，现行刑事司法中也未承认复权制度，这不能不说是一种遗憾。我们需要借鉴国外先进的立法经验，结合我国的国情，在我国刑法中增设复权制度。

1. 复权制度的条件

由于复权制度是对资格刑执行完毕之前的提前撤销，是对犯罪人在刑罚执行过程中表现良好的法律奖励措施，因而必须具备一定的条件才能予以复权。

（1）时间条件。由于复权制度发生在资格刑执行过程中，同时对于犯罪人的考察也需经过一定的时间才能认定，因而复权制度要有时间上的限制，即资格刑开始执行多久才能适用复权制度。对此各国有两种立法例：一种采用的是比例制的时间限制，即规定资格刑实际的执行期限达到判决确定的期限的一定比例才能予以复权，基本上都以1/2为限，即原判资格刑已经执行1/2才能复权，如德国、韩国即如此规定。另一种采用的是定期制的时间限制，即规定资格刑必须实际执行达到一个确定的期限才能复权，如瑞士刑法规定的时间为2年，意大利刑法规定的时间为5年。[①] 这两种立法例中，比例制时间限制对于定期资格刑的复权是可取的，而定期制时间限制对于不定期资格刑的复权是可取的。笔者认为，由于我国的资格刑[②]只有在附加死刑、无期徒刑适用时才为不定期的（终身剥夺），其他情况不论是独立适用还是附加适用都是有固定期限的，而对于死刑、无期徒刑的犯罪人予以复权没有实际意义，并且当死刑缓期执行或者无期徒刑减为有期徒刑时，所附加剥夺政治权利就相应地改为有固定期限的（3年以上10年以下），因此可以说我国的复权制度仅对定期资格刑适用，因而建议借鉴上述第一种立法例，采用比例制的时间限制，规定犯罪人原判资格刑执行1/2以上的才可以复权，这里“1/2”是从资格刑开始执行之日起计算。

（2）悔改条件。犯罪人的悔改表现是复权制度执行的实质性条件。对此，

---

① 于志刚：《刑罚消灭制度研究》，法律出版社2002年版，第590～594页。

② 目前我国的资格刑仅剥夺政治权利一种，但上面笔者已经过分析建议改为“剥夺一定的权利”以扩充其容量，这样一来“剥夺一定的权利”即为我国的资格刑。

各国也有不同规定。有规定犯罪人不再犯新罪的，如德国、韩国；有规定犯罪人表现良好的，如巴西；有规定犯罪人不至于滥用被恢复的资格或权利的，如瑞士；有规定犯罪人行为端正的，如意大利。[①] 其实这些规定有很大的相通之处，并没有本质上的区别。因而建议把“根据犯罪分子的悔改表现，适用复权不致再危害社会的”作为我国复权制度的悔改条件。

（3）消极条件。复权制度的消极条件是指具备了上述两方面条件也不能予以复权的情况，是对复权的特殊限制。主要是指对于累犯的限制，由于累犯存在屡教不改的情况，具有很大的危险性，难以保证复权后不再利用这些权利或资格进行犯罪，因而应当像缓刑和假释的有关规定一样，规定“对于累犯不得复权”。

2. 复权的程序

复权制度作为一种刑罚消灭制度，必须遵循严格的程序，这主要指申请人申请和法院审查两个方面。

（1）申请人申请。关于复权制度是否需要申请以及谁可以作为申请人的问题，可以参考的立法例大致有以下四种[②]：一是规定复权无须申请，由法院直接干预，如德国；二是规定由受刑人作为申请人，向法院提出复权申请，由法院裁定是否同意复权，如瑞士；三是规定受刑人和检察官均有资格申请，如韩国；四是规定复权由检察官申请，如我国台湾地区。对此，一方面要看到复权制度的存在目的在于防止刑罚过剩、促使犯罪人积极改造，因而对于申请人的范围不宜规定过窄；另一方面也要注意可能存在的司法舞弊问题，不能只由司法机关进行处理而忽视犯罪人的存在。考虑到目前我国资格刑的执行情况和司法现状，建议规定被判处资格刑的犯罪人和执行机关都可以向法院提出复权申请。

（2）法院审查。犯罪人或者执行机关向法院提出复权申请只是启动复权的第一步，接下来法院要对复权申请进行审查，从而决定是否对犯罪人适用复权，因而法院的审查在复权制度中占据着重要地位。有国家规定法院对于复权申请是不可拒绝的，例如意大利刑法典对于不得允许复权的情况加以明确列举，这就意味着对于符合法律规定条件的受刑人所提出的复权要求，法官必须同意，不得拒绝。但应当看到，复权的条件只是对复权结果的概括性要求，而犯罪人究竟改造得如何、适用复权是否真的不致再危害社会、剩余的资格刑的刑期是否过剩等都需要经过法院的认真审查才能得到落实，从而决定是否应当

① 于志刚：《刑罚消灭制度研究》，法律出版社 2002 年版，第 594～595 页。

② 于志刚：《刑罚消灭制度研究》，法律出版社 2002 年版，第 598～599 页。

适用复权；同时难免有犯罪人并非真心悔过而是怀着侥幸心理提出复权申请，如果不加区别地都予同意就失去了复权制度的严肃性和存在的价值，因而上述这种立法例为我国所不取。

考虑到我国目前的司法现状，并且为与减刑、假释的审查程序保持一致，建议规定“对于犯罪分子的复权，由其本人或者执行机关向中级以上人民法院提出复权申请。人民法院应当组成合议庭进行审理，对确有悔改表现，适用复权不致再危害社会的，裁定予以复权。非经法定程序不得复权”。

第三节　罚金刑的执行

一、罚金刑的立法现状

罚金刑是指由法院判处犯罪人向国家缴纳一定数额金钱的刑罚方法，在性质上属于财产刑，在我国属于附加刑的一种，既可以单独适用也可以与主刑一起适用。罚金刑不仅适用于自然人犯罪，还适用于单位犯罪，是目前惩治犯罪单位的唯一刑罚方法。由于罚金刑所剥夺的是犯罪人的财产权，因而相比于生命刑、身体刑明显属于轻刑。我国《刑法》第 34 条中把罚金刑作为附加刑的一种予以规定，并于总则第三章“刑罚”中单设一节来规定罚金刑，但只有两条（第 52 条和第 53 条），过于笼统；分则中的条文则在具体罪名的处罚上规定了罚金刑的适用；针对包括罚金刑在内的财产刑的执行，最高人民法院于 2000 年 11 月 15 日通过了《关于适用财产刑若干问题的规定》，又于 2014 年 10 月 30 日通过了《关于刑事裁判涉财产部分执行的若干规定》，这两个司法解释对罚金刑的执行作出了较为细化的规定。总结上述刑法相关条文和相关司法解释的规定，我国罚金刑制度的主要内容有以下几个方面：

（一）罚金刑的适用范围

我国 1997 年刑法相比于 1979 年刑法扩大了罚金刑的适用范围。从刑法分则的章节分布来看，罚金刑主要适用于破坏社会主义市场经济秩序罪、侵犯财产罪、妨害社会管理秩序罪和贪污贿赂罪，从犯罪性质看，主要适用于经济犯罪和贪利犯罪。

（二）罚金刑的科处模式

根据刑法分则相关条文的规定，我国罚金刑有四种科处模式：

1. 单处罚金，即只能判处罚金而不能选用其他刑罚，我国刑法只是规定在单位犯罪中对犯罪单位单处罚金，对自然人犯罪没有单处罚金的规定。

2. 选处罚金，即罚金刑作为一种与相关主刑并列的刑罚，由法院酌情选用，一般适用于较为轻微的犯罪，例如《刑法》第 309 条规定："有下列扰乱法庭秩序情形之一的，处三年以下有期徒刑、拘役、管制或者罚金：（一）聚众哄闹、冲击法庭的；（二）殴打司法工作人员或者诉讼参与人的；（三）侮辱、诽谤、威胁司法工作人员或者诉讼参与人，不听法庭制止，严重扰乱法庭秩序的；（四）有毁坏法庭设施，抢夺、损毁诉讼文书、证据等扰乱法庭秩序行为，情节严重的。"

3. 并处罚金，即在判处相关主刑的同时附加适用罚金刑，分为两种情况：

（1）必须并处罚金，即法院在判处相关主刑的时候必须同时适用罚金刑。例如《刑法》第 343 条第 2 款规定："违反矿产资源法的规定，采取破坏性的开采方法开采矿产资源，造成矿产资源严重破坏的，处五年以下有期徒刑或者拘役，并处罚金。"

（2）可以并处罚金，即法院在判处相关主刑的时候可以同时附加适用罚金刑也可以不附加适用罚金刑，具体由法院根据案件情况和犯罪人的财产状况决定是否并处罚金。例如《刑法》第 325 条第 1 款规定："违反文物保护法规，将收藏的国家禁止出口的珍贵文物私自出售或者私自赠送给外国人的，处五年以下有期徒刑或者拘役，可以并处罚金。"

4. 并处或者单处罚金，即法院既可以在判处相关主刑的同时附加适用罚金刑，也可以单处罚金刑。例如《刑法》第 342 条规定："违反土地管理法规，非法占用耕地、林地等农用地，改变被占土地用途，数量较大，造成耕地、林地等农用地大量毁坏的，处五年以下有期徒刑或者拘役，并处或者单处罚金。"根据司法解释的规定，犯罪情节较轻，适用单处罚金不致再危害社会并且具有下列情形之一的，可以依法单处罚金：偶犯或者初犯；自首或者有立功表现的；犯罪时不满 18 周岁的；犯罪预备、中止或者未遂的；被胁迫参加犯罪的；全部退赃并有悔罪表现的；其他可以依法单处罚金的情形。

（三）罚金刑的数额

1. 罚金刑的类型

对于罚金刑的数额，我国刑法分则规定了三种类型：

（1）无限额罚金制，即没有规定罚金的具体数额。例如《刑法》第 222 条规定："广告主、广告经营者、广告发布者违反国家规定，利用广告对商品或者服务作虚假宣传，情节严重的，处二年以下有期徒刑或者拘役，并处或者单处罚金。"另外，对于所有犯罪单位所规定的罚金都没有具体数额的规定。

根据司法解释的规定，刑法没有明确规定罚金数额标准的，罚金的最低数额不能少于1000元，对于未成年人的罚金最低数额不能少于500元。

（2）限额罚金制，即对罚金的上限和下限进行限定，从而规定了相对确定的数额。例如《刑法》第208条第1款规定："非法购买增值税专用发票或者购买伪造的增值税专用发票的，处五年以下有期徒刑或者拘役，并处或者单处二万元以上二十万元以下罚金。"

（3）比例罚金制，即以违法所得或者犯罪涉及的数额为基数，处以一定比例或者倍数的罚金。例如《刑法》第148条规定："生产不符合卫生标准的化妆品，或者销售明知是不符合卫生标准的化妆品，造成严重后果的，处三年以下有期徒刑或者拘役，并处或者单处销售金额百分之五十以上二倍以下罚金。"

2. 罚金数额确定的根据

《刑法》第52条规定："判处罚金，应当根据犯罪情节决定罚金数额。"其中"犯罪情节"是指行为动机、方法、后果、获利多少以及犯罪人个人情况等因素的总和。司法解释做了进一步明确："人民法院应当根据犯罪情节，如违法所得数额、造成损失的大小等，并综合考虑犯罪分子缴纳罚金的能力，依法判处罚金。"

（四）罚金刑的执行

1. 罚金刑的执行主体

我国刑法只是笼统规定了罚金刑由人民法院执行，司法解释中进行了明确：财产刑由第一审人民法院执行。犯罪分子的财产在异地的，第一审人民法院可以委托财产所在地人民法院代为执行。

2. 罚金的缴纳

根据《刑法》第53条的规定，罚金的缴纳有以下几种方式：

（1）限期一次缴纳，即要求犯罪人在判决指定的期限内一次性缴纳判决确定的罚金数额，通常适用于罚金数额不大或者虽然罚金数额较大但缴纳不困难的情形。根据司法解释的规定，"判决指定的期限"是指从判决发生法律效力第二日起最长不超过3个月。

（2）限期分期缴纳，即要求犯罪人在判决指定的期限内分次缴纳判决确定的罚金数额，适用于罚金数额较大且一次缴纳有困难的情形。

（3）强制缴纳，即在判决指定的期限届满后，犯罪分子有能力缴纳而不缴纳或未足额缴纳的，由法院强制犯罪分子缴纳罚金。根据司法解释的规定，自判决指定的期限届满第二日起，人民法院对于没有法定减免事由不缴纳罚金的，应当强制其缴纳。

（4）随时追缴，即对于不能全部缴纳罚金的，人民法院在任何时候发现被执行人有可以执行的财产，应当随时追缴，以增强罚金刑的威慑力。根据司法解释的规定，人民法院应当依法对被执行人的财产状况进行调查，发现有可供执行的财产，需要查封、扣押、冻结的，应当及时采取查封、扣押、冻结等强制执行措施。同时，人民法院认为应当依法判处被告人财产刑的，可以在案件审理过程中，决定扣押或者冻结被告人的财产。

（5）减少或者免除缴纳，即如果犯罪分子由于遭遇不能抗拒的灾祸按照原判决确定的数额缴纳罚金确有困难时，可以酌情减少或者免除罚金的缴纳。根据司法解释的规定，“由于遭遇不能抗拒的灾祸缴纳确有困难的”，主要是指因遭受火灾、水灾、地震等灾祸而丧失财产；罪犯因重病、伤残等而丧失劳动能力，或者需要罪犯抚养的近亲属患有重病，需支付巨额医药费等，确实没有财产可供执行的情形等。在程序上要由罪犯本人、亲属或者犯罪单位向负责执行的人民法院提出书面申请，并提供相应的证明材料，人民法院审查以后，认为符合法定减免条件的，应当在收到申请后1个月内，根据实际情况，依法作出裁定减少或者免除应当缴纳的罚金数额；认为不符合法定减免条件的，裁定驳回申请。

3. 罚金刑执行中的民事赔偿责任优先原则

所谓罚金刑执行中的“民事赔偿责任优先原则”，简单地说就是民事赔偿责任的承担优先于罚金刑的执行，即当被告人的财产难以同时满足罚金刑的执行和民事赔偿的执行时，应该优先承担民事赔偿责任。

我国《刑法》第36条规定：“由于犯罪行为而使被害人遭受经济损失的，对犯罪分子除依法给予刑事处罚外，并应根据情况判处赔偿经济损失。承担民事赔偿责任的犯罪分子，同时被判处罚金，其财产不足以全部支付的，或者被判处没收财产的，应当先承担对被害人的民事赔偿责任。”这就是我国刑法中的民事赔偿责任优先原则。需要注意的是，并非所有的民事责任都优先于罚金刑的执行，这里特指由于犯罪人的犯罪行为而产生的对被害人的侵权责任，只有这种侵权责任的赔偿才能优先于罚金刑的执行；至于其他民事责任（如违约责任、缔约过失责任等）所产生的赔偿责任，则不能优先于罚金刑的执行。

二、我国罚金刑存在的问题

我国罚金刑在立法和司法上主要存在以下问题，需要加以完善：

（一）立法上存在的问题

1. 罚金刑在刑罚体系中的地位不高

由于罚金刑符合世界刑罚轻缓化、非监禁化趋势，可以避免监禁刑交叉感染、不利于再社会化等弊端，同时又是惩罚经济犯罪和法人犯罪的有效方法，并且具有经济性、可分性、易纠正性等优点，因而罚金刑在刑罚中的地位越来越高。世界上多数国家都把罚金刑作为主刑在刑法典中加以规定，如德国、日本、意大利、巴西、朝鲜等，以体现罚金刑在刑罚体系中的地位。而我国刑法只是把罚金刑作为附加刑的一种加以规定，尽管附加刑既可以附加主刑适用也可以单独适用，但毕竟地位不如主刑高，带有一定的“从属性”意味，从而使得罚金刑在整个刑罚体系中地位不高，反映不出世界刑罚发展的趋势，也限制了其适用。

2. 罚金刑的适用范围过窄

从犯罪性质上看，我国刑法中规定的罚金刑主要适用于以下三种类型的犯罪：一是经济型犯罪，主要指分则第三章“破坏社会主义市场经济秩序罪”，该章中的条文几乎都可以独立或附加适用罚金刑；二是财产犯罪，分则第五章“侵犯财产罪”中的14个条文中有9个规定可以适用罚金刑；三是其他一些故意犯罪，分则第六章“妨害社会管理秩序罪”中有近半数的条文规定了罚金刑，第四章“侵犯公民人身权利、民主权利罪”和第七章“贪污贿赂罪”中也有一些条文规定了罚金刑。可见，以上这些可以适用罚金刑的犯罪主要限于故意犯罪、经济型财产型犯罪、相对较轻的犯罪，而为数不少的过失犯罪、非经济型财产型的犯罪以及较为严重的犯罪则不能适用罚金刑，从而使我国刑法中罚金刑的适用范围受到局限。

3. 刑法分则中可以适用罚金刑的条文比例过低

我国1979年刑法中仅有20个条文可以适用罚金刑，仅占条文总数的19.4%，1997年刑法扩大了罚金刑的适用范围，可以适用罚金刑的条文数上升到139条，占条文总数的39.7%，尽管提升了二十多个百分点，但与其他国家相比还是太低，德国、瑞士、印度、巴西、泰国等国家刑法中可以适用罚金刑的条文占分则条文总数的比例都在55%以上，最多的达到89.5%[①]。可见，我国刑法分则中可以适用罚金刑的条文比重有待提高。

4. 刑法中尤其是刑法总则中缺少有关罚金刑数额的明确规定

我国刑法总则中只是笼统规定了“判处罚金，应当根据犯罪情节决定罚金数额”，至于罚金刑的具体数额则缺少明确规定；刑法分则中能够适用罚金刑的条款中也有不少没有数额的限定，这就造成罚金刑在适用中缺少明确的数额标准。尽管司法解释中规定罚金的最低数额不得少于1000元，一定

① 吴宗宪、陈志海、叶旦声、马晓东：《非监禁刑研究》，中国人民公安大学出版社2003年版，第492页。

程度上规范了罚金刑的数额，但应该看到的是，它只是对罚金刑的下限作出了限制，而没有限制上限，并且司法解释的效力有限，因而应当在刑法中加以明确。

5. 罚金刑执行程序的法律规定过于笼统

我国目前没有统一的关于财产刑执行的法律，《刑法》《刑事诉讼法》及相关司法解释对罚金刑执行进行了简单的规定，最高人民法院于 2014 年出台了《关于刑事裁判涉财产部分执行的若干规定》，但是其中关于财产刑执行的规定还是过于笼统，许多在具体执行中遇到的问题无法找到法律依据或者相关法律依据并不合适，例如现行法律中缺乏对罚金刑的中止、终结、执行回转的具体规定，但是《关于刑事裁判涉财产部分执行的若干规定》第 16 条规定“人民法院办理刑事裁判涉财产部分执行案件，刑法、刑事诉讼法及有关司法解释没有相应规定的，参照适用民事执行的有关规定”，由于罚金刑执行的特殊性，直接适用民事执行的相关规定并不合适。

（二）司法中存在的问题

1. 罚金刑执行难

罚金刑执行难是指被判处罚金刑的犯罪人由于种种原因不缴纳罚金，造成法院生效判决“空判”的现象，它制约着罚金刑的适用，使其无法发挥应有的作用，使得刑罚目的无法实现。罚金刑执行难是一个世界性的问题，即使是在罚金刑适用率相当高的西方国家，如何使罚金刑得到切实执行，也始终是一个难题。如英国法官劳撒姆指出：许多犯罪分子不缴纳罚金，或只是在一再受到监禁的威胁之后才缴纳罚金；一项调查结果表明：在受到三次或者三次以上处罚的被告人中有 46% 的人是没有缴纳罚金的，同时在被判处 100 英镑或 100 英镑以上的人中，有 55% 是在一年半后一直没有全部付清的。[①] 林山田教授指出：“根据犯罪学的研究得知，犯罪人口之经济状况常较一般普通人口的平均水准为低，故罚金刑常有难以执行或未能执行之事情发生。”[②] 在我国的审判实践中，有的犯罪人因为无正当职业、无固定收入而生活贫困、根本无钱缴纳罚金，有的犯罪人虽有能力但不愿意缴纳罚金而隐匿转移财产来抗拒罚金的缴纳，加上我国罚金刑规定不够完备，执行制度、方法不完善，从而使得罚金刑的执行难上加难。

---

① 吴宗宪、陈志海、叶旦声、马晓东：《非监禁刑研究》，中国人民公安大学出版社 2003 年版，第 496 页。

② 林山田：《刑罚学》，台湾商务印书馆 1983 年版，第 292 页。

2. 罚金刑的适用率极低

由于我国罚金刑的规定不够完善，在刑罚体系中的地位较低，加上执行难的问题难以解决，因而在审判中法院往往不信任罚金刑，认为与其判了执行不了还不如干脆不判，这就使得我国司法实践中罚金刑的适用率非常低。如据江苏省高级人民法院统计，1998年被判处刑罚的33114人中只有779人被判处罚金刑，仅占2.35%；1999年被判处刑罚的38503人中只有924人被判处罚金，仅占2.4%。[①] 另据某高级人民法院统计，1988年判处的12737件刑事案件中没有一起适用罚金刑的；1989年判处的22450件刑事案件中只有46件适用了罚金刑，仅占案件总数的2%；1990年判处的24831件刑事案件中只有72件适用了罚金刑，仅占案件总数的3%。[②] 而西方国家中罚金刑的适用率是很高的，比如在1959年联邦德国在全部刑事案件中有63%判处了罚金，到了1969年则上升为70%，进入70年代后则一直保持在84%左右；日本自1971年至1975年间法院适用罚金的案件占刑事判决总数的96%以上；英国治安法院在非交通事件中有74%是判处罚金的，即使在对严重犯罪进行审判的皇家刑事法院中有15%的案件也是采用罚金的。[③] 随着世界刑罚的非监禁化趋势，世界上绝大多数国家罚金刑的适用率都在60%以上，而我国却仅为2%左右，悬殊的对比说明了在我国罚金刑的适用率太低了。

三、罚金刑的完善

随着世界刑罚的轻缓化、非监禁化趋势，罚金刑越来越受到重视，适用率越来越高，而我国罚金刑却在立法和司法上存在诸多问题，严重制约了其作用的发挥，使其极少适用，因而应对罚金刑加以完善，以充分发挥其优势和作用，顺应刑罚发展潮流。完善罚金刑主要有以下几种措施：

（一）将罚金刑由附加刑提升为主刑

随着社会经济的发展、犯罪类型和结构的变化，罚金刑在打击惩罚犯罪、教育改造罪犯方面的作用不断增大，世界各国几乎都在扩大罚金刑的适用范围、提高罚金刑的适用率，使得罚金刑在刑罚体系中的地位得以提升。而我国

---

① 吴宗宪、陈志海、叶旦声、马晓东：《非监禁刑研究》，中国人民公安大学出版社2003年版，第495页。

② 杨敦先、曹子丹：《改革开放与刑法发展》，中国检察出版社1993年版，第199页。

③ 吴宗宪、陈志海、叶旦声、马晓东：《非监禁刑研究》，中国人民公安大学出版社2003年版，第494页。

刑法仍只是把罚金刑作为附加刑的一种加以规定，使得罚金刑在我国刑罚体系中的地位不高，制约了罚金刑的适用和其作用的发挥，而应当顺应世界潮流，提高罚金刑的地位，将其从附加刑提升为主刑。

对于罚金刑的地位，我国学者主要有三种观点：第一种观点主张将罚金刑仍规定为附加刑，以有利于发挥其既可以附加适用又可以独立适用的灵活性①；第二种观点主张将罚金刑提升为主刑，以有利于提高罚金刑的执行率②；第三种观点主张将罚金刑作为主刑的一种，又可以作为附加刑适用，并在分则中作出具体规定③。以上三种观点中，第一种观点维持现状，显然不利于提升罚金刑的地位；第三种观点则会使得罚金刑到底是主刑还是附加刑的性质不够明确，以致其法律地位处于不确定状态；第二种观点有利于提高罚金刑在刑罚体系中的地位，符合刑罚发展的世界趋势，应予采纳，同时为了发挥罚金刑本身具有的辅助作用和附加作用，增强其适用中的灵活性，有学者提出“罚金刑为主刑，但可以并科适用”的立法构想④，笔者深表赞同，这样既可以明确罚金刑的主刑地位，又可以发挥其适用上的灵活性，并且有意大利、德国、瑞士等国家的立法例可供参考⑤，因而甚为妥当。

（二）扩大罚金刑的适用范围，提升分则中可以适用罚金刑的条文比例

如上所述，我国罚金刑的适用范围有限，主要局限于财产型、贪利型的故意犯罪，使得刑法分则中可以适用罚金刑的条文比例过低，限制了罚金刑作用的发挥，不符合刑罚发展的世界趋势，因而应该扩大罚金刑的适用范围，主要应从以下两个方面进行扩充：

1. 将罚金刑适用到过失犯罪

由于过失犯罪中犯罪人的主观恶性较小，改造难度较低，对其适用自由刑往往适得其反，不但不能起到教育改造的效果，而且会使其由于被监禁而受到

---

① 侯国云、薛瑞麟主编：《刑法的修改与完善》，中国人民大学出版社1989年版，第113页。

② 赵国强：《关于完善我国罚金刑立法的司考》，载《刑法发展与司法完善》（续编），中国人民大学出版社1990年版，第49页。

③ 李云修、钟新岭：《关于完善我国罚金刑立法的司考》，载《刑法发展与司法完善》，中国人民大学出版社1989年版，第204页。

④ 邵维国：《罚金刑论》，吉林人民出版社2004年版，第133～134页。

⑤ 例如《瑞士刑法典》规定罚金刑是主刑，但第50条规定：“行为人出于获利动机而为犯罪行为的，除科处自由刑以外，法官可以科处罚金刑；法律规定可选科自由刑或罚金的，在任何情况下，法官可将两者并科。”德国、意大利刑法也有类似规定，详见邵维国：《罚金刑论》，吉林人民出版社2004年版，第134页。

污染，而罚金刑自身的优点正可以解决这一问题，因而一般来讲，对于过失犯罪使用罚金刑就可以起到惩罚和教育改造的效果，就能够实现刑罚的目的。世界各国对过失犯罪大多规定了罚金刑。例如《德国刑法典》第222条对过失杀人规定"行为人由于过失引起他人死亡的，处五年以下的自由刑或罚金"。《法国刑法典》第221－6条规定："因笨拙失误、轻率不慎，缺乏注意，漫怠疏忽，或因未履行法律或条例强制性规定的安全或审慎义务，造成他人死亡之行为，构成非故意杀人罪，非故意杀人罪处三年监禁并科三十万元法郎罚金。"《日本刑法典》中对失火罪、过失致死罪等也规定了罚金刑。[①] 我国应该借鉴这些立法经验，规定过失犯罪可以适用罚金刑，并且对于轻微的过失犯罪可以单处罚金刑。

2. 将罚金刑适用到非经济型、财产型犯罪

目前我国罚金刑在适用上主要集中于经济型、财产型犯罪，而对于非经济型、非财产型犯罪则极少规定罚金刑，而罚金刑自身的优点决定了其完全可以适用于非经济型、财产型的犯罪：一方面，对于轻微的非经济型、财产型犯罪，适用罚金刑既可以惩罚、教育犯罪人又可以避免监禁刑的弊端，而且符合刑罚经济性原则，西方国家对此也有相应的立法例，例如《德国刑法典》第172条规定："行为人尽管已经结婚却结婚的，或者与已经结婚的人结婚的，处三年以下自由刑或罚金刑。"《俄罗斯联邦刑法典》也规定对于侮辱、诽谤、非法侵入住宅等犯罪都可以适用罚金刑。[②] 我们应当借鉴这些成功的立法经验，对法定刑在五年有期徒刑以下的相对较轻微的非经济型、财产型的犯罪增加罚金刑的适用，不但可以并处也可以单处罚金刑。另一方面，对于严重的非经济型、财产型犯罪，在判处自由刑的同时并处罚金刑也会有效增强惩治、预防犯罪的效果，促进刑罚目的的实现。因而应当增加并处罚金刑的规定。

（三）在刑法中明确规定罚金刑数额范围

我国刑法总则中缺少对于罚金刑数额的明确规定，使得总则与分则关于罚金刑的规定不能彼此呼应、相互协调，从而使分则中大量适用罚金刑的条款实际上处于无限额的状态，削弱了罚金刑的可操作性与实用性，不利于罚金刑作用的发挥，因而应予改进。西方国家关于罚金数额的规定，大多采用的是总则

---

① 吴宗宪、陈志海、叶旦声、马晓东：《非监禁刑研究》，中国人民公安大学出版社2003年版，第600页。

② 吴宗宪、陈志海、叶旦声、马晓东：《非监禁刑研究》，中国人民公安大学出版社2003年版，第601页。

与分则相呼应的立法体例，如在总则中规定罚金数额的下限，而在分则中规定罚金数额的上限；有的是在总则中规定罚金数额的上限与下限，分则则在总则规定的法定限额内再对具体犯罪的罚金的上限与下限加以规定。① 笔者建议，我国刑法总则应该在考虑分则现有规定的基础上明确规定罚金刑数额的上限与下限，从而使得分则中的无限额罚金、限额罚金以及比例罚金的数额范围都得以明确，从而形成总则与分则在这一问题上的呼应，增强罚金刑的操作性和实用性。

1. 增设日额罚金制

日额罚金制又称结构性罚金制，是西方国家为了改善传统的罚金刑不平等性的弊端②而发展起来的制度，芬兰于 1921 年首次实行。日额罚金制根据两个标准来确定罚金刑的数额：根据犯罪行为的严重性、犯罪人的危险性确定日罚金的天数，根据犯罪人的财产状况和收入水平确定每天应当缴纳的罚金数额，每日应缴数额乘以天数就是罚金的总数额。日额罚金制改变了传统罚金刑在数额确定上仅关注犯罪情节而产生的盲目性和机械性，将犯罪人的财产状况和收入水平纳入了考虑范围，使得最终确定的罚金刑数额更为合理，增加了罚金刑的可操作性和实用性，颇为合理。西方许多国家如德国、法国、瑞典、芬兰、墨西哥、丹麦等刑法中都采用日额罚金制，我国刑法也应引入这一合理制度，增设日额罚金制，通过“日数”和“日额”来确定罚金刑的数额。笔者建议在总则中规定“日数”和“日额”的范围幅度，分则中就每一个具体犯罪在总则范围的基础上规定相应的量刑幅度。

2. 增设罚金刑易科制度

罚金刑易科制度是指当所判决的罚金刑得不到执行时，采用其他刑罚方式来代替的刑罚制度，是保证罚金刑得以实际执行的有效方法。对于罚金刑不能执行时用什么刑罚来易科，各国刑法规定不同，大致包括强制性劳动、劳动改造、劳役、自由刑等。面对我国司法实践中罚金刑执行难的严重问题，建议引入罚金刑易科制度，包括易科自由刑和易科社区服务两部分：一方面，对于那些故意抽逃资金、转移财产或将财产挥霍一空来逃避罚金刑执行的犯罪人一律易科执行自由刑，以易科自由刑为后盾保证罚金刑的顺利执行，增强刑罚的严肃性；另一方面，对于那些确因贫困无法缴纳罚金、没有故意逃避缴纳罚金并

---

① 陈兴良：《刑法适用总论》，法律出版社 1999 年版，第 231 页。

② 即同样数额的罚金，对于富人来说很容易缴纳，显得没有什么惩罚性；而对于穷人来说则无力缴纳，有时可能显得过于严厉。即貌似平等的罚金刑由于受刑人财产状况、承受能力的不同而在实际执行效果上显得不平等。

且不适用罚金刑减免的犯罪人，易科社区服务，即不剥夺其人身自由，让其在社区内进行强制性的体力劳动①。两种情况区别对待，可以在很大程度上解决目前严重的罚金刑执行难的问题，保证罚金刑得到有效适用。至于易科后的自由刑与公益劳动的时间，在引入了日额罚金制后就极为方便：对于易科自由刑的，日额罚金中的“日数”即为易科后自由刑的时间；对于易科公益劳动的，将原来日额罚金制确立的总数额除以社区劳动每日的收入就可得出相应的天数。

3. 增设罚金刑缓刑制度

缓刑制度是惩办与宽大相结合、惩罚与教育改造相结合政策的具体体现，而我国目前的缓刑制度仅适用于被判处拘役和 3 年以下有期徒刑的犯罪分子，随着罚金刑地位上升为主刑、适用范围的扩大，增设罚金刑缓刑制度势在必行。在具体制度设计上可以参照现有的缓刑制度，规定对于被判处罚金刑的犯罪分子，根据其犯罪情节和悔罪表现，适用缓刑不致再危害社会的，可以宣告缓刑；罚金刑缓刑的期限也应参照日额罚金制中的“日数”来确定，可以规定在“日数”以上 2 年以下，但不能少于 6 个月；罚金刑缓刑犯在缓刑期间应当遵守的规定与拘役、3 年以下有期徒刑的犯罪分子相同。增设罚金刑的缓刑制度，可以使我国的刑罚体系更加完善，保证改善罚金刑的地位，可以在一定程度上缓解罚金刑执行难的问题，同时又符合我国现有的刑事政策，给犯罪人一个悔过自新以求宽大处理的机会，特别是对于被判处罚金刑的未成年人具有重大的教育意义，因而有学者主张所有被判处罚金刑的未成年人都应当适用缓刑。②

第四节　没收财产刑的执行

一、没收财产刑的立法现状

没收财产是把犯罪分子个人所有财产的一部或者全部，强制无偿地收归国有的刑罚方法，在性质上属于财产刑，在我国属于附加刑的一种，理论上既可以附加主刑适用也可以单独适用，但我国刑法分则没有规定可以单独适用没收财产刑的条款。与生命刑、身体刑相比，没收财产刑剥夺的是财产

① 关于社区服务刑详见本章第五节的论述。

② 韩玉胜主编：《刑事执行制度研究》，中国人民大学出版社 2007 年版，第 150 页。

权，因而属于轻刑；但相比于罚金、剥夺政治权利等附加刑，没收财产明显要重，是最重的一种附加刑。我国《刑法》第34条中把没收财产作为附加刑的一种予以规定，并于总则第三章“刑罚”中单设一节来规定没收财产，但只有两条（第59条和第60条），过于笼统；分则中的条文则在具体罪名的处罚上规定了没收财产的适用；另外，针对包括没收财产在内的财产刑的执行，最高人民法院于2000年11月15日通过了《关于适用财产刑若干问题的规定》，又于2014年10月30日通过了《关于刑事裁判涉财产部分执行的若干规定》，这两个司法解释对没收财产的执行作出了较为细化的规定。总结上述刑法相关条文和相关司法解释的规定，我国没收财产刑制度的主要内容有以下几个方面：

（一）没收财产刑的适用范围

由于没收财产是最为严重的一种附加刑，因而在我国主要适用于重罪，并且都是在犯罪情节严重或特别严重时附加于主刑来适用的，刑法分则中没有一处规定可以独立适用没收财产刑的。我国刑法分则共规定了71个可以适用没收财产刑的罪名，主要适用于危害国家安全罪、破坏社会主义市场经济秩序罪、侵犯财产罪、妨害社会管理秩序罪、贪污贿赂罪，其在各章中的分布情况详见下表：

章数	章名	可以适用没收财产刑的罪名个数	具体罪名
第一章	危害国家安全罪	12	背叛国家罪，分裂国家罪，煽动分裂国家罪，武装叛乱、暴乱罪，颠覆国家政权罪，煽动颠覆国家政权罪，资助危害国家安全犯罪活动罪，投敌叛变罪，叛逃罪，间谍罪，为境外窃取、刺探、收买、非法提供国家秘密、情报罪，资敌罪
第二章	危害公共安全罪	5	组织、领导、参加恐怖组织罪，帮助恐怖活动罪，准备实施恐怖活动罪，宣扬恐怖主义、极端主义、煽动实施恐怖活动罪，利用极端主义破坏法律实施罪

续表

章数	章名	可以适用没收财产刑的罪名个数	具体罪名
第三章	破坏社会主义市场经济秩序罪	37	生产、销售伪劣产品罪，生产、销售假药罪，生产、销售劣药罪，生产、销售不符合安全标准的食品罪，生产、销售有毒、有害食品罪，生产、销售不符合标准的医用器材罪，生产、销售伪劣农药、兽药、化肥、种子罪，走私武器、弹药罪，走私核材料罪，走私假币罪，走私文物罪，走私贵重金属罪，走私珍贵动物、珍贵动物制品罪，走私国家禁止进出口的货物、物品罪，走私淫秽物品罪，走私普通货物、物品罪，非国家工作人员受贿罪，伪造货币罪，出售、购买、运输假币罪，金融工作人员购买假币、以假币换取货币罪，持有、使用假币罪，伪造、变造金融票证罪，伪造、变造国家有价证券罪，集资诈骗罪，贷款诈骗罪，票据诈骗罪，信用证诈骗罪，信用卡诈骗罪，有价证券诈骗罪，保险诈骗罪，骗取出口退税罪，虚开增值税专用发票、用于骗取出口退税、抵扣税款发票罪，伪造、出售伪造的增值税专用发票罪，非法出售增值税专用发票罪，非法制造、出售非法制造的用于骗取出口退税、抵扣税款发票罪，非法出售用于骗取出口退税、抵扣税款发票罪，合同诈骗罪，非法经营罪
第四章	侵犯公民人身权利、民主权利罪	3	组织出卖人体器官罪，绑架罪，拐卖妇女、儿童罪
第五章	侵犯财产罪	5	抢劫罪，盗窃罪，诈骗罪，抢夺罪，职务侵占罪
第六章	妨害社会管理秩序罪	14	组织他人偷越国（边）境罪，盗掘古文化遗址、古墓葬罪，盗掘古人类化石、古脊椎动物化石罪，非法采集、供应血液、制作、供应血液制品罪，非法猎捕、杀害珍贵、濒危野生动物罪，非法收购、运输、出售珍贵、濒危野生动物、珍贵、濒危野生动物制品罪，走私、贩卖、运输、制造毒品罪，非法生产、买卖、运输制毒物品、走私制毒物品罪，非法种植毒品原植物罪，组织卖淫罪，强迫卖淫罪，制作、复制、出版、传播淫秽物品牟利罪

续表

章数	章名	可以适用没收财产刑的罪名个数	具体罪名
第七章	危害国防利益罪	0	无
第八章	贪污贿赂罪	4	贪污罪，受贿罪，利用影响力受贿罪，行贿罪
第九章	渎职罪	0	无
第十章	军人违反职责罪	0	无

（二）没收财产的范围

我国《刑法》第 59 条规定："没收财产是没收犯罪分子个人所有财产的一部或者全部。没收全部财产的，应当对犯罪分子个人及其抚养的家属保留必要的生活费用。在判处没收财产的时候，不得没收属于犯罪分子家属所有或者应有的财产。"这里所说的犯罪分子个人所有的财产，包括犯罪分子本人所有的财产以及在与他人共有财产中依法应有的份额。在处理具体案件时，应严格区分犯罪分子个人所有的财产和其家属或者他人财产的界限，只有确定为犯罪分子个人所有的财产，才能予以没收。至于何时没收全部财产，何时没收部分财产，刑法没有明确规定，应由法院根据犯罪行为的性质、情节来裁量决定。

（三）没收财产刑的执行

1. 没收财产刑的执行主体

我国刑法没有明确规定没收财产刑的执行主体，《刑事诉讼法》第 272 条规定："没收财产的判决，无论附加使用或独立使用，都由人民法院执行；在必要的时候，可以会同公安机关执行。"从而确立了人民法院是没收财产刑的执行主体。需要注意的是，刑事诉讼法只是考虑到在没收财产刑执行过程中可能遇到有关单位或个人采用非法手段妨害执行活动的情况，而人民法院又缺乏专门的侦查手段或职权，需要拥有专门侦查手段或职权的公安机关的配合与协助，这才规定了“在必要的时候，可以会同公安机关执行”，并不表明公安机关也是没收财产刑的执行主体。最高人民法院《关于刑事裁判涉财产部分执行的若干规定》中对没收财产刑的执行主体作了进一步明确：刑事裁判涉财产部分由第一审人民法院执行。被执行的财产在异地的，第一审人民法院可以委托财产所在地的同级人民法院执行。

2. 没收财产刑与罚金刑并处时的执行

根据司法解释的规定，一人犯数罪依法同时并处罚金和没收财产的，应当合并执行；但并处没收全部财产的，只执行没收财产。可见，当罚金刑与没收部分财产并处时，应当按照“并科原则”执行；当罚金刑与没收全部财产并处时，应当按照“吸收原则”只执行没收财产。

3. 罚金刑执行中正当债务的偿还

我国《刑法》第60条规定：“没收财产以前犯罪分子所负的正当债务，需要以没收的财产偿还的，经债权人请求，应当偿还。”可见，要以没收的财产偿还债务，必须具备以下四个条件：

（1）必须是犯罪分子在没收财产以前所负的债务，没收财产以后所负的债务不能以没收的财产偿还；

（2）必须是正当的债务，比如买卖、借贷、租赁等经济活动中所发生的债务；非正当的债务，比如赌债，不能以没收的财产偿还；

（3）必须经债权人提出请求，并查证属实，如果债权人未提出请求，或者虽然提出了请求，但没有充分根据的，不能以没收的财产偿还；

（4）必须在没收的财产份额之内，按一定的顺序偿还。

4. 没收财产刑执行中的民事赔偿责任优先原则

所谓没收财产刑执行中的“民事赔偿责任优先原则”，简单地说就是民事赔偿责任的承担优先于没收财产刑的执行，即当被告人的财产难以同时满足没收财产刑的执行和民事赔偿的执行时，应该优先承担民事赔偿责任。根据我国《刑法》第36条的规定，由于犯罪行为而使被害人遭受经济损失的，对犯罪分子除依法给予刑事处罚外，并应根据情况判处赔偿经济损失；承担民事赔偿责任的犯罪分子被判处没收财产的，应当先承担对被害人的民事赔偿责任。这就是我国刑法中的民事赔偿责任优先原则。需要注意的是，并非所有的民事责任都优先于没收财产刑的执行，这里特指由于犯罪人的犯罪行为而产生的对被害人的侵权责任，只有这种侵权责任的赔偿才能优先于没收财产刑的执行；至于其他民事责任（如违约责任、缔约过失责任等）所产生的赔偿责任不能优先于没收财产刑的执行。

二、没收财产刑存在的问题

（一）立法上存在的问题

1. 没收财产刑的适用范围过小

从我国刑法的规定可以看出，没收财产刑主要适用于情节严重或特别严重的经济型、财产型犯罪，并且一般相应的主刑都是在10年以上有期徒刑、无期徒刑或者死刑。虽然对于重罪才适用没收财产刑的做法是各国的立法趋势，但随着经济的发展，经济型、贪利型的犯罪逐渐增加，如果把没收财产刑仅仅限制在特别严重的犯罪，那么就不能最大限度地发挥没收财产刑在惩治经济犯罪上的巨大作用，特别是对于那些性质比较严重的经济犯罪、财产犯罪和职务犯罪，不使用没收财产刑就有可能让他们在经济上占到便宜，不利于从经济上剥夺其再犯罪的能力和条件。

2. 刑法分则中没有可以独立适用没收财产刑的条款

在我国刑法分则中，没收财产刑只能附加于主刑适用，而没有可以独立适用的条款，这既不符合附加刑的性质特点，也不利于没收财产刑作用的发挥。正如有学者指出的，“其实，对于那些性质不是特别严重、不需要判处监禁刑的贪利型犯罪，独立适用没收财产刑是预防这些犯罪较有效的刑罚方法，在现实生活中，一些利欲熏心的犯罪分子不择手段地聚敛财物，对于他们来说判几年刑还不如剥夺其一定财产那么有威慑力、那么有教育改造的效果。”①

3. 没有明确规定没收全部财产和没收部分财产的具体标准

我国刑法只是笼统规定了没收财产是没收犯罪分子个人所有财产的一部或全部，但对于什么情况下应没收部分财产、什么情况下应没收全部财产没有规定具体的标准，完全留给法官去自由裁量。标准的缺乏使得没收财产在适用中具有很大的随意性，影响刑罚的严肃性和执法的统一性。

4. 对没收财产刑执行程序欠缺明确的法律规定

由于我国目前没有关于财产刑执行的法律，而散落在《刑法》《刑事诉讼法》及相关司法解释中就没收财产执行的规定大多比较笼统，许多在具体执行中遇到的问题无法找到法律依据或者相关法律依据并不合适，例如缺乏对没收财产刑执行中止、执行终结、执行回转的规定。

---

① 吴宗宪、陈志海、叶旦声、马晓东：《非监禁刑研究》，中国人民公安大学出版社2003年版，第516页。

（二）司法中存在的问题

1. 没收财产刑执行难

财产刑的本质决定了没收财产刑和罚金刑一样，不像自由刑执行起来那样方便，没收财产刑执行难的问题困扰着法院工作人员。当犯罪分子确实没有财产、犯罪分子或其他人员为了避免财产被没收而转移隐匿变卖毁坏财产、犯罪分子个人所有的财产与其他人的财产难以区分等实际情况出现时，没收财产刑执行起来就面临很大的难题；加之刑法对没收财产刑的规定还不够完备，从而使得没收财产刑在实际执行中困难重重。

2. 没收财产刑适用率低

本来我国刑法中没收财产刑的适用范围就较窄，同时面对没收财产执行难、犯罪分子个人财产难以查清等问题，法院在实际审判中除了刑法规定必须附加适用的外，极少主动适用，这就使得没收财产刑的实际适用率很低。如据江苏省高级人民法院统计：该省 1998 年共判决犯罪分子 33114 人，其中并处没收财产的 391 人，仅占 1.18%，1999 年共判决犯罪分子 38503 人，其中并处没收财产的 429 人，仅占 1.11%。更为甚者，有的法院更少或基本上没有适用过没收财产这一附加刑。①

三、没收财产刑的完善

由于没收财产刑具有惩治预防经济犯罪、贪利犯罪的特有效果，具备刑罚经济性的特征，符合世界刑罚非监禁化的趋势，因而应该针对上述问题进行改善，以完善我国没收财产刑的规定，保证其应有作用得到充分发挥，主要措施有以下几个方面：

（一）扩大没收财产刑的适用范围

如上所述，我国刑法中没收财产刑主要适用于危害国家安全罪、破坏社会主义市场经济秩序罪、侵犯财产罪、妨害社会管理秩序罪以及贪污贿赂罪中情节特别严重、处刑 10 年以上有期徒刑、无期徒刑和死刑的犯罪分子，适用范围过窄制约了没收财产刑作用的发挥，因而应当扩大其适用范围。由于对于重罪才适用没收财产刑的做法是各国的立法趋势，并且没收财产刑本来就是最为严重的附加刑，因而扩大其适用范围并不是要将其适用于包括轻罪在内的一切犯罪，而是将情节比较严重的犯罪纳入没收财产刑的适用范围，正如有学者建

① 吴宗宪、陈志海、叶旦声、马晓东：《非监禁刑研究》，中国人民公安大学出版社 2003 年版，第 517 页。

议，将没收财产刑扩大到目前能够适用没收财产刑的上述犯罪类型中情节较严重、刑期在3年以上10年以下有期徒刑的犯罪中。[①]

（二）明确规定没收全部财产和没收部分财产的标准

由于目前刑法缺少何时没收全部财产、何时没收部分财产的标准，造成了没收财产刑在适用中的随意性，不利于其作用的发挥，因而刑法中应当对这一标准作出明确规定，即在规定没收财产的分则条文中明确规定是没收全部财产还是没收部分财产。结合以上没收财产刑适用范围的扩充，建议对于情节特别严重、社会危害性特别大的犯罪（主刑在10年以上有期徒刑、无期徒刑或死刑的犯罪）规定没收全部财产，对于情节较为严重、社会危害性较大的犯罪（主刑在3年以上10年以下有期徒刑的犯罪）规定没收部分财产。

（三）在分则中增设可以独立适用没收财产刑的条款

由于我国刑法分则中没收财产刑都是附加于主刑适用，没有可以单独适用的条款，与其附加刑的性质不符，又限制了其作用的发挥，因而应当增设可以独立适用没收财产刑的条款。结合以上没收财产刑适用范围的扩充，建议对于情节较为严重、社会危害性较大的犯罪（主刑在3年以上10年以下有期徒刑的犯罪）规定可以独立适用没收财产刑。

（四）提前对犯罪人财产状况的调查，及时采取财产保全措施

目前没收财产刑执行难的一个很重要原因是犯罪人本人或其亲友对犯罪人财产进行转移、隐匿、变卖、毁坏等意图逃避法律制裁的非法举动，而造成这种状况的一个很重要的原因是对犯罪分子财产状况的调查太晚，给了其可乘之机。在目前判处没收财产刑的案件中，侦查、起诉、审判阶段一般不涉及对犯罪人财产状况的调查，等到法院要执行没收财产刑的时候才予以调查，而这时财产往往已经被转移、隐匿、变卖或毁坏。因而应当提前对犯罪分子进行财产状况的调查，发现问题及时采取财产保全措施，以保证没收财产刑的顺利执行。由于侦查机关介入案件的阶段早，并且其工作特长、技术手段等优势都决定了其更适合调查犯罪人的财产状况。因而有学者建议在刑事诉讼法或者专门的刑事执行法中增加对于刑法规定并处罚金或者没收财产刑的犯罪，侦查机关应当调查犯罪人的财产状况，发现有转移、隐匿、变卖等不法行为的时候及时

---

① 吴宗宪、陈志海、叶旦声、马晓东：《非监禁刑研究》，中国人民公安大学出版社2003年版，第621～624页。

采取查封、扣押、冻结等财产保全措施[①]，这样既可以保证财产刑得以顺利执行，又可以提高办案效率。

第五节　社区服务刑的执行

一、社区服务刑简介

所谓社区服务刑，是指由法院判决犯罪人到社区中进行一定时间强制无偿劳动的刑罚措施，是非监禁刑的一种。社区服务作为一种刑罚方法最早出现于英国，其1973年的《刑事司法法》中规定了“社区服务”的刑种，根据该法规定，法官可以判令被告人进行无偿的社区工作，以弥补因其罪行给社会和个人造成的损失。随后，在1976年，欧洲理事会部长会议根据《欧洲犯罪问题委员会的报告》通过了10号决议，要求成员国积极通过社区服务实现犯罪人的改过自新。联合国第六届预防犯罪与罪犯待遇大会通过的第8号决议案，对于社区服务刑在世界范围内的推广具有重要意义，该法案呼吁各成员国“鼓励更加广泛的社区力量参与监禁替代措施的实施”。第七届联合国预防犯罪与罪犯待遇大会秘书长《关于监禁的替代措施和囚犯社会安置的方法》的总报告指出，社区服务已在大不列颠、法兰西、卢森堡、丹麦和荷兰实施，目前还包括德国、葡萄牙和意大利，芬兰、比利时、挪威和瑞典等几国正处于讨论和立法的准备阶段。此外，俄罗斯、美国等国家都有社区服务的刑罚方法。[②]

（一）社区服务的特征

作为一种刑罚方法，社区服务具有以下几个特征：

1. 在社区中执行

所谓社区指的是地域性的人类共同体、地域性的小社会，人类的一切社会活动都是在一定的具体的社区里进行的。社区服务刑的执行场所就是社区，在许多情况下，犯罪人的社区服务活动是在社区中的非营利性机构中进行的，例如医院、养老院、学校、教堂、慈善机构等，但也不局限于此。通常犯罪人的社区服务就是在社区环境中进行的，例如让其清扫社区道路、修建社区公共绿

---

① 韩玉胜主编：《刑事执行制度研究》，中国人民大学出版社2007年版，第240页。

② 吴宗宪、陈志海、叶旦声、马晓东：《非监禁刑研究》，中国人民公安大学出版社2003年版，第583页。

地、收集社区中的垃圾、修理社区中的公共设施等。

2. 强制性、无偿性

在社区服务刑中，犯罪人在社区中进行一定时间的劳动是必须完成的，这是其强制性；而犯罪人提供这些劳动是没有报酬的，这是其无偿性。因为犯罪人的犯罪行为对社区造成了破坏和危害（如损害了社区的财物、秩序、安全感、道德风尚等），因而这种强制无偿劳动被看作其对社区进行的补偿和回报。

3. 由法院判决

和其他刑罚方法一样，社区服务令只能由法院判决而不能由其他机构决定。法官通过发布“社区服务令”的形式，判决犯罪人到社区中进行劳动，并在社区服务令中明确规定劳动的场所、内容、时间等。

4. 对社区和犯罪人的双重有益性

对社区来说，犯罪人以进行无偿劳动的形式为其提供服务，不仅可以恢复被犯罪行为破坏的秩序、安全感、道德风尚等，而且还能方便社区生活，改善社区环境，促进社区发展。对于犯罪人来说，社区服务刑可以使其免受监禁之苦，不改变其正常生活；同时可以使其更加深刻地认识到自己的犯罪行为的危害性，促使其改过自新（例如让交通肇事的犯罪人到治疗交通肇事被害人的医院中服务，可以使其更直接地认识到交通肇事的危害性等）；还可以帮助其恢复人格，促使其培养社会责任感，提高工作技能，以重新回归社会。可见，社区服务刑对社区和犯罪人都是有益的。

（二）社区服务的意义

随着世界刑罚轻缓化、非监禁化的发展趋势，特别是“社区矫正”理念日益深入人心，作为监禁刑替代措施的社区服务刑日益受到重视，而我国刑法中却没有规定这一刑罚种类，不能不说是一个遗憾。在我国刑法中增设社区服务刑是非常必要的，其好处体现在以下几个方面：

1. 缓解监狱拥挤严重的状况

由于在我国刑法中自由刑是最主要的刑法方法，审判实践中也大量适用，加之我国人口基数大，从而导致监狱拥挤的问题。据统计，到 1997 年第三季度末，全国监狱关押的犯人总数为 143.1 万人，而全国监狱总的关押能力只有 110 万人左右，超押 33.1 万人，超押率为 30.09%；2000 年年底，全国监狱关押的犯罪总数为 144 万人，超押 24 万人，超押率为 20%，至今监狱拥挤的问题仍未得到有效缓解。监狱拥挤不仅给监狱的安全和管理带来很大的麻烦，而且造成大量的罪犯没有劳动岗位，坐吃闲饭，严重影响改造质量。[①] 而增设社区服务刑，将一部分罪行较轻、有悔改表现的犯罪人以社区服务刑来代替原有的监禁刑，可以从根本上缓解监狱拥挤的问题。

2. 避免短期自由刑的弊端，提高改造效果

在我国的审判实践中，短期自由刑被大量适用。据统计，我国法院每年判处5年以下有期徒刑的罪犯在30万人左右，如1993—1997年间，共审结一审刑事案件2437426件，判决发生效力的2742133人，其中判处5年以下有期徒刑、拘役和管制的达1592357人，占判处罪犯总数的58.07%。1999年共判决并发生法律效力的608259人，其中被判处5年以下有期徒刑的292130人，占总数的48.03%。这意味着我国监狱每年新收押的罪犯中有近30万人为5年以下的短期监禁刑，占总数的22%左右。[②] 这些罪犯除去在看守所关押的时间，平均每人在监狱关押的时间很短，罪犯还没有完全适应监狱生活、监狱教育改造罪犯的各种手段还没有在罪犯身上发生什么作用，罪犯就要刑满释放了。这期间，罪犯不但没有得到有效改造，还可能受到周围不良环境的影响变得更糟，很可能从进来时的胆子小、作案经验少的单面手变成刑满释放时的胆子大、经验丰富、作案手段高明的多面手，这也正是短期自由刑的弊端所在。而社区服务刑则可以避免犯罪人之间的不良接触，有利于犯罪人回归社会，从而提高改造效果。

3. 可以节省开支，增进刑罚的经济性

罪犯在监狱的关押成本很高，据《联合国第五次犯罪趋势和刑事司法执行调查（1990—1994）》的有关数据，就所调查的31个国家和地区1994年监狱的开支情况看，监狱关押一名罪犯的平均成本要比警方处理一个案子的开支大得多，通常前者是后者的10倍左右，在这31个国家和地区中，监禁罪犯费用最高的是北爱尔兰，平均关押一名罪犯监狱每年就要开销将近12万美元。[③] 我国监狱关押和改造罪犯的成本相对较低，但每年对一个罪犯也要开销1万元至1.5万元人民币，加之我国监狱关押人犯众多，因而每年监狱的开支是十分巨大的，给国家财政带来不小的负担。而社区服务刑对犯罪人不予关押，这不

---

① 吴宗宪、陈志海、叶旦声、马晓东：《非监禁刑研究》，中国人民公安大学出版社2003年版，第587页。

② 吴宗宪、陈志海、叶旦声、马晓东：《非监禁刑研究》，中国人民公安大学出版社2003年版，第586页。

③ 吴宗宪、陈志海、叶旦声、马晓东：《非监禁刑研究》，中国人民公安大学出版社2003年版，第589页。

仅可以省去监禁费用、节省国家开支，而且可以为社区提供无偿劳动，并减少国家在公益性项目的建设和维护费用，这将极大地增进刑罚的经济性。

4. 可以配合相关制度的改进完善

我国刑罚制度改进过程中，很多相关制度的改进完善是需要增设社区服务刑来配合完善的：

（1）管制刑的完善。如前所述，我国管制刑的强制性、惩罚性太弱，因而要在执行内容中增设强制劳动，而这种强制劳动往往是在社区中进行，就可以借鉴社区服务刑的相关内容，让被判处管制的犯罪人在社区中提供公益劳动，从而促进管制刑的完善。

（2）罚金刑的完善。如前所述，要解决目前罚金刑执行难的问题，要增设罚金刑易科制度，对于那些确因贫困无法缴纳罚金、没有故意逃避缴纳罚金并且不适用罚金刑减免的犯罪人，易科社区服务刑，即不剥夺其人身自由，让其在社区内进行强制无偿的体力劳动，从而促进罚金刑的完善。

（3）缓刑、假释、暂予监外执行的完善。缓刑、假释、暂予监外执行是我国重要的刑罚执行制度，但执行中面临的一个共同问题是对于缓刑、假释、暂予监外执行的犯罪人缺少有效的监督管理，以致这些犯罪人实际上等同于被放任，从而在很大程度上限制了这三种制度应有作用的发挥；而造成这一问题的一个重要原因是在犯罪人被适用缓刑、假释、暂予监外执行之后缺少有效的执行内容，在增设社区服务刑之后，就可以借鉴社区服务刑的内容，让这些犯罪人到社区中提供一定的无偿劳动，这样既可以增加监督管理的有效性，又可以提高改造效果。

（4）刑事和解制度的建立。刑事和解又称受害人与被害人的和解，其基本含义是指在犯罪发生后，经由调停人的帮助，使被害人与加害人直接商谈以解决刑事纠纷；对于刑事和解协议，由司法机关予以认可，并作为对加害人刑事处分的依据；刑事和解的目的包括恢复被加害人所破坏的社会关系、弥补被害人所受到的损害、恢复加害人与被害人之间的和睦关系、使加害人改过自新、复归社会。① 这一理念在20世纪70年代被提出之后产生了很大反响，得到广泛认同，被英国、美国、德国等国家在司法实践中推广适用。近年来，刑事和解也得到我国理论界和实务界的关注，司法实践中也越来越多地出现了刑事和解的萌芽，可以预见，刑事和解制度在我国最终确立指日可待。由于刑事和解主要适用于未成年人犯罪案件、轻微刑事案件、刑事自诉案件等社会危害性不大的案件，同时在犯罪人认罪、犯罪人与被害人和解之后对犯罪人在量刑

① 陈兴良主编：《宽严相济刑事政策研究》，中国人民大学出版社2007年版，第254页。

上要从轻考虑，往往要采用非监禁刑，并且最多的是适用社区服务刑，因而要在我国建立完善的刑事和解制度并在实践中保证其适用的有效性，必须增设社区服务刑。

尽管我国目前还没有在法律中正式规定社区服务刑，但在一些地区的司法实践中，已经有些司法机关作出了社区服务的初步实践。比如2001年8月我国第一批“社会服务令”开始在河北省部分检察院实行，对符合不起诉条件的未成年犯罪嫌疑人由检察机关下达“社会服务令”，推荐到社会公益性机构，由检察机关聘用的辅导员对其进行思想感化教育，并在规定时间内从事有益的无薪工作，对社会做出一定的补偿，使其早日回归社会。又如，2003年7月四川省成都市金牛区检察院对5名因抢劫被判缓刑的少年犯提出检察建议，要求其到所居住社区随治保人员从事两天的巡逻工作。[①] 另外，国家司法行政机关也发布了一些关于社区矫正的规范性文件，如2003年7月10日，由最高人民法院、最高人民检察院、公安部、司法部联合发出了《关于社区矫正试点工作的通知》，2004年5月司法部印发了《司法行政机关社区矫正工作暂行办法》，较为详细地规定了社区矫正的概念、性质、适用范围、任务、工作分工及试点的意义。尽管这些实践还不是完整的社区服务刑，但毕竟迈出了重要的一步，从而为在刑法中增设社区服务刑奠定了基础，提供了可能性。

二、在我国增设社区服务刑的规划

从上述论述可以看出，在我国增设社区服务刑既有必要性又有可能性，然而要在刑法中合理而完整地规定社区服务刑并非易事，以下是笔者对这一新增刑罚方法的规划。

（一）社区服务刑的地位

我国的刑罚分为主刑和附加刑，主刑只能单独使用，附加刑既可以附加于主刑适用又可以单独适用。鉴于社区服务刑的特点，笔者建议将其规定为附加刑，以发挥其在适用中的灵活性。同时，正如有学者指出的，可以考虑将其规定为缓刑、假释、管制中附加的义务，即凡是有劳动能力的犯罪人都必须参加一定数量的社区公益劳动，具体时间由法院在刑法规定的幅度范围内根据犯罪情节的轻重和犯罪人的人身情况确定。[②]

（二）社区服务刑的适用范围

由于社区服务刑不对犯罪人进行关押，而是判令其在社区内进行一定时间

① 参见何显兵：《社区刑罚研究》，群众出版社2005年版，第416~418页。

② 何显兵：《社区刑罚研究》，群众出版社2005年版，第418页。

的无偿劳动，明显属于轻刑，因而其适用对象应主要是罪行较轻、社会危害性不大、主观恶性较小的犯罪人，这既是由社区服务刑的特点所决定的，也是西方国家通行的做法，例如美国、俄罗斯、法国、荷兰等国皆是如此。在我国刑法中增设的社区服务刑的适用范围应该为以下三类对象①：

1. 未成年犯。考虑到未成年人心智不成熟、可塑性大的特点，对于犯罪的、必须处以刑罚的未成年人，应当首先考虑适用非监禁的社区服务刑，特别是对那些罪行较轻的未成年犯或未成年初犯、偶犯，更是如此。

2. 轻罪犯。对于罪行较轻、社会危害性不大的罪犯，可以适用社区服务刑，具体范围可以考虑将刑法中所规定的应当判处5年以下有期徒刑的轻罪，增加适用社区服务刑的刑罚方法。

3. 过失犯。过失犯罪，由于不是故意实施的，其主观恶性通常不会很大，对其适用社区服务刑，让其在社会中进行改造，不但不会危害社会，而且有利于其悔过自新。

（三）社会服务刑的期限及工作种类

对于社会服务刑的期限，各国规定不尽相同，如俄罗斯规定的期限为60至240小时，法国规定的时间为40至240小时，荷兰规定的时间在260小时以下。由于社区服务刑中的劳动主要应在业余时间完成，以不影响罪犯在社会上的正常生活为原则，同时考虑到我国的情况，建议规定社区服务刑的规定在60至300小时，而且罪犯每天工作的时间不得超过4小时，每周劳动的时间不超过3天。

至于社区服务刑的工作种类，由于各国的经济发展水平、生活习惯、环境条件等千差万别，因而不可能有统一的工作种类。我国幅员辽阔、地域差异显著，更不可能对具体的工作种类进行详细规定，因而只宜笼统地就社区服务刑的工作性质作出原则性规定。正如有学者指出的，我国刑法应该作如下概括性的规定：罪犯所从事的社区服务工作类型主要包括由当地政府或社区管理部门提供的、具有社会公益性质的各种劳动项目。②

1. 社区服务刑的执行机关

被判处社区服务刑的犯罪人尽管只是在社区从事劳动而不被关押，但作为一种刑罚方法，必须有专门的执行机关来进行执行和监督，否则就会失去作为

---

① 吴宗宪、陈志海、叶旦声、马晓东：《非监禁刑研究》，中国人民公安大学出版社2003年版，第592~593页。

② 吴宗宪、陈志海、叶旦声、马晓东：《非监禁刑研究》，中国人民公安大学出版社2003年版，第594页。

刑罚应有的强制性和严肃性。国外一些国家，社区服务刑通常是由社区矫正人员和缓刑官员来负责监督执行的。在这一问题上，目光应该长远而全面，将社区服务刑与前面论述的其他非监禁刑协调考虑，同时兼顾我国国情，并体现社区服务刑作为社区刑罚应具有的公众参与性，因而笔者同意有些学者的下述观点：在司法部设立社区矫正局，下设社区服务处，统一执行缓刑、假释、管制中附加的社区服务以及单独适用的社区服务；各级司法行政机关相应设立职能部门，执行社区服务刑；同时社区矫正机关应当与城市社区居民委员会或农村村民委员会协调工作，将社区服务纳入社区建设的整体规划，从而使得社区服务的“社区刑罚”性质得到充分体现，并将矫正工作充分融入社区日常生活，实现“刑罚执行的社会化”①。

2. 犯罪人在服刑期间应当遵守的规定及违反规定的处理

由于社区服务是一种不剥夺犯罪人人身自由的社区刑罚，因而要保证实际的执行效果，就必须规定其在服刑期间应该遵守的纪律规范。考虑到社区服务刑的性质及我国的国情，建议被判处社区服务刑的犯罪人在服刑期间应当遵守下列规定：

（1）遵守法律、行政法规，服从监督；

（2）按照法院判决书所确定的劳动时间，并依照执行机关的规定，到指定的社区完成指定的劳动任务；

（3）服从执行机关的监督管理，按照社区服务管理部门的要求进行工作，遵守劳动纪律；

（4）按照执行机关的规定报告自己的活动情况；

（5）遵守执行机关关于会客的规定；

（6）离开所居住的市、县或迁居，应当报经执行机关批准；

（7）禁止与有不良记录的人（如有犯罪前科的人）交往，禁止出入一些不良场合（如歌厅、洗浴中心等）。

对于不遵守上述规定的服刑人员，必须有相应的处理，以严肃纪律规范，保证社区服务刑的顺利执行。社区服务刑的执行官对于初次违反者可以给予警告；对于再次违反者可以给予严重警告；对于三次以上违反规定者，执行官应该将其送交法庭，法官可视情节轻重给予罚款、撤销缓刑、撤销假释、易科拘役或有期徒刑等处罚。②

---

① 参见何显兵：《社区刑罚研究》，群众出版社 2005 年版，第 424 页。

② 何显兵：《社区刑罚研究》，群众出版社 2005 年版，第 425 页。

第五章
社区矫正立法问题

第一节　社区矫正的原则与宗旨

自20世纪60年代以来，对监禁刑尤其是短期自由刑具有巨大负面效应的批判，以及在预防犯罪策略中考虑实用主义和经济节俭原则，欧美各国普遍推行行刑社会化，倡导开放处遇，以促进犯罪人再社会化的进程。西方社区矫正的核心理念是犯罪人是社会的病人而不是永远的罪人，犯罪人是应当并可以得到矫正的，其突出成果是创设新的刑种即社区服务令（community service order），以达到和强化促使犯罪人回归社会的价值目标。

社区矫正在中国开始试点以后，我国法律学界和实务界对社区矫正的研究越来越广泛和深入。2019年12月28日，《社区矫正法》经十三届全国人大常委会第十五次会议表决通过，于2020年7月1日实施。《社区矫正法》的正式颁布，使得社区矫正研究进入一个全新的阶段。研究社区矫正，必溯本清源，首先弄清社区矫正的概念内涵和基本特征，明确社区矫正的指导思想和基本原则，弄清社区矫正的目的和任务。只有在了解并进而理解该制度的基础上，才能正确实施和准备执行《社区矫正法》，并推动社区矫正事业进一步向前发展。

一、社区矫正的指导思想

（一）何为社区矫正

按照字面意义，“社区矫正”（community correction）一词是由“社区”和“矫正”两个词语构成，指那些在社区而不是在监狱或其他监禁机构矫正的人，与机构矫正（institution correction）相对称。“矫正”是西方行刑系统的基本用语，是指刑事司法系统中惩罚、治疗或改造犯罪人的过程。矫正主要是一个由政府机构构成的网络，这个网络共同参与看守所、监狱、药物治疗机构和项目、教养院、少年拘留所的运作。矫正系统也包括假释、缓刑和咨询项目以及对它们的管理[①]。“社区”的概念一般认为最早由德国社会学家滕尼斯于1887年提出，是社会学上的一个基本概念。“社区”可以定义为：由一定数量的居民组成的、具有特定的互动关系和共同的文化维系的人类社会生活共同体。民政部《关于在全国推进城市社区建设的意见》中把“社区”界定为“聚居在一定地域范围内的人们所组成的社会生活共同体”。该文件还指出：“目前城市社区的范围，一般是指经过社区改革后做了规模调整的居民委员会的辖区。”可以说，我国目前的“社区”，还主要是政府实施行政管理的区域，其政治色彩尚未完全褪去，社区居民的归属感和文化认同感还比较薄弱。[②]

1. 国外的社区矫正

“社区矫正”是一个从国外引进的概念。国外学者大体从三个角度对社区矫正进行界定：（1）以地点作为定义的标准，强调社区矫正的基础在社区。例如澳大利亚学者认为，社区矫正是指在社区对犯罪人进行的矫正和控制活动，具体包括：在社区中进行的矫正；与社区共同进行的矫正；由社区进行的矫正；为了社区而进行的矫正[③]。（2）以非监禁性进行界定。例如，国外有的学者指出，社区矫正是指“对犯罪人实行的不同类型的非机构性矫正计划”。（3）从功能的角度定义社区矫正。例如，美国有学者认为，凡具有减少犯罪人与社区疏离功能的矫正措施都可纳入社区矫正的范畴。[④]

概言之，西方社会中的社区矫正，指对犯罪性质较轻的犯罪人判处社区刑，或者将犯罪人放在社区执行刑罚，或者对犯罪嫌疑人采取非拘禁措施的各种制度的总称。它包含刑罚方法、量刑、刑罚执行与审前非拘禁措施四个方面。刑罚方法的创新就是创设社区服务刑，指法院以刑事判决的方式即发布社区服务令，判令罪行较轻的犯罪人在一定时间内为社区提供一定数量的无偿公益劳动。有的国家，例如荷兰，其社区服务刑将社区服务令与培训令相结合，推行任务刑（task penalty）[⑤]。在量刑方面，根据犯罪的严重性和犯罪人的人

---

① 吴宗宪：《当代西方监狱学》，法律出版社2005年版，第4页。

② 周国强：《社区矫正制度研究》，中国检察出版社2006年版，第6~7页。

③ 郑霞泽、吴宗宪：《澳大利亚社区矫正概况》，载《犯罪与改造研究》2005年第9期。

④ 周国强：《社区矫正制度研究》，中国检察出版社2006年版，第7~8页。

⑤ 参见颜九红：《荷兰社区服刑制度研究》，载《北京政法职业学院学报》2006年第1期。

格情况，广泛适用缓刑、监督释放、行为监督、特定资格和权利的限制和剥夺、毒品治疗和检测、补偿被害人、宵禁、中间惩罚等，种类非常丰富，能够适合具有不同人格、不同背景的犯罪人的矫正需要。在刑罚执行方面，采用假释、工作释放、电子拘禁等措施。审前非拘禁措施包括审前转处与其他措施。审前转处，是指由检察官作出对犯罪嫌疑人适用转处项目的决定，只要符合条件的犯罪嫌疑人参加一个转处项目并成功完成，法院将不再判处其监禁刑①。电子拘禁也可以作为审前非拘禁措施。另外，恢复性司法与社区调解、刑事和解项目②的推广，意味着西方社会对以刑事诉讼解决冲突具有局限性和副作用的反思，在西方社会具有巨大影响力。

社区矫正的概念与社区服务刑关系密切，但又非同一个概念，两者在内涵和外延上都不同。所谓社区服务，是指法院以刑事判决的方式即发布社区服务令，判令罪行较轻的犯罪人在一定时间内为社区提供一定数量的无偿公益劳动。通过社区服务刑，让犯罪人服务社会，矫正犯罪心理，改过自新，完成罪犯改造的任务。被判处社区服务刑的犯罪人，必须遵守社区服务的时间，按时到指定的地点参加社区服务。英国是世界上第一个建立和推广社区服务刑的国家。在英国的影响下，社区服务刑在欧洲大陆和美国等发达国家迅速推广，并成为监禁刑的有效替代措施。例如，社区服务令制度在荷兰发展很快，并不断被扩大适用。鉴于这种良好的发展态势，2001 年，荷兰对社区服务令的法律规定作了较大修改。社区服务令被更名为任务刑，包含社区服务令和培训令两方面内容，其性质也不再是短期监禁刑的替代措施，而变成独立的刑种，它比监禁刑轻缓，比罚金刑严厉，属于限制人身自由的刑罚方法。③

在有的国家，社区服务令还适用于犯罪嫌疑人，例如荷兰赋予公共检察官以社区服务令的决定权。对于犯罪较轻，很可能被判处 6 个月以下监禁的犯罪嫌疑人，公共检察官可以与之协商，如果犯罪嫌疑人同意执行社区服务令，愿意从事一定数量的社区服务，公共检察官可以与之达成协议（transaction），免予起诉④。又如，电子拘禁措施也被欧美国家广泛适用于替代审前羁押。

当然，社区矫正的中心内容还是针对已决犯。

---

① ［荷兰］John Blad: Alternatives to imprisonment in the Netherlands, 1994。并参考刘强主编：《各国（地区）社区矫正法规选编及评价》，中国人民公安大学出版社 2004 年版，第 127 页。

② ［荷兰］约翰·布拉德：《社区调解、刑事司法与恢复性司法——法律制度的重构》，戈玉和译，颜九红校，载《北京政法职业学院学报》2006 年第 3 期。

③ 颜九红：《荷兰社区服刑制度研究》，载《北京政法职业学院学报》2006 年第 1 期。

④ 颜九红：《荷兰社区服刑制度研究》，载《北京政法职业学院学报》2006 年第 1 期。

2. 我国的社区矫正

与西方内涵无比丰富、外延十分广大的社区矫正相比，中国的社区矫正仅仅拥有非常微小的一部分，与西方社会所称的社区矫正概念所拥有的内涵有较大差别。这正说明社区矫正在我国还有更大的发展空间。在我国社区矫正试点期间，最高人民法院、最高人民检察院、公安部和司法部于2003年发布的《关于开展社区矫正试点工作的通知》，将社区矫正概念界定为："社区矫正是与监狱矫正相对的行刑方式，是指将符合社区矫正条件的罪犯置于社区内，由专门的国家机关在相关社会团体和民间组织以及社会志愿者的协助下，在判决、裁定和决定确定的期限内，矫正其犯罪心理和行为恶习，并促进其顺利回归社会的非监禁刑罚执行活动。"

在社区矫正全面试行期间，最高人民法院、最高人民检察院、公安部、司法部于2009年发布的《关于在全国试行社区矫正工作的意见》，将社区矫正界定为：社区矫正是非监禁刑罚执行方式，是指将符合法定条件的罪犯置于社区内，由专门的国家机关在相关社会团体、民间组织和社会志愿者的协助下，在判决、裁定或决定确定的期限内，矫正其犯罪心理和行为恶习，促进其顺利回归社会的非监禁刑罚执行活动。

以上两个概念有区别，即社区矫正试点期间将社区矫正界定为"与监狱矫正相对的行刑方式"，而社区矫正全面试行期间，则将社区矫正界定为"非监禁刑罚执行方式"。尽管有一定的区别，但这两个概念都说明社区矫正具有不同于监禁刑、不同于监狱矫正的特性；同时这个概念还说明，中国的社区矫正仅是将刑法规定的由公安机关执行的缓刑、假释、监外执行、管制与剥夺政治权利五项内容，交由社区矫正中心来执行，从而使执行机构发生了变化。

在这期间，我国学者对社区矫正概念的界定也提出了自己的看法。例如，王顺安教授认为："社区矫正是相对于监狱矫正而言的一个专门性术语，是指由社区矫正组织依法对法院与其他矫正机关裁判为非监禁刑及监禁刑替代措施的罪犯予以在社区中行刑和矫正活动的总称。"① 刘强教授认为："社区矫正是对社区矫正对象（受刑人）依法实施惩罚、提供矫正与服务项目，以促进其顺利回归社会的刑罚执行或刑事执法活动。"② 周国强教授认为：社区矫正是指"由专门机构负责，动员社会力量，在社区内对符合非监禁条件的罪犯进

① 王顺安：《社区矫正的法律问题》，载中国人民大学书报资料中心：《刑事法学》2004年第10期。

② 刘强：《社区矫正制度研究》，法律出版社2007年版，第7页。

行的刑事执法活动以及对出狱人和违法青少年进行的保护性社会工作”。[①] 学者们的定义尽管在语词上有所差异，但是，就社区矫正是“相对于监狱矫正而言”的矫正活动，具有“非监禁刑及监禁刑替代措施”的性质这一点来说，与2003年发布的《关于开展社区矫正试点工作的通知》以及2009年发布的《关于在全国试行社区矫正工作的意见》，并无二致。

2011年颁布的《刑法修正案（八）》对我国刑法予以修订，规定：对判处管制、宣告缓刑、决定假释的犯罪分子，依法实行社区矫正。2012年修改后的《刑事诉讼法》第258条规定：“对被判处管制、宣告缓刑、假释或者暂予监外执行的罪犯，依法实行社区矫正，由社区矫正机构负责执行。”这是社区矫正正式入法的标志。2019年12月28日颁布的《社区矫正法》则是我国社区矫正发展中的一个重要里程碑，使得社区矫正成为完善刑罚执行、推进国家治理体系和治理能力现代化的一项不可或缺的制度。该法分为总则，机构、人员和职责，决定和接收，监督管理，教育帮扶，解除和终止，未成年人社区矫正特别规定，法律责任，附则，共九章63条。《社区矫正法》也没有对社区矫正进行界定。

（二）社区矫正的指导思想

总体而言，社区矫正的指导思想在于贯彻宽严相济的刑事政策，构筑社会主义和谐社会；减少监禁率以及促使犯罪人再社会化。

1. “宽严相济”刑事政策与和谐社会的构筑

刑事政策意味着一种选择。法国刑法学家马克·安塞尔指出：“刑事政策是由社会，实际上也就是立法者和法官在认定法律所要惩罚的犯罪，保护‘高尚’公民时所作的选择。”一国刑事政策的选择尽管受制于该国社会发展水平、现实的犯罪态势、法律制度的架构和文化传统等诸多因素，但犯罪作为人的一种行为和社会病态的反映，有着某些共同的原因，表现在防治犯罪的对策——刑事政策上，许多西方国家都选择了“轻轻、重重”的两极化刑事政策，即朝着所谓“宽松的刑事政策”和“严厉的刑事政策”两个不同的方向发展，这种现象被称为刑事政策的两极化。

刑罚有其固有的局限，刑罚的资源是有限的，刑罚应当是谦抑的，有限的刑罚资源应当使用到最需要刑罚规制的地方，即刑罚的使用应当集中在维护社会最基本的秩序与最需要维护的秩序上。而宽松的刑事政策，正是基于刑罚有限性的逻辑结论。我国在2005年正式提出了“宽严相济”的刑事政策，用于

---

① 周国强：《社区矫正制度研究》，中国检察出版社2006年版，第9页。

指导刑事司法工作。2005年12月，全国政法工作会议上，罗干同志提出了宽严相济的刑事政策，指出宽严相济是我国在维护社会治安的长期实践中形成的基本刑事政策。2006年3月以及2007年3月的全国人民代表大会上，最高人民法院院长、最高人民检察院检察长在工作报告中都相继表态，要在各自的工作中充分贯彻宽严相济刑事政策。这样一来，宽严相济刑事政策对刑事司法不可避免地具有指示性的作用，即在严厉打击重大恶性刑事犯罪的同时，开始注重对轻微犯罪人的宽缓处遇。从形式上看，域外二极化刑事政策是在打击犯罪的社会需要与有限司法资源的矛盾间作出的现实选择，而我国的“宽严相济”刑事政策则是在构建和谐社会的语境中提出，二者发生的动因有所不同。但若考虑到就刑事政策的宽缓面而言，同样是转变对轻微犯罪人的刑罚执行方式，利用和借助社会力量，以期既能较好处遇轻微犯罪人，又能节省司法资源；而在刑事政策的严厉面上，并没有放松对重大刑事案件的惩治；同样可以看出，我国的“宽严相济”刑事政策实质上也是国家权力在惩罚技术方面的改进。

即便将社会和谐预设为刑事政策的最高目标，在实现和谐社会的路径选择上，仍需遵行刑事责任的原则，不应为了实现犯罪的控制过度侵犯公民的自由。在这里，功利性需要受到正当性的制约，合理目标应当通过适当手段来实现。犯罪人应为犯罪行为承担刑事责任。但是，刑事责任的承担，并不仅仅是定罪量刑，它还涉及实现的方式。不当的刑事责任实现方式，同样也是对罪责原则的背离。比如短期自由刑，其刑期往往太短不足以使犯罪人变好，却往往太长足以使犯罪人变得更坏①。

可以说，“宽严相济”刑事政策与构筑和谐社会的宏观社会政策，是社区矫正在中国得以建立并不断发展的最为重要的指导思想。社区矫正对于体现宽缓的刑事政策具有积极的作用。

党的十八届四中全会通过的《中共中央关于全面推进依法治国若干重大问题的决定》提出全面推进依法治国的总目标，即“建设中国特色社会主义法治体系，建设社会主义法治国家。这就是，在中国共产党领导下，坚持中国特色社会主义制度，贯彻中国特色社会主义法治理论，形成完备的法律规范体系、高效的法治实施体系、严密的法治监督体系、有力的法治保障体系，形成完善的党内法规体系，坚持依法治国、依法执政、依法行政共同推进，坚持法治国家、法治政府、法治社会一体建设，实现科学立法、严格执法、公正司法、全民守法”。而且，根据这一总目标提出的关于形成完备的法律规范体系、促进国家治理体系和治理能力现代化的明确要求，明确了创新法律制度建

① 谭淦：《刑法、刑事政策与社区矫正》，载《北京政法职业学院学报》2007年第1期。

设和制定社区矫正法的任务。根据党的十九届四中全会精神，于2019年12月28日颁布的《社区矫正法》，较好地回应了社区矫正实践中亟待解决的问题，在顶层设计上兼顾了原则性、灵活性和可操作性。

2. 减少监禁率、减少犯罪人的痛苦、促使犯罪人再社会化

以非监禁方式来监管与矫正罪犯，令其更顺利地康复社会，这是现代刑罚矫正理论尤其是康复社会理论的结晶。可以说，减少监禁率以及促使犯罪人顺利完成再社会化，是社区矫正制度的重要指导思想。犯罪人虽被科处刑罚，但却不在监狱等机构设施内，而是在社区内执行，从而避免监禁率高、犯人交叉感染的弊端。

“有选择监禁”的刑事政策在西方国家的确立，正是它们在面临日趋严重的监狱拥挤以及代价昂贵的监禁成本的内在压力之下的明智之举。“有选择监禁”刑事政策的主要内涵是：基于监禁刑仍是一种十分必要的刑罚措施，在抗制犯罪的斗争中发挥着不可或缺的作用，同时监禁刑本身存在许多缺陷和弊端，监狱并非矫正罪犯的理想环境，因此，一方面应从总量上严格控制监禁刑的适用，适度控制监狱人口规模；另一方面，应当实现监禁刑资源的合理配置，监狱只应关押那些对社会危险性最大而有必要监禁的罪犯，对那些不必要监禁或不需要继续监禁的罪犯应尽可能放在社会上接受矫正。“有选择监禁”刑事政策推行的结果，一方面是监禁刑的适用势头得到遏止，另一方面是社区矫正异军突起，除了罚金、缓刑、假释等传统的非监禁刑措施外，新的制裁方法如劳动赔偿、社区服务等被大量引进与适用。时至今日，美国、加拿大、英国、法国、澳大利亚、德国、新西兰、日本等国家和地区都已形成了以非监禁刑为中心的刑罚适用和执行模式。

社区矫正是一种为减低受刑人痛苦的非监禁化行刑方式，真正的社区矫正是作为替代监禁刑的非监禁刑罚方法，而不只是将原本即处非监禁执行方式下的管制、假释、缓刑、暂予监外执行犯罪人，实施专门的社区矫正。社区矫正的概念本身表明它是替代监狱矫正的一种制度，通过不将罪犯关押进监狱的方式来完成对犯罪人的矫正与回归。因此，减少监禁率，将成为我国社区矫正制度继续发展扩大的指导思想。而在这一进程中，尽量减轻不幸的沦为犯罪人的个人的痛苦①，包括减轻犯罪人的精神痛苦，促使他们尽快以健全人格复归社会，应是社区矫正工作必须遵循的指导思想。

---

① 张绍彦：《社区矫正目标及其刑事政策分析》，载《中国刑事政策报告》（第二辑），中国方正出版社2007年版，第444页。

二、社区矫正的基本原则

社区矫正的实行，表明刑罚及其执行的轻缓化属于宽严相济之中的“宽”。社区矫正不应当再单纯地以“改造人”以利国家、社会和他人为目标，而应当立足为犯罪人服务，指导和帮助社区矫正对象适应社会生活，从而成为和谐社会的组成部分。就这一意义而言，社区矫正的基本原则应当注意以下几点：第一，以犯罪人为主体，从社区矫正对象的需求和利益出发，以为犯罪人服务为基本原则，而不是单纯地追求对犯罪人的惩罚和改造。第二，对社区矫正要求应当以社区矫正行刑主体的工作为对象，包括程序、制度和内容等，都以服务和管理而不是惩罚和改造犯罪人、社区矫正对象为目标展开。第三，社区矫正的实施应当立足过程控制，即执行了社区矫正的制度、程序和内容等就应视为达到了目标，而不是以结果为标准，比如不能用重新犯罪率这一“售后服务”指标来评估和衡量。当然，这一过程的设计和要求，应当满足某种结果的一般要求。①

社区矫正制度自现行刑事司法制度发展而来，因此，必须遵循在适用与执行刑事法律时必须恪守的基本原则。一般而言，与社区矫正制度直接相关的基本原则主要有：

（一）刑罚原则

社区矫正的刑罚原则，是指社区矫正作为一项刑罚措施或刑罚执行方式，其目的是惩罚，更是矫正。若刑罚的唯一目的或主要目的是对犯罪人予以报应和惩罚，那么，刑罚个别化便难有存在空间；社区矫正制度与非拘禁措施也难以在特定案件中代替广为适用的监禁刑。因为，严格的报应与惩罚原则，要求量刑时将罪行的严重程度与犯罪人的罪过心理作为确定刑罚的决定性因素。只有在犯罪人罪过微小、罪行轻微的刑事案件中，才有可能判处非拘禁措施；除此之外，都将判处监禁刑。

若刑罚的主要目的是矫正犯罪人，那么，犯罪人的人格及其社会背景，将对量刑起到重要作用。重视矫正理念的刑事司法制度，在确定刑罚时，可以在刑罚个别化方面有更大、更灵活的空间。如果犯罪人个人情况不同，同样的犯罪，量刑可能会有所不同。在以矫正为主要目的的刑事司法制度中，不仅对轻微犯罪可以判处非拘禁措施；对那些具有中度危害程度的犯罪，也可以判处非

① 张景苏、张绍彦：《问题之维：〈中国社区矫正理论与实践〉专题研讨代序》，载《北京政法职业学院学报》2007 年第 1 期。

拘禁措施；但对于那些实施严重暴力犯罪的犯罪人，则应当判处监禁刑。有的国家，如荷兰规定，可以对任何类型的犯罪判处社区刑（community sanctions），包括谋杀罪；但同时规定，判处社区刑的犯罪，其宣告刑最高不可超过6年监禁。对于实施严重暴力犯罪的未成年犯，荷兰人认为，判处他们进行具有针对性的培训是最有效的处罚方法。[①]

以矫正理念为主要导向的刑事司法制度，为社区矫正与其他非拘禁措施的引入和发展提供了理想的沃土。对监禁刑尤其是短期监禁刑能否达到预期目的，人们提出了广泛质疑[②]。因犯所处的监狱环境一向糟糕透顶；服刑者又往往因为服刑而失去工作；家人和亲友与之离散，犯罪人与其原有的社会环境完全隔离，这些都使服刑者刑满释放后很难适应普通社会生活，并成为令人头痛的社会问题。

而替代短期监禁刑的非监禁措施，则可以使刑罚适应具体犯罪人的不同需要，使刑罚的效果更加显著。社区矫正制度与其他非拘禁措施，还可因其积极肯定的功能而使犯罪人对社会产生责任感，并降低国家和社会在刑罚执行方面的巨额开支[③]。

在少年刑事司法中，对未成年犯罪人给予教育与矫正，一直是很多国家最为核心的目标。对于未成年人犯罪，人们普遍认为，只有在极个别特别严重的罪案中，才适宜判处监禁刑。因此，正是基于如何避免将未成年犯罪人判刑入狱的考虑，才有大量非监禁措施的问世与广泛适用。

（二）强制公诉与起诉裁量权相互支持原则

现行刑事司法制度有一项重要原则，即犯罪必须由国家提起公诉，也可称之为强制公诉原则，只要某人实施犯罪的证据确凿，检察官就必须依法对该人

---

① John Blad: Community Sanctions and Restorative Justice—A view from the Netherlands on promoting safer communities, a presentation in The First International Conference on China Law Application, December 2006, Beijing.

② 欧洲人普遍认为，监禁不可能使犯罪人有任何向善的改变，也不可能使其社会处境有任何改善；却可能使被监禁的人在心理与行为上发生更加消极的变化，变得更坏。尤其是短期监禁刑更备受诟病，例如德国学者李斯特认为，短期自由刑不具有威慑作用，也不具有矫正功能，而只能使犯罪人互相交叉感染。

③ 如瑞典1997年的统计结果表明，在最低警戒度监狱，一名犯人执行监禁刑的年度费用等于一名缓刑犯人执行非监禁刑的年度费用的13倍多；在最高警戒度监狱，一名犯人执行监禁刑的年度费用则相当于缓刑犯执行费用的16倍多。又如，在加拿大，2001年至2002年度，一个被监禁的囚犯平均花费80780美元，而一个在社区中矫正的犯罪人平均仅花费18678美元。

提起公诉。检察官一般不能无条件撤销案件，也不能因为犯罪嫌疑人参加社区矫正项目而终止案件程序。可以说，在一定程度上，强制公诉原则与刑事实体法中的惩罚原则互相支持，紧密相关。

如果检察官已经意识到法官可能在审判中驳回起诉，却仍旧必须根据强制公诉原则的要求而提起公诉，那么，刑事司法活动就将烦琐不堪、耗时费力。为避免这种问题的出现，迄至今日，在以矫正为刑罚之主要目的的国家，已经普遍接受以下规则，即检察官应享有在一定条件下撤销案件的自由裁量权；至于警察，在符合更为严格的条件后，也有权撤销案件。1990 年《联合国非拘禁刑措施最低限度标准规则》即“东京规则”明确规定，检察官享有起诉裁量权，在一定条件下可以撤销案件、释放犯罪嫌疑人①。

（三）合法性原则

我们必须看到，社区矫正也与其他刑罚措施一样，有侵犯公民人权和自由之虞。合法性原则有多重含义，其中之一便是，任何有可能侵犯人权措施的法律规定，都必须得到立法机关的批准。社区矫正与非拘禁措施也必须由立法机关通过法律予以规定。而且，立法必须明确规定，可以判处的非拘禁措施有哪些种类、判处非拘禁措施需要通过哪些法律程序、法律保障措施都有哪些，等等。

因此，仅仅依据行政命令或行政法规来规定社区矫正并建立社区矫正制度，隐含着一个危险，即行政机关考虑问题的角度往往是行政效率，而以简化程序、追求效率为导向发展起来的社区矫正制度，实际中会面临对人权保障重视不够等一些问题。②

当然，社区矫正作为刑事司法制度的重要组成部分，作为刑罚的一种执行制度，它还必须遵循人道、公正、效益等刑事司法活动的普适性原则。

三、社区矫正的目的和任务

（一）社区矫正的目的

社区矫正的目的，即社区矫正追求的目标与结果。就社区矫正特殊目的而言，社区矫正就是为了克服监狱的弊病，充分利用社区资源，矫正罪犯思想与

① 1990 年《联合国非拘禁刑措施最低限度标准规则》第二部分“审前阶段”第 5 条“审前处置”。

② ［德］约阿希姆·赫尔曼：《论社区矫正与其他非拘禁措施：问题与解决思路》，颜九红译注，载《中国刑事法杂志》2007 年第 2 期。

恶习，令其健康地回归社会、预防再犯。就我国施行社区矫正的直接目的而言，社区矫正不仅为了追求上述的特殊目的，更主要是为了对被判处管制、缓刑、假释、暂予监外执行的罪犯的教育改造流于形式或监管工作存在“漏洞”“真空”问题的弥补与救助。

就矫正工作共同的目的而言，我国社区矫正与监狱矫正一样，都是将罪犯教育改造成为遵纪守法的公民，维护社会稳定，实现刑罚的最终目的即最大限度地将罪犯改造成为新人，预防犯罪。无论是特殊目的还是共同目的，其归宿均是预防犯罪。但社区矫正的目的与监狱矫正的目的也有所区别，社区矫正强调刑罚个别化的矫正理念，更多是为了追求刑罚的个别预防目的，正如《联合国非拘禁措施最低限度标准规则》规定，非拘禁措施执行监督的目的是“减少再度犯罪和协助罪犯重返社会，尽量使其不致再重新犯罪”。从这个目的出发，社区矫正便带有对社区服刑人提供服务和进行社会扶助的作用，通过提供服务性措施和方法，使犯罪人获得他本人较难得到的生活能力，从而在一个开放的市民社会中自食其力。监狱矫正虽然也包含帮助犯罪人矫正行为恶习的意思，但为犯罪人提供能得以融入开放社会的服务和社会扶助，则不是监狱矫正的直接目的。相对而言，监狱矫正虽然也强调二者兼顾，但从客观效果看，其追求刑罚的一般预防目的的效果更为显著。①

（二）社区矫正的任务

社区矫正的任务，即社区矫正机构依法为实现社区矫正目的所肩负的职责与要求。从《联合国非拘禁措施最低限度标准规则》（东京规则）的规定要求来看，社区矫正的任务有三：一是依法对非拘禁措施加以监督执行；二是针对每一个案予以行为矫正；三是向罪犯提供心理、社会和物质方面的援助，并使他们有机会与社区加强联系，从而促使他们重返社会。从世界各国的社区矫正实践看，社区矫正的任务主要是对罪犯进行回归社会的重新社会化的教育、辅导、培训与矫正，同时对要刚迈出监狱大门的刑释人员提供安置就业、适应社会生活方式的方便与救济。根据《社区矫正法》，我国社区矫正的任务可以归纳为三点：一是依法加强对矫正对象的监督、管理，确保刑罚的有效实施；二是加强对矫正对象的教育矫正，通过多种形式，矫正其不良心理和行为，使其认罪服法，弃恶扬善，人格重新社会化，顺利回归社会；三是帮助矫正对象解决劳动就业、生活保障、法律、心理等方面遇到的问题和困难。简言之，社区

---

① 王顺安：《社区矫正的法律问题》，载中国人民大学书报资料中心：《刑事法学》2004年第10期。

矫正的三大任务，即教育矫正、监督管理和帮困扶助。

以上三项任务还可以依其性质归纳为：矫正、行刑、安置救济。其中行刑是我国社区矫正突出的一项任务，因为管制刑本身就需要在社区实现。我国社区矫正中包含的惩罚性质，与其是刑罚的执行方式这一界定是相关的，并通过监督管理以及教育矫正等任务的落实来体现，这也符合我国刑法和刑事诉讼法的规定。

当然，国外的非监禁刑——社区服务、家庭监禁、罚款、赔偿等措施是伴随社区矫正制度而专门设置的，其本身强调的就是用这些替代监禁刑的方式矫正罪犯，强调的是对罪犯的教育矫治和对社会公共安全与被害人的利益维护。像美国、英国的社区矫正，亦强调对非拘禁措施的监督执行。尤其20世纪80年代开始，美国基于社区矫正的改造效果欠佳（主要是社区矫正的罪犯重新犯罪率高），同时又基于社会公众对社区矫正否定舆论的压力，对缓刑、假释等社区矫正措施加强了监督强度，并增设了强化的缓刑、假释监督等项目，从而使社区矫正的惩罚性更加凸显。①

但是，若只是强调社区矫正的惩罚性一面，只是强调社区矫正的行刑任务，只是强调社区矫正的监督管理和教育矫正，还不能充分把握社区矫正所具有的深刻的在构筑和谐社会语境中的重要意义。如果忽视了为使社区矫正对象融入社区应当付出的努力和应当提供的服务，忽视了如何帮助其实现在开放的自由市民社会中自食其力，社区矫正就没有必要存在了。因为，监狱矫正已经能够很好地完成监督管理和教育矫正的任务，并且更具有行刑本应具有的惩罚性，对犯罪人的监督更加到位，对犯罪人的教育更易于管理。但问题是，犯罪人从监狱高墙回到开放的社会中，没有了日夜不息的监督，没有了一日三餐的安排，如何成为自食其力的人？如何成为一个有用的、不再危及社会或社区其他人安全的人？

其实，社区矫正最重要的任务之一就是帮困扶助。社区矫正帮困扶助的任务，不仅体现了对犯罪人的人道主义关怀，是我国正在发展并日益显现的福利国家的义务，还是社会和社会上所有人们的需要。人们或许不理解，但是人们不得不面对这样一个事实，如果在社区服刑的人员，不能使社会和社区安宁，社会安全感和生活的幸福感如何保障？因此，给予这一特殊群体基本的社会和就业保障，就是给予社会安宁保障。

同时，社区矫正的帮困扶助任务，也是最困难的任务。除去人们一定程度上的不理解外，执行社区矫正任务的机构和组织还必须使用机构或组织以外的

---

① 王顺安：《社区矫正的法律问题》，载中国人民大学书报资料中心：《刑事法学》2004年第10期。

资源，例如民政机构、公安机关、基层政府组织甚至就业指导机构等，才有可能在这些主管机构的协助下，真正完成为社区矫正对象办理生活最低保障、进行就业培训、寻找适合工作、落实生活住房等基本生活问题。仅凭执行机构、组织、人员的“人脉”或“良心”，显然无法持久实现社区矫正的这项重要任务，因此需要进一步建立和完善跨部门支持、合作机制。

第二节 社区矫正适用的条件与程序研究

社区矫正作为一项刑罚执行活动，需要有严格的程序设定。根据2019年12月28日颁布的《社区矫正法》以及最高人民法院、最高人民检察院、公安部、司法部于2020年6月30日颁布的《社区矫正实施办法》，社区矫正的程序主要涉及以下几方面的问题：衔接与接收，个案考察，矫正方案的制定、实施和修正，社区矫正的解除。

一、社区矫正的衔接和接收

社区矫正程序中的衔接，是社区矫正执行工作的开始，是社区矫正决定机关就社区矫正相关事项与社区矫正执行机关之间所作的交接。接收，是指社区矫正执行机构根据有权机关作出的生效判决、决定或者裁定，在特定的时限内与人民法院、监狱管理机关或公安机关交接有关法律文书和相关材料、履行相关法律手续，将矫正对象纳入社区矫正活动的过程。衔接强调的是社区矫正机构与人民法院、监狱以及公安机关之间的交接与协调，衔接的双方是特定的，不需要设定与讨论。而接收则会因矫正对象的情况不同、交接的机构不同，而有所差异。衔接与接收互为表里，以衔接为线索，以接收为核心。

对社区矫正对象的接收是社区矫正工作的首要环节，是将矫正对象纳入社区矫正组织进行管理和教育的开始，是以有权机关作出的生效判决、裁定、决定为依据，以法律文书和相关材料为载体，以履行法律手续为表现形式的一项活动。按照我国刑法的规定，目前我国社区矫正对象包括四类人：被判处管制的、被宣告缓刑的、被暂予监外执行的以及被裁定假释的犯罪人。由于不同矫正对象的审批机关不同、矫正对象自身的人身危险性等具体情况各异，为保证社区矫正工作能够顺利进行并取得良好矫正效果，作为目前社区矫正工作主体的司法行政机关在与相关部门衔接和接收社区矫正对象时，具体程序和交接的内容也会有所不同。

（一）人民法院与司法行政机关的衔接

在四类社区矫正对象中，人民法院对管制、缓刑拥有决定权。为使上述社区矫正对象能够顺利进入社区服刑，人民法院在决定和交付执行之前应经过以下程序：(1) 社区矫正决定前的调查评估程序。人民法院在作出管制和缓刑的决定以前，应向被告人居住地的基层司法所调取有关被告人社会危险性和对所居住社区影响的调查评估报告。调查评估报告的内容包括被告人的居所情况、家庭和社会关系、犯罪行为的后果和影响、居住地村（居）委员会和被害人意见、拟禁止的事项、社会危险性、对所居住社区的影响等情况。社区矫正机构、有关社会组织接受委托后，应对以上内容进行调查了解，形成调查评估意见，与相关材料一起提交委托机关。调查评估时，相关单位、部门、村（居）委员会等组织、个人应当依法为调查评估提供必要的协助。(2) 征询程序。人民法院在作出裁定前应征求被告人是否愿意接受社区矫正的意见，得到肯定答复后，应令其在社区矫正保证书上签字。被告人或罪犯系未成年人的，还需其监护人签字。(3) 教育程序。在人民法院将被告人交付社区矫正机构以前，有义务向被告人宣讲社区矫正的有关问题，使矫正对象对未来的社区矫正生活有一定的认识，并做好相应的心理准备，为即将开始的社区服刑生活奠定良好的心理基础。(4) 核实被告人的准确居所地。被告人的户籍所在地与居住地不一致的，以经常居住地为执行地，户籍地的公安机关应予以必要协助。(5) 法律文件的送达。人民法院在判决或决定生效之日起应及时（最迟不得超过一个星期）将法律文书和相关手续直接送达或以特快专递的方式送达罪犯居住地的司法局基层科、公安分局人口管理处和基层人民检察院监所检察部门，以保证社区矫正工作能够顺利进行。

基层司法局社区矫正科在接收被人民法院判处管制和适用缓刑的社区矫正对象时，应注意以下环节：(1) 应及时向人民法院提供有关被告人情况的调查评估报告。(2) 司法局社区矫正机构接到人民法院要求核实即将进入社区矫正对象住址通知，登记备案后应及时通知司法所，司法所应及时查明并予以回复。(3) 司法局基层科在接到人民法院的法律文书后，应仔细核对相关信息，认真查验，详细登记备案。(4) 社区矫正对象报到当日，司法所工作人员首先应当核对实际住址，填写社区矫正对象登记表，并进行谈话，了解情况，为下一步制定矫正个案奠定基础，然后为其办理接收手续。

（二）监狱与司法行政机关的衔接

监狱（包括未成年犯管教所）在执行假释、决定暂予监外执行罪犯刑满释放过程中会与司法行政机关发生直接关联，上述三类人员在走出监狱大门后会直接进入社区服刑。因此，监狱作为监禁刑的执行机构，在接到法院假释裁定书或作出暂予监外执行的决定的罪犯交付司法所以前，应注意以下环节：(1) 填写出监鉴定表。鉴定表中除了对罪犯在监狱中的悔改表现、受奖惩情况详细介绍外，还应重点对其人身危险性或再犯可能性做一个全面的评定。(2) 核实程序。监狱在将罪犯假释前，应将名单书面通知罪犯居住地的司法局基层科，核实罪犯的现实居住地。这一程序至关重要，是进入社区矫正程序的基础。(3) 教育程序。假释、监外执行的罪犯在出监以前，除了进行常规的出监教育外，还必须对其进行社区矫正相关法律与政策的教育，促使其出监后必须自觉接受社区矫正，服从司法所的监督和管理，并令其在社区矫正保证书上签字。(4) 告知程序。监狱在假释、监外执行的罪犯出监之日，应履行告知义务。(5) 送达程序。监狱应在假释、监外执行的罪犯出监之日起的法定期限内，将法律文书（复印件）和有关手续及时寄送罪犯居住地的司法局基层科（社区矫正科）。

基层司法局社区矫正机构在接收假释犯、监外执行犯时，应注意以下环节：(1) 核查及反馈。司法行政机关接到监狱核实罪犯居住地的通知后，应立即与罪犯居住地司法所联系，开展核查工作，并在法定的期限内将信息反馈监狱。(2) 登记备案。司法局社区矫正科在接到监狱的法律文书后，应仔细核对相关信息，认真查验，详细登记备案。手续齐全的，及时转交被告人居住地司法所，手续不齐全的，立即通知监狱补正。(3) 接收和告知。社区矫正对象报到当日，相关法律文书送达的，司法所应在法定期间内为其办理接收手续，并向其宣读社区矫正宣告书，发给社区矫正须知，告知其在社区矫正期间享有的权利和应当履行的法律义务以及应遵守的各项规定。司法所接收暂予监外执行的社区矫正对象后，应当及时通知居住地的公安派出所为其就近指定有保外就医病残鉴定权医院进行诊治和鉴定。

（三）公安机关与司法行政机关的衔接

在《社区矫正法》实施之前，公安机关是管制、缓刑、假释、暂予监外执行罪犯的执行主体。社区矫正正式入法之后，虽然公安机关不再属于管制、缓刑、假释、暂予监外执行罪犯的执行主体，也非工作主体，但是从社区矫正工作伊始，到社区矫正工作的开展直至社区矫正的解除，这一系列的工作都离不开公安机关的支持和配合。具体来讲，公安机关在社区矫正的衔接程序中负有以下职责：(1) 核查职责。对于被适用社区矫正的罪犯在出监所之前，由于拆迁、迁居等原因使原居住地发生变更，而原司法所无法查明其准确居住地址的，公安机关有义务帮助司法所查明罪犯的准确居住地。(2) 督促职责。对于人民法院、监狱和看守所适用的社区矫正罪犯没有如期报到或拒绝报到的，公安机关应督促社区矫正对象主动按时报到。对于社区矫正对象有脱管现象的，公安机关在接到司法所的协查请求后，应积极采取措施，配合司法所作好对其矫正工作。（3）对于外省市人民法院、公安机关寄送的被判处管制、宣告缓刑、暂予监外执行罪犯的法律文书和有关手续，以及外省市监狱、看守所寄送的法律文书和有关手续，公安机关应及时将复印件移送罪犯居住地司法所，并督促其按法定期限到司法所报到，并接受社区矫正。

二、个案考察

（一）个案考察的目的

个案考察，是指社区矫正机构对某一特定社区矫正对象的综合情况进行调查、分析、评估的过程，其目的是全面掌握其个性化特征，为矫正方案的制定提供依据。

刑事个别化是近代资产阶级刑法理论的一个重要趋势。刑事个别化不仅指量刑的个别化，而且指行刑的个别化。行刑个别化强调刑罚的目的是教育人，以使罪犯改恶从善、适应社会生活。其合理之处在于，每一个罪犯都有其特殊的犯罪原因和犯罪心理特征，量刑与行刑过程只有充分考虑犯罪人的个性化特征，有的放矢、对症下药，才能最大限度地实现刑罚目的，促使其顺利回归社会。社区矫正是与监禁刑相对的一种非监禁刑罚执行方式，社区矫正机构在接收社区矫正对象以后首先要对社区矫正对象的基本情况、家庭情况、犯罪原因、犯罪行为的后果和影响、改造表现等通过各种方式进行考察，才能为下一步制定矫正方案提供依据。

（二）个案考察的内容

个案考察的内容包括：（1）基本情况调查；（2）犯罪原因调查，包括主观因素和客观因素；（3）犯罪行为的后果和影响调查；（4）人格特征调查；（5）被害人态度调查；（6）矫正难度调查，包括违法犯罪记录、犯罪性质、改造表现、认罪态度等。

（三）个案考察的方法

作为一种社会科学研究的方法论，个案考察的方法没有国界之分。放眼域外社区矫正的历史和现实做法，总结我国社区矫正多年来的工作经验，多角度、多途径地对社区矫正对象进行全方位的考察，是十分必要的。

1. 基础材料阅读。社区矫正执行机构要认真阅读、分析决定机关移送的相关材料，包括判决书、社区矫正宣告书、行刑表现鉴定表、伤残鉴定表，从中获取有用的信息。

2. 走访调查。走访的对象包括矫正对象的家人、邻居、街道居委会、工作单位的领导及同事等。有被害人的，应了解其与矫正对象和解的情况及对被告人社区矫正的态度。

3. 个别访谈。第一次个别访谈应选择一个相对独立的空间，访谈环境应设计得尽量平和但又不失严肃，访谈可以通过聊天的方式进行，也可以通过对话的方式展开。访谈者应以价值中立的态度进行访谈。个别访谈的目的就是要获取矫正对象的真实思想与心理特征，同时与先期掌握的材料进行核实。对于访谈中获取的与已有材料不一致的信息，应当慎重处理。

4. 心理测试。通过心理测试，可以了解和掌握矫正对象的心理特征和心理健康情况，从而有助于确定心理矫治的重点。

三、制定矫正方案

（一）制定矫正方案的原则

制定矫正方案应坚持以下原则：

1. 以人为本原则。以人为本，就是把罪犯当公民看待，使其充分享有未被法律剥夺的权利并给予应有的尊重。

2. 因人制宜原则。因人制宜的原则是刑事个别化原则在行刑过程中的具体体现。因人制宜，就是承认社区矫正对象的个体差异性，即承认每名罪犯的生活经历不同、犯罪史和犯罪原因各异，体现在制定矫正方案上，就是要针对不同的个体选择适当的矫正技术和方法，量体裁衣地制定和实施矫正方案。

3. 专业化与社会化相结合的原则。对罪犯进行社区矫正是一项专业性很强的工作。专业性首先表现在个案矫正是以法学、犯罪学、监狱学、心理学、教育学、伦理学、社会学等学科知识及其方法、技术为基础的罪犯矫正活动，这就要求社区矫正机构必须具有一支专业化、职业化的矫正队伍。同时，由于罪犯在开放的社区内服刑，对其监督管理还必须借助社会力量，只有二者默契合作，才能为矫正对象提供专业化的心理治疗和服务，更好地实现矫正目标。

4. 集体研究、专人负责的原则。一个矫正方案的确定必须经过集体研究，群策群力；而矫正方案的实施则必须要有专人负责，责任落实到位，即方便对罪犯的监督管理，也方便对矫正工作实施监督。

5. 注重实效的原则。个案矫正不仅涉及矫正对象自身的矫正效果，而且矫正质量还直接影响社区、社会的秩序与安全。所以在制定矫正方案时，必须以务实的态度，注重矫正措施的实际效果。

（二）矫正方案的构成要素

矫正方案由矫正计划和矫正协议两部分构成。矫正工作者可以根据具体情况将二者放在一个计划中，也可以在矫正计划之外专门与罪犯签订一个矫正协议。一个完整的矫正方案应当包括以下几个构成要素：

1. 矫正工作者的基本情况：姓名、性别、职务、工作单位等。

2. 罪犯的基本情况：姓名、性别、年龄、文化程度、罪名、刑种刑期及时间起讫、进入社区矫正机构的时间、家庭成员、捕前职业、前科情况等。

3. 面谈的时间。

4. 罪犯存在的犯因性问题：罪犯自述的犯因性问题、沟通分析后诊断确定的罪犯的犯因性问题。

5. 计划预期要达到的矫正目标：总目标和具体目标。

6. 针对矫正目标预备进行的矫正行动：矫正内容、时间、地点、参加的人员、人员分工、所需要的支持性资源等。

7. 矫正协议：矫正工作者和罪犯希望达到的效果、双方的责任、权利和义务、为达矫正目标使用的方法和技术、变更记载。

8. 矫正工作者和罪犯签字以及签字时间。

如果矫正协议与矫正计划分开制定，矫正协议应在矫正工作者与罪犯讨论确定矫正方案后协商签订。从我国社区矫正的实践来看，社区矫正对象在报到之后，除了和社区矫正机构之间（多数为司法所）建立矫正关系，矫正机构还会与矫正对象的亲属或单位签订一个监护协议，目的是要求其亲属和相关人员协助矫正机构对矫正对象进行监督。签订矫正协议的主要目的，就是从矫正对象那里得到其对矫正方案的承诺，这样有利于矫正方案的贯彻实施。

（三）矫正方案的制定程序

矫正方案是一个具有内在逻辑性的、有计划有步骤地、功能性凸显的矫正行动方案。社区矫正对象虽然与监禁刑对象无本质区别，同属于罪犯范畴，但有的社区矫正对象由于已经被执行了一部分刑罚（假释或部分暂予监外执行的罪犯），或犯罪情节轻微、人身危险性较小（管制、缓刑），所以社区矫正对象的矫正方案的制定，无论从内容还是程序，都要比监禁刑罪犯的矫正方案简单些。社区矫正对象的矫正方案的制定应当经过以下几个步骤：犯因性问题的识别与界定、确定矫正目标、选择矫正行动。

1. 犯因性问题的识别与界定

经过个案考察的环节后，特别是经过与社区矫正对象进行面对面的沟通，可以发现，社区矫正对象身上存在一个或多个犯因性问题，或者一个犯因性问题可能是由多个因素造成的。矫正工作者必须结合矫正对象的自述，选择其中最重要的犯因性问题，或导致犯因性问题的最重要要素，把它作为矫正工作的核心内容。比如，矫正对象的主要犯罪原因是生理的、心理的或是环境造成的，如果是环境的影响，那么环境的构成要素又有哪些。矫正工作者在选择对犯因性识别的基础上，应当运用专业知识对问题进行详细阐述，不仅要使矫正对象明白其到底存在什么问题，而且要厘清应采用什么样的知识、技术和方法进行矫正。

2. 确定矫正目标

我国《监狱法》第3条明确规定，监狱行刑的目标是把罪犯改造成为守法公民。社区矫正虽然在开放的社区中进行，但其本身也是一项刑罚执行活动，与监狱行刑具有相同的刑罚执行属性。因此，社区矫正的总目标也应当是把罪犯改造成为守法公民，这是对所有罪犯改造的整体目标，也是个案矫正的基础目标。但是，由于目前社区矫正对象罪因的差异性，接受改造的具体期限不同，实现矫正目标的时间、手段也应由所不同。因此，在矫正总目标的基础上应设定几个具体目标，从而建立一个目标体系。如果每一个具体目标都得到实现，就意味着矫正总目标得到实现。在设定具体目标时必须有时间的限定。在目标的实现过程中，还必须充分考虑矫正中的变量因素，针对变量出现的问题，分别采用不同的矫正技术和策略处理。

3. 选择矫正行动

矫正行动是矫正工作者为实现每一个矫正具体目标而设计的行动方案。任何具体矫正目标的实现都要有与之相适应的具体的矫正行动，否则任何矫正目标的实现都只是一句空话。

四、矫正方案的实施

社区矫正方案的实施不仅是社区矫正工作者与矫正对象双方的问题，还涉及其他方方面面，比如民政、劳动部门，社区居民，乃至矫正对象的家人。矫正方案的实施是一个多方互动的综合性过程。但在多种关系中，社区矫正机构或者说社区矫正工作者始终居于主导地位，社区矫正工作者在矫正方案的实施中主要通过以下方式介入社区矫正：

1. 具体服务

矫正方案主要是通过矫正工作者的服务和罪犯的自我行动来达到矫正目标。根据“两高两部”《社区矫正法实施办法》，社区矫正的任务之一是对社区矫正对象进行帮扶，即为他解决生活的、家庭的、经济的、法律的乃至心理上的一些问题。通过为矫正对象解决矫正犯因性问题所遇到的各种困难，消除或改变可能引发其他犯罪的诱因，提高矫正效率，达到矫正目标。当然，这种服务不是代替矫正对象改变犯因性问题，这些问题能否成为犯因性问题最终取决于矫正对象自己。

2. 适度约束

社区矫正对象尽管在社区中服刑，但其“社区服刑”的身份本身说明他们在过去的生活中不能有效控制自己的行为和合理使用人身自由。罪犯服刑的过程，无论是在监狱服刑还是在社区服刑，从社会学的角度看都是再社会化的过程。所以，在为其提供具体服务的同时，对其日常行为予以适当约束是十分必要的，这种约束的主要目的不是惩罚，而是帮助其尽快适应社会生活，提高再社会化的步伐。各省市纷纷出台社区矫正法实施细则及相关的管理制度，如报告制度、公益劳动制度、谈话制度等都体现了矫正机构对矫正对象的适当约束。

3. 经常性指引

大量的调研资料表明，犯罪人普遍受教育程度较低。所以，在矫正方案实施中，矫正对象会对社区矫正工作者产生一定的依赖心理，需要矫正工作者经常性地为他们指点迷津，以保持行动朝着预期的矫正目标发展。实际上，矫正工作者经常性地为矫正对象指引方向也有利于矫正工作者对矫正方案的有效控制，有利于矫正目标的实现。

矫正方案实施过程中，矫正工作者应注意，矫正工作一方面应严格按照预设的方案进行，同时也要密切观察矫正对象的实际情况及变化情况，适时调整矫正方案。矫正工作者应充分利用自己和矫正对象的资源，与矫正对象保持信任、协作的良好关系，分阶段地对矫正效果进行评估，以取得最佳矫正效果。

五、社区矫正的解除

（一）社区矫正解除的意义

社区矫正的解除，是指社区矫正期满或者在社区矫正过程中出现了法定的事由，致使社区矫正法律关系消失，矫正双方权利义务终止的一项法律制度。

社区矫正的属性之一是刑罚执行活动。尽管矫正对象生活在开放的社会中，没有被剥夺人身自由，但其人身权利和政治权利受到一定的限制，这是刑罚的惩罚性决定的。由于解除社区矫正的原因复杂，因而它所带来的意义也是多层面的，概括起来，社区矫正的解除有以下几个方面的意义：

1. 社区矫正的解除使得社区矫正法律关系终止，矫正双方权利义务消失。矫正组织从此不再对其承担监管之责，矫正对象也不必再进行强制性的汇报、接受教育、参加公益劳动等。

2. 社区矫正的解除使矫正对象的各项被剥夺或被限制的公民权利得到全面恢复。矫正对象重新全面回归社会生活。

3. 社区矫正的解除可以为矫正组织提供一些成功的矫正经验和失败的教

训。在任何一个矫正对象解除矫正之前，社区矫正机构应当对其进行鉴定和综合评估，评估活动既可以为矫正工作提供矫正经验，也可以提供一些经验教训，同时也为与下一步安置帮教的衔接奠定基础。

（二）社区矫正解除的条件

1. 矫正对象的矫正期

被判处管制的社区矫正对象，其社区矫正期与法院判决的管制期限相等，从判决执行之日起计算。判决执行以前先行羁押的，羁押一日折抵刑期二日。

宣告缓刑的社区矫正对象，其矫正期限与法院宣判缓刑考验期相等，从判决确定之日起计算。

假释的社区矫正对象，其矫正期限与假释考验期限相等，矫正期从假释之日起计算。

暂予监外执行的社区矫正对象，其矫正期限与暂予监外执行期限相等。人民法院决定的，其矫正期从暂予监外执行决定生效之日起计算；公安机关、监狱管理机关决定的，其矫正期从出监所之日起计算。

2. 矫正对象解除矫正的条件

社区矫正对象矫正期限届满，且在社区矫正期间没有应当撤销缓刑、撤销假释或者暂予监外执行收监执行情形的，社区矫正机构依法办理解除矫正手续。社区矫正对象一般应当在社区矫正期满30日前，作出个人总结，执行地县级社区矫正机构应当根据其在接受社区矫正期间的表现等情况作出书面鉴定，与安置帮教工作部门做好衔接工作。

矫正对象具有下列情形之一的，即可解除社区矫正：

（1）被判处管制、宣告缓刑、裁定假释的矫正对象矫正期满，解除矫正；暂予监外执行的矫正对象在监外执行期间，矫正期满的，解除社区矫正。

（2）暂予监外执行的矫正对象，监外执行条件消失，批准机关作出收监决定的，解除社区矫正。

（3）矫正对象死亡的，自动解除矫正。

（4）矫正对象被收监或被羁押的，解除矫正。

（三）社区矫正的解除程序

当前社区矫正工作中，各省市在实施细则或单独的解除矫正的文件中对解除矫正的程序作了相应规定。一般而言，正常的社区矫正解除应注意以下几个环节：

1. 总结与评估

对于管制、缓刑、假释的社区矫正人员以及暂予监外执行的社区矫正对象刑满前，社区矫正组织（一般是司法所）应对上述对象在矫正期间的表现进行鉴定和人身危险性评估。鉴定应以矫正对象的现实表现为主，评估主要是对矫正对象的犯罪心理、社会适应度、再犯可能性进行预测，目的是为下一步安置帮教工作提供方向。同时，要求社区矫正对象完成个人总结。然后，将两个方面的材料报街道、乡镇社区矫正领导小组审核。这个时间应安排在距矫正期满15日至1个月内进行。

2. 通知

街道、乡镇社区矫正领导小组审核后，管制、缓刑、假释的社区矫正对象在矫正期满前3日至7日内，司法所应通知社区矫正对象按期到司法所办理解除矫正手续。社区矫正对象如果是未成年人，还应通知其监护人到场。

公安机关、监狱管理机关决定暂予监外执行的社区矫正对象，如果在社区矫正期间刑满的，司法所应在刑满前向其原关押监狱或看守所书面报告其在社区服刑期间的表现，并通知其按期到监狱、看守所办理释放手续。

3. 宣告

上述社区矫正对象矫正期满当日，司法所应向其宣读解除矫正通知书，社区矫正对象应在宣告书上签字。宣告当日，除了社区矫正对象必须到场外，其居住地的基层自治组织如居民委员会、村民委员会和公安派出所也应派员出席。司法所应将解除矫正的书面通知交公安派出所一份。

（四）社区矫正解除中存在的问题

被决定缓刑、被裁定假释的社区矫正对象在社区矫正期间，有违反有关管理制度但尚未构成新的犯罪的情况下，应否解除社区矫正？

对于不按时到司法所登记报到、不按时电话报到或书面汇报、私自会客等。情形应否撤销社区服刑，存在不同看法。有观点主张，非监禁的刑罚执行方式是未来行刑发展的主流，服刑对象在社区宽松的状态下难免会有小错，只要没有构成新的犯罪，一般情况下不宜轻易收监，可通过教育的方法解决，严重的还可通过延长考验期的方式解决，收监不是最好的选择。有的认为，我国社区矫正实践虽已经走过近二十年，但民众对社区矫正性质的认识还很不到位，很多社区矫正的内容流于形式，矫正工作人员又比较缺少专业培训，导致有相当部分社区矫正对象没有对社区矫正予以充分重视，所以实践中严重违反社区矫正管理制度的情况比较严重。为使社区矫正健康、有序发展，对于严重违反社区矫正管理制度的行为给予解除社区矫正的处罚是必要的。

根据“两高两部”《社区矫正法实施办法》，被判处管制、被决定缓刑、被裁定假释、被暂予监外执行的社区矫正对象，在社区矫正期间有违反有关管理制度但尚未构成新的犯罪的情况的，对以下不同情况，分别给予训诫、警告，或者提请同级公安机关依法给予治安管理处罚：

第一，社区矫正对象具有下列情形之一的，执行地县级社区矫正机构应当给予训诫：（1）不按规定时间报到或者接受社区矫正期间脱离监管，未超过10日的；（2）违反关于报告、会客、外出、迁居等规定，情节轻微的；（3）不按规定参加教育学习等活动，经教育仍不改正的；（4）其他违反监督管理规定，情节轻微的。

第二，社区矫正对象具有下列情形之一的，执行地县级社区矫正机构应当给予警告：（1）违反人民法院禁止令，情节轻微的；（2）不按规定时间报到或者接受社区矫正期间脱离监管，超过10日的；（3）违反关于报告、会客、外出、迁居等规定，情节较重的；（4）保外就医的社区矫正对象无正当理由不按时提交病情复查情况，经教育仍不改正的；（5）受到社区矫正机构两次训诫，仍不改正的；（6）其他违反监督管理规定，情节较重的。

第三，社区矫正对象违反监督管理规定或者人民法院禁止令，依法应予治安管理处罚的，执行地县级社区矫正机构应当及时提请同级公安机关依法给予处罚，并向执行地同级人民检察院抄送治安管理处罚建议书副本，及时通知处理结果。

第四，发现社区矫正对象失去联系的，社区矫正机构应当立即组织查找，可以采取通信联络、信息化核查、实地查访等方式查找，查找时要做好记录，固定证据。查找不到的，社区矫正机构应当及时通知公安机关，公安机关应当协助查找。社区矫正机构应当及时将组织查找的情况通报人民检察院。查找到社区矫正对象后，社区矫正机构应当根据其脱离监管的情形，给予相应处置。虽能查找到社区矫正对象下落但其拒绝接受监督管理的，社区矫正机构应当视情节依法提请公安机关予以治安管理处罚，或者依法提请撤销缓刑、撤销假释，对暂予监外执行的收监执行。

第五，发现社区矫正对象有违反监督管理规定或者人民法院禁止令等违法情形的，执行地县级社区矫正机构应当调查核实情况，收集有关证据材料，提出处理意见。社区矫正机构发现社区矫正对象有撤销缓刑、撤销假释或者暂予监外执行收监执行的法定情形的，应当组织开展调查取证工作，依法向社区矫正决定机关提出撤销缓刑、撤销假释或者暂予监外执行收监执行建议，并将建议书抄送同级人民检察院。

第三节　社区矫正的方式、方法和手段

社区矫正主体实施的一系列活动，都是通过相应的方法得以实现和完成的。从应然的角度讲，社区矫正主体应当实施哪些活动，决定于矫正对象回归社会的需要。矫正对象回归社会的需要是个别的，也是复杂的；相应的，社区矫正内容和方法也是丰富多样的。为建立合理的社区矫正工作制度，应当对社区矫正的内容和方法实施分类。基于制度建设的考量，结合社区矫正工作实践，笔者认为，社区矫正的内容与方法主要包括对社区矫正对象的访谈、监督管理、教育矫正、公益劳动、心理咨询与心理矫治、帮扶等方面。

一、对社区矫正对象的监督与管理

（一）监督与管理活动的性质

对社区矫正对象实施的监督、管理属于执法活动的范畴。（1）监督、管理活动往往涉及矫正对象权利的限制和某些义务的履行，而监督、管理活动正是实施《社区矫正法》规定的剥夺或限制矫正对象权利履行规定义务的活动。（2）对矫正对象的监督、管理活动具有法律强制性，矫正对象实施违反监督、管理规定的行为，意味着将受到一定的法律制裁。（3）对矫正对象的监督管理活动具有单方面性，监督管理活动的实施不听由矫正对象的意愿。在这方面，监督管理活动与帮扶活动不同，帮扶活动一般是应矫正对象的要求或征得矫正对象同意后实施的。

（二）监督与管理活动的内容

根据社区矫正的内容，对矫正对象监督管理的内容包括：（1）对矫正对象履行刑事义务的监督、管理；（2）对矫正对象履行社区矫正管理义务的监督、管理；（3）对矫正对象参与教育矫正活动的监督、管理；（4）对矫正对象参与帮扶工作的监督、管理。

监督与管理活动的内容，也可以从另外的视角划分。如从社区矫正的目标看，社区矫正工作有两大工作任务，一是预防矫正对象再次实施违法犯罪行为，二是把矫正对象矫正成为守法公民。社区矫正监督管理的内容可相应地划分为对矫正对象危险性的监督管理和对矫正对象参与矫正活动的监督管理。在目前我国社区矫正工作实践中，对矫正对象危险性的监督管理，是受到社区矫

正组织和人员重视的工作，相应的工作制度比较丰富。

（三）监督与管理活动的过程

监督管理活动的过程包括制定社区矫正行为目标与行为规则、考察矫正对象遵守规则的情况、评估矫正对象行为目标实现的状况及遵守行为规则的情况并作出相应处理。

对矫正对象实施监督管理，首先应为矫正对象制定行为目标与行为规则。其次是考察矫正对象遵守规则的情况。最后评估矫正对象行为目标实现的状况及遵守行为规则的情况并作出相应处理。

（四）社区矫正监督与管理工作的现状与问题

1. 监督与管理工作现状

在社区矫正工作中，各地区和社区矫正工作人员都非常重视对矫正对象的监督管理，具体表现在以下几个方面：

（1）各地区建立了一系列有关对社区矫正对象实施监督管理的制度。这些制度有些是规定社区矫正对象社区矫正行为义务的，如报到制度、迁居制度、学习制度、公益劳动制度等；有些是规定社区矫正工作人员如何开展对社区矫正对象监督管理的制度，如走访制度等。各种制度的建立，为监督管理社区矫正对象提供了依据和制度保障。

（2）开展了一系列对社区矫正对象的监督管理活动。如联合公安派出所查询社区矫正脱管人员、矫正档案的规范化建设、建立监护小组等。

社区矫正组织和矫正人员对监督管理工作的重视，源于社区矫正工作对社区矫正对象再犯率的要求。为减少社区矫正对象的再犯率，社区矫正组织和人员必须把对社区矫正对象的监督管理工作放在首位。另外，对社区矫正对象的教育矫正是一件非常艰难的工作，不只是弄清社区矫正对象的犯罪原因难，使用什么方法和内容矫正社区矫正对象同样困难。在这种情况下，监督管理工作就显得更具切实可感的内容，更易显现社区矫正工作的成效。

2. 存在的问题

社区矫正监督管理工作中还存在不少问题，主要表现在以下几个方面：

（1）脱管。从目前的情况看，脱管的数量不多，但却是一个严重的问题。脱管有两种表现：一是法院判决后，矫正对象未到司法所报到，司法所查找不到矫正对象；二是在司法所接收后的矫正期间下落不明，司法所查找不到矫正对象。

（2）对抗管理，抵触司法所的管理与矫正活动。目前这种情况为数不多，但性质较为严重。

(3) 消极无为，不按时向司法所报到，推脱司法所或矫正中心举行的各种矫正活动。目前这种情况比较严重。

造成上述现象的原因很多。一些矫正对象的脱管可能与矫正衔接工作有关。有些审判人员对社区矫正工作缺乏足够的认识与重视，对矫正对象一判了事，没有向矫正对象详细说明参与社区矫正的具体义务，导致一些矫正对象不知道该向谁报到、怎样报到。矫正对象对社区矫正的性质认识不深也是一个重要原因。不少矫正对象认为只有进了监狱才是受刑罚，才应该受到约束，被判了缓刑或被裁定假释等于没事了。监督管理工作缺乏应有的强制力也是一个重要原因，社区矫正对象不服从监督管理，不履行社区矫正规定的义务，社区矫正组织和人员不具有强制执法权，作为对矫正对象进行日常管理的司法所，对矫正对象不服从管理的行为，处理方法的强制性不足。

二、心理咨询与心理治疗

在我国，对罪犯进行心理矫治，直到20世纪90年代初期才开始起步。经过近30年的实践探索，目前我国很多监狱已建立了罪犯心理治疗机构、队伍和工作制度，并收到了良好的罪犯改造成效。心理矫治已经成为与传统的三大改造手段相提并论的第四大改造手段，并在罪犯改造工作中发挥着越来越重要的作用。

(一) 心理咨询与心理治疗的目标

心理矫治是运用心理学的原理和技术解决服刑人员心理问题和行为问题的各种活动的总称。社区矫正心理咨询与心理治疗的目标有两个：一是矫正犯罪心理、病态心理和不良行为习惯；二是维护心理健康。

犯罪是犯罪心理的外化，是犯罪心理支配下的结果。因此，矫正社区矫正对象的犯罪心理，是预防社区矫正对象再度实施违法犯罪行为、促使其顺利回归社会的必然要求。矫治病态心理也是心理咨询与心理矫治的一个工作内容和目标。一些矫正对象具有病态心理，一些是长期监禁经历形成的；另一些是在社会生活的环境中形成的。病态心理不仅会给矫正对象造成心理痛苦，同时也常常会外化为危害社会的行为。犯罪心理、病态心理和不良行为习惯，是矫正对象再社会化的障碍，应是社区矫正心理咨询和心理治疗的重点工作对象。

矫正对象的心理健康维护同样是社区矫正心理咨询与心理治疗的一项重要内容和工作目标。轻微的心理问题和情绪问题，对矫正对象的正常生活有不良影响，长期积淀，会转化为犯罪心理或病态心理。一般来讲，矫正对象遇到的生活、工作难题较之普通公民更多，如就业问题、刑罚经历所感受到的社会歧视问题、刑罚经历所造成社会关系、家庭关系疏离问题、经济困难问题等。

矫正对象面临诸多问题容易带来诸多心理问题和情绪问题，对这些轻微的心理问题和情绪问题进行干预，维持矫正对象的心理健康是必要的。

(二) 心理矫治工作过程

对矫正对象的犯罪心理、病态心理和行为恶习实施心理治疗一般包括三个环节。

1. 矫正对象心理问题的识别与处理

识别矫正对象的心理问题，应当是社区矫正专职工作者的工作。社区矫正社会志愿者，在工作过程中，认为矫正对象有心理问题，应当提请社区矫正专职工作人员处理。经过识别，如果认为矫正对象存在比较严重的心理问题需要心理治疗的，可以提请区县社区矫正管理部门交专业心理矫治人员处理。

2. 实施心理治疗

专业心理治疗组织或人员对矫正对象的心理问题进行心理评估，经过评估，对确需心理治疗的，实施心理治疗。

3. 心理治疗结束后对心理治疗活动进行归档

归档的主要目的是方便对矫正对象今后进一步开展心理矫治工作。有时矫正对象的心理问题会出现反复或出现新的心理问题，有时需要更换心理矫治组织或人员，心理治疗档案材料对新的心理治疗工作是非常必要的。档案材料最好由区县社区矫正组织或社区矫正服务中心统一专门保存，以便查阅。

对犯罪心理、病态心理和行为恶习以外的心理问题是否进行心理治疗或心理咨询，应当征询矫正对象的意愿，由矫正对象自己决定。社区矫正组织或工作人员应当提供矫正对象心理咨询或心理治疗的人员保障和程序保障及其所需条件保障，并积极为对矫正对象顺利有效地进行心理咨询与心理治疗提供服务。

(三) 社区矫正心理咨询与治疗工作的状况

在社区矫正工作中，各省市都非常重视矫正对象的心理矫治工作，主要表现在：把心理矫治作为社区矫正工作的一项内容；制定了心理矫治工作制度；重视心理矫治工作队伍建设探索。如北京市各区县都聘请了心理咨询师作为矫正对象心理咨询人员，或者通过协议和社会心理咨询组织建立稳定的关系保障社区矫正心理矫治所需专业人员；也有一些区县建立了专门的心理咨询中心，聘请社会心理矫治专业人员为中心工作人员；同时，北京各区县都建立了相应的工作机制，同社会心理矫正组织或心理专家联合，开展社区矫正心理问题评估与矫正的课题研究，并取得了很多研究成果。心理咨询与心理治疗工作对矫正社区矫正对象、促使社区矫正对象顺利回归社会，积累了很多经典案例；心理咨询与心理治疗越来越受到社区矫正工作者的认同。

但是社区矫正心理咨询与心理治疗工作还处于较早阶段，其在社区矫正工作中的作用还很有限，从社区矫正工作实践的情况看，心理矫治工作主要存在以下问题：

1. 心理矫治的类别单一，心理矫治工作的内容比较简单

在社区矫正工作中，所开展的心理矫治工作主要是心理咨询，心理治疗工作开展很少。对犯罪心理、病态心理和行为恶习有计划的心理治疗活动开展更少。所开展的心理矫治活动，一般都是带有帮扶性的。其程式一般是，社区矫正人员在工作中认为某些矫正对象有心理问题，在争得矫正对象同意后，提请社区矫正有关组织或人员聘请心理咨询师，心理咨询师按照约定的时间、地点对矫正对象实施矫正。

心理矫治工作的内容比较简单，表现为：心理矫治的矫正对象人数不多，心理矫治一般限于那些有比较严重心理问题的矫正对象；往往对矫正对象进行一次或几次心理咨询活动，待矫正对象心理问题有所改善，心理咨询活动便告结束。

2. 社区矫正工作人员缺乏应有的心理矫治方面的知识

社区矫正工作人员直接、经常接触矫正对象，矫正对象是否有心理问题，心理问题是否严重，是需要心理咨询还是心理治疗等，社区矫正工作人员最有条件识别这些问题。但是，对矫正对象心理问题的识别要求具有一定心理学的知识、经验和技术。从目前的情况看，社区矫正工作人员的心理学知识、技术和经验还存在不足。

3. 矫正对象对心理矫治的认同不够

很多矫正对象把心理问题看成人格问题、精神病问题，这种认识影响了人们对心理矫治的正确态度，很多有心理问题的人不愿承认自己有心理问题，抗拒心理咨询与心理治疗活动。2006 年，对北京市某区 258 名矫正对象进行了抽样调查，从调查表反馈的情况看，只有 3 人认为自己有心理问题。矫正对象对心理问题和心理治疗的态度，其实反映了社会对心理问题和心理治疗的态度。

4. 心理矫治所需经费不足

社区矫正工作实践证明，在不少地区，经费不足问题严重地影响了心理矫治工作的开展和效果。

5. 社区矫正心理矫治的专业化程度不高

实践中，不少地方还缺乏针对社区矫正对象特别心理问题的心理矫治专业人员。社区矫正对象中的假释犯因长期在监狱服刑而形成的监狱人格，不少心

理矫治专业人员相对比较陌生，以致对这些矫正对象的心理问题做出了有一定偏差的心理评估结论和治疗。对矫正对象因刑罚经历而产生的心理问题，心理治疗专业人员也缺乏应有的研究和实践。

三、教育矫正

（一）教育矫正的内容

1. 思想教育

思想教育的内容非常丰富，结合我国长期以来对犯人思想教育的状况，以及社区矫正工作开展以来对矫正人员思想教育的实际状况和需要，社区矫正思想教育的内容主要有：（1）法治教育和认罪服法教育；（2）道德教育；（3）劳动教育；（4）形势与政策教育。

2. 文化教育

文化程度与违法犯罪具有内在联系，这已为犯罪统计反复证明。文化程度对人们认知能力、生存与发展能力有很大影响。一般讲，文化程度低的人，其认知能力及生存发展能力往往也较低。因此，促使矫正对象顺利回归社会，应当注重提高矫正对象的文化水平。但是，目前乃至今后相当长一段时期，社区矫正组织没有条件有计划地、长久而稳定地开展对矫正对象的文化教育工作。这不仅是因为社区矫正组织缺乏相应的人、财、物条件，且与矫正对象的工作生活也有一定冲突。

3. 职业技术教育

职业技术教育对矫正对象学会一技之长、增强谋生的能力具有重要意义。社区矫正组织应当鼓励矫正对象积极参加职业技术教育，对那些缺乏谋生能力需要进行职业技术培训而个人又无必要费用的，社区矫正组织可以考虑提供必要的费用支持。[①] 对矫正组织安排的职业技术培训，矫正组织应当对矫正对象提出参加职业技术培训的要求，同时加强对矫正对象的监督管理。

（二）教育矫正的方法

对矫正对象的教育矫正是教育的组成部分，因此，教育矫正工作应当遵从教育的一般规律，比如因人施教、分类教育、循序渐进、以理服人等。在社区

① 目前对缺乏谋生能力而个人又无必要费用需要进行职业技术培训的，一般做法是矫正组织联系劳动和社会保障部门为其提供免费的职业技术培训。笔者认为，实施国家培训费用保障的办法比目前的做法更为有效，一是可以减少部门之间的协调工作，二是可以充分利用社会各种职业技术培训的资源，从而增强社区矫正组织开展职业技术教育的自主性、实效性。

矫正工作中，应当注重将教育的一般规律与教育矫正的工作需要结合起来，逐步形成自己特色的矫正方法。根据社区矫正工作实践，应当重视以下矫正方法的研究探索。

1. 个案矫正

个案矫正有两个特点：一是矫正工作应针对矫正对象的个体问题和个体素质条件；二是矫正工作应当有计划地开展，应当根据矫正方案有计划地实施。

个案矫正是因人施教、循序渐进等教育原则的要求，同时体现了矫正对象教育矫正工作经验的总结。每一个矫正对象回归社会所遇到的具体问题是不同的，比如就业困难，很多矫正对象都存在这样的问题，但就每一个矫正对象来说，就业困难的原因、就业的目标、工作类别、工资期望值、工作的具体内容等不可能完全相同；另外，解决矫正对象的问题，不能不考虑矫正对象个性特点和个体素质条件。例如，职业技术培训要真正收到实效，必须考虑矫正对象的意愿、个人素质条件、未来就业需要、个体的时间、交通、条件等因素。至于恶习矫正、行为矫正等工作则更为复杂。教育矫正工作不是一蹴而就的事情，必须认真调查矫正对象的问题和影响问题解决的各种因素（包括积极的、消极的），反复论证，制定切实可行的矫正方案，方能收到良好成效。

2. 分类教育

不管矫正对象个人情况如何不同，在相同或相似的条件下，总会呈现某些相同或相似的特点或问题。如长期监禁会形成监狱人格，刑罚经历会影响社会对其名誉的评价及对矫正对象的社会歧视感等。对矫正对象进行类别划分，便于准确认识矫正对象的特点和面临的问题，从而开展有针对性的教育。

应当以多维视角划分矫正对象的类别，这样更有利于多角度认识矫正对象的特点和问题。如按刑罚类别，矫正对象可以划分为缓刑类、管制类、假释类、监外执行类；按矫正过程可以划分为社区矫正初始阶段、矫正阶段、解除矫正阶段；按照年龄可以划分为未成年矫正对象、青年矫正对象、壮年矫正对象、老年矫正对象；等等。矫正对象类别划分，目的是探讨不同类别矫正对象的特点与矫正规律。

不能把分类教育等同于集体教育，集体教育是与个别教育相对应的概念，分类教育可以采取集体教育的形式，也可以采取个别教育的形式。也不能把分类教育与个案矫正对立起来，分类教育只有融入个案矫正中，才能有针对性地、持续地、有成效地开展分类教育工作；同时，个案矫正也应当充分体现分类教育的内容和要求，否则个案矫正就成了空中楼阁。

3. 教育矫正与解决矫正对象所遇问题相结合

教育矫正的目的是使矫正对象正确面对工作生活中的问题，并以合理的方法解决所遇到的问题。在教育矫正工作中，矫正对象遇到了一时难以克服的问题，这正是开展教育矫正的好时机。问题的合理解决，对矫正对象今后如何面对困难具有示范作用，因此，解决矫正对象所遇到的问题本身就是在实施教育矫正活动。

四、公益劳动

组织社区矫正对象开展公益劳动是目前社区矫正工作的一项重要内容。为了解决公益劳动工作实践中的问题，必须首先了解社区矫正公益劳动的价值定位。

（一）社区矫正公益劳动的价值定位

有人建议在刑罚体系中设立社区矫正类别，这一建议会触及我国刑罚体系的基本结构和现有的刑罚适用机制，笔者认为这一建议需要论证和实践。就目前看，这一建议尚不具有可行性。我国开展的社区矫正，是与监禁相对的行刑方式，属于具有非监禁性的刑罚执行活动。因此，合理定位社区矫正公益劳动的价值，不能脱离时下社区矫正制度的性质。

结合我国刑罚制度的内容和社区矫正的性质、目的及社区矫正工作实践的情况，笔者认为：应把一定量的公益劳动作为缓刑、假释类社区矫正对象社区服刑的法定义务，即作为缓刑、假释两类非监禁刑罚执行的一项内容。监外执行主要针对怀孕、患严重疾病等身体特殊情况犯罪人的刑罚执行制度，对这部分社区矫正对象也以不附加公益劳动的刑事义务为宜。管制主要是犯罪行为轻微、危害不大的犯罪人所适用的刑罚方法，同时，刑罚规定，被判处管制的犯罪分子，参加劳动的应当同工同酬，所以对管制类社区矫正对象，不需附加公益劳动的刑事义务。

公益劳动的强制性，不排除公益劳动承载矫正罪犯、补偿犯罪对社会或社区的伤害等价值期待，相反，公益劳动的强制性应尽可能多地承载矫正罪犯、补偿社会与社区的价值目标。不是因为要惩罚犯罪人才强制社区矫正对象参加公益劳动，无论如何不能把公益劳动作为惩罚犯罪人的手段。公益劳动的强制性，以其承载补偿犯罪对社会与社区的伤害、矫正犯罪人、促使犯罪人顺利回归社会为合理性根据。但强制性本身，又具有其独立的价值功效，即具有对犯罪行为报应的价值。因此，社区矫正公益劳动的强制性，从刑罚功效的实现看是必要的。

对缓刑、假释应当规定公益劳动的刑事义务，刑罚制度方面的理由有二：其一，缓刑是拘役和 3 年以下有期徒刑的非监禁执行方式，假释是有期徒刑、无期徒刑的非监禁执行方式。有学者认为，缓刑和假释不是刑罚执行方式，但从刑法的规定看，缓刑、假释的性质应明确为非监禁刑罚执行方式。笔者认为，把缓刑、假释的性质界定为刑罚执行方式，更符合刑罚执行体系性要求，否则我国刑罚监禁执行方式与非监禁执行方式会极不协调，因为除去缓刑和假释外，自由刑的非监禁执行只剩下管制和监外执行，而这两种执行方式适用率很低（从社区矫正的统计看，两者合并的数量约占社区矫正五类人员的2%）。否定缓刑、假释的刑罚执行性质，不利于构建科学合理的刑罚执行制度体系，也不符合刑法体系要求和行刑实践实际状况。拘役、有期徒刑、无期徒刑中都包含了劳动刑事义务的内容。对缓刑、假释类的社区矫正对象附加公益劳动的刑事义务，符合上述几种刑罚方法的要求。其二，规定缓刑、假释一定量公益劳动的刑事义务，有利于公众对缓刑、假释刑罚执行性质的认同，有利于缩小几类刑罚监禁执行与非监禁执行刑事义务的巨大差距，最终利于非监禁执行方式的扩大适用。

（二）建立公益劳动制度应当注意的问题

社区矫正公益劳动的价值定位，是建立合理的社区矫正公益劳动制度的前提和指导思想；合理的社区矫正公益劳动制度是社区矫正公益劳动价值目标的具体体现，也是价值目标实现的保障。“两高两部”《社区矫正法实施办法》第44条规定：“执行地县级社区矫正机构、受委托的司法所按照符合社会公共利益的原则，可以根据社区矫正对象的劳动能力、健康状况等情况，组织社区矫正对象参加公益活动。”

如何建立一个有效的社区矫正公益劳动制度，目前应重视下列问题的理论研究与实践探索：

1. 应当保障公益劳动所需要的项目

实践中不少地区存在公益劳动项目不足的问题，目前公益劳动的项目主要是福利院服务、街道打扫卫生、清理街头小广告、植树、种菜等活动。公益劳动的项目不足，影响了公益劳动义务的切实履行，也影响了公益劳动功效的发挥。为解决这一问题，许多司法所委托村委会、居委会组织所属地区社区矫正对象的公益劳动，还有不少司法所正着手建立社区矫正公益劳动基地。但是，对哪些社区矫正对象可以委托村委会、居委会组织公益劳动，哪些社区矫正对象由司法所组织公益劳动，以及建立什么样的公益劳动基地，开展什么内容的公益劳动，除公益劳动基地外，还可设立什么样的公益劳动项目等，这些问题需要进一步研究探索。

2. 处理好公益劳动和其他社区矫正项目的关系

应当处理好公益劳动和其他社区矫正项目的关系，比如公益劳动和思想教育、行为矫正、心理矫正的关系，公益劳动和技能培训的关系等。如果公益劳动能成为对一些社区矫正矫正对象（不是全部）思想教育、行为矫正、心理矫正、技能培训的载体，并减少公益劳动对其他社区矫正工作带来的不良影响，公益劳动就能收到更好的矫正功效和刑罚功效。

3. 处理好公益劳动和社区矫正对象正常工作、生活的关系

不少社区矫正对象表示自己要工作，没有时间参加司法所组织的公益劳动，也有不少社区矫正对象表示自己在社区参加公益劳动被亲朋好友看到很没面子，影响了自己回归社会的信心。在建立公益劳动制度和组织公益劳动的过程中，公益劳动的内容、形式、时间安排等都应当充分考虑到社区矫正对象的工作特点和社区文化特点，尽量减少不当影响。

4. 公益劳动的强制性问题

社区矫正的强制性不足，对于社区矫正工作的正常开展具有一定的负面影响。社区矫正公益劳动同样面临强制性不足的问题。因此，应当增强对没有正当理由不参加公益劳动的社区矫正对象的制裁。义务不履行，行为人也不承担什么不良后果，本身就是对法律观念、法律意识的破坏。社区矫正目前面临的这一严峻问题，还应当进一步受到重视。

5. 公益劳动的报酬问题

我国社区矫正的公益劳动是无偿的，但这是否完全合理，可能还值得进一步商榷。根据我国相关法律规定和行刑实践的情况，笔者认为，给与参加公益劳动的社区矫正对象一定报酬具有合理性。法律规定，“对于被判处管制的犯罪分子，在劳动中应当同工同酬”（《刑法》第39条）；“对于被判处拘役的犯罪分子，参加劳动的，可以酌量发给报酬”（《刑法》第43条）；“监狱对参加劳动的罪犯，应当按照有关规定给予报酬”（《监狱法》第72条）。根据法律规定的精神，对社区矫正对象的公益劳动不宜完全无偿。社区矫正对象，尤其是假释的罪犯，从监狱回归社会后，面临的主要问题是工作问题、经济困难问题，这些问题也成了许多社区矫正对象顺利回归社会的障碍。对参加公益劳动的社区矫正对象给予一定的报酬，有助于解决他们一定的经济困难，有助于提高他们公益劳动的积极性。当然，给予多少报酬，还有待进一步研究与实践，总的原则是，社区矫正对象的公益劳动应略低于同类的劳动报酬。

五、对社区矫正对象的帮扶

对社区矫正对象遇到的问题或困难进行帮扶是社区矫正工作的主要内容之一。“两高两部”《社区矫正法实施办法》第45条规定：“执行地县级社区矫

正机构、受委托的司法所依法协调有关部门和单位，根据职责分工，对遇到暂时生活困难的社区矫正对象提供临时救助；对就业困难的社区矫正对象提供职业技能培训和就业指导；帮助符合条件的社区矫正对象落实社会保障措施；协助在就学、法律援助等方面遇到困难的社区矫正对象解决问题。”社区矫正工作开展以来，帮扶工作积累了丰富的经验，取得了非凡的矫正工作成效。同时，帮扶工作也遇到了很多问题。因此，有必要深入研究社区矫正的帮扶工作，以促进帮扶工作制度的完善和帮扶工作的开展。

社区矫正中的帮扶主要体现在解决社区矫正对象的经济困难、就业和心理等问题。

（一）就业帮扶

在全国范围内，各区县司法局和乡镇司法所都非常重视社区矫正对象的就业帮扶。就业帮扶的主要措施是：帮助社区矫正对象寻找工作岗位，组织社区矫正对象参加人才招聘会，组织社区矫正对象参加劳动部门组织的劳动技能培训，鼓励社区矫正对象自谋职业，协调社会其他组织或委托其他部门或人员帮助社区矫正对象解决就业问题等。

（二）经济困难的帮扶

社区矫正工作部门也很重视对社区矫正对象经济困难的帮扶。从帮扶的形式看，一是协调有关部门为社区矫正对象提供最低生活保障。二是建立了经济困难临时救助制度。如北京市各区县建立了社区矫正对象经济困难的临时救助金救助制度，也有一些地方建立了临时救助站，如“中途宿舍”“过渡性就业基地”等。三是协调有关部门为社区矫正对象提供困难救助。除此之外，各地还根据情况，开展了其他形式的经济困难帮扶工作，如免费提供临时住所、小范围的募捐救助等。

（三）心理问题的帮扶

很多社区矫正工作部门建立了“心理咨询中心”“心理咨询工作站”或者“心理咨询室”，并建立了社区矫正对象心理咨询制度。社区矫正心理咨询机构的名称还有很多，心理咨询工作的内容也不是狭义的心理咨询工作，而是同时包含了心理矫正工作。就实践的情况看，主要是心理咨询工作。心理矫正工作目前尚缺少相应的制度保证。心理咨询工作主要是聘请社会上有心理咨询资质的心理咨询师来做。心理咨询大致的程序是：社区矫正工作人员或社区矫正社会工作者通过调查发现社区矫正对象有严重的心理问题，上报心理咨询主管部门，然后再联系心理咨询人员，开展心理咨询。也有一些地方通过开通咨询热线或心理咨询开放日的形式，进一步扩大心理咨询工作。

（四）解决其他问题的帮扶

其他问题主要是指关涉社区矫正对象正常生活工作的比较重大的问题。比如家庭关系紧张，重大经济纠纷、邻里纠纷，未成年社区矫正对象的就学，户口迁移，受到村或工作单位的不平等待遇等。社区矫正工作人员尤其是司法所工作人员利用自身的社会资源优势，通过调解、协调有关部门或单位等工作形式来解决这类问题。

第四节 社区矫正制度保障机制研究

社区矫正在中国的运行，不仅仅是刑罚执行中将原本就在监狱之外实施刑罚的四种人，统一由司法行政机关主导管理的刑事司法体制改革问题，它反映出中国社会正在发生的深刻变革。在这种变革中，中国社会整体发展、以强力全面推进依法治国的目标日益清楚，与此相适应，刑事政策及监狱和刑罚的相应使命与方式，也面临机遇和挑战。社区矫正从试点试行到正式运行，正是这一挑战的产物。可以说，社区矫正从试点到建立正式制度，正是各种机制提供有力保障的结果。

一、法制保障：当务之急

社区矫正工作作为一项刑罚执行活动，具有严肃性，因此应当在法律框架内科学、规范运行。《社区矫正法》的颁布和实施，正是以立法作为调控手段，确保社区矫正工作健康发展的必然要求。

从社区矫正工作运作本身看，由于社区矫正工作是一项综合性的社会系统工程，不仅涉及公安、检察、法院、监狱、民政、劳动等诸多政府职能部门，也需要社会作者、社会团体和民间组织的协助。因此，组织协调这样广泛的社会部门开展社区矫正工作，单靠一般的行政文件显然是力所不能及的，必须依靠立法作为保障。

从社区矫正工作成效看，我国刑罚直接目的是教育罪犯，根本目的是预防犯罪、维护社会稳定、实现国家的长治久安。社区矫正工作实践证明，社区矫正在减少狱内罪犯交叉感染、充分利用社会宽松环境促进罪犯矫正、提高教育矫正质量方面均具有监禁矫正无法替代的优势。因此，通过建立社区矫正法律制度，使社区矫正和监禁矫正两种行刑方式相辅相成、相得益彰，可以更好地体现我国刑罚预防减少犯罪、维护社会稳定的目的。

从社区矫正工作遇到的困难和问题看，通过《社区矫正法》的正式颁行，社区矫正工作中的问题和困难，正在一步一步得到解决。例如，社区矫正组织体系不完善、基层司法所的人员力量薄弱、社区矫正工作经费保障不力、社区矫正工作程序部门衔接不严密、社区矫正对象激励机制方面行政奖惩和刑事奖惩缺乏有效衔接、在矫正资源和矫正力量的利用上社会化程度不高、专业矫正队伍的业务素质不能适应矫正工作的需要等，《社区矫正法》尤其是“两高两部”《社区矫正法实施办法》中，都明确得到一定的重视。当然，如何进一步健全完善社区矫正的工作程序，如何进一步保证社区矫正获得充足的人力资源和资金保障。确保社区矫正在法治的轨道上有效地运行，依然是摆在面前的重要任务，任重而道远。[①]

二、机制保障：司法体制

中国社会传统上以家族宗法制度为基础，政治国家为根本，属于一元社会结构体系。1979 年改革开放以后，以政治国家为核心的一元社会结构在改革冲击下逐渐淡化，政治国家与市民社会相对分离的二元社会结构开始悄然发育：政府逐渐退出了对公民日常生活的直接干预，其对社会的控制更趋向于宏观层面，一个相对独立并有自主运行规则的民间社会正在形成和扩大；随着社会自治能力的扩大，社会自身对于国家权力形成了一定的监督和制衡作用，公民以更为积极主动的姿态参与到公共事务的管理和处置中。

司法体制正是植根于一定社会的物质生活，并在此基础上实现其存在的价值。二元社会结构的逐渐形成，必将引起司法体制的功能、观念与文化上的嬗变。在西方国家，随着二元社会结构的最终形成，政治国家与市民社会共同应对违法犯罪的反应机制得以构建，确认了市民社会是刑事司法合作者的地位。市民社会参与刑事司法有两种形式：一是惩罚性参与，如私立组织（公司、协会或工会）以被害人的身份提起的要求损害赔偿的诉讼；再如社会团体参与控制犯罪，即“犯罪控制私有化”，最突出的是在维护公共安全中的私人保安、私人警卫已经组织化；又如“监狱私有化”，社会团体参与到对法院判处剥夺自由刑执行的全过程。社会团体的这种参与形式一方面具有惩罚性，另一方面也具有营利性。二是团结性参与，即为了帮助刑罚向更好地安置犯罪人的方向发展。[②] 这种参与突出表现在社区矫正制度所包含的诸种措施。市民社会

---

① 林仲书：《对社区矫正立法的思考和建议》，载《北京政法职业学院学报》2007 年第 4 期。

② 周国强：《社区矫正制度研究》，中国检察出版社 2006 年版，第 91 ~ 92 页。

的存在，在一定程度上限制了政治国家的权力，从而也限定了司法体制的范畴。司法体制不再单纯地成为保护社会的工具，而是也具有了保障人权的使命。

违反社会规范的犯罪人，会与社会形成紧张关系，这一紧张关系依犯罪的性质以及被其违反的规范的重要程度而轻重有别。犯了罪的人是否仍信守社会共同体希望维系的社会规范？从规范的视角看，犯罪人已与社会拉开距离，甚至因实施他不允许别人实施的行为而凌驾于社会之上。但犯罪人仍与社会保持多种联系：仍为社会的成员，拥有家庭、恋人、同事，或为某学校的学生等。因此，犯罪被发觉后，犯罪人重新融入社会的问题主要是一个规范性问题，即在何等情况下会认为犯罪人又成为可受平等信赖、享有平等机遇的“我们中的一员”；为了弥补他已犯下的罪错，他应当做什么，他本应做什么。

传统刑事司法认为，犯罪人应受刑罚之苦；待其服刑以后，再重新接纳他，恢复其平等权利，令其成为受到同样尊重的公民。这正是报应主义的要求，即要求犯罪人承担应尽义务，对其施加刑罚，判处监禁刑。然而，犯罪人在监狱中服刑期限越长，释放后就越难重新融入社会，也越难重新适应自由社会中的生活。信赖问题，是释囚在社会交往中面对的最突出问题，他们很难找到工作，很难形成新的稳定的社会关系。传统刑事司法无法在犯罪人与社会之间重构规范性信任，在犯罪人重新融入社会方面效果不好。而社会活动者之间的规范性信任，正是所有具有融合性、富有成效、可成功构筑的社会关系的基石，因为每个人的社会意愿都由“诚信”（good faith）主导着。被动接受刑事诉讼与惩罚的犯罪人，想尽一切办法减轻责任、减轻刑罚，这不利于信赖关系的重建；但即使犯罪人承担所有责任，并因之被判长期监禁，当他获释后，信赖与诚信问题仍会对其社会交往产生困扰。长期监禁刑的负面影响很大①。

传统刑事司法制度，教条而封闭，要求对每个刑案都必须起诉并施以刑罚处罚。然而，发展至今的刑事司法制度已大不相同。刑事司法制度变得更加开放，更适应不断变化的社会需要，可以更好地应对不断变化的社会问题并找到解决办法。

恢复性司法运动的兴起，正是一种通过恢复性程序实现恢复性后果的非正式犯罪处理方法。在犯罪发生后，经由专业人员或社区志愿者充当的中立的第三方的调解，犯罪人与被害人进行面对面的协商，由犯罪人通过道歉、赔偿、社区服务、生活帮助等使被害人因犯罪所造成的损失得以补偿，从而实现被害

---

① ［荷兰］约翰·布拉德：《荷兰：社区矫正与恢复性司法结合之路》，颜九红译，载中国人民大学书报资料中心《刑事法学》2008年第6期。

人和社会的恢复以及犯罪人与被害人关系的重新整合。恢复性司法被视为刑事司法的一个替代模式，反映了西方国家目前存在的一种趋势，即国家职能逐步削弱。国家在处理犯罪方面的权力削落，并不意味着国家对恢复性司法的放任自流。这种体现社会自治精神的恢复性司法仍然是在国家规范和调控之下的对犯罪现象有组织的社会性反应，国家在恢复性司法实践方面仍具有重要的引导、支持和维护的功能。作为市民社会对犯罪作出的有组织的反应模式，恢复性司法运动对传统刑事司法处理犯罪模式的替代与超越，表现为由“国家本位主义刑事政策”向“国家、社会双本位刑事政策”的转向。据此，有的欧洲学者主张，应将社区矫正与恢复性司法相结合。①

对照我国现阶段刑事司法现状，我国当前的刑事政策模式基本上归属国家本位型。但以国家为本位控制犯罪，随着经济的发展，存在一个致命的弱点，就是国家控制犯罪的力和犯罪的力不对称。因此，解决犯罪这一社会问题仅仅依靠国家和动用刑罚难以奏效，其根本途径应当是动用社会力量消除犯罪的社会致罪因素。当然，考虑到我国社会尚处在转型过程中，二元结构社会远未发育成熟的现状，司法体制的转换需要一个相当长的历史时期。但可以预见的是，随着社会转型期的完成和二元社会结构的最终确立，社会自治机构和民间组织将获得广阔的发展空间，以此为中介，社区和民众参与犯罪治理和罪犯改造的热情会与日俱增，有利的社会环境和多元的参与模式必将推动包括社区矫正在内的司法体制的转换和发展。

三、实践保障：工作机制

社区矫正工作要求对罪犯既要进行监督和管理，也要进行有效的教育、改造、帮助和服务。在社区矫正工作实践中，为了确保社区矫正工作在较短时间内正式启动、顺利开展，减少阻力，将原来以公安机关为执法主体的社区矫正工作，交由司法行政部门负责具体实施。这实际上已将公安机关作为非监禁刑的执行主体地位予以剥离。社区矫正的执行、决定和监督机制，需要多机构联动配合，只有如此，社区矫正工作机制的多元参与模式方能体现出来。

（一）执行机制

由司法行政部门负责社区矫正执行工作，不仅有利于建立侦查权、检察权、审判权、行刑权的配合和制约机制，而且通过专门的社区矫正执行机构设

① ［荷兰］约翰·布拉德：《荷兰：社区矫正与恢复性司法结合之路》，颜九红译，载中国人民大学书报资料中心《刑事法学》2008年第6期。

在司法行政部门可以使刑事权力的配置趋于均衡。从法律分工角度讲，社区矫正作为刑罚执行的一部分，理应由司法行政部门统一负责。而且，司法行政部门长期负责监禁刑的执行，在教育改造罪犯中积累了丰富的经验，又负责管理律师、公证、法律宣传、教育及法律援助等相关法律工作，人员法律水平较高，负责社区矫正工作具有先天优势。赋予其管理社区矫正工作的职能，被证明是优化资源配置的表现。

社区矫正与安置帮教具有工作上的关联性，安置帮教是社区矫正工作的延伸。近年来，安置帮教工作的规模不断扩大，形式不断增多，内容不断完善，外延更加广泛，形成了罪犯改造工作的良好氛围，为开展社区矫正工作打下了良好的社会基础，故应充分利用安置帮教工作形成的有利条件开展社区矫正工作，二者在工作上应进一步紧密结合起来。

司法部已经成立社区矫正管理局，与监狱管理局并列。作为职能部门，社区矫正管理局负责全国社区矫正执行工作的组织和管理。社区矫正执行机构实行条块结合、以块为主的管理体制，在各省司法厅（局）和市、县司法局内分别设立相应的社区矫正职能机构组织和管理本辖区的社区矫正执行工作。应当尽快建立专门的社区矫正职业队伍，各级机构应确定编制、确定岗位、确定任职条件。待时机成熟时，应建立专职矫正执行官制度，欲成为矫正执行官，必须通过相应资格考试。必须配备一支专职而不是借调、稳定而不是暂时、专业而不是冗杂的社区矫正执行官队伍。在域外，承担社区矫正工作的缓刑官或假释官，法律赋予的执法权力位阶，足以与其工作相匹配。而在资格准入与薪酬待遇上，承担社区矫正工作的缓刑官或假释官比典狱官甚至是警察的标准还要高①，值得借鉴。社区矫正在基本属性上与监禁矫正一样，同属刑罚执行活动。因此应进一步将社区矫正刑罚执行权力与监狱刑罚执行权力置于同等位阶。与此同时，社区矫正还具有服务、帮助的福利性特征，涉及部门多、任务重，通过让社区矫正对象尽快融入社会、服务社会以实现防止其重新犯罪的刑罚目的。因此，社区矫正执行官既要扮演国家强制力的执行者又要扮演治疗师的角色，没有一支专业专职化的社区矫正执法官队伍，是无法肩负这一重任的。②

同时，应充分利用现有基层司法行政部门资源，发挥司法所的作用，充分

---

① 杨兴鑫、闫博、魏然：《国外社区矫正官心理研究综述》，载《中国公共安全（学术版）》2018 年第 2 期。

② 颜九红：《专职专业社区矫正执法官之提倡》，载《北京政法职业学院学报》2019 年第 4 期。

调动司法所社区矫正工作的积极性、主动性。司法所在刑释解教人员的安置帮教、人民调解等方面具有较好的管理经验，这些经验成果有助于进一步推动社区矫正工作的开展。为了加强社区矫正的工作，司法所的行政级别应同许多地方的公安派出所一样，相应提升一级。司法所的主要工作职责是：依法办理刑法、刑事诉讼法和监狱法规定的相关法律手续，具体实施对矫正对象的监督管理和教育工作，建立起相应的教育制度，对矫正对象适时进行谈话教育，组织社会志愿者对矫正对象进行帮教，帮助矫正对象解决就业及生活等方面困难。

有的学者主张，社区矫正工作中借调监狱和戒毒所警察作为矫正执行者，具有合理性。由于社区矫正与监狱工作紧密关系，需要加强双方工作间的协调、配合，且社区矫正工作确无经验可循，而监狱警察长期从事对罪犯的教育改造，具备一定的专业能力和经验积累，易在罪犯中树立威信，故在有条件的地方，省监狱管理局应负责向当地司法局社区矫正科派驻警察，协助司法所具体实施社区矫正工作。派驻的监狱警察行政上隶属监狱管理局，业务上受当地司法局领导。派驻的监狱警察的职责是：协助司法所指导司法助理员应对矫正对象开展的日常管理和教育工作，根据需要不定期组织矫正对象集中到监狱接受教育，对矫正对象进行监督和考核。对违反有关法律规定，但未构成重新违法犯罪的保外就医等监外执行人员，及时报请省监狱管理局收监；对违反规定但未构成重新犯罪的假释人员，向假释委员会提出撤销假释的建议；对违反有关法律，构成重新犯罪的矫正对象，协助公安机关依法予以处理；对违反规定，故意逃脱监控的矫正对象，协助公安机关进行抓捕。①

但有的学者对借调制提出异议。实践中我国各地建立的由司法行政部门的执法工作者以及社会工作者和社会志愿者组成的社区矫正工作者队伍之中，承担社区矫正主责的是镇街司法所的司法助理员，在社区矫正工作中遇到专业执法素质不够以及执法严肃性、权威性不足的问题。为此，许多省、自治区和直辖市采取借调监狱、戒毒警察参与社区矫正监督管理的举措，弥补这一不足。以北京市大兴区为例，截至2019年9月底，北京市大兴区共抽调监狱警察28人任矫正干警，每个司法所配备矫正干警1至2人，另有司法社工65人，每个司法所配备社工2至3人，还有“4050”人员47人；在管社区矫正对象318人，刑满释放安置帮教对象1368人。② 但是各司法所基本上没有社区矫正

① 荣容、肖君拥主编：《社区矫正的理论与实践》，中国民主法制出版社2007年版，第172～174页；周国强：《社区矫正制度研究》，中国检察出版社2006年版，第114～117页。

② 数据来自北京市大兴区司法局矫正帮教科。

专职助理员。抽调监狱和戒毒警察这一机制短期而言具有积极效果，但长期而言却存在权责不清、管理不顺的问题。[①]

社区矫正执法人员身份资格这一重要问题，历来是理论和实践争论热点。有的建议，根据社区矫正工作实际需要，在社区矫正机构配备一定数量的警察，协助社区矫正官开展工作，[②] 并进而提出“给从事社区矫正执法工作的社区矫正执法者提供全国统一的身份标志”，以促进社区矫正规范化；[③] 或者赋予社区矫正官以司法警察的执法身份和执法主体资格，并纳入人民警察编制。[④] 还有的建议，建立一支专门负责社区矫正工作且拥有公务员身份、具有社区矫正执法权的专业、专职社区矫正官队伍，并在区、县一级独立的社区矫正机构里配备与辖区在矫人员数量成一定比例的社区矫正官。[⑤] 也有的建议分两步，首先在《社区矫正法》中确立社区矫正执法者的警察身份，并在县级社区矫正机构中配备与辖区在矫人员数量成一定比例的专职社区矫正人民警察，然后在我国社区矫正制度成熟后，再确立缓刑官、假释官制度以替代社区矫正人民警察。[⑥]

（二）决定机制

社区矫正决定机制，还应当进一步优化配置，思考如下：第一，应在司法部和各省司法厅（局）中单独设立专门的假释委员会。该委员会依照法定程序对假释案件进行审理和裁定，行使对假释的批准、否决、取消和中止权。假释委员会成员实行任期制，需具有较高的资格和条件，一般由监狱管理机关警官、社区矫正机关人员、法官、检察官、律师、犯罪学家、医务人员（司法精神病方面）、心理学家等组成。待时机成熟时，应建立专职假释官制度，欲成为假释官必须通过国家司法考试。在裁定假释时要采取听证会的形式，公开听取罪犯本人汇报和基层监区的建议，认真进行专家论证，严格评估罪犯在狱中的表现及在社区中的危险性程度。罪犯的危险性评估不是采用现行模式的模糊不清的结论，而是要通过各项具体量化的危险性评估指标，从而决定罪犯是

① 颜九红：《专职专业社区矫正执法官之提倡》，载《北京政法职业学院学报》2019年第4期。

② 吴宗宪：《社区矫正立法中的警察问题探讨》，载《中国司法》2014年第11期。

③ 吴宗宪：《社区矫正执法者身份标志规范化探讨》，载《法治研究》2015年第4期。

④ 但未丽：《社区矫正官执法身份的实然与应然》，载《首都师范大学学报（社会科学版）》2017年第2期。

⑤ 顾榕：《应组建社区矫正官队伍》，载《人民检察》2017年第22期。

⑥ 刘强：《社区矫正执法人员人民警察身份辨析》，载《警学研究》2019年第3期。

否应获得假释。决定形成后，应在罪犯所处监区进行公示。针对我国罪犯假释率过小的现状，在严格执法基础上，应加大假释的裁定数量。随着社区矫正工作的开展，假释不仅是对罪犯的刑事奖励措施，还应成为罪犯普遍享有的权利。第二，人民法院继续负责判处管制、宣告缓刑和暂予监外执行的工作。法院应重视控制自由刑总量，依法加大对上述三种非监禁刑的适用力度，缓解监狱人满为患的压力，推动社区矫正工作的开展。第三，监狱管理机关继续负责暂予监外执行的审批工作。可以适当放宽监外执行的适用条件，扩大老残犯监外执行率，同时要进一步规范监外执行的审批程序，严防违法违纪和司法腐败的发生。①

(三) 监督机制

我国宪法规定，人民检察院是国家的法律监督机关。刑事诉讼法规定，人民检察院对执行刑罚的活动是否合法实行监督。目前，在检察系统内部，自上而下都设有专门的刑事执行监督机构，负责对监狱、看守所和社区矫正的刑事执行活动进行监督。

检察机关如果发现社区矫正决定和执行工作中不符合法律、政策规定的问题，可以及时提出检察建议，防止社区矫正工作者对矫正对象自由裁量权的滥用或行政不作为。尤其要加强暂予监外执行审批工作的监督，明确审批责任制，实行执法审批过错责任追究制，执法大检查要形成制度化。同时要注意维护罪犯的合法权利不受剥夺和限制，认真受理和审查罪犯的申诉、控告和检举。②

四、组织保障：社区矫正工作人员队伍建设

现在社区矫正工作者大多从各监狱、管教所和司法行政部门“转岗”而来，还包括街道干部和教师，还有一部分社会志愿者协助帮教社区里的服刑人员，为了弥补专业素养的缺乏，北京的社区矫正工作者经过三个月的培训，上海的社区矫正工作者经过一个半月的培训，即可持证上岗。但通过这种“速成班”，要培养出专业矫正人员还是有困难的。这样的“转岗”只能是应一时之急，建立一支专业的队伍才是根本解决的方法。

---

① 荣容、肖君拥主编:《社区矫正的理论与实践》，中国民主法制出版社 2007 年版，第 174 ~ 176 页；刘强主编：《社区矫正制度研究》，法律出版社 2007 年版，第 374 ~ 379 页；周国强:《社区矫正制度研究》，中国检察出版社 2006 年版，第 114 ~ 117 页。

② 荣容、肖君拥主编:《社区矫正的理论与实践》，中国民主法制出版社 2007 年版，第 172 ~ 176 页。

我国社区矫正工作者队伍的建构应该由三部分组成，即社区矫正工作机构中的专任公务员（矫正官）、社区矫正工作机构聘任的专业社会工作者（社工）以及社区矫正工作机构聘任的兼职社会志愿者。

（一）司法行政机关社区矫正部门的国家公务员

社区矫正是一项执法工作，因此专门的执法工作者是负责社区矫正工作的核心，尤其在我国民间社会团体以及其他福利性社会中介组织尚不发达的情况下，国家公务员更是社区矫正工作的组织者、指导者、监督者。负责社区矫正的公务员主管辖区内所有的社区矫正事务：负责社区刑罚的执行，组织、协调社区参与监狱行刑社会化的事务，组织政府资源和社区资源开展出狱人保护工作。矫正部门不仅要负责宏观的、微观的社区矫正事务，更要充分重视对社区志愿者组织及个人的培育以及这些组织活动的协调。从其他国家的做法来看，社区矫正工作者首先就包括专门从事社区矫正工作的国家公务员。如日本的保护观察官，就是地方矫正保护委员会的事务局及保护观察所配备的国家公务员。

（二）从事社区矫正事务的社会民间团体的工作人员

社区发展需要培育成熟的社会中介组织、社会民间团体，社区的公益事业不仅要组织政府资源，更要利用社区资源。社区矫正将犯罪人置于社区进行教育改造，如果不充分发动社区力量参与教育改造，不仅社区矫正的质量无法得到保证，而且犯罪人的人身危险性也无法得到有效控制。可以参考日本的情况，日本的志愿工作者包括保护司、改造保护法人、民间协助组织等自然人与法人单位。保护司是专门遴选出来的民间志愿工作者，他们“具有社会奉献精神，在帮助犯罪人改造自新的同时，努力启发有关犯罪的舆论，从而净化地域社会，为个人及公共利益做贡献”。再如美国，美国的社区矫正大多是由矫正局的工作人员负责，除此之外，社会团体、私人机构在社区矫正中也发挥了突出作用。如中途训练所等更生保护机构主要是由社会团体负责进行的。而且美国社区矫正发展的一个显著特点就是非营利的私人机构越来越广泛地参与到矫正工作中，这些机构与缓刑和假释部门签订合同，接受资助，在社区为当事人提供服务。

又如，美国于1971年由女犯罪心理学家米米·西尔博特与曾是假释犯的约翰·马勒联手创建的迪兰西街矫正中心，被称为失败者的哈佛大学，学生则清一色为曾经的重罪犯人、瘾君子、毒贩子、窃贼、问题少年、辍学者、皮条客、妓女或者无家可归的流浪汉。在过去的40年间，这所特殊大学将上万名各色犯人和其他被社会唾弃的底层人士培养成自信遵纪、自尊自爱、诚实勤奋的守法公民。他们毕业后，大多数在社会上找到体面的工作，成为卡车司机、销售员，甚至成为法律工作者，有的还被擢升为治安长官。西尔博特与马勒抱定改造犯罪人应当通过唤醒犯罪人本身的良知、由犯罪人自己来解决自身问题的信念，开拓一种新的公民私力矫治罪犯模式。初创之时，西尔博特与马勒贷款经营，仅有4名矫治对象。经过数十年的发展，迪兰西街矫正中心矫治的对象数以千计，并先后创办了餐馆、咖啡馆、书店、搬运公司、家具店等23家公司，营业地点遍及美国纽约州、新墨西哥州、北卡罗来纳州、加利福尼亚州洛杉矶和旧金山等地，不仅形成年产值达2000万美元的产业帝国，而且成为美国社区矫正的成功典范。①

（三）民间志愿者

除专门的参与矫正工作的民间组织的正式成员外，社区矫正工作者还包括一些零散的民间志愿者。这些志愿者利用业余时间参与社区矫正工作，参与对犯罪人的改造保护和出狱人的社会安置帮教工作。对这些志愿者，相关部门和组织要积极创造条件，为他们提供适当的参与途径，以增强社区矫正的后备资源和工作实力。这不仅有利于提高社区矫正在民间的社会支持度，还有利于储存社区矫正的后备资源。当然，同时必须注意的是，社区矫正工作是一项技术性强的专门性工作，负责矫正工作的国家公务员以及专门的矫正组织应当积极开展对这些矫正志愿者的培训工作，避免一些不必要的负面效应。社会志愿者可包括专家学者、知名人士、离退休干部、社区居委会成员、高等院校高年级学生、矫正对象的近亲属和所在单位的人员等。广泛发动社会志愿者参与社区矫正是世界各国普遍采取的做法。社会志愿者具有较强的社会责任感和专业知识，他们不仅可以弥补专业矫正人员的不足，而且可以广开门路，采用多种形式教育和帮助罪犯进行改造。但他们本身不是社区矫正的执法主体，而是在社区矫正组织的指导和安排下，参加社区矫正的重要社会力量。②

实际上，社区矫正的本质含义，就是要整合与利用社区的资源，发动群众力量参与矫正、保护犯罪人，使得犯罪人既能够在社区中得到矫正，又能够在

---

① 颜九红：《美国社区矫正的成功典范——迪兰西街矫正中心》，载《北京政法职业学院学报》2005年第2期。

② 关于社区矫正工作人员的队伍建设，参见荣容、肖君拥主编：《社区矫正的理论与实践》，中国民主法制出版社2007年版，第182～185页；刘强主编：《社区矫正制度研究》，法律出版社2007年版，第379～383页；周国强：《社区矫正制度研究》，中国检察出版社2006年版，第117～124页。

与社区的交往联系中体会到人性的温暖，从而逐渐纠正其犯罪人格与犯罪心理结构，最终达到完全再社会化的目的。因此，社区矫正应当在国家专门机关的组织、指导下，积极发展社会群众以组织化的形式参与其中。我国自2000年以来，城市正在大力进行社区建设，社区矫正工作也应当利用社区建设的契机，将社区矫正工作与社区建设尤其是社区组织建设、社区文化建设结合起来，充分发动社区资源参与矫正保护工作，不仅有利于降低行刑成本、提高矫正效果，还有利于强化社区凝聚力，提高社区的自治化、组织化程度，从而将社区矫正工作完美地融合到社区建设这个宏观的社会系统工程建设中，获得最大的社会支持。

五、素质保障：社区矫正工作人员的素质要求

社区矫正工作人员除应具备一般刑事执法工作者的政治素质、业务素质和身体素质外，还应具备以下素质要求：

（一）严格、公正执法

根据我国刑法的规定，社区矫正的对象包括适用缓刑、假释、监外执行、管制等刑罚方法和相关刑事措施的犯罪当事人。因此，社区矫正工作者对于以上刑罚方法和相关刑事措施应当有比较清楚的把握。例如对于缓刑和假释，应该把握缓刑假释制度的发展、性质和特点，缓刑假释制度的作用和意义，适用缓刑假释的法定条件和原则，缓刑考验期和假释期的确定，缓刑判决和假释期的执行、缓刑假释对象的权力与义务，缓刑的减刑和缓刑假释的撤销等有关法律规定和操作的程序。社区矫正的执法与监狱的执法相比，由于种类比较多，而且对于管理对象需要区别对待，因此比监狱的执法更具复杂性。目前在西方发达国家已开始把社区矫正工作者分为缓刑工作者和假释工作者，这种专业化分工的目的是提高工作的效率和质量。我国在社区矫正工作中，更为细致的分工需要进一步完善和强化，同时应当要求社区矫正工作者花大力气把握有关法律规定的原则和具体条款，以便于做到严格执法、公正执法，确保社会的稳定。

（二）掌握矫正规律

犯罪人实施犯罪有其主观原因和客观原因，有宏观的原因也有微观的原因。是否能有效地控制和预防罪犯在社区中重新犯罪，在很大程度上取决于对罪犯个体情况的具体分析，从而有针对性地采取一定的对策和措施。因此，需要矫正工作者把社会学、犯罪学、心理学和有关学科的基本理论和常识运用于对罪犯的改造和矫治，像医生对待病人那样，首先发现罪犯的症结所在，然后

对症下药，使罪犯“病情”得到好转。在社区中对罪犯的改造与在监狱中对罪犯的改造有所不同，在监狱中，罪犯处于与社会隔离的状态，因此教育改造的效果并不能及时反映出来，而在社区中，罪犯处于一个开放的社会之中，因此教育改造效果往往能更为直接地反映出来。因此，对社区矫正工作者来说，需要有更高的水平和更强的工作能力。

（三）学会社会工作方法

社区矫正工作者既要扮演刑事执法的角色，也要扮演对罪犯进行帮助和服务的角色。作为一个社会工作者，应该掌握社区建设的发展与现状，通过社区工作方法更多地了解社区的文化建设、社区的人口特点、社区的资源配置、社区的环境状况、社区的管理体制等，充分利用社区资源有效地预防和控制犯罪。直接的社会工作方法，其特点是社会工作者直接与社会工作对象接触，来获得社会工作服务的效果。直接的社会工作方法包括：个案社会工作、小组社会工作和社区社会工作。间接的社会工作方法是指社会工作者间接地对社会工作对象进行服务的方法，主要包括社会工作督导、社会工作研究、社会工作咨询、社会立法、社会政策、社会工作行政等方法。群众路线的社会工作方法，充分利用集体组织的力量开展社会工作，在社会成员中持续地开展互助活动，广泛地在社会成员中形成较为规范的、大规模的社会服务活动。通过解决与罪犯相关的社会问题，使罪犯能够更好地融入社区之中，成为社区中的守法公民。

（四）不断完善自身素养

社区矫正在我国仍属于一个新生事物。目前我国的刑事法律对这方面的规定尚不健全，有些条款需要在实践的基础上修改、补充和完善。因此，社区矫正工作者应该从保持长期和谐稳定社会环境的大局出发，在有利于保护社会，同时又有利于保障人权的前提下，敢于借鉴国外社区矫正的成功经验，结合我国的国情，进行积极的探索和尝试，为我国刑事法制的健全积累经验。

社区矫正工作者应当具备如下素质：（1）基本素养：诚恳的工作态度，热情的工作信念，具有服务观念和浓厚的工作兴趣；（2）知识素养：具有心理学基本知识，有对行为发展的认识，社会环境与文化变迁之理解，有辅导理论与实务的工作经验，个案调查与心理治疗之技术与经验；（3）工作素养：对于犯罪人本身应提供改善环境，增进生活适应能力之服务，应当协助犯罪人与家庭实现和解或建立良好关系，努力增进犯罪人与社区的融合；（4）责任素养：具有对个案资料的保密责任、对犯罪人困难的扶助责任、对法律政策的贯彻责任。

矫正犯罪人是一项非常复杂的专业性工作，涉及法学、犯罪学、社会学、教育学、心理学、劳动与社会保障等多学科知识。从事社区矫正的工作人员是代表国家实施刑罚，社区矫正第一线工作人员的素质必须得到切实保证。从审判、检察、公安、司法行政人员中组织一部分人“自愿转岗”是可行的。但是，自愿转岗者的人数不应很多，即便是自愿转岗者也需要进行专业培训。例如，社区矫正工作人员应当了解矫正对象“应知应会”的具体内容、违反纪律的查处措施、矫正对象的行为准则、初任社会矫正工作人员和任期晋升的专业培训年限、内容、考核办法等内容。

任何竞争都是人才的竞争，社区矫正如果没有强有力的人才支撑必定难以成功。人才的凝聚依靠科学严密的制度，社区矫正工作如果没有先进的制度设计也很难吸引人才。目前，我国的法学高等职业教育已经组织法学、社会工作专业力量，在法学高等职业教育体系中设立社区矫正专业，但是专业设置和人才培养方案还需要进一步完善和强化。

第五节　社区矫正制度比较研究

目前，社区矫正已经成为西方发达国家矫正措施的主流，成为矫正犯罪人的首选方案。西方国家的社区矫正适用范围非常广泛，这与其社区矫正概念的广泛内涵有很大关系。可以说，中外社区矫正概念，在适用范围和适用对象以及适用主体和程序上都有重要差别。这种差别固然有制度设计上的考虑，但我们还必须注意到，中外社区矫正概念的差异还有着深厚的背景原因。

中外对犯罪的界定以及对犯罪的处罚机制都有重要区别。“犯罪”这一概念的内涵和外延在中外不同的语境中存在重大差异。在我国，犯罪是指具有严重的社会危害性、根据刑法规定应当受刑罚处罚的行为。我国的犯罪概念，既定性又定量；外国刑罚上的犯罪概念，只定性不定量，其外延比我国的犯罪概念大，不仅包括我国刑法上的犯罪行为，还包括大量我国刑法上不作为犯罪处理而只是一般违法行为应受行政处罚的行为。也就是说，我国刑法上的犯罪，基本上相当于外国刑罚上的“重罪”部分。我国对犯罪行为适用刑法规范予以调整，而对一般违法行为适用行政规范等非刑事法律规范进行调整。属于处罚一元制的西方社会，进入社区矫正视野的较轻犯罪，在处罚二元制的中国，多数属于治安管理处罚法中规定的行政违法行为。劳动教养制度虽然已废除，最高人民法院通过一系列司法解释将原本属于通过劳动教养予以外罚的纳入刑罚处罚范围，但是当谈论社区矫正的适用对象时，中外语词的内涵仍然具有明显的不具对等性。

一、社区矫正产生的社会背景

在欧洲，自18世纪末兴起的世界范围内的监狱改革运动，使监禁刑广泛取代了当时在欧洲国家普遍存在的死刑、肉刑和划船苦役刑等，成为主要的和最重要的刑罚种类。但是，随着监禁刑的广泛推广和使用，人们开始发现短期监禁刑存在很多弊端。例如，德国学者弗朗兹·冯·李斯特指出：短期监禁刑不仅无用，而且极大地毁坏了法律制度，甚至全然断送了刑法制度；既不具有威吓作用，也不具有改造功能，却只能使犯罪人受到传染。① 李斯特的思想对欧洲各国的刑事司法影响巨大，人们开始探寻刑罚制度的改革之路。

20世纪70年代初，西欧经历了一次经济危机，导致犯罪率迅速增长，监狱犯人爆满。犯罪数量的增加和监狱的超负荷运行，客观上促使并加速了欧洲各国研究和寻求非监禁刑的步伐。而青少年犯罪日趋严重，重新犯罪率高，又是摆在各国政府面前的一个难题。为了减少在押犯的数量，减轻监狱的负担，为了遏制青少年犯罪率高的势头，提高对青少年犯罪人的教育改造质量，增强刑事司法应对犯罪问题和罪犯矫正的活力，欧洲各国纷纷在实践和理论上创立和设计监禁刑的替代措施，联合国也号召各国积极推行监禁刑的替代措施，通过让社会负起责任的方式对犯罪人予以扶助，并采用适当的方法帮助犯罪人回归社会。②

首先，罚金刑作为监禁刑的替代措施被广泛适用。不久，缓刑、假释等也陆续在世界各国被广泛运用。而早在中世纪就在德国许多城镇中适用的因不能如期缴纳罚金而用公益劳动抵偿应处的拘禁刑的制度，引起了学者们的注意。这种带有一定强制性的公益劳动，既是自愿承担刑事责任的方式，又可免于承担监禁刑，是替代短期监禁刑的良好方式。这一方式经过学者的研究、倡议和改良以后，逐渐被欧洲各国立法者接受，成为刑事司法中固定下来的社区服刑制度。后来，社区服刑制度在欧洲国家采取的众多刑罚替代性措施中脱颖而出，不断被扩大适用，在罪犯矫正制度中发挥着极其重要的积极作用。③

---

① 转引自谢望原：《欧陆刑罚制度与刑罚价值原理》，中国检察出版社2004年版，第5页。

② 参见谢望原：《欧陆刑罚制度与刑罚价值原理》，中国检察出版社2004年版，第6~7页。

③ 参见颜九红：《荷兰社区服刑制度研究》，载《北京政法职业学院学报》2006年第1期。

英国通过的《1972 年刑事司法条例》（The Criminal Justice Act 1972）规定了社区服务令，成为世界上最早以立法形式规定现代社区服务刑的国家。同时期在英格兰和苏格兰实行的社区服务令制度，积累了很多可资借鉴的良好经验。由此，人们得出结论，认为社区服务令制度是一项较好的监禁刑替代措施。在欧洲理事会的推动下，以及在英国成功实行社区服务令制度的影响下，欧洲各国纷纷进行社区服务令的试点工作，继而将社区服刑制度以立法的形式固定下来，并不断推广和扩大适用。迄今为止，社区服刑制度已为世界多数国家采用。

就社区矫正另一个代表性的国家美国来看，刑罚制度一向提倡革新、富于变化，并一直追随时代的发展和社会的进步，发现并创造新的适合社会需要的刑罚方法。美国在 19 世纪初建立的宾夕法尼亚州监狱①和纽约州奥本监狱②。宾夕法尼亚州监狱是世界上最早的现代意义上的监狱。而奥本监狱制度，吸收了宾夕法尼亚监狱制度即独居制的内容，又较独居制有所进步，既缓解了完全隔离给犯罪人带来的巨大精神痛苦，亦可集中犯罪人进行生产劳动，有利于培养犯罪人与他人良好相处的社会适应能力，增强感化效应，并且有利于实行经济与合理的管理。独居制和沉默制代表着西方监狱近代史上的第一次改革，并在 100 年间成为世界上多数国家监狱建设与管理的楷模③。

但封闭式监狱将犯罪人关押于高墙之内，与世隔绝，容易使犯罪人产生意志丧失、孤独自闭、精神颓丧等恶果。而且，20 世纪 60 年代的美国，卷入越南战争，种族歧视严重，民权运动开始兴起，反政府、反文化、反传统、性解放、吸食毒品等行为在年轻人当中流行，社会矛盾激化，贫困和失业加剧，监狱人满为患，重新犯罪率剧增。在这种社会背景之下，1967 年，时任美国总统约翰逊提出“伟大的社会”工程，目标是减少贫困与歧视。约翰逊总统的“法律执行和司法管理委员会”倡议理想的矫正体系，重点应强调社区工作，使罪犯重新融入社会结构之中。在“重新与社会结合”思想的指导下，罪犯矫正转向为罪犯提供工作训练的项目，为犯罪人创造特别的工作机会，增加以

---

① 宾夕法尼亚州监狱倡导对犯人实行单独监禁，以促使犯罪人悔罪改过，史称宾夕法尼亚制、独居制。1829 年在费城一州立监狱首次试行，后被奥本制所取代。

② 奥本监狱将犯罪人夜间分房单独监禁，白天在同一工场共同作业，劳动中不许交谈，要求保持绝对沉默，史称奥本制、沉默制。于 1820 年首先在纽约州奥本监狱实行。奥本制影响深广，19 世纪上半期曾风行于美国各州和欧陆各国，至 19 世纪末衰落。

③ 薛波主编：《元照英美法词典》，法律出版社 2003 年版，第 117 页、第 1041 页；杨殿升主编：《监狱法学》（第二版），北京大学出版社 2000 年版，第 291 ~ 293 页；马跃：《美国刑事司法制度》，中国政法大学出版社 2004 年版，第 334 ~ 335 页。

社区为基础的矫正项目[①]，大力倡导开放式处遇。

1973年，美国明尼苏达州议会通过了美国第一个《社区矫正法》，用于在全州范围内规范地方政府的社区矫正计划、社区矫正项目的发展、对犯罪人执行刑罚、为犯罪人提供服务，以及资助县级地方政府社区矫正的运作。明尼苏达州的《社区矫正法》，在美国各州影响很大。

美国的社区矫正制度和各种做法，在全国推行，并不断被扩大适用，效果显著。例如，总部坐落于美国加利福尼亚州旧金山市设立于的迪兰西街矫正中心，将各色犯人及被社会唾弃的底层人士，培养成自信遵纪、自尊自爱、诚实勤奋的守法公民。罪犯矫正这一最棘手的社会问题之一，在这里得到了良性的解决，因而被誉为美国乃至世界上最好、最成功的社区矫正典范。美国国会通过美国司法部向迪兰西街矫正中心拨款，让他们对有关议员和法官进行培训，要在美国其他州推广其经验，打造更多同样效果的矫正中心。[②]

以社区矫正为中心的开放式处遇制度，符合监狱行刑的科学化、人道化、社会化、技术化要求，拓宽了罪犯改造社会帮教的途径，将罪犯矫治纳入社会控制系统，充分利用了社会资源，降低了改造成本，提高了行刑效果，是西方国家监狱行刑的又一重大变革，标志着当代监狱制度发展到重要阶段，并将继续成为罪犯矫正的发展方向。根据分析，行刑模式的多元化和罪犯处遇的社会化，是狱制改革的发展方向之一。[③]

二、社区矫正制度的思想渊源与法律基础

产生于20世纪70年代的社区服务刑，之所以在短时间内迅速得到西方国家的广泛认可和实施，有着深刻的思想渊源与法律基础。

（一）从报应刑主义到教育刑主义

在西方近代监狱行刑史上，报应刑主义曾占据核心位置。报应刑主义主张，犯罪是刑罚的起因，刑罚是犯罪的必然后果。犯罪是一种恶害，应当受到刑罚的公正的报应。刑罚是为惩罚人、谴责犯罪而存在的，刑罚的轻重取决于犯罪的轻重程度。报应刑主义产生于18世纪欧洲启蒙运动时代，主张公开的、

---

① 刘强主编：《各国（地区）社区矫正法规选编及评价》，中国人民公安大学出版社2004年版，第9页。

② 颜九红：《美国社区矫正的成功典范——迪兰西街矫正中心》，载《北京政法职业学院学报》2005年第2期。

③ 张绍彦：《中国监狱改革论略》，载《北京市政法管理干部学院学报》2001年第2期。

及时的、必需的、尽量轻缓的、同犯罪相对称的并由法律规定的刑罚，主张给犯罪人以人道处遇，在代替封建主义的残忍刑罚方面，具有伟大的进步性，对于西方近代自由刑的发展和确立，起到巨大作用。但19世纪后期，西方国家社会矛盾激化，犯罪数量和重犯率的快速增长，使古典的报应刑主义的刑罚理论无力应对。于是，教育刑主义应运而生。

教育刑主义反对报应刑主义的犯罪自由意志论与刑罚报应论，认为犯罪在很大程度上是社会环境的产物，人们以往过于迷信刑罚对犯罪的控制作用，但古往今来，犯罪依然存在，并未因刑罚的增加而减少。这说明刑罚对预防、控制、减少犯罪的作用很有限，甚至是软弱无力的。因此，应当倡导教育矫正犯罪人的新观念，使其改恶从善，重新做人，并防止再犯，有效防卫社会。①

教育刑理论对西方国家监狱制度的影响十分深远。正是在教育刑理论的影响下，欧美各国将很多行之有效的监狱制度以立法的形式固定下来并普遍适用。其中最为普遍并沿用至今的便有缓刑制度、假释制度以及社区服刑制度等。

（二）对监狱功能与矫正罪犯存在天然矛盾的认识

在教育刑理论起主导作用的长时间内，人们将监禁刑作为最重要的刑罚措施，试图通过将犯罪人关押于监狱，对他们进行严格管理和教育矫正的方法消除犯罪恶习，改善犯罪人的人格，促使犯罪人成为守法公民。但是，监狱本身所具有的封闭的特性，逐渐被人们认识到。欧美国家的人们通过实证研究，发现监禁刑会损害犯罪人的心理、削弱犯罪人的人格、导致犯罪人释放后不能适应社会环境，② 监禁刑违背人性、不符合人道精神，③ 对于犯罪人回归社会非常不利。

监狱的这种特性，与教育刑所倡导的教育矫正犯罪人的理念是矛盾的。监禁不可能使犯罪人过守法的生活，也不可能减少犯罪率和重犯率。这促使美国、欧盟和联合国等积极推动并寻求在“狱外”或“不用监狱”来矫正罪犯。④

---

① 杨殿升主编：《监狱法学》（第二版），北京大学出版社2000年版，第295～296页；陈兴良：《刑法的启蒙》，法律出版社1998年版，第31～162页。

② 例如，有资料显示，在监狱中长期服刑的犯罪人被释放后，不知也无法理解互联网、超级市场、手机为何物，长期处于迷茫状态，无法融入现代社会，也无法找到自己在社会中应有的位置。

③ 监禁刑违背人性、不符合人道精神，主要表现在：剥夺人的行动自由、剥夺异性关系、剥夺人的自主性、丧失安全感等。参见吴宗宪等：《非监禁刑研究》，中国人民公安大学出版社2003年版，第90～95页。

④ 《1980年联合国第六届犯罪预防与罪犯处遇大会秘书处工作报告》，转引自谢望原：《欧陆刑罚制度与刑罚价值原理》，中国检察出版社2004年版，第8页。

另外，在西方国家，监禁刑高昂的监禁成本，也成为监禁刑发展的瓶颈。监狱经济普遍收益较低，入不敷出，使得监禁刑的执行成为国家的沉重负担。不仅购买地皮、建造房屋、建立高墙大院以及监控系统耗资巨大，而且监狱日常工作的经费开支也相当巨大。根据瑞典1997年的统计，在最低警戒度监狱对一名犯罪人执行监禁刑的年度费用是对一名缓刑犯人执行非监禁刑的年度费用的13倍之多，而在最高警戒度监狱对一名犯罪人执行监禁刑的年度费用则相当于缓刑犯执行费用的16倍之多[①]。在美国，有数据表明，在2012年，每一名监狱囚犯，一年的花费是6万美元，很多州在罪犯矫正上的花费，高于高等教育。[②] 除了监禁刑执行的直接成本外，监禁刑还由于造成与罪犯家庭有关的资源耗费、对工作单位造成的损失、对社会贡献率的减弱等而花费大量的间接成本[③]。

正是由于上述主客观因素的影响，欧美国家从实用主义的角度，对监禁刑进行改革，对监禁刑替代措施进行研究，创立了多种基于社区的行刑方法和制度，使自由刑从一个机械、僵化的刑种，变为从适用到执行都十分机动、灵活、具有刑罚个别化特点的刑种。

（三）犯罪、犯罪人与人权保护

对犯罪和犯罪人的认识的发展，直接影响到刑罚制度的确立。在西方发达国家，影响较大的犯罪学派是古典犯罪学派和实证犯罪学派。产生于18世纪的古典犯罪学派认为犯罪是自由意志的结果，刑罚意味着对犯罪行为的惩罚，刑事责任的依据是犯罪行为，量刑应当体现罪刑相适应原则。但是，19世纪产生的实证犯罪学派认为，犯罪不仅仅是个人意志的体现，它是多种因素交互作用尤其是社会环境因素影响和决定的结果。因此，刑罚并不应仅仅意味着对犯罪的制裁，更应充分考虑对犯罪人的制裁。法官在定罪量刑时，不仅要确定犯罪事实和证据，而且要平衡犯罪行为的危害性与有利于犯罪人复归社会，作出符合犯罪人个人特殊情况的裁决。例如，美国法院在一审判决前除查清犯罪事实和证据以外，还要求社区矫正工作人员作出判决前的报告。报告的内容包括被告人的个人特点、成长经历、家庭状况、学习工作状况、警察的反映、犯罪原因、犯罪后有无悔改表现和自责态度、对该案适用监禁刑或非监禁刑以及

---

① 谢望原：《欧陆刑罚制度与刑罚价值原理》，中国检察出版社2004年版，第96页。

② James Kilgore: Understanding Mass In carceration A People's Guide to the Key Cvil Rights struggle of Our Time, The New Press. USA. 2015. pl. pl2.

③ 吴宗宪等著：《非监禁刑研究》，中国人民公安大学出版社2003年版，第96~97页。

量刑的建议，从而保证法官的裁决全面考虑犯罪人的情况和犯罪的情况。[①]

惩罚犯罪还是惩罚犯罪人的犯罪学思想，不仅会影响定罪量刑，还会影响刑罚的执行。强调对犯罪的惩罚，必然强调刑罚的威慑与制裁功能，倾向于刑罚执行的集中和固定，限制缓刑与假释的适用；强调对犯罪人的惩罚，则倾向于根据犯罪人的悔罪表现和复归社会的需要，让犯罪人尽早进入适应社会的过渡期，就会大量适用缓刑、假释、社区服务刑，也就会根据社会的发展需要、根据犯罪人出现的变化，不断改革刑罚执行方式，使刑罚制度与社会制度共同演进。

关于犯罪人的人权是否需要保护及其与社会安全的关系，西方发达社会的认识清晰而肯定：犯罪人的人权需要保护，而且需要充分保护，它与社会安全关系紧密。欧美各国保护被告人权益的刑事诉讼法特别发达，并一直在刑事司法中具有极为显著的重要性；对于犯罪人在刑罚执行阶段的各种人权，也通过社区矫正这一非监禁方法，予以应有的保护。对于犯罪嫌疑人与犯罪人人权的充分关注和保护，会尽量减少这些人对社会和公众的敌视甚至进而采取不顾一切的报复性犯罪，更好地实现对社会的保护。可以说，犯罪人的人权保障与社会公共利益没有本质上的冲突，从较深远的意义上讲，两者具有某些一致性。

（四）社会责任与公众信心

在发达国家，越来越多的人们认识到，对犯罪人的关心，不是个别人的恩惠和怜悯，而是福利国家所具有的强制性任务，是整个社会必须负起的责任。刑事司法与刑事执法已不再仅仅是实现公正的过程，还应包括以不同方式对犯罪人进行帮助的社会任务。一方面，对于严重犯罪必须充分适用自由刑和剥夺自由的矫正与保安处分，另一方面也不能忽略刑罚执行的再社会化任务。

最后是公众的信心。在公众的眼里，真正的刑罚是将犯罪人关进监狱，社区矫正把犯罪人放在外面，放在社会上，这不是刑罚。尤其当社会治安形势紧张的时候，公众会对社区矫正产生担心，认为罪犯失去管束、处罚太轻，会影响社会治安的稳定，会对社会治安的好转失去信心。这种担心是正常的。西方发达国家通过广泛的宣传以及让社会人员参与到社区矫正工作来、通过“重重、轻轻”的刑事政策，对于严重犯罪和累犯、惯犯加大打击力度，同时对于犯罪较轻的犯罪人轻缓处理等有效手段来树立公众的信心。

---

① 刘强主编：《各国（地区）社区矫正法规选编及评价》，中国人民公安大学出版社2004年版，第10页。

西方发达国家中的社区矫正有着强大生命力。诚如欧洲议会的一份报告所评论的那样：社区服务令是欧洲刑法过去10年中最大的进步，也是最有希望的刑罚方法。[①]

三、国外社区矫正的成功经验与制度运作

（一）美国社区矫正的成功典范：迪兰西街矫正中心[②]

迪兰西街矫正中心被称为失败者的哈佛大学，学生清一色是曾经的重罪犯人、瘾君子、毒贩子、窃贼、问题少年、辍学者、皮条客、妓女或者无家可归的流浪汉。但罪犯矫正这一棘手的社会问题，在这里有了良性的解决方案。

1. 迪兰西街矫正中心的运行模式

第一，完全自治。迪兰西街矫正中心没有政府投资，没有政府官员参与管理，完全采取自己开发、自己建造、自己管理的模式，由自身成立的董事会和矫正对象组成的多个理事会进行全面管理，理事会的组成则充分体现种族多元化和性别平衡。第二，采取一教一培训方式。迪兰西街矫正中心的宗旨是为被假释的重罪犯人、吸毒者和无家可归者，提供一个能够接受系统教育的生活环境，教授他们学习劳动技能。所有的矫正对象，都住在一起，共同生活，共同劳动。培训并无职业教育专家，而是采取矫正对象之间一对一的培训方式，相互学习，相互帮助，相互督促。第三，双重功能。迪兰西街矫正中心开设的所有公司，既是产业实体，又是培训学校。收入用来维系整个矫正中心的运转，培训学员的职业技能、文化水准和生活纪律。培训学校以创优为标准教导和培训每位学员，从而保证了他们能为社会提供质量上乘的产品和服务。

2. 迪兰西街矫正中心的规则

迪兰西街矫正中心虽为个人开办，但有着严格的规则。第一，所有来迪兰西街矫正中心矫正的犯罪人，必须有法官的判决、犯罪人同意和矫正中心愿意接受三项条件，三者缺一不可。所犯之罪必须是非暴力性犯罪，尤其不能是谋杀、绑架、强奸等严重危及人身的暴力性犯罪；还有，矫正对象不能是精神病患者。第二，所有在迪兰西街矫正中心矫正的人必须遵守以下规则：不得使用

---

① 王刚：《从国外社区服务看我国管制刑的改革》，载《杭州商学院学报》2004年第2期。

② 关于美国社区矫正制度的总体介绍，国内有不少学者有专门的论述，可参见刘强：《美国社区矫正的理论与实务》，中国人民公安大学出版社2003年版；刘强：《各国（地区）社区矫正法规选编及评价》，中国人民公安大学出版社2004年版；吴宗宪：《非监禁刑研究》，中国人民公安大学出版社2003年版。

暴力；不得威胁他人；不得使用毒品；不得酗酒。违反者会被严重警告，重者将被送去重新坐牢。第三，每一个矫正对象都配有一把钥匙，可以出入宿舍与公司。但是，如果矫正对象从这里逃走，那么，他就永远不能再回到这里了，等待他的将是监狱的铁窗。第四，矫正对象在宿舍中的起居，有严格的要求。所有个人物品，一律不能带入。其穿用衣物和日用品，均来自社会捐助。

3. 迪兰西街矫正中心的成功经验

迪兰西街矫正中心的成功在于相信并正确使用社会力量。美国政府允许私人从事罪犯矫正事业，将开办企业与解决犯人矫治问题联系起来，将严格执法与犯罪人通过自己的劳动创造价值，严格管理与令犯罪人重树自信尊严，以及文化、劳动技能培训与改造罪犯，紧密结合起来。迪兰西街矫正中心的成功还在于，以分段处置的办法让犯罪人自我醒悟。该矫治方式属于20世纪60年代在美国兴起的监禁刑替代措施中的一种，即分段刑。所谓分段刑，是指犯罪人要先在监狱中执行一段时间的监禁刑，例如6个月或者1年，然后再到社区矫正中心进行矫正。体会到监禁刑的严厉之后，犯罪人会格外珍惜这种相对自由开放的矫正方式。

在迪兰西街矫正中心所属的公司从事劳动的矫正对象，没有专业的辅导人员，也没有政府官员直接参与管理。所有供职人员全部是犯罪人，教授方式是上一代传授下一代，犯罪人完全自治。其益处在于：亲切而感同身受。上一届矫正对象将自己的体会、经验传授给新来者，也将自己曾经犯下的错误和教训告诉他们。因为都是因为犯罪而来到这里，都有着相似的背景，彼此之间容易沟通，少有隔阂，被传授者也容易接受。

迪兰西街矫正中心的成功还植根于宽容的社会文化氛围。拿迪兰西街矫正中心开设的迪兰西街餐馆来说，犯人开设餐馆，没有影响就餐者的选择。来就餐的人络绎不绝，没有人感到不安全，也没有人歧视在这里服务的犯人，相反，来就餐的普通美国人，经常给予他们鼓励，付给小费，提出建设性改进意见。从这里走向社会的犯罪人，也一般不会受到歧视，人们愿意雇用他们。

美国社会普遍认为，犯罪是社会的必然现象，犯罪人并不是社会的敌人，而是社会中的病人。对于犯罪人实行人道主义，不是仅仅具有同情心，或者个别人的理想主义，而是全社会所负的义不容辞的责任。对犯罪人予以督导、教育、培训和关心，不是恩惠，而是一个民主法治国家和福利健全国度必须履行的义务。刑事司法不仅仅要履行实现公正、惩罚犯罪的任务，还要尽可能地创造机会，对犯罪人予以关注、给予帮助，重新使他们回到主流社会的正道上来。这也是迪兰西街矫正中心成功的根基。[①]

（二）加拿大社区矫正的三重实效

为了减少迅速增长的监狱人口数量，加拿大在刑事司法程序的不同阶段，广泛实施各种切实可行的拘禁替代性措施，处于社区矫正的罪犯人数明显超过监禁人数，其社区矫正工作已取得法律、经济、社会三重实效。加拿大于1892年颁布第一部刑法典时，法官在刑事判决中严重依赖监禁刑，一些犯罪如谋杀与强奸可判死刑；一些轻微犯罪如偷窃可判罚金；鞭刑等肉刑，可以是乱伦、猥亵等犯罪的附加刑。但今天加拿大的量刑方式已发生重大变化，1976年废除了死刑；鞭刑与其他肉刑也已废除。1996年修订的加拿大刑法典第718.2条要求法官在量刑时必须考虑以下两个原则：第一，如果根据案情认为采用非剥夺自由性质的处罚措施是适当的，就不应剥夺犯罪人的自由；第二，对所有罪犯，都应首先考虑非拘禁措施，尤应对原住民犯罪人优先考虑非拘禁措施。如此而确立的量刑原则，正是30余年来社区矫正在加拿大发展的重要结果。监禁在减少重新犯罪方面的无效性与社区矫正在减少重新犯罪方面的有效性，使得新不伦瑞克省关闭了一些监禁机构，并将资金重新分配给社区项目。该省将会关闭其12个监禁机构中的5个，并将在始于1995年的三年计划结束时将其监禁机构的床位减少25%。监禁机构的关闭可达到节省经费的目的。

1. 法律实效：减少监狱人口

尽管现有的拘禁替代性措施还不是很多，但法官一般不愿意把犯罪人关进监狱。在法官看来，目前在社区进行矫正的犯罪人正在接受足够的控制与惩罚，并拥有重返社会的机会，因此，社区矫正对于大量犯罪人都是适用的，而这些犯罪人中的大多数以前都要受到监禁。2000年的缓刑适用率比1993年大幅增长了十个百分点。增长的原因：一是1996年刑法典增设了量刑原则与附条件判处监禁的非拘禁措施，立法发展和量刑原则的确立，鼓励法官尽可能在适当的情况下适用拘禁替代性措施；二是限制适用监禁的原则也使法官对判处缓刑产生了更加浓厚的兴趣。而社区拘禁刑的采用，使加拿大监禁人口减少的比例，在9大省份中有8个省监禁率下降，其中绝大多数省份监禁率有十分明显的下降，萨斯卡切万省的监禁率甚至下降了近50%。

---

① 颜九红：《美国社区矫正的成功典范——迪兰西街矫正中心》，载《北京政法职业学院学报》2005年第2期。

2. 经济实效：社区矫正费用明显低于监禁费用

社区矫正项目的费用明显少于监禁费用。经营一所监狱所需费用中约90%是相对固定的（比如行政支出）。与新建监狱来容纳日益增加的监狱人口相比，采用社区矫正项目所节省的费用将是相当巨大的。同样，如果社区矫正造成了监禁机构的关闭，大量费用就可以节省下来。例如在加拿大阿尔伯塔省，家庭拘禁与参加活动中心项目的开展使贝尔蒙特监狱关闭，从而使阿尔伯塔省每年节省150万美元。①

3. 社会实效：人道主义与公众认同

社区矫正运动意在降低人们对监禁的过分信赖。与监狱监禁相比，拘禁替代性措施更为人道、有更高的性价比，总的说来，比传统监禁更为成功。社区矫正比监狱矫正明显进步之处在于它为社会提供了人道主义的罪犯处罚方式。理由在于：第一，社区矫正为罪行不太严重的犯罪人提供替代性惩罚措施，以使这些犯罪人能够继续享有他们生活中的方方面面；第二，社区矫正避免了监禁中的许多负面因素，包括耻辱、身体或精神损伤以及被打上罪犯的烙印；第三，社区矫正项目还能更加及时地提供各种机会以满足犯罪人、受害人与社区的需求。有效的社区项目并不仅仅是对犯罪进行软处理，其实是提供了一种回归社会与惩罚犯罪人的结合体，是提供了一个机会，使得犯罪人能够作为对社会具有创造力的一分子而回归社区。②

（三）德国社区矫正的成功经验

1. "桥"项目——德国未成年人犯的社区服务

20世纪80年代，一种叫作"桥"的项目（Bridge Projects）在德国各城市推开，目的是为14—21周岁的犯罪人寻找可以提供社区服务的处所，同时在他们需要时为其提供咨询。"桥"项目由私人发起，私人组织与政府同时为其提供资金支持；由专业人员承担各种工作，其中多数是在社会工作方面经验丰富的人，也有不少志愿者加入其中。

老年人之家、医院、青少年中心、幼儿园、体育俱乐部、公园、公墓以及其他社会机构，成为社会服务的主要处所。为避免欺诈，接受他们工作的处所还必须直接向"桥"项目办公室汇报犯罪人是否认真履行工作职责。若一切进展顺利，犯罪人圆满完成了工作，"桥"项目办公室就会告知法官或检察官，案件就全部执行完毕。如果犯罪人根本没有去工作或者在规定时间内工作

---

① 数据来源于Alberta Justice，1995，引自John Howard Society Of Alberta：Community Correction，1998。

② 颜九红：《加拿大社区矫正介评》，载《河南司法警官职业学院学报》2008年第1期。

只完成了一部分，“桥”项目办公室会安排犯罪人进行第二次面试，重新分配一份工作；也可以将案件交回法官或检察官。如果犯罪人屡次拒绝工作，法官可以判令对其进行短期逮捕，逮捕的目的是教育犯罪人必须履行其应尽的社区服务职责，而不是代替社区服务。

“桥”项目在德国的成功运作表明，社区服务需要进行大量组织工作与行政工作才能良好运行；犯罪人在社会机构中从事社区服务时，由专业人员给予指导、提供咨询，并进行有效监督，也都十分重要。

2. 德国社区矫正的经验：法律保障

为切实避免非社区矫正措施不当侵犯公民人权的情况出现，德国规定了法律保障措施。第一，由法官判处刑罚。高额罚金和较多时数的社区服务，应视为普通刑罚，只能由法官判处；低额罚金和较少时数的社区服务，可视为非拘禁措施，法官与检察官均有权决定。检察官在处理具体案件时，也有可能独断地认为刑罚轻缓，不需要法官介入。为了避免出现这类问题，普通刑罚与非拘禁措施之间的界限，应当由立法予以总体规定。第二，无罪推定。法官与检察官在决定施以非拘禁措施时，也必须遵循无罪推定原则。非拘禁措施虽与普通刑罚有别，但也由刑事司法机关裁断，会影响犯罪人的人权，因此，必须与判处普通刑罚一样，遵循无罪推定原则。第三，平等适用法律。在决定判处监禁刑或非拘禁措施时，必须遵守平等适用法律原则。量刑时确实必须考虑被告人的人格和社会背景，但不应当蜕变成：将无权、无钱者判处监禁刑，而有权、有钱者例如高级干部和政府公务人员，就判处非拘禁措施。平等适用法律原则要求对于同样犯罪，判处同样刑罚。第四，隐私权保护。犯罪人从事社区服务时，他们将与普通人一起工作。社区服务项目的组织管理者以及老年人之家、幼儿园等的管理者应当谨记，不可让其他人知道犯罪人的身份，以避免他人歧视从事社区服务的犯罪人。[①] 第五，申告与上诉权无论在哪个阶段决定判处非拘禁措施，都必须赋予犯罪人申告与上诉权；如果因为非拘禁措施的执行方式或在执行过程有侵犯犯罪人人权的情况，他也应有权提出申告。同意判处非拘禁措施的犯罪人，也可能抱怨其工作处所的管理者太过武断或施以不公正待遇，因此，也应当赋予他对此提出申告的权利。对犯罪人的申告，应当由法官或非拘禁措施执行机构以外的具有独立性的机构进行审理。犯罪人很可能不知

---

① 在美国有的州，参加社区服务项目的犯罪人被要求穿上特殊而醒目的制服，在公开场合受公众公开指责甚至谩骂，据说目的在于通过公众批评促使犯罪人对自己的罪过进行悔悟。但在欧洲，这种贬损犯罪人人格的方式，广受批评，难以接受。

道自己拥有申告与上诉权，因此，必须告知他们。[①]

（四）荷兰社区矫正的制度模式

荷兰的社区服刑制度，始于20世纪70年代。在近30年的时间里，荷兰被判处社区服务刑的犯罪人数量一直稳步增长。社区服务刑已成为荷兰刑事司法中最具活力和重要作用的刑事处罚方法。

1. 荷兰社区矫正的法律制度

法院在判处社区服务令时，适用对象是被判处6个月以下监禁的被告人，或者是被判处缓刑的被告人，但是，被判处缓刑的被告人适用社区服务令必须符合以下条件：被告人所判刑罚必须为部分缓刑和部分不能缓刑，而且不能缓刑部分的刑期为6个月以下监禁。

判处社区服务刑，还必须征得被告人同意。因此，法官在判处符合以上条件的被告人刑罚时，都要询问被告人是否愿意从事社区服务。如果被告人表示愿意从事社区服务，法官可以不判监禁，直接判处被告人从事一定数量的社区服务。荷兰刑法还明确规定，社区服务刑不能适用于被判处缓刑、罚金刑或罚金易科拘禁刑的犯罪人。

荷兰在2001年将社区服务令更名为任务刑。任务刑可以是社区劳动令，可以是培训令，还可以同时包含社区劳动令和培训令。培训令与劳动令不同。培训令是判处犯罪人接受一定时数的培训，从而学会特定的行为、技能或者令其正视其犯罪行为对被害人所造成的危害后果。培训令主要适用于如下犯罪人：他们自动提出希望通过参加一定培训，改变自己的行为习惯，或者希望通过一定的有组织的活动，增强其社会交往能力以及人与人之间交流沟通能力。任务刑所包含的时数，最高不能超过480小时，其中社区劳动令的劳动时数最高不得超过240小时。任务刑应当在12个月的期限内完成，但延期可以得到允许。法官在判处任务刑时，必须同时规定：如果服刑人不执行任务刑，将被易科为拘禁刑，同时在判决中具体写明如何易科。一般而言，不执行任务刑而易科为拘禁刑的刑期为1日以上8个月以下。每2个小时的任务刑折抵1日拘禁刑。如果任务刑已被部分执行，未被执行的部分，易科为拘禁刑的期限相应缩短。

荷兰的缓刑监督局负责任务刑的执行和服刑人的管理。缓刑监督局在荷兰19个刑事管辖区都委派有专门的任务刑协调员（coordinator），他们专门负责

① ［德］约阿希姆·赫尔曼：《论社区矫正与其他非拘禁措施：问题与解决思路》，颜九红译注，载《中国刑事法杂志》2007年第2期。

联系劳动地点，保证任务刑的正常执行。任务刑中包含的社区劳动，必须是对社区有益的劳动。服刑人可以为公共机构工作，例如为市政厅做清洁工作；也可以为私人机构例如私立医院、环保卫生机构、自然环境保护组织以及其他社会或文化机构提供无偿劳动。

检察机关负责监督考察任务刑的执行情况。检察机关认为任务刑已按规定完全执行完毕，应当立即告知服刑人；如果服刑人未按规定执行完任务刑，检察机关可以命令对犯罪人执行法官判决中同时判处的因不执行或不完全执行任务刑而易科的拘禁刑。服刑人如果对检察机关决定对其执行的易科监禁刑有异议，可以向法院提出申告。申告由原来判处其任务刑的法官受理。荷兰法律还规定，检察机关发布的执行任务刑易科拘禁刑的命令，必须在任务刑届满之日起 3 个月内作出。[①]

2. 荷兰社区矫正的成功经验

社区服务刑并非荷兰土生土长。荷兰也是借鉴外国经验，以解决本国问题。实践证明，荷兰借鉴英国社区服务令制度过程中，突破原来本国刑法的规定而设立的新制度，符合实际，运作成功。荷兰的成功，在于对外来的新制度持乐观而谨慎态度，先试点运作，然后推广、变革和扩大，循序渐进，使得国民易于接受、普遍支持。荷兰的社区服刑制度试点首先不是对各种类型的犯罪人普遍推开，而是将未成年犯罪人首先作为试点对象。未成年人犯罪，是国家、社区、家长、学校都感到头疼的现象，严厉的刑罚和监禁，对于控制原因复杂的未成年人犯罪很不得力。荷兰将犯罪较轻的未成年人放在社区进行矫正，用激励机制树立他们的自信、自尊和自立，效果很好。当社区服刑制度在未成年人的试行中取得显著效果以后，荷兰才将社区服刑制度推之于其他犯罪人。

我国社区矫正的初期工作，主要是将原来由公安机关执行的缓刑、假释、管制、剥夺政治权利和监外执行人员，交由司法行政机关牵头开展社区矫正。试点没有突破现行刑罚制度对上述五种犯罪人的适用条件，也没有对社区服刑的内容进行实质性突破。通过 2011 年颁布的《刑法修正案（八）》以及 2012 年修改后的《刑事诉讼法》，尤其是 2019 年 12 月 28 日颁布的《社区矫正法》，我国社区矫正的范围从原来试点试行期间的五种对象缩小为四种对象，也就是说，缓刑、假释、管制和暂予监外执行的犯罪人，归属司法行政机关的社区矫正，而剥夺政治权利犯罪人则重新回归公安机关的监督管理范围。我国社区矫正的进一步发展，还有赖于改革我国刑法中关于假释的适用条件，以便

---

① 颜九红：《荷兰社区服刑制度研究》，载《北京政法职业学院学报》2006 年第 1 期。

扩大假释的适用范围和适用比例，将被缓刑和被假释的犯罪人作为社区矫正的主要对象；还在于社区矫正内容的进一步多元化，创新性地开拓对矫正对象复归社会与矫正恶习有利的矫正方法；同时还在于赋予社区矫正强制性，即规定社区矫正与监禁转处制度。

荷兰的社区服务刑对劳动数量有特定的法律限制，其执行期限也有严格时间限定，不得违反和逾越，否则就要收监执行监禁刑。犯罪人被判处多长时间的社区劳动、应在多长期限内完成社区劳动、若未完成应当执行多长时间的监禁刑，法官会在判决书中一并详细规定和说明。这说明荷兰刑法对于社区服务刑的规定详尽而具有实际可操作性；法官的判决明确、细致、不留漏洞；哪个机关执行、哪个机关监督、服刑人不服监管机关的变更令如何申告，均有明确的实体法和程序法规定，从而进一步强化了社区服务刑的强制性和不可逃避性，使之具有了刑罚本当具有的威慑力，同时为刑罚执行制度注入了适应现代刑罚理念和时代需要的巨大活力。这也是社区服务刑在荷兰不断发展扩大的根本原因。

他山之石，可以攻玉。美国、加拿大、荷兰等域外社区矫正的有益经验值得我们借鉴。荷兰引入社区服务刑的初期试点与我国当前社区矫正制度的初步推开，具有相似之处。比较可见，我国社区矫正制度在稳步推进的过程中勇于突破，敢于创新，及时立法，诚为可喜。唯愿于国于民有益的社区矫正制度，在中国生根发芽、开花结果。

第六章
未成年犯刑罚执行

第一节　未成年犯刑罚执行概述

作为社会中的一类特殊群体，对未成年犯适用刑罚时应区别于成年犯罪者，为此，有必要对未成年犯刑罚适用的目的、功能、原则等基本问题作出相应的分析，从而为未成年犯刑罚的正确执行指明方向。

一、未成年犯刑罚的适用

未成年犯刑罚，是指法院依法对犯罪的未成年人适用的限制或者剥夺某种权益的强制性制裁方法。未成年犯刑罚制度主要包括未成年犯刑罚体系和刑罚制度。我国未成年犯刑罚制度的特点有三：

第一，刑种的限制适用性。我国刑法规定刑罚种类包括主刑和附加刑。主刑包括管制、拘役、有期徒刑、无期徒刑和死刑。附加刑包括剥夺政治权利、罚金与没收财产。根据《刑法》第 49 条的规定，死刑（包括死缓）不适用未成年犯。另外，根据相关司法解释，对未成年人限制适用无期徒刑。[①] 此外，对未成年人一般不得单处剥夺政治权利。

第二，刑罚制度层面的单一性。刑罚制度包括刑罚裁量制度和刑罚执行制度。刑罚裁量制度包括累犯、自首、立功、数罪并罚、缓刑制度。刑罚执行制度包括减刑和假释。除了上述刑罚制度外，我国刑法并未规定适用于未成年人的特别刑罚制度，如前科消灭制度、赦免制度。值得注意的是，根据《刑法

---

① 根据 2006 年 1 月 23 日最高人民法院《关于审理未成年人刑事案件具体应用法律若干问题的解释》第 13 条规定：未成年人犯罪只有罪行极其严重的，才可以适用无期徒刑。对已满十四周岁不满十六周岁的人犯罪一般不判处无期徒刑。

修正案（八）》的规定，已将犯罪的时候不满十八周岁的人排除在累犯之外。

第三，执行方法单一性，替代刑较少。就自由刑执行而言，未成年人一般在未成年犯管教所执行。自 2003 年社区矫正试点工作开展以来，增加刑罚执行方式——社区矫正。除了监禁执行与社区矫正以外，没有监禁刑替代方法的规定，如社会服务令等。

二、未成年犯刑罚执行目的的探求

（一）从报应刑论到教育刑论

报应刑论，主要是刑事古典学派（即旧派）的主张。由于其强调刑罚报应的绝对性，故理论上又称之为绝对主义。报应刑论认为，刑罚除了“报应”外，不应有别的意义。刑罚意义仅在报应犯罪行为的恶害，给犯罪人以惩罚，以其痛苦来均衡犯罪人的罪责，最终实现正义、公平的要求。报应刑论所主张的报应并非仅仅为报应而报应，而是通过刑罚报应来实现刑罚的公正性。因此，刑罚因为公正而存在，不能用刑罚作为谋求其他功利目的的手段，否则会陷于“目的的正确性证明了手段的合理性”的荒唐逻辑之中。报应刑论是以理性人为假设前提，它强调的是犯罪与刑罚之间的“对应关系”，突出的是刑罚的痛苦性，否定刑罚的矫正功能。因此，报应刑论与少年刑法的理念是格格不入的，主要在于：一是自由意志与非自由意志的对立。报应刑论以犯罪人“自由意志”为理论前提，但是未成年犯罪人则恰恰被认为不具有自由意志或自由意志不成熟。二是消极、自然反应与积极反应的对立。报应刑论认为刑罚是对已然犯罪的消极、自然反应；但是未成年人刑法主张社会对未成年人的成长负有不可推卸的职责，对于越轨少年应当担负矫正的职责，是一种自觉的反应。三是痛苦与人道的对立。报应刑论以张扬刑罚痛苦为基点，但未成年人刑法倡导对犯罪未成年人处置的人道性和宽容性。四是形式正义与实质正义的对立。报应刑论以形式正义为诉求，但是未成年人刑法追求的是实质正义。①

教育刑论是在目的刑论的基础上提出和发展的，是刑事社会学派的重要主张。它主张刑罚的本质不是报应而是教育，通过教育改造犯罪人，达到预防犯罪的目的。教育刑论注重人性保护，具有较强人道主义的色彩。教育刑论强调的是犯罪人的主观恶性和人身危险性，而把犯罪行为置于次要地位。教育刑论将人看作经验的人，是实践理性的人，是具有自我教育、自我完善的人，因而是可以转化、可以教育改造的人。因此，教育刑论与矫正刑论旨趣是相同的。

---

① 姚建龙：《少年刑法与刑法变革》，中国人民公安大学出版社 2005 年版，第 61 ~ 62 页。

教育刑论与少年刑法具有天然的亲近性。教育刑论强调的国家对于矫治犯罪人责任与国家亲权观念相契合；所主张的去刑之报应性与保护主义理念相吻合；所主张的淡化刑之痛苦性与人道主义理念相重合。因此，教育刑论成为未成年人刑法基本理论依归。

（二）从社会防卫论到儿童最大利益

社会防卫论是主观主义刑法理论基点之一，它关注犯罪人人身危险性，但是，把少年当作社会防卫目标，将少年纳入保安处分范畴之内，其实质是把幼弱的少年当作社会治安恶化的替罪羊而已。可见，社会防卫论立足社会利益，主张社会防卫至上，把未成年人作为社会防卫的对象，这与少年刑法的理念是背离的。因此，少年刑法自诞生之初，为了对抗社会防卫负面影响，积极寻求理论依托，一开始依靠国家亲权主义观念，之后随着国际儿童权利运动的发展，“儿童最大利益原则”成为少年刑法的基本价值取向。

1989年《儿童权利宣言》获联合国大会通过。《儿童权利宣言》宣称：“儿童应受到特别保护，并应通过法律和其他方面而获得各种机会与便利，使其能在健康而正常的状态和自由与尊严的条件下，得到身体、心智、道德、精神和社会等方面的发展。在为此目的而制定法律时，应以儿童的最大利益为首要考虑”。随着1989年《儿童权利公约》在联合国的通过，儿童最大利益原则成为国际性原则。儿童最大利益原则的基本含义是指对凡涉及儿童的一切事物和行为，都应首先以考虑儿童的最大利益为出发点。儿童最大利益原则在少年司法中也得到贯彻与遵循。1985年《联合国少年司法最低限度标准规则》（北京规则）第17条规定，“在考虑少年的案件时，应把其福祉看作主导因素”。在说明中再次强调：“在成人案件中和可能某些严重的少年违法案件中，可能会认为罪有应得和惩罚性处分有些好处，但在少年案件中必须一贯以维护少年福祉和他们未来的前途为重”。2004年第十七届国际刑法大会关于“国内法与国际法下的未成年人刑事责任”的决议中指出“社会对未成年人的干涉应始终把他们的最主要利益考虑在内”。

三、未成年犯刑罚功能定位

（一）刑罚功能的有限性

在马克思看来，刑罚不外是社会对付违反它的生存条件的行为的一种自卫手段。尽管马克思承认刑罚是感化、威吓性的自卫手段，但他同时认为刑罚这种感化、威吓的作用是有限的，一般来说，刑罚应该是一种感化或恫吓的手段，可是有什么权力用惩罚一个人来感化和恫吓其他的人呢？而且历史和统计科学非常清楚地证明人类社会利用刑罚来感化和恫吓世界根本就没有成功过。非但如此，严厉的刑罚有时反而引起更多的犯罪，不仅自杀，而且连最残暴的杀人行为都是在处死罪犯之后立即发生的。[①] 其实，人们对于刑罚功能有限性早有认识，朱元璋在实施严刑峻法而收效甚微情况下发出如此感叹："上之人不知本原之是务，而徒欲下之人不为，非也。于是重其刑诛谓可止奸而禁暴，究之奸能止乎？暴能禁乎？朝治而暮犯，暮治而晨亦如之，尸未移而人为继踵，治愈重而犯愈多""见重刑之无效，治世之道当探其源也"。最终他得出这样的结论，"化民之道，固在政教，不在刑威也"。沈家本在对历代刑法考察后得出同样的结论："苟不能化其心，而专任刑罚，民失义方，动罹刑纲，求世休和，焉可得哉?"[②]可见，刑罚并不是"简单的犯罪万灵药"，对此，菲利深信，一个真正文明的立法者，可以不过多地依赖刑法典，而通过社会生活和立法中潜在的救治措施来减少犯罪的祸患。在未来社会中，随着社会正义深入而广泛地发展，刑事司法的必要性将相应降低。[③] 同样，刑罚不是祛除未成年人犯罪的唯一良药，面对严峻的未成年人犯罪态势，我们更应从刑罚之外来寻求摒除未成年人犯罪的原因。

（二）刑罚功能的必要性

不可否认，对于未成年人犯罪，刑罚的作用是不可或缺的。意大利刑法学家贝卡利亚曾打过一个形象的比喻："有人把犯罪比作洪水，把刑罚比作堤坝，奢望以刑罚之堤围住犯罪之水。实际上刑罚之堤是围不住犯罪之水的。"所有的现实与理论都证明刑罚的作用是有限的，但没有刑罚是万万不能的。[④] 德国著名刑法学家耶塞克指出，"刑罚的合法化仅在于，它是维护法秩序所不可少的，而维护法秩序又是人们在社会中共同生活的基本条件……对于任何一个以法规范建立起来的社会而言，刑罚均是不可少的。"[⑤]

经济分析方法认为，塑造一种新型的刑事控制模式，即通过严厉的刑罚来

---

① ［德］马克思、恩格斯：《马克思恩格斯全集》（第 8 卷），人民出版社 1980 年版，第 578～579 页。

② 沈家本：《历代刑法考》（第 1 卷），中华书局 1985 年版，第 171 页。

③ ［意］恩里科·菲利：《实证派犯罪学》，郭建安译，中国政法大学出版社 2004 年版，第 184 页。

④ ［意］贝卡利亚：《论犯罪与刑罚》，黄风译，中国大百科全书出版社 1993 年版，第 102 页。

⑤ ［德］汉斯·海因里希·耶塞克、托马斯·魏根特：《德国刑法教科书》，徐久生译，中国法制出版社 2001 年版，第 81 页。

彻底根除犯罪是不可能的，一味的重刑和滥刑使刑罚在无形中贬值。因此，解决的途径在于：刑罚效率的优化。波斯纳提出，要最有效地预防、惩治犯罪，关键在于设置最佳的刑罚体系，即刑罚的设置水平应是预期的刑法成本大于犯罪人的预防犯罪效益。关于设置最佳的预期刑罚成本，既要注意刑罚严厉性和刑罚确定性的最佳组合，同时要注意刑种与犯罪性质、犯罪严重程度相适应，注意发挥最佳的刑罚边际威慑效果。只有这样，才能使犯罪者感受到应有的惩罚并由此受到威慑。反之，就是刑罚量投入不足，潜在的犯罪者在预期的犯罪刺激下必然产生犯罪的利益驱动。边沁曾言："一个不足的刑罚比不严厉地刑罚更坏，因为一个不足的刑罚是应该彻底的抛弃的恶，从中得不到任何好处。"因此，对于未成年人适用刑罚时，既要充分利用刑罚在教育矫正未成年犯过程中的作用，又要避免刑罚给未成年犯带来的负面效应，因此，正确把握未成年人刑罚的"度"至关重要。

四、未成年人刑罚适用原则的确立

（一）尽量避免刑罚对未成年犯的适用

日本学者吉川经夫指出："作为报应的刑罚，以对受刑者剥夺其财产，或剥夺其身体的自由，有时剥夺其生命为内容。这对被科处刑罚者是明显的非常痛苦。刑罚是一种恶害，会发生痛苦这一现实，必须率直地承认。"① 刑罚本质是恶害，应尽量避免适用，尤其是对未成年人。为此，2004 年 9 月国际刑法大会决议指出："对未成年罪犯应当主要采取教育措施或者其他对个人有矫正作用的替代性制裁措施；如需要，亦可例外地适用传统意义上的刑事制裁措施。"

另外，各国少年法对未成年人刑罚适用采取了限制方法，如《德国少年法院法》第 17 条第 2 款规定："如少年的犯罪行为所表现的危害倾向，以教育处分或惩戒措施尚不足以实现教育目的，或罪责较大而必须判处刑罚的，法官始可判处其少年刑罚。"在日本，少年保护案件首先由家庭法院处理，只有在特定情形下移送给检察官（"逆送"）。家庭法院对犯有相当于死刑、徒刑或监禁罪行的案件，根据调查的结果，参照其罪行性质及状况，认为符合刑事处分的要求，必须通过决定，将案件移动给与管辖区的地方法院相对应的检察厅检察官。但是，对于因为故意的犯罪行为致使被害人死亡，且犯罪时已经年满16 周岁的少年相关的案件，家庭法院必须作出同款的决定。但是，调查的结

① ［日］吉川经夫：《改定刑法总论》，法律文化社 1974 年版，第 288～290 页。

果，考虑到犯罪的动机及状态、犯罪后的状况、少年的性格、年龄、品行及其环境等其他因素，认为处以刑事处分以外的措施比较妥当时，不在此限。

（二）未成年犯从宽处罚的原则

在古代，尽管在少数法典中也能见到对犯罪未成年人体恤的印迹，如古罗马《十二铜表法》第 8 表第 9 条规定："在夜间窃取耕地的庄稼或放牧的，如为适婚人，则处死以祭谷神；如为未适婚人，则酌情鞭打，并处以两倍于损害的罚金。"① 但是，19 世纪以前绝大多数刑法典对未成年人犯罪处罚与成年人未作具体的区分。

1978 年美国 20 世纪基金会关于青少年犯罪判刑政策的报告指出："青少年，特别是 10 多岁的少年与成年人不同，他们正处于更易受害，更易冲动，更缺乏自我约束的时期。从受害者说，青少年或成年人犯罪对他们的伤害是相同的。但从作案人来说，青少年由于自律的能力较弱，难以考虑到此后的结果，他们应受到较轻的惩罚。更有甚者，青少年的犯罪行为相当程度上是由于他人的原因而形成的，是家庭、学校及社会的过错，这些人对美国青少年的成长要负责任。"另外，未成年人在身心、心理异于成年人，因此，对于未成年人犯罪，各国积极倡导与成年人相异刑事立法的二元化：普通刑法与少年刑法。在美国，成人犯罪被称为 crime，而少年犯罪则被称为 juvenile delinquency，之所以作如此界分，在于避免对成年人造成"标签"效应，以及对未成年人应予特别保护的理念。美国学者文森特・帕里罗等指出，juvenile delinquency 这一特别的概念，即意味着一个"孩子"所犯的罪行不能等同于一个成人的犯罪行为，他不应该受到相同的惩罚。②

我国刑法虽未明确规定未成年犯从宽处罚原则，但是从现行刑法条文第 17 条和第 49 条的规定，明显体现出对未成年人刑罚处罚宽于成年人。另外，相关司法解释也规定对未成年人适用刑罚制度如减刑、假释、社区矫正适度放宽的原则。《刑法修正案（八）》也取消了犯罪时不满 18 周岁累犯的规定，同时，也确立了免除未成年人前科报告的制度。如何掌握从宽的标准？1995 年《全国法院少年法庭工作会议纪要》对未成年罪犯适用刑罚的问题作出指导性的规定，即各地少年法庭在办案中，务必注意遵守社会主义法制原则，严格依照法律、最高人民法院的司法解释和规范性文件的要求办事，对未成年罪犯判处刑罚时，既要坚持依法从轻和减轻的原则，又要掌握好从轻和减轻处罚的幅

---

① 周枏：《罗马法原论》，商务印书馆 1994 年版，第 1014 页。

② ［美］文森特・帕里罗、约翰・史丁森、阿黛思・史丁森：《当代社会问题》，周兵等译，华夏出版社 2002 年版，第 150 页。

度；既要防止对未成年罪犯适用刑罚与成年罪犯不加区别的倾向，也要防止对未成年罪犯一味宽纵、量刑畸轻的倾向，切实做到正确适用法律，宽严适度。但是，上述规定仍然属于模糊性规定，不便于司法的实际操作。我国台湾学者朱胜群指出："少年法之理论基础，乃基于人道理由与保护少年思想而来。盖现代少年法产生以前，少年犯罪乃受应报镇压观念之束缚，予以刑罚制裁。虽有改革措施，仍属无系统之零星片段行动，以恤幼慎刑示人道而已。"①我国少年司法采取成人模式，即参照成人标准适度从宽处理。但是，未成年人并非"小大人"，"对其犯罪之处遇，不能依'减轻'之原则已足。"② 为了真正体现少年刑罚从宽原则，制定与成人刑罚不同的未成年人刑罚制度才是治本之策。

（三）未成年犯刑罚个别化的原则

我国台湾学者林纪东曾言："刑罚个别化的产生，是现代刑事政策的重要收获。"③刑罚个别化是刑事实证学派的重要主张，它强调的是对犯罪人教育矫正，并非对犯罪人单纯的报应。刑罚个别化是德国学者瓦尔伯格（Wahlberg）于1869年率先提出，后由法国学者塞莱尔斯（Saerlles）进一步理论化。"刑罚个别化意味着根据具体情况运用刑法，它明确要求刑罚运用要考虑犯罪及犯罪人的具体情况，刑罚个别化不仅要求刑罚裁量要考虑犯罪及犯罪人的具体情况，刑罚执行中考虑犯罪及犯罪人的具体情况，而且要求在刑罚制度中也要考虑犯罪及犯罪人的个别情况。"④

未成年人刑罚个别化与犯罪实证学派有着密切关系。加罗法洛在《犯罪学》一书英文版序言中指出："在普林斯和李斯特的提议下，还组织一个联合机构'刑法公正国际联合会'……该组织提供的对这些问题进行研究的新倾向已经在许多欧洲国家打击惯犯的法律或者法律草案中形成了对初犯和少年罪犯的处置以及刑罚的个别化。"⑤ 其实，刑罚个别化兴起与少年处遇有着密切的关系："首先在矫正处遇的阶段里展开，随后随着对犯罪者人格评价重要性的认识，扩大到司法领域。这种扩大是与保安处分和少年法制的发展密切相关的，因为精神失常者和少年的特别处遇，是在司法阶段里调查人格作为必不可

---

① 朱胜群：《少年事件处理法新论》，台湾三民书局1976年版，第31页。

② 沈银河：《中德少年刑法比较研究》，台湾五南图书出版公司1988年版，第47页。

③ 林纪东：《刑事政策学》，台湾中正书局1969年版，第86页。

④ 翟中东：《刑罚个别化研究》，中国人民公安大学出版社2001年版，前言。

⑤ ［意］加罗法洛：《犯罪学》，耿伟等译，中国大百科全书出版社1996年版，第9～10页。

少的前提条件。”① 少年刑法以实质正义为诉求，因此，少年刑罚更要求个别化。刑罚个别化包括法律上的个别化、裁判上的个别化与行政上的个别化。在刑事立法阶段，要充分考虑到未成年人的特点，建立起不同于成人刑罚的刑罚体系和刑罚制度，以便为刑罚个别化的践行留下足够的空间。在刑罚裁量时，少年法庭在少年刑罚裁量中充分体现保护原则与从宽原则，作出适当的裁判。在刑罚执行时，要充分考虑未成年人身心特点，科学合理地行刑，以实现少年司法的保护原则和教育原则。

（四）教育、感化与挽救的原则

“教育、感化与挽救”的原则一直为我国司法机关办理未成年人刑事案件遵循的基本原则。如我国《未成年人保护法》第 54 条规定：“对违法犯罪的未成年人，实行教育、感化、挽救的方针，坚持教育为主、惩罚为辅的原则。对违法犯罪的未成年人，应当依法从轻、减轻或者免除处罚。”《预防未成年人犯罪法》第 44 条规定：“对犯罪的未成年人追究刑事责任，实行教育、感化、挽救方针，坚持教育为主、惩罚为辅的原则。”教育、感化、挽救原则要求司法人员在办理未成年人案件中要正确处理惩罚和教育的关系，要将教育工作放在突出的位置，坚持教育为主、惩罚为辅的原则。司法人员对未成年人要坚持攻心为主，像父母对孩子、教师对学生一样，针对其个人特点，晓之以理，动之以情，使其认识到自己行为的危害性，唤起其良知和悔罪意识，使其真正认罪服法，重新做人。

这一原则要求司法人员在处理未成年人案件中既要注意查清事实，又要及时对未成人进行教育和感化。教育、感化在诉讼的各个阶段都应受到重视，包括未成年犯刑罚执行过程中也应遵循该原则。对未成年人的教育和感化要注意挖掘犯罪发生的深层次根源，剖析未成年人犯罪的根本动因，对症下药，深入进行心理教育，使其真正认罪服法，并能正确对待将要面临的刑事处罚。对于犯罪的未成年人，特别是犯重罪的未成年犯，本着治病救人的精神，积极采取各种有效措施，改造其不良社会人格，使其顺利回归社会，不能轻言放弃，更不能运用重罚来替代教育、感化、挽救工作。同样，贯彻教育、感化和挽救原则并不意味着对未成年人只重教育而忽视惩罚。未成年人犯罪同样对社会造成了危害，对其依法予以处罚是正当的，也是必要的。忽视惩罚或不当的处罚难以使其认识到自己行为的严重后果，对教育、感化方针的贯彻也是不利的。但这种处罚要遵循教育为主、处罚为辅的方针，可罚可不罚的尽量不处罚。

---

① ［日］森下忠：《犯罪者处遇》，白绿铉等译，中国纺织出版社 1994 年版，第 4 页。

第二节 未成年犯监禁刑的执行

根据监禁的程度不同，可以将未成年犯刑罚执行分为监禁刑执行和非监禁刑执行，其中，监禁刑执行包括设施内执行和开放式执行。非监禁刑执行包括未成年犯社区矫正和财产刑执行。

一、未成年服刑人员的地位与权利

（一）未成年服刑人员的地位

“赋予罪犯权利主体地位”已成为当今国际社会的共识，成为行刑人性化的重要标志。未成年服刑人员的地位主要表述为：

1. 未成年犯不是敌人

所谓敌人，就是有利害冲突不能相容、相互对抗的敌对势力和敌对分子。敌人的标准不是以法律为标准，而是以毛泽东同志提出的弹性很大的“六条政治标准”为依据。犯罪分子并不都是敌人，一般刑事犯罪分子并不是敌人。也有学者将公民划分为人民、敌人（敌对分子和严重刑事犯罪分子）与非敌人的人民对立面（一般刑事犯罪分子）。[①] 法国哲学家卢梭曾经指出，一个为非作恶的人，既然他是在攻击社会权利，于是便由于他的罪行而成为祖国的叛逆，他破坏了祖国的法律，所以，就不再是国家的成员，他甚至是在向国家开战。这时保全国家就和保全他自身不能相容，两者之中就有一个必须毁灭。对罪犯处以死刑，这与其说是把他当作公民，不如说是把他当作敌人。起诉和判决就是对他已经破坏了社会条约的证明和宣告，因此，他就不再是国家的成员了。[②] 陈兴良教授认为，卢梭的逻辑潜藏这样的危险性：只要将一个人宣布为敌人，那么对其精神与肉体就可以任意处置，因为他已经不再是公民，按照这种逻辑推演下去，刑罚就会蜕化为政治镇压的工具，人权也就难以得到有效的保障。[③] 在一段时间内，我们把服刑人员包括未成年犯当作敌人，通过阶级斗

---

① 宋新国、穆菲：《科学认识罪犯思辨》，载《中国监狱学刊》2006 年第 5 期。

② ［法］卢梭：《社会契约论》，何兆武译，商务印书馆 2006 年版，第 43 页。

③ 陈兴良：《从政治刑法到市民刑法》，载陈兴良主编：《刑事法评论》（第一卷），中国政法大学出版社 1997 年版，第 38 页。

争转变服刑人员的思想的理念：监狱干警的灌输都是正确的，服刑人员只能老老实实接受改造，否则就是对抗改造；监狱一切制度都是有利于改造，服刑人员必须绝对服从的理念等。这些把罪犯当作敌人对待的行刑理念，不利于罪犯权利的维护，也会制约现代监狱制度的构建。

2. 未成年人是人，是自己的主人

在公众传统道德观念中，罪犯都是坏人、恶人、不是“人”，往往被排斥在人之外，从原始情感上对罪犯的态度就是鄙薄，憎恨他，甚至以打压他、能消灭他为快事。随着人性的张扬，“以人为本”的行刑观逐步得到确立。人性化代表是一种把人放在首位，极力维护个人尊严的理念。“以人为本”是科学发展观的本质与核心。“以人为本”行刑理念要求监狱体制、机制、制度充分彰显人性的精神与要求。“以人为本”行刑观要求，一切以改造服刑人员为中心，让服刑人员参与对自己的改造中来，实行人性化管理，充分彰显人道主义精神。

英国法务大臣早在1925年曾言：“政府将犯罪人投入监狱并非国家责任的全部，实际上这正意味着国家责任义务的开始。尽管国家应当惩罚犯罪人，但同时也必须将其作为人来加以保护，使受刑者在刑期结束后，能够像其他公民一样具有精神与肉体上的能力，对此国家负有不可推卸的责任。”① “将犯人当人看”，是我们党和政府改造罪犯一以贯之的基本前提。早在1941年5月，陕甘宁边区政府主席林伯渠在政府工作报告中就指出，要恢复犯人的人格，“必自尊重他是一个人始”。毛泽东同志曾多次指出，改造罪犯“要把犯罪的人当作人，对他们有点希望，对他们有所帮助”。“将犯人当人看”应贯彻人道主义原则，要以法律框架为边界，切实把握好一个合理度，即“严不过人，宽不过囚”原则。德国刑法学家李斯特谈到矫正政策时说：“就犯人的再社会化而言，尤其要强化他们的意志力，激励他们的责任感，总之，要唤醒和激活他们的积极的社会素质。只有保护和尊重犯人的自尊心，只有对犯人进行道德影响，提高他们的道德水平，只有当犯人守秩序、勤奋、准时、能够自我尊重时，这一目的才能实现”②。

3. 未成年犯是公民，具有公民地位

公民是指拥有一国国籍的国家居民，是获得社会认可、国家保护的法律身份。公民地位是指国家法律确定的社会成员的资格，这种资格的内容则是由国

① 鲁兰：《中日矫正理念与实务比较研究》，北京大学出版社2005年版，第53页。

② ［德］冯·李斯特：《德国刑法教科书》，徐久生译，法律出版社2000年版，第431页。

家法律规范所规定的各种权利义务所组成。法律地位可分为法律规定的普遍状态和实际生活中的个体状态。前者是国家对实际生活中社会成员的权利义务加以选择、概括、抽象，以法律形式加以规定，使之上升为普遍、无差别、平等的权利义务。后者是指某一公民在实际生活中依法通过自己的行为实际能够行使的权利和履行的义务的状态。公民地位的个体差异性，并不能否认该公民仍具有普遍状态的公民地位。公民因犯罪而成为犯罪人，只是该公民的公民地位的个体状态发生了差异而已。罪犯的公民地位表明以下两点：（1）说明罪犯也是公民，也是受国家法律约束、管辖、保护的对象，仍然享有权利、负有义务，而不是国家法律调整以外的存在物；（2）说明国家对罪犯的刑事惩罚是国家依法行使的职权行为，国家与罪犯之间的关系是一种权利义务关系，而不是权力关系。刑罚权的行使改变公民地位的状况，但没有否定罪犯的公民资格，国家在对罪犯行使刑事责任追究权的同时，负有依法保护罪犯应有权利的义务。①

4. 未成年犯是服刑人员

未成年犯是犯了罪，在未成年犯管教所服刑的人员。加拿大《少年犯条例》曾规定："尽可能像父母那样照管、收容和惩戒少年犯，在实际可能的范围内，对每个少年犯都不应当作为罪犯，而应当作为被错误引导，需要拯救、鼓励、帮助和支持的少年儿童来对待。"在未成年犯管教所日常管理中，可以对未成年犯使用"学员"称谓。我国于2004年5月1日实施的《监狱服刑人员行为规范》，将"罪犯"之称谓更名为"服刑人员"，这种称谓的改变不仅淡化了罪犯的角色意识，而且也是对服刑人员的尊重。② 2002年10月1日《浙江省归正人员安置帮教工作办法》，将沿用几十年的"刑满释放人员"和"解除劳教人员"的称谓代之以"归正人员"。这些称谓的改变，标志着监狱人权事业迈上新的台阶。

5. 未成年犯是监狱法律关系的主体

未成年犯自由刑执行是将未成年人关押在未成年犯管教所（监狱），作为受刑人，未成年人当然失去了自由。这样，国家和未成年受刑人之间便形成了关押和被关押的关系，即监狱法律关系的生成。监狱为实现行刑目的，获得了对受刑人采取一定措施的权力，具有依法对未成年受刑人进行强制的权力，受

---

① 陈正云：《刑事法律关系论》，载陈兴良主编：《刑事法评论》（第三卷），中国政法大学出版社1997年版，第389页。

② 汪勇：《论罪犯角色意识》，载《犯罪与改造研究》2004年第8期。

刑人作为被关押者获得前述的法律地位，具有容忍的义务。这样，受刑人处于被处遇客体的地位。虽然如此，在矫正处遇中，只有在服刑人员作为意思自治主体，通过其自发的改造意志才能实现。因此，服刑人员不能被动接受矫正处遇，而应积极主动参与。《德国行刑法》中规定“处遇的计划方案，应同受刑人本人协商”，而且“受刑人必须协助其处遇的形成及行刑目的的实现。为实现这一点，必须唤起和帮助受刑人对处遇的心理上的准备”。当然，在关押关系中，未成年犯管教所可以根据相应法律对未成年服刑人员的基本权利作出合理的限制，但这种限制，应当限定在“符合关押目的，必要且最小限度的合理范围之内”①。

（二）平等地对待未成年罪犯

平等的要求伴随着人类历史的始终，并成为人类社会进步的重要标志之一。近代启蒙运动以来，政治平等逐步向法律平等转化，人们一直把平等提升到与自由、人权相并列的重要地位，平等作为权利体系中的核心内容。② 这是因为，平等的原则似乎表明它自己是最直接、最自然的法则：每一个人将作为一个人；每一个人的利益与所有其他人的利益同等重要；每一个人都有权利要求一切人平等的权利。③ 我国《刑法》第4条规定刑法平等原则，即对任何人犯罪，在适用法律上一律平等，不允许任何人有超越法律的特权。该原则的规定，体现了刑法公正性的要求：在同一法律面前，任何人的权利应处于同一水平线上，不能因其身份、地位的差别而享受不同的待遇。从内容上看，平等原则包括立法平等、定罪量刑平等和行刑平等三个方面，其中，行刑平等是立法平等和定罪量刑平等最终实现。

我国学者高文提出，平等对待罪犯是我们打造新型监狱的核心理念。④ 平等对待罪犯，就意味着罪犯并不是什么弱势群体，因为一旦将罪犯应有的一切权利还给罪犯，包括法律上和道义上的，而不是将这些权利作为奖励或者是一种恩赐，或者是作为标榜我们工作人道的宣传。平等对待罪犯并不意味着放纵罪犯，这如同无罪推定不是放纵犯罪一样。平等对待罪犯强调的是，监狱干警

---

① ［日］大谷实：《刑事政策学》，黎宏译，法律出版社2000年版，第194页。

② 夏勇主编：《走向权利的时代》，中国政法大学出版社1995年版，第7页。

③ ［德］包尔生：《伦理学体系》，何怀宏、廖申白译，中国社会科学出版社1988年版，第540页。

④ 高文：《论监狱的几个基本问题——犯人、警察与人本》，载《环球法律评论》2006年第3期。

与罪犯在法律面前的平等，强调警察必须依法行刑，罪犯的合法权利应平等地对待。但法律面前人人平等并不意味着法律地位必须人人对等，因为，法律面前平等与法律地位对等的内涵是不同的。法律面前平等的实质是适用法律上平等，这一宪法原则强调公民平等享有法律规定的权利，也必须平等地履刑法定的义务；而法律地位的对等则是法律确定的法律关系主体权利与义务的对等。以法律关系主体地位是否对等，可以将法律关系划分为平权型法律关系和隶属型法律关系。监狱法律关系是一种典型的隶属型法律关系。在监狱法律关系中，警察享有惩罚改造罪犯的权力，处于支配的地位；罪犯必须承担惩罚改造的义务，处于服从的地位。因此，监狱警察与罪犯在法律面前是平等的，但他们的法律地位又不是对等的。①

平等对待未成年罪犯强调的是行刑中一律平等，其包含两个主要内容：一是对未成年罪犯合法的权益应同等保护，切实做到不偏不倚；二是对未成年罪犯平等适用法律，在行刑中不因未成年犯原先的身份、地位而有所不同，不能对一部分罪犯搞特殊，而对另一部分罪犯加以歧视。“法制定出来以后，在执法、司法和守法方面，就必须一律平等按照法律的规定办事，任何人都不能例外，对同等情况的人，在原则上就同等地适用相同的法律规定。”② 对此，我国监狱法律制度一直强调平等原则在行刑中具体实现，如2003年5月施行、于2014年修订的《监狱提请减刑假释工作程序规定》第2条规定：监狱提请减刑、假释、应当根据法律规定的条件和程序进行，遵循公开、公平、公正的原则，严格实行办案责任制。一些地方性法规也强调行刑的平等性，如《黑龙江省对罪犯减刑、假释、保外就医工作管理条例》第3条规定：“对罪犯减刑、假释、保外就医实行以事实为根据、以法律为准绳及适用法律一律平等的原则。”

（三）未成年犯权利及权利救济

1. 未成年犯权利的维度

罪犯处于被刑事制裁的特殊状态，其应享有的权利范围如何确定，在不同国度、不同人之间的认识存在差异。刑罚改革国际（Penal Reform International）于1995年对罪犯权利作了一般性概括：（1）生命和身体完整权；（2）不受酷刑或者其他虐待的权利；（3）健康权；（4）人格尊严受到尊重的权利；（5）受到法律规定的正当程序保护的权利；（6）不受任何种类的

---

① 宋新国：《追求正义：由罪犯法律地位说开去》，载《犯罪与改造研究》2006年第11期。

② 沈宗灵主编：《法学基础理论》，北京大学出版社1988年版，第369页。

歧视的权利；（7）不受奴役的权利；（8）意识和思想自由的权利；（9）宗教自由的权利；（10）家庭生活受尊重权；（11）自我发展权。美国学者弗兰克·史马莱格（Frank Schmalleger）在其出版的《刑事司法：简明导论》一书中将罪犯的权利归纳为六大类25小项。其中，六大类权利分别为：宗教自由、言论自由、获得法律帮助、医疗、受保护权、矫正机构惩罚和纪律方面的权利。①

依国务院新闻办公室1992年8月发布的《中国改造罪犯的状况》白皮书，在我国，罪犯权利具体包括：（1）罪犯有提出申诉、控告和检举的权利；（2）罪犯有在任何情况下人格不受侮辱、人身安全不受侵犯的权利；（3）没有剥夺政治权利的罪犯，有依法行使选举的权利；（4）罪犯有在法定节假日休息的权利；（5）罪犯有维持身体健康，生病得到及时诊治的权利；（6）罪犯有与亲友通信，定期会见亲属、监护人的权利；（7）罪犯有受教育的权利；（8）信教的罪犯有保持原有的宗教信仰的权利；（9）罪犯享有私人合法财产的所有权、继承权；（10）在服刑期间表现好的罪犯有获得依法减刑、假释的权利；（11）未成年犯、女犯、老弱病残罪犯以及少数民族罪犯、外籍罪犯，在生活、管理、劳动等方面享有适宜于他们的生理、心理和生活习惯等方面特点，不同于其他罪犯的相关待遇。这些权利主要有宪法规定的公民基本权利以及监狱法等相关法律、法规规定的罪犯专有的权利，大体可以分为三种情况：一是完全享有的权利，如人格权、人身安全权、财产权、申诉、控告、检举、辩护权、休息权、获得劳动报酬权；二是部分享有的权利，如选举权、著作权、宗教信仰自由权；三是限制享有的权利，如通信权、会见权、婚姻权、家庭权。② 大谷实先生将被收容者的权利作了如下区分：一是在其本质上，即使根据法律也不能被剥夺的人权，信教的自由、思想即良心的自由、不受奴隶般关押的自由等；二是作为关押关系的反射效果，不得不被剥夺的人权、集会、结社、居住、迁移、选择职业的自由；三是关押中文明健康地享受最低生活的权利，如受教育权、劳动权、劳动者的团结权、所有权等。③

2. 未成年罪犯权利保障与惩罚监管改造之间的现实冲突

根据监狱法的规定，罪犯除依法被剥夺人身自由以外，依法享有以下广泛权利：人格不受侮辱、人身安全不受侵犯的权利、合法财产权、申诉权、辩护

---

① 李伟：《试论受刑人权利的来源及其法理学意义》，载《山西政法管理干部学院学报》2003年第6期。

② 金鉴主编：《监狱学总论》，法律出版社1997年版，第439～442页。

③ ［日］大谷实：《刑事政策学》，黎宏译，法律出版社2000年版，第194页。

权、控告权、检举权、入监时有携带生活必需品的权利、入监后有获知监狱是否通知其家属的权利、释放后获得当地政府帮助安置权、获得救济权、通信权、会见权、依照规定接受物品和钱款的权利、获得包括衣食住医疗等必要的生活保障的权利，获得行政或物质奖励的权利，依法获得减刑假释权、离监探亲权、受教育权，参加体育文娱活动权，劳动权、休息权、参加劳动的罪犯依照规定获得报酬权、获得劳动保护、劳动保险等权利。上述权利，既有实体方面的权利，也有程序方面的权利；既有政治方面的权利，也有社会、经济、文化方面的权利；既有服刑期间的权利，也有刑满释放后回归社会后的权利。未成年犯除了享有上述权利外，还享有一些特殊的权利。另外，罪犯权利的范围是一个动态的发展过程，随着社会政治、经济、文化的不断发展，罪犯权利范围必定不断增加。

现实中，罪犯的地位与监狱的性质与职能必然导致罪犯权利保障与惩罚监管改造之间的冲突。罪犯是实施危害社会的行为、触犯刑律的犯罪人，是被依法判处刑罚并交付执行的受刑人。作为国家监狱等行刑机关依法监管改造的对象，罪犯与社会上普通公民存在明显的差别：罪犯的人身自由被依法剥夺，被强制进行改造和行为矫治，其活动被严格限制在一定的区域内。正是罪犯的身份和地位的特殊性，由此决定了其所享有的权利具有自身的特点：一是有限性，即罪犯虽享有未被剥夺的政治、人身、财产、诉讼等方面的广泛权利，但是，罪犯不可能与其他公民一样完全享有宪法与法律所规定的公民权利。二是不完整性，即便罪犯享有未被剥夺的权利，但是其权利的行使也是不完整的，即部分权利被暂停行使，如被选举权；部分权利只能有限制地行使，如对子女的教育和监护的权利。同时，监狱作为国家刑罚执行机关，对罪犯依法进行监管，根据改造罪犯的需要，组织罪犯从事生产劳动，对罪犯进行教育改造，通过惩罚与改造相结合、教育与劳动相结合的原则，努力将罪犯改造成为守法的公民。“源于报应、表于惩罚、载于改造、止于自由”① 是现代监狱的表征，为了实现其惩罚、教育改造的功能，势必对罪犯的行为活动、言词表达等方面进行必要甚至严格的限制，这是现代监狱功能基本内涵的应有之义。

当下，罪犯权利保障与监狱惩罚监管改造之间的冲突与矛盾有着现实的原因，包括外在原因和内在原因。其中，外在原因在于：第一，监管改造环境等硬件条件不完备。1990 年 11 月 6 日司法部颁布的《监管改造环境规范》对监

① 张晶：《现代监狱制度：目标与方法》，载《环球法律评论》2006 年第 3 期。

管环境条件作了明确的规定。[①] 目前，许多监狱已经达到了上述标准，但是，由于地理环境状况、经费投入等因素，尚有一些监狱的监管环境还不能完全达标。这些监管改造条件的不足，必然影响到罪犯权利的行使，从而引发罪犯权利保障不能到位的现实矛盾。第二，监管与保障的法制状况不健全。我国已初步建立起以监狱法为主体的监狱法律制度，对规范监管工作以及保障罪犯权利有着重要促进作用。但是，有关监狱法律制度规定过于原则性，缺乏可操作性。由于法制的不完备，势必造成监管惩罚与权利保障发生冲突时无法可依、无章可循，其结果往往造成对罪犯权利的漠视。如作为对服刑人员的激励机制，罪犯享有减轻、假释的权利。但是，法院在审理减刑假释案件时，几乎不通知被决定者参加，也无律师等人参与，更谈不上让其发表意见。这是罪犯有关程序性权利保障的缺失，主要原因在于我国尚未赋予罪犯在此类案件审理中的参与权、申辩权以及相应诉讼权利的救济途径。这样使“主体向外界主张的权利已经异化成为一种外界控制主体的手段和技术，甚至可以说，一个犯人的‘权利’越多，各种名目的权利越丰富，他的需求和愿望越强烈，对他规训的方法就越多，对他治理的手段就越灵活，对他控制的可能性就越大。”[②] 又如相关规定对未成年罪犯劳动采取限时规定，但是，现实生活中，由于未成年犯管教所生产劳动任务等因素的影响，超时劳动的情况时有发生。产生冲突的内在原因在于：其一，监狱干警对罪犯权利的保障意识淡薄；其二，罪犯对权利的自我保障意识不强。

---

① 根据该规范规定，监管改造环境包括监狱等监管机构的“监管警戒设施、罪犯生活区、生产区和学习场所”。对监管改造环境要“规划合理，确保安全、利于监管、方便生产和生活，做到监狱建筑物布局、建造规范合理，监舍、教室、监区环境清洁整齐，车间、场院设置有序”。罪犯生活监区要“做到场院平整，道路通畅、有活动区、宣传教育栏（板）、晾晒场；上、下水道设施完好，无污水、无便溺、无脏乱垃圾和杂物”。监舍建设要“努力做到坚固、严密、庄重、文明、整洁。监舍内设寝室、洗漱室、厕所、储藏室、医务室、图书阅览室、教育娱乐室等，并分别执行相应的管理制度”“监舍要防火、防潮、防蚊蝇，保障供电、供水、取暖，保证室内通风、透光、无异味。监舍门、窗要定期油漆、墙壁要定期粉刷、内务摆放整齐划一、墙壁可张贴有关的规章制度和有教育意义的书画作品”“教学楼内设教研室，教室和教师备课室，也可设图书室、阅览室和娱乐活动室以及电化教育室、演播室。教室要求空气流通、采光好，课桌、座椅、黑板齐全，布置文明、整洁”“伙房、库房、炊具清洁卫生，要有防蝇、蚊、鼠、蚁、蟑螂等设备。冬季要有保暖设备、寒冷地区要设菜窖”。罪犯生产区内“应当道路通畅，有齐全、完好的防火、防爆、防毒和防暑降温设备”。生产设备应“合理布局，有完善的安全防护装置，经常维修保养”。

② 车浩：《被遮蔽的世界：同居楼里的性和生育》，载陈兴良主编：《刑事法评论》（第13卷），中国政法大学出版社2003年版，第354～355页。

3. 未成年犯权利救济路径

2004 年 3 月 14 日，“国家尊重和保障人权”正式写入宪法修正案，第一次将“人权”载入《宪法》。维护人权是世界各国关注的重大问题，也是一国法治文明的重要表征。监狱罪犯人权更是人权事业发展的重要部分。“没有救济，就没有权利”，为了保障和健全罪犯人权，完善罪犯权利救济机制是必需的。

（1）转变观念，提高权利意识。首先，应加强法治宣传，向人民群众普及人权知识和人权观念，切实关注服刑人员的权利保障情况和实现情况。其次，要在监狱干警中树立正确的罪犯权利观念，切实维护服刑人员的人权。再次，应加强服刑人员权利意识，使其学会运用法律手段来维护自己的合法权益。最后，监督部门对行刑机关罪犯权利保障状况进行监督，及时纠正侵犯罪犯合法权利的行为。

（2）完善相关立法。应在监狱法以及监狱法实施细则中切实规定罪犯的权利以及相应救济机制。如为了保障申诉权，应建立畅通的申诉途径。未成年犯有权要求法院作出决定的申请权，由有权参与执行机关所在地区的少年法庭对申请作出决定，未成年犯可以发表自己的看法，也可以委托律师发表意见，从而切实维护自己的合法权益。

（3）为服刑人员权利的实现提供充分的物质保障。我国监狱法明确规定，罪犯的生活、医疗、卫生、住宿等方面所需经费由国家保障。司法实践中主要是如何落实经费到位。因此，应加强对行刑机关经费管理做好监督和审计工作，做到专款专用。在条件允许的情况下，加大对监狱建设的投入，充实监狱的物质设备，从而为服刑人员权利的享有提供坚实的物质基础。

（4）建立服刑人员代理人制度。根据 1962 年欧洲犯罪问题委员会“关于被拘禁人的选举权、公民权及社会权的决议”，该决议第 7 条（b）规定，被拘禁人不能亲自行使公民权，可以通过代理人行使之。为了维护服刑人员的财产权以及公民权，应建立服刑人员代理人制度，帮助服刑人员充分行使民事权利。

（5）健全罪犯会见律师制度，切实为服刑人员提供可行的法律帮助。1988 年 12 月，联合国大会通过《保护所有遭受任何形式拘留或监禁的人的原则》规定：“被拘留人或被监禁人与外界，特别是与其家属或律师的联络，不应被剥夺数日以上。”荷兰埃塞海姆监狱规则就规定监狱设有法律援助部，一名律师每周一天向犯人提供有关司法问题的咨询。[①] 笔者认为，这种做法值得借鉴，应在监狱内设立必要的法律援助机构，由承担法律援助律师帮助服刑人

① 陈敏：《减刑制度比较研究》，中国方正出版社 2001 年版，第 153 页。

员解决法律问题。

（6）鼓励服刑人员切实维护自身权利。1962 年欧洲犯罪问题委员会“关于被拘禁人的选举权、公民权及社会权的决议”规定了拘禁人可以随时行使防御权。该决议第 15 条规定，被拘禁人在根据本准则被允许成为当事人的民事诉讼或者行政诉讼的场合，可以与具有保护自己权利的资格的人接见并且通信。可以鼓励服刑人员树立正确的权利意识，维护自身的合法权益。监狱部门也应积极支持服刑人员自治制度的建立，鼓励服刑人员自我管理、自我服务，切实维护服刑人员的合法权益。

二、未成年犯设施内刑罚执行

（一）未成年犯拘禁场所与拘禁方式

1. 未成年犯拘禁场所

1905 年清政府派员赴日本考察裁判监狱事宜，在访问日本归来后撰写了《调查日本裁判监狱报告书》等报告。其中，在对未成年犯处遇时，董康写到：“一、应课以相当之职业，使他人可恃以谋生；二、力行严正之规律。未成年者刑期，大抵皆短，既不能十分施行教育、亦不能十分使其作业；三、设立特别监狱，与他成年囚隔绝，以免熏染恶习；四、适用分房制以实验观之，实为必要，可使隔绝罪恶。”可见，未成年犯拘禁不同于成年犯拘禁。就拘禁场所而言，未成年犯通常与成年犯分开进行，设置专门场所，如少年监狱用来拘禁未成年犯。少年监肇始于 1703 年 11 月 14 日，罗马教皇克勒斯曼十一世以桑米格尔病院为一部，设立少年监，专收威尔曼 20 岁之幼年囚犯与不良少年，实行矫正主义，代国家对幼年囚犯执行其刑罚，代父兄对不良少年改善其品性，夜则隔离而分居于独房，昼则沉默而劳役于工场，其处遇理念为“须使彼辈屈服于国法威严且使受教育于严正纪律之下”。英国监狱改良家约翰·霍华德对少年犯问题曾指出：“为矫正感化而拘留少年，不仅应与一般犯人隔离，即少年相互之间亦须别居，亲切柔和之监督者，常须访问彼辈，以代其父母朋友为恳切之谈话。”

各国或地区对少年拘禁作出特别的规定，如《德国少年法院法》第 92 条第 1 款规定，少年刑罚在少年监狱执行。根据《日本少年法》第 56 条 1 款规定，对于受徒刑、监禁刑宣告的少年在特别设置的监狱或者在监狱内设置分界的场所（少年刑务所以及一般刑务所的特别区）执行其刑罚。我国台湾地区先前设立少年监狱，后改为少年矫正机构专门拘禁少年犯。新中国在 20 世纪 50 年代建立专门改造少年犯的少年管教所。1994 年监狱法的颁布施行，少年管教所改称为未成年犯管教所，专门负责未成年犯刑罚的执行。

由于刑期长短不一，有些未成年犯在服刑期间将会成年，那么，剩余的刑期是否仍在少年监狱执行？对此，各国法律有不同的规定。《日本少年法》第56条第2款规定，（少年犯）即使本人已满20岁后，还可以在他的26岁之前继续在少年刑务所执行刑罚。在我国台湾地区，少年受刑人于未满18岁时，被收容于少年矫正机构，于收容中满18岁，依规定应转入成人监狱，唯其残余刑期不满3个月，为防止转入成年人监狱后沾染恶习，得继续收容于少年矫正机构，至刑期届满为止。唯残余刑期在3个月以上者，不包括在内，得另行斟酌考虑。《德国少年法院法》第92条第2款规定，被判刑人年满18岁，且不适合执行少年刑罚的，不需要在少年监狱执行。不在少年监狱执行少年刑罚的，依据成年人刑罚执行的有关规定执行。被判刑人年满24岁的，则依成年人刑罚执行法的有关规定执行少年刑罚。

我国监狱法规定，在未成年犯管教所服刑期间已满18岁，余刑2年以上的服刑人员须移送到普通监狱。未成年犯行刑制度与成年犯行刑制度在行刑理念、行刑环境、行刑方式等方面存在较大差异，这就不可避免地造成一系列的未成年犯行刑社会化处遇的中断，尤其对那些短刑犯而言，时日不多的成年监狱生活，不仅无助于其回归社会的进程，而且有可能因与成年犯的交叉感染加剧其监狱化的倾向。综观世界上其他国家和地区，许多国家或地区都是将未成年犯转往成年监狱的年龄限定在25岁前后，如《意大利监狱法》第14条规定："25岁以下的青年犯同成年犯相互隔离。"为此，笔者认为，尽量延长未成年犯留置未成年犯管教所的时间，并按照国际上通行做法，将其转至成年监狱的时间延长到25岁。

少年监狱的选址，应该建在城市附近，便于与外界联系。整个监狱的建筑群应体现其机动、灵活性，构成一个具有活力的整体。每幢楼房都应便于转换其他的用途。少年监狱应按小幢楼房的形式建筑。每幢小楼以不超过15名少年，这样能体现家庭般的舒适。同时，囚犯也有一种安全感，且便于他们之间的人际交往。青少年监狱毫无例外地拥有一座（室内）游泳池、一座体操馆、体育场和滑冰馆。①

2. 未成年犯拘禁方式

所谓拘禁方式，是指自由刑的拘禁形式，包括独居制、杂居制、开放式处遇等。

① ［德］汉斯·约阿希姆·施奈德：《犯罪学》，吴鑫涛、马君玉译，中国人民公安大学出版社、国际文化出版公司1990年版，第912～913页。

（1）独居拘禁

所谓独居拘禁，是指将受刑人员独室拘禁的拘禁形态，又可分为严格独居制与和缓独居制两种。前者是指将受刑人昼夜均在独室关押，使其与其他人相隔离的拘禁形态；后者是原则上昼夜独居，劳役也在室内进行，但户外活动、洗浴、教育等允许和其他受刑人一起进行的拘禁形态。严格独居制度以“宾夕法尼亚制”为代表。根据1790年《费城监狱法》的规定，开始建造独居式监房，在此种监房内，受刑人不分昼夜地被关押在监房内，除了《圣经》以外，其他书刊一律禁止阅读。犯人也不劳动，专事反省和悔悟。和缓独居制度以“奥本制”为代表。在纽约州的奥本监狱于1816年对严格独居制进行变革，并于1824年导入“奥本制”。在这种制度下，犯人白天在杂居的工厂进行劳动，夜间关在独居房中。

根据《日本监狱法实施规则》第23条规定：“凡被独居拘禁者，必须断绝与其他任何犯人的往来，除传呼、放风、洗澡、接见、教诲、治疗等不得已情况外，必须一个人单独关在牢房里。”独居拘禁的意义在于：①以严厉的剥夺自由让犯人领受刑罚的痛苦；②让犯人冷静，同时给予其反省的机会；③防止犯人从其他受刑人处染上恶习，并通过职员等的影响，唤起其改造的欲望。但是，这种拘禁制度存在较大弊端：①为实施独居拘禁，需要与此相适应的设备与人员，会导致行刑成本大量增加；②由于无视人性，成为关押性精神病的诱因；③不适合劳役的实际情况等。[①] 菲利将“单独监禁”称之为“活的坟墓”“把人变成余毒的动物或狂暴的野兽”[②]。为此，《日本监狱法实施规则》规定，独居拘禁期间不得超过6个月，（例外时，可三个月更换一次）；特别是对少年，不能连续拘禁3个月以下。由于这种独居拘禁可能会有造成不详事故的危险，因此，《日本监狱法》第28条规定，监狱长及狱医最少每月要检查一次；其他监狱官吏，每天都应进行数次巡视。

（2）杂居拘禁

杂居拘禁，是让数名被收容者同居一室、共同生活的拘禁形式，包括昼夜杂居、昼间杂居但夜间独居等形式。通常所称的杂居拘禁，仅指昼夜杂居。作为一种古老的拘禁方式，杂居拘禁由于具有国家不用付出太多的财政投入便能实施、便于劳动改造，与一般的生活形态较为接近等优点，而被广泛采用。但其也存在不容忽视的缺陷：①易于交叉感染，衍生出新“犯罪”；②个人隐私

---

① ［日］大谷实：《刑事政策学》，黎宏译，法律出版社2000年版，第221页。

② ［意］恩里科·菲利：《实证派犯罪学》，郭建安译，中国政法大学出版社2004年版，第151页。

权得不到保护，也得不到自我反省的机会；③由于杂居环境混杂，拘禁卫生环境等不甚理想。

（3）未成年人拘禁方式的选择

独居拘禁与杂居拘禁各具利弊，而杂居拘禁的弊端在于夜间杂居所造成的。因此，理想的拘禁方式应采用白天杂居拘禁，在晚上睡觉和休息日的休息时间内实行单室独居的夜间独居制。这样，不仅减少了交叉感染机会，确保受刑人的隐私，而且能使受刑人利用足够的个人空间进行自我反省，也可以避免杂居所带来的个人纠纷。此外，夜间进行独居拘禁还可以减少脱逃和违反监规纪律事件的发生。《日本监狱法》第15条规定："除身心状况不合适者外，都可实行独居拘禁"，但在实际行刑中，仍以杂居拘禁为原则。如前所述，昼间杂居、夜间独居应是最佳的拘禁方式，但是由于其行刑成本过高，加上监狱拥挤，因此只能是一种理想的拘禁方式。

德国《少年刑罚执行规定法（草案）》第19条规定少年犯的安置：①犯人将有秩序地安置在居住小组里。对未满16周岁的少年犯组成特殊的居住小组。②培训、劳动、治疗工作、参加教育方案或者其他工作时间内的活动均集体进行。③女犯与男犯应分开安置在居住小组。男女犯人共同学习或职业教育是许可的。④在休息时间犯人应单独在各自的监舍休息。有他人帮助需求的犯人，经犯人同意与人共同居住是许可的。在犯人生命或健康受到危险时，不必征得受到危险的犯人的同意。为此，共同居住只有在出自紧急的情况下才允许暂时合住。⑤犯人可在适当范围内用自己的物品布置监舍。布置和摆放的物品应适合刑罚执行的目的，如果危害监狱的安全或严重扰乱监狱的秩序，则应排除。可见，德国少年犯拘禁的方式采取杂居拘禁方式。笔者认为，未成年服刑人员拘禁应以杂居拘禁为主、独居拘禁为辅。未成年服刑人员只有在执行刑罚或难以适应集体生活的场合下，为保护受刑人本人及其他受刑人，或为维持秩序，而被采用。

（二）收监制度

德国《少年刑罚执行规定法（草案）》第8条规定了少年犯的收监程序：①在接收犯人入监程序中，不允许其他犯人在场。②在与犯人的首次谈话中，以其理解的语言同其探讨其目前的生活处境，告知其权利与义务，犯罪人应遵守的监狱规则。③犯人应立即进行健康检查，并将其介绍给监狱领导。为了顺利完成收监制度，我国台湾地区"监狱行刑法"第8条规定，关于第3条少年受刑人之犯罪原因、动机、性格、境遇、学历、身心状况等参考之事项，应于其入监时，有指挥执行机关通知监狱。

对新收容的未成年犯，应立即对他们的身体、衣物以及携带的其他物品进行检查。进行洗浴后，再进行健康诊断，并由管教所所长亲自讲明未成年犯管教所的使命、每日课程、工作概要和其他事项。为使未成年犯安心接受教育，增强信赖的感情，了解新入所的未成年的个性、身体状况、境遇、经历、教育程度、技能以及同其他未成年犯的接触，在前 15 日内应收容在考察寝室内，在此期间，应利用医学、心理学、教育学、社会学及其专门知识，并考察法院移送的审前调查报告，对新收容者的行为加以观察，以便决定所采取的处遇方案。

（三）未成年犯监禁管理制度

1. 分类处遇

（1）分类处遇的必要性

所谓分类，是指从共性之物中挑出异性物，以此为标准进行分门别类。所谓分类处遇，是指为实施和受刑人的改造自新及环境的社会问题相应的处遇，展开科学调查以查明各个受刑人的问题，并根据调查结果制定相应的处遇计划，为使该计划有效事实，便将受刑人编成各种团体，并对各个团体实施相应的有效处遇。[①] 分类处遇自古以来已有实行，即按照少年与成年、男性与女性进行分类。后来，又根据服刑人的罪质、性格、犯罪次数和年龄等，朝着分类拘禁的方向发展。现代分类处遇制度，最初是在 1918 年美国新泽西州的都灵顿监狱试行。分类处遇的途径是：先把被判刑人放在由专家组成的综合分类中心收容一段时期，从各方面对他们进行科学考查，然后再对服刑人员继续安排适当的处遇和训练，这是从设施与处遇相结合的观点发展起来的一种制度。分类处遇的开展有极其重要的价值，首先，分类处遇契合了刑罚执行个别化的要求。为了改造未成年犯，使其重返社会，应根据各个未成年犯自身特点以及环境、社会的问题，实施最为合适的处遇。分类处遇是处遇科学化的具体要求。其次，分类处遇也是未成年犯行刑世界化的趋向。针对未成年犯与成年犯混押混管有着诸多弊端，1847 年布鲁塞尔会议上正式提出对少年犯应该设置特别监狱等决议；1910 年华盛顿世界监狱会议议决中指出："拘留场所，少年犯当与成年犯罪人隔绝，审判时间亦应与成年犯罪人分离。"最后，分类处遇契合了未成年人司法的要求。《联合国少年司法最低限度标准规则》（北京规则）对于分押分管原则作出了明确、细致的规定：被监禁少年应获得由于其年龄、性别和个性并且为其健康成长所需要的社会、教育、职业、心理、医疗和身体的照顾、保护和一切必要的援助。应将被监禁的少年与成年人分开，应将他们

---

① ［日］大谷实：《刑事政策学》，黎宏译，法律出版社 2000 年版，第 211 页。

关押在分别的一个监所或在关押成年人的监所的一个单独部分。《联合国保护被剥夺自由少年规则》第 28 条规定："拘留少年的环境条件必须根据他们的年龄、个性、犯罪类别以及身心健康，充分考虑到他们的具体需要、身份和特殊要求，确保使他们免受有害的影响和不碰到危险情况。将被剥夺自由的各类少年实行分开管理的主要标准应是提供最适合有关个人的特殊需要的管教方式，保护其身心、道德和福祉。"

我国一直十分重视和强调对少年犯与成年犯应该分别关押管理。1954 年 9 月政务院发布的《劳动改造条例》第 3 条规定"对少年犯应当设置少年犯管教所进行教育改造"；1982 年公安部《监狱、劳改队管教工作细则（试行）》第 7 条规定"少年犯应当送少年犯管教所关押改造"；1991 年施行、于 2012 年修订的《未成年人保护法》第 57 条第 1 款规定，对羁押、服刑的未成年人，应当与成年人分别关押。1994 年《监狱法》第 39 条第 1 款规定"监狱对成年男犯、女犯和未成年犯实行分开关押和管理、对未成年犯和女犯的改造，应当照顾其生理、心理特点"；1999 年《预防未成年人犯罪法》第 46 条再次重申"对被拘留、逮捕和执行刑罚的未成年人与成年人应当分别关押、分别管理、分别教育"。

人民检察院负责对分押分管原则贯彻执行情况进行法律监督。2002 年 4 月施行、于 2013 年修订的最高人民检察院的《人民检察院办理未成年人刑事案件的规定》第 70 条规定："人民检察院依法对未成年犯管教所实行驻所检察。在刑罚执行监督中，发现收押成年罪犯的监狱收押未成年罪犯的，未成年犯管教所违法收押成年罪犯的，或者对年满十八周岁时余刑在二年以上的罪犯留在未成年犯管教所执行剩余刑期的，应当依法提出纠正意见。"

（2）具体制度的构建

首先，完善分区管理制度。分区管理是按照受刑人的性质、多寡、职员的编制及处遇设备等因素进行功能性的分区，其分区是依据受刑人在戒护安全及处遇计划需求为主。监狱分类片区包括：收押分类中心、严管中心、普管中心、宽管中心、过失犯中心、医疗中心等。分区管理的组织形态是每个区域为一个自我独立运作的单位，活动区域包含舍房、工场、教室、运动区及职员办公室。其优点在于：第一，同一区域的受刑人监禁在同区的舍房内，以防止不同区域受刑人相互之串联。第二，管教人员有充分的权限执行任务，并解决该区受刑人的问题。第三，分区负责人能有效监督该区各项活动的实施，每天可以从职员及受刑人员处直接得到回馈，他拥有热线电话，必要时可与受刑人接触。第四，分区职员的办公室设在各区域内，不是在行政大楼，可就近监督并增加与受刑人接触的机会。第五，分区管理可增加舍房服勤人数达二倍之多。[①] 美国矫正协会曾运用分区管理制度整顿芝加哥最大且失控的帮派监狱Statevile，并协助这个声名狼藉的监狱从混乱走向平静。监狱分区管理是将监狱分成几个半自治性的区域，透过分区管理使监狱组织重新组合，各个区域建立相互沟通的管道，这种分区管理的目的在于：促进分区管理高层直接接触受刑人，加强分区管理负责人与监狱最高阶层的密切接触，可以为受刑人提供最佳的处遇。其本质是将监狱的决策权分散，以促使受刑人的管教人员能参与监狱决策。分区管理推行的关键在于监狱长愿意充分授权，否则分区管理难以推展；另外，监狱分区的协调与沟通也是建立分区管理制度必须考虑的因素。为了提高未成年犯的行刑效果，有必要在未成年犯管教所实行有效的、科学的分区管理制度，从而为实现未成年犯行刑个别化提供相应的制度保障。

其次，完善分类管理制度。根据美国矫正协会的定义，罪犯分类是指一种给予罪犯不同的矫正活动分配，以提供最有效的、适应罪犯需要的矫正活动的方式。它是依据矫正目的，对罪犯作出甄别、鉴定，然后作出相应对等反应的方法。服刑者的分类是以改造、自新、复归社会为目的。未成年犯的处遇内容是在充分考虑到属于这一群体的人的年龄特点、可塑性、身心兼顾的发展性等特点后形成。就未成年人服刑而言，则着重考虑正处于未成年犯身心发育阶段的特点，培养他们懂得社会常识，养成遵纪守法习惯，同时让他们努力取得学校文凭或职业资格证书，平时还经常举行各种体育活动，与监护人经常保持联系等。[②] 对于未成年犯进行矫治工作并非易事，部分未成年犯因特殊行为样态如精神疾病、智商不足，挫折忍受力低，道德感低落，加上特殊犯罪类型如盗窃、暴力犯罪、团伙成员、心理病态人格等，从而使未成年人矫治工作面临诸多变数。为此，降低处遇障碍并强化教化效果的有效办法之一就是采取个别化处遇策略。个别化处遇的展开应以鉴别犯罪者基本特性与内在心理需要为前提。了解未成年犯的基本特性，可以从其罪名、刑期、初次（初犯、再犯、累犯）、年龄、性别、精神状态及其家庭与社会环境背景等加以初步辨识。另外，未成年犯在监禁中的生活适应形态及角色扮演情形，也可作为个别化处遇的参考。

---

① 杨士隆、林建阳主编：《犯罪矫正——问题与对策》，台湾五南图书出版公司2007年版，第391页。

② ［日］宫泽浩一：《少年违法犯罪与违法犯罪少年的处遇》，苏惠渔、西原春夫主编：《中日刑事法若干问题——中日刑事法若干问题讨论会文集》，上海人民出版社1992年版，第156页。

最后，完善分类前调查制度。德国著名学者施奈德指出，分类是对囚犯进行治疗的基础，是一个持续不断的过程，治疗目的在于改变囚犯的人格。在此目的达到之后，必须进行新的分类（即活力分类）。这一分类的前提，即对囚犯身上出现的任何的一种带有活力的研究。因此，必须注意到未成年犯在关押期间出现的变化情况。在日本，调查分为入所时调查和再调查。入所时调查是在各矫正区内所设置的分类中心进行，在确定判决、进入监狱后的20日之内，对被移送的分类中的受刑人进行为期约2个月的入所时调查，并根据调查结果决定分类等级，将受刑人分别移送到合适的监狱收容，这便是收容分类。之后，以分类调查为基础，根据指定居室、决定处遇方案等进行分组，这便是分类处遇。再调查在分类中心及正在收容的刑事设施中进行。刑期不满8个月原则上每2个月1次，其他人约6个月1次定期进行。在我国，未成年人一般关押于未成年犯管教所，因此不存在收容分类。但是，收容分类制度也不容忽视，应加强未成年犯分类制度的建构。首先，应建立未成年犯分类中心。尽管在美国和日本，分类中心备受责难，但是学者们并没有对实现个别化处遇理念及作为实现该理念的手段提出否定。[①] 为了实现未成年犯处遇科学化，应建立与完善未成年犯分类中心。其次，设置未成年犯分类管理制度。分类管理制度分为两种：一种是入所分类，即在未成年犯入所后2个月，对未成年人各种情况包括犯罪经历、身体健康状况、个性特征等综合评估后，编入不同的处遇小组，实施不同的处遇计划。另一种是入所后分类，为了便于了解未成年犯的处遇情况，应定期进行重新分类。对于刑期在3年以内未成年服刑人员原则上3个月1次，其他人则约6个月1次定期进行。最后，分类中心应建立未成年服刑人员台账制度，及时将分类信息反馈到执行机构，以便采取不同处遇措施，包括累进处遇、给予减刑、假释处分等。

2. 累进处遇

（1）累进处遇的刑事政策意义

所谓累进处遇制度，就是将裁判上宣告的刑期划分为数个阶段，依照受刑人改善程度，累次由下级进入上级，跟着阶级的进级渐次缓和其处遇，以鼓励受刑人自新的监禁方法。[②] 累进处遇最初于1822年为英国在澳大利亚殖民地所采用。随着1842年英国殖民岛Norfolk岛典狱长马克诺基点数方法（亦称“点数制”）的发明，尤其是爱尔兰制度的发展，累进处遇被广泛采用。最初的累进制度分为三个阶段，分别为独居拘禁、杂居作业、假释。随着爱尔兰制

① ［日］大谷实：《刑事政策学》，黎宏译，法律出版社2000年版，第215页。

② 林纪东：《刑事政策学》，台湾编译馆1969年版，第94页。

度的发展，在杂居作业与假释期间增添个半自由阶段，即中间监狱。我国台湾地区“监狱行刑法”第20条规定：“对于刑期一年以上之受刑人，为促其改悔向上，适于社会生活，应分为数个阶段，以累进方法处遇之。”

分类处遇与累进处遇的性质有所不同，分类处遇是横的分类，而累进处遇则是纵的分类。在分类时，按照累进处遇的规定，已经把意愿努力改正自己的人同相反的人分成不同类型的小组。同时，分类自身由于时间的推移，其等级条件也会随着缓和，或者使累进处遇更为积极化，也可以说，累进处遇为分类处遇增加了积极因素，因此，从一定意义上说，累进处遇也可以看作分类处遇的一部分而把它同化的想法也是正确的。

累进处遇制度确立的意义在于：①依照受刑人改善程度分别施以适当的处遇，可使呆板的自由刑执行富于弹性，累进处遇“在于利用自由刑的弹力性，予受刑人以希望，促他奋发努力，以巩固他的道德观念。并且逐渐加以社会生活训练，使受刑人出狱后，能够适应社会生活”[①]。②因逐渐放宽所享有待遇，可借以诱导并鼓励受刑人向上，正如麦克诺基所说：“如果让一个人掌管自己被囚的监狱的钥匙，他很快就会把钥匙插进锁里。”[②] ③因使生活环境慢慢与自由社会接近，故可避免由监狱走向自由社会时遭遇之适应困难。[③]

（2）累进处遇制度的建构

在我国监狱行刑制度中，目前尚没有累进处遇制度的规定。实践先于立法，1988年我国辽宁省监狱系统率先借鉴西方国家的累进处遇制度，并根据中国国情加以改进，形成分级递进管理制度，形成了对罪犯改造实行以分计奖、依法减刑、分级管理、全程激励的新格局，大大调动了罪犯改造的积极性。其基本做法是：以罪犯执行的刑期为基础，将罪犯分为4级，分别为服法级、赎罪级、向善级、自新级。每级按刑期长短分成13类，并规定每类进级责任分数。以规定的考核办法为标准，依据罪犯的改造表现，达到一定分数后给予升级；受到记过处分的罪犯则予以降级。每级享受不同的待遇，主要在接见、接受物品、通信、准假制度等方面。这为未成年人累进处遇制度的建设提供了丰富的实践经验。

累进处遇制度应着重注意分级内容和分级方法的建构。日本少年累进处遇分为五级：一级上、一级下、二级上、二级下以及丙级。刚入院时被按照在二级下，以后按顺序晋级，成绩不好的降至丙级。可以根据学习情况、接受职业

① 林纪东：《刑事政策学》，台湾编译局1969年版，第213页。

② 转引自杨殿升主编：《监狱法学》，北京大学出版社1997年版，第285页。

③ 张甘妹：《刑事政策学》，台湾三民书局1979年版，第31页。

辅导、操行状况、责任感等作出考核和评估，每月召开一次审查会，决定升级或降级，特别优秀的一次可晋双级，相反，有特别事由可降两级，增加自用奖金的金额、住进特殊居室、优待日用品、单独外出和单独探亲、特别服装等，探视与会见次数，减刑、假释等考虑。

分级方法是累进处遇制度的关键。累进处遇分级方法有两种：一种是考察制度；另一种是点数制。前者是由监狱官员考察受刑人的行刑成绩，作为决定其进级与否标准；后者以受刑人的行刑成绩以点数测定，规定进级与否所需要点数。1990年司法部《关于计分考核奖惩罪犯的规定》，采取定性、定量分析，把罪犯改造表现分成若干项，以累计分多少确定奖惩。这种方法对增强考核的准确性、克服随意性、调动罪犯改造积极性和提高改造质量起到促进作用。

（四）未成年犯监狱行刑活动的具体展开

1. 教育矫正

德国著名刑法学家李斯特曾言："教育是对未成年人犯罪的主要手段。"由于未成年犯处于心智不健全的的阶段，其犯罪正是心智不健全的具体体现，因此，只有对未成年犯开展有效教育改造活动，培养其健全人格，才能顺利回归社会。教育改造开展是十分必要的。首先，教育改造是未成年犯改造的重要内容。犯罪学学者 Green（格林）指出："大多数犯罪人，是文盲与未曾受教育训练之人。"而未受教育之人，一无自制力，易被环境之诱惑；二不明事理，善恶是非，辨别不出，动入歧途。① 教育改造是三大改造手段之一，通过对未成年人的教育改造有助于未成年人培养正确的人生观、价值观、世界观，有助于道德意识的养成。其次，教育改造有助于未成年犯的再社会化。由于未成年人缺乏教育，导致缺乏基本的社会生存之道。通过教育改造，提供职业培训，提高未成年犯社会生存能力，促进其再社会化进程。1985年《联合国少年司法最低限度标准规则》（北京规则）第26条指出："被监禁少年的培训和待遇目标是提供照管、保护、教育和职业技能，以便帮助他们在社会上起到建设性和生产性的作用……应鼓励各部会和部门之间的合作，给被监禁的少年提供适当的知识或在适当时提供职业培训，以便确保他们离开监禁机关时不致成为没有知识的人。"最后，教育改造符合未成年人司法的原则。"教育、感化、挽救"的方针是我国未成年人司法一贯方针。1998年《未成年犯管教所管理规定》规定，对未成年犯的改造，应当根据其生理、心理、行为特点，以教

① 孙雄：《犯罪学研究》，北京大学出版社2008年版，第75页。

育为主，坚持因人施教、以理服人、形式多样的教育改造方式。为了保证未成年犯教育改造的顺利实施，该规定明确指出，未成年犯管教所所需经费由国家保障。未成年犯的教育改造费、生活费应高于成年犯。

教育矫正首先应培养赎罪感。林山田教授指出，理想的刑罚应该促使犯罪人赎罪感，在刑事矫治工作上，务必促使受刑人的赎罪能力与赎罪的心理条件下，使其真正出自内心的悔悟而得到改过自新，在此情况下，赎罪思想实际上也应涵盖教育思想。如此的报应，才具有刑事政策上的意义。① 陈兴良教授也指出："刑罚不仅是对犯罪人的一定权利和利益的剥夺，而且还表明国家对犯罪人及行为的否定评价，并且从道义上谴责犯罪人，因而寓有教育的意蕴。"②

教育矫正应全面展开。未成年犯教育改造应主要体现在以下方面：(1) 思想教育。《监狱法》第 62 条规定，监狱应当对罪犯进行法制、道德、形势、政策、前途等内容的思想教育。根据《未成年犯管教所管理规定》第 29 条规定，对未成年犯应当进行思想教育，其内容包括法律常识、所规纪律、形势政策、道德修养、人生观、爱国主义、劳动常识等，所用教材由司法部监狱管理局统编。(2) 文化教育。严景耀先生曾言："犯罪不是别的，不过是文化的一个侧面，并且因文化的变化惹人发生异变，它是依据集体的一般文化而出现的，它既不是一种离体的脓疮，也不是一种寄生的肿瘤。它是一个有机体，是文化的产物。"③ 因此，加强对未成年犯文化教育，提高其文化素养，可以使未成年人远离犯罪之源，避免重新犯罪。对未成年犯的文化教育应当根据其文化程度，分别进行扫盲教育、小学教育、初中教育。采取分年级编班施教，按规定的课程开课，使用经国务院教育行政部门审定的教材。有条件的，可以进行高中教育。鼓励完成义务教育的未成年犯自学，组织参加各类自学考试。(3) 技术教育。为顺利实现未成年犯再社会化，技术教育（职业培训）是必要的。通过技术教育（职业培训），可以提高未成年犯的成就感和自我价值感。对未成年犯的技术教育应当根据其刑期、文化程度和刑满释放后的就业需要，重点进行职业技术教育和技能培训，其课程设置和教学要求可以参照社会同类学校。(4) 生活指导。根据《未成年犯管教所管理规定》，应当对未成年犯进行生活常识教育，培养其生活自理能力。生活指导是指为使服刑人员度过有意义的狱中生活，培养其在释放后能适应社会的生活态度，在监狱中对各

---

① 林山田：《刑罚学》，台湾商务印书馆 1975 年版，第 52 页。

② 陈兴良：《本体刑法学》，商务印书馆 2001 年版，第 627 页。

③ 严景耀：《中国的犯罪问题与社会变迁的关系》，吴祯译，北京大学出版社 1986 年版，第 2 页。

个受刑人所进行的指导和训练。生活指导可以通过以下途径来实行：一是集体行动训练。通过集体行动，培养与训练未成年犯纪律、教养素质，让他们理解和掌握不仅在狱内而且将来走到社会上也应具备的基本的行为方式。它一般作为入狱教育来实施，并配合体育活动等，进行集体观念的教育。二是应积极组织设施外的活动，努力培养他们复归社会后的适应能力。

教育改造因服刑阶段不同应有所侧重：在未成年人入狱阶段，做好入狱时教育；在出狱时做好出狱前的教育，做到有的放矢，具有针对性。在入狱阶段，应对新入狱的的未成年犯说明监狱（未成年人管教所）的目的、机构、生活上应注意的、应遵守事项等狱内规则等。入狱教育在力求安定服刑人员精神状态的同时，还可以让服刑人员度过狱中生活，为重返社会作好良好的心理准备。出狱教育对于出狱人来说非常重要，它具有对未成年服刑人员的处遇进行总结的性质，又有释放前教育性质。出狱时教育包括出狱后的生活指导，包括有关出狱的各种手续、改造帮助、就业、社会福利等方面的说明，它是为使受刑人顺利适应社会生活而进行的指导。

教育改造的方式应该灵活多样。对未成年犯的教育采取集体教育与个别教育相结合，课堂教育与辅助教育相结合，所内教育与社会教育相结合的方法。未成年犯管教所应当加强同未成年人保护组织、教育、共青团、妇联、工会等有关部门的联系，共同做好对未成年犯的教育改造工作。为了实现理想的教育改造目标，应根据未成年犯的案情、刑期、心理特点和改造表现进行有针对性的个别教育。

2. 劳动改造

劳动改造是行刑机关在行刑目的指引下，以劳动为载体和形式，通过依法强迫罪犯参加生产劳动来改造罪犯的行刑司法活动，是以教育改造、感化改造为辅助的基本改造手段。① 监狱劳动在古代被看作利用劳动力资源或者进行惩罚的手段，② 随着矫正思想的展开，监狱劳动被理解为帮助受刑人改造、让其重返社会的重要手段。

对于在监狱中让受刑人参加劳动的目的，历来存在多种观点：第一，监狱劳动是国家利用受刑人的劳动力；第二，为了让受刑人感受作为刑罚的痛苦而有必要进行监狱劳动；第三，监狱劳动，以维持监狱运转的经费，即监狱自给

---

① 邱兴隆、许章润：《刑罚学》，中国政法大学出版社 1999 年版，第 349 页。

② 欧洲监狱早期监狱作业所设计的“踏磨”与“弯轴”，纯粹作为惩罚罪犯的手段而被广泛使用。参见［美］约翰·列维斯·齐林：《犯罪学及刑罚学》，查良鉴译，中国政法大学出版社 2003 年版，第 452～453 页。

自足的主张；第四，维持监狱纪律秩序的必要；第五，将劳动作为服刑人员享受一般国民同样的权利；第六，作为矫正处遇的基本内容、目的使其重返社会。[①] 笔者认为，监狱劳动对于未成年犯的改造是十分必要的：第一，监狱劳动是矫正教育的重要内容。尽管监狱劳动具有产生刑罚痛苦的一面，但不应把囚犯参与劳动作为惩罚，或者是为了利用劳动力，降低监狱开支费用，实现监狱自给自足的需要。监狱劳动目的主要定位在矫正教育，即一方面通过监狱劳动使受刑人遵纪守法、养成勤劳生活的习惯；另一方面通过技术技能和知识培训，使其获得一技之长，从而为重返社会作准备。第二，监狱劳动是罪犯处遇的重要环节。日本著名学者菊田幸一主张，应将服刑人的劳动当作处遇他们的一个环节，“既使劳动本身对他们的改悔没有明显的效果，但最低限度，也不能否定在防止他们变得更坏方面所能起到的作用。”[②] 第三，监狱劳动是培养劳动机能，使罪犯成为自食其力的人。劳动是“伟大的消毒剂”。监狱改革先驱约翰·霍华德曾言“人能勤勉，则必诚实”。囚犯参与劳动或者让其适应劳动，乃是通过劳动使其受到感化的前提。[③] 第四，监狱劳动是维护监狱秩序的重要手段。监狱劳动是维护监狱（未成年人管教所）中的纪律秩序的必要手段。让大量不从事劳作的人拘禁生活，本身必然招致其精神颓废、最终引发监狱暴力等违反监规的行为，因此，提供适当劳动，丰富改造内容，对于维护监狱的管理秩序是必不可少的。第五，监狱劳动是行刑人道主义的体现。监狱劳动也反映出行刑人道性，“自由刑是否人道，主要也表现在行刑方法上，尤其与监狱管理存在直接的关系。在近代刑法改革之前，自由刑主要是以苦役的形式出现，同样成为十分残酷的刑罚。随着报应刑的式微和教育刑的兴起，苦役改造成为以矫正罪犯为内容的自由刑，其人道性大为提高。”[④]

2005 年 9 月，司法部监狱管理局下发《关于解决服刑人员超时劳动问题的规定》，规定罪犯每天劳动的时间不超过 8 小时，每周不超过 6 天。但是，对于未成年犯，根据他们的身心特点，劳动主要以学习文化和生产技能为主，实行半天劳动半天学习的制度，安排较轻的劳动工种。根据 1999 年《未成年犯管教所管理规定》的规定，未成年犯的劳动时间，每天不超过 4 小时，每周不超过 24 小时。组织未成年犯劳动，应当在工种、劳动强度和保护措施等

① ［日］大谷实：《刑事政策学》，黎宏译，法律出版社 2000 年版，第 233 页。

② ［日］菊田幸一：《犯罪学》（六订版），日本成文堂 2006 年版，第 367 页。

③ ［德］汉斯·约阿希姆·施奈德：《犯罪学》，吴鑫涛、马君玉译，中国人民公安大学出版社、国际文化出版公司 1990 年版，第 911 页。

④ 陈兴良：《刑罚的价值构造》，中国人民大学出版社 1998 年版，第 508 页。

方面严格执行国家有关规定，不得安排未成年犯从事过重的劳动或者危险作业，不得组织未成年犯从事外役劳动。未满 16 周岁的未成年犯不参加生产劳动。

监狱劳动可分为生产劳动、职业训练及自营劳动。生产劳动，是指生产具有市场性的商品生产及服务劳动。职业训练，是指开设职业训练课程，培养职业技术的劳动，又称为习艺性劳动。自营劳动，是指为维护监狱管理以及同被收容者的衣食住行有关劳动，包括监狱设施的维修与保养、炊事、洗涤、清扫、看护等活动。此外，在社会企业帮助下，还有于监狱外工作的监外（所外）劳动。考虑到未成年人的身心特点，尽量不安排生产性劳动，而多安排习艺性劳动和自营性劳动。为此，未成年犯管教所应根据需要，设立适合未成年犯特点的习艺劳动场所及其设施。为了契合行刑社会化的要求，在条件允许情况下，应安排未成年人所外劳动，这样有助于开放式处遇的开展。

3. 心理矫治

在 1925 年伦敦国际监狱大会上，大会主席勒戈尔·布里斯（Ruggle Brise）在其开幕词中宣称："在每个文明的国度，犯罪的个人必须进入法律的概念中，这一点已日益得到人们的认可，因为这关系到责任和惩罚的范围与形式，由此就有必要对罪犯进行病理学、心理学的（本来可能会再加上一词——社会学的）研究。"① 有研究显示："未成年犯的人格特点，精神质特征和神经质特征比较明显，心理健康水平较低，并且适用积极应对方式较少，而适用消极应对方式较多，其人格特点与心理健康水平和应对方式之间有显著的相关关系。"② 对未成年犯进行心理矫治，首先是对未成年犯的病态心理进行分类。在司法实践中，未成年犯主要可以分为未社会化的攻击型、假社会化的亚文化型、不成熟的亚文化型、社会生活能力低下的幼稚型、过度压抑的孤僻型、情绪不稳定的神经质型以及基本社会化的以外情景型等七类。③

1999 年《未成年犯管教所管理规定》第 39 条规定，未成年犯管教所应当建立心理矫治机构，对未成年犯进行生理、心理健康教育，进行心理测试、心理咨询和心理矫治。司法部于 2003 年 6 月 13 日颁布的《监狱教育改造工作规定》第 5 条明确将心理矫治规定为"监狱教育改造工作"的内容，并于第七

---

① ［意］恩里科·菲利：《伦敦国际刑法大会》中"Revue International de penal"，1926 年 1 月。

② 李俊丽等：《未成年犯的人格特点与心理健康状况和应对方式的相关研究》，载《中国学校卫生》2006 年第 1 期。

③ 邬庆祥：《违法少年的分类心理矫治方案》，载《思想理论教育》2005 年第 5 期。

章（第43—49条）对“心理矫治”作了专门规定。其中第43条规定：“心理矫治工作包括：心理健康教育，心理测验，心理咨询和心理疾病治疗。”1987年，上海市少年犯管教所率先建立未成年犯罪心理诊所，开展心理测量和心理咨询工作。

为了从根本上教育、感化、挽救涉案未成年人，做到预防和减少未成年人犯罪，扩大心理干预对象范围，对少年犯与特殊家庭、单亲家庭、离异家庭的家长同时进行心理干预，尤其注重对被判处缓刑的未成年人家长的心理矫正。管教警官将联系涉案未成年人家长，对家庭教育方法欠妥的家长进行教育指导，并根据情况建议部分家长到专门咨询机构进行心理咨询；对于特殊案件，还与专家对涉案未成年人及其家长开展共同心理干预，促使家长改进教育方式，营造良好的家庭氛围，保障未成年犯早日回归社会，健康成长。从实践效果来看，心理干预机制有利于全面考量未成年人的性格、心理特点，寻找切实可行的疏导方法帮助被告人克服心理问题，对于未成年犯刑罚执行具有重大意义。

4. 未成年犯的日常管理

1955年《囚犯待遇最低限度标准规则》第60条规定：“监所制度应该设法减少狱中生活同自由生活的差距，以免降低囚犯的责任感。”对未成年犯的管理，“毋庸置言，狱政官应对少年罪犯心怀仁慈和同情。但是这一仁慈和同情，就像它原来那样，必须像那种严父对孩子的情感。它不应当是溺爱的母亲对待其爱子那样的感情。”① 同时，为了达到对未成年的犯刑罚目的，有必要对未成年犯人身、生活采取一定的限制。德国《少年刑罚执行规定法（草案）》第6条规定，对犯人的自由作出预定的限制。如法律无特别规定，只有基于维护少年监狱的安全或预防少年监狱秩序受到严重干扰时，才对犯人作出必要的限制。

（1）着装等安排

德国《少年刑罚执行规定法（草案）》第20条规定了未成年犯着装，具体如下：①犯人可穿自己的衣服，衣服的清洗、穿戴以及定期更换由犯人本人照管。在劳动期间可穿着由少年监狱提供的工作服或劳动保护服。②征得监管部门同意，在少年监狱或监狱的某些部门可规定犯人在监狱内穿监狱服装。笔者认为，考虑到服刑未成年人处遇的特殊需要，可以令其穿特别囚服，外出时，未成年服刑人员可以穿自己的衣服。《上海市罪犯行为规则》规定，罪犯

① ［日］森田晃：《日本的少年司法制度：一种历史的比较文化的考察》，林维译，载《青少年犯罪研究》2005年第1期。

可以不强迫理光头，可以选择三种发型。未成年犯的发型应作统一化管理，可以提供几种发型供未成年犯选择。为了维护未成年犯管教所的纪律和卫生，应当合理安排未成年犯洗澡、理发、洗晒被服。

（2）探视与会见制度

接见是指被收容者与外部之间进行的会面和接触。探视与会见制度是在封闭处遇中的服刑人员与外部接触、加强社会联系的重要手段，它不仅可以避免拘禁生活的弊害，而且有助于罪犯改造工作的顺利进行，在使其顺利回归社会等方面具有重要意义。未成年犯会见的时间和次数，可以比照成年犯适当放宽。对改造表现突出的，可准许其与亲属一同用餐或者延长会见时间，最长不得超过24小时。探视与会见通常仅限于亲属，对于社会组织与社会人员能否参与?《联合国少年司法最低限度标准规则》（北京规则）规定，不应阻碍被判刑人与自己家属及其信任的友人会面。笔者认为，经过未成年犯管教所的同意，社会组织与社会人员可以参与探视与接见。

（3）归假制度

根据《未成年犯管教所管理规定》的规定，未成年犯遇有直系亲属病重、死亡以及家庭发生其他重大变故时，经所长批准，可以准许其回家探望及处理，在家期限最多不超过7日，必要时由人民警察护送。同时，为了配合累进处遇制度的开展，加强未成年犯与外界的联系，对被判处有期徒刑的未成年犯在执行原判刑期1/3以上，服刑期间一贯表现良好，离所后不致再危害社会的，未成年犯管教所可以根据情况准许其离所探亲。未成年犯被批准离所探亲的时间为5—7日（不包括在途时间），两次探亲的间隔时间至少在6个月以上。离所探亲的未成年犯必须由其父母或者其他监护人接送。

（4）通讯制度

通讯方式包括书面通信与口头通话。通信是未成年犯与外界联系的主要方式，包括信件、明信片和电报，但电话不包括在内。为了维护未成年人合法权益，未成年犯可以与其辩护人通信。对未成年人的信件，未成年犯管教所有权检查。经批准，未成年犯可以与其亲属或者其他监护人通电话，必要时由人民警察监听。同时，为了实现未成年犯累进处遇，应针对未成年犯的状况规定不同通讯的次数和时间。

（5）业余生活的安排

英国有一位诗人曾言："人的头脑过于空虚，就铸造罪恶。"业余时间的利用是为了让未成年犯恢复，从而更新、重新获得身心的力量。安排业余生活可以消除未成年服刑犯的孤独感，唤起他们的改造积极性，可在一定程度上提高未成年犯改造的质量，减少重新犯罪的概率。业务生活的安排主要包括以下内容：

首先，户外活动的安排。《囚犯待遇最低限度标准规则》第21条规定：（1）凡是未受雇从事户外工作的囚犯，如气候许可，每天最少应有一小时在室外作适当体操。（2）青少年囚犯和其他在年龄和体力方面适宜的囚犯，在体操的时候应获得体育和文娱训练。应为此目的提供场地、设施和设备。笔者认为，应有1—2小时户外活动时间，便于开展适合未成年人年龄和健康的活动。体育活动的开展具有重要的意义，不仅有利地促进未成年犯的身体健康，迎合他们好动的天性，促使好斗情绪的发泄，而且更为重要的是，体育活动能够培养这些人犯在自我控制情况下做公正的集体性游戏，从而树立集体感与集体精神。①

其次，应该给予未成年服刑人员适当的余暇活动的机会、自己钻研自己爱好的时间。为此，《囚犯待遇最低限度标准规则》规定，所有的拘禁设施都必须充分备有娱乐和教育图书，设置供给各种类型和服刑人阅览的图书室，并且规劝他们阅读，以便充分利用。

最后，合理安排狱内媒体，使服刑人员获得更多的外界信息。未成年犯管教所是一个封闭场所，服刑人员生活在其中，在不同程度上经历了监狱化的过程，而且刑期越长监狱化过程越深，这不利于其再社会化。为了淡化监狱化，继续社会化，除了通过监狱干警、家属、其他服刑人员的口头传播外，还有一个很重要的渠道就是媒介。传播问题研究委员会在《多种声音，一个世界》（1981年）报告中曾经归纳大众传播媒介的8种功能：获得消息情报、社会化、动力、辩论和讨论、教育、发展文化、娱乐、一体化。现代人的社会化过程既是在家庭、学校等群体中进行，也是在特定的大众传播中完成的。监狱里的媒体主要有两类：一是大众媒体被监狱利用的部分，包括监狱内统一订阅、服刑人员自己订阅的报纸杂志以及在监狱内允许收听的广播、电视节目。二是监狱管理部门或监狱系统自办的媒体，主要有监狱管理局、监狱、监区三个级别各自创办的广播节目、报纸、黑板报、墙报。后三者称为“三报”，由监狱干警负责，由服刑人员自己撰稿、编辑。监狱媒体的一大特点是凸显教育功能。通过上述媒体形式，可以使服刑人员接触健康、积极向上的媒体信息，为服刑人员提供学习知识、获取信息、重塑符合社会主流文化的价值标准和行为规范的良好条件，使得他们在封闭环境中与社会保持着联系。

为了使未成年服刑人员与外界保持联系，加快其再社会化的进程，应完善

---

① ［德］汉斯·约阿希姆·施奈德：《犯罪学》，吴鑫涛、马君玉译，中国人民公安大学出版社、国际文化出版公司1990年版，第914页。

未成年犯与外界联系的途径。首先，在未成年犯管教所每个寝室配备一台电视机，未成年犯只要有时间，就可以收看自己喜欢的节目。同时也可以在总区、分监区活动大厅配置电视机。其次，让未成年犯拥有收音机，以便未成年犯及时了解外界的变化与信息。网络在监狱也是“奢侈品”，只有学习电脑技术的时候，服刑人员才可以接触到电脑，但应当注意上网应予以禁止。再次，允许未成年犯可以根据的自己爱好订阅报纸、期刊。那些不妨碍确保身体健康和没有危害纪律的危险性报纸、期刊不应被禁止。如果部分内容有妨碍时，如关于监所事故的脱逃、暴动、煽动扰乱监狱秩序，或者有被唆使之嫌，以及风俗上不适宜的报道，可由有关部分抹掉或者剪辑后再与之阅读。最后，对于要求在设施内进行自己宗教行为的被拘禁人，只要没有障碍，应给予适当的机会。未成年犯管教所应尊重未成年犯的宗教信仰自由，合理安排未成年犯集体宗教活动。

5. 释放前的刑罚执行

刑满释放是绝大多数罪犯或早或迟都要面临的现实问题。在临近释放的最后阶段，每个罪犯都会因即将释放的现实而打破原有的心理平衡，心理上发生一些变化，这些变化有些是积极的，有些是消极的，这些变化不仅影响罪犯本人的改造生活，同时也影响其他罪犯的改造活动。为此，1960 年联合国预防犯罪与罪犯处遇大会上将“受刑人释放前处遇”作为专门议题，并形成相应决议：释放前处遇，是行刑程序上一项重要制度，即受刑人在监狱内，接受一般训练与处遇的重要部分，无论对于短刑犯还是长刑犯，释放前处遇是必要的。

德国《少年刑罚执行规定法（草案）》第 18 条对少年服刑犯的释放作出了具体的规定：①少年监狱应尽早在犯人释放前，最晚在预定时间 6 个月，与监狱外的协会和机构合作，为了达到适当的安置犯人并向其提供工作或培训岗位的目的。犯人释放应及时通知监护人、假释援助机构和少年福利局。②为释放做准备应从宽执行刑罚。③如有助于释放准备，犯人应迁移到开放式执行机构或者志愿承担人的过渡机构执行。④为出狱做准备，可给予犯人不超过 1 个星期的假期，以参加有助于其回归社会的活动。被允许自由外出的犯人可在出狱前 9 个月内每个月获得不超过 6 天的假期。⑤经执行机关领导同意，因上述第四点的原因可给予犯人不超过 4 个月的假期。实施释放前处遇时，应注意做好以下工作：

第一，开展针对性的教育改造工作。罪犯在面临释放时常常出现释放、松劲、急切、矛盾的心理。作为管教民警，应及时发现未成年犯的心理变化，开展针对性教育，帮助其克服心理障碍，顺利回归社会。此外，开展针对性强的职业技术教育是必要的。出狱前的职业教育直接关系到未成年犯出狱后的谋生问题，同时也是预防罪犯走向社会后重新犯罪的重要手段。根据社会就业需要，针对性开展职业技术教育培训，使服刑人员掌握一技之长。在对未成年犯进行技术教育的同时，还应该开展就业指导培训。

第二，设置半开放式监狱或少年回归中心，促进刑释前的未成年犯再社会化。在半开放式监狱或者少年回归中心生活的未成年犯，在民警监督下过着自律性的生活。半开放式监狱可以安排一些特殊的狱外活动，如参观社会活动，帮助未成年犯了解社会状况，有助于其尽快融入社会。

第三，结合累进处遇制度，对刑释前的未成年犯实行宽松监管。为了便于未成年犯尽快适应社会，可以实行特别归假制度，以便未成年犯联系学业或就业问题，从而为其出狱创造条件。

第四，创造种种条件，为未成年犯出狱创造条件。未成年犯管教所可以邀请社会相关部门来未管所介绍外面的情况，介绍就业形势。对于刑满释放的未成年人具备复学、就业条件的，未成年犯管教所应当积极向有关部门介绍情况，提出建议。未成年犯服刑期满，未成年犯管教所应当按期释放，发给释放证明书及路费，通知其亲属接回或者由人民警察送回。

6. 奖惩措施

未成年犯刑罚执行的本质在于教育，而非惩罚，但在具体处遇过程中，难免对违反监狱纪律的服刑人员加以惩罚，以达到教育、感化的目的。因此，惩戒措施仅仅为手段，绝非目的，其适用应受到严格限制：(1) 惩戒仅作为感化、教育的特殊手段，即仅对违反监规的未成年服刑人员，不能作为一般性对付全体的方法；(2) 其惩戒必须有助于受罚者积极向上，即必须是不得已的措施；(3) 需限于必要范围，过度或超范围的惩罚、违反仁爱精神的，则不得适用。

各国一般惩戒方法有延长收容期间、减食、做众所不欲的劳役或者时间外的工作，禁闭、丧失权利（如丧失观看电影或参见竞赛等）、罚站等。日本少年院规定的惩戒方法有：(1) 严厉的训诫；(2) 成绩减点；(3) 不超过 20 日期间，在符合卫生的单室反省，并规定惩戒处分的实施应注意本人的身体状况。我国台湾地区感化机构所采用的惩戒方法有告诫、停止发受书信（但不得超过 7 天)。德国《少年刑罚执行规定法（草案)》第 31 条规定，犯人实施以下违法或犯罪行为时，可下达纪律措施指令：(1) 对他人进行口头或肢体攻击；(2) 蓄意破坏或损坏生活食品、少年监狱设施以及他人的物品和财产；(3) 不执行矫正计划指定的有偿工作；(4) 将违禁物带入监狱；(5) 参与偷运或持有违禁物品；(6) 脱逃或企图脱逃；(7) 违反刑法或实施违反社会治安行为；（8）以其他方式反复持续地干扰监狱秩序或监狱内的共同生活。予以许可的纪律措施有：（1）警告；（2）在长达3个月时间内，限制或剥夺使用零花钱最高额度为每月可支配数目的50%；（3）只有解决冲突或者由此下达的实施特定安全措施的指令不能达到时，为了使犯人明白其行为违法性时，才可下达实施纪律措施的指令；（4）如果对犯人给予警告已足够，应免予采取纪律措施。

根据《未成年犯管教所管理规定》的规定，未成年犯有《监狱法》第57条情形之一的，如遵守监规、努力学习积极劳动、有认罪表现的等，未成年犯管教所应当给予表扬、物质奖励或者记功。对被判处有期徒刑的未成年犯在执行原判刑期1/3以上，服刑期间一贯表现良好，离所后不致再危害社会的，未成年犯管教所可以根据情况准其离所探亲。未成年犯被批准离所探亲的时间为5—7日（不包括在途时间），两次探亲的间隔时间至少在6个月以上。同时，未成年犯有《监狱法》第58条规定的破坏监管秩序情形之一的，未成年犯管教所可以给予警告、记过或者禁闭处分（对未成年犯实行禁闭的期限为3—7日）；构成犯罪的，依法追究刑事责任。

7. 个人信息与档案管理制度

为了保护未成年犯的隐私权，《联合国少年司法最低限度标准规则》（北京规则）第21条规定："对少年罪犯的档案应当严格保密，不得让第三方利用。应仅限于与案件直接有关的工作人员或其他经正式授权的人员才可以接触这些档案。少年罪犯的档案不得在其后的成人诉讼中加以引用。"《联合国保护被剥夺自由的少年规则》第19条规定："所有报告包括法律记录、医疗记录和纪律记录以及待遇的形式、内容和细节有关的所有其他文件，均应放入保密的个人档案中，该档案应不时补充新的材料，非特许人员不得查阅，其分类应一目了然。在可能情况下，每个少年均有权对本人档案中所载事实或意见提出异议，以便纠正那些不确切、无根据或不公正的陈述，为了行使这一权利，应订立程序，允许根据请求由适当的第三者查阅这种档案。释放时，少年的档案应封存，并在适当的时候加以销毁。"

此外，德国《少年刑罚执行规定法（草案）》第37条对少年犯个人数据和使用作出了明确规定：只要少年刑罚执行需要，执行机关允许提取并使用个人数据。如执行机关认为，考虑到有关数据的性质的情形下，对相关人员的值得保护的利益优先于预定的使用数据的目的，相关人员应将提取和使用其的数据除外，对相关人员数据提取及使用的规定不受影响。个人数据应向本人提取。如果监狱执行会议确认该措施必要时，在没有犯人的参与下提取个人信息。同时，在有第三方参与的情况下，执行机关只有在征得其同意的情况下才能传达有关犯人的个人数据。没有第三方参与，只有当监狱执行会议确认必须采取该措施时，才能传达犯人的个人数据。我国向来注重未成年犯个人隐私的保护，1999 年《未成年犯管教所管理规定》第 24 条明确规定，对未成年犯的档案材料应当严格管理，不得公开和传播，不得向与管理教育或办案无关的人员泄露。对未成年犯的采访、报道，须经省、自治区、直辖市监狱管理局批准，且不得披露其姓名、住所、照片及可能推断出该未成年犯的资料。任何组织和个人不得披露未成年犯的隐私。

三、未成年犯开放式处遇

（一）开放式处遇的内涵

相对于封闭式处遇，开放式处遇是指在人的、物的及防止脱逃设备方面，缓和限制强度，以对受刑人的自律心及责任感的信任为基础的拘禁形式。开放式处遇有广义与狭义之分，狭义仅指在开放式设施中所进行的处遇，这是目前通说所持的观点。何谓开放式设施，或称开放式机构？据 1950 年海牙举行的第一届国际刑法及监狱会议决议中指出："本会议所谓开放式机构，指不用围墙、锁、格子或看守等有形的方法，以防止犯人逃亡的监狱而言……在于不对受刑人为严密和持续的监视，信任他能够服从监狱的纪律，即以责任心的训练为制度的基本。"据 1950 年海牙会议的决议指出，开放式机构的特点有：(1) 应设置于临近都市的农村；(2) 职员要选择适当的人；(3) 收容的人数不宜太多；(4) 必须使社会了解它的目的和方法；(5) 所收容的犯罪人，必须谨慎选择；(6) 收容与否，以受刑人的行为标准，故应先经过缜密的考查。广义的开放式处遇，除了上述狭义的开放式处遇外，还包括周末拘禁、设施外出勤、外出寄宿制度。大谷实教授认为，周末拘禁、设施外出勤、外出外宿等也是基于开放式处遇理念而实施的，因此，将其一并归入开放式处遇。

开放式处遇，最早可以追溯到 19 世纪中叶的爱尔兰式拘禁中的中间监狱式处遇，它的实施多半为利用劳动力以及缓和监狱人满为患等行刑经济化的考虑。1891 年瑞士监狱实务家洛勒海斯（M. otto. Rellerhals）鉴于旧监狱镇压惩罚浓重，对犯人拘束过严，难以改恶迁善，遂在瑞士波尔民郡次感地方创立新监，运用教育刑理念处遇犯人。该监狱的特色在于，不设立围墙、铁栅等安全设施，而注重品格的陶冶与职业技能的训练，以激发犯罪人的自尊心，自动遵守纪律，因此，监内生活情况与外界自由社会极为类似，得到犯人的乐从。施行以来，秩序竟然，成效卓著。"二战"后，特别是 1950 年第十二届国际刑法和刑务大会和 1955 年第一届联合国犯罪预防和罪犯处遇大会强调其必要性和适用性后，开放式处遇得到了普遍的重视和长足的发展。现在，开放式处遇下受刑人的比例已成为衡量行刑进步的重要标杆。

1955年联合国预防犯罪与罪犯处遇大会对开放式设施的设置条件作了具体的规定，具体包括：（1）开放式设施如设在农村，其隔离点不应妨碍实现本设施所确定的目的，也不应给工作人员带来很大的不便。（2）为了便于在社会上重新安排囚犯，应让囚犯做些有利于其在刑满释放后从事有益的、能够获得经济收入的职业的工作。从事农业生产固然有益，但最好建立一些车间，使囚犯在专门业务和工业方面也能得到训练。（3）为了在一种互相信任的气氛中进行重新适应社会的工作，狱政人员必须了解并善于掌握每个囚犯的性格和特殊需求，必须能在道德方面对他们产生良好的影响，所以，应据此选择狱政人员。（4）基于同样的目的，囚犯人数应以所长和其他高级狱政人员能够深入了解每个囚犯为限。（5）实行开放式处遇制度，必须取得公众、特别是附近单位的有效合作。为此目的，主要应该使这些单位了解每个开放式监狱的目的和做法，了解实行这种制度要求囚犯在精神上必须做出巨大努力，在这方面，地方或全国性的新闻机构可以起到十分可贵的作用。

1955年联合国第一届预防犯罪与罪犯处遇大会决议指出，开放式处遇价值在于："1. 开放式设施更有利于帮助受刑人重新适应社会，同时也有益于他们的身心健康。2. 开放式处遇制度所具有的灵活性表现在规章制度比较宽松，狱中生活的紧张程度有所减轻，因此，纪律状况较为良好。此外，由于没有物质和人员方面的强制措施，加之受刑人与管理人员的互相信任关系日益加强，所以，受刑人产生了重新回归社会的真诚愿望。3. 开放式处遇的生活条件接近于正常的生活条件，因此，比较容易与外界进行适当的接触，使受刑人意识到他们并未完全脱离社会。4. 开放式设施比其他类似监所支出费用低，特别是经营农业，如果合理安排，收入会更高。"大会最后指出："（1）开放设施标志着当代监狱制度发展到了一个重要阶段，是执行旨在使罪犯重新适应社会的刑罚自负原则最适宜的作法之一；（2）开放式处遇制度有助于减少短期拘禁的缺欠；（3）因此，建议在符合上述规定的条件下，把开放式处遇制度扩展到最高限额的受刑人。"

开放式处遇的开展不是一帆风顺的。主要存在的问题在于：第一，对开放式处遇的理解不同。不能仅根据是否在设施的内外来决定，应根据对被收容者的信赖程度而决定。1950年在日内瓦召开的联合国第一届预防犯罪与处遇罪犯会议上提出开放式处遇，就是以"不采取有形的或者物理的防止逃跑的措施，并以被收容者的自律与对集体生活的责任感为基础的"。因此，开放式处遇应包含以下要素：一是不设置物理性的警戒设备；二是以对被收容者的信赖关系为基础。第二，处遇对象的选择。开放式处遇作为开放性处遇手段，同时存在当作一种恩惠手段而被滥用、恶用的危险。为此，1955 年在日内瓦联合国第二届预防犯罪与处遇罪犯会议决议指出，原则上应建立一种独立的设施，同时对该设施的标准选定法，也规定应以医学的、心理学的以及社会调查为根据，作出科学的分类。第三，被处遇者逃走有所增加。与严格封闭的设施相比，开放处遇者有逃走的可能性，也是很自然的事。

探寻开放式处遇，不仅是一个理论问题，更是一个实践与操作的问题，因此，适用时因考虑法律的可行性、社会的承受度和区域的差异性。因此，开放式处遇的实施必须解决三大问题：一是风险问题，即对风险作出准确的评估，对风险的发展进行预测，对风险的控制和减少提出有效的方法。二是解决社会支持的问题，要有一套社会的制约系统，及时掌握未成年人的动态，以保证减少重新犯罪的可能性。三是解决保障体系的问题。要有一定的物质保障，推行社工等机制。1955 年联合国第二届预防犯罪与处遇罪犯大会对开放性设施规定了有效运营条件，具体为：（1）配备足够的制止和具有地方条件；（2）释放后要安排适当的职业和工作，并付给报酬；（3）必须具备有能力的职员；（4）设施长和干部职员对被收容的人必须十分了解；（5）必须取得地区社会的支持和协助。

（二）开放式处遇的产生根源

1. 教育刑思想与社会复归理论的兴起为开放式处遇提供了理论前提

在刑罚理论上素有报应刑论与教育刑论之争。报应刑论认为，社会报应是刑罚赖以存在的正当性根据，刑罚是为惩罚犯罪、谴责犯罪人而专门设立，刑罚的轻重取决于已然犯罪的严重程度。在报应刑论的基调下，监狱的主要职能是限制罪犯的人身自由，将其与社会隔离，故有高墙壁垒、铁窗锁链、警卫把守。教育刑论则认为，刑罚的本质不应是报应，而应是教育，使受刑人能够改过迁善，适于社会生活。教育刑论的核心在于，扩大刑罚的促进机能，压缩刑罚的抑制机能，监狱应该传授知识和技能，是矫正改造罪犯的特殊学校。作为教育刑思想体现的一种重要手段和途径，开放式处遇应运而生。

社会复归理论认为，犯罪人的犯罪倾向归因于社会化过程有缺陷，是由于客观社会的缺陷而形成。因此，社会有义务给服刑人员以充分、适宜的正常条件，使其重新复归社会。而把一个本来因不适应社会生活而犯罪的人拘禁起来，使其游离于社会之外，同时却希望他们获释后适应生活、正常生活，是难以想象的。开放式处遇有助于消解拘禁处遇所带来的痛苦，避免监狱化所带来负面效应，让受刑人的生活接近一般社会生活条件，有利于缓和受刑人和行刑工作人员的对立情绪，有利于服刑人员再社会化的进程，因此，开放式处遇与复归社会的理念是相一致的。《联合国少年司法最低限度标准规则》（北京规则）在第19.1条说明中指出：“进步的犯罪学主张采用非监禁办法代替监禁待遇……任何监禁机构似乎不可避免地对个人带来许多不利影响；很明显，这种影响不能通过教育改造努力予以抵销。少年的情况尤为如此，因为他们最易受到消极影响的侵袭。此外，由于少年正处于早期发育成长阶段，不仅失去自由而且与正常的社会环境隔绝，这对他们产生的影响无疑较成人更为严重。”

2. 监禁刑负面影响直接导致开放式处遇的生成

（1）监禁刑不利于未成年犯的再社会化

现代刑罚中由于特别预防思想日趋浓重，而主张刑罚应该强调犯罪人的矫治功能，以刑罚的教化作用，而使犯罪人得以改过迁善，并增强犯人在自由社会中的生活能力，使犯罪人得以再度适应社会，成为社会有用的成员，此即犯人的“再社会化”（Resozialisierung）①。现代自由刑是以矫正、改善罪犯并促进罪犯再社会化为目的，但实现这一目的的手段却促使罪犯与社会隔离，造成手段与目的的背离。苏联刑法学家A. H. 雅科夫列夫指出：“自由刑的目的是最大限度地使犯人适应社会正常条件下的生活，但自由刑又不得不把他们与社会隔离开来。”② 在福柯眼里的监狱是这样的一种工具：“1. 监狱使司法权威无法监督或证实刑罚的实施。法律无法渗透到监禁中。2. 监狱将不同的且孤立的罪犯混在一起，从而形成了犯罪的同质共同体，他们在监禁中结为同道，放出来依然如此。监狱生产出成为名副其实的内部敌人，他们结成了一支大军。3. 监狱给犯人提供住宿、衣食，通常还包括劳动，为他们提供了有时比工人都要优越的条件。它不仅无法起到劝阻效果，而且培育了犯罪。4. 离开监狱，他们都变成了这样的人：将罪犯的习惯和耻辱烙在他们的罪犯身份上，这注定了他们的未来。”③ 因此，“将一个人数年之久关押在高度警戒监狱里，告诉他每天睡觉、起床的时间和每日每分钟应做的事，然后再将其抛向街头并指望他成为一名模范公民，这是不可思议的！”④

开放式处遇的推行可以尽量减免监狱化。监狱化（prisonization）是指受

① 林山田：《刑罚学》，台湾商务印书馆1975年版，第130页。

② ［苏］巴格里－沙赫马托夫：《刑事责任与刑罚》，韦政强等译，法律出版社1984年版，第310页。

③ ［法］福柯：《刑罚的社会》，强世功译，载陈兴良主编：《刑事法评论》（第8卷），中国政法大学出版社2001年版，第460～461页。

④ ［美］克莱门斯·巴特勒斯：《矫正导论》，孙晓雳等译，中国人民公安大学出版社1991年版，第130页。

刑人进入监狱服刑后对监狱社会风俗、习惯、独特价值观之适应与同化情形。[①] 监狱化之概念由美国学者克雷蒙（Chemmer）在伊利诺伊 Menard 监狱从事受刑人次级文化、团体结构研究后所提出。监狱化现象将使受刑人无形之中改变原有之思想与行为方式，对受刑人教化改善造成大之障碍。监狱化的症候为："（一）行为上趋于依赖、被动；（二）思想陷于停滞；（三）人际关系缺乏信任感；（四）对监狱内各项事物不关心；（五）较高之受暗示性；（六）势利取向；（七）不信任管教人员之主张。"[②] 开放式处遇使得服刑人员生活在接近社会的生活环境中，感受社会的自然气息，从而为服刑人员复归创造了条件，同时，开放式处遇在一定程度上舒缓了受刑人面临监禁的痛苦："（1）自由之剥夺；（2）物质与服务之剥夺；（3）异性关系之剥夺；（4）自主性之丧失；（5）安全感之剥夺。"[③]

（2）监狱（未成年犯管教所）功能的负效应

在福柯看来，监狱并没有"发现"违法者，而是监狱从两个意义上"制造"了违法者。首先，是字面上的意义，即监狱制造了累犯：违法者由于进过监狱而在社会上背上恶名，在监狱的环境里道德观念更弱，也失去了工作的技能，因此，释放后很容易再次犯罪，最终成为职业罪犯。其次，监狱制造罪犯是认识论上的意义。在监狱实践中，监狱创造了"犯罪人"这样一个范畴：在监狱中，犯罪人第一次成为独立的、可见的客体，成为强有力的研究和控制的对象。[④]

监狱也使得未成年犯习得犯罪方法，进而实施更为严重的犯罪行为。美国著名犯罪社会学家埃德温·哈丁·萨瑟兰指出，犯罪是后天学来的，非遗传或创造而得；犯罪行为是一种交际过程中与别人的相互作用而习得的，主要部分

---

① 杨士隆、林建阳主编：《犯罪矫正——问题与对策》，台湾五南图书出版公司 2007 年版，第 80 页。

② 杨士隆、林建阳主编：《犯罪矫正——问题与对策》，台湾五南图书出版公司 2007 年版，第 81 页；林山田：《刑罚学》，台湾商务印书馆 1975 年版，第 130 页；［苏］巴格里－沙赫马托夫：《刑事责任与刑罚》，韦政强等译，法律出版社 1984 年版，第 310 页；［法］福柯：《刑罚的社会》，强世功译，载陈兴良主编：《刑事法评论》（第 8 卷），中国政法大学出版社 2001 年版，第 460～461 页；［美］克莱门斯·巴特勒斯：《矫正导论》，孙晓雳等译，中国人民公安大学出版社 1991 年版，第 130 页；杨士隆、林建阳主编：《犯罪矫正——问题与对策》，台湾五南图书出版公司 2007 年版，第 80 页、第 81 页。

③ 杨士隆、林建阳主编：《犯罪矫正——问题与对策》，台湾五南图书出版公司 2007 年版，第 78～79 页。

④ 苏力：《福柯的刑罚史研究及对法学的贡献》，载《比较法研究》1989 年第 2 期。

发生在亲密人的群体中。[①] 今置恶人于不良环境中，纵有隔离方法，以杜罪恶之传播，而恶霉蔓延之速度，甚于疾疫。凡一举一动，一手一足，顷刻之间，便可感觉不良之印象，即有教育之设施，亦难收改造之效，兹将习恶易，而学善难之理。[②]

（3）高额的监禁成本不符合行刑经济的要求，“监狱拥挤”状况迫使人们对行刑方式进行反思

行刑经济思想，是指在刑罚的执行过程中，力求以最小的投入获得最有效的预防和控制犯罪的效果。行刑经济思想的核心是，在物质上少消耗，在人力上少投入，同时获得行刑的多效益。简言之，就是使刑罚执行成本的最小化，而行刑效益的最大化、最佳化。英国学者乔·B. 沃尔德曾指出，在刑罚实践中监禁刑作为最为普遍的刑罚方法被普遍接受，但是，监狱却是一个异常昂贵的机构，修建、维持和运作需要花费大量财富。[③] “高昂的监禁成本同居高不下的累犯率之间的巨大反差，逐渐动摇了人们的这样信念。人们终于发现，监狱矫正的功能其实极其有限，而最大的问题在于，监禁刑自身的特质构成其改造目标的巨大障碍。”[④] 联合国《卡多马社区服务宣言》中指出：“利用监禁应限制为最后不得已的措施。监狱是对稀有资源和人的潜力的一种浪费。被监禁的大多数囚犯对社会并不构成什么实际的威胁……我们的监狱人满为患现象需要通过采取社区服务办法等积极的行为来解决。”

20 世纪 90 年代以来，监狱受刑人拥挤问题是各国或地区司法体系所面临的最严重问题之一。依据我国台湾地区“法务部”统计资料，台湾地区受刑人的人数于 1994 年 12 月底，累积至 42.853 万人，超额收容 18.420 万人。受刑人爆满的现象，对行刑矫正机构运作及收容人的各项权益产生诸多负面影响：“第一，政府增加巨额预算新建监狱；第二，增加管教人员工作负担与压力，导致士气低落，离职率升高；第三，影响收容人员之各项生活基本权益；第四，造成受刑人暴力行为之增加，并导致心理疾病；第五，政府采行必要之权益（替代）措施以缓解监狱拥挤，付出无法评估之成本。”[⑤] 开放式处遇的开展，有助于减少监禁人数，解决监狱拥挤状况。据日本学者柳本正春所撰写

---

① 吴宗宪：《西方犯罪学》，法律出版社 1999 年版，第 402 页。

② 孙雄：《犯罪学研究》，北京大学出版社 2008 年版，第 65 页。

③ 谢望原：《刑罚价值论》，中国检察出版社 1999 年版，第 68 页。

④ 冯卫国：《行刑社会化研究》，北京大学出版社 2003 年版，第 2 页。

⑤ 杨士隆、林建阳主编：《犯罪矫正——问题与对策》，台湾五南图书出版公司 2007 年版，第 15～17 页。

论文《论开放处遇》所述：1977年丹麦的16个监狱中除了6个是封闭式监狱外，其余均为开放设施。平均每天在押人员，封闭式监狱内为800人，开放设施内为1400人；在每年平均约为4500人的新入监人员中，收容于封闭式监狱内的仅为700人，其余均收容于开放设施。瑞典共有72个人监狱设施，其中43个为开放设施，所收容的人数，成年犯达受刑人总数的2/3，少年犯达总数的1/3。英国监狱日收容量为3000人，其中约有10%的犯人收容于开放设施。①

3. 行刑社会化催动了开放式处遇的应运而生

行刑社会化，是指为了避免自由刑的不良后果而采取的确保犯罪人与社会生活相适应的行刑措施。行刑社会化要求监狱不仅是国家机关，而且是社会事业的一部分，犯罪的防治应该是社会整体的部分，即整个社会与犯罪人的教育改造都有联系，应该利用各种社会手段来改造罪犯。开放式处遇是行刑社会化的重要体现。开放式处遇是相对于传统的监狱封闭式处遇而言的。传统的监狱行刑主要是将罪犯关押于封闭设施内令其反省罪过。监狱封闭式行刑方式往往导致罪犯自信心和自尊感的丧失，人格颓废并畸形发展，难以实现矫正罪犯使之再社会化的目的。

刑罚执行非机构性运动中，以20世纪70年代美国麻州废止感化院（Training Schol）以治疗性社区方案（Therapeutic Community Program）代之最为引入注目。该项创举之主导者jerome Miller认为，对于少年犯的矫治并不一定需要在有形拘束的矫治机构中进行，相对的，改以对一般少年犯严密社区监督，追踪、提供妥适即寄养服务，以及对罪责严重的犯罪少年采取比较周延的治疗社区方案替代。非机构性处遇倡议者指出，尽管少年矫治机构出狱的少年再犯率并不高，但倘若社区方案适当规划，其再犯率将更低，而且，对于缺乏家庭关爱或因成功向上机会受阻的弱势少年而言，监禁措施不仅无法达成目标，同时也衍生更多副作用。

可以说，新中国成立后的前几十年间，我国整体上沿袭了传统的封闭性行刑模式，正如有论者指出："我们几十年来的监狱行刑模式基本上走一条把罪犯管押起来脱离社会改造的方式。"② 在德国，只有4%的少年被判处监禁，在日本只有1%，而在我国80%的未成年犯被判处监禁刑。在日益开放的当今社会，这种单一的封闭性行刑模式显现出越来越多的弊端，严重影响行刑效果，

① 马克昌主编：《刑罚通论》，武汉大学出版社1995年版，第534页。

② 张苏军：《我国监狱管理体制转型研究》，载陈兴良主编：《刑事法评论》（第6卷），中国政法大学出版社2000年版。第541页。

制约着刑事法治现代化的进程。严峻的现实迫使人们反思，探寻新的行刑模式。作为一种新型的处遇方式，开放式处遇是在不影响刑罚执行的情况下，通过取消监狱围墙、铁栅栏、手铐等形式，减少对罪犯自由的限制，增加对罪犯的信任，以尽可能缩短在押犯与正常社会生活的距离。

（三）开放式处遇的域外考察

根据各国行刑实践，开放式处遇包括两个方面：一是处遇机构的开放性，即非监禁性机构的设置；二是处遇方式的开放性，即各种开放处遇制度的规定，包括外出制度、归假制度、周末拘禁等。

1. 开放式行刑机构

1891年瑞士监狱工作者凯勒海斯（M. otto. Keullerhals）做了将传统的封闭式监狱改造成开放式的结构之尝试。他在伯尔尼创设了无狱墙、栅栏等戒备设施的新型监狱，并使狱内的生活条件尽量与外界保持同步。开放式的矫治机构，无防止受刑人逃亡的设备，且无戒护人员之设的刑事矫治机构，它没有高墙、铁窗与巨锁，也无持枪的警卫。① 1950年在海牙第十二届国际刑法刑务会议上规定的开放性设施，是指“不设有围墙、铁锁、铁窗格子、特别是历来配备的看守人，以及为防止越狱逃跑而设置的其他设备的监狱”。目前，许多国家在建立封闭式监狱的同时，建设了许多开放式监狱。

2. 外出工作制度

外出工作制度，又称为外部通勤制。1880年美国马萨诸塞州的一女监首开允许罪犯在监外从事社会工作的先例。1913年美国的威斯康星州通过《休巴法》，把该制度予以正式认可，该法规定，对于犯罪的轻刑犯，可由法院作出判决后，在监外从事社会性工作。狱外工作制的本旨在于：责令服刑的犯罪人在行刑机构外，在与普通人同样条件下工作，但在下班后，犯罪人必须回到特设的机构中，点视居住（一种特别的监狱监禁方式，一般是在摆脱罪犯自由活动之后，晚间临睡前罪犯集合起来予以点名，确认无误后，再令罪犯各自回到自己居室居住）。继美国采用狱外工作制度，欧洲诸国中瑞典、苏格兰、英国、挪威、德国、丹麦、比利时、荷兰等相继实施了该制度。

外部通勤制度又可分为半拘禁制和半自由制。前者是指受刑人在监狱之外自由地工作，晚间及不工作的时间返回监狱。本为由监狱至出狱人之过渡时间之执行办法，使即将出狱之受刑人对社会适应作预先之训练。1951年半拘禁制首先施行于法国马赛的波美特监狱（Baumettes），受刑人在半自由中心

---

① 林山田：《刑罚学》，台湾商务印书馆1975年版，第195页。

（Centre de Semi – Liberte）执行，经过4个月后，若行状良好，则可假释。其特点为：为防止影响社会治安，节假日不得外出。狱外作业原则上是有工资作业，但也可以从事艺术创作或就学。在设施外，虽不受监视，但严格规定回监时间，不得擅自离开工作场所，不得进入舞厅、酒吧等娱乐场所。工资收入的70%归自己、30%上交国库作为收容费，食宿费用自理。后者则是指比利时新实行的狭义的半自由制。比利时1963年施行此制，先适用于受刑人重归社会生活之用，后也适用于3个月以下之短期自由刑之受刑人。外部通勤制允许服刑人昼间在监外作业，夜间和假日回到狱中服刑，其优点在于：（1）服刑人不因拘禁而感到心理上的压制；（2）原则上允许接受报酬，比狱中的劳动收入增加很多；（3）能比狱中劳动多学到新技术；（4）不失掉与社会的联系等。但是这种制度的推行也需要解决下列问题：（1）需要建设特别的收容场所；（2）需要开辟接受监外劳动的场所；（3）需要有经过特别训练的职员；（4）服刑人生病时如何处理，休假时的工资如何处理，以及如何开展集体劳动组织活动等。

3. 归假制度

归假制度又称为服刑休假或者监外住宿制度，是指基于一定的理由和条件，对正在执行自由刑的犯罪人给予一定期限的假日，允许其返家度假的制度。作为行刑社会化的重要途径，瑞典、美国的一些州、英国、德国等国家在行刑法或者监狱法中规定了归假制度。归假制度其存在的根据在于：（1）为了促使服刑人有所改正，并为重归社会作准备，在假释前的一段时间内，作为过渡性的处遇而采用；（2）作为对特殊工种和模范服刑人的奖赏；（3）为近亲属或病重时而实行；（4）本人在业务上或法律上有特殊紧急理由的，或者为了避免某种严重的不利情况，才被允许适用这一制度；（5）用以代替夫妻间的特别会见，或者在监狱内的同居等制度。归假期限的长短，应该根据具体情况和条件而定，并减去在途中的往返时间。一般以3日、7日、10日为准。该制度对服刑人员心理稳定、家庭之稳固等具有一定的积极意义。目前，不少国家，如瑞典、英国、美国等对受刑人普遍采用归假制度。在1973—1974年，美国被允许归假的达25万人次之多。①

4. 周末监禁

周末监禁，是指利用受刑人每周之空暇时间，即每周完工后至次周开工前之时间为自由刑之执行，一般多是星期六下午入监，至星期一晨释放，依此累计执行至刑期完毕为止。其性质为刑期分期执行，它源于1943年德国《少年

① 刘中发：《试论开放式处遇制度》，载《中国监狱学刊》2000年第4期。

法院法》规定的“少年拘禁”。这种制度以不隔断被判刑人与家庭、工作以及朋友间的关系为原则，并且是在没有其他服刑痛苦中执行的。但是，这种分割式的行刑措施对刑期长的服刑人并没有多大效果。因此，德国《少年法院法》规定，这种办法只适用于不满1周到4周刑期的；比利时规定的刑期则为1个月以内。当然，实行该制度还需要适当的设施，另外，作为一种必须遵守的条件，还可以与缓刑有效结合起来适用。

5. 中途之家

美国1965年的《服刑罪犯更生保护法》实行后，成立了“中途训练所”和“释前辅导中心”等专门机构。服刑罪犯于释放前3—4个月到该机构（或中心），实行外勤社区处遇，并进行心理治疗和职业训练。设施多为公寓或住宅式。近年来，这种机构又扩大了适用范围，称为“社区处遇中心”，收容对象又增加了未成年人和受保护观察处分的罪犯。在我国台湾地区，中途之家（Half House），是一种介于犯罪矫治机构与社区处遇之间，具有调整生活环境作用的处遇方式，它用来收容自矫治机构释放的受刑人，以及由少年法院责付收容的少年。台湾于1983年创办第一所少年之家，目前有三所少年之家。1992年少年之家更名为“儿童学苑”。少年之家由保护司主办，更生保护会负责执行，并运用社区资源，结合社区参与。少年之家的少年，白天分别到附近学校就读，放学后回到少年之家，由教养人员负责，并指导功课，自少年之家实行以来，取得较为良好效果。[①]

（四）我国未成年犯开放式处遇的具体建构

1. 完善现有刑罚制度，扩大未成年犯开放式处遇

在现行法律框架内，非监禁化措施主要有以下几种：（1）刑罚中的非监禁性刑罚，如管制等；（2）附属于短期监禁刑罚的非监禁制度，如缓刑等；（3）刑罚以外的非刑罚处置措施，如免予刑事处罚、行政处分。除了不起诉之外也应赋予检察机关如无偿劳动、社会监管措施等其他非刑罚处置措施的权力。同时，应赋予法院有作出劳动赔偿令、社区服务令、家长监管令、保护观察令、限制进入令等非监禁处置措施的权力。通过完善我国现有刑罚制度，引入非刑罚处置方法，从而有助于未成年犯开放式处遇的进行。

2. 改革现有行刑制度，拓展未成年人接触社会的机会

（1）改革接见制度，以适应动员家长开展规劝活动的需要。家长与受刑

---

① 林山田、林东茂、林燦璋：《犯罪学》（增订三版），台湾三民书局2004年版，第270～271页。

人具有直接的血缘关系，一般情况下，家长和违法未成年人感情相容、利害攸关、心理相近，因而更能把握未成年人的思想脉搏，加之受刑人的子女深陷囹圄，失去家庭的欢乐和温暖，易生思乡还家心理。所以，家长探监时的教诲易于被未成年犯接受。因此，发动家长协助管教干部对受刑人进行教育改造，往往能收到积极效果。为此，一是提高管教干警的认识态度，对来访家长保持积极热情、礼貌和尊重的态度；二是改革接见制度，缩短接见周期，延长会见时间，放宽对受刑人和家属谈话的监听和监视，放松对受刑人与家庭通讯自由的限制，并主动向家长介绍受刑人的改造情况，组织家长参观劳动、学习和生活环境，召开各种形式座谈会、恳谈会征求对改造的意见等。

（2）积极争取社会各界的关心和支持，适应发动社会力量参与对受刑人的综合治理的需要。对此，应当加强与社会各界的联系，争取更多的社会力量参与对未成年犯的教育帮助。各级妇联、共青团、关工委等社会组织也积极参与未成年犯矫正处遇工作中来，发挥组织优势，并且动员民间组织以及社会志愿者帮助未成年犯的矫正与改造。

（3）组织受刑人外出参观，开展社会服务活动和参加社会上学习。《未成年犯管教所管理规定》规定，对未成年犯的社会教育，采取到社会上参观或者参加公益活动，邀请社会各界人士及未成年犯的父母或者其他监护人来所帮教的方法。其作用在于：其一，了解社会发展变化，以便他们在刑满释放后顺利适应变化的社会生活（再社会化）；其二，有助于其生理、心理上放松和调解，促使其心理健康发展（避免监狱化）；其三，可以加强受刑人与社会的联系，沟通和消除社会上某些人对受刑人的偏见和歧视。

（4）组织试工试读，以适应行刑社会化的需要。试工试读制度源于“试工、试农、试学”。所谓“试工、试农、试学”是指有条件地将受刑人送到愿意接收的工厂、农村和学校暂时就业就学，通过社会组织对其进行细心考察，如果考察期间表现较好，考察期满转为正式工人、农村或学生。试工试读制度的开展，可以帮助未成年服刑人员提高文化素养和道德品质，从而自觉地远离犯罪，重新融入社会。

3. 创新开放式处遇新途径，构建未成年犯处遇新模式

（1）实施“监内开放”制。在监狱（未成年犯管教所）内划出特定区域，实行有级别的开放式处遇，未成年犯不得擅自外出，有重大理由的准予特别归假，实行有戒护的（或有带领的）设施内劳动作业。服刑未成年人个人所在监房可以自己拥有一把钥匙，一般不予搜检；可以自办内衣、食品；通信不受限制，接见亲属随时可以进行，但每次时间仍然有限制；严禁吸烟、喝酒；可以自选劳动作业的工种；劳动有报酬，但自己只能留一小部分作为零用

钱，其余部分强制储蓄，以备释放时一并发放；阅读书报杂志和看电视时，应有一定限制。这种“监内开放制”适用于以下对象：①在闭锁式监狱执行一部分刑罚后，可以收容“监内开放机构”；②把“监内开放机构”附设于闭锁式监狱内，作为累进处遇的一个阶段。但是，判决前的收容人不应收容于“监内开放机构”。“监内开放机构”的设置具有以下优点：①可以增进受刑人身体及精神的健康；②较闭锁机构，更接近于普通生活；③不像一般监狱生活那样紧张，规律的保持比较容易，因而也少有惩罚的必要；④因为它没有镇压和监禁的设备，受刑人和职员之间互相信任，削减受刑人的反社会观念，从而减少重新犯罪的发生，对于受刑人的更生提供了较好的条件；⑤建设费和用人费较低，符合行刑经济的要求。

（2）实行特别“归假”制度。归假，特指给有家属的服刑罪犯归返家庭探亲并休假的制度。归假制度，是指对于表现较好的受刑人，于其服刑或管教期间给予若干日假期，允许其返家度假的一种开放式处遇制度。归假制度不同于“休假制度”，因为服刑罪犯在监狱内享受休假（法定节假日），也不是放到社会上自由式休假。归假制度包括以下两种形式：①定期归假。开放处遇6个月后，即可定期归假。有的每4个月或3个月一次，每次48—72小时，路途时间不计算在内，但路上时间也有限制。例如：德国1972年的《自由刑和剥夺自由的矫治及保安处分执行法》中关于定期归假的规定，对合乎条件的作了以下限制。(a) 1年给予21日以内的归假；(b) 执行刑期超过1/4后始有归权；(c) 归假者必须获得开放处遇资格；(d) 假期原则上间隔3个月内；(e) 假日计入执行刑期。②特殊归假。这种制度并不是定期给予，而是在释放前，对有重大理由者，及时给予的归假，例如有的国家规定，服刑罪犯在释放前的9个月内，可以有1—7日的特殊归假，供他联系释放后的就业问题；平时有重大合法理由的，给予7日以内的归假；除亲属危笃或死亡外，其他理由一年不得超过7日。

归假制度，既能促进受刑人积极改造以争取归假，又能有效地占领家庭教育阵地，发挥家长协助监所进行帮教的作用。归假使受刑人感受时代的变化、社会生活的气息。归假制度的实施，使临近释放受刑人有时间安排自己的生活，有利于其回归社会。同时，归假制度也可以减轻刑罚的“亲属效应”（本来现代刑罚具有“一身专属”的特性，不得波及家属，但是，服刑罪犯的社会地位、家庭关系、家庭责任的程度不同，不能不使亲属直接或间接地因为服刑罪犯的受监禁而受到刑罚的影响）。

我国《未成年犯管教所管理规定》对未成年犯探亲归假制度作了明确的规定。笔者认为，为了更好地发挥归假制度的作用，应增加释放前归假制度，即服刑未成年犯在释放前3个月，可以给予为5—7日（不包括在途时间），以使其对就业、就学等问题作出安排。实行归假时，应先对家长交代帮教内容、方式和注意事项。家长和未成年犯分别订立“帮教计划”和“接受帮教计划”，并和未成年犯管教所共同签订“帮教合同”，然后再由家长领回进行帮教，归假期满，由家长负责按时送回。

（3）设立回归中心。服刑未成年罪犯于释放前3—4个月到回归中心，实行外勤社区处遇，并进行心理治疗和职业训练。回归中心的创设，有利于未成年罪犯的社会化；有助于减少刑罚对未成年犯的身心损害；有助于加强刑罚人道主义待遇；有助于降低行刑成本。

（4）所外实践活动。尽管根据《未成年犯管教所管理规定》的相关规定，并不鼓励未成年服刑人进行外役劳动，但是，考虑到未成年人开放式处遇的需要，在一定条件下，应允许未成年服刑人从事所外实践活动。如上海市未成年犯管教所结合社会实践，积极开展社会适应回归活动，即“社会适应+回归总结”，是指将刑期还有3个月左右的未成年犯，在释放前送往社会实践基地进行为期15日的社会实践，培养他们适应社会的生存观念、生存能力、生存方法和生存心理。15日社会实践适应期结束时，他们必须回到未成年犯管教所继续服刑。其定位为“生存教育”，适用对象是：第一，必须是出所还剩下1个月刑期的上海籍犯人；第二，家庭拥有较好的监护环境和监护条件；第三，曾获“放假”司法奖励并且表现良好。①

第三节　未成年犯非监禁刑执行

未成年犯的刑罚可以分为监禁刑执行和非监禁刑执行。非监禁刑主要包括缓刑、假释、管制、剥夺政治权利和各种财产刑。对于未成年人财产刑（罚金和没收财产）的执行缺乏相应的过程性，因此，未成年人非监禁刑执行主要围绕着未成年犯的缓刑、假释、管制、暂予监外执行来进行。自2003年我国试行社区矫正以来，上述被判处非监禁刑的犯罪分子被纳入社区矫正范围之内，因此，未成年犯非监禁刑执行主要围绕未成年犯社区矫正工作展开论述。

① 杨军民等：《“社会适应回归”实践及其价值思考》，载《青少年犯罪问题》2003年第5期。

一、社区矫正的价值诉求

关于社会矫正的价值和意义，美国学者赛杰尔（Siegel）指出，相较传统的监狱矫正，社区矫正具有以下优点：（1）社区矫正较监狱矫正对犯罪者更人道、且能协助其复归社会；（2）社会矫正可避免地使犯罪人进入传统行刑体系中，打上监狱经验之不良烙印；（3）由于社区矫正能维系犯罪者与家庭、朋友、同事及邻里之联系，因此，较监狱能更有效地协助其改善、更生；（4）社区矫正不需要如监狱那样在机构设置、安全管理等方面的巨大，比较节省国家经费。[①] 可见，相较传统的监禁矫正，社区矫正具有积极意义。

（一）解决监狱拥挤现象的问题

在我国，目前监狱在押犯已超过157万人。[②] 据2000年统计，我国监狱共超押罪犯24万人，监狱拥挤问题非常严重，这给监狱的管理、罪犯的教育等都带来巨大的挑战。社区矫正可以大大化解监狱拥挤的现象，“当前，社区矫正正在世界各国普遍展开，以美国为例，目前，实际在社区服刑的罪犯比例，已占所有接受审判人员的3/4，并且有持续扩大之势”[③]。2000年数据统计，加拿大适用社区矫正刑的比例在全世界最高，达到79.76%，澳大利亚达到77.48%，新西兰为76.15%，法国为72.63%，美国为70.25%，韩国和俄罗斯较低，但也分别达到45.9%和44.48%。

（二）大大降低行刑成本，解决监狱经费不足问题

关押改造一个罪犯所需要的成本很大。许多发达国家在监狱关押罪犯的成本是相当高的，这也是西方国家在20世纪70—80年代转而求助于社区矫正的一个重要缘由。在澳大利亚，一个上千人的社区矫正中心运作需500平方米左右的办公和工作场所，60名工作人员所需经费500万澳元，而同样要办一所监狱需1000人左右，经费是1500万至2000万澳元（一般经费是按每周400元澳元一名犯人下拨经费，总经费=400元×54周×人数）。[④]在英国，每关押一个犯人的综合花费约为2300英镑，而适用社区矫正制度，人均不到

---

① 冯卫国：《行刑社会化研究》，北京大学出版社2003年版，第182页。

② 李豫黔：《中国监狱人权保障的重要意义及其发展》，载《中国监狱学刊》2008年第1期。

③ 张利兆：《未成年犯社区矫正及其法律监督》，载《人民检察》2004年第6期。

④ 洪勇强：《建立社区矫正体系的思考》，载《青少年犯罪问题》2004年第3期。

2000 英镑。[①] 我国监狱关押犯人超过 150 万，平均水平来看，粗略估算每关押一个犯人的经济成本为 1 万—2 万元，而社区矫正的相应成本一般不超过监狱关押的 20% 。[②]

（三）有助于罪刑关系的解决

1990 年《联合国非拘禁措施最低限度标准规则》（东京规则）的决议中指出："坚信监外教养办法可以是社区内教养罪犯，对罪犯和社会来说是最有效益的手段，确认有必要在罪犯的监外教养方面制定地方、国家、区域和国际的方法和战略，有必要拟定最低标准。"《联合国预防少年犯罪准则》（利雅得准则）明确规定，在防止少年犯罪活动中，应发展以矫正为基础的服务和方案……正规的社会管制机构只应作为最后手段来利用。"社区矫正的任务包括在罪犯和社区之间建立或重新建立牢固的联系，使罪犯归入或重归社会生活中，恢复家庭关系，获得职业的教育。就广泛的意义而言，即在于为犯人在社会正常生活中获得一席之地提供帮助。"[③] 司法实践证明，我国社区矫正取得了理想的法律效果，社区服刑人员重新犯罪率不足 1% 。[④]

作为一种非机构化的犯罪处遇方式，社区矫正是一种人道、有效和经济的罪犯处遇制度，具有良好的发展前景。但是，"很少有犯罪矫正方案是完美无缺的，有时可能产生意想不到的副作用"，[⑤]社会矫正所具有的积极意义不容置疑，但是，其负面影响也不容忽视。"社区矫正之监禁社会化泛刑主义行刑理念，虽然具有不得不的妥协色彩，然而，崇尚技术规训的谵妄理性，仍然令人无法认为是刑罚变革的福音。"[⑥] 美国 20 世纪 60—70 年代曾一度过分推崇社区矫正，出现了滥用的倾向，甚至一些重刑犯、危险分子也被纳入社区矫正范围之内，从而使社区矫正几乎面临夭折的危险。因此，在实践中社区矫正的推行应慎重，"倘若社区矫正方案为刑事司法人员所不当或过度适用，那么基本的司法正义即可能被危及而无从实现。实际上，如何在惩罚与罪行之间找到一

---

① Paul F. Cromwell and George G. killinger, Community - based corrections: Probation, Parole, and intermediate sanctions, West Publishing Company , 1994, p. 50.

② 郭建安、邓霞泽主编:《社区矫正导论》，法律出版社 2004 年版，第 85 页。

③ ［美］克莱门斯·巴特勒斯:《矫正导论》，孙晓雳等译，中国人民公安大学出版社 1991 年版，第 22 页。

④ 吴玲:《完善我国社区矫正制度的几点思考》，载《犯罪与改造研究》2008 年第 9 期。

⑤ 林茂荣、杨士隆:《犯罪矫正原理与实务》，五南图书出版公司 1994 年版，第 234 页。

⑥ 郭明:《改造：现代刑罚的迷误及其批判——关于刑法范式革命与制度变革的思考》，载《环球法律评论》2005 年第 5 期。

个平衡点是相当重要的。”①

二、我国未成年人社区矫正的现状分析

2003 年“两高两部”《关于开展社区矫正试点工作的通知》规定，社区矫正是人类对犯罪原因进行深入认识和对传统刑罚执行方式进行反思后所作出的理性选择，是人类文明和进步的标志。对未成年犯开展社区矫正有着非凡的积极意义：（1）人道主义的要求；（2）有利于未成年人回归社会，根据《公民权利和政治权利国际公约》第 14 条第 4 款的规定：“对少年案件，在程序上应考虑他们的年龄和帮助他们重新做人的需要。”（3）有利于动员全社会理论、教育、改造犯罪的未成年人；（4）符合非监禁化发展趋势。

当前，我国法律缺乏对未成年犯社区矫正的特别关注，在一定程度上造成社区矫正的虚置状态，难以实现对其社会化矫正的初衷。当下我国的未成年社区矫正存在诸多缺陷：（1）法律依据缺失；（2）矫正对象范围狭窄；（3）矫正经费不足；（4）矫正人员数量不足，专业化程度不够；（5）矫正项目缺乏。除有个别未成年犯参加了职业技能培训，多数未成年犯经常处于无所事事的状态，没有机会参加更多的适合其特点的矫正项目；② （6）矫正方法单一，目前，未成年犯社区矫正方法仅有集中教育、公益劳动和个别化谈话，难以发挥社区矫正的功能。这些问题的存在严重制约了未成年犯社区矫正工作的开展以及功能的发挥。

三、我国未成年犯社区矫正的完善路径

（一）制度的完善

1. 完善未成年犯社区矫正法制建设

我国《立法法》第 8 条规定，“犯罪和刑罚”及“对公民政治权利的剥夺、限制人身自由的强制措施和处罚”只能由全国人民代表大会及其常委会制定的法律才可规定，且第 9 条规定，上述内容未能制定法律，也不能授权国务院对其中部分先制定行政法规。2003 年“两高两部”《关于开展社区矫正试点工作的通知》明确规定，社区矫正是与监禁矫正相对的行刑方式，但是，司法解释的方式来规定刑罚的执行制度，显然与立法法的规定相背谬。因此，应加强未成年犯的社区矫正立法工作，制定《社区矫正法》，建议在制定该法时将成年犯的社

① 林茂荣、杨士隆：《犯罪矫正原理与实务》，五南图书出版公司 1994 年版，第 231 页。

② 刘强等：《我国应建立适合未成年人特点的社区矫正管理制度》，载《青少年犯罪问题》2004 年第 6 期。

区矫正与未成年犯的社区矫正分开执行，因为实行针对未成年人特点的矫正制度，是必然的发展趋势。未来的《社区矫正法》应对成年犯与未成年犯社区矫正的性质、方式、内容、程序、机构设置、人员编制、经费、矫正对象的权利义务等作出明确的规定，为未成年犯社区矫正提供完备的法律依据。同时，还应制定专门性《未成年犯社区矫正条例》，对适用对象、矫正项目、矫正机构与人员、矫正方法、矫正对象权利保障、经费保障等内容作出具体规定。

2. 扩大社区矫正前置性制度的建设

据某省人民法院统计，2002—2004 年全省判处非监禁刑分别占当年受刑事处罚罪犯总数的 23.1%、23.4% 和 27.1%。其中，3 年以下有期徒刑及拘役刑占刑罚总数的 42.1%、40.2% 和 35.4%。其中，被判处缓刑的分别占当年受刑事处罚罪犯总数的 20.5%、20.8% 和 19.4%；被判处管制的分别占当年刑事处罚总数的 1.3%、1.2% 和 0.9%；被假释罪犯分别占当年在押犯总数的 0.70%、0.76% 和 0.60%。[①] 因此，应完善管制、缓刑、假释等制度，扩大未成年犯适用非监禁刑的范围。

（二）完善未成年犯社区矫正具体方案与方法

1. 未成年人社区矫正项目的完善

美国未成年人社区矫正项目非常丰富，具体包括：缓刑；释放安置；居中制裁，包括赔偿和社区服务、家中监禁和电子监控、转换项目，其中，转换项目又包括离家出走项目、养育家庭、日处遇项目、小组之间、争取生存项目。[②] 我国目前开展未成年人社区矫正项目主要包括：公益劳动；教育项目；技能培训；心理矫正。[③] 笔者认为，应进一步拓展未成年人社区矫正项目，具体应包括：

（1）社区服务。社区服务是指由社区矫正机构责令未成年犯提供一定时间的社区公益劳动，以补偿其对社会造成的危害。社会服务令于 1972 年在英国首创，其作用在于：一方面弥补因犯罪给社会造成的损害；另一方面通过一定量的劳动矫正其不良习气。

（2）寄养家庭。寄养家庭，是指将未成年犯安置于一个替代家庭，得到类似亲生父母的关心和照顾。适用对象是没有父母或者家庭环境不适宜社区矫正的未成年犯。瑞士精神病学家与精神分析学家和少年犯罪研究者奥古斯特·

---

① 周步清：《浙江省法院适用社区矫正刑罚的现状、制约因素及对策》，载《中国司法》2006 年第 3 期。

② 刘乐：《美国对犯罪青少年的社区矫正项目》，载《青少年犯罪问题》2003 年第 4 期。

③ 吴艳华等：《论未成年犯与社区矫正》，载《中国监狱学刊》2008 年第 4 期。

艾希霍恩（August Aichhorn）通过大量的研究发现，如果儿童在一个人际关系正常、感情气氛和谐的家庭中长大，他们就能够学会如何建立发展、加深人们之间的感情关系，学会如何平稳地摆脱这种关系而走向独立。当然，寄养家庭必须通过矫正机构的严格评估。

（3）心理矫正。不健康的心理是未成年人犯罪的重要诱因，因此，矫正不健康的心理是开展社区矫正的重要内容。这个项目主要针对那些长期遭受精神压抑、心理扭曲，不能正确看待社会、人生、心理有问题的未成年服刑人展开的心理咨询、心理治疗。

（4）小组之家。小组之家是为 4—12 岁的未成年人提供的以小组形式进行管理和照顾。同样，未成年犯也可以成立小组之家，通过指导小组中的未成年犯学会与人相处，建立相互学习、相互照顾的良好人际关系，这不仅可以帮助未成年犯端正对自己的认识，而且可以从中获得激发彼此成长动力的源泉。

（5）争取生存项目。争取生存项目发端于“二战”时期的英国，后被沿用于未成年犯的社区矫正。主要是指组织未成年犯开展一些探险性的活动，包括负重在高山行走、在荒野露营和攀登悬崖等，其目的在于培养未成年人面对困境战胜困难的勇气与信心。有学者通过比较得出结论：争取生存组在一年以后的重新犯罪率为 20%；而假释组的重新犯罪率是 42%。[①]

（6）培训项目。培训项目包括文化教育和就业技能培训。《司法行政机关社区矫正工作暂行办法》第 33 条规定，司法行政机关应当协调有关部门和单位，为社区服刑人员（包括未成年犯）提供职业培训和就业指导。这对于提高社区服刑人员自身的素质和社会竞争力是十分重要的。

（7）家中监禁。家中监禁是社区矫正机构要求未成年犯在特定的时间内限制于自己的家中不得外出，矫正工作人员通过电话或家访的形式对当事人进行不定期的检查。社区矫正机构还可以对未成年犯同时采用电子监控作为家中监禁的补充。按程度的不同，家中监禁可以分为宵禁、家中限制和家中监禁。将未成年犯放在家中矫正，首先，让未成年人体会家庭温暖，促使其对自己的行为进行反思。其次，敦促家长切实履行自己的教养职责，从而纯化家庭环境。最后，家中监禁的隔离性也可以使未成年犯远离不良的社会环境。

（8）参加讲座。在韩国少年犯的社区矫正方案颇具特色，即参加讲座令的规定，根据韩国法律的规定，16 岁以上，缓刑期在 6 个月至 2 年的少年犯，必须参加讲座令。接受短期考验的少年犯需要参加不少于 50 小时讲座；接受

① 刘乐：《美国对犯罪青少年的社区矫正项目》，载《北京大学学报》2003 年第 4 期。

长期考验的少年犯需要参加不少于200小时讲座。参加讲座令的少年需要接受如下教育内容：人际关系训练、人类教育专门讲座，视听教育、自由谈论、戏剧表演、个别劝导、文艺活动，身体自控活动等。[①] 这种参加讲座的做法值得我国在未成年人社区矫正建设时借鉴。

2. 未成年人社区矫正方法的运用

未成年人矫正可以采取个案工作方法与小组工作方法。

（1）个案工作方法。个案工作方法是社会工作三大方法之一。所谓个案工作方法，是指由专业社会工作者通过直接的、面对面的沟通方式，运用有关人和社会的专业知识和技术，对个人和家庭提供心理调整和环境改造等方面的支持与服务。其目的在于协助个人和家庭充分认识自身拥有的资源和潜能，完善人格和自我，增进其适应社会和解决困难的能力，从而达到个人或家庭的良好福利状态。经由个案工作，协助犯罪者疏解不满、沮丧或害怕的情绪，并引导其理性地面对问题，寻求自我了解，进而改变偏差行为。

个案工作方法通过以下环节加以完成：①通过接纳、尊重、真诚、关怀、信任、尊重自决、关注希望等社会工作价值理念，与未成年罪犯建立一种平等、相互信任、坦诚真实、开放、自助的工作关系。关系建立是开始个案工作的第一步，好的工作关系可以使矫正对象放弃防御，敞开心扉，主动配合，积极改造，达到事半功倍的效果。②矫正工作自始至终都会运用面谈。面谈过程中有许多细微而又重要的技术环节，除了在时间安排、场所选择、服饰着装等方面严肃、认真、有备之外，社区矫正工作者需要注意态度、表达、言行方面的方法与技术。态度真诚，平和，有耐心。保持一定的幽默感，营造轻松、开放的谈话气氛。善于表达自己的内心感受，以自己的真情实感调动对方的感情。多作澄清，少作猜忌。多问开放性问题，少问封闭性问题。留意对方的非言语行为。③面谈时做好记录，真正落实个案矫正，一人一案，独立建档，资料完整，有据可查，必须掌握记录的方法技术。保证基本资料的完整、准确。以会谈后记录为主，避免边谈边记从而影响会谈的质量。严格遵守保密原则，切忌将记录随便乱放，任人翻阅。定期整理，分类归档，及时补缺。④面谈时结合不同未成年犯的情况运用心理咨询和心理治疗方法。例如，对于有心理不适的矫正对象，需要在矫正方案中加强心理矫正；对于存在心理疾病的矫正对象必须聘请心理医生参与工作；对于有过情感创伤、情绪刺激的矫正对象，需要安排他们与心理咨询人员建立联系，定期接受咨询和辅导，维护他们的心理

① 司法部少年司法制度考察团：《日、韩少年司法制度概况及其对我国的启示》，载《犯罪与改造研究》2006年第5期。

状态是顺利开展社区矫正的前提。

（2）小组工作方法。小组工作是一种方法，它是由知识、了解、原则、技巧所组成。透过个人在社区机构中的各类小组，借助小组工作者的协助，引导小组成员在小组活动中互动，促使组员彼此建立关系，并以个人能力与需求为基础，获得成长的经验，旨在达成个人、小组、社区发展的目标。未成年犯涉世不深、恶性较小、本性不坏，引导得法可以产生强大的成长力量。青少年可塑性强，喜欢模仿，易受感化，乐于接触同龄群体，将他们组成小组，挖掘善性，激发彼此的成长动力，正面影响会在潜移默化中悄然发生。青年人自己教育自己，在他们彼此接触中、健康交往中，相互鼓励，彼此感染，使正义的力量得以张扬。

未成年犯矫正可以进行以下小组分类：①教化小组。确立明确的小组目标，以角色引导和行为规范为重点，通过营造小组气氛，在道德品质、行为规范、纪律要求等方面给予引导，加强指教，提升组员的自觉意识和自律能力。②治疗小组。将有共同问题的未成年犯组成小组，以问题为靶子，自我反省，相互帮助，关注问题的改正效果，动员和鼓励小组成员，彼此鼓励，相互支持，坚持不放弃，直到问题解决。③社会化小组。帮助组员学习社会适应技巧，提高社会适应能力，改正不良习气，顺利融入社会。组成学习小组，学习专门的文化知识、技术技能，帮助组员提高文化修养，掌握专业技能，为他们升学、就业、自食其力、恢复自信创造条件。④成长小组。深刻促进组员互动，使他们在思想、感情、精神等方面有所感悟、有所觉醒。鼓励组员展示潜能，彼此欣赏，增强自信，大胆表达，挖掘生命的力量，达到个人的良性整合，实现人生意义。未成年犯社区矫正还可以采用其他方法，比如社区工作法、治疗社区法、思想教育法等，在未来的矫正实践中都可以大胆运用，获得更好的矫正效果。

（三）完善相应组织建设和人员配备

1. 设立专门未成年犯社区矫正工作机构

随着《刑法修正案（八）》和《司法行政机关社区矫正工作暂行办法》的出台，从而改变了先前公安机关是“执行主体”，而司法行政机关是“工作主体”的局面，从而明确规定由司法行政机关成为社会矫正的执法主体，有助于整合社会资源，提高社区矫正执行的效益。在社区矫正的具体实践中，乡镇、街道司法所具体担负着社区矫正工作。由于未成年犯身心的特殊性，以及未成年犯社区矫正工作的特殊性，同时，考虑到未成年犯社区矫正工作的有效性，在社区矫正机构中成立专门未成年犯社区矫正工作小组，由专人负责，并配合合适的工作人员。

2. 配备适于未成年犯社区矫正的人员

据司法部的统计，到2000年底，全国已建立司法所4.02万个，占全国乡镇（街道）建制近80%，司法队伍发展到9.4万人，专职司法助理员5.5万人，大专以上文化程度达41%；此外，还有近万名兼职从事司法助理员，其主要职责是协助法院和民庭进行人民调解工作，减少或避免因矛盾激化而使民事纠纷转化为刑事案件。因此，多数司法助理人员缺乏刑事执行法方面的专业知识，同时，司法所社区矫正工作的还存在以下缺陷：一是街道、乡镇基层司法所的人员不能完全到位；二是街镇司法所专职人员大都身兼数职，导致不能集中精力投入社区矫正工作，难以做到专职专人；三是基层司法所尚未明确为执法机关，部分干部的执法专业素质还有待提高；四是基层司法所归当地政府管理，因此，上一级司法行政机关对他们只有业务指导的功能，而没有直接的管理和领导功能，对工作的管理缺乏直接的控制权。[①]社区矫正是一项专业性很强的刑罚执行工作，尤其是未成年犯社区矫正，这需要吸纳符合社区矫正要求的法学、社会学、心理学、管理学等专业人才，逐步建立健全社区矫正人才机制。

建立以专业人员为主、志愿人员为辅的未成年犯社区矫正工作队伍，可采取以下措施：第一，对司法助理员进行短期不定期培训，培训科目多样化，包括法学、心理学、社会学等知识，并在工作中实行优胜劣汰，对不适合未成年犯社区矫正工作的人员，令其不再担任社区矫工作。第二，面向各高校招收符合未成年犯社区矫正要求的法学、心理学、社会学等专业的人才。第三，大量吸纳具有心理学、社会学等方面知识的志愿者加入未成年犯社区矫正工作中来。社会志愿者通常对公益事业有很高的热情，具备专业的知识，他们的加入能协调社区居民与未成年犯的关系，并起到表率作用。第四，将学校纳入社区矫正机构中。未成年矫正对象中有相当一部分是在校学生，如果简单地将他们开除学籍，则会失去一个重要的矫正渠道。校园的良好环境、浓厚的学习气氛、同学之间的友谊以及老师的特殊教导与关爱都是未成年人得到矫正不可多得的条件。因此，学校加入社区矫正是必不可少的。可以配备素质好的指导老师和心理老师，进行“一对一”指导、监督与咨询，经常对其进行法治教育，为未成年犯营造良好的矫正环境。加入社区矫正的学校应当与矫正机构签订合同，以保证矫正工作落实到位。

---

① 刘强等：《我国建立适合未成年人特点的社区矫正管理制度》，载《青少年犯罪问题》2004年第6期。

第七章
刑事执行立法比较研究

第一节　台湾、香港、澳门地（特）区的刑事执行立法

一、我国台湾地区的刑事执行立法

（一）立法模式

台湾地区刑事执行立法模式主要以“监狱行刑法”为主，辅之以各专门刑事执行法律法规来保障刑事处罚的执行，从而建立起一套比较完整的刑事执行立法体系，具体来说，主要有以下几个方面的特点：

1. 分散立法模式

台湾地区至今没有制定一部统一的刑事执行法典，其“刑事诉讼法”第八编以专编的形式规定了刑事执行相关法律制度，但比较原则，主要规定了不同的刑罚措施分别由不同的执行机关予以执行等，又另行制定“监狱行刑法”“少年事件处理法”“罚金罚锾提高标准条例”“更生保护法”“保安处分执行法”“行刑累进处遇条例”等法律法规具体规定台湾地区刑事处罚的执行。

2. 立法规格高

台湾地区执行法典多以基本法律形式出现，或以行政首长命令的形式公布施行，或以行政法规形式出现。其中“刑事诉讼法”就是以台湾地区基本法律形式规定了刑事执行相关法律制度。

3. 多级立法体系

台湾地区刑事执行法律不是由某个立法部门专门予以规定，而是多部门集体制定的结晶。如台湾地区“司法院”“行政院”“内政部”“法务部”联合立法或各自独立制定法律法规，并制定或修正发布其具体刑事执行细则。如刑事执行法律明确分为“监狱行刑法”和“保安处分执行法”，其中与“监狱行

刑法”配套的法律法规主要有“外役监条例”“行刑累进处遇条例”“少年矫正学校设置及教育实施通则”等；同时台湾地区制定有“窃盗犯赃物犯保安处分条例”“戒治处分执行条例”“观察勒戒处分执行条例”等法律法规与保安处分执行法相配套。

（二）刑罚执行主要制度

1. 行刑累进处遇执行制度

监狱对受刑人实施调查分类，收集相关资料，并注意发现其本身之性格与能力，并应考虑依照其身心状态决定其戒护管理方法，技能情况决定其作业科别，知识程度决定其教育班次，拟订个别行刑累进处遇计划，以为分类管教之依据。

（1）行刑累进处遇之规定

对于刑期在6个月以上的受刑人，为了促使其改悔向上，适于社会生活，应分为数个阶段，以累进方法处遇之。台湾地区“监狱行刑法”第20条规定了累进处遇制度。但因身心状况或其他事由，认为不适宜者，经监务委员会决议，得不为累进处遇。台湾地区具体规定行刑累进处遇制度的有“行刑累进处遇条例”“行刑累进处遇条例施行细则”“受刑人调查分类办法”“各监狱第一级受刑人外出实施办法”“监狱受刑人与眷属同住办法”等法律法规。

（2）适用累进处遇受刑人之分类

监狱对调查期间内的受刑人，依据初步拟订的作业处遇计划，使他们从事作业，具体应考察其体力、忍耐、勤勉、技巧、效率，以决定他们适当的作业方法。适用累进处遇的受刑人，分别根据初犯、再犯，并依其年龄、罪质、刑期及其调查所得的结果，将他们适当分类为四级，分别处遇。自第四级依次渐进至第一级。如果受刑人富有责任观念，并且有适于共同生活的情形时，经监狱监务委员会的议决，可不按照一次渐进的规定，使其列入适当的阶级。对于累犯或习惯犯恶性重大者、残废或低能不能作业者、患有精神病者以及调查结果认为有其他不适于编级的原因者，可以经过监务委员会决议，不予编级或暂缓编级。

（3）处遇人收容处所及待遇

根据“行刑累进处遇条例”之规定：第四级、第三级之受刑人，应独居监禁。第二级以上之受刑人，白天应杂居监禁，夜间必须独居监禁。第一级受刑人，应收容于特定处所，并可以享受下列处遇：如住室不加锁，不加监视，并许其在图书室阅览图书。第三级以上之受刑人，可以听收音机及留声机。第二级以上之受刑人可以为集会。但第二级每月集会以一次为限，第一级每月以二次为限。各监狱累进处遇第一级受刑人及外役监受刑人，在最近一个月内，成绩分数在九分以上，并且未受停止户外活动之惩罚者，经监务委员会决议，可以准其与配偶或直系血亲在指定的宿舍同住。同住以每月一次、每次不逾7日为原则。但有特殊事由者，每次可以准延长1日至3日。

（4）行刑累进处遇依据

受刑人累进处遇的评分标准种类主要有：教化结果情况、作业情况、操行情况、少年受刑人学业成绩情况等。根据“行刑累进处遇条例施行细则”之规定，受刑人教化结果评分主要依据受刑人是否省悔向上，心情安定；思想是否正确，不受诱惑；是否克己助人，适于群处；是否刻苦耐劳，操作有恒；是否爱护公物，始终不渝等标准分别给予受刑人五分至零分的考核打分。受刑人操行评分标准主要是看其是否服从指挥，遵守规章；是否诚实守信，毫不虚伪；是否态度和平，举止正常；是否节用守俭，确知自励以及是否有其他可嘉许之行为。作业成绩依据主要依据受刑人是否提前完工并继续工作；是否按时完工；或者没有定时完成工作并延误数小时分别进行打分。按照这些情况进行每月的成绩汇总，以确定受刑人是否进级或降级等事宜。最后，监狱管理人员对各级受刑人的成绩分数，应依照累进处遇由严而宽的原则，严加核计。

（5）留级和降级

“行刑累进处遇条例施行细则”规定，停止进级及降级的处分，主要由监狱监务委员会议讨论决定。如果受刑人违反纪律，可以斟酌情形，于两个月内停止进级，并不计算分数；如果其再违反纪律，可以命令其降级。上述停止进级期间，不得缩短刑期；受降级处分者，作为惩罚措施，自当月起受刑人6个月内不予缩短刑期。应停止进级的受刑人，典狱长认为情有可恕，可以在一定期间内不对其进行停止进级宣告，但如果在指定期间内受刑人再次违反纪律者，必须予以宣告。

被停止进级的受刑人，于停止进级期间有悛悔实据时，可以撤销停止进级的处分。被降级的受刑人，有悛悔实据时，可以不按分数，命令其恢复原级，并重新计算分数。留级的受刑人，如果还有扰乱秩序的情形，予以降级。在最低级之受刑人，有扰乱秩序情事，认为不适宜于累进处遇者，可以对其进行累进处遇。

（6）累进处遇之审查

监狱管教小组应于累进处遇审查会开会前，将受刑人各项成绩及有关提会审查事项数据妥善准备，以便审查会审查。累进处遇审查会应于监务委员会会议前开会，其决议应经过监务委员会决议办理才能实行。累进处遇审查会对于受刑人的成绩分数、编级、进级、降级、违规事件等项应切实审核，必要时，可以请承办人员列席以备询问。

2. 少年人刑罚执行

（1）少年人刑罚执行理念

在台湾地区刑事法中，少年主要是指已满12岁未满18岁之人，“监狱行刑法”第39条规定了教化理念，即对于少年受刑人应注意德育、陶冶品性，并施以社会生活必需之科学教育及技能训练。同时，应对少年受刑人施以个别教诲。教育每日须满2小时，并应施以国民基本教育。

①矫正为主、惩罚为辅的理念。“少年事件处理法”第1条明确规定：为保障少年健全之自我成长，调整其成长环境，并矫治其性格。少年受刑人因学业依规定不参加作业者，可以以每月之学业成绩分数为其作业分数。同时，少年受刑人可以开竞技游戏或开运动会，每月次数不受限制。另外，“羁押法实行细则”规定：少年被告得设班予以集体辅导，受辅人每3个月提交心得报告一次。成绩优良者，得给予奖品或奖状，对于文盲被告，应加强识字教育。

②保护少年的理念。首先，为了更好地保护少年受刑人，法律明文规定对于少年不得宣告褫夺公权及强制工作。其次，为了避免和成年人刑事执行的交叉感染，“监狱行刑法”明确规定，受刑人未满18岁者，应收容于少年矫正机构。收容中满18岁而残余刑期不满3个月者，得继续收容于少年矫正机构。受刑人在18岁以上未满23岁者，以其教育需要，得收容于少年矫正机构至完成该级教育阶段为止。再次，为了保护少年受刑人，避免其可能遭到两次刑事追诉，“少年事件处理法”规定，对于少年犯罪已被少年法院判处保护处分，不得就同一事件再为刑事追诉或处罚。最后，少年受到刑罚之宣告，经执行完毕或者赦免者，适用关于公权资格的法令时，视为未曾犯罪。任何人不得在媒体、信息或者以其他任何公示方式揭示该有关少年保护事件或少年刑事案件的记事或照片，使阅读者由该项资料足以知悉其人为该保护事件受调查、审理的少年或该刑事案件的被告。

（2）少年受刑人徒刑之执行

台湾地区“刑法”第18条规定未满14岁人的行为，不惩罚。因未满18岁而减轻其刑者，得于刑罚执行完毕或赦免后，判令其入感化教育处所，施以感化教育。但宣告3年以下有期徒刑、拘役或罚金者，必须在执行前为之。当刑之执行完毕或赦免后，认为无执行感化教育之必要者，法院得免其处分之执行；如果先执行感化教育处分，于处分执行完毕或一部分执行而免除后，认为没有执行刑罚的必要的，法院可以免除其刑罚的全部或一部分刑罚执行。

“监狱行刑法”第3条规定，少年受刑者应在少年监，主要是少年矫正机构执行刑罚。第8条还规定了少年受刑人行刑参考事项之通知，主要是少年受刑人入监时，指挥执行机关应通知监狱如下情况：少年受刑人的犯罪原因、动机、性行、境遇、学历、经历、身心状况及可供行刑上参考诸事项。

前述行刑累进处遇中的第一级少年受刑人，遇有直系亲属尊亲属病危时或其他事故时，得经监务委员会决议，限定期间允许其离监。少年受徒刑之执行而有悛悔实据者，无期徒刑执行超过7年后，有期徒刑执行超过其执行期1/3后，可以予以假释。

对外国少年受刑人的处理，外国少年受转介处分、保护处分或缓刑期内交付保护管束者，得以驱逐出境代之。前项驱逐出境，得由少年调查官或少年保护官向少年法院声请，由司法警察机关执行之。

少年之法定代理人或监护人因忽视教养，致少年有触犯刑罚法律之行为，或有触犯刑罚法律之虞之行为，而受保护处分或刑之宣告，少年法院得裁定命其接受8小时以上50小时以下之亲职教育辅导。拒不接受前项亲职教育辅导或时数不足者，少年法院得裁定处新台币3000元以上10000元以下罚锾；经再通知仍不接受者，得按次连续处罚，至其接受为止。其经连续处罚三次以上者，并得裁定公告法定代理人或监护人之姓名。

（3）少年保护处分之执行

“少年事件处理法”第85条之一规定，7岁以上未满12岁的人，如果触犯刑事法律，由少年法院适用少年保护事件的相关规定处理。少年法院依据不同情况，施以不同的感化教育处分。如因未满14岁而不罚者，可以判令其入感化教育处所，施以感化教育。一般感化教育处分的期间为3年以下，但如果执行已超过6个月，法院认为没有继续执行之必要者，也可以免除其处分之执行。如果条件允许也可以判定执行3年以下的保护管束来代替保安处分的执行。当对少年受刑人的保护管束不能收效时，法院也可以随时撤销此项之决定，仍执行原来所判之处分。如果少年在缓刑或假释期内，则应交付保护管束，由少年法院少年保护官来具体实行。

为更好地保护少年违法犯罪者，台湾地区规定在直辖市设少年法院，其他县（市）可以视其地理环境及案件多寡分别设少年法院。同时，少年法院内部分设刑事庭、保护庭、调查保护处、公设辅佐人室，并应在调查保护处配置心理测验员、心理辅导员等。少年法院另行专门配备少年保护官，其职务如下：掌握并处理由少年保护官执行的保护处分；法律所定之其他事务。少年调查官及少年保护官执行职务，应服从法官之监督。

少年法院审理事件，除特殊情形外，应对少年以裁定方式告知下列保护处分：训诫，并得予以假日生活辅导；[1] 交付保护管束并得命为劳动服务；交付安置于适当之福利或教养机构辅导；令入感化教育处所施以感化教育。对于少年有下列行为之一者：少年染有烟毒或吸用麻醉、迷幻物品成瘾，或有酗酒习惯者，令入相当处所实施禁戒；少年身体或精神状态显有缺陷者，令入相当处所实施治疗。

对于少年的训戒，应由少年法院法官向少年指明其不良行为，晓谕以将来应遵守之事项，并可以命令立悔过书。进行训戒时，应通知少年之法定代理人或现在保护少年之人及辅佐人到场。少年的假日生活辅导为三次至十次，由少年法院交付少年保护官于假日为之，对少年施以个别或群体的品德教育，辅导其学业或其他作业，并可以命令其为劳动服务，使其养成勤勉习惯及守法精神；其次数由少年保护官视其辅导成效而定。前项假日生活辅导，少年法院得依少年保护官之意见，将少年交付适当之机关、团体或个人来执行，同时需接受少年保护官的指导。少年保护官应告知少年应遵守的事项，与之常保接触，注意其行动，随时加以指示；并就少年之教养、医治疾病、谋求职业及改善环境，予以相当辅导。少年保护官因执行前项职务，应与少年之法定代理人或现在保护少年之人为必要之洽商。

少年法院得依少年保护官之意见，将少年交付适当之福利机构或教养机构、慈善团体、少年之最近亲属或其他适当之人保护管束，受少年保护官之指导。对于少年之交付安置辅导及施以感化教育时，由少年法院依其行为性质、身心状况、学业程度及其他必要事项，分类交付适当之福利、教养机构或感化教育机构执行之，受少年法院之指导。保护管束与感化教育之执行，其期间均不得逾 3 年。少年转介辅导处分及保护处分之执行，至多执行至满 21 岁为止。执行安置辅导之福利及教养机构之设置及管理办法，由少年福利机构及儿童福利机构之中央主管机关定之。保护管束所命之劳动服务为 3 小时以上 50 小时以下，由少年保护官执行，其期间视辅导之成效而定。

（4）少年刑罚执行的前科消灭制度

“少年事件处理法”第 83 条之一规定：少年受转介处分执行完毕 2 年后，

---

[1] “少年事件处理法”第 27 条规定：“少年法院依调查之结果，认为少年触犯刑罚法律，且有下列情形之一者，应以裁定移送于有管辖权之法院检察署检察官：一、犯最轻本刑为五年以上有期徒刑之罪者。二、事件系属后已满二十岁者。除前项情形外，少年法院依调查之结果，认犯罪情节重大，参酌其品行、性格、经历等情状，以受刑事处分为适当者，得以裁定移送于有管辖权之法院检察署检察官。前二项情形，于少年犯罪时未满十四岁者，不适用之。”

或受保护处分或刑之执行完毕或赦免3年后，或受不付审理或不付保护处分之裁定确定后，视为未曾受各该宣告。少年法院于前项情形应通知保存少年前科记录及有关数据之机关，将少年之前科记录及有关数据予以涂销。前项记录及数据非为少年本人之利益或经少年本人同意，少年法院及其他任何机关不得提供。违反前条规定未将少年之前科记录及有关数据涂销或无故提供者，处6个月以下有期徒刑、拘役或新台币30000元以下罚金。

3. “更生保护法”之相关法律制度

“更生保护法”的制定，可以说是台湾地区刑事执行立法达到较高水平的一个标志。因为对于出狱人的保护和帮助，世界各主要国家多是在监狱执行法等中予以补充规定，很少单独以部门法的形式予以专门规定。

（1）设立宗旨

台湾地区制定的“更生保护法”主要是为了帮助保护出狱人及其需要受保护的人员，使他/她们出狱后能够自力更生，适应社会生活，预防他/她们再犯罪，从而维护社会安宁，保障其生活和生产措施。

（2）保护范围及申请保护主体

“更生保护法”第2条明确规定了更生保护的范围主要有：刑罚执行期满或赦免出狱者；假释、保释出狱或保外治疗者；保安处分执行完毕，或免其处分之执行者；受少年管训处分，执行完毕者；受刑事诉讼法规定，以不起诉为适当，而予以不起诉之处分者；受免除其刑之宣告，或免其刑之执行者；受缓刑之宣告者；受徒刑或拘役之宣告，在停止执行中或经拒绝收监者；在观护人观护中之少年；在保护管束执行中者。上述人员，可以向其住所、居所或所在地之更生保护会或其分会申请保护，当然检察官、军事检察官、观护人或监狱长官等认为有应受保护的必要，也应通知各相关更生保护会或分会，经其同意后予以保护。

（3）更生保护机构之设置

更生保护会是财团法人，设于各高等法院所在地，各地方法院所在地得设分会。更生保护会可以设置收容机构，创办各种生产事业或技艺训练机构。其财产之使用、收益、处分及接受政府资助、向外筹集经费之处理，由“法务部”定之。更生保护事业办理不善或违反法会或设立许可条件者，台湾地区“法务部”视具体情节，分别处理、纠正，限期整顿改善，解散董事会等。

（4）更生保护方式

对于更生保护方式，由更生保护会依照被保护人的情状，分别采用下列方式予以保护：直接保护、间接保护和暂时保护。直接保护主要以教导、感化或技艺训练方式予以保护，如果被保护人衰老、疾病或残废者，则直接送救济或医疗机构、安置或治疗。间接保护主要是以辅导就业、就学或其他方式。暂时保护是以资送回籍或其他处所，或予以小额贷款或其他适当方式。此外，当某种更生保护方式确实不再适应出狱人时，则由更生辅导员叙明理由，报请更生保护（分）会许可，予以变更更生保护方式。

另外“更生保护法”还规定了各机关共同救助保护出狱人制度，主要是更生保护会、当地法院、法院检察处、监狱、监狱机关、就业辅导、慈善救济及卫生医疗等机构密切联系，共同协助，从而帮助出狱人得以适应社会生存。

（5）更生保护之终止

更生保护的终止主要有两种：一种是正常终止，即更生保护的目的实现。被保护人在习艺中已能自立谋生，或者已辅导就业、就学或自觅工作者。另一种是非正常终结，主要是被保护人违反会规，情节重大者，或者受保护人自己请求停止更生保护会的保护，或者受保护人死亡，这三种情况都会导致更生保护的非正常终止。

（三）立法特点

1. 组成部分

台湾地区的刑事执行立法一般以通（总）则、具体条款（分则）和附则三部分组成。附则中规定：施行细则之制定主体，及其他执行之主体规定、施行日期等相关事宜。同时在附则部分列入附属法规条文内容，使人对相关制度之法律法规规定情况一目了然，这不能不说是其一大优点。

2. 以具体的刑事执行立法为中心，辅之以各种刑事实施细则来补充

台湾地区没有一部统一的刑事执行法典，主要立法特点是围绕某一方面的刑事执行法律制定详细的法律法规与之配套，规定的内容详尽周全。如“监狱行刑法”的附属法规有：“行刑累进处遇条例”“外役监条例”“执行死刑规则”“少年矫正学校设置及教育实施通则”等予以配套实施；“少年事件处理法”的附属法规有：“少年不良行为及虞犯预防办法”“少年矫正学校设置及教育实施通则”“少年及儿童保护事件执行办法”“少年观护所设置及实施通则”“少年辅育院条例”“少年安置辅导之福利及教养机构设置管理办法”“少年事件处理法施行细则”“少年保护事件审理细则”“地方法院少年法庭与司法警察机关处理少年事件联系办法”“少年法院院长、庭长及法官选择办法以及少年记录及数据涂销作业要点”等构成。

二、我国香港特区的刑事执行立法

（一）香港特区的刑事执行立法模式

自1840年鸦片战争以后，香港沦落为英国的殖民地，从而改变了香港的

法律制度。香港地区的刑事法律作为规定犯罪、刑罚和刑事执行的法律，也同香港其他法律一样，深受英国法律制度的影响。1997 年 7 月 1 日香港回归祖国后，中华人民共和国政府为了保持香港的繁荣和稳定，考虑到香港的历史和现实情况，《香港特别行政区基本法》规定，按照“一国两制”的方针，不在香港实行社会主义的制度和政策，保持香港原有的资本主义制度和生活方式 50 年不变。根据其第 8 条的规定，香港原有法律，即普通法、衡平法、条例、附属立法和习惯法，除与基本法相抵触或经香港特别行政区的立法机关作出修改者外，予以保留。

截至目前，香港特别行政区的法律渊源包括：英国法（普通法、衡平法、和制定法）；英国占领香港前后中国的法律和习惯；[①] 香港特区政府依照全国人大授权并依基本法的规定所制定的成文立法以及国际条约。目前已有超过 200 项国际条约和协议适用于香港。条约从严格意义上来说，在立法施行之前，不算是香港本地法律的一部分，但仍可影响普通法的发展。举例来说，法庭可引用某条约，以帮助解释香港法例。所以香港特别行政区的法律制度在形式上或者在内容上，都富有特色。香港法律制度大多是英美法系的传统，由于英国是不成文法的典型，至今仍没有制定一部统一的刑法典和刑事执行法典，所以香港迄今为止也是分散立法模式。如监禁刑罚执行立法就有《监狱条例》《监狱规则》《劳役中心条例》《劳役中心规则》《教导所条例》《教导所规则》《戒毒所条例》《戒毒所规则》和《精神健康条例》等项法律组成。

（二）香港特区刑事执行的理念以及原则

1. 帮助教育改造，使之在刑罚执行后能顺利重返社会

首先，香港惩教署辖下的各惩教机构的所有囚犯都应当接受适当的教育。实施的教育改造措施主要包括：（1）品德修养教育。主要目的是消除罪犯心中的违法犯罪思想，弃旧从新，改邪归正。（2）技能教育。首先，香港所有 21 岁以下的青年犯罪均可参加具有资格考试的全职教师主持的教育课程；成年的罪犯则可以根据各自意志选择各种补习班。其次，作为香港刑事执行的机构惩教署为年轻犯人开办了多个职业训练课程，开办课程的目的主要是使年轻人获得谋生技能，从而能在释放后找到工作。最后，香港惩教机构还设立工业，主要用于引导、强制囚犯参加劳动，目的一方面是为政府提供最经济的货

① 部分中国习惯法适用于香港举例来说，根据《新界条例》（第 97 章）第 13 条，法庭可以认可并执行与新界土地有关的中国习俗或传统权益；而在《婚生地位条例》（第 184 章）中，中国法律和习俗也得到承认。参见香港特别行政区律政司网站：http://www.doj.gov.hk/chi/legal/index.htm.

品和服务，另一方面更为重要的是通过劳动使得囚犯养成热爱劳动的观念，从中体验到人生价值和为人之道，不致再次走上犯罪道路。

2. 注重心理治疗原则

按照犯罪心理之内容，犯罪人之所以犯罪，主要是由于犯罪人的人格出现异常等问题，在各种犯罪刺激的影响下，才最终实施犯罪行为的。[①] 所以，对犯罪人的刑罚执行应该注重罪犯人格因素的矫治。香港惩教署设有心理治疗服务，由多位具有资深资质的心理学专家负责，惩教署的心理学家除为犯人提供范围广泛的心理辅导外，亦评估犯人适合何种惩教治疗项目，供法庭作依据及惩教署之用。

（三）香港特区刑事执行的立法内容

香港的刑罚内容可以分为三种基本类型，即非监禁性的刑罚、监禁性的刑罚和其他刑罚。其中，监禁性的刑罚包括判处监禁、缓刑、判处入劳役中心、判处入教导所、判处入戒毒所、判处入精神病治疗中心或精神病院。非监禁性的刑罚包括社会服务令、罚金、下令补偿或者赔偿、感化、具保守行为、刑事破产令、没收、吊销驾驶执照。其他刑罚包括递解出境等。[②] 但从一定程度上讲，香港的刑事执行都是以监禁性的刑罚执行为主的。所以此处所讨论的范围，仅限于监禁性刑事执行的问题。

1. 香港刑事执行机构

在香港，监禁性的刑罚之执行主要由香港惩教署负责。香港惩教署是布政司署保安科属下的一个署级部门。惩教署实行署长负责制，负责管理香港所有犯人的关押和执行惩罚。犯人被定罪处罚后，根据其对社会所构成的威胁以及是否初犯等，按其保安处分的分类来选定不同的惩教机构（包括监狱、劳役中心、教导所、戒毒所和精神病治疗中心）服刑。[③]

2. 香港的惩教设施

从管理角度看，香港的矫正机构还可以分为教导所、劳教中心、戒毒所、男犯监狱、女犯监狱、中途宿舍计划等。一般在经由分类及编级委员会评估后，囚犯须接受全面身体检验、参加短期启导班，以认识有关规则、规例、权利、特惠及福利援助。囚犯如有不满，可向本署的投诉调查组、巡狱太平绅士及其他渠道作出投诉。这些程序已用中英文告示清楚列出，并在显

① 蔡墩铭：《犯罪心理学》，台湾黎明文化事业股份有限公司 1979 年版。

② 转引自赵秉志主编：《香港法律制度》，中国人民公安大学出版社 1997 年版，第 749 页。

③ 赵秉志主编：《香港法律制度》，中国人民公安大学出版社 1997 年版，第 754 页。

眼地方张贴。成年囚犯必须按法例的规定工作。院所会为他们安排有意义的工作，如木工、金工及制衣等工业生产活动及工艺训练，令其生活更加充实。囚犯更生活动包括不同行业的职业训练，以及娱乐、体育活动和教育课程。

（1）教导所

根据《教导所条例》规定，年轻犯人必须接受为期6个月至3年的教导及感化。有关教导是个别进行及受到监管，确保取得最佳成果。释放时间将根据各个犯人的表现而决定。

教导所里的犯人均要接受由经验丰富及合资格教师提供的启导教育及职业训练课程。训练旨在让其为未来就业做好准备和改善技能。犯人可选择全面培训，获释后惩教署会协助其寻找工作。教导所里的体育导师会定期举办娱乐活动，如球类比赛及田径运动，此外亦举办丰富多彩的其他课外活动，主要包括兴趣班、音乐、艺术、弈棋和阅读等。

（2）劳教中心

劳教中心主要接收年轻男犯，让他们学习与人相处之道，建立自尊心。2007年，香港劳教中心共收纳229名21岁以下的青少年犯及37名年龄介乎21岁至25岁间的青年犯。前者羁留期为1—6个月，后者羁留期为3—12个月，他们的训练过程受到监管。

（3）更生中心

更生中心为14—21岁的青少年犯提供留宿更生计划。该计划结合惩教院所的训练及中途宿舍功能，青少年犯人可参加工作、上学及参与其他更生活动。青少年犯获释后须接受一年的法定监管。

（4）戒毒所

戒毒所一般接收男性戒毒者，而女性戒毒者则分开囚禁于其附属中心。吸毒人员主要在戒毒所里接受为期2—12个月不等的治疗，戒毒所结合工作及疗法，协助吸毒者除去对毒品的依赖，纠正其犯罪行为，重新获得对生活的自信及恢复身心健康。辅导课程让所有犯人应付挑战，并特设防止重染毒瘾课程，让他们为获释及远离毒品的生活做好准备。戒毒人员获释重返社会后，须接受为期12个月的监管。

（5）医疗卫生服务

在香港卫生署的协助下，各院所均设有医院或诊疗室，由具备医师资格的人员提供服务，以便定时监察和保持高度的卫生和医疗水平。刑事执行机构也会密切留意囚犯的营养，并按营养师核准的膳食表制订出膳食，同时亦会顾及个人的健康或宗教需要。如果罪犯患有精神病，则囚犯会由医院管理局精神科医生诊治，灵活地为个别病人提供适当的治疗。①

3. 香港刑事执行法中的监督制度

香港的检察机构称律政司，“律政司司长是行政长官、政府、各个政府部门及机构的首要法律顾问，也是行政会议的成员。律政司司长除了负责本港刑事案件检控外，也是所有针对政府提出的民事诉讼中的被告人。”② 由此，香港律政司除承担检控和司法行政职能外，并不承担对刑罚执行的监督职能。香港惩教署作为香港刑罚执行机构，既有严密的内部监督，又受外部严格监督。

(1) 香港惩教署惩教活动的内部监督

香港惩教署内部设有审核及保安组和投诉调查组。

①审核及保安组。“审核及保安组的职责是根据现行条例、规则、规例和部门政策，就羁管行动提出建议及予以监察。为履行上述职责，该组会到各院所进行视察、包括突击视察和保安检查。为方便监察和提供各方面的保安建议，该组亦设有中央情报组，负责整理各院所保安主任搜集得来的资料和情报。”③ 这种基于安全监察，事实上起到监督依法监管的作用。

②投诉调查组。“投诉调查组是惩教署署长委任的独立组别，按照ISO认证制度，迅速、彻底和公正处理及调查职权范围内的所有投诉。调查结果均由惩教署投诉委员会审核。委员会覆检表示不满的受屈个案，而署长则处理有关个案的进一步上诉。”④ 行刑或监管权力的滥用或怠用，服刑人员常常是直接的受害者，对他们的投诉进行调查处理，是制约权力的有效方式。而这种调查也常常是发现犯罪线索的重要途径，因而也是犯罪调查的基础。

(2) 香港惩教署惩教活动的外部监督

香港惩教署的惩教活动，除内部的监督外，还要接受来自外部的监督，具体包括：①治安法官视察监狱。香港地方治安法官定期来监狱视察，并接受服刑人员的申诉。②巡狱太平绅士。太平绅士制度是英国的一项古老的视察、监督制度。由于太平绅士制度在香港具有独特的作用，因此，香港回归后这一制度得以保留。根据香港《监狱规则》第222条之规定（2000年第270号法律

---

① 以上内容参见香港特别行政区惩教署网站：http：//www.csd.gov.hk/view/2007/index.htm。

② 香港特别行政区律政司网站：http：//www.doj.gov.hk/chi/legal/index.htm。

③ 香港特别行政区惩教署网站：http：//www.csd.gov.hk/view/2007/index.htm。

④ 香港特别行政区惩教署网站：http：//www.csd.gov.hk/view/2007/index.htm。

公告)，巡狱太平绅士每两星期至少巡视每所监狱一次；每月最少巡视每间宿舍一次，并于需要时在其他日子进行巡视，如有可能，两名太平绅士须一起巡视。巡狱太平绅士的职责包括调查囚犯向他们提出的投诉、视察膳食、巡视惩教院所内的建筑和住宿设施。

（四）香港刑事执行立法之特点

1. 完善的善后辅导制度

为了帮助罪犯在刑事执行后能更好地适应社会，香港规定了较为完善的善后辅导制度。善后辅导员在犯人家属的协助下，与犯人建立良好的关系，并帮助他们做好准备，以应付日后重返社会可能面对的考验或需要。当犯人仍在惩教机构时，善后辅导人员即不断与每名犯人接触。犯人获释后，善后辅导人员仍密切予以监督，经常前往受监管者的居所或工作地点探望。如根据香港有关法律规定，凡在劳役中心、戒毒所、教导所的犯人，以及 21 岁以下，被判入狱 3 个月或以上，而出狱时为 25 岁以下的年轻犯人，必须接受善后辅导。在监管期间，受监管者如果违反监管规定，惩教署长有权召回该受监管者，使其再接受惩教。

2. 完善的监禁性执行监督体制

监禁性执行监督应该是刑事执行监督工作的核心组成部分，其重要性非同一般。首先，在香港刑事执行监督体制中，监督的刑事执行法律位阶高，香港惩教署作为香港最高的刑罚执行机构，它既有内部的监督，也有外部的监督。其次，香港的刑事执行监督过程完整，不留有空档。刑事执行监督贯穿香港刑事执行监督的各个过程。再次，在香港，刑事执行监督的方式多样，有专门的监督部门来进行执法监督，如为了更有效地实行监督，确保服刑人员的投诉实现，惩教署的投诉调查组的设立和运行；也有古老的监督制度，如太平绅士巡狱制度的监督等。最后，香港刑事执行法律还规定了各个不同的监督主体实施监督的时间。

三、我国澳门特区的刑事执行立法

（一）澳门特区的刑事执行立法模式

1999 年澳门特别行政区成立之前，澳门的法律体系长期以来都是采用两种法律并存的格局：一种是由葡萄牙立法机关制定并通过一定的立法程序延伸至澳门地区生效的葡萄牙法律，另一种是由澳门当地立法机关制定的本地法律。这两种法律在不同的历史时期所处的地位和作用是截然不同的。在 1974 年之前，澳门地区本身因不享有立法权，故在澳门地区适用的刑事法律全部是葡萄牙的法律。① 1974年4月，葡萄牙国内发生了反法西斯政变，成立了民主共和国，对外宣布放弃殖民政策。为此，葡萄牙国会于1976年专门为澳门地区制定了《澳门组织章程》，规定澳门为受葡萄牙管治并享有行政、经济、财政及立法自治权的特殊地区。从此以后，澳门地区才有了自己的刑事立法权，澳门本地法律才得以应运而生。从1976—1996年长达20年的时间里，除1886年的《葡萄牙刑法典》继续在澳门地区生效外，澳门本地立法机关自行制定了一批单行法律，并在一些非刑事法律中设立了不少刑事法律条款。1991年，随着澳门法律本地化的不断深入，澳葡政府开始聘请葡萄牙法律专家起草《澳门刑法典》，以期用本地刑法典来取代葡萄牙刑法典。1995年《澳门刑法典》经中葡双方磋商达成共识后由澳门总督签署第11/95/M号法令正式颁布，并规定于1996年10月1日生效。与此同时，宣布废止1886年《刑法典》和一系列单行刑法。1996年澳门护理总督签署第48/96/M号法令正式颁布《刑事诉讼法典》，其中第十卷共分五编规定了刑事执行相关内容。截至目前，葡萄牙和澳门地区公认的基本法律有五大法典：民法典、刑法典、商法典、民事诉讼法典、刑事诉讼法典。

澳门没有回归前，根据《澳门特别行政区组织章程》规定，澳门地区和葡萄牙一样，实行“双轨立法制”，即澳门总督和澳门立法会都享有立法权。刑事立法权主要由立法会以法律的形式行使，主要制定关于犯罪、刑罚、保安处分等方面的法律。总督的立法权以法令的形式行使。本来，相对不定期刑、保安处分制度以及处罚前提等事宜，属于立法会的专属立法权限，但立法会在认为有必要时，可通过制定立法许可法律，将这些立法权限授予总督行使。立法会制定的立法许可法律不具有永久性，半年后自动失效。至于有关犯罪、刑罚等事宜，立法会和总督均享有立法权。② 比如，1995年《澳门刑法典》虽然由总督以法令的形式颁布，但在颁布之前，已由立法会通过一项立法许可法律，将保安处分制度的立法权授予总督。应当指出的是，根据《澳门特别行政区基本法》的规定，澳门回归后，澳门特区行政长官不享有立法权，立法权只能由澳门特别行政区立法会行使。这一规定表明，澳门特别行政区实行的是“单轨立法制”，在刑事立法方面，除澳门原有的被保留下来的刑法之外，

---

① 包括两种形式：一是1886年的《葡萄牙刑法典》，二是葡国主权机关制定的一些补充性和单行刑事法规。这些法规通过政府法令、训令并在澳门政府公报上公布的方式延伸适用于澳门。例如，1957年7月24日关于妨害公共卫生和国家经济违法行为的葡国第41204号法令及其后两次（1971年和1973年）对该项法令所作的修改等。

② 参见澳门特别行政区检察院网站，http://www.mp.gov.mo/int/articles-2001-06.htm。

今后凡是与犯罪、刑罚、保安处分等有关的法律，均由澳门特别行政区立法会行使立法权。由此可见，澳门刑事执行立法实行的是“单轨立法制”，也是分散立法模式，立法规格较高，主要由澳门特别行政区立法会来行使立法权。

（二）刑事执行立法内容

1995年《澳门刑法典》明文规定禁止设置死刑、无期徒刑和期间不确定的剥夺自由刑。此外，《澳门刑法典》还对刑种进行了简化，废除了重监禁刑罚和轻监禁刑罚之区分，摒弃苦役，只规定徒刑，实现了自由刑的单一化；同时，1995年《澳门刑法典》还规定，当罚金能适当及足以实现处罚之目的时，须科处罚金，以避免实际科处短期徒刑。这样，《澳门刑法典》实际上就只有三种刑罚：主刑，包括徒刑和罚金两种；附加刑，只有禁止执行公共职务一种。所以，在澳门地区，刑事执行主要包括徒刑之执行、非剥夺自由刑罚之执行、保安处分之执行以及财产刑之执行等。

1. 刑事执行之一般规定

（1）1996年《澳门刑事诉讼法典》第十卷执行卷第一编第449条和第450条明确规定了刑事执行必须存在具有执行力的书面裁判。[①] 对于刑事被告人的有罪裁判如果已经生效，则不仅在整个澳门地区具有刑事执行力，而且在澳门地区之外——如澳门所参与制定或加入的国际协约以及和澳门地区签订司法协助领域的协定范围内也具有刑事执行力。对于下列裁判，即使在澳门本地区作出，也不得执行：首先，如果裁判没有确定所科处的刑事处罚或保安处分，或虽判定刑罚，但所科处的刑罚和保安处分在澳门法律中不存在；其次，生效裁判在澳门地区没有以书面形式作出也不得执行；最后，如果裁判不在澳门地区宣示，并且法律要求进行审查及确认而未经审查及确认的刑事判决，也不得执行。执行一般须通过原卷宗执行。

（2）《澳门刑事诉讼法典》在执行卷还规定了刑事执行中止。即一旦以可能曾引致嫌犯被判罪之事实，针对司法官、证人、鉴定人或司法公务员而作出起诉批示或指定审判日期之批示，助理总检察长必须立即附同有关证明文件，声请高等法院在诉讼作出裁判前中止判决的执行。高等法院有管辖权的分庭必须作出应否中止判决执行的裁判；如果决定应予中止，则再作出应否采用在有关情况下依法可采用的强制措施或财产担保措施的裁判。[②]

---

① 赵秉志主编：《澳门刑法典、澳门刑事诉讼法典》，中国人民大学出版社1999年版，第299页。

② 赵秉志主编：《澳门刑法典、澳门刑事诉讼法典》，中国人民大学出版社1999年版，第300页。

（3）刑罚或保安处分的消灭由法官宣告，该法官就此须将有关裁判之副本交予受益人，以作通知；此外，亦须将副本送交监狱部门、社会重返部门及该法官指定的其他机构。

2. 徒刑之执行

（1）裁判之告知

在科处剥夺自由刑罚的判决确定后5日内，检察院必须将该判决副本送交监狱部门及社会重返部门；如果被告人属于可以容许假释情形，检察院还必须依据《澳门刑法典》相关条款计算出假释之前提时间及假释期间等；如嫌犯对科处剥夺自由刑罚的裁判提出上诉，而嫌犯正被剥夺自由的，检察院必须将该裁判的副本送交监狱部门，并指出对该裁判有提起上诉。被判刑者只能通过有权限法官的命令而入狱。

（2）刑事执行之延长

《澳门刑事诉讼法典》第465条规定，在为作出延长刑罚的裁判而计算出之日期两个月前，社会重返部门须将报告送交检察院，报告中须对被监禁人的家庭及职业背景加以分析；如果检察院认为延长刑罚合理，则必须在上面所指日期一个月前促进有关程序；程序经受理后，法官须依职权或应检察院、被监禁之人或辩护人的声请，命令采取视为对作出裁判属有利的措施。

（3）假释程序之开始和执行

①假释程序之开始。在可容许被判刑者假释之日两个月前，监狱部门须将下列资料送交法官：监狱技术部门就刑罚执行及囚犯在狱中的行为所作的报告和监狱场所领导人就给予假释的问题所制作附理由说明的意见书；同时在被判刑者假释之日两个月前，社会重返部门须将下列资料送交法官：一份报告，当中须分析刑罚对有关不法分子的人格所起的作用、其家庭及职业背景，以及其重新适应社会生活的能力及意愿；重新适应社会之个人计划，只要被判刑者被监禁超逾5年；如果法官依职权或应检察院或被判刑者的声请，其可要求提交其他报告或文件，或实施视为对作出关于假释的裁判属有利的措施，尤其是编制重新适应社会之个人计划。

②假释程序之裁判。在可容许假释之日10日前，检察院就给予假释的问题，于原卷宗内发表意见；法官作出关于给予假释的批示前，须听取被判刑者的意见，尤其应取得其同意；给予假释的批示，除载有给予假释的依据外，还须说明有关的期间及受益人须履行的义务或行为规则；该批示须通知受益人，且其于获释前接收该批示的副本；如果否决假释，该批示必须通知囚犯；假释批示的副本须送交监狱部门、社会重返部门和法官指定的其他机构。

3. 非剥夺自由刑罚之执行

（1）罚金刑之执行

①罚金缴纳之期间。罚金刑之执行须在科处罚金的裁判确定后，按该裁判所定出的数额缴纳罚金，并不得附加任何额外款项。同时罚金缴纳的期间为10日，自作出缴纳通知之日起计算。

②罚金刑之替代。被判刑者如若不能缴纳罚金，可以在罚金缴纳期间内提出以日劳动代替罚金的声请，同时，在声请时，被判刑者应指明其学历资格与专业资格、家庭与职业状况及可工作的时间，并在可能时指明其拟在何机构提供劳动。法官也必须要求社会重返部门提供补充资料，尤其是关于劳动地点和时间的资料。

③罚金之不缴纳。如果罚金于缴纳期间或分期缴纳中某一期的期间届满时仍未缴纳，则进行财产的执行。如果被判刑者拥有足够且无负担的财产，而该财产为人所知悉，或属被判刑者在缴纳期间内指出者，检察院须立即促进有关执行，其程序则按执行诉讼费用的步骤进行。如果将不缴纳的罚金转换为监禁的情形，则必须在作出暂缓执行该监禁的裁判前，先取得检察院的意见。[①]

（2）缓刑之执行

法院在对被判刑者作出缓刑批示前，须先取得检察院的意见以及先听取辅助人和被判刑者的意见。如果属于暂缓执行而附随考验制度的情形，则还须先听取社会重返部门的意见。被判刑者获得缓刑执行后，必须定期到法院或其他实体按时报到，如果体质或精神存有缺陷，则必须接受医治或康复训练。缓刑人在暂缓执行期间实施任何犯罪而被判罪时，须立即将该判罪告知具有执行权限的法官，并向其送交该有罪裁判的副本。

（3）附加刑之执行

在《澳门刑法典》刑罚种类中，作为附加刑的只有禁止执行公共职务一种。如果法院判决宣告禁止或中止被判刑人执行公共职务，则必须告知被判刑人所属部门或机构的领导人。如果宣告被判刑者禁止或中止从事须具有公共资格或须获公共当局许可或认可方得从事的职业或业务。法院则按情况而告知被判刑者所注册的专业机构，或有权作出许可或认可的实体。同时，法院须将停止被判刑者行使亲权、监护权、保佐权及财产管理权一事，告知缮立其出生登记的民事登记局。

---

① 参见《澳门刑事诉讼法典》第470条、第471条和第472条，澳门特别行政区检察院网站，http：//www.mp.gov.mo/int/articles－2001－06.htm。

4. 保安处分之执行

保安处分，是指刑罚之外的针对某些特别对象而采取的预防犯罪的行政处罚措施。对于保安处分，尽管理论上还有各种争议，但有一点认识却是共同的，保安处分不属于刑事处分，不具有刑罚性质，但因为它有预防犯罪的积极作用，因而是刑罚的重要的和必要的补充手段。基于此，大陆法系国家一般都把保安处分纳入刑事法律体系之中，专章加以规定。例如，1960 年《苏俄刑法典》第 58—63 条，1968 年《意大利刑法典》第 199—240 条，1976 年《德国刑法典》第 61—76 条，1975 年《奥地利刑法典》第 21—26 条等。有的国家虽然未在刑法典中设立保安处分专章，但在其刑法改革案中，也增设了保安处分专章的规定，如日本。①

受葡萄牙刑事法律的影响，1995 年《澳门刑法典》在总则第三编第 6 章中专门规定了保安处分，并将其分为两节：第一节规定的是对不可归责者的收容处分；第二节规定的是关于禁止业务的保安处分，不仅确立了适用保安处分的目的、法定原则及禁止类推，而且明确了保安处分的适用对象即原则上仅限于因精神失常之不可归责者，以及保安处分的具体种类，如收容、业务之禁止、驱逐出境等。同时，1996 年《澳门刑事诉讼法典》执行卷第四编对保安处分执行予以专编规定，主要规定了收容处分和禁止业务的保安处分执行。

（1）收容保安处分之执行

法院必须在宣告收容的裁判中指明应进行的收容机构种类，并在有需要时制订出收容的最长和最短时间。在法院科处剥夺自由保安处分的判决确定后 5 日内，检察院必须将该判决的副本送交监狱部门、社会重返部门及进行收容的机构。同时，在收容机构内必须编制个人档案，当中记录或收集从法官与检察院接收的通知文件及向法官与检察院提供的资料，以及关于治疗对被收容者危险性所起作用的定期评定报告。如果对收容人之执行达到了预期效果，则法院可以依职权或应检察院、被收容者或者辩护人的声请，命令采取视为对作为裁判属有利的措施，诸如考验性释放等。当然，考验性释放的裁判，必须附同被收容者身处机构的领导人附理由说明的意见书。

（2）禁止业务的保安处分之执行

法官得宣告在禁止业务之存续期间内扣押从事有关职业或业务所凭借的文件。同时，就禁止期间的延长及对科处有关处分所依据情况的复查，由法官作出裁判，而作出裁判前，必须先听取检察院、辩护人及受处分者的意见，但受

① 吴亮亮：《试论构建我国刑法上的保安处分制度》，载 http：//www.lunwentianxia.com/product.free.1537196.1/，最后访问时间：2009 年 8 月 3 日。

处分者的情况使听取意见并无效用或不可行的，则不必听取。

5. 财产之执行

对于被判刑人之财产执行，应该按照《澳门刑事诉讼法典》进行，如果该法典没有特别规定的，均由关于诉讼费用的法例规范，并补充适用民事诉讼法典。一般的，执行财产所获得的收益须按照下列顺序缴纳：罚金；司法税；结算归本地区所有的诉讼费用；其余诉讼费用，此等费用按比例缴付；损害赔偿等。

（三）澳门刑事执行立法之特点

1. 程序法律规范与实体法律规范的有机衔接

尽管程序法与实体法具有内容和形式的密切关系，但一般来说，刑法典和刑事诉讼法典在规定的内容上各司其职，不容许有彼此交叉的现象。但在澳门，刑法典和刑事诉讼法典在规定的内容上却存在着彼此交融的现象。例如，1995 年《澳门刑法典》没有规定犯罪的概念，而《澳门刑事诉讼法典》却对此作了规定："犯罪，对行为人科处刑罚或保安处分所取决之前提条件。"同时，《澳门刑法典》规定了保安处分，《澳门刑事诉讼法典》则设专编规定了保安处分的执行，可见两部法律在规定上进行互补，内容上相得益彰。

2. 澳门地区刑事法律中关于保安处分的立法模式很有特色，值得内地刑事法律立法参考借鉴

澳门刑事法律采取专章规定保安处分的做法，不仅可以提高保安处分在刑事法律中的地位，使保安处分与刑罚之间的关系变得清晰明确，而且可以充分发挥保安处分作为刑罚的必要补充，在预防危害行为、保卫社会中的应有作用。此外，保安处分的法定化还可以防止任意侵犯公民权利现象的发生，从而有利于对公民人身自由的保障。

第二节　大陆法系国家的刑事执行立法

一、1969 年波兰的《刑事执行法典》

（一）刑事执行之立法模式

波兰地处东欧，是个传统的农业大国，居民大多信奉天主教，民风颇为保守，属混杂性的法律制度，波兰法律不仅受到俄罗斯法律的影响，而且日渐受到欧盟框架法律的影响。

波兰法律注重对未成年人犯罪案件的保护。如刑事法律规定，在审理少年案件的每个阶段，都必须有辩护人参加。同时，在波兰，对法律心理学的研究较为繁荣，例如，审判心理学、临床审判心理学、临床监狱心理学等，这些名称也反映了波兰法律心理学发展的特色。波兰约有200名法律心理学家，他们不仅从事大量的理论研究工作，也参与多方面的司法活动，主要包括：确定和评价少年犯罪人的反社会行为，提出有关少年犯罪人再社会化的建议，预测少年犯罪人的社会发展情况；与精神病学家一起确定成年犯罪人的特征和人格障碍；在酗酒和药物成瘾案件中，与精神病学家一起确定疾病的病程和治疗的方法。① 1969年4月19日波兰颁布了《波兰刑法典》，规定死刑为主刑之一，适用于10种犯罪，如叛国罪、图谋危害国家独立与领土完整罪等。同年，波兰颁布了《刑事执行法典》，对刑法规定的各种惩罚执行作出了较为详细的规定。

政治上，波兰的政权交替频繁，从1989—1999年的十年间，波兰先后换了八届政府，严重影响了宏观经济政策的稳定和延续性，这使得波兰的经济体制转轨经历了一个相对漫长和复杂的过程。1989年波兰政权更替之后，私有化问题被正式提上政府的议事日程，当年9月波兰开始实行向市场过渡的"休克疗法"。1990年7月，波兰政府制定了私有化法，开始实施全面的私有化计划。此后，波兰在宪法分权和发展新体制方面取得了很大进步。从20世纪90年代初期开始，为减少腐败，波兰做出了大量努力，特别是立法方面，但遗憾的是，没有一部法律是针对腐败问题和利益冲突的。进入21世纪，波兰为了更好地打击犯罪，能够保障证人"自由地、无所顾虑地作证"，从而有效帮助法院查明案件事实，正确作出裁判，2000年2月，波兰首次在一起卡车失窃案中对证人实行豁免以换取其证言，被称为"翻开了波兰法律史上的新篇章"。② 综上所述，在刑事执行法律方面，波兰属于统一立法模式，而且立法规格高，并规定了较多的配套措施，如1974年颁布的《剥夺自由刑临时执行条例》等。

（二）刑事执行法的目标和原则

1. 特殊预防的目标

每部法律的制定都应有其具体的目标。如法国作者孟德斯鸠在《论法的精神》一文中就曾明确指出，波兰法律的目标是追求波兰人民的独立性。而

---

① Stanik J M. Psychology and Law in Poland. In：Losel F. Beunder D. Bliesener T. eds. Psychology and Law：International Perspective. Berlin：Walter der Gruyter，1992：549.

② 转引自徐静村：《"污点证人"作证豁免制度研究》，载《人民检察》2004年第4期。

在当代，波兰刑事法律规定，执行刑罚的目的是对被判刑人进行思想改造，形成社会所希望的行为，使其养成从事社会公益劳动的习惯，遵守法纪，从而阻止他重新走上犯罪的道路。为了能够做到特殊预防的目标，行刑机关要积极开展思想改造活动，其作法是让被判刑人在相应的教养所学会遵守纪律和秩序，特别是接受劳动、科学和文化教育。波兰刑事执行法律规定，针对不同的人群规定了不同的执行刑罚的预防目标。如对未成年人，主要通过进行较广泛的职业教育、文化和体育教育，密切他们同家庭的联系等与被判刑人年龄和特点相适应的惩治性感化措施，使被判刑人具备良好的性格特征和社会所需要的品质。对于累犯教养所执行的剥夺自由刑，旨在使被判刑人树立重新生活的信心，并为其开始正直生活做准备，同时，使他们养成并巩固良好习惯，特别是劳动习惯。对于在采取特别医疗——教育措施教养所里服刑的被判刑人，主要实行适当的医疗——教育方法和手段，启发他们改造思想的积极性，培养他们的社会生活能力，使他们在精神上重新平衡。当被判刑人在教养所学习毕业后，可以获得普遍适用的升级证书或学习班结业证书。其中证书不得标明被判刑人是在服刑时获得的，便于被判刑人出狱后就业免受歧视。

2. 刑事执行的人道性原则

波兰《刑事执行法》第 7 条规定，执行刑罚应当依据人道主义、尊重被判刑人人格的原则进行。对被判刑人权利的限制，不能超越正常执行所处刑罚或采取正当手段的必要界限。对于子女不满 18 岁的被判刑人或者负有未成年人监护义务的被判刑人，在征得惩治委员会许可后，所长可以对有关执行剥夺自由刑罚的规定作必要的调整，如增加通信次数，直至取消通信限制，增加会客次数和时间，或者改变会客方式等。如被判刑人同他们在教育辅导站学习的子女见面和通信的次数，不受限制，并且他们寄给子女的信件也无须加盖教养所检查的戳记。被判刑人如依法负担其子女在教育辅导站的费用，以及因会面而往来于教养所的交通费，如果被判刑人无钱支付交通费用，则可用惩治后的救援款给予帮助。

为了尊重被判刑人的人格，对被判刑人的上级和来访者来教养所视察时应称呼被判刑人为“您”。同时，在教养所，被判刑人可以保留食品、信件、最亲近人的照片、必要的文字资料、书籍、报刊和娱乐用品，以及其他必需的个人用品。被判刑人交付教养所保管的钱款、贵重物品和其他物品，在不被实行保全或者扣款执行完毕的情况下，可以由被判刑人自由支配，被判刑人也可以把钱物转给其有义务赡养的人或者用于弥补犯罪所造成的损失。波兰《剥夺自由刑临时执行条例》第 68 条规定，对于被判处承担扶养费的被判刑人，当其所有的钱款不足支付扶养费时，可以在管束规则规定的基础上，将其劳动报酬的比例提高到75%。如果被扶养者生活特别艰难，对于负有法定扶养义务的被判刑人，也可以在管束规则规定的基础上，将其劳动报酬的比例提高到75%，提高的部分应全部作为扶养费付给被扶养者。

3. 个别化思想改造原则

女犯教养所，所长在征得惩治委员会的许可后，可对有关执行剥夺自由刑罚的规定作出必要的灵活变动，如教养所的日常规定和监舍管理，增加私人通信次数，增加会客次数和会客的时间，或者改变会客方式，允许穿用私人内衣等。此外，对于幼儿在教养所服刑的女犯，应对幼儿进行必要的看护和抚养。教养所还注重对个别犯人的思想改造活动，对被判刑人进行劳动、科学、文化教育和遵守法纪、尊重别人和文明教育，从而使被判刑人认罪悔过，形成社会需要的责任感，养成从事社会公益劳动的习惯，遵守法纪，成为合格的社会公民。

（三）刑事执行立法内容之规定

1. 刑罚执行制度

波兰教养所是波兰执行剥夺自由刑罚的机构。波兰《刑事执行法》规定：教养所由司法部设置或撤销，教养所实行所长负责制。教养所分为劳动中心、普通教养所、过渡性教养所、未成年人罪犯教养所、累犯教养所、对被判刑人需要特别医疗——教育措施的教养所和受军事监禁的人的教养所等共七种。

为了更好地在刑事执行中教育和矫正被判刑人，防止被判刑人产生不良相互影响，波兰教养所实行普通管束、从轻管束和从严管束三种管束制度。由波兰教养所成立的惩治委员会主要根据被判刑人的年龄、曾经受过的处罚、判处刑罚的轻重程度和剩余刑期的长短、道德败坏程度和可改造性的大小以及犯罪的性质等进行分类。对于患有精神病，特别是患有严重神经病、心理变态、先天呆痴或者嗜酒成癖的被判刑人，如需要单独处遇，则应在采取特别医疗——教育措施的教养所里执行刑罚。

收押制度，是教养所等执行机关依据已经发生法律效力的刑事判决书等，接受关押交付执行的罪犯入监服刑的制度。在收押时间上，波兰《刑事执行法》规定了“立即收押制度”，即刑事判决书一经发生法律效力，行刑机关应立即实行执行程序。①

在波兰，为了更好地改造被判刑人的思想，波兰《刑事执行法》等明确规定了一系列帮扶救助措施。如为了巩固被判刑人在思想改造方面所取得的成

---

① 储槐植：《外国监狱制度概要》，法律出版社2001年版，第54页。

果，一般可将其在过渡性教养所执行剥夺自由刑罚，这些教养机构可以进一步扩大被判刑人的权利和自治范围，从而能够检验这些改造成果的真实性和稳定性。一般在过渡性教养所里，实行的是从轻管束，如给予被判刑人获得50%的报酬，通信也不受限制，可经常会客，并且可用不超过信托额的钱款购买食品、香烟和个人用品等权利。波兰《剥夺自由刑临时执行条例》第35条规定，“为了增强被判刑人的社会活动能力，所长可以允许被判刑人在劳动中心和过渡性教养所组织具有自治性质的小组。”其中活动范围包括：开展劳动和学习竞赛，检查规章制度的遵守情况，组织文化教育和社会活动，在文化学习方面提供帮助，解决被判刑人的生活问题，特别是使用被判刑人的自助基金解决生活问题。[①] 教养所的行政部门还应提倡被判刑人在思想改造过程中开展形式多样的、同社会联系密切的活动。社会惩治委员会也应在教养所开展活动，促进被判刑人的思想改造，同时，允许被判刑人同社会惩治委员会的成员直接接触。在被判刑人的思想改造过程中，特别是对于未成年被判刑人，教养所的行政部门应当同被判刑人的家庭联合实施改造方案。

2. 波兰假释制度之执行

波兰的假释裁定由惩治的法院来决定，法院会议应该在教养所里举行。有权申请假释的提议主体有多人，可以由教养所所长提出，也可以由被判刑人和其辩护人提出，但需要满足一定的条件。如果被判刑人在未达到刑法所规定的假释期间时，或者在判处刑罚超过2年而作出拒绝假释裁定不满3个月时，或者在判处刑罚超过2年而作出拒绝假释裁定尚不满6个月时，提出假释请求的，惩治法院均不予受理。

惩治法院应该听取教养所行政部门代表以及被判刑人的意见。同时，检察官有义务参加听取意见的会议。对拒绝实行假释的第二次裁定及其以后的裁定，被判刑人有权提出申诉。而对第一次裁定，只有在教养所行政部门支持的情况下，才有权提出申诉。

对假释裁定，检察员有权在3日之内提出抗诉，抗诉将在7日之内审理。执行假释裁定的有关问题及撤销假释问题，由作出假释裁定的惩治法院主管。尚实行监督的假释人员，由执行监督地区的惩治法院主管。提出担保或者对假释人员实行监督的个人、机关或社会组织，可就确定、扩大或改变刑法第94条规定的义务，解除义务，实行监督或取消监督，以及就撤销假释等问题，提

---

① 自助基金主要是教养所的行政部门提倡在被判刑人中设立的，基金主要用于帮助生活艰苦的被判刑人的家属以及由于特殊原因急需用钱的被判刑人。参见中华人民共和国司法部编：《外国教养所法规汇编》（第四辑），第116页。

出意见。考验期间，对假释人员实行监督的个人、机关或社会组织应该向法院报告假释人员的表现情况，尤其是履行法定义务和遵守法律秩序的情况。法院在就撤销假释问题作出裁定之前，应听取假释人员及其辩护人的意见。检察员有义务实施监督。对法院的裁定，被判刑人有权提出申诉。

波兰《刑事执行法》第104条规定：被判刑人被假释，则不再执行判决书中把犯人安置到社会改造中心的判决，但是必须对其实行监督。如假释没有被撤销，法院将犯人安置到社会改造中心的判决则应失效。

3. 被判刑人在刑罚执行期间的权利

波兰《刑事执行法》第51条第1款规定，被判刑人在服刑期间从事有偿劳动，不间断地劳动1年以后，可以享受7日带薪休假；从事无偿劳动的被判刑人，则享受7日无薪的休假。第2款规定，由于被判刑人主观以外的原因，1年内中断劳动的时间合起来不超过3个月的被判刑人仍有休假的权利。《刑事执行法》第48条规定，在考虑管束规则所规定的同剥夺自由相关的各种限制的情况下，被判刑人可以不经过教养所行政代表，直接向教养所上级主管机关或者惩治监督机构提出控告；被判刑人向主管当局和主管机关提出书面请求和控告的，呈交法院或检察院的控告书不受检查。被判刑人的邮寄费用，由被判刑人承担。没有钱的被判刑人，可从教养所的行政部门领取信纸、信封和邮票等，此谓被判刑人的请求、控告和建议权。《刑事执行法》第48条还规定，被判刑人还应具有利用文化教育设施，参加文化教育学习的权利。教养所应为被判刑人组织具有培养和教育内容的文化教育活动。活动的宗旨在于培养被判刑人的公民意识，灌输社会主义社会共处和遵守法律秩序的原则，普及文化知识。此外，被判刑人有权获得奖励。当被判刑人服刑表现良好，在改造思想方面有较大进步，并服满一半刑期的，教养所所长可以在征得惩治法官的同意后，给予被判刑人离开教养所5日以内的假期。奖励的目的主要是巩固被判刑人的社会所需要的品质，激发他们改造思想的积极性。出于教育的需要，对一名被判刑人，所长可以一次给予数种奖励。

4. 被判刑人在刑事执行过程中的义务

被判刑人应当执行上级[①]的指示，并完成交给的任务。在上级领导面前，被判刑人有义务保持礼节，并应保持站立姿式。在其同上级领导谈话时，应连同“公民”称呼领导者的职务或者公务级别。未受过小学教育或职业教育的

① 根据波兰《剥夺自由刑临时执行条例》第37条第3款之规定，此处被判刑人的“上级”包括：被判刑人所在教养所的所长、干部和工作人员，以及被判刑人劳动、学习或者从事其他活动的管理人员等。

被判刑人，如其身体状况允许，则必须承担学习义务，不管其从事何种劳动。如果被判刑人不满50岁且至少还要服刑6个月的人，仍要接受小学及职业教育，这种教育是免费的，并且被判刑人免费领取必要的教科书和学习材料，但刑期短或者年龄太大不便于学习的除外。

被判刑人有义务同其他被判刑人正常相处。不准破坏安定和法定秩序，不准从事任何交易、打赌或者赌博，不准违反纪律规定组织团伙，不准使用低级或侮辱性语言以及犯人的行话，不准自残，不准给他人或让他人给自己纹身，不准纵容或者协助他人从事上述活动。当被判刑人在被教养所时，有义务报告个人情况以及所承担的扶养义务，在卷宗上按手印，把携带的证件、现金、贵重物品和其他在教养所禁止携带的物品交由教养所保管。同时，被判刑人得到的劳动报酬和其他收入，以及从教养所外寄来的钱款，也应交教养所保管。为了保证被判刑人的安全，教养所管理人员随时有搜查其居住的监舍的权力。波兰《剥夺自由刑临时执行条例》第45条规定，被判刑人应当接受搜查。其长期或临时逗留的处所，被判刑人得到的物品或者转给他人的物品，也应该接受搜查。同时对于搜查中发现的含有犯罪或越轨征兆，或者含有下流、侮辱性词句、罪犯术语内容的笔记本或纸条，均应予以扣留。

波兰《刑事执行法》第61条规定，被判刑人除了履行传染病、性病和结核病的防治规则规定的义务外，还有义务接受医生检查、防疫接种以及医生为治疗嗜酒癖所采取的措施。

被判刑人有义务向上级报告个人和其他被判刑人的生病情况。如果在健康问题上有意欺骗医生的，将要承担纪律责任。被判刑人有义务模范地保持个人卫生，并关心自己所在监舍以及教养所行政部门指定区域的清洁和秩序。

5. 被判刑人的释放制度

被判刑人获释前可着手寻找工作，如有需要，也可以寻找住所，并就此与地方国家行政机关联系。被判刑人在获释时，可凭收据领回托付于教养所保管的文件、钱款和私人物品。同时，可以获得释放证明、身体检查结果通知书以及有关医院治疗的记录卡片。获释后的被判刑人如果没有钱，应得到专门章程规定的必要帮助。如果被判刑人从教养所获释后需要继续住院治疗，而其健康状况不允许转到社会医院治疗，则应允许被判刑人继续留在教养所医治，直到其健康状况允许其转院为止。这时教养所行政部门则应立即通知负责惩治监督的机关、有关的检察员、患者家属或者被判刑人指定的人员。[①]

---

① 中华人民共和国司法部编：《外国监狱汇编》（第四辑），社会科学文献出版社1989年版，第136页。

（四）波兰刑事执行立法之特点

1. 注重对被判刑人的思想改造

被判刑人之所以犯罪，主要是由于其世界观、人生观和价值观发生了偏离，与整个社会的道德观等相背离。这些都应该通过思想道德教育予以矫正，使得被判刑人具备良好的性格特征和社会所需要的品质。所以，波兰刑事执行机构把被判刑人的思想改造放在核心地位。除正规的课堂教育外，还鼓励被判刑人参加函授和广播电视教育等。教养所应当设立教室、图书馆等必要的教育设施。同时，对被判刑人的各种类型的教育，都应采取丰富多彩的形式。如开展劳动和学习竞赛，组织文化教育和社会活动，在文化学习方面提供帮助，在提高其兴趣的基础上，追求最好的教育效果。同时，为了鼓励被判刑人多参加学习改造，波兰刑事执行法律规定对于参加学习的被判刑人，必要时，可以根据学习的种类减少他们劳动的时间。另外，对于刻苦学习的被判刑人，还应当给予奖励。奖励的目的主要是巩固被判刑人的社会所需要的品质，激发他们改造思想的积极性。

教养所依据因人而异地实行惩治性的感化措施的原则执行剥夺自由刑罚，以便对被判刑人起到教育作用，使其形成正确的劳动态度，学会遵守法律秩序，并以此防止其重新犯罪。行刑的任务是通过思想改造活动着重使被判刑人意识到自己的行为对社会的危害，形成和加强他的责任感，遵守社会秩序，不忘记公民的职责，尊重别人和日常生活中的文明教育。为了更好地对被判刑人的思想进行改造，允许被判刑人同社会惩治委员会的成员直接接触。社会惩治委员会也应该在教养所开展活动，促进被判刑人的思想改造。特别是对于未成年被判刑人，教养所的行政部门应当同被判刑人的家庭联合实施改造方案。

2. 强调对被判刑人的宗教和心理治疗

不少西方国家以及宗教传统较强的国家，都十分重视神职人员对罪犯的矫正，并且给予方便，甚至在刑事执行法律中明文规定必须提供方便。如波兰刑事执行法律规定，被判刑人可以在不影响教养所秩序和纪律的条件下，从事宗教活动，并利用宗教服务，获得从事活动所必需的物品。可以对社会控制及减少犯罪起到一些作用，如可以缓解紧张的人际关系、化解社会某些矛盾等。

波兰的教养所中有专职的心理医师，他们为被判刑人提供心理咨询服务，使之建立安定平和的心态，减少被判刑人之间的紧张气氛。同时，心理医师还积极对被判刑人的思想改造作出评定，并致力于在教养所内建立起一种使被判刑人能够发展为回归社会所需的技能和态度的氛围。如波兰《剥夺自由刑临时执行条例》第34条A款规定，教养所应该定期对被判刑人进行心理——惩治调查，并对思想改造结果和教育情况作出评定。[①]

二、1976年联邦德国的《刑罚执行法》

（一）德国刑事执行立法模式

德国法是大陆法系的重要组成部分，也是自近代以来世界上最为发达的法律体系之一。德国原为法兰克王国的一部分，公元919年，分立后的东法兰克王国推举萨克森公爵为国王，开始了德国历史上的萨克森王朝，标志着德意志国家的初步形成。19世纪以后，德国社会经济明显增长，民族意识逐渐增强。1871年德意志帝国建立后，开始了大规模的法律创制活动。由德国皇帝宣布将略加修改后的《北德意志联邦刑法典》[②]连同《联邦刑法施行法》于1872年1月1日起施行于全国。这标志着德国境内刑事立法的统一。法西斯统治时期，1871年帝国刑法典仍然被保留，但对其进行了若干重大修改和补充，同时颁布了许多法西斯刑事法规。[③] 1945年纳粹德国战败投降，至此，德国分裂为联邦德国和民主德国，法制建设也各自分道扬镳。1945年联邦德国成立后，废除了纳粹刑法，恢复了《德意志帝国刑法典》的效力。当时德国各州在刑事执行的方法上极为不同，刑罚制度也相互矛盾。因为根据德国基本法第74条之规定，刑事执行在德国属于竞合立法权对象，即联邦和各州都有立法权。德国基本法第72条第（1）项规定："在竞合立法范围内，只有联邦不制定法律、不行使立法权时，各州才有立法权。"[④] 那时的德国，自由刑执行的法律根据仍是州法，而整个国家超过60个州对刑罚执行都有详细的规定。1954年，德国联邦议会设立刑法改革委员会，并于1962年公布了《刑法典草案》。但在刑事执行方面变化不大，仍然保持了重罪、轻罪和违警罪的划分和劳役监禁、监禁、拘役三类徒刑；对于违警罪仍然规定适用短期监禁，不适用罚金；限制缓刑制度的适用，因而该草案受到德国法学界的批评。1966年底，由14位刑法学教授联合发表了《供选择的刑法典草案》。其主要特点是：体现了改造罪犯的人道主义精神；规定了统一的徒刑，扩大罚金和缓刑制度适用的范围；主张设立社会治疗院以"救治"那些严重的累犯和所谓"人格严重失调"

---

① 中华人民共和国司法部编：《外国监狱汇编》（第四辑），社会科学文献出版社1989年版，第116页。

② 由于该法典的颁行正值德意志帝国的成立，所以该法典被后世称为《德意志帝国刑法典》。

③ 林榕年等：《外国法制史》（第三版），中国人民大学出版社2007年版，第282页。

④ 司绍寒：《德国刑事执行法律概览》，载《德国研究》2007年第3期。

的罪犯。最终，联邦议会刑法改革委员会在调和两个草案的基础上，于1975年颁布了一部统一的《德意志联邦共和国刑法典》，明确废除死刑，实行轻刑。并统一了徒刑的执行方式。除无期徒刑外，有期徒刑最高为15年，最低为1个月。对6个月以下的短期徒刑，要求尽量用罚金代替。只要法官认为罚金能够达到改善和抑制罪犯的目的，便禁止适用短期徒刑而强制采取罚金加以处罚。此外，法典还规定了“改善及保安”处分这种特殊的处罚手段。① 联邦参议院和联邦议会还于1976年3月16日通过了《自由刑及剥夺自由的矫治及保安处分执行法》，简称为《刑罚执行法》，并于1977年1月1日分期实施。最近一次修改是2006年10月31日。各州司法部商定的《刑事执行法实施细则》和《刑事执行职责与保安规定》及其他联邦和州的法律也属于联邦统一刑事执行法的配套法律。

20世纪80年代末，苏联解体，东欧局势发生巨变，联邦德国抓住这一时机，最终促成民主德国的解体，并自1990年10月3日起并入德意志联邦共和国，两德实现统一。依据两德签订的《统一条约》的规定，德意志联邦共和国的法律施行于全德国。综上所述可以看出，联邦德国虽然颁布了统一的刑罚执行法，但只是规定自由刑及剥夺自由的矫治及保安处分执行法，并不能涵盖所有的刑罚执行。所以，目前德国总体上来说刑事执行立法仍然是分散的立法模式。

（二）德国刑事执行法的理念和原则

近年来，随着两德的统一及欧洲一体化进程的加速，德国的刑事法律已作出数次修改。在刑罚适用上，扩大了假释的适用范围，放宽了假释的条件，并且废除了颇有争议的累犯加重的规定。这些修改凸显了刑事立法中的教育刑思想。

1. 注重对囚犯的教育改造理念

执行刑罚的目的，现在通常认为是一般预防与特殊预防，如《刑罚执行法》第2条明文规定：通过自由刑的执行，使犯人重返社会后不再实施犯罪行为。自由刑的执行亦起一般预防的作用。从中可以看出，刑罚制裁以特殊预

---

① 该法典包括以下剥夺自由的强制措施：(1) 收容于精神病疗养院；(2) 收容于强制禁戒所；(3) 收容于社会矫治机构；(4) 保安监督，包括不剥夺自由的强制措施；(5) 行为监督；(6) 剥夺驾驶执照；(7) 禁止从事某种职业。这类处分既不同于传统刑罚，也有别于行政强制手段，目的是要预防和减少犯罪。参见林榕年主编：《外国法制史》，中国人民大学出版社2003年版，第355页；何勤华：《外国法制史》，法律出版社1997年版，第394～396页。

防为主，附带一般预防。通过自由刑的执行，对犯罪人个人身体的、心理的教育作用，特别是心理的特别预防，是对犯罪实行后的行为人心理上起作用，从而最终消灭犯罪人的犯罪倾向，同时使之能顺利再社会化和社会复归。[①] 一般预防则主要表现在法规的预告与法院的宣告中，同时对犯罪人刑罚的执行，能够作用于那些倾向于犯罪的人的意识，抑止其实施犯罪行为。对犯罪人刑事执行的最终目的“就是使他们再次适应社会生活。为此，不仅司法行政机构，包括国家机关、企业、各种社会团体、协会在内的各种社会机构都要予以配合，为囚犯适应社会提供必须的咨询、帮助、教育和技能培训，以及各种工资、补贴和社会保险。”[②]

2. 注重对囚犯权利的保护原则

《刑罚执行法》第3条规定，执行中犯人的生活应尽可能与普通人的生活相同，剥夺自由的有害后果应予以消除，同时规定刑罚执行的目的是帮助犯人适应自由的生活。为了更好地改造犯罪人，执行机关应于犯人入狱初制定出改造犯人的执行方案，方案应与犯人的发展及性格调查的其他结果协调一致。该改造计划还应与犯人商量。同时对犯人的通信以及身体健康等都明确予以保护。如关押的犯人满一定年龄后可以要求每年检查身体一次，以发现自己是否患有癌症。

同时，监狱还对犯人在收监前后予以全方位的社会帮助，从而能真正改造好犯人。如在收押犯人时，帮助其安排需要照料的家属的生活，保管其在监外的财产，并建议犯人坚持参加社会保险；在刑罚执行中，监狱努力帮助犯人行使各种权利和履行义务，特别是帮助其行使选举权，照顾需要其抚养的人，消除因其犯罪行为引起的损失；在犯人释放前，对犯人如何处理其个人的、经济的和社会事务提出建议，告知其社会救济主管机关的名称，帮助犯人寻找刑满释放后的工作、住处和保护人；犯人释放后，可以得到释放补助金，如果资金不足的，可从执行机关领取旅费补助金和救济金，需要的话，还可领取足够的衣物。

（三）德国刑事执行法之内容

1. 德国刑事执行法内容之概览

在德国刑法典中，与犯罪行为相对应的不是刑罚，而是行为的法律后果。在行为的法律后果这一章下规定有三种刑罚：自由刑、罚金刑、财产刑，另外

---

① 马克昌：《比较刑法原理——外国刑法学总论》，武汉大学出版社2002年版，第830～831页。

② 司绍寒：《德国刑事执行法律概览》，载《德国研究》2007年第3期。

还有作为附加刑的禁止驾驶等。行为的法律后果还包括改善和保安处分，其中分为剥夺自由的保安处分有三种：收容于精神病院、收容于戒除所、收容于安全管束机构；而不剥夺自由的保安处分有行状监督、剥夺驾驶许可和执业禁止。① 根据《德意志联邦共和国刑事诉讼法典》之规定，德国刑事执行首先必须要有发生法律效力的刑事判决，否则不得执行。其次，刑事执行机关是检察官和代理检察官，检察官根据法院书记处书记官发出的经核对无误的判决书的判决部分副本并附有执行判决的证明书，执行刑事判决。代理检察官在联邦司法部授予他们权限的范围内，执行刑事判决。凡属于地方法院管辖的案件，根据联邦司法部的命令，可以指定地方长官执行刑事判决。最后，刑事判决后，被判刑人一般都可以获得赦免权。凡联邦最高法院作为第一审法院裁判的案件，其赦免权赋予联邦共和国，其余案件的赦免权由各邦行使。

（1）罚金刑的执行方式

近20年来，高科技突飞猛进，法人犯罪、过失犯罪比过去更严重，以致德国被判罚金刑者占1991年被判刑人总数的84%。② 在德国罚金刑主要是由检察院来执行，执行方式主要有分期缴纳和定期缴纳两种，即对罚金的缴纳规定一定的期限，受罚人在规定的期限内一次或分几次缴纳罚金。如果行为人经要求仍不缴纳罚金的，则依法从其动产、不动产中执行罚金刑。罚金刑既不能自愿缴纳又不能追收的，以替代自由刑代替之。例如，1998年《德国刑法典》第42条规定：“如果根据其人的或经济的关系不可期待被判决人立即支付金钱刑，那么，法院准许他有一个支付期限或者同意他按所确定的分期款额支付该刑罚。法院可以同时命令：取消按所确定的分期款额支付刑罚的待遇，如果被判决人及时支付某分期款额。”③ 同时，对于执行罚金刑确实有困难的，德国则规定了罚金易科制度。④ 1998年《德国刑法典》第43条规定：“在不能

① 司绍寒：《德国刑事执行法律概览》，载《德国研究》2007年第3期。

② 马克昌：《比较刑法原理——外国刑法学总论》，武汉大学出版社2002年版，第869页。

③ 赵秉志主编：《外国刑法原理（大陆法系）》，中国人民大学出版社2000年版，第308页。

④ 由于罚金刑的执行往往涉及被判刑人的财产，因而同时也触及靠该财产生活或对该财产享有权利的其他人；此外，罚金刑执行也存在不平等现象，穷人受到的制裁要重于富人；最后，罚金刑的执行有可能会遇到被判刑人无力支付的情况从而导致易科为自由刑制度。为了克服罚金刑的上述缺点，德国实行的日数罚金刑就是对通常的罚金刑改善的结果。参见［法］卡斯东·斯特法尼等：《法国刑法总论精义》，罗结珍译，中国政法大学出版社1998年版，第491页。

缴纳金钱刑时使用自由刑。一日的自由刑相当一个日额，折换自由刑的最低期限为一日。”为了减轻适用替代自由刑对于无力缴纳罚金的行为人的严厉程度，《刑法典实施法》第293条规定“无偿劳动”作为替代自由刑的代替品；如果被判刑人同意，他也可以用公益劳动替代自由刑，以此等方式清偿罚金刑。

（2）没收财产刑的执行

没收财产刑在德国刑法典中称为“财产刑”，与“罚金刑”并列。没收财产刑在德国的执行主要包括两种情况：一种是将被判刑人所有的财产全部或部分收归国家所有的刑罚制度，它只是作为从刑而适用，即只是在特别的犯罪被科处2年以上自由刑后并科之。另一种是没收犯罪物品，即没收因犯罪所得之物，或用于犯罪、预备犯罪、准备用于犯罪之物等物品。在此种情况下，它被作为一种保安处分。根据法典规定，如果法院科处行为人终身自由刑或2年以上有期自由刑的，还可要求行为人支付一笔款项，其数额应限制于其财产价值以内。在行为人不能缴纳财产刑的情况下，同样可以允许从宽支付（刑法典第43条a第2款）。财产刑未缴纳或未追收的，法院可以规定一定期限的自由刑，以代替财产刑（替代自由刑）。替代自由刑的期限为1个月至2年的自由刑，但不得以“公益劳动”来清偿。

（3）德国名誉刑执行之方式

德国的名誉刑执行主要分为资格刑执行和羞辱刑执行。① 德国现行刑法将禁止驾驶规定为唯一的附加刑。被判刑人被禁止在1个月至3个月期限内在街道上驾驶机动车。禁止驾驶的执行效果是被判刑人在判决确定的期限内不得使用其驾驶证。被判刑人的驾驶证在禁止驾驶期间由官方予以保管，行为人的自由被剥夺期间不得计算进禁止驾驶期间。对于羞辱刑的执行，德国学者耶塞克等认为，以特定形式犯侮辱罪和诬告罪的，法律规定将有罪判决的公告作为刑法附随后果。一方面，有罪判决公告的目的应当有助于被害人名誉的恢复和损害赔偿；另一方面，有罪判决的公告对于被判刑人而言，将受到公众的谴责，

---

① 德国著名学者李斯特指出：中世纪，名誉刑以两种面目出现：一是作为一种对被判刑人的羞辱，如侮辱人的装束和耻辱柱；二是作为权利和名誉的丧失，主要是减少被判刑人的法定权利。由于启蒙运动的影响，使人羞辱的名誉刑逐渐消亡。随后德国刑法典只规定有丧失权利和名誉的名誉刑。故可以看出名誉刑包含资格刑和羞辱刑。其中资格刑主要剥夺、停止被判刑人的特定的权利或资格的刑罚，羞辱刑主要是使被判刑者蒙受耻辱的刑罚。参见［德］弗兰茨·冯·李斯特：《德国刑法教科书》，许久生译，法律出版社2000年版，第439~440页。

因此，公告本身含有额外处罚的因素。①

2. 德国刑事执行中的具体制度

（1）延期和暂停刑事执行制度

在德国刑事执行法中，延期执行分为两种：一种是由法院在查明被判刑人的身体状况基础上，予以主动宣判延期执行。如被判刑人患精神病的，或者被判刑人患有其他重病，如果执行刑罚有危及生命危险的，刑罚延期执行；被判刑人的身体状况如果立即执行刑罚，在监所设备的条件下，将无法容身时，也可以延期执行刑罚。另一种是在下列情形下，法院将根据被判刑人的申请延期执行刑罚：如果立即执行刑罚，被判刑人或者他的家属将遭受超出刑罚目的以外的重大损害时，经被判刑人申请，可以延期执行刑罚。延期执行刑罚的期间不能超过4个月。延期执行刑罚，可以命令提供担保物或者附加其他条件。②

在德国刑事执行过程中，如果出现相关情况，可以暂停相关刑罚措施的执行。首先，在引渡或者驱逐出境案件中，对于被判刑人的刑罚可以暂不执行。如果被判刑人因为另一犯罪行为而需引渡给外国政府或者他要被驱逐出德国联邦法律有效施行的领域以外的，执行机关可以暂不执行刑罚或者防止和感化措施。被引渡的或者被驱逐出境的人回到德国的时候，可以执行刑罚或者防止和感化措施。其次，如果一种剥夺自由的防止和感化措施附加于徒刑时，只有在徒刑执行期满，附条件地暂停执行，或者免于执行时，才能予以执行。最后，对判刑人判处禁止从事某种职业，如果立即执行此项规定，被判刑人或者他的家属将受到超出禁止目的以外的巨大困苦，如果稍迟实行则可避免。执行机关可以暂停实行禁止从事某种职业，但可以命令其提供担保物或者附加其他条件，暂停执行的期间不超过6个月。暂停期间也不能折抵禁止从事某种职业的期间。

此外，德国刑法规定，被判处不超过1年的自由刑时，如果被判刑人已经由判决受到警戒，并且在将来无须刑罚执行的影响也不会再实施犯罪行为，法院可以暂缓刑罚的执行，附以考验。

（2）假释制度

德国称假释为“余刑延缓”，即暂缓执行自由刑的余刑。假释制度具有附条件性，即获假释者应实际服所判刑期的2/3，但是至少是2个月。同

---

① 参见［德］耶赛克等：《德国刑法教科书（总论）》，徐久生译，中国法制出版社2001年版，第951页。

② 中华人民共和国司法部编：《外国监狱法规汇编》（第二辑），社会科学文献出版社1998年版，第208～209页。

时，德国对实施数罪的人和累犯并不是一律采取否决假释适用的态度，只是对这两类罪犯适用假释时规定了更加严格的限制条件。例如1998年《德国刑法典》第58条关于实施数罪之人适用假释规定，“如果某人实施了数个犯罪行为，那么，对本法第56条规定的暂缓执行刑罚来说，以总和刑罚的期限为准。”

德国对被假释者规定了应在一种特别的条件和辅佐措施中度过确定的考验期。诸如更生救助措施（帮助假释者寻求稳定职业、建立家庭等）、监督措施（建立汇报制度等）和保护观察等。如《德国刑法典》第57条规定，“把被判决人置入考验帮助者的监督和管理之下。”如果行为人不顾所接受的正式警告，在假释考验期未届满时，恶意不遵守法院所指示其应遵守的事项，或倔强抗拒考验辅佐人的影响力，法院应撤销对其的假释。如《德国刑法典》第56条f规定，严重地或者持续地违反指示，或者持续地脱离考验帮助者的监督和管理，并且因此使人们有理由担心他将重新实施犯罪。①

3. 自由刑之执行

(1) 自由刑之分类

在德国刑事法律中，自由刑一般可分为三种：①终身自由刑。它是德国现行法律中最重的刑种。②有期自由刑。最高为15年，最低为1个月。在数罪并罚的情况下，也不得超过15年的期限。1年以下的自由刑以整周和整月计算，较长期间的自由刑以整月和整年计算。③短期自由刑。是指不满6个月的自由刑。从刑事政策角度看，短期自由刑很久以来就存在争议，但在德国司法实践中，执行短期自由刑的情况并不少见。② 但德国也对短期自由刑的适用规定了严格的限制程序，如1个月以下的自由刑被完全废除；如果有特殊情况要求“必须”判处自由刑才能影响犯罪人和维护法律秩序的，始可判处6个月以下的自由刑。③

(2) 自由刑执行之方式

《刑罚执行法》第二章第二节规定了收押新犯人的程序并制定对犯人的改造计划方案，方案的制定应符合犯人的身份和生活情况，同时对犯人的改造方

---

① 赵秉志主编：《外国刑法原理（大陆法系）》，中国人民大学出版社2000年版，第316页。

② 参见［德］耶赛克等：《德国刑法教科书（总论）》，徐久生译，中国法制出版社2001年版，第919~921页。

③ 参见［德］耶赛克等：《德国刑法教科书（总论）》，徐久生译，中国法制出版社2001年版，第921页。

案还需与犯人商量，体现了人道精神。同时，如果社会矫正机构能对犯人适应社会提供特别治疗方法和社会帮助的，经犯人同意，并经该机构领导批准，可以将犯人转至社会矫正机构。犯人在监狱表现良好，不具有逃避自由刑的执行或滥用开放式执行重新犯罪之嫌的，如果符合开放式执行的特殊要求，经其同意，可交由开放式执行机关或部门执行。

对犯人通信自由的保障。《刑罚执行法》第 28 条规定，犯人有权不受限制地发收书信。而且犯人与其辩护人的通信不受检查，犯人向联邦议会或州议会及其议员写信，只要信件是发往议会的通讯处的，且准确地写明了寄信人，以及向欧洲人权委员会写信，都不受检查。

在自由刑执行中，还应注意对犯人健康的保护。《刑罚执行法》第 56 条规定，监狱得关心犯人的身心健康，犯人也有义务协助实施保健和卫生的必要措施。为了健康起见，犯人可以要求有关部门实施下列较早发现疾病的措施，年满 30 岁的女犯每年检查一次，年满 40 岁的男犯每年检查一次，以检查是否患有癌症，同时女犯可以要求对与其一同待在监狱里的年满 4 周岁的孩子进行检查，以发现是否患有危及其身心发育的疾病。如果犯人的刑罚执行期限满 6 个月的，原则上可以获准休假。在拘禁期间每年可获准最多 21 日的假期，被判处终生监禁的犯人，如将待审期间先行羁押或其他剥夺自由的期间计算在内，已满 10 年的，或已交由开放式执行的，可获准休假。适合开放式执行的犯人，由于特殊原因被封闭执行的，根据开放式执行的规定，仍可以获准休假。同时，刑罚的执行不因犯人的休假而中断。

释放前的准备。对准备释放的犯人，刑事执行应该予以从宽执行，可以将犯人转移至开放式监狱或部门执行。释放前 3 个月以内，犯人可获得至多 1 周的特别休假。自由外出的犯人在释放前 9 个月内，可获得每月至多 6 天的特别休假。对于罪犯的释放，应在刑罚执行期间的最后一天尽可能早地，而且必须在上午将犯人释放。如果刑罚执行的最后一天适逢周六或周日，法定节假日、复活节或圣灵降临节的第一个工作日或在 12 月 22 日至 1 月 2 日期间的，应将犯人在这些日期或期间的前一个工作日释放。如果出现犯人重返社会所依赖的紧急原因，可以提前两天将犯人释放。

（四）德国刑事执行立法之特点

德国的刑事执行不仅限于刑罚的执行而且包括改善和保安处分的执行。由于吸收了保安处分，刑罚不是犯罪行为产生唯一的法律后果，因此，刑法典以“行为的法律后果”来代替刑罚。与刑法典相适应，刑事执行法不仅规定了刑罚的执行，而且规定了改善和保安处分的执行。虽然遵循传统的做法，非剥夺自由的刑事制裁不属于刑事执行法的范围，但是这样规定应该说还是比较系统全面的。[①]

三、2000 年丹麦的《刑事执行法》

（一）丹麦刑事执行立法模式

2000 年之前，丹麦没有制定一部统一的刑事执行法典，有关刑罚执行的规定散见于刑法典和一些监狱法规之中。此外，丹麦加入并批准的有关国际公约中包含的与刑罚执行有关的内容也是丹麦刑事执行法的渊源，如 1987 年施行的《修订的欧洲监狱规则》（the Revised European Prison Rules）也是丹麦刑罚执行方面的重要法律渊源。直到 2000 年 5 月 31 日，丹麦王国才正式颁布了《刑事执行法》（the Danish Correction Act）。《刑事执行法》由序言、监禁刑、罚金、缓期执行与附社会服务刑、安全监护和刑之执行的共同规则等六编组成，共 23 章，计 126 条。[②] 由此可见，丹麦王国的刑事执行立法模式由分散立法模式向统一立法模式转变。自 2000 年 5 月 31 日以后，丹麦王国便是典型的统一刑事执行立法模式。

（二）刑事执行立法的理念

1. 人权保障理念

人权，简单地讲，就是人作为人所享有的最基本的权利。主要是指在一定社会历史条件下受到法律认可的、公民享有的政治、经济、社会、文化等方面的人身自由权利和民主权利。[③] 作为发达国家或典型福利国家，丹麦刑事执行法体现出来的对公民权利的保护，在欧洲处于较高水平。为确保犯人的权利，《刑事执行法》在第 8 章以 15 个条文专门规定了“在矫正机构期间囚犯之权利与义务”。其中第 31 条第 1 款规定：“囚犯被置于矫正机构后，行刑机构必须尽快告知其有关刑事处罚执行中之权利、义务以及其他必须遵守之条件。”这为有效保障犯人权利奠定了法律基础。该章规定的法律权利，涉及行刑期间

---

① 司绍寒：《德国刑事执行法律概览》，载《德国研究》2007 年第 3 期。

② 人权，在世界范围内还没有准确统一的概念，一般认为人权有应然和实然两个方面。人权首先是一种道德权利，其次才是政治权利，严格定义上的作为最低限度的人权应包括生命权、公平对待的公正权、获得帮助权、不受专横干涉这一消极意义上的自由权、诚实对待权、礼貌权和儿童受照顾权等七项。参见［英］A. J. 米尔恩：《人的权利与人的多样性——人权哲学》，夏勇等译，中国大百科全书出版社 1995 年版，第 171 页。

③ 谢望原：《丹麦刑法典与丹麦刑事执行法》，北京大学出版社 2005 年版，代译序，第 6 页。

的犯人的交往、参加宗教活动、持有或支配款物、公开出版、工作与教育、业余时间、社会服务、健康待遇、探视、通信通话以及与媒体接触等各个方面的权利。

2. 矫正刑事政策的理念

整部丹麦刑事执行法贯穿着对受刑人的矫正思想。首先,《刑事执行法》第3条明确指出,"刑事处罚之执行,必须既关注处罚之执行,又关注帮助或者影响被定罪人过上合法持久之正常生活之需要。"[①] 作为刑事执行的一条总的原则,该条强调了刑罚执行应当以促进和确保犯罪人被有效矫正为根本目的。菲利和李斯特等为代表的新派倡导的教育性论在19世纪末的兴起和迅速扩展,特别预防论和社会预防论很快成为西方国家主流刑罚理论。他们认为刑罚的目的在于矫正、教育、改造犯罪人,以保卫社会,"在行刑教育中,把坏人改造教育成为改恶从善的新人是最高的人道主义,是好中最好的社会政策,是一种有效的、彻底的保卫社会方法。"[②] 其次,在摒弃报应性主义思想的指导下,丹麦刑事法律规定了较为轻缓的刑罚。在刑罚执行中,提倡推行非监禁刑和行刑社会化,促进犯罪人回归的矫正刑事政策。

3. 刑罚执行法定原则

《刑事执行法》第4条规定,在刑事处罚执行期间,不得对被定罪人之生存方式强加法律规定之外或者其被适用之刑事处罚本身之外之限制。当然该条从另一个侧面反映了对犯罪人所受刑罚的执行应当摒弃报应主义的指导思想,而以矫正为根本目的。[③] 但笔者认为,该条明确指出刑罚之执行必须以严格按照刑事法律之相关规定执行,对被定罪之人不得施加法律之外的刑事处罚方式。

(三)《刑事执行法》的主要内容

2002年丹麦王国颁布的《刑法典》规定的一般刑罚方法仅有罚金和监禁刑。《刑事执行法》将其分解为五种刑事执行方式,即监禁、罚金、缓刑、附社会服务刑以及置于安全监护。其中监禁刑的执行规定在序言之后,置于第二编,条文多达85条,约占整部刑事执行法条文的40%,体现了监禁刑执行在整个刑罚执行中的重要地位。罚金刑的执行机关是警察局,执行方式可分为一次性缴纳、分期缴纳、强制缴纳,当缴纳有困难时,警察局可以准许其缓期缴

---

① 谢望原:《丹麦刑法典与丹麦刑事执行法》,北京大学出版社2005年版,第79页。

② 转引自马克昌:《刑罚通论》,武汉大学出版社1999年版,第494页。

③ 易慧琳:《〈丹麦刑事执行法〉及其对我国立法的启示》,载《河南科技大学学报》2008年第5期。

纳或者免除罚金之执行程序。

丹麦刑事法律还确立了包括缓期宣告和缓期执行的缓刑制度。缓刑制度适用面宽，并不局限于特别轻微的犯罪。即便是较为严重的犯罪，其犯罪事实虽然显示有必要对其适用监禁刑，但只要行为人个人信息（包括人格及其他相关情况）表明对其足以适用缓刑的，“法院可以判令犯罪人应得以不超过 6 个月监禁刑之一部分直接执行，而剩余刑期予以缓期执行。”[①] 在丹麦，社会服务刑只能作为附加刑而适用，而且常常是作为监禁刑或者罚金刑缓期执行的条件而存在。社会服务时间一般应当为 30—240 小时无偿劳动。对附社会服务条件刑的执行监管依然由监狱与缓刑管理机构负责。被定罪人违反执行社会服务应遵守的条件或规定，监管机关有权发布强制命令，再次违反的，应当向检察机关作出报告。在丹麦，安全监护的执行机构是一所具有拘留所性质的精神病医院（Anstalten Ved Herstedvester）。从本质上说，安全监护是一种带有强制医疗性质的惩罚措施，它既可以由法院直接判令适用，也可以在监禁刑的执行过程中变更适用。[②]

1. 监禁刑之执行

（1）监禁处罚场所设置及选择

监禁刑之执行一般在监狱或者拘留所进行，应当在一定程度上选择被定罪人家庭所在地之就近行刑处所执行。同时，应当进一步考虑被定罪人本人之要求，特别是有关其工作、家庭或者健康之情况。丹麦王国的监狱一般又有开放监狱和封闭监狱之分，5 年或者 5 年以上之监禁刑，应当在封闭监狱执行。但如果根据被定罪人行为之了解，认为将其置于开放监狱执行并无不当的，则 5 年或者 5 年以上之监禁也应当在开放监狱执行。另外，某一罪犯的执行机构并非一经确定就恒定不变，也就是说，几乎所有的囚犯自入狱到出狱都是在两处或两处以上的执行场所执行刑罚。这是因为作为最初决定囚犯执行场所的主要因素——人身危险性有可能随着改造而发生变化。最初在封闭监狱执行的囚犯经过一段时间的改造，其人身危险性下降或者剩余刑期已十分短暂，则有可能将其转换至开放监狱服刑。而原本在开放监狱服刑的人实施了脱逃行为或者其

---

① 谢望原：《丹麦刑法典与丹麦刑事执行法》，北京大学出版社 2005 年版，代译序，第 20 页。

② 易慧琳：《〈丹麦刑事执行法〉的主要内容及其对我国立法的启示》，载《吉林公安高等专科学校学报》2008 年第 3 期。

他严重违纪、违法行为的，则有可能被转换至封闭监狱服刑。[①]

同时，丹麦《刑事执行法》基于方便管理的目的，对同类矫正机构之间的服刑转换也作了规定。如第26条规定，服刑之人可以因为下列原因而在开放监狱之间、封闭监狱之间或者拘留所之间转换：考虑到监狱与缓刑管理机构之行刑处所已无收容能力；为了保护服刑之人免遭凌辱；为了防止在狱犯人、行刑处所工作人员或者其他人凌辱服刑之人；等等。

（2）矫正期间囚犯之权利与义务

被定罪要服监禁刑之人，在服刑开始之前，有权就其在行刑期间之有关工作、教育以及社会与个人事项得到监狱与缓刑管理机构之咨询。当囚犯被置于矫正机构后，行刑机构必须尽快告知其有关刑事处罚执行中之权利、义务以及其他必须遵守之条件。行刑机构在接受囚犯后，应当尽快制定囚犯服刑计划和后续释放时间计划。在囚犯服刑期间，应当经常用此种计划比照、检查囚犯之表现，如有必要，则应当根据囚犯服刑情况对计划作适当调整、变更。

囚犯在行刑期间要接受行刑机构工作人员有关行刑机构相关的职责行为的指导。通常情况下，囚犯应当有权同其他囚犯进行交往。但如果囚犯自己主动提出不与其他囚犯交往、接触的要求，并且条件允许，则其监禁刑的执行可以在没有或者在有限的交往、接触情况下进行。

囚犯可以通过书面无记名投票形式选举或者被选举为囚犯代表发言人，就其在行刑机构的生存状况提出意见。

有宗教信仰的囚犯有权参加在行刑机构举行的礼拜活动，或者有权同来自其教会的牧师谈话，除非出于合理的良好秩序、安全或者治安等方面考虑，行刑机构负责人或者被授权之人可以不准许囚犯参加礼拜活动。囚犯有权携带、持有和支配自己的物品，但与良好秩序、安全和治安不相符者除外。

行刑机构的囚犯有权公开发表自己的出版物，并且监狱应当为囚犯的出版物提供资助。但行刑机构负责人出于安全和治安需要等因素考虑，或者拟出版物的内容严重侵犯他人权利者，可以禁止某些拟出版物的出版。

囚犯有权利和有义务参加工作、接受教育以及参加其他获准之活动。对于囚犯所从事工作的选择，应当根据其个人情况全面考虑评价后作出决定，并应当尽可能考虑囚犯个人之要求以及囚犯在狱外获得工作或者教育机会之可能性。通过引导或者其他教育方法，应当向囚犯提出建议，尽可能弥补其所缺失的基础教育或者其他职业教育。囚犯的工作场所应当设法提供在安全和健康方

---

① 易慧琳：《〈丹麦刑事执行法〉的主要内容及其对我国立法的启示》，载《吉林公安高等专科学校学报》2008年第3期。

面完全适合囚犯的工作条件。参加工作的囚犯应当获得报酬。由于某种原因或者疾病没有被提供工作机会而没有参加工作的，同样应当给予报酬。

囚犯应当尽可能参与有关个人事务，包括做饭和做清洁卫生。行刑机构应当给囚犯提供业余活动机会。囚犯有权享受医疗待遇和其他健康服务。对于某些精神病患者来说，司法部长可以制定有关符合《剥夺自由和其他精神病强制法》规定条件者强制其到 Austalten ved Herstedvester 精神病院接受治疗之规则。服刑人如果尚无家庭成员作为其矫正期间的帮助者，则应当为其指定一位患者顾问。该服刑人有权就有关强制治疗的决定向患者申诉委员会提出申诉。

（3）监禁刑之执行中止与恢复行刑

监禁刑之执行由于两种情况出现而中止行刑，即法律规定的事由或者囚犯因某种原因出现，请求中止行刑而司法部长或者监狱行刑者认为可以暂时中止行刑的。具体阐述如下：丹麦《刑事执行法》第十二章第 75 条明确规定，囚犯出现下列情况之一的，其监禁刑自动中止执行：囚犯不到案服刑、脱逃或者由于其他罪犯自身造成的原因逃避刑罚执行的；或者被逮捕或者至少 24 小时被候审羁押的。第 76 条规定，当囚犯在有关非常特殊情况下，可以主动向监禁刑执行机构提出申请暂时停止刑之执行。诸如因为工作原因、教育、家庭或者健康情况不适合即时继续执行刑罚的；或者监禁刑执行机关认为不存在滥用中止执行之危险的，以及中止执行与正当法律执行不相矛盾的。在此种情况下，当然以服刑人不实施犯罪行为为条件，并且刑之执行机构在进行审核时，可以进一步规定服刑人应当遵守的其他条件，包括服从监狱与缓刑管理机构的监督等。如果服刑人不遵守在刑之中止执行所必须遵守的条件的，或者有新的证据显示先前被准许中止执行刑罚的被定罪人实施了犯罪行为，则可以撤销刑之中止执行许可，通知其继续执行监禁刑。在主动或者行刑机构提出继续执行刑罚时，囚犯被传唤到案、接受逮捕，或者囚犯被监狱与缓刑管理机构通知继续执行监禁刑的，其监禁刑恢复执行。

2. 申诉规则

在刑事处罚等措施执行期间，被定罪人受到不公正对待，诸如无正当理由超期服监禁刑的，以及无正当理由被置于审讯室、惩戒单人室或者安全单人囚室，或者无正当理由被禁止社会交往的，可以对监狱与缓刑管理机构的地方部门和警察局作出的决定提出申诉，并有权获得法律规定的赔偿。其申诉程序一般分为行政申诉与法院复查两个阶段，其中行政申诉程序前置。

（1）行政申诉

囚犯对监狱与缓刑管理机构的地方部门和警察局根据《刑事执行法》作出的决定不服，可以向司法部长提出申诉。申诉的提出一般应当在被定罪人得到决定通知后2个月之内进行。在某些特别情况下，司法部长可以决定放宽时间限制。囚犯向司法部长提出申诉，并不影响前述决定的执行，除非作出决定之人或者司法部长规定在对决定申诉期间暂不执行处理决定。司法部长应当制定有关帮助申诉和处理申诉案件的程序规则。

（2）法院复查

丹麦《刑事执行法》第112条至第123条规定了法院复查之相关程序。具体阐释如下，被定罪人在收到最后行政处置决定通知后，在4周之内，该被定罪人可以要求将处置决定提交法院复查。①

被定罪人提交法院复查事项之范围：监狱和缓刑管理机构作出的有关刑期计算的决定；行刑机构在审读囚犯拟寄出之信函或寄给囚犯之信函后，若慎重考虑认为该信函不利于对被害人之保护，则行刑机构负责人或者被授权之人可以命令扣押该信函之决定；行刑机构负责人或者被授权之人使用置于惩戒单人囚室作为纪律惩戒方法时，其惩戒期限超过7日的决定；行刑机构对囚犯所作出的有关没收款物之决定，当其没收的款物价值超过了付给囚犯一周工作之正常报酬时；等等。

复查案件应当送交作出原始处置决定的行刑机构所在地有管辖权的一审法院审查。提出复审请求之囚犯后来被转换至其他行刑机构服刑的，其复查案件可以送交被定罪人现时服刑之机构所在地有管辖权的一审法院复查。被定罪人没有被监禁的，其复查案件应当送交被定罪人现时居住地或者正停留地有管辖权的一审法院审查。如果因为证人住处、囚犯假释或者其他特别原因，为了便于案件审查处理，根据复查案件一方当事人之请求，收到复查案件的法院可以准许将案件移交上述合法地点的另一法院复查。但关于案件是否应当移交其他法院复查，应当以法院令的形式作出裁定。由法院令裁定移交的案件，囚犯不得就其移交裁定向上一级法院提出上诉。

司法部长不得无正当理由延迟向法院提交复查案件，司法部长应当提供说明被上诉之处置决定的案件材料和真实的事实情况，以及可能对案件的审判具有重要意义的证据。复查案件之当事人，是被定罪人、其款物没收之任何第三人以及司法部长。如果法院认为有必要，应当为被定罪人指定一位律师，但被定罪人已经聘请律师的除外。原则上，法院复查案件应当以书面审查形式进行，可以要求当事人提供更多有关案件的信息。如果法院复查案件以口头复查形式进行的，应当决定对被定罪人、其他有关人员以及有关证据介绍进行查

① 参见谢望原：《丹麦刑法典与丹麦刑事执行法》，北京大学出版社2005年版，第113~114页。

询，并且法院应当亲自传唤当事人和证人。囚犯等向法院提交复查案件，并不产生延缓执行的效力，但是司法部长或者法院决定延缓执行的除外。对一审法院作出的裁定不服的，可以向高等法院提出上诉。高等法院的裁定为终审裁定，不得再上诉。

（四）丹麦刑事执行立法特点

刑事执行立法是刑罚执行法制建设的基础，一部成功的立法离不开科学的立法技术。就刑事执行立法而言，并非法律条文越多越烦琐越好。[①] 好的执行立法应当以精确简约的语言、条文表达完备的法律规范来体现，当然好的执行立法更不能前后矛盾、丢三落四。丹麦《刑事执行法》虽然只有126条，但是却规定了完整而全面的刑罚执行内容，涉及刑事执行的方方面面，使人感到并无遗漏。法典前五编分别完善地规定了序言、监禁刑、罚金、缓期执行与附社会服务刑、安全监护等执行，并在最后第六编“刑之执行的共同规则等”中规定了囚犯在刑事执行期间受到不公正对待的，有权获得赔偿等救济途径，并明确规定了囚犯相关的申诉规则等。

第三节　英美法系国家的刑事执行立法

一、美国的刑事执行立法

美国是普通法系的重要代表，虽然以不成文法而著称，且主要是借鉴英国的，但其法律体系在自我发展过程中坚持和发展了许多自己的特色，诸如其平行不悖的两套立法体系，即联邦和各个州的法律体系。目前美国的联邦刑事执行立法主要以美国《模范刑法典》和《监狱与犯人》为代表，每个州也有各自的刑事执行立法体系。

---

① 西方国家，对“立法”一词有多种解释。其中《牛津法律大辞典》对立法的解释为：“立法（Legislation）指通过具有特别法律制度赋予的有效地公布法律的权力和权威的人或机构的意志制定或修改法律的过程。这一词亦指在立法过程中所产生的结果，即所制定的法律本身。在这一意义上，相当于制定法。”可见，立法的含义既包括制定和修改法律的活动过程，又指制定出的法律本身。参见《牛津法律大辞典》，光明日报出版社1988年版，第547页。

（一）美国的刑事执行立法模式

美国是典型的联邦制国家，法律体系复杂，其立法和司法都是双轨制。除了联邦的刑事执行立法体系，还有50个州和哥伦比亚特区的法律体系。联邦和各州都有各自的刑事执行立法体系，两者互不干涉、互相补充。

1. 联邦：刑事执行立法的示范性

南北战争后，美国加快了统一立法的步伐，其目的主要是实现普通法的法典化和各州法律的统一。20世纪50年代以来，美国开始了刑法改革运动。1962年，美国法学会提出《模范刑法典》，为联邦和各州刑法的修改和制定提供有益的参考和范本。刑事执行立法主要体现在模范刑法典的第二编“犯罪者之处遇及矫正”以及第三部分“监狱与犯人”部分。此后，多数州以《模范刑法典》为蓝本制定了刑法典。

2. 州：刑事执行的多种模式

美国的每一个州都有自己的法律体系，也就有各自的刑事执行模式。各州的刑事执行模式主要有以下几种：

（1）隔离悔罪模式。主要代表是“费城制”和“奥本制”。前者犯人在狱中“独居”，手工劳作和室外放风都是单独进行，犯人之间绝对禁止接触，苦行赎罪。后者犯人夜晚各住单间，白天在一起劳动，但是严禁交谈，多人在一起劳作时或同行时人人必须低头，以免彼此受邪恶影响。①

（2）医疗模式。马里兰州的Patuxent监狱是贯彻美国的医疗模式的一个最好典型。其特点主要是法院对成年人实行不定期的判决，机构的管理者有控制犯人进入机构的权力，以此来创造一个治疗的环境，管理者有权决定“病人”在监禁的时期何时能得到释放，“病人”通过不同的项目和疗法得到诊断和治疗。②

（3）更新模式。是指通过改变罪犯原有的犯罪动机、价值观念、自我概念及态度来预防其再犯罪。1876年建立的埃米瑞矫正院（Elmira Reformatory）是美国早期矫正模式的一个代表性体现。该院位于纽约州，改革方案实施于1876年。其实际管理中，一个分类的三级体系与不定期刑判决相联系。罪犯入监时一般进入第二等级，罪犯如果能在固定的时间内较好地完成“学校”规定的作业并能遵守监狱纪律，他就可以进入第一等级，这就意味着有提前释放的资格。如果罪犯入监后不遵守监狱纪律并缺乏自我控制，则被降为第三等

① 储槐植：《美国刑法》（第三版），北京大学出版社2005年版，第270页。

② 参见刘强编：《美国刑事执法的理论与实践》，法律出版社2000年版，第20~21页。

级，就不会有提前释放等资格。这种制度被称为“罪犯的命运可以掌握在他自己的手中”[①]。

（二）刑罚执行主要制度

美国《模范刑法典》第三编专门规定了犯罪者之处遇及矫正，规定了刑之宣告犹豫、保护观察制度。[②]

美国罚金刑的执行有两种：一种是被告在一定期间内缴纳或分期缴纳；另一种是于判决表示时立即缴纳。当被告怠于缴纳时，裁判所因州或地方公共团体之机关之声请或依职权要求被告说明其滞纳缘由。被告如果恶意不缴，则裁判所得依有关民事诉讼关于金钱债务诉讼的查封或其他强制执行方法征收罚金。如果不是由于被告不诚意而不缴，则可以延长缴纳期间，或者予以减少、免除罚金之全部或者一部分，被告也可以随时向宣告罚金的裁判所声请取消罚金或其未缴纳部分。

监禁刑的执行分为有期监禁和终身监禁两种，联邦在狱政局管理下的联邦监狱和感化院执行，州主要在州政府矫正局设置下的监狱、少年感化院、接受中心等设施执行。如果犯人在监禁期间能老老实实遵守监规，并未受到处罚，他/她就有资格从其判决开始生效之日起，按法律判决的刑期长短得到不同比例的减刑。如犯人刑期在6个月以上1年以下的，每月减去5日；刑期在1年以上3年以下的，每月减去6日；刑期在10年或10年以上的，每月减去10日。美国部分州还有一种间歇监禁刑的执行方式，它是从有期监禁刑演化而来的，其适用的对象一般是罪行比较轻的非暴力罪初犯，具体就是被判刑的犯人在一定周期（一日或一周）的一定时间（白天或黑夜，平日或周末）内在监所服刑，其余时间在社会上工作、学习和生活。[③]

美国大多数州还规定有死刑，其执行方法主要是枪决、绞首，也有些州采取毒气刑、电刑和注射刑等方法执行。美国有其独特的死刑执行程序。各州大

① 参见刘强编：《美国刑事执法的理论与实践》，法律出版社2000年版，第22页。

② 笔者认为此种制度可归结为广义的缓刑制度。因为在广义的缓刑制度中，可以区分为缓宣告制度和狭义的缓刑（缓执行）制度。前者只确定有罪，缓宣告有罪判决或者缓宣告刑罚。后者是在欧洲诸国发展起来的，又可区分为附条件有罪判决主义和附条件特赦主义。附条件有罪判决主义是经过缓刑期间没有发生问题时，使有罪判决本身失去效力，认为从一开始就没有刑罚的宣告的主义（如比利时、法国主义）；附条件特赦主义是经过缓刑期间没有发生问题，据以免除其刑罚的主义（如德国主义）。参见马克昌：《比较刑法原理——外国刑法学总论》，武汉大学出版社2002年版，第926页。

③ 储槐植：《美国刑法》（第三版），北京大学出版社2005年版，第247页。

体共同的基本程序是：由判决死刑的法官发出死刑执行令，指出具体行刑的星期。执行令交给执行死刑的那个监狱的监狱长，由监狱长决定具体的行刑日期。同时判决法官还必须向州长递交一份执行死刑的声明。州长如果认为判决有可能错误，有权决定缓期执行死刑，如果以后再要执行，则应该根据州长签发的死刑执行令行刑。在美国，执行死刑的地点一般在监狱内，监督死刑执行的人员有监狱长、法官、检察官、医生小组和公民代表所组成，如果死刑犯提出要求，则可以有神职人员到场。死刑执行完毕，医生进行检验，并签署验尸报告，同时在场监督人员都应在执行报告上签名。最后，执行报告和验尸报告一并送到判决法院。①

1. 刑之宣告犹豫及保护观察制度

缓刑制度源于19世纪后半期英国和美国的“暂缓宣判”（即有罪判决的缓宣告），刑之宣告犹豫就是广义上的缓刑制度。在美国缓刑（Probation）是与将受缓宣告者交给缓刑刑警（Probation Officer）的保护观察制度相结合实施的。

（1）刑之宣告犹豫及保护观察及期间

美国《模范刑法典》第301条规定，裁判所对于因实质犯罪被认定为有罪者，如存在一定必要要件时，可以作刑之宣告犹豫或保护观察之宣告。除以裁判所之命令提早解除者外，宣告犹豫或保护观察之期间，受重罪之有罪认定者为5年，受轻罪或微罪之有罪认定者为2年。裁判所因保护观察官或被告之声请或依职权得随时解除对被告之处分。

（2）犹豫宣告或保护观察之条件

美国《模范刑法典》第301·1条规定，缓刑人在缓刑期间应遵守和履行的义务主要包括：实行其对于家庭之责任；能专心从事一定之职业或业务；接受医学的或精神医学的治疗，为达其目的必要时并在特定之设施入院与在院；接受被指定的非宗教的学业或职业训练；出席或居住于为受保护观察者之教育、康乐或居住而设立之设施；避免访问不法或不正当的场所，并避免与不正派之人物交际；除得书面之许可者外，不持有枪炮或其他危险之武器；返还因犯所取得之利益，或在能支付之范围，赔偿因犯罪所生的损失或灾害；居住于裁判所管辖区内，并对裁判所或保护观察官通知住居或职业之变更等。如果刑事被告还被裁判所判处缴纳罚金，则其罚金之缴纳应作为保护观察之条件。同时，裁判所对于被认定重罪或轻罪者交付保护观察时，得命其服不超过30日之拘禁刑。所定之拘禁刑期间，算入保护观察之期间。

① 储槐植：《美国刑法》（第三版），北京大学出版社2005年版，第249~250页。

(3) 犹豫宣告或保护观察之后果

首先，当被告之行为被认定为有罪，但被裁判所作刑之宣告犹豫时，被告被视为无罪释放之效果。其次，当宣告犹豫或保护观察之期间届满时，或于届满之前被解除处分时，被告就当然被免除裁判所对其命令的一切业务，并且有关该犯罪之刑罚视为已经执行完毕。最后，被告在刑之宣告犹豫或保护观察期间，又违反法律且被认定为有罪，或者在缓刑期间不能够遵守缓刑条件，再继续予以缓刑明显有再犯罪之危险时，得撤销宣告犹豫或保护观察，对被告宣告为有罪认定时本来对其能科之任何刑。

2. 假释制度之执行

假释是对在监狱和看守所的犯人在其所判最高刑期届满以前有条件地释放出狱的行刑制度。假释制度是对长期监禁刑弊端的一种矫正措施，而缓刑制度主要是针对短期自由刑弊端的一种矫正。美国假释的确立，是受到英国、威尔士、法国等在16世纪从更新和改造罪犯的目的出发，早期将罪犯从监狱予以释放的影响。①

(1) 假释权的设置

美国的假释决定权不是由法院行使，而是由专门的假释委员会来行使。假释委员会和其他国家机构一样，也有联邦和州两套平行的系统。联邦假释委员会设立在司法部内，根据并且按照参议院的意思，经由总统选定的8人组成。州假释委员会设置在州政府矫正局内，由州长听取矫正审议会之意见后基于矫正审议会提出的名簿任命3—9名委员组成。假释委员会既不属于法院系统，也不属于监狱系统，一般把假释委员会纳入国家行政机构范畴。

(2) 假释制度的形式

当前美国的假释制度大体上有两种形式：一种是假释监督（parole supervision）。其主要特征是假释是由假释委员会根据犯罪性质、犯人在狱中的表现和过去的情况等一系列因素综合考虑之后主动作出的决定，该种假释不适用于短期监禁刑。假释的前提是犯人应当在监狱服满一定的刑期。另一种是有条件释放。其基本特征是由犯人提出申请，并以书面形式表示对释放条件的同意，由假释委员会斟酌是否作出批准的决定，它没有必须以服满一定的刑期为前提限制，而且长期自由刑也可以适用有条件释放。有条件释放一旦被撤销，则过

---

① Waite, Robert G. 1993. From Penitentiary to Reformatory...The Road to Prison Reform-New South Wales, Ireland, and Elmira, New York, 1840 - 1970. Westport, CT: Greenwood Press. 转引自刘强编著：《美国刑事执法的理论与实践》，法律出版社2000年版，第213页。

去的一段释放期不计入刑期。①

（3）假释的条件

联邦犯人凡服满刑期或几次刑期总和的180日以上者，他的改造表现材料表明能遵守关押所在地的监规制度，在服满刑期或几次刑期总和的1/3后，或被判处无期徒刑或判处45年以上刑期的犯人服刑满15年后，可以予以假释。法官在法庭上正式提出定罪判决时，如果有权判处徒刑的法庭认为基于公正目的和最大的公益需要，应对被告判处监禁1年以上的刑期时，法庭可以由在所判决的监禁刑期里指定一个最短的期限，该刑期届满后，犯人就有资格假释。这期限可以少于，但不得超过法庭判处的最长刑期的1/3。如果一名被驱逐出境的外籍犯，符合假释条件的，假释委员会可以准予将他释放，条件是将他驱逐出境，使他继续留在美国之外。

决定有关受刑人是否假释时，假释委员会应考虑下列诸事项：受刑人的人格，包括其成熟程度、安定性、责任感及对于权威顺应的程度；受刑人具有承担履行义务的能力；受刑人的履历、职业上的技能及过去就业的安定性；受刑人假释后的生活计划的适当性；受刑人施用毒品和饮用酒精的记录；受刑人计划居住之住所、近邻或社区的品格；受刑人的身心状态包含会导致不能遵守法律的缺陷或障碍；受刑人的犯罪记录包含过去犯罪的性质、情状、时期和频度；受刑人以前曾受保护观察或假释时，其行为与态度以及此等处分之时期。

被假释后，被假释者应当履行下列义务，当然假释委员会于假释之际或假释期间亦可以随时命令其遵守下列义务：被假释者不经假释工作人员和法院的许可不能离开司法区或其他特别的地区；被假释者应直接向假释工作人员汇报自己的情况，在每月的5号以前应写出真实的、全面的书面报告；被假释者应如实回答假释工作人员的所有提问并服从他们的指导；被假释者应专心从事被承认的职业或业务来维持家庭生活，从而承担对家属和家庭的责任；除获得书面的许可外，不得持有枪炮及其他危险器具；被假释者对自己的居住或工作的变化应在72小时内向假释工作人员报告；被假释者不应与有犯罪活动的人约会，不应与已认定的罪犯交往，除非获得工作人员的许可；被假释者需接受假释工作人员在任何时间对他家中或有关地方进行的检查，工作人员有权扣押、没收任何被发现的违禁物等。②

（4）对于违反假释义务的制裁及假释的撤销

① 储槐植：《美国刑法》（第三版），北京大学出版社2005年版，第265页。

② 参见美国《模范刑法典》第305·13之规定；刘强编著：《美国刑事执法的理论与实践》，法律出版社2000年版，第217~218页。

假释总监有足够理由认为被允许假释者有违反假释义务的嫌疑时，应通知假释委员会，并且命令适当地区假释监督官，将有关被假释者的记录提出交给假释委员会，假释委员会对记录认真调查予以核实后，认为其严重性还不致撤销假释，可对被假释者作出如下制裁措施：予以假释委员会的惩戒和警告；强化假释者的监督和报告；剥夺或停止应保持善行所为的期间之缩短；将被允许假释者予以逮捕并押回监狱，在举行决定是否撤销假释的审问以前命令其暂住在监狱等待等惩罚措施。

根据美国《模范刑法典》，在下列场合，可以撤销假释（第 305 · 15 条）：委员会依据充分的证据认为有下列事实时，得命撤销假释。①被允许假释者，无正当理由，违反作为假释的条件所规定的重要的遵守事项。②违反条件行为，该当与下列各款情形之一：更犯其他实质犯罪；有显示更犯其他实质犯罪的相当的危险的行为；有显示不服假释的正当条件的意思的行为。

假释只有假释委员会多数成员以投票方式决定才能撤销。当假释被撤销后，假释委员会可以令该犯根据原来判决的刑期服完全的徒刑或剩余刑期的任何部分。如果对外籍犯予以假释驱逐出境后，该犯仍然回到美国，使得假释失效，则应将其送交被授权的有关移民官员予以再次驱逐。

（三）美国刑事执行立法结构

1. 梯度合理的行刑模式

美国的刑事执行立法具有梯度合理的特征。首先，从总体上来看，美国有多种刑罚措施，诸如死刑、监禁、缓刑、罚金、没收财产、社区服务等。且其梯度合理更替。以监禁举例来说，监禁分为有期监禁和终身监禁两种。而有期监禁又分为定期的有期监禁（即定期刑）和不定期的有期监禁（即不定期刑）两种，法官就会有更多的选择余地。同时，在刑罚执行中，有多种制度可供适用，如减刑、赦免、假释等。总体上使得美国的刑事执行呈现出梯度合理的特征。

2. 美国刑罚执行模式呈现复杂多样态势

由于美国存在多种刑事执行体系，导致美国的刑罚执行模式也呈现出复杂多样化的态势。如美国的监禁刑的替代方法就多种多样，如缓刑、假释、家中软禁、中途训练所、连续的报告中心以及社区服务等。当然这些替代措施也可以归结为非监禁刑的执行。为了使罪犯出狱后能更好地融入社会，美国从 20 世纪 60 年代后期开始，大力宣扬和提倡“非监所化”。中途训练所就是这样一种制度。它是为从监狱释放出来的人员设立的一个在社区过渡的居住机构，其接收的对象多是刑期将满者，犯人在这里有更多的机会同社会接触。在此期间，中途监所的管理人员除组织犯人进行学习和劳动外，还为犯人寻找职业，以便其出狱后有固定的生活保障，以免重新犯罪。

二、英国的刑事执行立法

（一）英国刑事执行之立法模式

英国是英美法系的发源地，源头可以追溯至盎格鲁－撒克逊时代。但英国法真正应该开始于1066年的诺曼征服，诺曼底公爵威廉征服后，建立起强大的王权，完善了皇家司法机构，逐渐形成普通法、衡平法和制定法三大法律渊源。但英国至今仍没有制定成文的刑法典，成为当今世界上少数几个没有颁布成文刑法典的国家之一，英国至今也没有一部统一的刑事执行法典，只有颁布为数不多的监狱法典，所以英国的刑事执行立法是分散立法模式。

（二）英国刑事执行法之基本原则

刑事执行法律是规范刑事执行活动的重要法律，是对罪犯执行刑事惩罚的法律依据。在英国的刑事执行法律过程中，体现出以下几个基本原则：

1. 教育性原则

刑罚执行的教育性原则，是指除了对犯罪人进行惩罚之外，注重对犯罪人进行改造，采用潜移默化或者善意劝导的方式，使犯罪人的思想和行为逐渐良化。这是刑事执行的深层次内容，也是刑事执行过程中坚持不懈地贯彻的原则。最早的近代自由刑是在阿姆斯特丹1595年设立的男子惩治场，本来具有教育的改善目的，但由于惩治场等作为监狱被使用，渐渐被意识为执行自由刑的场所，教育的改善色彩就淡薄了。18世纪后半期的英国霍华德（John Howard）等的监狱改良运动，可以说是恢复本来面貌的运动。对现代英国来说，教育性原则主要体现在对青少年犯罪人的改造上，英国政府采取一系列替刑措施来帮助、教育和挽救他们。

2. 社会化原则

刑罚执行的社会化原则，主要是指在刑罚的执行过程中，一方面要联合社会力量对犯罪人进行改造教育，另一方面使犯罪人易于复归社会或者说再社会化。如英国法官巴巴拉·伍顿（Barbara Wootton）认为，应该用适当的改造方法来纠正犯罪人的毛病，或至少使他免受别人的感染，应该多建立教养院、精神治疗所之类的教育机构，以取代一部分监狱。① 英国刑事执行法很好地贯彻了社会化原则，主要表现在以下几个方面：保障了罪犯的通信权利，并建立了

① 转引自马克昌：《刑罚通论》，武汉大学出版社1999年版，第517～518页。

定期会见制度，罪犯还可以和其家属保持联系，允许罪犯结婚，以提起囚犯重返社会的兴趣。同时如果罪犯在狱内个人表现良好，国务大臣还可以批准监外执行和临时释放罪犯，以使犯人能够就业，从监禁生活过渡到自由生活，接受教育或训练，当罪犯的需要不能通过通信或会见而满足，也可批准监外执行，例如探望濒临死亡的近亲、出席葬礼或婚礼等。

（三）英国刑事执行立法之内容

历史上英国执行的刑罚较为严酷。早在盎格鲁·撒克逊时代，英国就存在以血亲复仇或赎罪金的方式来惩罚犯罪者的制度。由于长期盛行报复和威吓主义刑罚执行思想，死刑、苦役以及肉刑等曾被广泛采用。19 世纪后，刑罚的严酷性大大减轻，苦役和肉刑被逐渐废除。至 1998 年 9 月，随着《犯罪和骚乱法》的生效，英国最终废除了死刑。①

19 世纪中叶以后，英国国会根据社会发展的需要增加一些新的原则和制度，如假释、缓刑等。现代英国的刑罚主要包括以下几种：监禁、缓刑、罚金、社会服务、监督管制、无条件或有条件释放等。终身监禁是英国现行刑罚执行体制下最严厉的刑罚，只适用于少数诸如叛逆、海盗、杀人等特别严重的犯罪。一般地，监禁刑的执行期限不等，短则几日，长则可以终身。通过简易程序判决的监禁一般在 5 日到 6 个月之间。通过公诉程序判决的监禁一般不得超过法律规定的该项罪名的最高期限，但对惯犯可在最高刑之上加重处罚。2 年以下的监禁可以暂缓 1—2 年执行监禁，接受保护观察。

在英国，缓刑主要适用于下列两种情况：一种是对于无须判处监禁的年满 16 岁的罪犯，如果法官认为不需要对其判处更严厉的刑罚，但又有必要继续对其监督，可以直接判处 6 个月至 3 年的缓刑；另一种情形是如果某项判决的刑期不满 2 年，并且法官认为没有必要让罪犯在狱中服刑，该法官可以宣告判决暂缓执行，期限一般为 1 年以上 2 年以下。在缓刑考验执行期间，被宣告缓刑的犯罪分子应该遵守若干事项，并接受有关机构或人员的监督指导，从而有利于罪犯的改过自新，这也就是保护观察制度。保护观察制度是与缓刑制度相

---

① 林榕年等：《外国法制史》（第三版），中国人民大学出版社 2007 年版，第 182～183 页。

伴产生的，最早的法律渊源见诸于1907年英国的《犯人保护观察法》。[①] 被判处缓刑的人，大多数要被送到保护观察机构进行观察、考验。保护观察人则对缓刑人给予事实上的指导、帮助，并尽一切可能为其提供膳宿、谋求职业，帮助他们重返正常的社会生活。如果罪犯在缓刑期内未犯新罪，该判决即告终止；若再犯新罪，并且新罪必须是可处监禁之罪，则予以撤销缓刑，除对新罪进行判刑外，原判决也必须执行。[②] 在英国的判例中还有，如果新罪被处绝对或相对免责等，不撤销缓刑；即使新罪为可处监禁之罪，但已被治安法院通过简易审判定罪，也不撤销缓刑的先例。

现代英国，罚金是一种被广泛采用的刑罚，除谋杀等极少数严重暴力犯罪外，几乎所有的犯罪都可以适用。罚金既可以被单独执行，也可以被作为附加刑执行。法律对罚金的数额没有具体规定，主要由法官根据犯罪的性质以及罪犯的社会环境、收支状况等酌情决定。在刑事司法实践中，英国在判决中罚金刑的适用率越来越高，据统计，英国治安法院所判处的刑事案件中，适用罚金刑的案例达90%以上。[③] 社会服务或者无偿劳动，这主要是对犯有轻微罪行者适用的刑罚。根据1972年《刑事审判法》的规定，对犯有应处监禁刑的16岁或16岁以上的罪犯，如果法庭认为合适，在征得罪犯本人和缓刑官的同意以后，可以发布社会服务命令，要求其从事一定时间的无偿劳动，其总和不少于40小时，不多于240小时。

1. 监禁刑的执行

目前在英国有三个涉及刑事罪犯监管、改造和教育方面的委员会：第一个委员会是英国的监狱改革委员会，为监狱改革工作做一些工作；第二个委员会是关于罪犯安置帮教组织——安置帮教委员会，这是英国最大的一个非政府组织，政府给它们拨资金；第三个是刑事感化委员会，这是英国最古老的一个非

---

① 刑罚执行制度中的保护观察制度与更生保护制度虽具有相似性，但也有如下不同：首先，保护观察的目的在于防止被保护观察人重蹈覆辙，其精神是消极的；更生保护则是以对不幸失足者（包括缓刑犯）的同情爱护为基础，以浓厚的人情味唤起他们内心的共鸣，使他们能改弦更张、自力更生、重新做人，其精神是积极的；保护观察着眼于促进缓刑犯回归社会的教养援助，而更生保护则是以防止对象再犯为主要目的的指导监督。转引自：马克昌主编：《刑罚通论》，武汉大学出版社2002年版，第587页。

② 参见何勤华主编：《外国法制史》，法律出版社1997年版，第233页；林榕年等主编：《外国法制史》，中国人民大学出版社2003年版，第209页。

③ 马长生主编：《国际公约与刑法若干问题研究》，北京大学出版社2004年版，第133页。

政府组织，也叫霍华德刑事感化委员会。[①]

根据英国《监狱法》，犯人可分为未决犯和已决犯两种。未决犯主要目的是为了候押、待审、安全监管而关押在监的人；已决犯主要是为受惩罚或其他原因而在监的人。刑事犯是指被指控犯罪或被判罪的犯人。全英国共有137所监狱，其中有30个单独关押少年犯的少年管教所，还有20个监狱的一部分单元里关押少年犯。[②]

(1) 监狱机构

英国所有监狱、国立醉徒教养所以及青少年犯教养感化院均隶属国务大臣的管辖之下。所有监狱官员及视察委员会成员均由国务大臣任命。监狱委员会是法人团体，其成员不超过5人，均由国王任命，其中1人可由国务大臣任命为主席。他们拥有巡回审判、调查监狱官员及囚犯的行为、调查所有的滥用职权行为的全权及司法权。[③] 监狱委员会的成员为已决犯监狱的总监，拥有终身继任权及公有的印章。负责已决犯监狱的合理管理及已决犯的待遇。他们可以在得到经过宣誓的证据后对有违法行为的已决犯人进行惩罚。他们可以充当已决犯监狱所在地的治安官。他们可以命令犯有殴打、逃跑罪的已决犯，后企图实施殴打、逃跑行为的已决犯穿上与其他囚犯不同的服装并且戴上脚镣，但以不超过6个月为限，还可以命令将某一犯人单独监禁6个月。他们有权批准医官认为必要的检查的申请，以查明犯人是否装病。

地方监狱关押未决犯、死刑犯或者除劳役犯之外的其他被监禁的犯人，债务人以及犯有藐视罪和根据其他民诉程序被逮捕或关押的人。已决犯监狱关押判处劳役刑的人。预防性关押监狱关押被判处预防性监禁徒刑的人。青少年教养感化院拘禁16—21岁的男女青少年犯。国立醉徒教养所是根据1898年的醉徒法案而建立的一种机构。

未决犯和已决犯实行隔离关押原则，未决犯包括交付审判、还押及等待判

---

① 王运生等：《英国刑事司法与替刑制度》，中国法制出版社1999年版，第101页。

② 王运生等：《英国刑事司法与替刑制度》，中国法制出版社1999年版，第133页。

③ 中华人民共和国司法部编：《外国监狱法规汇编》（第二辑），社会科学文献出版社1988年版，第105页。

决的人。① 关押未决犯的目的是保证使其在押候时及预审法官提审时到场，在正式审判时到庭。未决犯在监狱关押期间，推定为无罪，关押在监狱中仅是出于安全监禁范围之需要；故其执行尽可能少带有强迫性，以保持未决犯的身心健康。经视察委员会批准，未决犯可以付费居住在一间置有私人家具的房间内，可以免除狱内劳动，可以被允许单独或同挑选出来的未决犯一起操练。不需要强制洗澡。未决犯被捕后，可以拥有书、报、文件或其他物品，只要这些物品不是作为认定其有罪的证据或同其案件有联系，以及不反对政府即可。未决犯可以不穿囚服，但如果他们的衣服不适宜或由于司法目的所需则必须穿囚服。未决犯不被强制劳动，可以自由选择参加劳动，一旦被宣判无罪后，可由监狱委员会在扣除管理费及工具的使用磨损费后，付给犯人适当报酬。在监狱中关押的已决犯为已判决有罪之人，关押在狱中的目的是执行刑罚和教育受刑人，使之悔过并重新做人。

(2) 地方监狱及已决犯监狱的视察委员会

地方监狱视察委员会每年一次由国务大臣规定的法院及权力机关为每个地方监狱任命。其成员必须每月在监狱召开一次会议，或者至少一年内召开的会议次数不得少于 8 次。视察委员会之中至少有一人必须每周到监狱视察一次。地方监狱视察委员会的一切成员不得从其同监狱订立的契约中谋取私利。其成员必须遵从监狱的规章，必须毫不耽搁地向监狱委员会报告任何有关滥用职权的问题。在紧急情况下，可以任命任何官员停止行使职权。在犯人的要求下，必须秘密听取囚犯的申诉，然后向监狱委员会进行汇报。必须按照程序规定进行。地方监狱视察委员会必须对有关虐待犯人的控告作出判决，并有使用戒具拘禁 24 小时以上的权力。如果视察委员会认为任何精神或肉体的伤害是由于囚犯的待遇而导致的，可以下达其认为适当的命令，并汇报到监狱委员会。视察委员会成员可以随意去监狱的任何地方，可以随时接近犯人，可以检查任何登记册，可以询问监狱建筑物的状况及犯人的雇用情况。视察委员会成员可以允许犯人改变其宗教信仰，使其免于参加敬神活动。视察委员会成员可以给予犯人下达惩罚 14 日的严管；15 日的头等惩罚，用 3 日的惩罚饮食代替 3 日的

① 英国法学家根据英国监狱法规汇编（1984 年版）的监狱法规汇编（二）第 1244 条规定，未决犯包括以下六种：(1) 被交付审判的人；(2) 在审理控告或申诉期间受到预审法官提审或地方法院判决的人，不包括定罪后等待判刑的人；(3) 因非法移民而将被迁徙或被驱逐的某些被拘禁的外国人和本地人； (4) 因犯逃亡罪而等待被引渡回国的；(5) 犯藐视法庭罪的人和民事犯；(6) 监狱接受的判处一周或一周以下服劳役刑的人。参见中华人民共和国司法部编：《外国监狱法规汇编》（第二辑），社会科学文献出版社 1988 年版，第 203 页。

一般饮食；剥夺28日的应享特权或减刑权；等等。[①]

对监狱所在地或对监禁中的犯人的犯罪地有司法权的治安官可以进入监狱，并将监狱和犯人的情况记入巡视记录簿内，记录簿必须在视察委员会成员下次视察时提交给他们。已决犯监狱视察委员会成员由国务大臣任命，在已决犯监狱汇总任职，任期为3年，其中至少2名成员得是法院法官，至少有1名成员得每月视察监狱一次，必须尽可能地经常召开委员会会议。其成员在监狱中的职责和权力同地方监狱视察委员会的委员相似。青少年教养感化院的视察委员会的任命同已决犯监狱的视察委员会相同，任期为3年，主席由国务大臣任命。

视察委员会的成员、对监狱所在地有司法权的地方法官、最高法院的法官、或者主管教区的主教都可以到监狱内巡视。监狱长每天至少一次巡视监狱的各个部分，必须会见每一个犯人。未经监狱委员会成员同意，监狱长不得缺勤一次。监狱长必须亲自查证所有的大门是否安全地上锁，不得允许将大门钥匙带出监狱。监狱长和副监狱长得每周一次在夜间不定时巡视监狱。

（3）监狱牧师

英国监禁执行制度的特色之一是监狱牧师必须每天在狱内布道一次。每逢礼拜日、耶稣受难日及圣诞节得布道两次，必须看望、劝诫那些刚入狱或将被释放的犯人，必须在他服刑期间经常探望每个犯人。每个犯人的宗教信仰必须在监狱内留有记录。当属于英国国教以外的某一宗教派别的犯人人数达到需要为其任命一名牧师的程度时，可以由监狱委员会任命。没有任命监狱牧师的监狱，由犯人向监狱长提出要求，经视察委员会批准，非英国国教牧师可以在适当的时候去探望本教派的犯人。牧师必须遵守监狱规章，并得帮助监狱长维护监狱内部纪律和秩序。[②]

（4）监外执行

国务大臣除有临时释放囚犯的权力之外，还可以附条件地批准其健康不允许其再留在监狱内的囚犯监外执行，这主要取决于囚犯在狱内的个人表现。在以下几种情况下，可以制定出对已决犯的监外执行的规定：①当囚犯的需要不能通过通信或会见而满足时，可批准监外执行，譬如探望濒临死亡的近亲、出席葬礼或婚礼；②判决刑期即将届满时，可允许囚犯去拜访未来的雇主；③长

---

① 中华人民共和国司法部编：《外国监狱法规汇编》（第二辑），社会科学文献出版社1988年版，第105～106页。

② 中华人民共和国司法部编：《外国监狱法规汇编》（第二辑），社会科学文献出版社1988年版，第109～110页。

刑期犯人在累进到最后阶段时，可被考虑执行释放前雇佣计划，通过该计划，囚犯可在其刑期的最后6个月在狱外为某家私人雇主工作；④在刑期的最后几个月中，多数囚犯被允许放假回家一二次。在监外执行的犯人必须遵守规定的条件，必须在规定的期限终止时返回监狱。此外，由于上述特殊原因可准许犯人监外执行，期限不定，可以使犯人能够就业，从监禁生活过渡到自由生活，接受教育或训练等。无论犯人是否违反所附带的条件，监外执行的犯人可随时被收监。

2. 对少年的替刑措施

19世纪80年代开始，英国很多人提出了替刑制度，主要原因是当时英国监狱人满为患，而且关押犯人的费用很高，给政府带来了很大的压力和麻烦。80年代后期英国开始施行替刑措施，即把罪犯特别是青少年罪犯放在监狱外面。除了严重的刑事犯罪分子关进监狱采取人身自由刑的方式进行强行监管外，一般的犯人都放在社区或者缓刑地去改造。

（1）伦敦缓刑局

在英国，对青少年，特别是对未成年人来说，社会保护的效果很差。英国的法律规定，年满10岁的儿童就为具有责任能力的人，他们要为自己的犯罪行为负责，因此，与其他一些国家相比，英国对青少年犯罪的惩罚范围要大得多。英国政府制定了一系列刑事法规和少年法规，企图借此制止犯罪，但是，实际上同犯罪作斗争的效率非常低，可见采用惩罚来“根治”犯罪现象，不能取得理想的效果。现在的任务是要从刑事司法制度本身的一贯宗旨来研究如何惩治犯罪。缓刑局正是在这样的形势下成立的、专为解决这一难题的社会组织。英国各地都设有缓刑局，在英格兰、威尔士共有50个缓刑局，约1250个工作人员。缓刑局的上级主管部门是缓刑委员会，是全国性的，专门负责听取各地缓刑局的报告。这个委员会由社会各界组成，由法官、法学家、社会名流、心理专家和其他方面的学者、教授组成。

通常情况下，法庭对少年犯的判决比例大都是如下几种情形：当庭释放的有10%，28%的是有条件释放，12%的由父母或社区监管，10%的被罚款，10%的每星期六到刑事帮教中心报到，10%的要去少年管教所，10%的参加社区服务，10%的被缓刑，缓刑令最长是3年时间，一般为2年时间。这是除社区服务之外的缓刑。每星期都要叫被监管者到那里去见面1—2次，被监管者必须向监管者汇报他们的活动情况。监管者要带他们做些有益的活动。对少年犯的处罚措施，多半是采取保安处罚措施，其中主要的就是少管所。少管所在英国有两种：第一种是由地方政府掌管，关押的是10—16岁的孩子，他们是扰乱社会比较严重的行为犯，英格兰、威尔士有200个这样的有保安措施的带强制性的少管所，一般很严重的少年犯都要送到那里去，每个所关押 30 人。这种少管所里没有警察，只有少年管教人员，是一个比较有强度的地方。少管所的职责就是对少年犯进行教育。一个老师带 1—2 个少年犯，他们都是经过专门训练的人。管理这些少年犯的感情基础是让被管教的少年犯相信他们。少管所实行分管制，把一个少年犯单独放在一个房子里。在房子里也比较自由，每天可以看半个小时电视，可以做自己愿意做的活动，就像工读学校一样，可以读书、劳动、娱乐。第二种就是由监狱主管的少年管教所，也叫少年监狱。在通常情况下，1 个少年监狱可以关数百人。这是一种同中国少管所相似的机构。这里设备比较好，对少年犯照顾的也比较好。当然由于人数比较多，并不是每个人都能照顾到。[①] 少管所的少年犯每月可以有假期，但是要照顾到影响和社会危害性。如果被判少管 2 年，每个月的最后一周可以回家；如果被判 10 年的，最后 5 个月住在外面的一个房子里，他们可以做饭，以便逐渐接触社会。如果家里情况不理想，或者父母有恶习，少管所一定要严格管理，不能随便让其回家。只有表现好的、家庭状况好的，才可以回家。

（2）安置帮教委员会

全称为少年犯全国安置帮教委员会，是非政府组织，只负责英格兰和威尔士。为了减少重新犯罪率，安置帮教委员会为犯人安排好刑满释放后的住房。其次，安置帮教委员会通过为犯罪进行安置帮教培训，培训的时间分为两种：在监狱里培训和在出狱以后培训。培训的主要内容是开机器、造房子。教给他们求生的技术和技能，还帮助他们找工作。罪犯刑满释放后，最害怕的就是失业，安置帮教委员会便设法为他们找工作，安排适当的谋生方案，使得他们能够安居乐业，心理不再失衡。

（3）缓刑集体宿舍

缓刑集体宿舍，亦称缓刑旅馆，是专门监管那些被少年法庭判决为实施了危害社会的犯罪行为，依照法律应当承担刑事责任的少年犯。一般情况下，缓刑集体宿舍离城市、居民区较近，同社会保持着较为密切的联系；也没有森严的戒备、高墙、电网和铁门；并且管教人员是一般的社区工作者，只能采取说服教育的方式，而不能实施强制措施；而且通常少年犯缓刑集体宿舍，规模很小，一般只能供 30 多名少年犯在这里生活、学习和接受改造，管理人员最多也才 3—5 人。缓刑集体宿舍监管的犯人绝大多数都是吸食毒品的少年犯，他们不能被送去参加社区服务，也不能给他们戴电子监控器，当然他们也不够送

① 王运生等：《英国刑事司法与替刑制度》，中国法制出版社 1999 年版，第 83 页。

进监狱的条件。缓刑集体宿舍有专门的管理人员来负责管理，他们不是警察，只是内政部的工作人员或社区服务者，由内政部支付工资，他们一般是管理职称系列中的中级管理人员。少年犯被送到缓刑集体宿舍后，其自由或多或少要受到一些限制，其家属也可以到缓刑集体宿舍来探视，但是不可以住在缓刑集体宿舍。英国的罪犯每年有5万人，住在缓刑集体宿舍里的只占大约5%，即2500至3000人之间。①

（四）英国刑事执行法之特点

在英国刑事执行法律中明确规定了监狱行刑的监督机构。根据英国《监狱法》的规定，刑事执行法律监督呈现出以下几个方面的特点：首先，监督主体的广泛性。刑罚执行的监督主体主要包括监狱视察小组、监狱视察委员会、监狱监察总长、对监狱所在地有司法权的地方法官、最高法院的法官等。其次，刑事执行立法监督的即时性。如前文所述，地方监狱视察委员会可以随意随时接近犯罪，可以检查任何登记册等。最后，刑事执行立法监督的全面性。例如自1981年后，英国在内政部设立不隶属监狱局的监狱视察小组，定期视察各监狱，视察项目包括了解职员与受刑人的士气、监狱生活品质、建筑设施与设备、人道、监狱对预算的执行等。②

三、印度的刑事执行立法

（一）印度的刑事执行立法模式

古代印度法系是世界五大法系之一，虽为死法系，但它凭借宗教的强大凝聚力和延续性对印度以及周边地区法律产生了深远的影响。印度最早的土著居民是达罗毗荼人，雅利安人入侵印度以后，印度有了最早的传世法律文献“吠陀”。吠陀反映了当时印度社会的政治、经济状况，其中许多内容涉及人们的行为规范和社会习惯。公元前7世纪到公元6世纪，印度进入婆罗门教法时期，确立了人们等级制度——种姓制。随后印度进入佛教法时期，当摩揭陀统一印度后，其第三代君主阿育王定佛教为国教，广为宣扬佛法，此后佛教的经典便成为古代印度法的重要渊源之一。公元8世纪，伊斯兰入侵，此后近一个世纪，印度处于外族入侵和诸侯混乱时期，在法律发展上则是印度教法与伊斯兰教并存时期。在古代印度法中，刑事执行往往受到宗教观念的强烈影响。

---

① 王运生等：《英国刑事司法与替刑制度》，中国法制出版社1999年版，第125页。

② 林茂荣、杨士隆：《监狱学——犯罪矫正原理与实务》，台湾五南图书出版股份有限公司2002年版，第351页。

如杀害母牛被列入仅次于杀害婆罗门等大罪的二等罪，犯罪者必须受到剃去头发、身披母牛皮、住在牛棚悉心伺候母牛三个月，并且清心寡欲，牛遇困境则舍身相救。惟其如此，才能偿赎杀母牛的罪过。① 18世纪中期，印度被英国占领，沦为英国的殖民地，英国法全面侵入，古印度法逐渐解体，从此印度属于英美法系范围之内。1950年1月26日印度宣布独立，进入印度法上的现代时期，但印度现仍为英联邦国家，其法律体系仍属于英美法系，如印度虽然独立了，但在刑事执行上仍沿用1894年监狱法，嗣后并以此为“母法”，制定并颁布了监狱法实施细则、犯人转监法、犯人出庭法和犯人缓刑法等。综上所述可以看出，当代印度刑事执行立法模式仍是分散模式，是以监狱法为核心建立起来的一整套刑事执行制度。

（二）刑罚执行主要制度

印度刑事执行立法所规定的内容是广义的，其对象包括已决的刑事犯，如已被法院或军事法院判决的刑事犯；一般刑事犯，如根据法院或司法当局发出的拘票、执行书或命令，以及军事法院的命令予以监禁的犯人；还包括民事犯等。依据1860年印度《刑法典》，刑罚种类有死刑、无期徒刑、监禁（分为苦役监禁和普通监禁）、没收财产和罚金。当犯罪人犯有既应处以罚款又应处以监禁的罪行，而被处以罚金（不管是否被处以监禁）时，或当犯有应处以监禁或罚金，或只应处以罚金的罪行，而被处以罚金时，执行判决的法院应在判决书中写明，如果不交付罚金，则对犯人执行一定期限的监禁，此监禁期不包括在其已被判处或应判处的监禁期之内。如果犯人所犯罪行既应判处监禁，又应处以罚金，法院因其拒付罚金而判处的监禁期不应超过罪行应判的最高期限的1/4。如果犯人因拒付罚金而被判处执行监禁，则在罚金支付之后或通过法律手段征收之后，其监禁的执行应即终止。

1. 犯人的收押与转监

（1）犯人的收押。印度1894年《监狱法》第24条规定，犯人入监时，应接受检查，并收缴其所有武器与违禁物品。同时，根据医官的一般或特别命令，刑事犯人入狱后应立即接受检查并作出记录，内容包括犯人的健康状况、伤残及伤痕、被判处监禁者适于从事的劳动等级等情况，以及医官认为必要的任何检查。②

---

① 参见《摩奴法论》第11卷第108颂至第115颂。转引自林榕年主编：《外国法制史》，中国人民大学出版社2003年版，第45页。

② 中华人民共和国司法部编：《外国监狱法规汇编》（第三辑），社会科学文献出版社1989年版，第14页。

(2) 犯人的转监。如果犯人被判处死刑，监禁或流放，或代之以其他刑罚，或拒付罚金，或妨碍治安或行为不轨被监禁在某一邦监狱内者，该邦政府可以经有关邦的政府同意，下令将其从所在监狱转往其他邦的任何监狱。监狱的主管官员应严格按照判决法院签发的逮捕令、执行书或命令的要求，负责收押那些根据按要求转来的犯人，直至依照有关法律条款将其释放或转往其他监狱为止。但犯人在转往其他监狱之前，应接受医官的检查。如果犯人患有医官证明有不宜转监的疾病，则不得转往其他监狱。

2. 犯人的人权保障

1860 年印度《刑法典》第 54 条规定，在本应判处死刑的情况下，主管政府（判处犯人死刑或所犯罪行的中央政府或邦政府）可以不经犯罪人同意，将刑罚减为任何其他种类的刑罚。印度 1894 年《监狱法》第 37 条规定，如果犯人要求就医或在精神、身体出现不适时，直接负责该犯的官员应及时向看守报告。同时，看守应及时请助理医官对要求就医的、或生病的、或身心状况不适，需要治疗的犯人进行诊治，并应满足医官或助理医官关于改善犯人条件及实施治疗的书面要求。印度 1900 年《囚犯法》第 30 条规定，如果（邦）政府认为某个根据法院的命令被监禁或收押者确为不健全者，则（邦）政府可下达执行书——执行书应说明确信此人为精神病患者的理由——命令将其转往精神病院或（邦）内其他安全监护地点，但在其被命令或被判处监禁或收押期未满前，按照（邦）政府的指示进行监护和治疗。监禁或关押期满后，如果经医官检查认为，为保证本人或他人的安全，确有必要，应继续对其施行拘禁护理和治疗，直至依法获释。

印度 1920 年《犯人甄别法》还规定了对犯人隐私权的保护，该法第 7 条规定，以前未被判处 1 年或 1 年以上劳役监禁者，如果按照本法案的规定接受甄量或照相，结果未经审判就予以释放、或被法院释放、或宣布无罪，则对该犯人所做的甄量和照片（包括底版和相片）均应销毁或转交给其本人，除非法院（在此人未经审判就释放的情况下）或治安法官或分区官员基于某些理由——这些理由需作文字记录——另有指示。①

3. 犯人的社会内处遇

(1) 犯人的假释。为了在某些情况下使表现良好的犯人在刑满之前释放监狱，印度阿萨姆邦于 1938 年制定了《善行假释法》。根据该法，邦政府综合考虑犯人的履历、犯人在狱中的表现、犯罪性质、犯罪方式后，如果认为其

① 中华人民共和国司法部编：《外国监狱法规汇编》（第三辑），社会科学文献出版社 1989 年版，第 43 页。

从监狱中释放后能够从事有益的劳动而不再犯罪，并且犯人释放后被置于政府官员或非宗教组织的监督或管理之下，或置于与犯人信仰同一宗教的个人或社会团体的监督或管理之下，邦政府就可以利用特许证执行善行假释，允许犯人被假释出狱。

（2）犯人的缓刑。印度1958年《犯人缓刑法》第4条规定，法院判定某人有罪（不包括犯有应被判处死刑或无期徒刑的罪行），如果考虑到该犯的犯罪性质及犯罪的秉性，可以对他实行缓刑。但犯人必须签订保证书，保证在缓刑期内改恶从善。法院在作出监督判决时，应向犯人解释判决书的内容，并当即发给犯罪人等有关的缓刑犯监督官每人一份监督判决书副本。该法第7条规定，缓刑犯监督官的汇报应作机密处理。如果法院认为适宜，可以把缓刑犯监督官的汇报内容通知犯罪人，允其就汇报中所述问题提供有关证据。如果根据缓刑犯监督官提出的意见，对犯罪人作出判决的法院考虑到犯罪人和公众的利益，有必要更改犯罪人签订的保证书中的条件，法院可以在保证书有效期内的任何时候作出更改，延长或缩短它的期限。① 对犯罪人作出判决的法院或其他对其原始犯罪作出处理的法院，根据缓刑犯监督官的报告或其他证据，有理由认为犯罪人未能遵守他签订的保证书的条件，可以签发逮捕令，或者如果可行，向犯罪人和其担保人发出传票，责令他（们）在指定的时间出庭。法院经审理后，认为犯人未能遵守其签订的保证书中的条件，可以立即对其原来所犯罪行进行判决，如果是初次违反保证书中的条件，可以处以一定罚金，原保证书继续有效。

4. 犯人的监禁执行制度

根据印度刑法典，监禁执行分两种，即苦役监禁和普通监禁。对各类被判处劳役监禁的犯人，典狱长均应让他们从事一定的劳动。如果被处以一般监禁的刑事犯人要求参加劳动，则应由典狱长作出具体规定，让其参与劳动。印度《阿萨姆邦监狱管理细则》第407条规定，监狱劳动的主要目的是使犯人改过自新，所以要避免无目的的劳动，应尽一切努力使犯人在先进的劳动领域——尤其在监狱开办的生产行业方面——获得最有效的训练，以便在获释以后能自谋生路。根据该邦规定，监狱劳动分为狱内和狱外两种，典狱长根据犯人入狱时确定的劳动级别为犯人分配各类劳动。除健康原因外，应该避免频繁调换工

① 根据印度1958年《犯人缓刑法》第13条之规定，缓刑犯监督官主要是指由邦政府指定或认可的缓刑犯监督官；由邦政府认可的经由社会团体推荐的人；法院认为在特殊情况下适于做缓刑犯监督官的人。参见中华人民共和国司法部编：《外国监狱法规汇编》（第三辑），社会科学文献出版社1989年版，第61页。

作。但也能无限期地从事同一形式的“重活”；如果情况允许，需要久坐的工作要经常与那些活动较多的工作调换。犯人所从事的劳动级别由他们所戴的帽子颜色来识别。如“重”劳动的犯人戴的是白帽，“体弱有病残”组的犯人戴的是蓝顶黄帽等。

根据印度政府的命令，监狱从事的行业的首要目的是满足监狱本身的需要。同时，监狱从事的行业数量应尽可能减少，没有典狱长同意，不得开办新的行业。苦役监禁的犯人一般在狱内执行，但所有刑期在 1 年或 1 年以下的初犯可以从事狱外劳动。刑期在 1 年以上的初犯及一切惯犯必须服满刑期的 1/8 后才有资格从事狱外劳动。犯人在狱外从事劳动，报酬一般按劳动日计算。

5. 监狱官员的职责

印度 1894 年《监狱法》明确规定了监狱官员的权力和职责。首先，监狱官员不得直接或间接与犯人进行出售与租赁交易，也不允许任何人受委托或受雇于监狱官员从事这类交易；不准向犯人出售或出租任何物品或从事钱财及其他商业交易，从中获利。任何监狱官员不得直接或间接参与缔结涉及监狱物资的契约，也不允许任何人受委托或受雇于监狱官员从事此类活动；不得买卖属于监狱或犯人的任何物品，从中获利。

当医官有理由认为犯人受到的惩戒或待遇有害于或可能有害于犯人的精神健康时，应就此情况连同本人意见一起向典狱长提出书面报告。看守长负责保管各项档案和记录，如入狱执行书及其他所有文件，以及犯人携带出监的现金和其他物品登记簿。同时，不经典狱长书面许可，看守长夜间不得离开监狱。担任门卫的下级官员及其他任何监狱官员，均可检查携带出入监狱的物品，扣留、搜查或令其他官员搜查被怀疑携带违禁物品出入监狱或携带任何属于监狱所有的物品出监的人员，一旦发现这类物品，下级官员应立即向看守报告。同时，不经典狱长或看守长许可，看守长的下级人员不得离开监狱。

印度 1894 年《监狱法》第 54 条规定，任何看守长或监狱所属官员，如果渎职，或故意破坏或无视有关当局的命令、规定及指示，或者未经批准或未事先提出书面报告而擅离职守两个月，或者有意超假，或者非法从事监狱职责之外的职业，或者临阵脱逃，应交由地方法官裁决，分别获合并判处罚金或不超过 3 个月的监禁。①

---

① 参见中华人民共和国司法部编：《外国监狱法规汇编》（第三辑），社会科学文献出版社 1989 年版，第 25 页。

（三）印度的刑事执行立法特点

1. 明确规定监狱官员的职责

印度刑事执行法律中首先明确规定在每一邦政府所管辖的区域内，实行监狱总监负责制，并规定各类监狱官员的职责，明确他们的责任所在，而实行“模糊管理”，防止一旦出现问题后各个部门之间互相推诿责任。其次，如果监狱官员一旦发现有非正常情况，则要及时向上级层层汇报，便于监狱管理层及时发现问题，也便于一旦出现责任事故后查找责任源头。最后，印度的刑事执行法还对监狱官员违反各自的岗位职责作出了严格的处罚措施。

2. 印度刑事执行立法规定较为详细

与其他国家相比，印度刑事执行立法在某些方面规定得比较详细。首先，由于刑事执行针对的对象多是犯人，判处的刑罚也多是监禁刑，但犯人仍会由于另案诉讼而必须出庭作证等。关于犯人是否有权利出庭作证，其他国家的刑事执行法规定的不太详细，印度为此专门颁布了1955年《犯人（出庭）法》，赋予犯人出庭作证的权利，并从程序上予以保证，简化了犯人出庭的程序等。其次，为了更好地保护犯人的人权，印度1920年《犯人甄别法》规定，如果犯人因犯某些罪行被判罪或被逮捕而被甄量体型、提取指纹、足印及照相等，但如果犯人被宣判无罪后，先前所拍摄的照片及甄量等记录必须被销毁。这些规定都是其他国家刑事执行法所没有规定的，值得借鉴。

第四节　域外刑事执行立法比较研究及对我国之借鉴

一、域外刑事执行立法模式比较及对我国之借鉴

（一）刑事执行立法模式的比较

大陆法系国家多理性思维，追求法律的完整性和系统性，所以多制定单独的刑事执行法，从而与刑法、刑事诉讼法典构成共同的刑事法律体系。如丹麦王国于2000年5月31日正式颁布了统一的刑事执行法典；保加利亚人民共和国于1969年公布了统一的《惩治执行法》，规定了剥夺自由刑及其他惩治的执行，诸如死刑的执行、不剥夺自由的劳动改造的惩治的执行、没收财产和罚款的执行以及剥夺任职权和社会谴责的惩治的执行等；波兰也于1969规定了统一的刑事执行法，对各种刑罚措施的执行作出了具体规定；在德国，早在1976年联邦德国就制定了《德意志联邦共和国刑罚执行法》，主要规定了自由

刑、剥夺自由的矫治及保安处分的执行；韩国的法律制度虽然受美国的法律影响较深，但也属于大陆法系，韩国也制定有统一的《大韩民国行刑法》；法国的刑事执行立法可算是一个例外，法国仅在《法国刑事诉讼法典》之第五卷规定了执行程序，而且主要规定的是监禁刑的执行。

英美法系属于不成文法，在司法实践中重实用，多采取“遵循先例”原则，对刑事执行立法也多以分散立法为主。如英国至今都没有一部统一的刑法典，刑事执行立法也主要以分散立法为主；香港在回归中国前也是承英美法系的传统，在刑事执行立法上以分散立法为主；当代印度虽然制定有统一的《监狱法》和《囚犯法》等法律制度，但也是以《监狱法》为核心建立起来的分散刑事执行法律体系；美国除了联邦的刑事执行立法体系，还有50个州和哥伦比亚特区的法律体系，联邦和各州都有各自的刑事执行立法体系，两者互不干涉、互相补充，为了解决美国各州之间的刑事执行的差异，1962年美国法学会制定出一部统一的《模范刑法典》（其中包括了“刑事执行”编），以供各州立法时参考。

通过世界上主要国家和地区的刑事执行制度的考察，域外刑事执行主要采取了两种立法模式：（1）统一的立法模式，即制定统一的刑事执行法典，刑事执行立法规格都相对比较高。如保加利亚人民共和国1969年的《惩治执行法》，就是一部和刑法等具有相同规格的法律法规，为了更好地予以执行，同年还规定了惩治执行法的实施细则以及一系列法规与之配套实施，如劳动教养学校条例、少年教育所条例等。（2）以监狱法为中心再分三层次的多元立法模式。第一层为监狱法配套法规，如监狱法实施条例、监狱人民警察组织条例；第二层为与监狱法相关的独立法律，如出狱人社会保障法、未成年犯管教法等；第三层为其他独立的行刑法律，如社区矫正法。我国台湾地区是典型的以“监狱行刑法”为中心建立起来的多元立法模式，监狱法配套法规有“行刑累进处遇条例”“外役监条例”“执行死刑规则”“受刑人外出实施办法”等，同时与监狱法相关的独立的法律有“少年事件处理法”“少年安置辅导之福利及教养机构设置管理办法”等，最后还包括其他的独立的行刑法律，如“更生保护法”和“保安处分执行法”等。

（二）刑事执行立法内容比较

刑事执行法律应该包括哪些内容，世界各国和地区的刑事执行法律有着不同的规定。有的国家认为只要是惩罚措施都应该包括在内，所以刑事执行立法涉及内容较广，既包括刑事犯的监禁也包括民事犯和未决刑事犯的监管等，如

1894年的印度《监狱法》和1977年的巴基斯坦《监狱管理细则》。[①] 有的国家的行刑法，如《大韩民国行刑法》，也采取广义，不仅包括罪犯（如被判处徒刑、禁锢刑、拘留刑的人和未交罚金而被判处劳役的人），而且包括已被逮捕，但尚未受有罪判决的犯罪嫌疑人和被告人，还将社区矫正措施也包括在内。有的国家仅仅制定了对剥夺自由刑的刑事执行法律，其他的惩治措施则没有一部统一的法律予以规范。如德国1976年3月16日颁行的德意志联邦共和国《刑罚执行法》，其中主要规定了自由刑、保安处分的执行。刑事执行立法兼有实体法与程序法的特点，因此，大多数国家立法既规定了实体性的问题，也规定了程序性问题，如现行俄罗斯联邦1996年通过的《刑事执行法典》就是融实体和程序于一体的执行法典。这部法典对侵犯被判刑人各项权利规定了广泛的救济途径。如该法第13条规定，当被判刑人的人身安全受到威胁时，被判刑人有权向执行拘役、限制自由或剥夺自由刑的机构的任何公职人员提出保障其人身安全的请求。在上述情况下，上述人员必须立即采取措施保障提出请求的被判刑人的人身安全。

（三）对我国刑事立法的借鉴

由上可知，成文法国家更倾向于制定统一的刑事执行立法，我国具有成文法的传统，更重要的是经过几十年的发展，以监狱法为主体的刑事执行立法逐渐趋于完善，为提高刑事执行立法规格，避免法律之间的冲突，加强各种刑事执行措施之间的衔接，有必要统一刑事执行立法，形成由刑法、刑事诉讼法和刑事执行法构成的完整的刑事法律体系。

制定统一的刑事执行法必然涉及立法内容的考量问题。在域外，未决犯、保安处分和社区矫正等，有的统一纳入刑事执行立法，有的则另行规定。在我国，如选择制定统一的刑事执行立法模式，这些内容是否应当纳入？对此，笔者认为需要区别对待。第一，对于未决犯，我国目前设有专门的看守所予以羁押，并统一由公安机关管理。考虑到公安机关既管逮捕人，又管羁押，容易产生诸如刑讯逼供等问题，因此，不少学者主张对未决犯的管理，应当交由司法行政部门或监狱进行。对此，笔者持有同样的观点。但对未决犯的羁押管理是否纳入统一刑事执行立法，按照“无罪推定”原则，并考虑到刑事执行是针对已经裁判的刑罚的执行，因此，不宜在统一的刑事执行法中加以规定，可制定专门的单行法规。第二，关于劳动教养是否并入统一刑事执行法的问题，笔

① 印度《监狱法》虽然规定监管对象广泛，但其第27条又规定，未决犯和已决犯，民事犯和刑事犯都应分别关押。其他国家也有类似规定。参见中华人民共和国司法部编：《外国监狱法规汇编》（第三辑），社会科学文献出版社1989年版，第15页。

者认为我国的劳动教养虽然类似于国外的保安处分，但在适用对象上又大大超出了保安处分的范围。鉴于我国的劳动教养制度改革趋向于将对象分流，即有的作为社区矫正对象，有的则作为教育矫治对象。如果作为教育矫治对象，鉴于我国严格的违法与犯罪的区分，以及公众对“犯罪圈”大小的敏感性，笔者不主张将矫治对象纳入刑事执行法。第三，关于社区矫正对象是否纳入统一刑事执行法的问题，考虑到我国的社区矫正是一种狭义的界定，矫正的对象是被判处刑罚的罪犯，因此，毫无疑问应当纳入刑事执行法加以统一规定。第四，对于有的国家还将出狱人保护之类的工作也纳入刑事执行法，笔者认为基于预防再犯的系统考虑，也不是不可以，但可考虑与教育矫治立法相衔接，把这些“大病初愈”或尚未“痊愈”的对象纳入机构或非机构性的教育矫治对象。

当然，教育矫治法、出狱人保护法以及刑事执行法之间，在明确界定对象范围的同时，要十分注意相互之间的协调与衔接。唯有如此，才能发挥法律法规对人们行为的规范指引作用。

二、域外刑事执行立法理念比较及对我国之借鉴

刑事执行立法的理念主要是刑事执行立法的宗旨和目的，即刑事执行立法对被判刑人主要贯彻什么样的惩治方针和改造措施。

大陆法系各国大多在刑事执行立法中规定了刑事执行立法的宗旨。大多数国家法律都规定在对被判刑人实施刑事制裁时，追求矫正改造目的，并保障罪犯人权。如丹麦《刑事执行法》开宗明义，刑事处罚之执行，不仅关注处罚之执行，又关注帮助或者影响被定罪人过上合法的正常生活的需要。保加利亚人民共和国《惩治执行法》第 2 条规定，执行（刑罚）惩治的目的是改造和教育被判刑人，使之能遵守法律和公共生活准则；对被判刑人施加警告性影响；使之不能再犯其他罪；对社会其他成员施加教育和警告性影响。同时又规定：惩治的执行不能以造成被判刑人肉体痛苦或者侮辱其人格为目的。波兰 1969 年的《刑事执行法典》规定，执行刑罚的目的是形成社会所希望的行为，使被判刑人养成从事社会公益劳动的习惯，遵守法纪，从而阻止他重新走上犯罪的道路。并明确规定，依据人道主义、尊重被判刑人人格的原则执行刑罚。俄罗斯联邦《刑事执行法典》第 24 条中规定，对被判刑人进行电影拍摄、照相、摄像和采访，须经被判刑人本人的书面同意。

有的国家在规定刑事执行的目的的同时，还在相关具体条文中规定了实现刑事执行目的的途径与手段。如《大韩民国行刑法》第 1 条指出，为了正确矫正受刑者，培养其健全的公民意识和良好的行为习惯，实施职业技术教育，

以便早日回归社会，而且为了规定对未决收容者的收容事项，制定本法。[①] 接着第七章等还专门规定了实现刑事执行目的的具体措施。1996 年通过的俄罗斯联邦《刑事执行法典》第 1 条指出，其宗旨是改造被判刑人和预防被判刑人和其他人实施新的犯罪；任务主要是规定改造被判刑人的手段，维护他们的权利、自由和合法权益，在被判刑人适应社会方面给予帮助。在第二章具体对被判刑人的法律地位作出了规定，对被判刑人的各项权利予以规定并严格加以保护。德意志联邦共和国《刑罚执行法》第 2 条明文规定：通过自由刑的执行，使犯人重返社会后不再实施犯罪行为。自由刑的执行亦起一般预防的作用。其第 3 条规定，执行的目的是帮助犯人适应自由的生活。[②] 可见德国刑事执行立法的宗旨也是以特殊预防为主，即矫正改造犯人，使之不能再犯，当然，在特殊预防的同时也附带有一般预防之功能。

有的国家的刑事执行法律并没有明文指出刑事执行的宗旨和目标，但在具体的刑事执行条文中规定了刑事执行的宗旨，如日本《监狱法》没有明确执行的宗旨和目标，但全文贯穿着对犯人的改造和教育宗旨，如其第 29 条规定，对受刑人应进行教诲；其他在监人请求教诲时，可予准许；第 58 条规定，受刑人有悔改表现的，可予以奖赏。[③]

1992 年加拿大通过的《矫正与有条件释放法》第 3 条规定，联邦矫正系统的目的是通过监管和监督罪犯来执行法院的判决和通过在监狱和社区提供矫正计划帮助罪犯自新等手段，促进维持一个公正、和平和安全的社会。可见，加拿大刑事执行法规定了刑事执行的直接目的，即通过对罪犯的矫正使之自新并作为守法公民回归社会，还规定了刑事执行的最终目的就是维持社会公正、和平和安全的秩序。

我国监狱行刑以“将罪犯改造成为守法公民”为目标，明确了“惩罚与改造相结合，以改造人为宗旨”的方针，形成了“惩罚和改造相结合、教育与劳动相结合”等原则，并规定了实现行刑目标的管理、教育、组织劳动等手段。从我国监狱行刑的目的、方针、原则和手段不难看出，我国监狱行刑立法理念与世界各国基本一致，都是着眼于使罪犯重新回归社会，只是在表述上

① 中国监狱学会等编：《外国监狱法规汇编（五）》，中国政法大学出版社 2002 年版，第 487 页。

② 中华人民共和国司法部编：《外国监狱法规汇编》（第二辑），社会科学文献出版社 1998 年版，第 215 页。

③ 中国监狱学会等编：《外国监狱法规汇编（五）》，中国政法大学出版社 2002 年版，第 260 ~ 267 页。

略有不同。对此，笔者认为，应当将这一监狱行刑立法的规定适用到整个刑事执行立法中去。但由于中西方文化存在差异，中国在文化价值取向上遵从集体主义，而西方文化价值取向则崇尚个人主义，因此，在刑事执行模式上仍存在很大差异。域外特别是西方刑事执行强调刑罚剥夺或限制自由前提下的罪犯自由，包括劳动、教育等不是罪犯的强制性义务，而享有自由选择权。而我国的刑事执行偏重于对罪犯的惩罚，参加劳动、学习等都作为罪犯改造的强制性义务。对此，笔者认为，随着改革开放的深入，特别是人权观念在中国的勃兴，我们需要在兼顾秩序与自由的价值取向下，科学地利用各种改造手段，以达到立法的目的。

三、域外刑事执行制度比较及对我国之借鉴

（一）监禁刑罚执行之制度

收押制度是监狱等执行机关依据已经发生法律效力的刑事判决书等，接受关押交付执行的罪犯入监服刑的制度。收押制度是监禁刑罚执行的开始。在收押时间上，波兰《刑事执行法》规定了“立即收押制度”，即刑事判决书一经发生法律效力，行刑机关应立即实行执行程序。丹麦《刑事执行法》第 8 条规定，监禁刑之执行应当尽快开始。德意志联邦共和国《刑罚执行法》规定，收押新犯人时，其他犯人不得在场。应告知犯人的各项权利和义务。同时，犯人被收押后，应立即由医官进行身体检查，并向监狱长和收押部门负责人介绍犯人的情况。1992 年通过的《加拿大矫正与有条件释放法》规定了判决后“定期内收押制度”。该法第 12 条规定，在囚犯被判决 15 日之后才能收监，除非他本人同意在未到 15 日时被移管到监狱。不立即收监的主要目的是更好地使被判决入狱或被依法移管到监狱的人上诉或料理个人事项。有的国家则规定某段时间不接收犯人，如 1977 年巴基斯坦《监狱管理细则》第 10 条规定，除从另一监狱转来的犯人，任何监狱在晚上关门后或每天日出前不应接收犯人。

1. 人权保障

在德国，为了更好地改造犯罪人，德意志联邦共和国《刑罚执行法》规定，执行机关应在犯人入狱初制定出改造犯人的执行方案，方案应与犯人的发展及性格调查的其他结果协调一致，该改造计划还应与犯人商量。同时，德国执行法对犯人的通信以及身体健康等都明确予以保护，如关押的犯人满一定年龄后可以要求每年检查身体一次，以发现自己是否患有癌症。同时，德国监狱还对犯人在收监前后予以全方位的社会帮助，如在收押犯人时，帮助其安排需要照料的家属的生活，并保管其在监外的财产，并建议犯人坚持参加社会保

险；在刑罚执行中，监狱努力帮助犯人行使各种权利和履行义务，特别是帮助其行使选举权，照顾需要其抚养的人，消除因其犯罪行为引起的损失；在犯人释放前，对犯人如何处理其个人的、经济的和社会事务提出建议，告知其社会救济主管机关的名称，帮助犯人寻找刑满释放后的工作、住处和保护人；犯人释放后，可以得到释放补助金，如果犯人资金不足的，可从执行机关领取旅费补助金和救济金，需要的话，还可领取足够的衣物。

波兰《刑事执行法》第 7 条规定，执行刑罚应当依据人道主义、尊重被判刑人人格的原则进行。对被判刑人权利的限制，不能超越正常执行所处刑罚或采取正当手段的必要界限。对于子女不满 18 岁的被判刑人或者负有未成年人监护义务的被判刑人，在征得惩治委员会许可后，所长可以对有关执行剥夺自由刑罚的规定作必要的调整，如增加通信次数，直至取消通信限制，增加会客次数和时间，或者改变会客方式等。波兰《刑事执行法》第 48 条规定，被判刑人应具有利用文化教育设施、参加文化教育学习的权利。该法还明确规定了被判刑人的请求、控告和建议权。其中第 48 条规定，在考虑管束规则所规定的同剥夺自由相关的各种限制的情况下，被判刑人可以不经过教养所行政代表，直接向教养所上级主管机关，或者惩治监督机构提出控告；被判刑人向主管当局和主管机关提出书面请求和控告的，呈交法院或检察院的控告书不受检查。没有钱的被判刑人可从教养所的行政部门领取信纸、信封和邮票等。

我国澳门特区刑事法律采取专章规定保安处分的做法，保安处分的法定化还可以防止任意侵犯公民权利现象的发生，从而有利于对公民人身自由的保障。在香港，囚犯如有不满，可向惩教署的投诉调查组、巡狱太平绅士及其他渠道作出投诉。美国《模范刑法典》第 303 条规定，受刑人不被要求从事于过度的劳动或设施之医师判断为不适当之作业之实行。

世界各国和地区都比较重视对罪犯权利的保护，而罪犯权利的保护主要有以下几个判断标准：一是确保罪犯申诉权的有效行使；二是在监狱内部设立法律援助机构；三是监狱应当依法履行在保障罪犯依法行使申诉权工作中的职责，使其成为一项落在实处的工作。综观以上述标准可以得知，德国和波兰的刑事执行立法规定得较为详细，既规定有对犯人的改造计划，又有对犯人的全方位的帮扶措施，还有犯人的各项权利和救济途径等，值得我们借鉴。

刑事执行法是规范行刑机关行刑权力的法律，从这个意义上讲它是一部罪犯人权保障法。随着我国社会的不断进步，作为社会文明与进步窗口的监狱日益受到社会关注。不可否认的是，我国监狱行刑人权保障已经取得了重大发展，但相对于社会的快速发展和群众的要求，在刑事执行立法中，仍有必要从以下方面加强罪犯人权保障：首先是明确罪犯权利的救济。罪犯权利救济需要解决权利告知与救济渠道两个问题。对此，立法应当明确行刑机关权利告知义务，并畅通罪犯诉冤渠道，形成内部与外部相结合的行政的和司法的权利救济机制。其次是增强法律规定的可操作性。对此，需要细化告知和各种救济程序。最后是要明确责任。有义务就应当有责任，对监狱各种怠于行使职责和滥用职权的行为，都应当规定法律后果和责任追究程序。

2. 罪犯的分类及多样化

为了能对各类犯人更好地予以矫治，大陆法系各国大多规定了分类处遇矫治和累进处遇制度。分类处遇，是把受刑者分成几个同样性质的小组，但不只是单纯的分类，还要为各受刑人制定单独的矫正计划并付诸实施，再根据执行结果重新修订计划，其目的在于进行实验性的个别处遇。

在德国，累进处遇对象是具备一定条件的受刑者，将这些受刑者分成四级。随着级别提升，监护也变得宽缓，受刑者待遇也得改善，同时表明其重返社会的责任重大，通过累进处遇进入一级者有时可以获得假释，二级者可成为假释的对象，并且随着受刑者升级的变动，又导致分类处遇的重新组合，因而累进处遇（纵向）和分类处遇（横向）是纵横交错的关系。[①] 但世界各国对罪犯的分类处遇的标准却有所不同。如法国针对长期性犯人，根据其年龄、履历、刑期、身体和健康状况、法律行为能力、重新工作的可能性以及个性来确定监禁场所。

俄罗斯现行《刑事执行法典》第 16 章规定了剥夺自由刑的罪犯在劳动改造机构的执行分为宽松管束、普通管束、严格管束和特别管束；第 17 章规定了在劳动教养营的执行分为普通服刑条件、宽松服刑条件、优待服刑条件和严格服刑条件等，并对每类管束制度的转换规定了相应的条件和程序。

按照美国《模范刑法典》之相关规定，罪犯的分类处遇由设置在矫正局内的分类委员会来决定，该委员会主要由矫正局长之代理人、医师、精神科医师或临床心理学家、处遇部之代表、保安部之代表以及其他局长所指定者组成。该委员会在调查完受刑人之医学的、心理的、社会的、教育上的及职业上之情况，其经历及犯罪之动机后，应该向矫正局长提出附有劝告意见及其理由之报告书（包括受刑人更生处遇计划，尤其关于认为适当之医学的、心理的治疗、教育及职业训练之意见），为了确保公平，该报告书应该附有委员中持有其他的不同意见。其第 303 条规定，受 30 日以上定期刑之宣告之受刑人被接入设施时，分类委员会应尽可能迅速地且在经过刑期 1/3 以前，审查受刑人

---

① 赵秉志主编：《外国刑法原理（大陆法系）》，中国人民大学出版社 2000 年版，第 322 页。

之个人记录，接见受刑人后，决定或者于典狱长或任何设施之长官在决定之际予以补佐有关受刑人之处遇、训练、作业、保护及保安之计划。分类委员会得劝告将受刑人移送认为对其较为适当的其他设施。

加拿大《矫正与有条件释放法》第 30 条规定，矫正局应依法将每一囚犯分配到最高、中等或最低警戒程度的设施中去。并且矫正局应以书面形式向每一囚犯说明其分配理由或改变最初分类的理由。

波兰《刑事执行法》规定：教养所由司法部设置或撤销，教养所实行所长负责制。教养所分为劳动中心、普通教养所、过渡性教养所、未成年人罪犯教养所、累犯教养所、对被判刑人需要特别医疗——教育措施的教养所和受军事监禁的人的教养所等共 7 种。

我国台湾地区对于刑期在 6 个月以上的受刑人，为了促使其改悔向上，适于社会生活，应分为数个阶段，以累进方法处遇之。适用累进处遇的受刑人，分别根据初犯、再犯，并依其年龄、罪质、刑期及其调查所得的结果将他们适当分类为四级，分别处遇。自第四级依次渐进至第一级。如果受刑人富有责任观念，并且有适于共同生活的情形时，经监狱监务委员会议决，可不按照依次渐进的规定，使其列入适当的阶级。如果受刑人累进至一定级别，并且真心悔过、身心健康，则可以转至外役监执行刑罚。对于累犯或习惯犯恶性重大者、残废或低能不能作业者、患有精神病者以及调查结果认为有其他不适于编级的原因者，可以经过监务委员会决议，不予编级或暂缓编级。

对罪犯的评估、分类与分级，体现了行刑管理的科学化，对此，我国刑事执行也已经开始探索，但至今仍缺乏立法规定。为了真正体现行刑的人道化、制度化和科学化，立法必须解决对罪犯风险评估，安全等级分类、分类关押，分类和分级管理、教育与矫治问题。

3. 减刑、假释制度

（1）减刑

减刑的概念，“在刑罚执行过程中，司法机关可以依法对服刑人通过变更原判刑罚，减轻其刑。”[①] 刑事执行的目的是改正被判刑人，当被判刑人在监所执行时有悔改表现，并有现实悔改行为时，为了使被判刑人能更好地遵守监规，更好地进行矫治，各国一般都规定了减刑制度。但各国的减刑制度又有不少不同之处。有的国家是刑种之间的减刑，有的国家规定了必减制度，有的规定了可减制度；至于减刑的主体有的国家规定是法院，有的国家规定是监狱等刑罚执行机构。如美国《模范刑法典》第 303 · 8 条规定，对于短期拘禁刑，

---

① 马克昌主编：《刑罚通论》（第二版），武汉大学出版社 1999 年版，第 602 页。

由于善行之刑期之缩短。受逾30日之定期拘禁刑之宣告或为其执行而被收容之受刑人，保持善行、忠实履行其义务时，按每月缩短5日之比例缩短刑期。典狱长或其他设施之行政长官，依据矫正局之规则得取消、保留或恢复刑期之缩短。可见美国的减刑采取的是必减制，而且是按比例减少。

根据英国《1952年监狱条例》制定的规则，服监禁刑的囚犯的劳动和行为表现可作为其减刑的根据。在执行减刑过程中刑期届满即正式出狱。服监禁刑的囚犯，在实际执行刑期超过5日后，根据其劳动和行为，有特殊表现的也可被减刑。但减刑后实际执行的刑期不得少于5日。同时，减刑不得超过以下期限，如实际执行刑期不得少于总刑期的1/3，以及根据1967年刑事审判法案而决定的期限等。

1981年澳大利亚《监狱法》第29条规定，满足一定条件的囚犯可以在其刑期的1/3范围内接受减刑。第31条规定，在囚犯刑满前10天，监狱局长可以批准提前释放囚犯；在囚犯刑满前3天，监狱长可以批准提前释放囚犯。① 监狱局长和监狱长基于囚犯在监的优良表现，所给予的提前释放的权力，其实就是减刑之权力。

（2）假释

假释又叫假出狱，主要是为了追求积极的刑罚效果而采取的一种刑罚处遇手段。刑事执行的目的是促使服刑人改过向善，按其发奋努力之程度，缓和其处遇，使其逐渐适应社会生活。是对判处徒刑刑罚的罪犯，在执行部分刑罚后，因其确有悔改表现，从而附条件地提前释放或附条件地暂先释放。大陆法系各国对于假释的立法规定及称谓也不完全一致，如德国称假释为“余刑延缓”，及暂缓执行自由刑的余刑。印度某些邦称为“善行假释”。日本、意大利等一些国家则直接称之为假释。② 当罪犯在监所等机构执行刑罚、积极改造，符合“善行保证”并累进到一定阶段时，即可获得假释权利。

假释一般只能由受刑人在押场所的人员提出，根据受刑人在服刑期间的品行表现，提请有关部门进行考查。如日本1974年修改的《行刑累进处遇令》第21条之规定，刑务所长根据受刑人的劳动努力与否及成绩、操行是否良好、责任感及意志强弱等原因确定受刑人是否累进，同时在累进考查时，还应考虑

---

① 中华人民共和国司法部编：《外国监狱法规汇编》（第四辑），社会科学文献出版社1989年版，第390~391页。

② 赵秉志主编：《外国刑法原理（大陆法系）》，中国人民大学出版社2000年版，第313页。

其是否真正自觉作为一个本国臣民而改过自新。

假释权行使的主体。有的国家专门有假释委员会来对假释作出审核，如加拿大《矫正与有条件释放法》第二章就规定了全国假释委员会和省假释委员会的组成和管辖等，其中全国假释委员会还负责罪犯的法定释放和准予的无陪护暂时离监等。

假释的行使种类，根据假释的时间可以分为日假释和完全假释。“日假释”是罪犯被批准在服刑期间白天假释，每天晚上回到监狱、社区居住设施等居住。“完全假释”就是罪犯被批准在服刑期间离开监狱，不再受到监禁。加拿大《矫正与有条件释放法》就是这样规定的。

世界各国又有法定假释和裁量假释之分。法定假释，又称必要的假释，即对于已执行一定期限刑罚的罪犯应当或得交付，不需要考虑他在行刑中的表现情况而径予假释。如瑞典 1943 年的保护法规定：经过刑期 5/6 时，当然交付假释；经过刑期 2/3 时，得交付假释。[①] 裁量假释，主要是在执行原判刑期的一定期限之后，斟酌情节而决定的附条件提前释放。加拿大设有全国假释委员会和省假释委员会，他们对是否批准罪犯假释，以及中止或者撤销罪犯的假释或法定释放等拥有裁量权。

与域外行刑立法一样，我国行刑立法也有减刑与假释制度的规定，但与其他国家将减刑、假释作为罪犯的权利不同，我国的减刑、假释是作为行刑机关激励罪犯改造的一种措施而存在的。作为权利的减刑、假释，更能体现将命运掌握在罪犯自己手中，为此，笔者认为在未来的刑事执行立法中，可通过强化程序、明确条件，增强减刑、假释的权利属性，同时避免人为地造成假释少、减刑多的现象。

4. 劳动制度

国外一般监禁人员参加劳动都会获得一定的报酬。加拿大《矫正与有条件释放法》第 78 条规定，为了鼓励罪犯参加矫正局提供的计划，或者为了帮助其回归社会而向罪犯提供经济援助，矫正局长可以授权向罪犯付酬。[②] 但加拿大没有规定付酬比例这不能不说是有所欠缺。日本《监狱犯施行规则》规定，受刑人劳动作业完成量应每月底累计，将日平均量与其每天的定额对照，

---

① 马克昌主编：《刑罚通论》，武汉大学出版社 1999 年版，第 639 页。

② 矫正局的计划主要是一系列旨在帮助适应罪犯需要和有助于罪犯成功回归社会的计划，或者提供旨在专门适应女罪犯需要的计划等。参见加拿大《矫正与有条件释放法》第 76、77 条。中国监狱学会等编：《外国监狱法规汇编（五）》，中国政法大学出版社 2002 年版，第 43 页。

确定其作业定额是否完成。如果从事作业者行为不端、作业成绩为劣等，则可不计算奖金；如果完成，则应计算作业奖金。作业奖金应斟酌其表现、性格倾向、作业种类、成绩、定额完成与否，依法务大臣的规定计算。同时，对作业人员，应于每月15日之前告知前1个月的作业奖金计算额。作业奖金一般于释放时发给受刑人，如果受刑人死亡时，可以发给其配偶、子女和父母。受刑人有特别需要，如需要扶养其配偶、子女或父母，对犯罪受害人进行赔偿或购买书籍以及办理其他事项时，尽管在监，可根据情况发给不超过作业奖金计算额1/3的金额。①

澳大利亚《1982年监狱条例》第44条将囚犯的劳动分为四个等级，并规定了每个级别的劳动报酬，最后等级即第四级囚犯没有任何报酬。囚犯可以按照监狱长的规定使用自己的劳动酬金购买物品；如果囚犯有特殊用途的，也可向监狱长提出申请，请求提取自己拥有的存款，其余的则在囚犯获释时，向该犯发放酬金和其他存款。

巴西联邦共和国1986年《犯人劳动法案》第13条规定，对进行狱内劳动的犯人可以按照事先定好的价码支付报酬，但其报酬不得少于最低工资的3/4。波兰《刑事执行法》第51条第1款规定，被判刑人在服刑期间从事有偿劳动，不间断地劳动1年以后，可以享受7日带薪休假；从事无偿劳动的被判刑人，则享受7日无薪的休假。第2款规定，由于被判刑人主观以外的原因，1年内中断劳动的时间合起来不超过3个月的被判刑人，仍有休假权利。

罪犯劳动的改造作用主要体现在培养劳动和协作观念、训练劳动技能、增强劳动荣誉感以及养成劳动习惯。但劳动改造作用的发挥有赖于劳动的权利性、有报酬（可以是低报酬）和适合罪犯，任何超强度、超时间、超污染、没有报酬的所谓强制劳动，不仅不能达到以上目标，而且会适得其反。为此，对坚持了几十年的劳动改造有必要进行反思，并在反思的基础上，以刑事执行立法的形式，对劳动改造加以确定，并对组织劳动作出明确规定。其中，特别需要以法律明确规定，彻底割断罪犯劳动收益与监狱干警收入之间的联系。

5. 出狱人的社会保护

由于刑事执行的目的主要是特殊预防，兼顾一般预防，所以各国都比较重视犯人出狱后的救助措施。有的国家在刑事执行法典之外，专门制定有更

① 参见中国监狱学会等编：《外国监狱法规汇编（五）》，中国政法大学出版社2002年版，第309~312页；《日本监狱法施行规则》第68条至第74条。

生保护。如我国台湾地区就制定有单独的更生保护，针对犯人出狱后的种种情况予以救助，以避免其重新走上违法犯罪的道路。日本在刑事执行法之外，还于1995年制定了单独的《更生事业保护法》，对于有必要实施更生保护的被判处徒刑、禁锢或拘留，刑罚执行中止、免除刑罚执行或被停止刑罚执行者等，收容在一定设施里，帮助提供住宿、教养、训练、医疗或者就职，进行生活指导，调整或改善环境等有助于更生必要的保护事业。在日本更生保护是非强制性措施，当事人通过申请才有可能予以帮助，并且作为国家机关的保护贯穿所长对于实施与否作出判断，在需要实施时，自行或者委托更生保护会采取具体措施，费用从国库开支。在波兰，被判刑人获释前，就可以着手寻找工作，如有需要，也可以寻找住所，并就此与地方国家行政机关联系。被判刑人在获释时，可凭收据领回托付给教养所保管的文件、钱款和私人物品。同时，可以获得释放证明、身体检查结果通知书以及有关医院治疗的记录卡片。获释后的被判刑人如果没有钱，应得到专门章程规定的必要帮助。如果被判刑人从教养所获释后需要继续住院治疗，而其健康状况不允许转到社会医院治疗，则应允许被判刑人继续留在教养所医治，直到其健康状况允许其转院为止。这时教养所行政部门则应立即通知负责惩治监督的机关、有关的检察员、患者家属或者被判刑人指定的人员。[①] 俄罗斯联邦《刑事执行法典》则以第六编专编形式规定了对服刑后获释的被判刑人的帮助以及监督。如其第180条规定，刑罚执行机构的行政有协助对获释的被判刑人进行劳动安置和生活安置的职责。第181条规定，政府应对服刑后的被判刑人提供帮助，如向获释的被判刑人提供食品、衣物、补助金等。但俄罗斯联邦《刑事执行法典》第172条将免于服刑的根据也规定其中，笔者认为不妥，因为这主要是刑法典规定的。

刑罚是根据罪犯过去的行为而确定的，它不能满足罪犯改造的需要，因此可能导致刑罚过剩或不足的问题。如果是过剩，尚可在法律范围内通过减刑、假释或扩大监禁自由等方式加以调整，但若是刑罚不足，则行刑部门无权延长矫正罪犯的期限，为此，刑事执行目的的实现虽然主要依赖行刑，但同样离不开社会的帮教。鉴于我国缺乏罪犯出狱保护和帮教方面的法律规定，可以借鉴国外立法，在刑事执行立法中加以规定，也可以在教育矫治立法中加以规定。

6. 刑事执行监督制度

美国《模范刑法典》规定，矫正局长或获得局长以书面委托权限之受托

① 中华人民共和国司法部编：《外国监狱汇编》（第四辑），社会科学文献出版社1989年版，第136页。

人，得视察及查察为执行因犯罪被追诉或受有罪认定者之拘禁等人身体之保护所设之州内设施。如果设施不适当，局长应在下次年度报告以前报告此等设施所有的不适当之点。

在英国，由国务大臣设立已决犯监狱视察委员会，其中至少一名成员得每月视察监狱一次，必须尽可能地经常召开委员会议。同时，对监狱所在地或对监禁中的犯人的犯罪地有司法权的治安官可以进入监狱，并将监狱和犯人的情况记入巡视记录簿内，记录簿必须在视察委员会成员下次视察时提交给他们。

俄罗斯联邦《刑事执行法典》以第三章“执行刑罚的机构和机关及对其活动的监督”专章的方式规定了刑事执行的监督部门和监督程序。如国家权力机关和地方自治机关对其境内的刑罚执行机构和机关的活动实行监督。同时，法院和相关部门都有一定的刑事执行监督权。被判处缓刑的人由刑事执行检查处进行监督。社会团体也可以对刑罚执行机构和机关的活动进行监督。除上述部门有权对刑罚执行机构进行监督外，俄罗斯联邦《刑法典》还规定了总统、政府主席、总检察长等人在执行公务时，有权不经过专门许可而造访刑罚执行机构和机关。大众信息媒体的代表和其他人员有权在取得刑罚执行机关行政当局或上级机关的专门许可后，造访刑罚执行场所。

与域外多元监督不同，我国的行刑监督基本是检察机关的一元监督。同时，检察机关与行刑机关之间特殊的依赖关系，以及监督权限法律授权不明，使得这一专门监督也难以到位。为此，刑事执行立法既要从监督结构上，通过强化社会监督、层级监督以完善结构，又要以明确监督者的独立权限，使监督能够真正深入。而对监督的信息来源，则需要通过扩大罪犯的诉冤渠道来加以解决。

（二）非监禁刑事执行

1. 设置开放式处遇制度

开放式处遇制度的主要目的是在刑罚的执行过程中，一方面要联合社会力量对犯罪人进行改造教育，另一方面使犯罪人易于复归社会或者说再社会化。我国台湾地区对入监的罪犯行状善良，设置了“累进处遇制度”，当满足一定的条件时，就可以实行“开放式处遇制度”。如无期徒刑执行逾 9 年，累进处遇进至第一级，且最近 3 年内未违背纪律者；有期徒刑刑期 3 年以上，如果执行逾 1/4，累进处遇进至第二级，且最近 1 年内未违背纪律者，需要外出就学或者职业训练的；或者刑期 3 年以下，累进处遇进至第二级，且最近 6 个月未违背纪律者，需要为从事富有公益价值的工作的，需要日间外出必要者，可以报请“法务部”核准其于日间外出。[①] 同时，我国台湾地区为了使受刑人从事农作或其他特定作业，并实施阶段性的处遇，使其逐步适应社会生活，设立了外役监来帮助其早日改过。在外役监条件下，受刑人一般分类杂居，如果其行状良好，典狱长可以许可受刑人预期眷属在指定区域及期间内居住。

波兰《剥夺自由刑临时执行条例》第 80 条规定，对于表现突出，特别是努力劳动和学习的被判刑人，应当给予奖励，可以允许被判刑人不受监督地离开教养所，时间不超过 5 日。1975 年芬兰共和国《刑事监禁法》规定，在执行判决前，如果犯人有可能在开放机构服刑，执行机关应将有关情况报告司法部，以便决定被判处监禁刑罚的犯人是否送开放机构服刑。开放机构的犯人可以在直接监督以外从事劳动，并且有权领取按照当时支付的标准工资。如果开放机构的犯人从事的是不支付工资的劳动，刑罚机关应向从事此项劳动的犯人支付现金补助。[②]

英国刑事执行法很好地贯彻了社会化原则，主要表现在以下几个方面：保障了罪犯的通信权利，并建立了定期会见制度，罪犯还可以和其家属保持联系，允许罪犯结婚，以提起囚犯重返社会的兴趣。同时，如果罪犯在狱内个人表现良好，国务大臣还可以批准监外执行和临时释放罪犯，以使犯人能够就业，从监禁生活过渡到自由生活，接受教育或训练，当罪犯的需要不能通过通信或会见而满足，也可批准监外执行，例如探望濒临死亡的近亲，或出席葬礼或婚礼，等等。

开放式处遇是建立在对罪犯的科学评估和分类管理、教育与矫治基础之上的，随着我国监狱关押模式的调整，体现区别的分类关押反而变得更加困难。对此，需要在刑事执行立法中，通过调整行刑机构设置，规范评估、分类工作，完善分级处遇等，建立适应罪犯回归社会需要的分类处遇机制。而从中国的实际看，首先应建立不同安全等级的监狱，然后在监狱内部进一步实行分级处遇。

2. 社区矫正制度

目前对社区矫正的概念有多种理解：第一种强调对犯罪或犯罪人进行社区

---

① 根据我国台湾地区“受刑人外出实施办法”第 9 条之规定，受刑人外出时间，自当日上午六时至下午八时，由监狱斟酌实际需要而规。参见施茂林等主编：《最新实用六法全书》，世一文化事业股份有限公司 2006 年版，第 739 页。

② 1975 年芬兰共和国《刑事监禁法》第十二章第 64 条至第 70 条之规定，参见中华人民共和国司法部编：《外国监狱法规汇编》（第四辑），社会科学文献出版社 1989 年版，第 161～163 页。

矫正的基础在社区，其对社区矫正又有四种理解：一是在社区中进行的矫正；二是与社区共同进行的矫正；三是由社区进行的矫正；四是为了社区而进行的矫正。第二种则将社区矫正等同于非监禁刑。第三种则是从功能的角度定义社区矫正，例如，美国学者 Hahn 认为，凡具有减少罪犯与社区疏离功能的矫正措施都可以纳入社区矫正的范畴。①

社区矫正在各国刑事执行中所占的比例日益增大，这种社会内处遇是相对于在监狱等传统的刑罚执行场所进行的设施内处遇而言的，强调调动社区力量对罪犯的矫正改造起监督促进作用，同时将罪犯置于开放的社区环境，可以避免罪犯的交叉感染，也不会使罪犯的家庭、工作等受到太多的不利影响，国家为此投入的资金也远远小于对监禁犯投入的资金，从而节约社会成本。据统计，英国每年对保护观察者所投入的资金是 520 镑/人，对于处以社区服务令的是 490 镑/人，但对一个监禁犯的投入高达 7000 镑，美国的统计也大体如此，因此大力推广社区矫正措施，也具有较大的经济意义，可以大大节约社会成本。社区矫正制度除了包括缓刑、假释、特殊情况下的监外执行等刑罚变更执行方法外，还包括社会服务令、保护观察、半监禁、周末监禁、辅导处分、家内服刑等作为短期自由刑替代措施的刑罚种类。国外对于缓刑、假释的适用十分普遍，如据司法部预防犯罪研究所的统计数字显示：2000 年，西方主要发达国家对罪犯适用缓刑和假释的比例达到全部被判处刑罚者的 70% 以上，其中加拿大为 79.76%，澳大利亚为 77.48%，新加坡为 76.15%，法国为 72.63%，美国为 70.25%，就是适用率比较低的韩国和俄罗斯，也分别有 45.90%、44.48% 的人被适用缓刑或者假释。包括其他非监禁刑罚执行方式在内的社区矫正的适用就更加广泛了，例如日本目前大概有 3/5 的罪犯在保护观察官的监督下接受矫正处遇措施。②

1992 年通过的加拿大《矫正与有条件释放法》在第一章“机构矫正和社区矫正”中规定，矫正局应该促进公众成员对罪犯管理的参与，如果罪犯符合一定条件，矫正机构领导可以批准罪犯在陪护之下暂时离监，同时罪犯还可以因工作释放而离监到狱外执行。工作释放主要是罪犯在矫正职员或者由矫正局长授权的其他人员或机构的监督下，离开监狱工作或者到社区服务一定时间的计划。

① 高汝成：《社区矫正本土化的内涵论析》，载《安徽警官职业学院学报》2009 年第 1 期。

② 参见倪邱司法所：《关于引入社区矫正制度的一点思考》，载 http://www.thsf.gov.cn/nqsfs/ShowArticle.asp?ArticleID=2452，最后访问时间：2009 年 8 月 27 日。

丹麦《刑事执行法》第 101 条第 2 款规定，社会服务须遵守条件，要求被定罪人必须在固定的最大限度内完成规定的工作。社会服务应当在固定的最大时间限度的整个期间持续地予以执行，且至少必须在法定时间经过 2/3 后方可完成执行。同时，丹麦《刑事执行法》还规定了执行社会服务的处所由监督机关决定。

我国有违法与犯罪之分，许多在国外认为是犯罪的行为，在我国可能只是行政违法，而通过行政处罚加以处理。由此，不能简单地拿国外的社区矫正高比例与中国目前的社区矫正低比例进行比较。但随着中国社会的文明与进步，刑罚轻缓化是一种历史的必然，而社区矫正的发展是刑罚轻缓化不可或缺的基础。经过六年多的试点，我国的社区矫正虽有了一定发展，但普遍还存在管理人员不固定、不专业，管理方式单一、不加区别等诸多问题。从社区矫正发展考虑，在刑事执行立法中，首先需要确定社区矫正的性质、对象、机构、人员、监督管理形式、提供服务途径等。特别是要区分管制等刑罚执行、假释监督和缓刑监督，不能简单地以统一的方法对这些不同的社区矫正对象进行所谓的监管与矫治，这实际上已经突破了有关法律规定。

（三）未成年人刑罚执行

波兰的刑事法律注重对未成年人罪犯的挽救。该国的法律工作者积极研究、确定和评价少年犯罪人的反社会行为，提出有关少年犯罪人再社会化的建议，预测少年犯罪人的社会发展情况；我国香港特区的更生中心为 14—21 岁的青少年犯提供留宿更生计划。该计划结合惩教院所的训练及中途宿舍功能，青少年犯人可参加工作、上学及参与其他更生活动。青少年犯获释后须接受一年的法定监管。保加利亚人民共和国《惩治执行法》第 123 条第 2 款规定，教养院院长可以准许未成年犯以小队外出参观演出、听音乐会或者参观历史古迹和其他名胜。

我国台湾地区的未成年人刑罚执行制定得比较完善。在台湾地区刑事法中，少年主要是指已满 12 岁未满 18 岁之人，首先，台湾地区对未成年人确立了“矫正为主、惩罚为辅”“保护少年”等行刑理念，其次，台湾地区的少年受刑者应在少年监执行刑罚，以区别于成年监。少年受徒刑之执行而有悛悔实据者，无期徒刑执行超过 7 年后，有期徒刑执行超过其执行期 1/3 后，可以予以假释。如果行刑累进处遇中的第一级少年受刑人，遇有直系亲属尊亲属病危或其他事故时，得经监务委员会决议，限定期间允许其离监。台湾地区“少年事件处理法”规定，7 岁以上未满 12 岁的人，如果触犯刑事法律，由少年法院适用少年保护事件的相关规定处理。少年法院依据不同情况，施以不同的感化教育处分。如因未满 14 岁而不罚者，可以判令其入感化教育处所，施以感化教育。一般感化教育处分的期间为3年以下。如果条件允许，也可以判定执行3年以下的保护管束来代替保安处分的执行。另外，我国台湾地区“少年事件处理法”规定，少年受转介处分执行完毕2年后，或受保护处分或刑之执行完毕或赦免3年后，或受不付审理或不付保护处分之裁定确定后，视为未曾受各该宣告。少年法院于前项情形应通知保存少年前科记录及有关数据之机关，将少年之前科记录及有关数据予以涂销。前项记录及数据非为少年本人之利益或经少年本人同意，少年法院及其他任何机关不得提供。

在英国，针对80年代后期监狱人满为患、关押犯人费用增大、给政府带来了很大的压力和麻烦的现状，英国政府采取了对少年的替代刑措施，即把罪犯，特别是青少年罪犯放在监狱外面，一般的犯人也都放在社区或者放在缓刑地去改造。依据英国法律，年满10岁的儿童即为具有责任能力的人，因此，与其他一些国家相比，英国对青少年犯罪的惩罚范围要大得多。英国政府遂制定了一系列刑事法规和少年法规，企图借此制止犯罪。缓刑局正是在这样的形势下成立来的、专为解决这一难题的社会组织。同时，在英国还建有少管所，被少管的少年犯每月可以有假期，但是要考虑到影响和社会危害性。如果被判少管2年，每个月的最后一周可以回家；如果被判10年的，最后5个月就住在外面的一个房子里，他们可以做饭，以便逐渐接触社会。在英国还设有安置帮教委员会，为了减少重新犯罪率，安置帮教委员会为犯人安排好刑满释放后的住房，还为犯人进行安置帮教培训，培训的时间分为两种，即在监狱里培训和出狱以后培训。安置帮教委员会设法为犯人找工作，安排适当的谋生方案，使得他们能安居乐业，心理不再失衡。英国的缓刑集体宿舍，亦称缓刑旅馆，是专门监管那些被少年法庭判决为实施了危害社会的犯罪行为，依照法律应当承担刑事责任的少年犯。一般情况下缓刑集体宿舍离城市、居民区较近，同社会保持着较为密切的联系；也没有森严的戒备、高墙、电网和铁门；并且管教人员是一般的社区工作者，只能采取说服教育的方式而不能实施强制措施。缓刑集体宿舍管理的犯人绝大多数都是吸食毒品的少年犯，他们不能送去参加社区服务，也不能给他们戴电子监控器，当然他们也不够送进监狱的条件。少年犯被送到缓刑集体宿舍后，其自由或多或少要受到一些限制，其家属也可以到缓刑集体宿舍来探视犯人，但是不可以住在缓刑集体宿舍。①

未成年人正处于身心发育的特殊时期，他们更容易受到社会不良环境的影响，更容易受到来自成人的不法侵害，因此，他们走上违法犯罪之路带有明显的“先受害，后害人”的特点。加之未成年人在社会发展中的特殊地位，以

① 王运生等：《英国刑事司法与替刑制度》，中国法制出版社1999年版，第125页。

及可塑性，决定了对待犯罪未成年人必须坚持“教育、感化、挽救”的方针和“优先保护”原则，尽最大努力将暂时走上歧途的犯罪未成年人拉回健康成长的道路。鉴于此，处理未成年人违法犯罪案件，需要有一套适应未成年人特点的独立的制度体系。对此，可借鉴域外经验，将未成年人刑罚与教育措施等结合起来，进行系统构建，独立制定相关法律法规。

附 录

中华人民共和国刑事执行法（建议稿）

目 录

第一章 总 则

第一条 为惩罚和改造罪犯，规范刑事执行活动，保障被判刑人的合法权益，预防和减少犯罪，根据宪法，制定本法。

第二条 刑事执行的对象是下列发生法律效力的判决和裁定：

（一）已过法定期限没有上诉、抗诉的判决和裁定；

（二）终审的判决和裁定；

（三）最高人民法院核准的死刑的判决和高级人民法院核准的死刑缓期二年执行的判决。

第三条 刑事执行应当坚持惩罚和改造相结合、教育和劳动相结合、专门机关和社会力量相结合的原则，分类管理、个别化改造，有针对性地消除罪犯可能重新犯罪的因素，将罪犯改造成为守法公民。

第四条 人民检察院对刑事执行活动是否合法，依法实行监督。

第五条 刑事执行工作应当依法进行，尊重和保护人权。罪犯的人格不受侮辱，其人身安全、合法财产和辩护、申诉、控告、检举以及其他未被依法剥夺或者限制的权利不受侵犯。

罪犯必须严格遵守法律、法规和相关教育、改造、矫正纪律。

第六条 各刑事执行机构分工负责、相互配合、相互制约。

第七条 刑事执行机构的工作人员具有下列情形之一的，应当回避：

（一）是被执行人的近亲属的；

（二）本人或其近亲属与被执行人有利害关系的；

（三）与被执行人有其他关系，可能影响执行工作公正性的。

第八条 国家保障刑事执行所需经费。刑事执行工作人员经费、罪犯改造经费、狱政设施经费、社区矫正经费及其他专项经费，列入国家预算。

第九条 刑事执行机构依法使用的土地、矿产资源和其他自然资源以及刑事执行机构的财产，受法律保护，任何组织或者个人不得侵占、破坏。

第十条 对在刑事执行工作中作出突出贡献的组织、个人，按照国家有关规定给予表彰、奖励。

第十一条 根据中华人民共和国缔结或者参加的国际条约，或者按照互惠原则，我国刑事执行机关和外国刑事执行机关可以相互请求刑事执行协助。

第二章 死刑的执行

第十二条 最高人民法院的执行死刑命令，由高级人民法院交付第一审人民法院执行。第一审人民法院接到执行死刑命令后，应当在七日内执行。

在死刑缓期执行期间故意犯罪，最高人民法院核准执行死刑的，由罪犯服刑地的中级人民法院执行。

第十三条 第一审人民法院在接到执行死刑命令后、执行前，发现有下列情形之一的，应当暂停执行，并立即将请求停止执行死刑的报告和相关材料层报最高人民法院：

（一）罪犯可能有其他犯罪的；

（二）共同犯罪的其他犯罪嫌疑人到案，可能影响罪犯量刑的；

（三）共同犯罪的其他罪犯被暂停或者停止执行死刑，可能影响罪犯量刑的；

（四）罪犯揭发重大犯罪事实或者有其他重大立功表现，可能需要改判的；

（五）罪犯怀孕的；

（六）判决、裁定可能有影响定罪量刑的其他错误的。

最高人民法院经审查，认为可能影响罪犯定罪量刑的，应当裁定停止执行死刑；认为不影响的，应当决定继续执行死刑。

第十四条 最高人民法院在执行死刑命令签发后、执行前，发现有前条第一款规定情形的，应当立即裁定停止执行死刑，并将有关材料移交下级人民法院。

第十五条 下级人民法院接到最高人民法院停止执行死刑的裁定后，应当会同有关部门调查核实停止执行死刑的事由，并及时将调查结果和意见层报最高人民法院审核。

第十六条 对下级人民法院报送的停止执行死刑的调查结果和意见，由最高人民法院原作出核准死刑判决、裁定的合议庭负责审查，必要时，另行组成合议庭进行审查。

第十七条 最高人民法院对停止执行死刑的案件，应当按照下列情形分别处理：

（一）确认罪犯怀孕的，应当改判；

（二）确认罪犯有其他犯罪，依法应当追诉的，应当裁定不予核准死刑，撤销原判，发回重新审判；

（三）确认原判决、裁定有错误或者罪犯有重大立功表现，需要改判的，应当裁定不予核准死刑，撤销原判，发回重新审判；

（四）确认原判决、裁定没有错误，罪犯没有重大立功表现，或者重大立功表现不影响原判决、裁定执行的，应当裁定继续执行死刑，并由院长重新签发执行死刑的命令。

第十八条 第一审人民法院在执行死刑前，应当告知罪犯有权会见其近亲属。

罪犯申请会见并提供具体联系方式的，人民法院应当通知其近亲属。对经查找确实无法与罪犯近亲属取得联系的，或者其近亲属拒绝会见的，应当告知罪犯。

罪犯近亲属申请会见的，人民法院应当准许，并在执行死刑前及时安排，但罪犯拒绝会见的除外。

罪犯提出会见近亲属以外的亲友，经人民法院审查，确有正当理由的，可以在确保会见安全的情况下予以准许。

第十九条 第一审人民法院在执行死刑三日前，应当通知同级人民检察院派员临场监督。

第二十条 死刑采用枪决或者注射等方法执行。

采用注射方法执行死刑的，应当在指定的刑场或者羁押场所内执行。

采用枪决、注射以外的其他方法执行死刑的，应当事先层报最高人民法院批准。

第二十一条 执行死刑前，指挥执行的审判人员对罪犯应当验明正身，讯问有无遗言、信札，并制作笔录，再交执行人员执行死刑。

执行死刑应当公布，禁止游街示众或者其他有辱罪犯人格的行为。

第二十二条 执行死刑后，应当由法医验明罪犯确实死亡，在场书记员制作笔录。负责执行的人民法院应当在执行死刑后十五日内将执行情况，包括罪犯被执行死刑前后的照片，上报最高人民法院。

第二十三条 执行死刑后，负责执行的人民法院应当办理以下事项：

（一）对罪犯的遗书、遗言笔录，应当及时审查；涉及财产继承、债务清偿、家事嘱托等内容的，将遗书、遗言笔录交给家属，同时复制附卷备查；涉及案件线索等问题的，抄送有关机关；

（二）通知罪犯家属在限期内领取罪犯骨灰；没有火化条件或者因民族、宗教等原因不宜火化的，通知领取尸体；过期不领取的，由人民法院通知有关单位处理，并要求有关单位出具处理情况的说明；对罪犯骨灰或者尸体的处理情况，应当记录在案；

（三）对外国籍罪犯执行死刑后，通知外国驻华使、领馆的程序和时限，根据有关规定办理。

第三章 监狱执行

第一节 机构、人员和职责

第二十四条 监狱负责执行已经发生法律效力的判处罪犯死刑缓期二年执行、无期徒刑、有期徒刑的判决或裁定。

罪犯在被交付执行刑罚前，剩余刑期在三个月以下的，由公安机关参照本法关于拘役执行的有关规定代为执行。

第二十五条 国务院司法行政部门主管全国的监狱工作。

监狱的设置、撤销、迁移，由国务院司法行政部门批准。

第二十六条 未成年犯管教所是监狱的一种类型。

第二十七条 监狱设监狱长一人、副监狱长若干人，并根据实际需要设置必要的工作机构和配备其他监狱管理人员。

第二十八条 监狱的管理人员是人民警察。

监狱的人民警察应当严格遵守宪法和法律，忠于职守，秉公执法，严守纪律，清正廉洁。

第二十九条 监狱的人民警察不得有下列行为：

（一）索要、收受、侵占罪犯及其亲属的财物；

（二）私放罪犯或者玩忽职守造成犯罪脱逃；

（三）刑讯逼供或者体罚、虐待罪犯；

（四）侮辱罪犯的人格；

（五）殴打或者纵容他人殴打罪犯；

（六）为谋取私利，利用罪犯提供劳务；

（七）违反规定，私自为罪犯传递信件或者物品；

（八）非法将监管罪犯的职权交予他人行使；

（九）其他违法行为。

监狱的人民警察有前款所列行为，构成犯罪的，依法追究刑事责任；尚未构成犯罪的，应当予以行政处分。

第二节 收 监

第三十条 人民法院对被判处死刑缓期二年执行、无期徒刑、有期徒刑的罪犯，应当将执行通知书、判决书送达羁押该罪犯的公安机关，公安机关应当自收到执行通知书、判决书之日起一个月内将该罪犯送交监狱执行刑罚。

第三十一条 罪犯被交付执行刑罚时，交付执行的人民法院应当将人民检察院的起诉书副本、人民法院的判决书、执行通知书、结案登记表同时送达监狱。监狱没有收到上述文件的，不得收监；上述文件不齐全或者记载有误的，作出生效判决的人民法院应当及时补充齐全或者作出更正；对其中可能导致错误收监的，不予收监。

第三十二条 罪犯收监后，监狱应当对其进行身体检查。经检查，对于具有暂予监外执行情形的，监狱可以提出书面意见，报省级以上监狱管理机关批准。

第三十三条 罪犯收监，应当严格检查其人身和所携带的物品。非生活必需品，由监狱代为保管或者征得罪犯同意退回其家属，违禁品予以没收。

女犯由女性人民警察检查。

第三十四条 罪犯不得携带子女在监内服刑。

对被判处无期徒刑的女犯在服刑期间所生育子女，可以由其亲友抚养，或者由监狱所在地民政部门负责收养。

第三十五条 罪犯收监后，监狱应当通知罪犯家属。通知书应当自收监之日起五日内发出。

第三节 对罪犯提出的申诉、控告、检举的处理

第三十六条 罪犯对生效的判决不服的，可以提出申诉。

对于罪犯的申诉，人民检察院或者人民法院应当及时处理。

第三十七条 对罪犯提出的控告、检举材料，监狱应当及时处理或者转送公安机关或者人民检察院处理，公安机关或者人民检察院应当在两个月内将处理结果通知监狱。

第三十八条 罪犯的申诉、控告、检举材料，监狱应当及时转递，不得扣压。

第三十九条 罪犯委托律师代为申诉、控告、检举的，监狱应及时安排会见。

第四十条 监狱在执行刑罚过程中，根据罪犯的申诉，认为判决可能有错误的，应当提请人民检察院或者人民法院处理，人民检察院或者人民法院应当自收到监狱提请处理意见书之日起六个月内将处理结果通知监狱。

第四节 暂予监外执行

第四十一条 对被判处有期徒刑的罪犯，有下列情形之一的，可以暂予监外执行：

（一）有严重疾病需要保外就医的；

（二）怀孕或者正在哺乳自己婴儿的妇女；

（三）生活不能自理，适用暂予监外执行不致危害社会的。

对被判处无期徒刑的罪犯，有前款第二项规定情形的，可以暂予监外执行。

第四十二条 对于适用保外就医可能有社会危险性的罪犯，或者自伤自残的罪犯，不得保外就医。

第四十三条 对于罪犯确有严重疾病，必须保外就医的，由省级人民政府指定的医院开具证明文件，依照法律规定的程序审批。

第四十四条 暂予监外执行，由监狱提出书面意见，报省、自治区、直辖市监狱管理机关批准。

第四十五条 人民检察院认为对罪犯适用暂予监外执行不当的，应当自接到通知之日起一个月内将书面意见送交批准暂予监外执行的机关，批准暂予监外执行的机关接到人民检察院的书面意见后，应当立即对该决定进行重新核查。

第四十六条 暂予监外执行的罪犯具有下列情形之一的，社区矫正机构及时通知监狱收监：

（一）发现不符合暂予监外执行条件的；

（二）严重违反有关暂予监外执行监督管理规定的；

（三）暂予监外执行的情形消失后，罪犯刑期未满的。

第四十七条 不符合暂予监外执行条件的罪犯通过贿赂等非法手段被暂予监外执行的，在监外执行的期间不计入执行刑期。罪犯在暂予监外执行期间脱逃的，脱逃的期间不计入执行刑期。

第四十八条 暂予监外执行的罪犯刑期届满的，由原关押监狱办理释放手续。

第五节 减刑、假释

第四十九条 被判处无期徒刑、有期徒刑的罪犯，在服刑期间确有悔改或者立功表现的，根据监狱考核的结果，可以减刑。有下列重大立功表现之一的，应当减刑：

（一）阻止他人重大犯罪活动的；

（二）检举监狱内外重大犯罪活动，经查证属实的；

（三）协助司法机关抓捕其他重大犯罪嫌疑人的；

（四）有发明创造或者重大技术革新的；

（五）在日常生产、生活中舍己救人的；

（六）在抗御自然灾害或者排除重大事故中，有突出表现的；

（七）对国家和社会有其他重大贡献的。

第五十条 减刑建议由监狱向人民法院提出，人民法院应当自收到减刑建议书之日起一个月内予以审核裁定；案情复杂或者情况特殊的，可以延长一个月。减刑裁定的副本应当抄送人民检察院。

第五十一条 被判处死刑缓期二年执行的罪犯，在死刑缓期执行期间，符合法律规定的减为无期徒刑、有期徒刑条件的，二年期满时，所在监狱应当及时提出减刑建议，报经省、自治区、直辖市监狱管理机关审核后，提请高级人民法院裁定。

第五十二条 被判处无期徒刑、有期徒刑的罪犯，符合法律规定的假释条件的，由监狱根据考核结果向人民法院提出假释建议，人民法院应当自收到假释建议书之日起一个月内予以审核裁定；案情复杂或者情况特殊的，可以延长一个月。假释裁定的副本应当抄送人民检察院。

第五十三条 人民法院裁定假释的，监狱应当按期假释并发给假释证明书。

对被假释的罪犯，依法实行社区矫正，由社区矫正机构负责执行。

第五十四条 对不符合法律规定的减刑、假释条件的罪犯，不得以任何理由将其减刑、假释。

人民检察院认为人民法院减刑、假释的裁定不当，应当依照刑事诉讼法规定的期间向人民法院提出书面纠正意见。对于人民检察院提出书面纠正意见的案件，人民法院应当重新审理。

第六节 狱政管理

第五十五条 监狱对成年男犯、女犯和未成年犯实行分开关押和管理，对未成年犯和女犯的改造，应当照顾其生理、心理特点。

监狱根据罪犯的犯罪类型、刑罚种类、刑期、改造表现等情况，对罪犯实行分别关押，采取不同方式管理。

第五十六条 女犯由女性人民警察直接管理。

第五十七条 监狱的武装警戒由人民武装警察部队负责，具体办法由国务院、中央军事委员会规定。

第五十八条 监狱发现在押罪犯脱逃，应当即时将其抓获，不能即时抓获的，应当立即通知公安机关，由公安机关负责追捕，监狱密切配合。

第五十九条 监狱根据监管需要，设立警戒设施。监狱周围设警戒隔离带，未经准许，任何人不得进入。

第六十条 监区、作业区周围的机关、团体、企业事业单位和基层组织，应当协助监狱做好安全警戒工作。

第六十一条 监狱遇有下列情形之一的，可以使用戒具：

（一）罪犯有脱逃行为的；

（二）罪犯有使用暴力行为的；

（三）罪犯正在押解途中的；

（四）罪犯有其他危险行为需要采取防范措施的。

前款所列情形消失后，应当停止使用戒具。

第六十二条 人民警察和人民武装警察部队的执勤人员遇有下列情形之一，非使用武器不能制止的，按照国家有关规定，可以使用武器：

（一）罪犯聚众骚乱、暴乱的；

（二）罪犯脱逃或者拒捕的；

（三）罪犯持有凶器或者其他危险物，正在行凶或者破坏，危及他人生命、财产安全的；

（四）劫夺罪犯的；

（五）罪犯抢夺武器的。

使用武器的人员，应当按照国家有关规定报告情况。

第六十三条 罪犯在服刑期间可以与他人通信，但是来往信件应当经过监狱检查。监狱发现有碍罪犯改造内容的信件，可以扣留。罪犯写给监狱的上级机关和司法机关的信件，不受检查。

第六十四条 罪犯在监狱服刑期间，按照规定，可以会见亲属、监护人。

罪犯会见其他人员，由监狱长审批。

第六十五条 罪犯收受物品和钱款，应当经监狱批准、检查。

第六十六条 罪犯的生活标准按实物量计算，由国家规定。

第六十七条 罪犯的被服由监狱统一配发。

第六十八条 对少数民族罪犯的特殊生活习惯，应当予以照顾。

第六十九条 罪犯居住的监舍应当坚固、通风、透光、清洁、保暖。

第七十条 监狱应当设立医疗机构和生活、卫生设施，建立罪犯生活、卫生制度。罪犯的医疗保健列入监狱所在地区的卫生、防疫计划。

第七十一条 罪犯在服刑期间死亡的，监狱应当立即通知罪犯家属和人民检察院、人民法院。罪犯因病死亡的，由监狱作出医疗鉴定。人民检察院对监狱的医疗鉴定有疑义的，可以重新对死亡原因作出鉴定。罪犯家属有疑义的，可以向人民检察院提出。罪犯非正常死亡的，人民检察院应当立即检验，对死亡原因作出鉴定。

第七十二条 监狱应当建立罪犯的日常考核制度，考核的结果作为对罪犯奖励和处罚的依据。

第七十三条 罪犯有下列情形之一的，监狱可以给予表扬、物质奖励或者记功：

（一）遵守监规纪律，努力学习，积极劳动，有认罪服法表现的；

（二）阻止违法犯罪活动的；

（三）超额完成生产任务的；

（四）节约原材料或者爱护公物，有成绩的；

（五）进行技术革新或者传授生产技术，有一定成效的；

（六）在防止或者消除灾害事故中作出一定贡献的；

（七）对国家和社会有其他贡献的。

被判处有期徒刑的罪犯有前款所列情形之一，执行原判刑期二分之一以上，在服刑期间一贯表现好，离开监狱不致再危害社会的，监狱可以根据情况准其离监探亲。

第七十四条 罪犯有下列破坏监管秩序情形之一的，监狱可以给予警告、记过或者禁闭：

（一）聚众哄闹监狱，扰乱正常秩序的；

（二）辱骂或者殴打人民警察的；

（三）欺压其他罪犯的；

（四）偷窃、赌博、打架斗殴、寻衅滋事的；

（五）有劳动能力拒不参加劳动或者消极怠工，经教育不改的；

（六）以自伤、自残手段逃避劳动的；

（七）在生产劳动中故意违反操作规程，或者有意损坏生产工具的；

（八）有违反监规纪律的其他行为的。

依照前款规定对罪犯实行禁闭的期限为七天至十五天。

罪犯在服刑期间有第一款所列行为，构成犯罪的，依法追究刑事责任。

第七十五条 罪犯在服刑期间故意犯罪的，依法从重处罚。

第七十六条 对罪犯在监狱内犯罪的案件，由监狱进行侦查。侦查终结后，写出起诉意见书，连同案卷材料、证据一并移送人民检察院。

第七节 对罪犯的教育改造

第七十七条 教育改造罪犯，实行因人施教、分类教育、以理服人的原则，采取集体教育与个别教育相结合、狱内教育与社会教育相结合的方法。

第七十八条 监狱应当对罪犯进行法制、道德、形势、政策、前途等内容的思想教育。

第七十九条 监狱应当对服刑人员开展精神卫生知识宣传，关注其心理健康状况，必要时提供心理咨询和心理辅导。

第八十条 监狱应当根据不同情况，对罪犯进行扫盲教育、初等教育和初级中等教育，经考试合格的，由教育部门发给相应的学业证书。

第八十一条 监狱应当根据监狱生产和罪犯释放后就业的需要，对罪犯进行职业技术教育，经考核合格的，由劳动部门发给相应的技术等级证书。

第八十二条 监狱鼓励罪犯自学，经考试合格的，由有关部门发给相应的证书。

第八十三条 罪犯的文化和职业技术教育，应当列入所在地区教育规划。监狱应当设立教室、图书阅览室等必要的教育设施。

第八十四条 监狱应当组织罪犯开展适当的体育活动和文化娱乐活动。

第八十五条 国家机关、社会团体、部队、企业事业单位和社会各界人士以及罪犯的亲属，应当协助监狱做好对罪犯的教育改造工作。

第八十六条 有劳动能力的罪犯，必须参加劳动。

第八十七条 监狱根据罪犯的个人情况，合理组织劳动，使其矫正恶习，养成劳动习惯，学会生产技能，并为释放后就业创造条件。

第八十八条 监狱对罪犯的劳动时间，参照国家有关劳动工时的规定执行；在季节性生产等特殊情况下，可以调整劳动时间。

罪犯有在法定节日和休息日休息的权利。

第八十九条 监狱对参加劳动的罪犯，应当按照有关规定给予报酬并执行国家有关劳动保护的规定。

第九十条 罪犯在劳动中致伤、致残或者死亡的，由监狱参照国家劳动保险的有关规定处理。

第八节 释放和安置

第九十一条 罪犯服刑期满，监狱应当按期释放并发给释放证明书。

第九十二条 罪犯释放后，公安机关凭释放证明书办理户籍登记。

第九十三条 对刑满释放人员，当地人民政府帮助其安置生活。

刑满释放人员丧失劳动能力又无法定赡养人、扶养人和基本生活来源的，由当地人民政府予以救济。

第九十四条 刑满释放人员依法享有与其他公民平等的权利。

第四章 社区矫正

第一节 机构、人员和职责

第九十五条 国务院司法行政部门主管全国的社区矫正工作。县级以上地方人民政府司法行政部门主管本行政区域内的社区矫正工作。

人民法院、人民检察院、公安机关和其他有关部门依照各自职责，依法做好社区矫正工作。

地方人民政府根据需要设立社区矫正委员会，负责统筹协调和指导本行政区域内的社区矫正工作。

第九十六条 县级以上地方人民政府根据需要设置社区矫正机构，负责社区矫正工作的具体实施。社区矫正机构的设置和撤销，由县级以上地方人民政府司法行政部门提出意见，按照规定的权限和程序审批。

司法所根据社区矫正机构的委托，承担社区矫正相关工作。

第九十七条 社区矫正机构应当配备具有法律等专业知识的专门国家工作人员（以下称社区矫正机构工作人员），履行监督管理、教育帮扶等执法职责。

第九十八条 社区矫正机构根据需要，组织具有法律、教育、心理、社会工作等专业知识或者实践经验的社会工作者开展社区矫正相关工作。

第九十九条 居民委员会、村民委员会依法协助社区矫正机构做好社区矫正工作。

社区矫正对象的监护人、家庭成员，所在单位或者就读学校应当协助社区矫正机构做好社区矫正工作。

第一百条 国家鼓励、支持企业事业单位、社会组织、志愿者等社会力量依法参与社区矫正工作。

第一百零一条 社区矫正机构工作人员和其他参与社区矫正工作的人员依法开展社区矫正工作，受法律保护。

第一百零二条 国家推进高素质的社区矫正工作队伍建设。社区矫正机构应当加强对社区矫正工作人员的管理、监督、培训和职业保障，不断提高社区矫正工作的规范化、专业化水平。

第一百零三条 社区矫正机构工作人员应当严格遵守宪法和法律，忠于职守，严守纪律，清正廉洁。

第一百零四条 社区矫正机构工作人员和其他国家工作人员不得有下列行为：

（一）利用职务或者工作便利索取、收受贿赂的；

（二）不履行法定职责的；

（三）体罚、虐待社区矫正对象，或者违反法律规定限制或者变相限制社区矫正对象的人身自由的；

（四）泄露社区矫正工作秘密或者其他依法应当保密的信息的；

（五）对依法申诉、控告或者检举的社区矫正对象进行打击报复的；

（六）其他违法行为。

社区矫正机构工作人员和其他国家工作人员有前款所列行为，构成犯罪的，依法追究刑事责任；尚未构成犯罪的，应当予以行政处分。

第二节 决定和接收

第一百零五条 社区矫正决定机关判处管制、宣告缓刑、裁定假释、决定或者批准暂予监外执行时应当确定社区矫正执行地。

社区矫正执行地为社区矫正对象的居住地。社区矫正对象在多个地方居住的，可以确定经常居住地为执行地。

社区矫正对象的居住地、经常居住地无法确定或者不适宜执行社区矫正的，社区矫正决定机关应当根据有利于社区矫正对象接受矫正、更好地融入社会的原则，确定执行地。

本法所称社区矫正决定机关，是指依法判处管制、宣告缓刑、裁定假释、决定暂予监外执行的人民法院和依法批准暂予监外执行的监狱管理机关、公安机关。

第一百零六条 社区矫正决定机关根据需要，可以委托社区矫正机构或者有关社会组织对被告人或者罪犯的社会危险性和对所居住社区的影响，进行调查评估，提出意见，供决定社区矫正时参考。居民委员会、村民委员会等组织应当提供必要的协助。

第一百零七条 社区矫正决定机关判处管制、宣告缓刑、裁定假释、决定或者批准暂予监外执行，应当按照刑法、刑事诉讼法等法律规定的条件和程序进行。

社区矫正决定机关应当对社区矫正对象进行教育，告知其在社区矫正期间应当遵守的规定以及违反规定的法律后果，责令其按时报到。

第一百零八条 社区矫正决定机关应当自判决、裁定或者决定生效之日起五日内通知执行地社区矫正机构，并在十日内送达有关法律文书，同时抄送人民检察院和执行地公安机关。社区矫正决定地与执行地不在同一地方的，由执行地社区矫正机构将法律文书转送所在地的人民检察院、公安机关。

第一百零九条 人民法院判处管制、宣告缓刑、裁定假释的社区矫正对象，应当自判决、裁定生效之日起十日内到执行地社区矫正机构报到。

人民法院决定暂予监外执行的社区矫正对象，由看守所或者执行取保候审、监视居住的公安机关自收到决定之日起十日内将社区矫正对象移送社区矫正机构。

监狱管理机关、公安机关批准暂予监外执行的社区矫正对象，由监狱或者看守所自收到批准决定之日起十日内将社区矫正对象移送社区矫正机构。

第一百一十条 社区矫正机构应当依法接收社区矫正对象，核对法律文书、核实身份、办理接收登记、建立档案，并宣告社区矫正对象的犯罪事实、执行社区矫正的期限以及应当遵守的规定。

第三节 监督管理

第一百一十一条 社区矫正对象在社区矫正期间应当遵守法律、行政法规，履行判决、裁定、暂予监外执行决定等法律文书确定的义务，遵守国务院司法行政部门关于报告、会客、外出、迁居、保外就医等监督管理规定，服从社区矫正机构的管理。

第一百一十二条 社区矫正机构应当根据裁判内容和社区矫正对象的性别、年龄、心理特点、健康状况、犯罪原因、犯罪类型、犯罪情节、悔罪表现等情况，制定有针对性的矫正方案，实现分类管理、个别化矫正。矫正方案应当根据社区矫正对象的表现等情况相应调整。

第一百一十三条 社区矫正机构应当根据社区矫正对象的情况，为其确定矫正小组，负责落实相应的矫正方案。

根据需要，矫正小组可以由司法所、居民委员会、村民委员会的人员，社区矫正对象的监护人、家庭成员，所在单位或者就读学校的人员以及社会工作者、志愿者等组成。社区矫正对象为女性的，矫正小组中应有女性成员。

第一百一十四条 社区矫正机构应当了解、掌握社区矫正对象的活动情况和行为表现。社区矫正机构可以通过通信联络、信息化核查、实地查访等方式核实有关情况，有关单位和个人应当予以配合。

社区矫正机构开展实地查访等工作时，应当保护社区矫正对象的身份信息和个人隐私。

第一百一十五条 社区矫正对象离开所居住的市、县或者迁居，应当报经社区矫正机构批准。社区矫正机构对于有正当理由的，应当批准；对于因正常工作和生活需要经常性跨市、县活动的，可以根据情况，简化批准程序和方式。

因社区矫正对象迁居等原因需要变更执行地的，社区矫正机构应当按照有关规定作出变更决定。社区矫正机构作出变更决定后，应当通知社区矫正决定机关和变更后的社区矫正机构，并将有关法律文书抄送变更后的社区矫正机构。变更后的社区矫正机构应当将法律文书转送所在地的人民检察院、公安机关。

第一百一十六条 社区矫正机构根据社区矫正对象的表现，依照有关规定对其实施考核奖惩。社区矫正对象认罪悔罪、遵守法律法规、服从监督管理、接受教育表现突出的，应当给予表扬。社区矫正对象违反法律法规或者监督管理规定的，应当视情节依法给予训诫、警告、提请公安机关予以治安管理处罚，或者依法提请撤销缓刑、撤销假释、对暂予监外执行的收监执行。

对社区矫正对象的考核结果，可以作为认定其是否确有悔改表现或者是否严重违反监督管理规定的依据。

第一百一十七条 社区矫正对象有下列情形之一的，经县级司法行政部门负责人批准，可以使用电子定位装置，加强监督管理：

（一）违反人民法院禁止令的；

（二）无正当理由，未经批准离开所居住的市、县的；

（三）拒不按照规定报告自己的活动情况，被给予警告的；

（四）违反监督管理规定，被给予治安管理处罚的；

（五）拟提请撤销缓刑、假释或者暂予监外执行收监执行的。

前款规定的使用电子定位装置的期限不得超过三个月。对于不需要继续使用的，应当及时解除；对于期限届满后，经评估仍有必要继续使用的，经过批准，期限可以延长，每次不得超过三个月。

社区矫正机构对通过电子定位装置获得的信息应当严格保密，有关信息只能用于社区矫正工作，不得用于其他用途。

第一百一十八条 社区矫正对象失去联系的，社区矫正机构应当立即组织查找，公安机关等有关单位和人员应当予以配合协助。查找到社区矫正对象后，应当区别情形依法作出处理。

第一百一十九条 社区矫正机构发现社区矫正对象正在实施违反监督管理规定的行为或者违反人民法院禁止令等违法行为的，应当立即制止；制止无效的，应当立即通知公安机关到场处置。

第一百二十条 社区矫正对象有被依法决定拘留、强制隔离戒毒、采取刑事强制措施等限制人身自由情形的，有关机关应当及时通知社区矫正机构。

第一百二十一条 社区矫正对象符合刑法规定的减刑条件的，社区矫正机构应当向社区矫正执行地的中级以上人民法院提出减刑建议，并将减刑建议书抄送同级人民检察院。

人民法院应当在收到社区矫正机构的减刑建议书后三十日内作出裁定，并将裁定书送达社区矫正机构，同时抄送人民检察院、公安机关。

第一百二十二条 开展社区矫正工作，应当保障社区矫正对象的合法权益。社区矫正的措施和方法应当避免对社区矫正对象的正常工作和生活造成不必要的影响；非依法律规定，不得限制或者变相限制社区矫正对象的人身自由。

社区矫正对象认为其合法权益受到侵害的，有权向人民检察院或者有关机关申诉、控告和检举。受理机关应当及时办理，并将办理结果告知申诉人、控告人和检举人。

第四节　教育帮扶

第一百二十三条 县级以上地方人民政府及其有关部门应当通过多种形式为教育帮扶社区矫正对象提供必要的场所和条件，组织动员社会力量参与教育帮扶工作。

有关人民团体应当依法协助社区矫正机构做好教育帮扶工作。

第一百二十四条 社区矫正机构根据需要，对社区矫正对象进行法治、道德等教育，增强其法治观念，提高其道德素质和悔罪意识。

对社区矫正对象的教育应当根据其个体特征、日常表现等实际情况，充分考虑其工作和生活情况，因人施教。

第一百二十五条 社区矫正机构可以协调有关部门和单位，依法对就业困难的社区矫正对象开展职业技能培训、就业指导，帮助社区矫正对象中的在校学生完成学业。

第一百二十六条 居民委员会、村民委员会可以引导志愿者和社区群众，利用社区资源，采取多种形式，对有特殊困难的社区矫正对象进行必要的教育帮扶。

第一百二十七条 社区矫正对象的监护人、家庭成员，所在单位或者就读学校应当协助社区矫正机构做好对社区矫正对象的教育。

第一百二十八条 社区矫正机构可以通过公开择优购买社区矫正社会工作服务或者其他社会服务，为社区矫正对象在教育、心理辅导、职业技能培训、社会关系改善等方面提供必要的帮扶。

社区矫正机构也可以通过项目委托社会组织等方式开展上述帮扶活动。国家鼓励有经验和资源的社会组织跨地区开展帮扶交流和示范活动。

第一百二十九条 国家鼓励企业事业单位、社会组织为社区矫正对象提供就业岗位和职业技能培训。招用符合条件的社区矫正对象的企业，按照规定享受国家优惠政策。

第一百三十条 社区矫正机构可以根据社区矫正对象的个人特长，组织其参加公益活动，修复社会关系，培养社会责任感。

第一百三十一条 社区矫正对象可以按照国家有关规定申请社会救助、参加社会保险、获得法律援助，社区矫正机构应当给予必要的协助。

第五节 解除和终止

第一百三十二条 社区矫正对象矫正期满或者被赦免的，社区矫正机构应当向社区矫正对象发放解除社区矫正证明书，并通知社区矫正决定机关、所在地的人民检察院、公安机关。

第一百三十三条 社区矫正对象被裁定撤销缓刑、假释，被决定收监执行，或者社区矫正对象死亡的，社区矫正终止。

第一百三十四条 社区矫正对象具有刑法规定的撤销缓刑、假释情形的，应当由人民法院撤销缓刑、假释。

对于在考验期限内犯新罪或者发现判决宣告以前还有其他罪没有判决的，应当由审理该案件的人民法院撤销缓刑、假释，并书面通知原审人民法院和执行地社区矫正机构。

对于有第二款规定以外的其他需要撤销缓刑、假释情形的，社区矫正机构应当向原审人民法院或者执行地人民法院提出撤销缓刑、假释建议，并将建议书抄送人民检察院。社区矫正机构提出撤销缓刑、假释建议时，应当说明理由，并提供有关证据材料。

第一百三十五条 被提请撤销缓刑、假释的社区矫正对象可能逃跑或者可能发生社会危险的，社区矫正机构可以在提出撤销缓刑、假释建议的同时，提请人民法院决定对其予以逮捕。

人民法院应当在四十八小时内作出是否逮捕的决定。决定逮捕的，由公安机关执行。逮捕后的羁押期限不得超过三十日。

第一百三十六条 人民法院应当在收到社区矫正机构撤销缓刑、假释建议书后三十日内作出裁定，将裁定书送达社区矫正机构和公安机关，并抄送人民检察院。

人民法院拟撤销缓刑、假释的，应当听取社区矫正对象的申辩及其委托的律师的意见。

人民法院裁定撤销缓刑、假释的，公安机关应当及时将社区矫正对象送交监狱或者看守所执行。执行以前被逮捕的，羁押一日折抵刑期一日。

人民法院裁定不予撤销缓刑、假释的，对被逮捕的社区矫正对象，公安机关应当立即予以释放。

第一百三十七条 暂予监外执行的社区矫正对象具有刑事诉讼法规定的应当予以收监情形的，社区矫正机构应当向执行地或者原社区矫正决定机关提出收监执行建议，并将建议书抄送人民检察院。

社区矫正决定机关应当在收到建议书后三十日内作出决定，将决定书送达社区矫正机构和公安机关，并抄送人民检察院。

人民法院、公安机关对暂予监外执行的社区矫正对象决定收监执行的，由公安机关立即将社区矫正对象送交监狱或者看守所收监执行。

监狱管理机关对暂予监外执行的社区矫正对象决定收监执行的，监狱应当立即将社区矫正对象收监执行。

第一百三十八条 被裁定撤销缓刑、假释和被决定收监执行的社区矫正对象逃跑的，由公安机关追捕，社区矫正机构、有关单位和个人予以协助。

第一百三十九条 社区矫正对象在社区矫正期间死亡的，其监护人、家庭成员应当及时向社区矫正机构报告。社区矫正机构应当及时通知社区矫正决定机关、所在地的人民检察院、公安机关。

第五章　拘役的执行

第一百四十条 被判处拘役的罪犯，由公安机关看守所就近执行。

第一百四十一条 看守所设置专门监区或者监室监管被判处拘役的罪犯。

第一百四十二条 看守所参照本法关于监狱执行的有关规定，根据拘役刑的特点开展下列工作：

（一）收押；

（二）处理申诉、控告、检举；

（三）暂予监外执行；

（四）减刑；

（五）释放和安置；

（六）分押分管、会见、通讯、生活、卫生、考核、奖惩等管理工作；

（七）教育改造；

（八）其他。

国务院公安部门制定具体管理办法。

第一百四十三条 在执行期间，被判处拘役的罪犯每月可以回家一天至两天。

对于准许回家的罪犯，看守所应当发给回家证明，并告知应当遵守的相关规定。

第一百四十四条 被判处拘役的罪犯参加劳动的，可以酌量发给报酬。

第六章 财产刑的执行

第一百四十五条 财产刑由第一审人民法院负责裁判执行的机构执行。

刑事附带民事裁判的执行，适用民事执行的有关法律法规。

第一百四十六条 罚金在判决规定的期限内一次或者分期缴纳。期满无故不缴纳或者未足额缴纳的，人民法院应当强制缴纳。经强制缴纳仍不能全部缴纳的，在任何时候，包括主刑执行完毕后，发现被执行人有可供执行的财产的，应当追缴。

行政机关对被告人就同一事实已经处以罚款的，人民法院判处罚金时应当折抵，扣除行政处罚已执行的部分。

判处没收财产的，判决生效后，应当立即执行。

第一百四十七条 执行财产刑过程中，案外人对被执行财产提出权属异议的，人民法院应当参照民事诉讼有关执行异议的规定进行审查并作出处理。

第一百四十八条 被判处财产刑，同时又承担附带民事赔偿责任的被执行人，应当先履行民事赔偿责任。

判处财产刑之前被执行人所负正当债务，需要以被执行的财产偿还的，经债权人请求，应当偿还。

第一百四十九条 被执行人或者被执行财产在外地的，可以委托当地人民法院执行。

受托法院在执行财产刑后，应当及时将执行的财产上缴国库。

第一百五十条 判处没收财产的，应当执行刑事裁判生效时被执行人合法所有的财产。

执行没收财产或罚金刑，应当参照被扶养人住所地政府公布的上年度当地居民最低生活费标准，保留被执行人及其所扶养家属的生活必需费用。

第一百五十一条 执行财产刑过程中，具有下列情形之一的，人民法院应当裁定中止执行：

（一）执行标的物系人民法院或者仲裁机构正在审理案件的争议标的物，需等待该案件审理完毕确定权属的；

（二）案外人对执行标的物提出异议的；

（三）应当中止执行的其他情形。

中止执行的原因消除后，应当恢复执行。

第一百五十二条 执行财产刑过程中，具有下列情形之一的，人民法院应当裁定终结执行：

（一）据以执行的判决、裁定被撤销的；

（二）被执行人死亡或者被执行死刑，且无财产可供执行的；

（三）被判处罚金的单位终止，且无财产可供执行的；

（四）依照刑法规定免除罚金的；

（五）应当终结执行的其他情形。

裁定终结执行后，发现被执行人的财产有被隐匿、转移等情形的，应当追缴。

第一百五十三条 财产刑全部或者部分被撤销的，已经执行的财产应当全部或者部分返还被执行人；无法返还的，应当依法赔偿。

第一百五十四条 因遭遇不能抗拒的灾祸缴纳罚金确有困难，被执行人申请减少或者免除罚金的，应当提交相关证明材料。人民法院应当在收到申请后一个月内作出裁定。符合法定减免条件的，应当准许；不符合条件的，驳回申请。

第七章 剥夺政治权利的执行

第一百五十五条 剥夺政治权利是剥夺下列权利：

（一）选举权和被选举权；

（二）言论、出版、集会、结社、游行、示威自由的权利；

（三）担任国家机关职务的权利；

（四）担任国有公司、企业、事业单位和人民团体领导职务的权利。

第一百五十六条 附加剥夺政治权利的刑期，从徒刑、拘役执行完毕之日或者从假释之日起计算；剥夺政治权利的效力当然施用于主刑执行期间。

判处管制附加剥夺政治权利的，剥夺政治权利的期限与管制的期限相等，同时执行。

第一百五十七条 对被判处剥夺政治权利的罪犯，由公安机关执行。

第一百五十八条 对单处剥夺政治权利的罪犯，人民法院应当在判决、裁定生效后十日内，将该判决书、裁决书、执行通知书等法律文书送达罪犯居住地的县级公安机关，并抄送罪犯居住地的县级人民检察院。

对附加剥夺政治权利的罪犯，执行机构应在主刑执行完毕之前或假释之前十日内，将判决书、裁决书、执行通知书等法律文书送达罪犯居住地的县级公安机关，并抄送罪犯居住地的县级人民检察院。

第一百五十九条 被剥夺政治权利的犯罪分子，在执行期间，应当遵守法律、行政法规和国务院公安部门有关监督管理的规定，服从监督。

第一百六十条 对于被判处剥夺政治权利的罪犯，执行期满，应当由执行机关通知本人及其所在单位、居住地基层组织。

第八章 非刑罚性处置措施的执行

第一百六十一条 对犯罪的外国人驱逐出境由公安机关执行。

第一百六十二条 附加适用驱逐出境的，主刑和其他附加刑执行完毕之后再执行驱逐出境。

第一百六十三条 对于犯罪情节轻微不需要判处刑罚而免于刑事处罚的，人民法院可以予以训诫或者责令具结悔过、赔礼道歉、赔偿损失，或者由主管部门予以行政处罚或者行政处分。

第一百六十四条 禁止从事特定职业的人违反人民法院作出的决定的，由公安机关依法给予处罚。构成犯罪的，依法追究刑事责任。

第九章 对未成年犯的教育改造

第一百六十五条 刑事执行机构应当根据未成年犯的年龄、心理特点、发育需要、成长经历、犯罪原因、家庭监护教育条件等情况，采取针对性的执行措施。

对未成年犯的教育改造和矫正，应当与成年人分别进行。

第一百六十六条 对未成年犯应当在未成年犯管教所执行刑罚。

社区矫正机构为未成年犯确定矫正小组，应当吸收熟悉未成年人身心特点的人员参加。

第一百六十七条 未成年犯的监护人应当履行监护职责，承担抚养、管教等义务。

监护人怠于履行监护职责的，刑事执行机构应当督促、教育其履行监护责任。监护人拒不履行监护职责的，通知有关部门作出处理。

第一百六十八条 对未成年犯执行刑罚应当以教育改造为主。未成年犯的劳动，应当符合未成年人的特点，以学习文化和生产技能为主。

监狱、社区矫正机构等刑事执行机构应当配合国家、社会、学校等教育机构，为未成年犯接受义务教育提供必要的条件。

第一百六十九条 未成年犯年满十八周岁时，剩余刑期不超过二年的，仍可以留在未成年犯管教所执行剩余刑期。

未成年社区矫正对象在社区矫正期间年满十八周岁的，继续按照未成年人社区矫正有关规定执行。

第一百七十条 对犯罪时未成年的罪犯的减刑、假释，在掌握标准上可以比照成年罪犯依法适度放宽。未成年罪犯能认罪服法，遵守规定，积极参加学习、劳动的，即可视为确有悔改表现予以减刑，其减刑的幅度可以适当放宽，间隔的时间可以相应缩短。

第一百七十一条 刑事执行机构及其工作人员对履行职责过程中获得的未成年人身份信息应予以保密。

第一百七十二条 共产主义青年团、妇女联合会、未成年人保护组织应当依法协助刑事执行机构做好未成年犯的教育改造和矫正工作。

国家鼓励其他未成年人相关社会组织参与未成年犯刑事执行工作，依法给予政策支持。

第一百七十三条 对未成年犯的管理和教育改造，本章未作规定的，适用本法的有关规定。

第十章 特 赦

第一百七十四条 特赦由全国人民代表大会常务委员会行使，全国人民代表大会特赦委员会负责日常事务。

第一百七十五条 全国人民代表大会特赦委员会对罪犯或刑事执行机构提交的特赦申请进行审查。

第一百七十六条 全国人民代表大会常务委员会决定特赦的，由中华人民共和国主席签署特赦令，交由刑事执行机关执行。

附 则

第一百七十七条 本法自××××年××月××日起施行。

自本法施行之日起，《中华人民共和国监狱法》《中华人民共和国社区矫正法》予以废止。

其他法律与本法有冲突的，自本法施行之日起，适用本法规定。